해커스변호사

행정법

Administrative Law

핵심지문 총정리

 해커스변호사

서문

「2025 해커스변호사 행정법 핵심지문 총정리」는 변호사시험 선택형 시험을 효율적으로 대비하기 위해 집필된 교재입니다. 문제 단위 교재인 「행정법 선택형 변호사시험 기출문제집」을 통해 실전 문제 풀이연습을 하기 전에 선택형 지문의 구조를 익히고, 행정법 전반을 유기적으로 학습하는데 큰 도움이 될 것입니다. 변호사시험 기출 지문과 법전협 모의시험 변형 지문을 중심으로 타 시험에서 출제 가능성이 큰 지문을 선별하여 수록하였습니다.

「해커스변호사 행정법 핵심지문 총정리」는 「행정법 선택형 정지문 핸드북」과 짝을 이루는 교재입니다.
「행정법 핵심지문 총정리」를 통해 문제를 풀고, 어느 부분이 출제 포인트인지, 판례의 내용을 학습한다면, 「행정법 선택형 정지문 핸드북」은 '쟁점명'과 '키워드 쟁점명'를 통해 짧은 시간 내에 1100개의 지문을 연상할 수 있도록 만들어진 교재입니다. 양자가 짝을 이루도록 지문 번호를 통일하여 완벽하게 호환될 수 있도록 기획되었습니다.

변호사시험의 경우 공법, 민사법, 형사법을 준비해야 하고, 선택형, 사례형, 기록형을 대비해야 하는 만큼 효율적인 공부법을 정립하여 빠르고 정확하게 내용을 습득하는 것이 중요합니다. 수많은 자료를 제대로 정리하고 반복적으로 볼 수 있어야 회독 수를 늘릴 수 있으며 짧은 시간에 전체적인 내용을 훑어볼 수 있게 됩니다. 특히 선택형 시험 대비를 위해 'TRS 학습법'을 통한 '누적적 복습'은 반드시 필요합니다.

수업을 들은 이후에는 ① 「선택형 정지문 핸드북」에 수록된 "키워드 쟁점명"을 통해 쟁점과 내용, 키워드가 연상되는지 확인합니다. 떠오르지 않는 지문이 있다면 표시한 후 다음 지문으로 넘어갑니다. ② 표시한 지문의 정지문을 확인합니다. 쟁점과 키워드를 확실히 숙지합니다. ③ 「핵심지문 총정리」에서 해당 지문을 확인하여 정오 판단이 가능한지, 키워드가 표시되어 있지 않는 원문에서 자신이 키워드를 찾아내어 빠르게 확인할 수 있는지 확인합니다. ④ 최종적으로는 실제 시험과 같이 5지선다 문제를 풀어낼 수 있는지 확인합니다.

이러한 과정을 반복하여 누적적 복습에 숙달된다면 1,000개가 넘는 지문을 전부 연상하는데 몇 시간이 채 걸리지 않게 됩니다. 또한 TRS 학습법은 행정법뿐만 아니라 헌법, 민법에서도 당연히 활용할 수 있습니다.

추가적으로 「행정법 핵심지문 총정리」 교재를 활용한 강의 및 각종 수험자료, 질의응답은 해커스변호사 홈페이지 (law.hackers.com)와 다음 카페 '박도원행정법_공법연구소' (cafe.daum.net/dowon-publiclaw), 유튜브 채널 '도원결의 변호사'(@TRSedu-law) 등을 활용하시기 바랍니다.

「해커스변호사 행정법 핵심지문 총정리」와 「해커스변호사 행정법 선택형 정지문 핸드북」이 여러분들의 꿈을 이루는 데에 작은 디딤돌이 될 수 있기를 진심으로 기원합니다.

2024년 5월

편저자 박도원

목차

제3편 행정구제법

제4편 개별 행정작용법

부록

제1편
행정법 서설

제1장 | 행정법의 기초적 이해

[14 변시]

001
☐☐☐

대통령의 비상계엄의 선포나 확대 행위는 고도의 정치적·군사적 성격을 지니고 있는 행위라 할 것이므로 그것이 누구에게도 일견하여 헌법이나 법률에 위반되는 것으로서 명백하게 인정될 수 있는 경우라면 몰라도, 그러하지 아니한 이상 그 계엄선포의 요건 구비여부나 선포의 당·부당을 판단할 권한이 사법부에게 없다고 할 것이나, 비상계엄의 선포나 확대가 국헌문란의 목적을 달성하기 위하여 행하여진 경우에는 법원은 그 자체가 범죄행위에 해당하는지 여부에 관하여 심사할 수 있다.

대통령(권한대행)이 그 제반의 객관적 상태에 비추어서 그 재량으로 비상계엄을 선포함이 상당하다는 판단 밑에 이를 선포하였을 경우 그 행위는 **고도의 군사적 성격**을 띠는 행위라고 할 것이어서 <u>그 선포의 당·부당을 판단할 권한과 같은 것은 헌법상 계엄의 해제요구권이 있는 국회만이 가지고 있다고 할 것이고 그 선포가 당연무효의 경우라면 몰라도 사법기관인 법원이 계엄의 선포요건의 구비여부나 선포의 당·부당을 심사하는 것은 사법권의 내재적인 본질적 한계를 넘어서는 것이 되어 적절치 못하다. 다만, 비상계엄의 선포나 확대가 **국헌문란의 목적**을 달성하기 위하여 행하여진 경우에는 **법원**은 그 자체가 **범죄행위**에 해당하는지의 여부에 관하여는 심사할 수 있다</u>(대판 1997.4.17. 96도3376). | 정답 | O

[14 변시, 24 해경승진]

002
☐☐☐

헌법재판소는 대통령의 긴급재정경제명령은 국가긴급권의 일종으로서 고도의 정치적 결단에 의하여 발동되는 행위이고, 그 결단을 존중하여야 할 필요성이 있는 행위라는 의미에서 이른바 통치행위에 속한다고 판시하였다.

대통령의 긴급재정경제명령은 고도의 정치적 결단에 의하여 발동되는 행위로서 이른바 **통치행위**에 속한다고 할 수 있으나, 통치행위라 하더라도 그것이 <u>국민의 기본권 침해</u>와 관련되는 것이라면 당연히 <u>헌법재판소의 심판대상</u>이 된다(헌재 1996.2.29. 93헌마186, 표준판례 3). | 정답 | O

[14 변시]

003
☐☐☐

헌법재판소는 대통령이 국군을 이라크에 파견하기로 한 결정은 그 성격상 국방 및 외교에 관련된 고도의 정치적 결단을 요하는 문제로서, 헌법과 법률이 정한 절차를 지켜 이루어진 것임이 명백하므로, 대통령과 국회의 판단은 존중되어야 하고 헌법재판소가 사법적 기준만으로 이를 심판하는 것은 자제되어야 한다고 판시하였다.

<u>외국에의 국군의 파견결정</u>은 그 성격상 국방 및 외교에 관련된 **고도의 정치적 결단**을 요하는 문제로서, 헌법과 법률이 정한 절차를 지켜 이루어진 것임이 명백하므로, 대통령과 국회의 판단은 존중되어야 하고 헌법재판소가 사법적 기준만으로 이를 심판하는 것은 자제되어야 한다(헌재 2004.4.29. 2003헌마814). | 정답 | O

004
☐☐☐

대법원은 남북정상회담의 개최 및 이 과정에서 정부의 승인을 얻지 아니한 채 북한 측에 사업권의 대가 명목으로 송금한 행위 등은 고도의 정치적 성격을 지니고 있는 행위라고 할 것이므로 특별한 사정이 없는 한 그 당부를 심판하는 것은 사법권의 내재적·본질적 한계를 넘어서는 것으로서 사법심사의 대상이 될 수 없다고 보았다.

남북정상회담의 개최는 고도의 정치적 성격을 지니고 있는 행위라 할 것이므로 특별한 사정이 없는 한 그 당부를 심판하는 것은 사법권의 내재적·본질적 한계를 넘어서는 것이 되어 적절하지 못하지만, 남북정상회담의 개최과정에서 재정경제부장관에게 신고하지 아니하거나 통일부장관의 협력사업 승인을 얻지 아니한 채 북한 측에 사업권의 대가 명목으로 **송금한 행위 자체**는 헌법상 법치국가의 원리와 법 앞에 평등원칙 등에 비추어 볼 때 사법심사의 대상이 된다(대판 2004.3.26. 2003도7878, 표준판례 1).　　　　| 정답 | X

005
☐☐☐

대통령이 한미연합 군사훈련의 일종인 2007년 전시증원연습을 하기로 한 결정은 국방에 관련되는 고도의 정치적 결단에 해당하여 사법심사를 자제하여야 히는 통치행위에 해당한다.

한미연합 군사훈련은 1978. 한미연합사령부의 창설 및 1979. 2. 15. 한미연합연습 양해각서의 체결 이후 연례적으로 실시되어 왔고, 특히 **전시증원연습**은 대표적인 **한미연합 군사훈련**으로서, 대통령이 2007.3.경에 한 이 사건 연습결정이 새삼 국방에 관련되는 고도의 정치적 결단에 해당하여 사법심사를 자제하여야 하는 통치행위에 해당된다고 보기 어렵다(헌재 2009.5.28. 2007헌마369).　　　　| 정답 | X

제2장 | 법치행정의 원칙

[13 국회9급]

006
□□□

법률의 우위원칙은 행정의 법률에의 구속성을 의미하는 것으로 제한 없이 행정의 모든 영역에 적용된다.

법률우위의 원칙이란 행정작용은 법률에 위반하여 행해져서는 안 된다는 원칙이다. 이는 행정이 법률에 구속됨을 의미하는 것이다. 법률우위의 원칙은 모든 행정작용에 적용된다.　　| 정답 | ○

[13 국회9급]

007
□□□

법률유보의 원칙에 있어서 법률은 형식적 의미의 법률을 의미하므로 관습법은 포함되지 않는다.

법률유보에서의 '법률'이란 국회에서 제정한 형식적 의미의 법률을 의미하므로 불문법으로서의 관습법 등은 포함되지 아니한다.　　| 정답 | ○

[24 · 21 · 20 · 17 · 13 변시]

008
□□□

법률이 공법적 단체 등의 정관에 자치법적 사항을 위임하는 경우 의회유보원칙은 적용되지 않는다.

헌법 75조, 95조의 문리해석상 및 법리해석상 포괄적인 위임입법의 금지는 법규적 효력을 가지는 행정입법의 제정을 그 주된 대상으로 하고 있다. 위임입법을 엄격한 헌법적 한계 내에 두는 이유는 무엇보다도 권력분립의 원칙에 따라 국민의 자유와 권리에 관계되는 사항은 국민의 대표기관이 정하는 것이 원칙이라는 법리에 기인한 것이다. 즉, 행정부에 의한 법규사항의 제정은 입법부의 권한 내지 의무를 침해하고 자의적인 시행령 제정으로 국민들의 자유와 권리를 침해할 수 있기 때문에 엄격한 헌법적 기속을 받게 하는 것이다. 그런데 법률이 행정부가 아니거나 행정부에 속하지 않는 공법적 기관의 정관에 특정 사항을 정할 수 있다고 위임하는 경우에는 그러한 권력분립의 원칙을 훼손할 여지가 없다. 이는 자치입법에 해당되는 영역이므로 자치적으로 정하는 것이 바람직하다. 따라서 **법률이 정관에 자치법적 사항을 위임한 경우**에는 헌법 75조, 95조가 정하는 포괄적인 위임입법의 금지는 원칙적으로 적용되지 않는다.

법률이 자치적인 사항을 정관에 위임할 경우 원칙적으로 헌법상의 포괄위임금지원칙이 적용되지 않는다 하더라도, 그 사항이 국민의 권리 · 의무에 관련되는 것일 경우에는, 적어도 국민의 권리와 의무의 형성에 관한 사항을 비롯하여 국가의 통치조직과 작용에 관한 기본적이고 본질적인 사항은 반드시 국회가 정하여야 할 것이다(헌재 2006.3.30. 2005헌바31).　　| 정답 | X

009
□□□

도시환경정비사업인가 신청시 요구되는 토지등소유자의 동의정족수를 자치규약에 정하도록 한 구「도시 및 주거환경정비법」의 동의요건조항은 법률유보 내지 의회유보원칙에 위배된다.

토지등소유자가 도시환경정비사업을 시행하는 경우 **사업시행인가 신청시** 필요한 **토지등소유자의 동의**는 개발사업의 주체 및 정비구역 내 토지등소유자를 상대로 수용권을 행사하고 각종 행정처분을 발할 수 있는 행정주체로서의 지위를 가지는 사업시행자를 지정하는 문제로서 그 동의요건을 정하는 것은 국민의 권리와 의무의 형성에 관한 기본적이고 **본질적인 사항**이므로 국회가 스스로 행하여야 하는 사항에 속하는 것임에도 불구하고 사업시행인가 신청에 필요한 동의정족수를 토지등소유자가 자치적으로 정하여 운영하는 **규약에 정하도록** 한 것은 **법률유보원칙에 위반**된다(헌재 2011.8.30. 2009헌바128 등). | 정답 | ○

010
□□□

법률유보원칙과 관련하여 의회유보원칙에 따르는 경우, 의회유보사항을 행정입법에 위임하는 것은 가능하나, 이때에는 보다 엄격한 구체성의 요건을 갖추어야 한다.

의회유보원칙이라 함은 공동체에 매우 중요한 사항 및 국민의 권리·의무에 관한 기본적이고 본질적인 사항은 구체적 위임도 안되며 의회가 직접 법률로 정해야 한다는 것을 말한다. 따라서 의회유보사항을 행정입법에 위임하는 것은 가능하지 않다. | 정답 | X

011
□□□

오늘날 법률유보의 원칙은 단순히 행정작용이 법률에 근거를 두기만 하면 충분한 것이 아니라, 국가공동체와 그 구성원에게 기본적이고도 중요한 의미를 갖는 영역, 특히 국민의 기본권 실현과 관련된 영역에 있어서는 국민의 대표자인 입법자가 그 본질적 사항에 대해서 스스로 결정하여야 한다는 요구까지 내포하고 있다.

오늘날 법률유보원칙은, 단순히 행정작용이 법률에 근거를 두기만 하면 충분하다는 것이 아니라, 국가공동체와 그 구성원에게 기본적이고도 중요한 의미를 갖는 영역, 특히 기본권적 중요성을 가진 영역에 있어서는 국민의 대표자인 입법자가 그 본질적 사항에 대해서 스스로 결정하여야 한다는 요구까지 내포하고 있다(헌재 2012.2.23. 2011헌가13). | 정답 | ○

012

☐☐☐

기본권 제한에 있어 법률유보의 원칙은 '법률에 의한' 규율만을 뜻하는 것이 아니라 '법률에 근거한' 규율을 요청하는 것이므로 기본권 제한의 형식이 반드시 법률의 형식일 필요는 없고 법률에 근거를 두면서 헌법 제75조가 요구하는 위임의 구체성과 명확성을 구비하기만 하면 위임입법에 의하여도 기본권 제한을 할 수 있다.

법률유보원칙에서의 '법률'에는 법률에 직접 근거한 경우뿐만 아니라, 법률의 구체적 위임을 받아 제정된 법규명령도 포함한다. 즉, 국민의 기본권은 헌법 37조 2항에 의하여 국가안전보장, 질서유지 또는 공공복리를 위하여 필요한 경우에 한하여 이를 제한할 수 있으나 그 제한은 원칙적으로 법률로써만 가능하며, 제한하는 경우에도 기본권의 본질적 내용을 침해할 수 없고 필요한 최소한도에 그쳐야 한다. 이러한 법률유보의 원칙은 **'법률에 의한' 규율**만을 뜻하는 것이 아니라 **'법률에 근거한' 규율**을 요청하는 것이므로 기본권 제한의 형식이 반드시 법률의 형식일 필요는 없고 법률에 근거를 두면서 헌법 75조가 요구하는 위임의 구체성과 명확성을 구비하기만 하면 위임입법에 의하여도 기본권 제한을 할 수 있다 할 것이다(헌재 2005.2.24. 2003헌마289). | 정답 | ○

013

☐☐☐

구 「지방세법」상 고급주택, 고급오락장이 무엇인지 하는 것은 취득세 중과세요건의 핵심적 내용을 이루는 본질적이고도 중요한 사항임에도 불구하고 그 기준과 범위를 구체적으로 확정하지도 않고 또 그 최저기준을 설정하지도 않고 단순히 "대통령령으로 정하는 고급주택" 또는 "대통령령으로 정하는 고급오락장"이라고 규정한 것은 헌법상의 조세법률주의, 포괄위임입법금지원칙에 위배된다.

(구) 지방세법 188조 3항은 **고급오락장용 건축물**이 무엇인지가 재산세 중과세요건의 핵심적 내용을 이루는 본질적이고도 중요한 사항임에도 불구하고 그 기준과 범위를 구체적으로 확정하지 않고 단순히 "고급오락장용 건축물의 구분과 한계는 대통령령으로 정한다"라고 불명확하고 포괄적으로 규정함으로써 실질적으로는 중과세 여부를 행정부의 자의에 맡기고 있을 뿐만 아니라, 입법목적, 지방세법의 다른 규정 또는 기타 관련 법률을 살펴보더라도 고급오락장용 건축물의 기준과 범위를 예측해 내기가 어려우므로 헌법 75조상의 **포괄위임입법금지원칙에 위배된다**(헌재 1999.3.25. 98헌가11). | 정답 | ○

014

☐☐☐

위임입법에 있어 급부행정 영역에서는 기본권침해 영역보다는 위임의 구체성의 요구가 다소 약화되어도 무방하며, 다양한 사실관계를 규율하거나 사실관계가 수시로 변화될 것이 예상될 때에는 위임의 명확성의 요건이 완화된다.

법률유보원칙의 **규율강도**(규율밀도)는 **기본권 침해 정도**에 따라 달라진다. 따라서 **급부행정 영역에서는 위임의 구체성 · 명확성 요구가 다소 완화**될 수 있다.
[판례] 위임입법에서 위임의 구체성 · 명확성의 요구 정도는 규제대상의 종류 · 성격에 따라서 달라진다. 즉 **급부행정** 영역에서는 기본권침해 영역보다 구체성의 요구가 **다소 약화**되어도 무방하며, 다양한 사실관계를 규율하거나 사실관계가 수시로 변화될 것이 예상될 때에는 위임의 명확성의 요건이 완화된다. 뿐만 아니라 위임조항에서 위임의 구체적 범위를 명확히 규정하고 있지 않더라도 당해 법률의 전반적 체계와 관련규정에 비추어 위임조항의 내재적인 위임범위나 한계를 객관적으로 분명히 확정할 수 있다면 이를 포괄위임으로 볼 수 없다(헌재 1997.12.24. 95헌마390). | 정답 | ○

015
☐☐☐

거짓·부정을 이유로 하는 쌀소득 등 보전 직접 지불금 추가징수는 침익적 행정처분이고, 침익적 행정처분의 근거가 되는 행정법규는 엄격하게 해석·적용하여야 하며, 그 의미가 불명확한 경우 행정처분의 상대방에게 불리한 방향으로 해석·적용하여서는 아니 된다.

구 쌀소득보전법 13조의2 1항 후문에 따른 2배의 추가징수 기준인 '지급한 금액'이 해당 농업인 등이 등록된 모든 농지에 관하여 수령한 직불금 전액인지 아니면 거짓이나 그 밖의 부정한 방법으로 수령한 직불금액으로 한정되는 것인지가 위 조항의 문언만으로는 명확하지 않다.

거짓·부정을 이유로 하는 직불금 추가징수는 침익적 행정처분이고, 침익적 행정처분의 근거가 되는 행정법규는 엄격하게 해석·적용하여야 하며, 그 의미가 불명확한 경우 행정처분의 상대방에게 불리한 방향으로 해석·적용하여서는 아니 된다. 따라서 위와 같이 이 사건 조항에서 말하는 '지급한 금액'의 의미가 명확하지 않은 이상, 이것이 '지급한 직불금 전액'을 의미한다고 함부로 단정할 수 없다(대판[전합] 2019.2.21. 2014두12697). | 정답 | ○

016
☐☐☐

노동조합 및 노동관계조정법령상 법외노조 통보는 적법하게 설립된 노동조합의 법적 지위를 박탈하는 중대한 침익적 처분으로서 원칙적으로 입법자가 스스로 형식적 법률로써 규정하여야 할 사항이고, 행정입법으로 이를 규정하기 위하여는 반드시 법률의 명시적이고 구체적인 위임이 있어야 한다.

법외노조 통보는 적법하게 설립된 노동조합의 법적 지위를 박탈하는 중대한 침익적 처분으로서 원칙적으로 국민의 대표자인 입법자가 스스로 형식적 법률로써 규정하여야 할 사항이고, 행정입법으로 이를 규정하기 위하여는 반드시 법률의 명시적이고 구체적인 위임이 있어야 한다. 그런데 노동조합 및 노동관계조정법 시행령 9조 2항은 법률의 위임 없이 법률이 정하지 아니한 법외노조 통보에 관하여 규정함으로써 헌법상 노동3권을 본질적으로 제한하고 있으므로 그 자체로 무효이다(대판[전합] 2020.9.3. 2016두32992, 표준판례 4). | 정답 | ○

제3장 | 행정법의 법원

[17 변시, 20-3]

017
☐☐☐

헌법규정은 행정권을 직접 구속하지 않으며 헌법을 구체화하는 법률을 통해 행정권을 구속한다.

기본권규정 등 **헌법규정**은 행정권을 포함하여 **국가권력을 직접 구속**하며, 행정권이 헌법규정을 위반하면 그 행정권 행사는 위법한 행위가 된다(박균성, 「행정법강의」(제20판), 박영사, 2023, 13쪽). | 정답 | X

[17 변시, 21-3]

018
☐☐☐

지방자치단체가 학교급식을 위해 국내 우수농산물을 사용하는 자에게 식재료나 구입비의 일부를 지원하는 조례안이 「1994년 관세 및 무역에 관한 일반협정」에 위배되어 위법한 이상, 그 조례안에 대한 재의결은 효력이 없다.

특정지방자치단체의 초·중·고등학교에서 실시하는 학교급식을 위해 그 지방자치단체에서 생산되는 우수농산물을 사용하는 자에게 식재료나 구입비의 일부를 지원하는 것 등을 내용으로 하는 지방자치단체의 조례안은 내국민대우원칙을 규정한 1994년 관세 및 무역에 관한 일반협정(GATT)에 위반되어 그 효력이 없다. 그렇다면 원고의 다른 주장에 관하여 더 나아가 판단할 것도 없이 이 사건 조례안 중 일부가 위법한 이상 이 사건 조례안에 대한 재의결은 전부 효력이 부인되어야 할 것이다(대판 2005.9.9. 2004추10, 표준판례 5). | 정답 | ○

[17 변시]

019
☐☐☐

WTO 협정 회원국 정부의 반덤핑부과처분이 WTO 협정위반이라는 이유만으로 사인(私人)이 직접 국내법원에 회원국 정부를 상대로 그 처분의 취소소송을 제기하거나 위 협정위반을 처분의 독립된 취소사유로 주장할 수 없다.

우리나라가 1994. 12. 16. 국회의 비준동의를 얻어 1995. 1. 1. 발효된 '1994년 국제무역기구 설립을 위한 마라케쉬협정'(Marrakesh Agreement Establishing the World Trade Organization, WTO 협정)의 일부인 '1994년 관세 및 무역에 관한 일반협정(General Agreement on Tariffs and Trade, GATT 1994) 6조의 이행에 관한 협정' 중 그 판시 덤핑규제 관련 규정을 근거로 이 사건 규칙의 적법 여부를 다투는 주장도 포함되어 있으나, 위 협정은 국가와 국가 사이의 권리·의무관계를 설정하는 국제협정으로, 그 내용 및 성질에 비추어 이와 관련한 법적 분쟁은 위 **WTO 분쟁해결기구**에서 해결하는 것이 원칙이고, 사인(私人)에 대하여는 위 협정의 직접 효력이 미치지 아니한다고 보아야 할 것이므로, 위 협정에 따른 **회원국 정부의 반덤핑부과처분**이 WTO 협정위반이라는 이유만으로 **사인이 직접 국내 법원**에 회원국 정부를 상대로 그 처분의 취소를 구하는 소를 제기하거나 위 협정위반을 처분의 독립된 취소사유로 주장할 수는 없다 할 것이어서, 이 점에 관한 상고이유의 주장도 부적법하여 이유 없다(대판 2009.1.30. 2008두17936). | 정답 | ○

020
☐☐☐

행정관습법 가운데 민중적 관습법의 사례는 공유수면의 이용 및 하천수의 이용 등을 들 수 있는데, 일정한 시설의 고정설치에 의한 굴 채묘어업은 관행어업권의 대상이 될 수 없다.

1) **민중적 관습법**이란 행정법관계에 관한 관행이 민중 사이에 오랜 기간 계속되어 다수의 국민에 의해 인식되었을 때 성립하는 관습법이다. 민중적 관습법은 주로 **공물·공수(公水)**의 이용관계에 관하여 성립한다(관행 어업권, 하천용수권 등). 2) 일정한 시설의 고정설치에 의한 굴 채묘어업은 그 어업형태로 보아 일정 수면을 구획하여 배타적으로 지배하여 어업시설을 장기간 정치하는 점에서 양식어업이나 정치어업과 다르지 아니하므로 관행어업권의 대상으로 될 수 없다(대판 2001.12.11. 99다56697). │정답│ ○

021
☐☐☐

대법원의 판례변경은 대법관 전원의 3분의 2 이상의 합의체에서 과반수로 결정하도록 하고 있으며, 「소액사건심판법」에서는 대법원 판례에 대한 위반을 상고이유로 규정하고 있다.

> **법원조직법 제7조(심판권의 행사)** ① 대법원의 심판권은 대법관 전원의 3분의 2 이상의 합의체에서 행사하며, 대법원장이 재판장이 된다. 다만, 대법관 3명 이상으로 구성된 부(部)에서 먼저 사건을 심리(審理)하여 의견이 일치한 경우에 한정하여 다음 각 호의 경우를 제외하고 그 부에서 재판할 수 있다.
> 　3. 종전에 대법원에서 판시(判示)한 헌법·법률·명령 또는 규칙의 해석 적용에 관한 의견을 변경할 필요가 있다고 인정하는 경우
> **소액사건심판법 제3조(상고 및 재항고)** 소액사건에 대한 지방법원 본원(本院) 합의부의 제2심 판결이나 결정·명령에 대하여는 다음 각 호의 어느 하나에 해당하는 경우에만 대법원에 상고(上告) 또는 재항고(再抗告)를 할 수 있다.
> 　2. 대법원의 판례에 상반되는 판단을 한 경우

│정답│ ○

022
☐☐☐

주유소 영업의 양도인이 등유가 섞인 유사휘발유를 판매한 바를 모르고 이를 양수한 석유판매영업자에게 전 운영자인 양도인의 위법사유를 들어 6월의 사업정지에 처한 것은 공익목적의 실현이라는 측면에서 비례원칙에 위반되지 않아 적법하다.

주유소 영업의 양도인이 등유가 섞인 유사휘발유를 판매한 바를 **모르고** 이를 양수한 석유판매영업자에게 전 운영자인 양도인의 위법사유를 들어 사업정지기간 중 최장기인 6월의 사업정지에 처한 영업정지처분이 석유사업법에 의하여 실현시키고자 하는 공익목적의 실현보다는 양수인이 입게 될 손실이 훨씬 커서 재량권을 일탈한 것으로서 위법하다(대판 1992.2.25. 91누13106). │정답│ X

023
☐☐☐

같은 정도의 비위를 저지른 자들임에도 불구하고 그 직무의 특성 등에 비추어 개전의 정이 있는지 여부에 따라 징계 종류의 선택과 양정에서 다르게 취급하는 것은 평등의 원칙에 위반된다.

대략 같은 정도의 비위를 저지른 자들에 대하여 그 구체적인 직무의 특성, 금전 수수의 경우에는 그 액수와 횟수, 의도적·적극적 행위인지 여부, **개전의 정**이 있는지 여부 등에 따라 징계의 종류의 선택과 양정에 있어서 차별적으로 취급하는 것은 사안의 성질에 따른 합리적 차별로서 이를 자의적 취급이라고 할 수 없어 평등의 원칙 내지 형평에 반하지 아니한다(대판 2006.2.24. 2005두6447). | 정답 | X

024
☐☐☐

평등의 원칙에 따라 본질적으로 같은 것은 같게 취급할 것이 요구되므로, 위법한 행정처분이더라도 수차례에 걸쳐 반복적으로 행하여졌다면 그러한 위법한 처분은 행정청에 대하여 자기구속력을 갖게 된다.

위법한 행정관행에 대하여 행정의 **자기구속원칙**은 적용되지 않는다. 위법의 평등을 요구할 수 없는 것처럼, 위법한 관행은 보호가치가 없기 때문이다. 따라서 자기구속원칙은 행정관행의 적법성을 요건으로 한다.
[판례] 평등의 원칙은 본질적으로 같은 것을 자의적으로 다르게 취급함을 금지하는 것이고, **위법한 행정처분**이 수차례에 걸쳐 **반복적으로** 행하여졌다 하더라도 그러한 **처분이 위법**한 것인 때에는 행정청에 대하여 **자기구속력을 갖게** 된다고 할 수 **없다**(대판 2009.6.25. 2008두13132). | 정답 | X

025
☐☐☐

재량권 행사의 준칙인 행정규칙이 그 정한 바에 따라 되풀이 시행되어 행정관행이 이루어지고 평등의 원칙에 따라 행정기관이 그 규칙에 따라야 할 자기구속을 받게 된 경우에는, 특별한 사정이 있는 경우에도 해당 규칙에 따라야 할 절대적 구속력이 발생한다.

재량준칙이 자기구속원칙을 매개로 **간접적** 대외적 구속력이 발생하므로, 절대적 구속력 발생은 옳지 않다.
[판례] 재량권 행사의 준칙인 행정규칙이 그 정한 바에 따라 되풀이 시행되어 행정관행이 이루어지게 되면 평등의 원칙이나 신뢰보호의 원칙에 따라 행정기관은 그 상대방에 대한 관계에서 그 규칙에 따라야 할 **자기구속**을 받게 되므로, 이러한 경우에는 특별한 사정이 없는 한 그를 위반하는 처분은 평등의 원칙이나 신뢰보호의 원칙에 위배되어 재량권을 일탈·남용한 위법한 처분이 된다(대판 2009.12.24. 2009두7967, 표준판례 8). | 정답 | X

026

☐☐☐ 재량권 행사의 준칙인 행정규칙이 되풀이 시행되어 행정관행이 성립한 경우 그것만으로는 관습법으로서 법적 구속력을 갖지는 못하지만, 그 행정관행이 적법한 경우 행정기관은 그 준칙에 따라야 할 자기구속을 받게 된다.

상급행정기관이 하급행정기관에 대하여 업무처리지침이나 법령의 해석적용에 관한 기준을 정하여 발하는 이른바 '행정규칙이나 내부지침'은 일반적으로 행정조직 내부에서만 효력을 가질 뿐 대외적인 구속력을 갖는 것은 아니므로 행정처분이 그에 위반하였다고 하여 그러한 사정만으로 곧바로 위법하게 되는 것은 아니다. 다만, **재량권 행사의 준칙인 행정규칙**이 그 정한 바에 따라 되풀이 시행되어 행정관행이 이루어지게 되면 **평등의 원칙이나 신뢰보호의 원칙**에 따라 행정기관은 그 상대방에 대한 관계에서 그 규칙에 따라야 할 **자기구속**을 받게 되므로, 이러한 경우에는 특별한 사정이 없는 한 그를 위반하는 처분은 평등의 원칙이나 신뢰보호의 원칙에 위배되어 재량권을 일탈·남용한 위법한 처분이 된다(대판 2009.12.24. 2009두7967, 표준판례 8).

| 정답 | ○

027

☐☐☐ 행정청은 공익 또는 제3자의 이익을 현저히 해칠 우려가 있는 경우를 제외하고는 행정에 대한 국민의 정당하고 합리적인 신뢰를 보호하여야 한다.

> **행정기본법 제12조(신뢰보호의 원칙)** ① 행정청은 공익 또는 제3자의 이익을 현저히 해칠 우려가 있는 경우를 제외하고는 행정에 대한 국민의 정당하고 합리적인 신뢰를 보호하여야 한다.

| 정답 | ○

028

☐☐☐ 정책의 주무 부처인 중앙행정기관이 그 소관 사항에 대하여 입안한 법령안은 법제처 심사 등의 절차를 거쳐 공포함으로써 확정되므로 입법예고를 통해 법령안의 내용을 국민에게 예고하였다면 국가가 이해관계자들에게 입법예고된 사항에 관하여 신뢰를 부여하였다고 볼 수 있다.

정책의 주무 부처인 중앙행정기관이 그 소관 사항에 대하여 입안한 법령안은 법제처 심사 등의 절차를 거쳐 공포함으로써 확정되므로, 법령이 확정되기 이전에는 법적 효과가 발생할 수 없다. 따라서 **입법예고를 통해 법령안의 내용을 국민에게 예고한 적이 있다고 하더라도 그것이 법령으로 확정되지 아니한 이상** 국가가 이해관계자들에게 위 법령안에 관련된 사항을 약속하였다고 볼 수 없으며, 이러한 사정만으로 **어떠한 신뢰를 부여하였다고 볼 수도 없다**(대판 2018.6.15. 2017다249769). | 정답 | X

029

☐☐☐

행정청의 행위에 대한 신뢰보호 원칙의 적용 요건 중 하나인 '행정청의 견해 표명이 정당하다고 신뢰한 데에 대하여 그 개인에게 귀책사유가 없을 것'을 판단함에 있어, 귀책사유의 유무는 상대방과 그로부터 신청행위를 위임받은 수임인 등 관계자 모두를 기준으로 하여야 한다.

일반적으로 행정상의 법률관계에 있어서 행정청의 행위에 대하여 신뢰보호의 원칙이 적용되기 위하여는, 첫째 행정청이 개인에 대하여 신뢰의 대상이 되는 공적인 견해표명을 하여야 하고, 둘째 행정청의 견해표명이 정당하다고 신뢰한 데에 대하여 그 개인에게 귀책사유가 없어야 하며, 셋째 그 개인이 그 견해표명을 신뢰하고 이에 상응하는 어떠한 행위를 하였어야 하고, 넷째 행정청이 그 견해표명에 반하는 처분을 함으로써 그 견해표명을 신뢰한 개인의 이익이 침해되는 결과가 초래되어야 하며, 마지막으로 위 견해표명에 따른 행정처분을 할 경우 이로 인하여 공익 또는 제3자의 정당한 이익을 현저히 해할 우려가 있는 경우가 아니어야 하는바, 둘째 요건에서 말하는 귀책사유라 함은 행정청의 견해표명의 하자가 상대방 등 관계자의 사실은폐나 기타 사위의 방법에 의한 신청행위 등 부정행위에 기인한 것이거나 그러한 부정행위가 없다고 하더라도 하자가 있음을 알았거나 중대한 과실로 알지 못한 경우 등을 의미한다고 해석함이 상당하고, **귀책사유의 유무는 상대방과 그로부터 신청행위를 위임받은 수임인 등 관계자 모두를** 기준으로 판단하여야 한다(대판 2002.11.8. 2001두1512).　　　　　　　　　　　　　　　　　　　　　　　　　　| 정답 | ○

030

☐☐☐

건축주가 건축허가 내용대로 공사를 상당한 정도로 진행하였는데, 나중에 「건축법」에 위반되는 하자가 발견되었다는 이유로 행정청이 그 일부분의 철거를 명할 수 있기 위하여는 그 건축허가를 기초로 하여 형성된 사실관계 및 법률관계를 고려하여 건축주가 입게 될 불이익과 건축행정상의 공익, 제3자의 이익, 「건축법」 위반의 정도를 비교·교량하여 건축주의 이익을 희생시켜도 부득이하다고 인정되는 경우라야 한다.

건축주가 건축허가 내용대로 **공사를 상당한 정도로 진행**하였는데, 나중에 건축법이나 도시계획법에 위반되는 하자가 발견되었다는 이유로 그 일부분의 철거를 명할 수 있기 위하여는 그 건축허가를 기초로 하여 형성된 사실관계 및 법률관계를 고려하여 건축주가 입게 될 불이익과 건축행정이나 도시계획행정상의 공익, 제3자의 이익, 건축법이나 도시계획법 위반의 정도를 비교·교량하여 건축주의 이익을 희생시켜도 부득이하다고 인정되는 경우라야 한다(대판 2002.11.8. 2001두1512).　　　　| 정답 | ○

031

☐☐☐

수익적 행정처분의 하자가 당사자의 사실은폐나 기타 사위의 방법에 의한 신청행위에 기인한 것이라면, 당사자는 처분에 의한 이익을 위법하게 취득하였음을 알아 취소가능성도 예상하고 있었을 것이므로, 그 자신이 처분에 관한 신뢰이익을 원용할 수 없다.

행정행위를 한 처분청은 그 행위에 하자가 있는 경우에는 별도의 법적 근거가 없더라도 스스로 이를 취소할 수 있고, 다만 수익적 행정처분을 취소할 때에는 이를 취소하여야 할 공익상의 필요와 그 취소로 인하여 당사자가 입게 될 기득권과 신뢰보호 및 법률생활 안정의 침해 등 불이익을 비교·교량한 후 공익상의 필요가 당사자가 입을 불이익을 정당화할 만큼 강한 경우에 한하여 취소할 수 있다. 그런데 수익적 행정처분의 하자가 당사자의 사실은폐나 기타 사위의 방법에 의한 신청행위에 기인한 것이라면, 당사자는 처분에 의한 이익을 위법하게 취득하였음을 알아 취소가능성도 예상하고 있었을 것이므로, 그 자신이 처분에 관한 신뢰이익을 원용할 수 없음은 물론, 행정청이 이를 고려하지 않았다 하여도 재량권의 남용이 되지 않고, 이 경우 당사자의 사실은폐나 기타 사위의 방법에 의한 신청행위가 제3자를 통하여 소극적으로 이루어졌다고 하여 달리 볼 것이 아니다(대판 2008.11.13. 2008두8628).　　　　　　　　　　　　　　　　| 정답 | ○

032
☐☐☐

행정처분이 신뢰보호원칙의 요건을 충족하는 경우라고 하더라도 행정청이 앞서 표명한 공적인 견해에 반하는 행정처분을 함으로써 달성하려는 공익이 행정청의 공적 견해표명을 신뢰한 개인이 그 행정처분으로 인하여 입게 되는 이익의 침해를 정당화할 수 있을 정도로 강한 경우에는 신뢰보호의 원칙을 들어 그 행정처분이 위법하다고는 할 수 없다.

일반적으로 행정상의 법률관계에 있어서 행정청의 행위에 대하여 신뢰보호의 원칙이 적용되기 위하여는, 첫째 행정청이 개인에 대하여 신뢰의 대상이 되는 공적인 견해표명을 하여야 하고, 둘째 행정청의 견해표명이 정당하다고 신뢰한 데에 대하여 그 개인에게 귀책사유가 없어야 하며, 셋째 그 개인이 그 견해표명을 신뢰하고 이에 어떠한 행위를 하였어야 하고, 넷째 행정청이 위 견해표명에 반하는 처분을 함으로써 그 견해표명을 신뢰한 개인의 이익이 침해되는 결과가 초래되어야 하고, 어떠한 행정처분이 이러한 요건을 충족할 때에는, 공익 또는 제3자의 정당한 이익을 해할 우려가 있는 경우가 아닌 한, 신뢰보호의 원칙에 반하는 행위로서 위법하게 된다고 할 것이므로, 행정처분이 이러한 요건을 충족하는 경우라고 하더라도 **행정청이 앞서 표명한 공적인 견해에 반하는 행정처분을 함으로써 달성하려는 공익이 행정청의 공적 견해표명을 신뢰한 개인이 그 행정처분으로 인하여 입게 되는 이익의 침해를 정당화할 수 있을 정도로 강한 경우에는 신뢰보호의 원칙을 들어 그 행정처분이 위법하다고는 할 수 없다**(대판 1998.11.13. 98두7343).

> **행정기본법 제12조(신뢰보호의 원칙)** ① 행정청은 공익 또는 제3자의 이익을 현저히 해칠 우려가 있는 경우를 제외하고는 행정에 대한 국민의 정당하고 합리적인 신뢰를 보호하여야 한다.

| 정답 | ○

033
☐☐☐

관할관청이 폐기물처리업 사업계획에 대하여 적정통보를 하였다면, 이것은 당해 사업을 위해 필요한 그 사업부지 토지에 대한 국토이용계획변경신청을 승인하여 주겠다는 취지의 공적인 견해표명을 한 것으로 볼 수 있다.

폐기물관리법령에 의한 폐기물처리업 사업계획에 대한 적정통보와 국토이용관리법령에 의한 국토이용계획변경은 각기 그 제도적 취지와 결정단계에서 고려해야 할 사항들이 다르다는 이유로, 폐기물처리업 사업계획에 대하여 **적정통보를 한 것만으로 그 사업부지 토지에 대한 국토이용계획변경신청을 승인**하여 주겠다는 취지의 공적인 견해표명을 한 것으로 볼 수 없다(대판 2005.4.28. 2004두8828). | 정답 | X

034
☐☐☐

운전면허 취소사유에 해당하는 음주운전을 적발한 경찰관의 소속 경찰서장이 사무착오로 위반자에게 운전면허정지처분을 한 상태에서 위반자의 주소지 관할 지방경찰청장이 위반자에게 운전면허취소처분을 한 것은 선행처분에 대한 당사자의 신뢰 및 법적 안정성을 저해하는 것으로서 허용될 수 없다.

행정청이 일단 행정처분을 한 경우에는 행정처분을 한 행정청이라도 법령에 규정이 있는 때, 행정처분에 하자가 있는 때, 행정처분의 존속이 공익에 위반되는 때, 또는 상대방의 동의가 있는 때 등의 특별한 사유가 있는 경우를 제외하고는 행정처분을 자의로 취소(철회의 의미를 포함)할 수 없다. 운전면허 취소사유에 해당하는 음주운전을 적발한 경찰관의 소속 경찰서장이 **사무착오로** 위반자에게 운전면허정지처분을 한 상태에서 위반자의 주소지 관할 지방경찰청장이 위반자에게 운전면허취소처분을 한 것은 선행처분에 대한 당사자의 **신뢰 및 법적 안정성을 저해하는** 것으로서 허용될 수 없다(대판 2000.2.25. 99두10520). | 정답 | ○

035

☐☐☐

신뢰보호의 원칙을 성립시키는 행정청의 공적 견해나 의사는 명시적 또는 묵시적으로 표시되어야 하는데, 비과세 관행에 관한 묵시적 표시가 있다고 하기 위하여는 단순한 과세 누락과는 달리 과세관청이 상당기간 불과세 상태에 대하여 과세하지 않겠다는 의사표시를 한 것으로 볼 수 있는 사정이 있어야 한다.

일반적으로 조세 법률관계에서 과세관청의 행위에 대하ㅍ여 신의성실의 원칙이 적용되기 위하여는 과세관청이 납세자에게 신뢰의 대상이 되는 공적인 견해표명을 하여야 하고, 또한 **국세기본법 18조 3항**에서 말하는 **비과세관행**이 성립하려면 상당한 기간에 걸쳐 과세를 하지 아니한 객관적 사실이 존재할 뿐만 아니라 과세관청 자신이 그 사항에 관하여 과세할 수 있음을 알면서도 어떤 특별한 사정 때문에 과세하지 않는다는 의사가 있어야 하며 위와 같은 **공적 견해나 의사**는 명시적 또는 묵시적으로 표시되어야 하지만, **묵시적 표시**가 있다고 하기 위하여는 단순한 과세 누락과는 달리 과세관청이 상당기간 불과세 상태에 대하여 과세하지 않겠다는 **의사표시**를 한 것으로 볼 수 있는 사정이 있어야 하고, 이 경우 특히 과세관청의 **의사표시가 일반론적인 견해표명**에 불과한 경우에는 위 원칙의 **적용을 부정**하여야 한다(대판 2001.4.24. 2000두5203).

| 정답 | ○

036

☐☐☐

비위사실로 파면처분을 받은 피징계자가 징계처분에 중대하고 명백한 흠이 있음을 알면서도 퇴직시 지급되는 퇴직금 등 급여를 받은 후 5년이 지나 그 비위사실의 공소시효가 완성된 후에 징계처분의 흠을 내세워 그 징계처분의 무효확인을 구하는 것은 신의칙에 반한다.

피징계자가 징계처분에 **중대하고 명백한 흠이 있음을 알면서도** 퇴직시에 지급되는 퇴직금 등 급여를 지급받으면서 그 징계처분에 대하여 위 흠을 들어 항고하였다가 곧 취하고 그 후 5년 이상이나 그 징계처분의 효력을 일체 다투지 아니하다가 위 비위사실에 대한 **공소시효가 완성**되어 더이상 형사소추를 당할 우려가 없게 되자 새삼 위 흠을 들어 그 **징계처분의 무효확인**을 구하는 소를 제기하기에 이르렀고 한편 징계권자로서도 그후 오랜 기간동안 피징계자의 퇴직을 전제로 승진·보직 등 인사를 단행하여 신분관계를 설정하였다면 피징계자가 이제 와서 흠을 내세워 그 징계처분의 무효확인을 구하는 것은 신의칙에 반한다(대판 1989.12.12. 88누8869).

| 정답 | ○

037

☐☐☐

신뢰보호원칙의 적용과 관련하여 행정청의 공적인 견해표명이 있었는지의 여부를 판단함에 있어서는 반드시 행정조직상의 형식적인 권한분배에 구애될 것은 아니다.

일반적으로 행정상의 법률관계에 있어서 행정청의 행위에 대하여 신뢰보호의 원칙이 적용되기 위하여는, 첫째 행정청이 개인에 대하여 신뢰의 대상이 되는 공적인 견해표명을 하여야 하고, 둘째 행정청의 견해표명이 정당하다고 신뢰한 데에 대하여 그 개인에게 귀책사유가 없어야 하며, 셋째 그 개인이 그 견해표명을 신뢰하고 이에 어떠한 행위를 하였어야 하고, 넷째 행정청이 위 견해표명에 반하는 처분을 함으로써 그 견해표명을 신뢰한 개인의 이익이 침해되는 결과가 초래되어야 하며, 이러한 요건을 충족할 때에는 행정청의 처분은 신뢰보호의 원칙에 반하는 행위로서 위법하게 된다고 할 것이고, 또한 위 요건의 하나인 **행정청의 공적 견해표명**이 있었는지의 여부를 판단하는 데 있어 반드시 행정조직상의 형식적인 권한 분장에 구애될 것은 아니고 담당자의 조직상의 지위와 임무, 당해 언동을 하게 된 구체적인 경위 및 그에 대한 상대방의 신뢰가능성에 비추어 **실질에 의하여 판단하여야** 한다(대판 1997.9.12. 96누18380).

| 정답 | ○

038
☐☐☐

당초 폐기물처리시설을 설치한다는 도시관리계획결정 및 지형도면 고시를 하였다가 폐기물처리시설 대신 광장을 설치한다는 도시관리계획 변경결정 및 지형도면 고시를 한 경우 당초 도시관리계획결정은 도시계획시설사업의 시행자 지정을 받게 된다는 공적인 견해를 표명한 것으로 볼 수 있으므로, 그 후의 도시관리계획 변경결정 및 지형도면 고시는 당초의 도시계획시설사업의 시행자로 지정받을 것을 예상하고 폐기물처리시설의 설계비용 등을 지출한 자의 신뢰이익을 침해한다.

행정계획의 **장기성·종합성**에 비추어 **변경가능성**을 내포하므로, <u>도시관리계획의 결정·고시만으로 당해 계획존속 또는 도시계획시설사업의 사업시행자 지정 등 사업시행에 대한 공적 견해표명으로 보기 어렵고</u>, 또한 도시관리계획 변경결정·고시만으로 사업시행자 지정이 예상되는 자의 **신뢰이익**을 침해한다고 볼 수 없다.
[판례] 이 사건 <u>도시관리계획을 고시한 것만으로는 피고가 이 사건 도시관리계획의 유지나 원고들의 이 사건 사업 시행에 관한 공적인 견해를 표명하였다고 보기 어렵고</u>, 일반적으로 기존 행정계획의 존속에 대한 특정인의 기대이익을 행정계획의 변경에 대한 공익보다 항상 우선시할 수도 없다는 등의 이유를 들어, 이 사건 처분이 신뢰보호 원칙에 반하지 않는다고 판단한 원심의 판단은 정당하고, 거기에 상고이유 주장과 같이 신뢰보호 원칙에 관한 법리를 오해하는 등의 위법이 없다(대판 2018.10.12. 2015두50382). | 정답 | X

039
☐☐☐

헌법재판소의 위헌결정은 행정청이 개인에 대하여 신뢰의 대상이 되는 공적인 견해를 표명한 것이라고 할 수 없으므로 그 결정에 관련한 개인의 행위에 대하여는 신뢰보호의 원칙이 적용되지 아니한다.

<u>헌법재판소의 위헌결정은 행정청이 개인에 대하여 신뢰의 대상이 되는 공적인 견해를 표명한 것이라고 할 수 없으므로</u> 그 결정에 관련한 개인의 행위에 대하여는 신뢰보호의 원칙이 적용되지 아니한다(대판 2003.6.27. 2002두6965). | 정답 | ○

040
☐☐☐

행정청이 단순한 착오로 어떠한 처분을 계속한 경우, 신뢰보호원칙상 행정청이 그와 배치되는 조치를 할 수 없는 행정관행이 성립하므로, 행정청이 추후 오류를 발견하여 합리적인 방법으로 변경하더라도 신뢰보호원칙에 위배된다.

단순착오로 어떤 **처분을 계속**한 경우, 그 **오류를 합리적 방법으로 변경**하는 것은 신뢰보호원칙 위반이 아니다. 신뢰보호원칙에 따른 자기구속원칙은 **적법한 행정관행**을 전제하므로, 단순착오에 의한 행정관행에는 행정청이 구속되지 않기 때문이다.
[판례] 행정상 법률관계에 있어서 특정의 사항에 대해 **신뢰보호의 원칙**상 처분청이 그와 배치되는 조치를 할 수 없다고 할 수 있을 정도의 **행정관행이 성립**되었다고 하려면 상당한 기간에 걸쳐 그 사항에 대해 **동일한 처분**을 하였다는 **객관적 사실**이 존재할 뿐만 아니라, 처분청이 그 사항에 관해 다른 내용의 처분을 할 수 있음을 **알면서도** 어떤 특별한 사정 때문에 그러한 처분을 하지 않는다는 **의사가 있고** 이와 같은 의사가 **명시적 또는 묵시적으로 표시되어야** 한다 할 것이므로, **단순히 착오로 어떠한 처분을 계속**한 경우는 이에 해당되지 **않는다** 할 것이고, 따라서 처분청이 추후 오류를 발견하여 **합리적인 방법으로 변경**하는 것은 위 원칙에 위배되지 않는다(대판 1993.6.11. 92누14021). | 정답 | X

041

□□□

헌법적 신뢰보호는 개개의 국민이 어떠한 경우에도 실망하지 않도록 하는 데까지 미칠 수는 없지만, 입법자는 구법질서가 더 이상 그 법률관계에 적절하지 못하고 합목적적이지 않더라도 그 수혜자 집단을 위하여 이를 계속 유지할 의무를 부담한다.

신뢰보호원칙 위반 여부는 달성하려는 공익과 침해되는 사익과 관련된 여러 요소를 종합적으로 **비교 · 형량**하여야 한다.

[판례] 신뢰보호원칙의 위배여부를 판단하기 위하여는 한면으로는 **침해받은 이익의 보호가치, 침해의 중한 정도,** **신뢰가 손상된 정도,** **신뢰침해**의 방법 등과 다른 한면으로는 새 입법을 통해 실현하고자 하는 **공익적 목적**을 종합적으로 **비교 · 형량**하여야 한다. 그러나 헌법적 신뢰보호는 개개의 국민이 어떠한 경우에도 '**실망**'을 하지 않도록 하여 주는데까지 미칠 수는 없는 것이며, 입법자는 구법질서가 더 이상 그 법률관계에 적절하지 못하며 합목적적이지도 아니함에도 불구하고 그 **수혜자군**을 위하여 이를 **계속 유지하여 줄 의무는 없다** 할 것이다(헌재 1995.6.29. 94헌바39). | 정답 | X

042

□□□

법령의 잘못된 해석이나 행정청의 관행에 대하여도 그것이 평균적인 납세자로 하여금 합리적이고 정당한 기대를 가지게 할 만한 것이면 신의성실의 원칙이나 신뢰보호의 원칙 또는 비과세 관행 존중의 원칙이 적용될 수 있는데, 그러한 해석 또는 관행의 존재 여부에 대한 증명책임은 법치행정에 대한 의무를 지는 행정청에 있다.

법령의 잘못된 해석 · 관행에 대하여, 평균적 납세자의 **합리적**이고 **정당한 기대**가 있으면, 신의칙이나 **신뢰 보호원칙**이 적용되고, 그 **입증책임**은 비과세관행 등을 주장하는 **납세자**에게 있다. 비과세관행 등은 **조세법정 주의의 예외**에 해당하므로, 이러한 예외적 법원칙을 주장하는 경우에는 그 **주장자인 납세자**에게 입증책임이 있는 것이다.

[판례] 조세법률관계에 있어서 **신의성실의 원칙**이나 신뢰보호의 원칙 또는 비과세 관행 존중의 원칙은 **합법 성의 원칙**을 희생하여서라도 납세자의 **신뢰를 보호**함이 정의에 부합하는 것으로 인정되는 **특별한 사정**이 있을 경우에 한하여 적용되는 예외적인 법 원칙이다. 그러므로 과세관청의 행위에 대하여 신의성실의 원칙 또는 신뢰보호의 원칙을 적용하기 위해서는, 과세관청이 **공적인 견해표명** 등을 통하여 **부여한 신뢰**가 평균적인 납세자로 하여금 **합리적이고 정당한 기대**를 가지게 할 만한 것이어야 한다. 또한 **비과세 관행 존중의 원칙**도 비과세에 관하여 일반적으로 납세자에게 받아들여진 **세법의 해석** 또는 **국세행정의 관행**이 존재하여야 적용될 수 있는 것으로서, 이는 비록 **잘못된 해석** 또는 **관행이라도** 특정 납세자가 아닌 **불특정 일반 납세자에게 정당한 것으로** 이의 없이 **받아들여져** 납세자가 그와 같은 해석 또는 관행을 신뢰하는 것이 무리가 아니라고 인정될 정도에 이른 것을 의미하고, 단순히 **세법의 해석기준**에 관한 **공적인 견해의 표명**이 있었다는 사실만으로 그러한 **해석 또는 관행**이 있다고 볼 수는 없으며, 그러한 해석 또는 관행의 존재에 대한 **증명책임**은 그 **주장자인 납세자**에게 있다(대판 2013.12.26. 2011두5940). | 정답 | X

043

☐☐☐ 실권 또는 실효의 법리는 법의 일반원리인 신의성실의 원칙에 바탕을 둔 파생원칙인 것이므로, 공법관계 가운데 관리관계는 물론이고 권력관계에도 적용될 수 있다.

실권 또는 실효의 법리는 법의 일반원리인 신의성실의 원칙에 바탕을 둔 파생원칙인 것이므로 공법관계 가운데 **관리관계는 물론**이고 **권력관계에도 적용**되어야 함을 배제할 수는 없다 하겠으나 그것은 본래 권리행사의 기회가 있음에도 불구하고 권리자가 장기간에 걸쳐 그의 권리를 행사하지 아니하였기 때문에 의무자인 상대방은 이미 그의 권리를 행사하지 아니할 것으로 믿을 만한 정당한 사유가 있게 되거나 행사하지 아니할 것으로 추인케 할 경우에 새삼스럽게 그 권리를 행사하는 것이 신의성실의 원칙에 반하는 결과가 될 때 그 권리행사를 허용하지 않는 것을 의미한다(대판 1988.4.27. 87누915, 표준판례 16).

➔ 과거 판례는 실권의 법리를 신의성실원칙의 파생법리로 보고 학설은 신뢰보호원칙의 파생법리로 보았다. 최근 행정기본법은 실권의 법리를 11조(신의성실의 원칙)가 아닌 12조(신뢰보호의 원칙)에 규정하여 실권의 법리를 신뢰보호원칙의 파생법리로 입법화하였다. | 정답 | ○

044

☐☐☐ 행정청이 공적인 견해를 표명한 이후에 사정이 변경되었다고 하여 그 공적 견해가 더 이상 신뢰의 대상이 된다고 볼 수 없는 것은 아니므로, 특별한 사정이 없는 한 행정청이 그 견해표명에 반하는 처분을 하였다면 신뢰보호의 원칙에 위반된다.

사정변경이 있는 경우에 **공적 견해표명**에 반하는 처분은 적법하다. 신뢰보호원칙은 공적 견해표명 당시의 사정을 전제하므로, **사정변경**이 있으면 확약 또는 **공적 견해표명은 실효**되어 신뢰보호원칙이 적용되지 않기 때문이다.

[판례] 신뢰보호원칙은 행정청이 공적견해를 표명할 당시의 사정이 그대로 유지됨을 전제로 적용되는 것이 원칙이므로, **사후에 사정이 변경**된 경우에는 그 공적견해가 더 이상 개인에게 신뢰대상이 된다고 보기 어려운 만큼, 특별한 사정이 없는 한 행정청이 그 견해표명에 반하는 처분을 하더라도 **신뢰보호의 원칙에 위반된다고 할 수 없다**(대판 2020.6.25. 2018두34732, 표준판례 13). | 정답 | X

045

☐☐☐ 행정청이 이전의 언동을 시정하는 공적 견해표명을 하였다고 하더라도 이미 형성된 상대방의 신뢰는 보호되어야 하므로 장래에 향하여 새로운 견해표명에 따라 처분을 하는 것은 신뢰보호의 원칙에 위반된다.

과세관청이 과거의 언동을 시정하여 장래에 향하여 처분하는 것은 신의성실의 원칙이나 소급과세금지의 원칙에 위반되지 않는다(대판 2009.12.24. 2008두15350). | 정답 | X

046
☐☐☐

甲은 폐기물처리업을 하고자 A시장에게 사업계획서를 제출하였는데, A시장은 '처리시설 부지의 분할 및 지목변경을 할 것'의 조건을 부가하여 사업계획에 대한 적합통보를 하였다. 甲은 사업계획서를 제출할 당시, A시의 민원실에 문의하여 민원팀장으로부터 토지형 질변경이 가능할 것이라는 안내를 받은 바 있다. 그런데 甲이 조건의 이행을 위하여 시설 부지에 대한 형질변경허가신청을 하자 A시장은 이에 대한 거부처분을 하였다. 甲은 A시 장의 거부처분이 신뢰보호의 원칙에 반하여 위법하다고 주장한다. 신뢰보호의 원칙의 적용에 관한 설명 중 옳은 것은?

ㄱ. 甲에게 토지형질변경이 가능할 것이라고 답변한 A시 민원팀장의 안내는 신뢰의 대상이 되는 공적 견해표명에 해당한다.
ㄴ. 甲이 민원팀장의 답변을 믿고 별도로 A시 담당부서 공무원에게 공적 견해표명을 구하는 정식 서면질의 등을 하지 않더라도 甲의 신뢰는 보호되어야 한다.

소외 1은 2001. 10. 12.경 서울지방병무청 민원실에 찾아가 총무과 민원팀장인 지○○에게 원고의 국외영 주권취득으로 인한 병역면제 및 병역 관련 사항을 문의하였고, 이에 지○○는 그 상담에 응하여 "복무기간 6개월의 공익근무요원이 될 수 있다"고 하면서 보충역편입처분신청서를 민원실로 접수시키라고 안내하였고, 상담 결과를 전해들은 원고는 이를 믿고 2001. 11. 14. 귀국한 다음 같은 달 16. 완전귀국신고를 하였다. 서울지방병무청 총무과 **민원팀장에 불과**한 지○○가 법령의 내용을 숙지하지 못한 상태에서 원고측의 상담 에 응하여 **민원봉사차원에서 안내**하였다고 하여 그것이 피고 서울지방병무청장의 **공적인 견해표명**이라고 하기 어렵고, 원고측이 더 나아가 담당부서의 담당공무원에게 공적 견해의 표명을 구하는 **정식의 서면질의 등**을 하지 **아니한** 채 지○○의 안내만을 신뢰한 것에는 원고측에 **귀책사유도** 있어 **신뢰보호의 원칙**이 적용 되지 **아니한다**(대판 2003.12.26. 2003두1875). | 정답 | ㄱ. X, ㄴ. X

ㄷ. A시장은 甲이 신청한 형질변경허가신청에 대하여 처리시설이 들어설 경우 수질오염 등으로 인근 주민들의 생활환경에 피해를 줄 우려가 있다는 등의 공익상의 이유를 들어 거부할 수는 없다.
[23-3]

폐기물처리업을 위한 국토이용계획변경신청을 폐기물처리시설이 들어설 경우 수질오염 등으로 인근 주민들 의 생활환경에 피해를 줄 우려가 있다는 등의 공익상의 이유를 들어 거부한 경우, 그 거부처분이 재량권의 일탈·남용이 아니라고 한 사례(대판 2005.4.28. 2004두8828). | 정답 | X

047
☐☐☐

개정 법령이 기존의 사실 또는 법률관계를 적용대상으로 하면서 국민의 재산권과 관련하여 종전보다 불리한 법률효과를 규정하고 있는 경우 그러한 사실 또는 법률관계가 개정 법령이 시행되기 이전에 이미 완성 또는 종결된 것이 아니라면 개정 법령을 적용하는 것이 헌법상 금지되는 소급입법에 의한 재산권 침해라고 할 수는 없다.

행정처분은 그 근거 법령이 개정된 경우에도 경과규정에서 달리 정함이 없는 한 처분 당시 시행되는 개정 법령과 그에 정한 기준에 의하는 것이 원칙이고, 그 개정 법령이 기존의 사실 또는 법률관계를 적용대상으로

하면서 국민의 재산권과 관련하여 종전보다 불리한 법률효과를 규정하고 있는 경우에도 그러한 **사실 또는 법률관계가 개정법령이 시행되기 이전에 이미 완성 또는 종결된 것이 아니라면** 이를 헌법상 금지되는 **소급입법에 의한 재산권 침해라고 할 수는 없으며**, 그러한 개정 법령의 적용과 관련하여서는 개정 전 법령의 존속에 대한 국민의 신뢰가 개정 법령의 적용에 관한 공익상의 요구보다 더 보호가치가 있다고 인정되는 경우에 그러한 국민의 신뢰를 보호하기 위하여 그 적용이 제한될 수 있는 여지가 있을 따름이다(대판 2009.9.10. 2008두9324). | 정답 | ○

[23-2, 23 경찰간부]

048
□□□

법령등을 위반한 행위 후 법령등의 변경에 의하여 그 행위가 법령등을 위반한 행위에 해당하지 아니하거나 제재처분 기준이 가벼워진 경우로서 해당 법령등에 특별한 규정이 없는 경우에는 변경된 법령등을 적용한다.

> **행정기본법 제14조(법 적용의 기준)** ③ 법령등을 위반한 행위의 성립과 이에 대한 제재처분은 법령등에 특별한 규정이 있는 경우를 제외하고는 법령등을 위반한 <u>행위 당시</u>의 법령등에 따른다. 다만, <u>법령등을 위반한 행위 후 법령등의 변경에 의하여 그 행위가 법령등을 위반한 행위에 해당하지 아니하거나 제재처분 기준이 가벼워진 경우로서 해당 법령등에 특별한 규정이 없는 경우에는 **변경된** 법령등을 적용</u>한다.

| 정답 | ○

[14 변시]

049
□□□

건설업자가 시공자격 없는 자에게 전문공사를 하도급한 행위에 대하여 과징금 부과처분을 하는 경우, 구체적인 부과기준에 대하여 처분시의 법령이 행위시의 법령보다 불리하게 개정되었고 어느 법령을 적용할 것인지에 대하여 특별한 규정이 없다면 처분시의 법령을 적용하여야 한다.

법령이 변경된 경우 신 법령이 피적용자에게 유리하여 이를 적용하도록 하는 경과규정을 두는 등의 특별한 규정이 없는 한 헌법 13조 등의 규정에 비추어 볼 때 **그 변경 전에 발생한 사항에 대하여는** 변경 후의 신 법령이 아니라 변경 전의 **구 법령이 적용되어야** 한다.
구 건설업법 시행 당시에 건설업자가 도급받은 건설공사 중 전문공사를 그 전문공사를 시공할 자격 없는 자에게 하도급한 행위에 대하여 건설산업기본법 시행 이후에 과징금 부과처분을 하는 경우, 과징금의 부과 상한은 건설산업기본법 부칙(1999. 4. 15.) 5조 1항에 의하여 피적용자에게 유리하게 개정된 건설산업기본법 82조 2항에 따르되, **구체적인 부과기준에 대하여는 처분시의 시행령이 행위시의 시행령보다 불리하게 개정되었고 어느 시행령을 적용할 것인지에 대하여 특별한 규정이 없으므로, 행위시의 시행령을 적용하여야** 한다(대판 2002.12.10. 2001두3228).

> **행정기본법 제14조(법 적용의 기준)** ③ 법령등을 위반한 행위의 성립과 이에 대한 제재처분은 법령등에 특별한 규정이 있는 경우를 제외하고는 법령등을 위반한 <u>행위 당시</u>의 법령등에 따른다. 다만, <u>법령등을 위반한 행위 후 법령등의 변경에 의하여 그 행위가 법령등을 위반한 행위에 해당하지 아니하거나 제재처분 기준이 가벼워진 경우로서 해당 법령등에 특별한 규정이 없는 경우에는 변경된 법령등을 적용</u>한다.

| 정답 | X

050

조세법령이 일단 효력을 발생하였다가 폐지 또는 개정된 경우 조세법령이 정한 과세요건 사실이 폐지 또는 개정된 당시까지 완료된 때에는 다른 경과규정이 없는 한 그 과세요건 사실에 대하여는 종전의 조세법령이 계속 효력을 가지므로, 조세법령의 폐지 또는 개정 전에 종결된 과세요건 사실에 대하여 폐지 또는 개정 전의 조세법령을 적용하는 것이 조세법률주의의 원칙에 위배된다고 할 수 없다.

조세법률주의의 원칙상 조세의무는 각 세법에 정한 과세요건이 완성된 때에 성립된다고 할 것이나, 조세법령이 일단 효력을 발생하였다가 폐지 또는 개정된 경우 조세법령이 정한 과세요건 사실이 폐지 또는 개정된 당시까지 완료된 때에는 다른 경과규정이 없는 한 그 과세요건 사실에 대하여는 종전의 조세법령이 계속 효력을 가지며, 조세법령의 폐지 또는 개정 후에 발생된 행위사실에 대하여만 효력을 잃는 것이라고 보아야 할 것이므로, 조세법령의 폐지 또는 **개정 전에 종결된 과세요건 사실**에 대하여 폐지 또는 **개정 전의 조세법령을** 적용하는 것이 조세법률주의의 원칙에 위배된다고 할 수 없다(대판 1993.5.11. 92누18399). | 정답 | ○

051

허가신청 후 처분 전에 관계 법령이 개정시행된 경우 신법령 부칙에 경과규정을 두지 아니한 이상 당연히 허가신청 당시의 법령에 의하여 허가 여부를 판단하여야 하는 것은 아니며, 소관 행정청이 허가신청을 수리하고도 정당한 이유 없이 처리를 늦추어 그 사이에 법령 및 허가기준이 변경된 것이 아닌 한, 변경된 법령 및 허가기준에 따라서 한 불허가처분은 적법하다.

행정행위는 처분 당시에 시행중인 법령과 허가기준에 의하여 하는 것이 원칙이고 인·허가신청 후 처분 전에 관계 법령이 개정시행된 경우 신법령 부칙에 그 시행 전에 이미 허가신청이 있는 때에는 종전의 규정에 의한다는 취지의 경과규정을 두지 아니한 이상 당연히 허가신청 당시의 법령에 의하여 허가 여부를 판단하여야 하는 것은 아니며, 소관 행정청이 허가신청을 수리하고도 정당한 이유 없이 처리를 늦추어 그 사이에 법령 및 허가기준이 변경된 것이 아닌 한 **변경된 법령 및 허가기준에** 따라서 한 불허가처분은 적법하다(대판 1998.3.27. 96누19772).

행정기본법 제14조(법 적용의 기준) ② 당사자의 신청에 따른 처분은 법령등에 특별한 규정이 있거나 처분 당시의 법령등을 적용하기 곤란한 특별한 사정이 있는 경우를 제외하고는 처분 당시의 법령등에 따른다.

| 정답 | ○

052

행정소송에서 행정처분의 위법 여부는 원칙적으로 행정처분이 행하여졌을 때의 법령과 사실상태를 기준으로 하여 판단하여야 하고, 처분 후 법령의 개폐나 사실상태의 변동에 의하여 영향을 받지는 않는다.

행정처분의 위법 여부를 판단하는 기준 시점에 대하여 판결시가 아니라 처분시라고 하는 의미는 행정처분이 있을 때의 법령과 사실상태를 기준으로 하여 위법 여부를 판단할 것이며 **처분 후 법령의 개폐나 사실상태의 변동에 영향을 받지 않는다는** 뜻이지 처분 당시 존재하였던 자료나 행정청에 제출되었던 자료만으로 위법 여부를 판단한다는 의미는 아니므로 처분 당시의 사실상태 등에 대한 입증은 사실심 변론종결 당시까지 할 수 있고, 법원은 행정처분 당시 행정청이 알고 있었던 자료뿐만 아니라 사실심 변론종결 당시까지 제출된

모든 자료를 종합하여 처분 당시 존재하였던 객관적 사실을 확정하고 그 사실에 기초하여 처분의 위법 여부를 판단할 수 있다(대판 1995.11.10. 95누8461). | 정답 | ○

[14 변시]

053

☐☐☐

개정 전 법령의 존속에 대한 국민의 신뢰가 개정 법령의 적용에 관한 공익상의 요구보다 더 보호가치가 있다고 인정되는 경우, 국민의 신뢰를 보호하기 위하여 개정 법령의 적용이 제한될 수 있는 여지가 있다.

행정처분은 그 근거 법령이 개정된 경우에도 경과규정에서 달리 정함이 없는 한 **처분 당시 시행되는 개정 법령**과 그에서 정한 기준에 의하는 것이 원칙이고, 그 개정 법령이 기존의 사실 또는 법률관계를 적용대상으로 하면서 **종전보다 불리한 법률효과를 규정**하고 있는 경우에도 그러한 사실 또는 법률관계가 개정 법률이 시행되기 이전에 이미 종결된 것이 아니라면 이를 헌법상 금지되는 소급입법이라고 할 수는 없으며, 그러한 개정 법률의 적용과 관련하여서는 **개정 전 법령의 존속에 대한 국민의 신뢰가 개정 법령의 적용에 관한 공익상의 요구보다 더 보호가치가 있다고 인정되는 경우**에 그러한 국민의 신뢰보호를 보호하기 위하여 그 적용이 제한될 수 있는 여지가 있을 따름이다(대판 2001.10.12. 2001두274). | 정답 | ○

[18 변시]

054

☐☐☐

구 「유료도로법」에 따라 통행료를 징수할 수 없게 된 도로라 하더라도 신법에 따른 유료도로의 요건을 갖추었다면 그 시행 이후 그 도로를 통행하는 차량에 대하여 통행료를 부과하여도 헌법상 소급입법에 의한 재산권 침해금지 원칙에 반한다고 볼 수 없다.

개정 법률이 이전 법률과 통행료 징수요건을 달리 정하고 있더라도 시행 이후에는 개정 법률에 따른 통행료 징수 요건을 충족하는 이상 '유료도로'로 볼 수 있는 점 등을 종합적으로 고려할 때, 1977년 유료도로법에 따라 통행료를 징수할 수 없게 된 고속국도라 하더라도 1980년 유료도로법 또는 2001년 유료도로법에 따른 유료도로의 요건을 갖추었다면 그 **시행 이후** 도로를 통행하는 차량에 대하여 통행료를 부과할 수 있다고 해석하는 것이 타당하고, 이러한 해석이 헌법상 **소급입법**에 의한 재산권 침해 금지 원칙에 반한다고 볼 수 없다(대판 2015.10.15. 2013두2013). | 정답 | ○

[23-1, 21 국회8급]

055

☐☐☐

관할관청이 위법한 직업능력개발훈련과정 인정제한처분을 하여 사업주로 하여금 제때 훈련과정 인정신청을 할 수 없도록 하였음에도, 인정제한처분에 대한 취소판결 확정 후 사업주가 인정제한기간 내에 실제로 실시하였던 훈련에 관하여 비용지원신청을 한 경우에, 사전에 훈련과정 인정을 받지 않았다는 이유만을 들어 훈련비용 지원을 거부하는 것은 신의성실의 원칙에 반하여 허용될 수 없다.

관할관청이 위법한 직업능력개발훈련과정 **인정제한처분**을 하여 사업주로 하여금 제때 **훈련과정 인정신청을 할 수 없도록** 하였음에도, 인정제한처분에 대한 취소판결 확정 후 사업주가 인정제한 기간 내에 실제로 실시하였던 훈련에 관하여 비용지원신청을 한 경우에, 관할관청은 단지 해당 훈련과정에 관하여 사전에 훈련과정 인정을 받지 않았다는 이유만을 들어 **훈련비용 지원을 거부할 수는 없음**이 원칙이다. 이러한 거부행위는 위법한 훈련과정 인정제한처분을 함으로써 사업주로 하여금 제때 훈련과정 인정신청을 할 수 없게 한 장애사유를 만든 행정청이 사업주에 대하여 사전에 훈련과정 인정신청을 하지 않았음을 탓하는 것과 다름없으므로 신의성실의 원칙에 반하여 허용될 수 없다(대판 2019.1.31. 2016두52019, 표준판례 17). | 정답 | ○

제4장 │ 공법관계와 사법관계

I 공법관계와 사법관계의 구별

[13 변시, 19-2]

056
□□□

지방자치단체가 보조금 지급결정을 하면서 일정 기한 내에 보조금을 반환하도록 하는 교부조건을 부가한 경우, 보조사업자의 지방자치단체에 대한 보조금 반환의무는 보조사업자가 지방자치단체에 부담하는 공법상 의무이므로, 보조사업자에 대한 지방자치단체의 보조금반환청구소송은 당사자소송에 해당한다.

지방자치단체가 보조금 지급결정을 하면서 일정 기한 내에 보조금을 반환하도록 하는 교부조건을 부가한 사안에서, 보조사업자의 지방자치단체에 대한 보조금 반환의무는 행정처분인 위 보조금 지급결정에 부가된 <u>부관상 의무</u>이고, 이러한 부관상 의무는 <u>보조사업자가 지방자치단체에 부담하는 **공법상 의무**</u>이므로, 보조사업자에 대한 지방자치단체의 보조금반환청구는 공법상 권리관계의 일방 당사자를 상대로 하여 공법상 의무이행을 구하는 청구로서 행정소송법 3조 2호에 규정한 **당사자소송의 대상**이다(대판 2011.6.9. 2011다2951).

│ 정답 │ ○

[15 변시, 21-1]

057
□□□

국가나 지방자치단체에 근무하는 청원경찰에 대한 징계처분의 시정을 구하는 소송은 행정소송에 해당한다.

국가나 지방자치단체에 근무하는 청원경찰은 국가공무원법이나 지방공무원법상의 공무원은 아니지만, **다른 청원경찰과는 달리** 그 임용권자가 행정기관의 장이고, 국가나 지방자치단체로부터 보수를 받으며, 산업재해보상보험법이나 근로기준법이 아닌 **공무원연금법에 따른 재해보상과 퇴직급여**를 지급받고, 직무상의 불법행위에 대하여도 민법이 아닌 **국가배상법이 적용되는 등의 특질**이 있으며 그 외 임용자격, 직무, 복무의무 내용 등을 종합하여 볼 때, 그 근무관계를 사법상의 고용계약관계로 보기는 어려우므로 <u>그에 대한징계처분의 시정을 구하는 소는 행정소송의 대상</u>이지 민사소송의 대상이 아니다(대판 1993.7.13. 92다47564).

│ 정답 │ ○

[22 경찰간부]

058
□□□

변호사등록은 대한변호사협회가 「변호사법」에 의하여 국가로부터 위탁받아 수행하는 공행정사무에 해당한다.

피고 대한변호사협회는 변호사와 지방변호사회의 지도·감독에 관한 사무를 처리하기 위하여 변호사법에 의하여 설립된 **공법인**으로서, **변호사등록**은 피고 협회가 변호사법에 의하여 **국가로부터 위탁**받아 수행하는 **공행정사무**에 해당한다(헌재 2019.11.28. 2017헌마759 참조). 따라서 피고 2는 **피고 협회의 장(長)**으로서 국가로부터 위탁받은 공행정사무인 '변호사등록에 관한 사무'를 수행하는 범위 내에서는 **국가배상법 2조에서 정한 공무원에 해당**한다(대판 2021.1.28. 2019다260197, 표준판례 229).

│ 정답 │ ○

059
☐☐☐

일반재산(구 잡종재산)인 국유림을 대부하는 행위는 법률이 대부계약의 취소사유나 대부료의 산정방법 등을 정하고 있고, 대부료의 징수에 관하여 「국세징수법」 중 체납처분에 관한 규정을 준용하도록 정하고 있더라도 사법관계로 파악된다.

국유재산법 31조, 32조 3항, 산림법 75조 1항의 규정 등에 의하여 국유잡종재산에 관한 관리 처분의 권한을 위임받은 기관이 **국유잡종재산을 대부하는 행위는 국가가 사경제 주체로서 상대방과 대등한 위치에서 행하는 사법상의 계약**이고, 행정청이 공권력의 주체로서 상대방의 의사 여하에 불구하고 일방적으로 행하는 행정처분이라고 볼 수 없으며, 국유잡종재산에 관한 **대부료의 납부고지 역시 사법상의 이행청구**에 해당하고, 이를 행정처분이라고 할 수 없다(대판 2000.2.11. 99다61675, 표준판례 137). | 정답 | ○

060
☐☐☐

「국가를 당사자로 하는 계약에 관한 법률」에 근거하여 국가기관이 하는 입찰참가자격제한은 공법관계에 해당한다.

판례는 조달청장의 입찰참가자격제한조치에 대해 처분성을 긍정하였다(대판 1983.12.27. 81누366). 지방자치단체장의 조치도 처분에 해당될 것이다. 공사의 제한조치에 대해서 과거 판례는 처분성을 부정하였으나 **공공기관의 운영에 관한 법률**에서 공사의 조치에 대한 근거(공기업, 준정부기관)가 마련되었고, 최근 대법원은 **LH공사가 행한 입찰참가자격제한조치에 대해 처분성을 긍정**한 바 있다. 다만, 기타 공공기관인 수도권매립지관리공사의 조치는 과거처럼 처분성을 부정하였다. | 정답 | ○

061
☐☐☐

국가를 당사자로 하는 계약에 관한 법령상 낙찰자 결정기준에 관한 규정은 국가가 사인과의 사이의 계약관계를 공정하고 합리적·효율적으로 처리할 수 있도록 관계 공무원이 지켜야 할 계약사무처리에 관한 필요한 사항을 규정한 것으로 국가의 내부규정에 불과하고, 위 법령에 기한 계약의 본질적인 내용은 사인간의 계약과 다를 바가 없다.

지방재정법에 의하여 준용되는 국가를당사자로하는계약에관한법률(이하 '국가계약법')에 따라 지방자치단체가 당사자가 되는 이른바 공공계약은 사경제의 주체로서 상대방과 대등한 위치에서 체결하는 **사법상의 계약**으로서 그 본질적인 내용은 사인 간의 계약과 다를 바가 없으므로, 그에 관한 법령에 특별한 정함이 있는 경우를 제외하고는 사적자치와 계약자유의 원칙 등 사법의 원리가 그대로 적용된다 할 것이다.
한편, 국가계약법은 … 국고의 부담이 되는 경쟁입찰에 있어서 입찰공고 또는 입찰설명서에 명기된 평가기준에 따라 국가에 가장 유리하게 입찰한 자를 낙찰자로 정하도록(10조 2항 2호) 규정하고 있고, … 이러한 규정은 국가가 사인과의 사이의 계약관계를 공정하고 합리적·효율적으로 처리할 수 있도록 관계 공무원이 지켜야 할 계약사무처리에 관한 필요한 사항을 규정한 것으로, 국가의 **내부규정**에 불과하다 할 것이다.
따라서 단순히 계약담당공무원이 입찰절차에서 위 법령이나 그 세부심사기준에 어긋나게 적격심사를 하였다는 사유만으로 당연히 낙찰자 결정이나 그에 기한 계약이 무효가 되는 것은 아니고, 이를 위배한 하자가 입찰절차의 공공성과 공정성이 현저히 침해될 정도로 중대할 뿐 아니라 상대방도 이러한 사정을 알았거나 알 수 있었을 경우 또는 누가 보더라도 낙찰자의 결정 및 계약체결이 선량한 풍속 기타 사회질서에 반하는 행위에 의하여 이루어진 것임이 분명한 경우 등 이를 무효로 하지 않으면 그 절차에 관하여 규정한 국가계약법의 취지를 몰각하는 결과가 되는 특별한 사정이 있는 경우에 한하여 무효가 된다(대판 2001.12.11. 2001다33604). | 정답 | ○

062
□□□

구 「공익사업을 위한 토지 등의 취득 및 보상에 관한 법률」상 환매권의 존부에 관한 확인을 구하는 소송 및 환매금액의 증감을 구하는 소송은 민사소송이다.

구 토지보상법 91조에 규정된 환매권은 상대방에 대한 의사표시를 요하는 형성권의 일종으로서 재판상이든 재판 외든 위 규정에 따른 기간 내에 행사하면 매매의 효력이 생기는 바, 이러한 **환매권의 존부에 관한 확인을 구하는 소송** 및 구 토지보상법 91조 4항에 따라 **환매금액의 증감을 구하는 소송** 역시 **민사소송에 해당한다**(대판 2013.2.28. 2010두22368). | 정답 | ○

063
□□□

서울특별시지하철공사 임원 및 직원에 대한 징계처분은 위 공사 사장이 공권력 발동주체로서 행정처분을 행한 것으로 볼 수 없으므로 이에 대한 불복절차는 민사소송절차에 의하여야 할 것이지 행정소송에 의할 수는 없는 것이다.

서울특별시 지하철공사는 지방공기업법 49조에 의하여 설립되었고 그 사장을 비롯한 임원은 같은 법 58조에 따른 서울특별시 지하철공사설치조례 8조 내지 10조 등의 규정과 서울특별시 지하철공사 정관 9조의 규정에 의하여 임면되고 그밖의 직원은 같은 법 63조에 의하여 임면되는 것이나 **임원과 직원의 근무관계의 성질**은 같은 법의 모든 규정을 살펴보아도 공법상의 특별권력관계라고는 볼 수 없고 **사법관계에 속한다고** 볼 수 밖에 없을 뿐만 아니라 피고 서울특별시 지하철공사 사장이 소속직원인 원고에게 이 사건 징계처분을 한 것은 위 지하철공사 이사회의 결의를 거쳐 제정된 인사규정에 의거하여 행한 것이므로 결국 **피고는** 행정소송법 13조 1항 본문과 2조 2항 소정의 **행정청에 해당되지 아니하고** 따라서 **피고의 원고에 대한 징계처분은** 피고가 공권력발동주체로서 **행정처분을 행한 것으로 볼 수 없으므로** 이에 대한 **불복절차는 민사소송절차에 의하여야 할 것**이지 행정소송에 의할 수는 없는 것이다(대판 1989.9.12. 89누2103). | 정답 | ○

064
□□□

사립학교 교원의 임용을 위한 계약은 공교육의 일부를 담당하는 「사립학교법」 소정의 절차에 따라 이루어지는 것이므로, 그 법적 성질은 단순히 사법상의 고용계약으로 볼 수 없으며, 교수 임용계약의 취소는 징계처분 또는 징계처분적 성질을 가지는 것이어서 「교육공무원법」상 소정의 징계절차를 거쳐야 한다.

사립학교 교원의 임용을 위한 계약은 사립학교법 소정의 절차에 따라 이루어지는 것이지만 그 법적 성질은 **사법상의 고용계약**에 다름 아닌 것으로, 그 계약체결에 관한 당사자들의 의사표시에 무효 또는 취소의 사유가 있으면 그 상대방은 이를 이유로 당연히 그 임용계약의 무효 또는 취소를 주장하여 그에 따른 법률효과의 발생을 부정하거나 소멸시킬 수 있는 것이므로, 부교수 임용계약의 취소는 결국 사법상의 고용계약의 취소에 불과하고, 부교수 임용계약의 취소가 징계처분 또는 징계처분적 성질을 가지는 것이어서 소정의 징계절차를 거쳐야 하는 것은 아니다(대판 1996.7.30. 95다11689). | 정답 | X

065
☐☐☐

지방자치단체장의 변상금부과처분에 취소사유가 있는 경우 이 처분에 의하여 납부자가 납부하거나 징수당한 오납금에 대한 부당이득반환청구권은 변상금부과처분의 취소 여부에 상관없이 납부 또는 징수시에 발생하여 확정된다.

공유재산 및 물품 관리법은 81조 1항에서 공유재산 등의 관리청은 사용·수익허가나 대부계약 없이 공유재산 등을 무단으로 사용·수익·점유한 자 또는 사용·수익허가나 대부계약의 기간이 끝난 후 다시 사용·수익허가를 받거나 대부계약을 체결하지 아니한 채 공유재산 등을 계속하여 사용·수익·점유한 자에 대하여 대통령령이 정하는 바에 따라 공유재산 등의 사용료 또는 대부료의 100분의 120에 해당하는 변상금을 징수할 수 있다고 규정하고 있는데, 이러한 **변상금의 부과는** 관리청이 공유재산 중 일반재산과 관련하여 사경제 주체로서 상대방과 대등한 위치에서 사법상의 계약인 대부계약을 체결한 후 그 이행을 구하는 것과 달리 관리청이 공권력의 주체로서 상대방의 의사를 묻지 않고 일방적으로 행하는 **행정처분에** 해당한다. 그러므로 만일 무단으로 공유재산 등을 사용·수익·점유하는 자가 관리청의 변상금부과처분에 따라 그에 해당하는 돈을 납부한 경우라면 위 변상금부과처분이 **당연 무효이거나** 행정소송을 통해 먼저 **취소되기 전에는** 사법상 부당이득반환청구로써 위 납부액의 반환을 구할 수 없다(대판 2013.1.24. 2012다79828).

| 정답 | X

066
☐☐☐

환급가산금의 내용에 대한 세법상의 규정은 부당이득 반환범위에 관한 「민법」 규정에 대하여 특칙으로서의 성질을 가지므로 환급가산금은 수익자인 국가의 선의·악의를 불문하고 각각의 세법 규정에서 정한대로 확정된다.

조세환급금은 조세채무가 처음부터 존재하지 않거나 그 후 소멸하였음에도 불구하고 국가가 법률상 원인 없이 수령하거나 보유하고 있는 부당이득에 해당하고, **환급가산금은 그 부당이득에 대한 법정이자로서의** 성질을 가진다. 이 때 환급가산금의 내용에 대한 세법상의 규정은 부당이득의 반환범위에 관한 민법 748조에 대하여 그 특칙으로서의 성질을 가진다고 할 것이므로, 환급가산금은 수익자인 국가의 선의·악의를 불문하고 그 가산금에 관한 각 규정에서 정한 기산일과 비율에 의하여 확정된다(대판 2009.9.10. 2009다11808).

| 정답 | ○

067
☐☐☐

국세 과오납금의 환급 여부에 관한 과세관청의 결정은 항고소송의 대상이 되는 처분이 아니므로 설사 과세관청이 환급거부결정을 하더라도 거부처분취소소송으로 다툴 수 없다.

원천징수의무자가 원천납세의무자로부터 원천징수대상이 아닌 소득에 대하여 세액을 징수·납부하였거나 징수하여야 할 세액을 초과하여 징수·납부하였다면, 국가는 원천징수의무자로부터 이를 납부받는 순간 아무런 법률상의 원인 없이 부당이득한 것이 되고, 구 국세기본법 51조 1항, 52조 등의 규정은 환급청구권이 확정된 **국세환급금 및 가산금에 대한 내부적 사무처리절차로서** 과세관청의 환급절차를 규정한 것일 뿐 그 규정에 의한 국세환급금(가산금 포함)결정에 의하여 비로소 환급청구권이 확정되는 것이 아니므로 국세환급결정이나 이 결정을 구하는 신청에 대한 환급거부결정 등은 납세의무자가 갖는 환급청구권의 존부나 범위에 구체적이고 직접적인 영향을 미치는 처분이 아니어서 **항고소송의 대상이 되는 처분으로 볼 수 없다**(대판 2010.2.25. 2007두18284).

| 정답 | ○

068
☐☐☐
토지수용의 재결에 대하여 불복절차를 취하지 아니함으로써 그 재결에 대하여 더 이상 다툴 수 없게 된 경우, 사업시행자는 그 재결이 당연무효이거나 취소되지 않는 한 이미 보상금을 지급받은 자에 대하여 그 보상금을 부당이득이라 하여 반환을 구할 수 없다.

수용재결이 있은 후에 수용 대상 토지에 숨은 하자가 발견되는 때에는 불복기간이 경과되지 아니한 경우라면 공평의 견지에서 기업자는 그 하자를 이유로 재결에 대한 이의를 거쳐 손실보상금의 감액을 내세워 행정소송을 제기할 수 있다고 보는 것이 상당하나, 이러한 불복절차를 취하지 않음으로써 그 재결에 대하여 더 이상 다툴 수 없게 된 경우에는 기업자는 그 재결이 **당연무효이거나 취소되지 않는 한** 재결에서 정한 손실보상금의 산정에 있어서 위 하자가 반영되지 않았다는 이유로 민사소송절차로 토지소유자에게 **부당이득의 반환을 구할 수는 없다**(대판 2001.1.16. 98다58511).　　　　| 정답 | ○

069
☐☐☐
「공익사업을 위한 토지 등의 취득 및 보상에 관한 법률」에 의한 주거이전비 보상청구권은 그 요건을 충족하는 경우에 당연히 발생되는 것이므로, 세입자의 주거이전비 보상에 관하여 수용재결이 이루어진 다음 세입자가 보상금의 증감 이외의 부분을 다투는 경우 당사자소송에 의하여 권리구제를 받을 수 있다.

> **토지보상법 제85조(행정소송의 제기)** ① 사업시행자, 토지소유자 또는 관계인은 제34조에 따른 재결에 불복할 때에는 재결서를 받은 날부터 90일 이내에, 이의신청을 거쳤을 때에는 이의신청에 대한 재결서를 받은 날부터 60일 이내에 각각 행정소송을 제기할 수 있다. 이 경우 사업시행자는 행정소송을 제기하기 전에 제84조에 따라 늘어난 보상금을 공탁하여야 하며, 보상금을 받을 자는 공탁된 보상금을 소송이 종결될 때까지 수령할 수 없다.
> ② 제1항에 따라 제기하려는 행정소송이 보상금의 증감(增減)에 관한 소송인 경우 그 소송을 제기하는 자가 토지소유자 또는 관계인일 때에는 사업시행자를, 사업시행자일 때에는 토지소유자 또는 관계인을 각각 피고로 한다.

세입자의 주거이전비 보상청구권은 그 요건을 충족하는 경우에 당연히 발생하는 것이므로, 주거이전비 보상청구소송은 행정소송법 3조 2호에 규정된 **당사자소송**에 의하여야 한다. 다만, 구 도시정비법 40조 1항에 의하여 준용되는 구 토지보상법 2조, 50조, 78조, 85조 등의 각 조문을 종합하여 보면, 세입자의 주거이전비 보상에 관하여 재결이 이루어진 다음 세입자가 **보상금의 증감 부분**을 다투는 경우에는 같은 법 85조 2항에 규정된 행정소송에 따라, **보상금의 증감 이외의 부분**을 다투는 경우에는 같은 조 1항에 규정된 행정소송에 따라 권리구제를 받을 수 있다(대판 2008.5.29. 2007다8129).　　　　| 정답 | X

070
☐☐☐
지방법무사회는 법무사 감독 사무를 수행하기 위하여 법률에 의하여 설립과 법무사의 회원 가입이 강제된 공법인으로서 법무사 사무원 채용승인에 관한 한 공권력 행사의 주체라고 보아야 한다.

법무사 사무원 채용승인 제도의 법적 성질 및 연혁, 사무원 채용승인 거부에 대한 불복절차로서 소관 지방법원장에게 이의신청을 하도록 제도를 규정한 점 등에 비추어 보면, 지방법무사회의 법무사 사무원 채용승인은 단순히 지방법무사회와 소속 법무사 사이의 내부 법률문제라거나 지방법무사회의 고유사무라고 볼 수 없고, 법무사 감독이라는 국가사무를 위임받아 수행하는 것이라고 보아야 한다. 따라서 **지방법무사회**는 법무사 감독 사무를 수행하기 위하여 법률에 의하여 설립과 법무사의 회원 가입이 강제된 공법인으로서 법무사 사무원 채용승인에 관한 한 공권력 행사의 주체라고 보아야 한다(대판 2020.4.9. 2015다34444).　| 정답 | ○

071

□□□ 행정의 상대방에 관한 설명 중 옳은 것만을 모두 고른 것은?

ㄱ. 교원능력개발평가는 전국적으로 통일적인 처리가 요구되는 사무이다. 이와 관련하여 전라북도 교육감이 수립한 추진계획에 대하여 교육부장관은 「지방자치법」 제188조에 따른 시정명령을 발할 수 있다.

구 교원 등의 연수에 관한 규정(대통령령) 18조에 따른 교원능력개발평가 사무와 관련된 법령의 규정 내용과 취지, 그 사무의 내용 및 성격 등에 비추어 보면, **교원능력개발평가는** 국가사무로서 각 시·도 교육감에게 위임된 **기관위임사무**라고 보는 것이 타당하다.
교육부장관이 '2011년 교원능력개발평가제 시행 기본계획(이하 '2011년 기본계획')'을 수립한 후 각 시·도에 대하여 교원능력개발평가제 추진계획을 제출하게 하자 전라북도교육감이 '2011년 교원능력개발 평가제 추진계획(이하 '전북추진계획')'을 제출하였으나 교육부장관이 전북추진계획이 교원 등의 연수에 관한 규정(이하 '교원연수규정') 등에 위반된다는 이유로 위 추진계획을 취소하고 시정하여 새로 제출하라는 시정명령과 2011년 전북교육청 교원능력개발평가 추진계획에 대한 직무이행명령을 한 사안에서, 위 시정명령은 기관위임사무에 관하여 행하여진 것이어서, 지방자치법 169조 2항 소정의 소를 제기할 수 있는 대상에 해당하지 않으므로, 시정명령에 대한 취소청구 부분은 부적법하고, 전북추진계획이 여러 항목에서 교원연수규정과 이에 따른 2011년 기본계획에 반하므로, 전라북도교육감으로서는 교원연수규정 및 2011년 기본계획을 준수한 2011년 교원능력개발평가 추진계획을 제출하지 않았다고 볼 수 있고 전라북도교육감이 교육부장관으로부터 교원연수규정 등을 준수한 추진계획을 제출하라는 취지의 시정명령을 받았으나 이를 제대로 이행하지 않았으므로, 전라북도교육감은 기관위임사무인 교원능력개발평가 사무의 관리와 집행을 명백히 게을리하였다고 인정할 수 있어 직무이행명령은 지방자치법 170조 1항에 정해진 요건을 충족한 것으로서 적법하다(대판 2013.5.23. 2011추56). | 정답 | X

➡ 지방자치법 188조 소정의 시정명령의 대상인 사무는 자치사무와 단체위임사무에 한정되므로, 기관위임사무에 대한 시정명령은 188조가 적용되지 않고, 따라서 같은 조 2항 대법원 소제기는 불가하다는 판례이다.

ㄴ. 서울특별시 노원구 소재 국유지에 설치된 태릉 국제사격장 내 클레이사격장에서 기준치 이상의 납이 검출되었을 경우 노원구청장이 토지소유자인 국가에 대하여 오염토양 정화조치명령을 발하는 것이 가능하다.

토양환경보전법 15조 3항은 '시도지사 또는 시장, 군수, 구청장은 토양정밀조사 결과 우려기준을 넘는 경우에는 대통령령이 정하는 바에 따라 기간을 정하여 오염원인자에게 오염토양의 정화 등을 명할 수 있다'고 규정하고 있다. 그러므로 오염토양의 **정화조치명령에 관한 권한은** 구청장인 피고 노원**구청장에게 있음이** 위 규정상 명백하고, **정화조치명령의 상대방이** 사경제주체로서의 **국가라는** 사정만으로 피고가 위 법규정에 의하여 인정된 정화조치 명령에 관한 권한을 행사할 수 없다고 볼 아무런 근거가 없다(서울행법 2007.1.31. 2006구합21504). | 정답 | ○

ㄷ. 서울특별시가 국유지인 국회의 대지 일부를 도로로 무단 사용하였을 경우 국회사무총장은 서울특별시에 대해 변상금부과처분을 할 수 있다.

구 국유재산법 26조 1항에서는 행정재산 등의 사용·수익을 허가할 때 지방자치단체가 직접 공용·공공용 또는 비영리공익사업용으로 사용하고자 하는 때 사용료를 면제할 수 있도록 규정하고 있으나, 이는 행정재산 등의 사용·수익을 허가할 때에 관한 규정일 뿐 원고 서울특별시가 피고 국회사무총장의 사용·수익

허가를 받지 아니하고 이 사건 점용부분을 사용해 왔음을 이유로 변상금을 부과한 이 사건 처분과는 관련이 없으므로, 원고의 마지막 주장 역시 이유 없다. 따라서 이 사건 처분은 적법하고, 원고의 위 각 주장은 모두 이유 없다(서울행법 2010.6.9. 2009구단8031).　　　　　　　　　　　　　　　　　　　　　　　　| 정답 | O

> ㄹ. 법무부장관이 안양시장에게 안양교도소 재건축을 위한 건축협의를 신청하였는데 불가통보를 받은 경우 행정의 상대방은 다른 행정주체인 국가이므로 국가가 안양시장을 상대로 불가통보를 다투어야 한다.　　　　　　　　　　　[21-2, 19-2, 23 경찰간부]

국가가 허가권자와 건축에 관한 협의를 마치면 구 건축법 29조 1항에 의하여 건축허가가 의제되는 법률효과가 발생된다. 그리고 건축허가 및 건축협의 사무는 지방자치사무로서, 구 건축법상 국가라 하더라도 미리 건축물의 소재지를 관할하는 허가권자인 **지방자치단체의 장과 건축협의를 하지 아니하면 건축물을 건축할 수 없다.** 따라서 허가권자인 지방자치단체의 장이 국가에 대하여 건축협의를 거부하는 것은 해당 건축물을 건축하지 못하도록 권한을 행사하여 건축허가 의제의 법률효과 발생을 거부하는 것이며, 한편 구 건축법이나 구 지방자치법 등 관련 법령에서는 국가가 허가권자의 거부행위를 다투어 법적 분쟁을 직접적 · 실효적으로 해결할 수 있는 구제수단을 찾기 어렵다.
이러한 사정들에 비추어 보면, 허가권자인 지방자치단체의 장이 한 **건축협의 거부행위는** 비록 그 상대방이 국가 등 행정주체라 하더라도, 행정청이 행하는 구체적 사실에 관한 법집행으로서의 공권력 행사의 거부 내지 이에 준하는 행정작용으로서 행정소송법 2조 1항 1호에서 정한 **처분에 해당**한다고 볼 수 있고, 이에 대한 법적 분쟁을 해결할 실효적인 다른 법적 수단이 없는 이상 국가 등은 허가권자를 상대로 항고소송을 통해 그 거부처분의 취소를 구할 수 있다(대판 2014.3.13. 2013두15934).　　　　　　| 정답 | O
→ 지방자치단체 역시 다른 지방자치단체장의 건축협의 거부에 대하여 항고소송을 통해 취소를 구할 수 있다(대판 2014.2.27. 2012두22980, 표준판례 309).

Ⅱ　공　권

[19-2]

072
□□□

사회적 기본권의 성격을 가지는 산재보험수급권은 국가에 대하여 적극적으로 급부를 요구하는 것으로서 헌법규정으로부터 직접 개인적 공권이 도출될 수 있다.

헌법재판소의 선례에 의하면, 헌법 34조 2항 및 6항의 국가의 사회보장 · 사회복지 증진의무나 재해예방노력의무 등의 성질에 비추어 국가가 어떠한 내용의 산재보험을 어떠한 범위와 방법으로 시행할지 여부는 입법자의 재량영역에 속하는 문제이고, 산재피해 근로자에게 인정되는 산재보험수급권도 그와 같은 입법재량권의 행사에 의하여 제정된 산재보험법에 의하여 비로소 구체화되는 '법률상의 권리'이며, 개인에게 국가에 대한 사회보장 · 사회복지 또는 재해예방 등과 관련된 적극적 급부청구권은 인정하고 있지 않다. 뿐만 아니라 산재보험의 당연가입은 일정한 요건충족시 사업주의 신청 여부, 보험료의 납입 여부 등과 상관없이 보험관계가 법률의 규정에 의하여 당연히 성립하나, 임의가입은 가입요건이 충족되었다 하여 당연히 가입되는 것이 아니며 원칙적으로 사업주의 신청과 공단의 승인이라는 의사의 합치가 있어야만 성립하는 "계약"으로서의 법적 성격을 의연히 갖는 것이다(헌재 2005.7.21. 2004헌바2).　　　　　　　　　| 정답 | X
→ 의료급여법상 의료수급권 역시 법률적 권리(헌재 2020.4.23. 2017헌마103)

073
□□□

헌법 제35조 제1항에서 정하고 있는 환경권에 관한 규정만으로는 그 권리의 주체·대상·내용·행사방법 등이 구체적으로 정립되어 있다고 볼 수 없으므로, 환경영향평가 대상지역 밖에 거주하는 주민에게 헌법상의 환경권에 근거하여 공유수면매립면허처분과 농지개량사업시행인가처분의 무효확인을 구할 원고적격은 인정될 수 없다.

헌법 35조 1항에서 정하고 있는 환경권에 관한 규정만으로는 그 권리의 주체·대상·내용·행사방법 등이 구체적으로 정립되어 있다고 볼 수 없고, 환경정책기본법 6조도 그 규정 내용 등에 비추어 국민에게 구체적인 권리를 부여한 것으로 볼 수 없다는 이유로, **환경영향평가 대상지역 밖에 거주하는 주민에게 헌법상의 환경권 또는 환경정책기본법에 근거하여 공유수면매립면허처분과 농지개량사업 시행인가처분의 무효확인을 구할 원고적격이 없다**(대판[전합] 2006.3.16. 2006두330, 표준판례 340).　　　　　| 정답 | ○

074
□□□

행정처분의 근거 법규 또는 관련 법규에 그 처분으로써 이루어지는 행위 등 사업으로 인하여 환경상 침해를 받으리라고 예상되는 영향권의 범위가 구체적으로 규정되어 있는 경우에는, 그 영향권 내의 주민들에 대하여는 당해 처분으로 인하여 직접적이고 중대한 환경피해를 입으리라고 예상할 수 있고, 이와 같은 환경상의 이익은 주민 개개인에 대하여 개별적으로 보호되는 직접적·구체적 이익으로서 그들에 대하여는 특단의 사정이 없는 한 환경상 이익에 대한 침해 또는 침해 우려가 있는 것으로 사실상 추정되어 법률상 보호되는 이익으로 인정됨으로써 원고적격이 인정된다.

행정처분의 직접 상대방이 아닌 자로서 그 처분에 의하여 자신의 환경상 이익이 침해받거나 침해받을 우려가 있다는 이유로 취소소송을 제기하는 제3자는, 자신의 환경상 이익이 그 처분의 근거 법규 또는 관련 법규에 의하여 개별적·직접적·구체적으로 보호되는 이익, 즉 법률상 보호되는 이익임을 입증하여야 원고적격이 인정되고, 다만 그 행정처분의 근거 법규 또는 관련 법규에 그 처분으로써 이루어지는 행위 등 사업으로 인하여 환경상 침해를 받으리라고 예상되는 영향권의 범위가 구체적으로 규정되어 있는 경우에는, <u>그 영향권 내의 주민들</u>에 대하여는 당해 처분으로 인하여 직접적이고 중대한 환경피해를 입으리라고 예상할 수 있고, 이와 같은 환경상의 이익은 주민 개개인에 대하여 개별적으로 보호되는 직접적·구체적 이익으로서 그들에 대하여는 특단의 사정이 없는 한 환경상 이익에 대한 침해 또는 침해 우려가 있는 것으로 <u>**사실상 추정**되어 법률상 보호되는 이익으로 인정됨으로써 **원고적격이 인정**</u>되며, 그 영향권 밖의 주민들은 당해 처분으로 인하여 그 처분 전과 비교하여 수인한도를 넘는 환경피해를 받거나 받을 우려가 있다는 자신의 환경상 이익에 대한 침해 또는 침해 우려가 있음을 증명하여야만 법률상 보호되는 이익으로 인정되어 원고적격이 인정된다(대판 2006.12.22. 2006두14001).　　　　　| 정답 | ○

075
□□□

법인의 주주는 당해 법인에 대한 행정처분에 관하여 사실상이나 간접적인 이해관계를 가질 뿐이어서 스스로 그 처분의 취소를 구할 원고적격이 없는 것이 원칙이라고 할 것이지만, 그 처분으로 인하여 궁극적으로 주식이 소각되거나 주주의 법인에 대한 권리가 소멸하는 등 주주의 지위에 중대한 영향을 초래하게 되는 데도 그 처분의 성질상 당해 법인이 이를 다툴 것을 기대할 수 없고 달리 주주의 지위를 보전할 구제방법이 없는 경우에는 주주도 그 처분의 취소를 구할 원고적격이 있다.

<u>일반적으로 **법인의 주주**는 당해 법인에 대한 행정처분에 관하여 사실상이나 간접적인 이해관계를 가질 뿐이어서 스스로 그 처분의 취소를 구할 **원고적격이 없는 것이 원칙**</u>이라고 할 것이지만, 그 처분으로 인하여

궁극적으로 주식이 소각되거나 주주의 법인에 대한 권리가 소멸하는 등 <u>주주의 지위에 중대한 영향을 초래하게 되는데도 그 처분의 성질상 당해 법인이 이를 다툴 것을 기대할 수 없고 달리 **주주의 지위를 보전할 구제방법이 없는** 경우에는 주주도 그 처분에 관하여 직접적이고 구체적인 법률상 이해관계를 가진다고 보이므로 그 취소를 구할 원고적격이 있다</u>(대판 2004.12.23. 2000두2648).　　　　|정답|○

076
□□□

면허나 인·허가 등의 수익적 행정처분의 근거가 되는 법률이 해당 업자들 사이의 과당경쟁으로 인한 경영의 불합리를 방지하는 것을 그 목적으로 하고 있는 경우라도 다른 업자에 대한 면허나 인·허가 등의 수익적 행정처분에 대하여 미리 같은 종류의 면허나 인·허가 등의 수익적 행정처분을 받아 영업을 하고 있는 기존의 업자는 경업자에 대하여 이루어진 면허나 인·허가 등 행정처분의 상대방이 아니므로 당해 행정처분의 취소를 구할 원고적격이 없다.

행정처분의 직접 상대방이 아닌 제3자라 하더라도 당해 행정처분으로 인하여 <u>법률상 보호되는 이익을 침해당한 경우에는 취소소송을 제기하여 그 당부의 판단을 받을 자격이 있는 것이지만, 여기에서 말하는 법률상 보호되는 이익이란 당해 행정처분의 근거 법률에 의하여 보호되는 직접적이고 구체적인 이익을 말하고, 제3자가 당해 행정처분과 관련하여 간접적이거나 사실적·경제적인 이해관계를 가지는 데 불과한 경우는 여기에 포함되지 아니한다.</u>
면허나 인·허가 등의 수익적 행정처분의 근거가 되는 법률이 해당 업자들 사이의 과당경쟁으로 인한 경영의 불합리를 방지하는 것도 그 목적으로 하고 있는 경우 다른 업자에 대한 면허나 인·허가 등의 수익적 행정처분에 대하여 미리 같은 종류의 면허나 인·허가 등의 수익적 행정처분을 받아 영업을 하고 있는 기존의 업자나, 면허나 인·허가 등의 수익적 행정처분을 신청한 수인이 서로 경쟁관계에 있어서 일방에 대한 면허나 인·허가 등의 행정처분이 타방에 대한 불면허·불인가·불허가 등으로 귀결될 수밖에 없는 경우 이른바 경원관계(競願關係)에 있는 경우로서 동일 대상지역에 대한 공유수면매립면허나 도로점용허가 혹은 일정 지역에 있어서의 영업허가 등에 관하여 거리제한규정이나 업소개수제한규정 등이 있는 경우를 그 예로 들 수 있다. 면허나 인·허가 등의 행정처분을 받지 못한 사람 등은 비록 **경업자나 경원자**에 대하여 이루어진 면허나 인·허가 등 행정처분의 상대방이 아니라 하더라도 당해 행정처분의 취소를 구할 당사자적격이 있다(대판 1999.10.12. 99두6026).　　　　|정답|X

077
□□□

인·허가 등의 수익적 행정처분을 신청한 수인이 서로 경쟁관계에 있어서 일방에 대한 허가 등의 처분이 타방에 대한 불허가 등으로 귀결될 수밖에 없는 때 허가 등의 처분을 받지 못한 자는 자신에 대한 불허가처분 등의 취소를 구하면 되는 것이지, 경원자에 대하여 이루어진 허가 등 처분의 상대방이 아니므로 당해 처분의 취소를 구할 원고적격이 없다.

<u>면허나 인·허가 등의 행정처분을 받지 못한 사람 등은 비록 경업자나 경원자에 대하여 이루어진 면허나 인·허가 등 행정처분의 상대방이 아니라 하더라도 당해 행정처분의 취소를 구할 당사자적격이 있다</u>(대판 1999.10.12. 99두6026).　　　　|정답|X

078
□□□

지방자치단체장이 공장시설을 신축하는 회사에 대하여 사업승인 당시 부가하였던 조건을 이행할 때까지 신축공사를 중지하라는 명령을 한 경우, 위 회사에게는 중지명령의 원인사유가 해소되었다고 하여 이를 이유로 당해 공사중지명령의 해제를 요구할 수 있는 권리가 인정되는 것은 아니다.

지방자치단체장이 공장시설을 신축하는 회사에 대하여 사업승인 내지 건축허가 당시 부가하였던 조건에 따른 이행을 하고 이를 증명하는 서류를 제출할 때까지 신축공사를 중지하라는 공사중지명령에 있어서는 그 명령의 내용 자체로 또는 그 성질상으로 명령 이후에 **그 원인사유가 해소되는 경우**에는 잠정적으로 내린 당해 공사중지명령의 해제를 요구할 수 있는 권리를 위 명령의 상대방에게 인정하고 있다고 할 것이므로, 위 회사에게는 조리상으로 그 **해제를 요구할 수 있는 권리가 인정**된다고 할 것이다(대판 2007.5.11. 2007두 1811). | 정답 | X

079
□□□

법규가 일정한 행위의 발령에 대해 행정청에게 재량권을 부여한 경우, 재량의 일탈·남용 등 재량행사에 하자가 있다는 사정만으로 사인(私人)이 바로 행정청에 대하여 하자 없는 재량행사를 청구할 수 있는 권리가 인정되는 것은 아니다.

무하자재량행사청구권도 공권이므로 공권의 성립요건이 충족되어야 한다. 즉 행정청에게 하자 없이 재량권을 행사하여 어떠한 처분을 하여야 할 의무인 강행법규성과, 재량권을 부여하는 법규가 공익뿐만 아니라 개인의 이익도 보호하는 것을 목적으로 하는 사익보호성이 충족되어야 한다. 따라서 무하자재량행사청구권은 **재량법규가 사익을 보호하는 경우**에 인정되는 실체적 권리이므로 모든 재량법규에 인정되는 당연히 인정되는 것은 아니다. | 정답 | ○

080
□□□

기간제로 임용되어 임용기간이 만료된 국립대학 조교수는 심사기준에 부합되면 특별한 사정이 없는 한 재임용되리라는 기대를 가지고 재임용 여부에 관하여 합리적인 기준에 의한 공정한 심사를 요구할 법규상 또는 조리상 신청권을 가진다.

기간제로 임용되어 임용기간이 만료된 국·공립대학의 조교수는 교원으로서의 능력과 자질에 관하여 합리적인 기준에 의한 공정한 심사를 받아 위 기준에 부합되면 특별한 사정이 없는 한 재임용되리라는 기대를 가지고 재임용 여부에 관하여 합리적인 기준에 의한 공정한 심사를 요구할 법규상 또는 조리상 신청권을 가진다고 할 것이니, 임용권자가 임용기간이 만료된 조교수에 대하여 재임용을 거부하는 취지로 한 임용기간만료의 통지는 위와 같은 대학교원의 법률관계에 영향을 주는 것으로서 행정소송의 대상이 되는 처분에 해당한다(대판[전합] 2004.4.22. 2000두7735, 표준판례 63, 317). | 정답 | ○

081

□□□

한의사들이 가지는 한약조제권을 한약조제시험을 통하여 약사에게도 인정함으로써 감소하게 되는 한의사들의 영업상 이익은 법률에 의하여 보호되는 이익이라 볼 수 없다.

한의사 면허는 경찰금지를 해제하는 명령적 행위(강학상 허가)에 해당하고, 한약조제시험을 통하여 약사에게 한약조제권을 인정함으로써 한의사들의 영업상 이익이 감소되었다고 하더라도 이러한 이익은 사실상의 이익에 불과하고 약사법이나 의료법 등의 법률에 의하여 보호되는 이익이라고는 볼 수 없으므로, 한의사들이 한약조제시험을 통하여 한약조제권을 인정받은 약사들에 대한 합격처분의 무효확인을 구하는 당해 소는 원고적격이 없는 자들이 제기한 소로서 부적법하다(대판 1998.3.10. 97누4289, 표준판례 53). | 정답 | ○

082

□□□

담배 일반소매인으로 지정되어 영업을 하고 있는 기존업자의 신규 구내소매인에 대한 이익은 법률상 보호되는 이익이다.

일반소매인으로 지정되어 영업을 하고 있는 기존업자의 신규 구내소매인에 대한 이익은 법률상 보호되는 이익이 아니라 단순한 사실상의 반사적 이익이라고 해석함이 상당하므로, 기존 일반소매인은 신규 구내소매인 지정처분의 취소를 구할 원고적격이 없다(대판 2008.4.10. 2008두402). | 정답 | X

083

□□□

甲은 관계 법령의 규정에 따라 공장을 적법하게 설치·운영하고 있는데, 당해 공장은 대기환경보전법상의 대기오염물질배출허용기준을 초과하여 동법에 의한 개선명령을 받고도 이를 이행하지 않고 있다. 인근주민 乙은 이 공장으로부터 날아드는 대기오염물질로 인해 급박하고 막대한 건강상·환경상 피해를 받고 있어 관할 광역시장 S에게 甲에 대한 행정권발동을 요구하였으나 S는 어떠한 조치도 취하지 않고 있다.

> ❏ 참 고
> 대기환경보전법 제34조 제2항 : "환경부장관은 대기오염으로 주민의 건강상·환경상의 피해가 급박하다고 인정하면 ···· 즉시 그 배출시설에 대하여 조업시간의 제한이나 조업정지, 그 밖에 필요한 조치를 명할 수 있다."
> ※ 위 조항에 의한 환경부장관의 조업시간제한조치 등의 권한이 시·도지사에게 위임되었음을 전제로 함.

ㄱ. 대기환경보전법 제34조 제2항은 乙의 사익도 보호하려는 취지로 해석할 수 있다.

대기환경보전법 34조 2항은 공익의 보호뿐만 아니라 개인의 이익도 보호하는 것을 목적으로 한다. | 정답 | ○

ㄴ. 공권의 인정 범위를 넓게 보는 견해에 의하면 급박하고 막대한 건강상·환경상 피해를 입고 있는 乙에게는 조업정지 등 행정권 발동을 요청할 행정개입청구권이 인정될 수 있다.

재량이 영으로 수축하는 경우이다. | 정답 | ○

ㄷ. 위 지문에 의하면 乙은 S의 부작위에 대해서 부작위위법확인소송을 제기할 수 있다.

현행법상 의무이행소송이 인정되지 않으므로 행정개입청구권은 거부처분 취소소송 또는 부작위위법확인소송을 통하여 실현될 수 있다.

| 정답 | O

ㄹ. 乙은 S의 부작위에 대해서 행정심판법상의 부작위위법확인심판을 제기할 수 있다.

행정청의 부작위에 대한 행정심판의 종류는 의무이행심판만 존재한다. 다만, 행정청의 거부처분에 대해서는 거부처분취소심판과 의무이행심판 둘 다 가능하다.

| 정답 | X

ㅁ. 판례에 의하면 乙은 S의 부작위에 대해서 의무이행소송을 제기할 수 있다.

판례는 "검사에게 압수물 환부를 이행하라는 청구는 행정청의 부작위에 대하여 일정한 처분을 하도록 하는 의무이행소송으로 현행 행정소송법상 허용되지 아니한다"(대판 1995.3.10. 94누14018)고 판시하여 의무이행소송을 인정하지 아니한다.

| 정답 | X

ㅂ. 乙은 국가배상법에 의한 손해배상을 청구할 수 없지만, 甲에 대한 민사소송은 제기할 수 있다.

행정권이 발동되지 않음으로써 손해를 입은 경우에는 항고쟁송의 제기와 별도로 국가배상을 청구할 수 있고, 이러한 행정청의 규제권의 소극적 남용에 해당하는 부작위에 대하여 국가배상청구소송이 인정된다.

| 정답 | X

084
☐☐☐

재단법인인 수녀원은 쾌적한 환경에서 생활할 수 있는 이익을 향수할 수 있는 주체이므로 매립목적을 택지조성에서 조선시설용지로 변경하는 내용의 공유수면매립목적 변경 승인처분으로 인하여 법률상 보호되는 환경상 이익을 침해받았다면서 행정청을 상대로 처분의 무효 확인을 구하는 소송을 제기할 법률상 이익이 인정된다.

재단법인 甲 수녀원이, 매립목적을 택지조성에서 조선시설용지로 변경하는 내용의 공유수면매립목적 변경 승인처분으로 인하여 법률상 보호되는 환경상 이익을 침해받았다면서 행정청을 상대로 처분의 무효 확인을 구하는 소송을 제기한 사안에서, 공유수면매립목적 변경 승인처분으로 甲 수녀원에 소속된 수녀 등이 쾌적한 환경에서 생활할 수 있는 환경상 이익을 침해받는다고 하더라도 이를 가리켜 곧바로 甲 수녀원의 법률상 이익이 침해된다고 볼 수 없고, 자연인이 아닌 甲 수녀원은 쾌적한 환경에서 생활할 수 있는 이익을 향수할 수 있는 주체가 아니므로 위 처분으로 위와 같은 생활상의 이익이 직접적으로 침해되는 관계에 있다고 볼 수도 없으며, 위 처분으로 환경에 영향을 주어 甲 수녀원이 운영하는 쨈 공장에 직접적이고 구체적인 재산적 피해가 발생한다거나 甲 수녀원이 폐쇄되고 이전해야 하는 등의 피해를 받거나 받을 우려가 있다는 점 등에 관한 증명도 부족하다는 이유로, 甲 수녀원에 처분의 무효 확인을 구할 원고적격이 없다(대판 2012.6.28. 2010두2005, 표준판례 343).

| 정답 | X

[22 변시]

085
☐☐☐

수익적 행정처분에 하자가 있다고 하더라도 이를 취소하여야 할 필요성에 관한 증명책임은 행정처분의 상대방이 아니라 처분청에 있다.

일정한 행정처분에 의하여 국민이 일정한 이익과 권리를 취득하였을 경우에 기존의 행정처분을 취소하는 행정처분은 이미 취득된 국민의 기존 이익과 권리를 박탈하는 별개의 행정처분으로 그 취소될 행정처분에 있어서의 하자 또는 취소하여야 할 공공의 필요가 있어야 할 것이며 **그 하자 또는 취소하여야 할 필요성에 대한 입증책임**은 기존의 이익과 권리를 침해하는 처분을 한 그 **행정청**에게 입증책임이 있다(대판 1964.5.26. 63누142). | 정답 | ○

[19 변시, 19-2]

086
☐☐☐

행정처분의 당연무효를 주장하여 그 무효확인을 구하는 행정소송에서 그 행정처분이 무효인 사유를 주장·입증할 책임은 원고에게 있다.

행정처분의 당연무효를 주장하여 그 무효확인을 구하는 행정소송에 있어서는 원고에게 그 행정처분이 무효인 사유를 주장, 입증할 책임이 있다(대판 1992.3.10. 91누6030). | 정답 | ○

[22-1, 20-2]

087
☐☐☐

개발제한구역 안에 건축되어 있던 비닐하우스를 매수한 자에게 구청장이 이를 철거하여 토지를 원상회복하라고 명한 조치가 위법하다면 이러한 조치명령을 따르지 않더라도 국토의 계획 및 이용에 관한 법률에서 정한 조치명령 등 위반죄로 처벌할 수 없다.

구 도시계획법 78조에 정한 처분이나 조치명령을 받은 자가 이에 위반한 경우 이로 인하여 같은 법 92조에 정한 처벌을 하기 위하여는 그 처분이나 **조치명령**이 적법한 것이라야 하고, 그 처분이 당연무효가 아니라 하더라도 **그것이 위법한 처분으로 인정되는 한 같은 법 92조 위반죄가 성립될 수 없다**(대판 2004.5.14. 2001도2841). | 정답 | ○

[12 변시]

088
☐☐☐

조세부과처분과 압류 등의 체납처분은 별개의 행정처분으로서 독립성을 가지므로 조세부과처분에 하자가 있더라도 그 부과처분이 취소되지 아니하는 한 그에 근거한 체납처분은 위법이라고 할 수 없으나, 그 부과처분에 중대하고도 명백한 하자가 있어 무효인 경우에는 그 부과처분의 집행을 위한 체납처분도 무효이다.

조세의 부과처분과 압류 등의 체납처분은 별개의 행정처분으로서 독립성을 가지므로 부과처분에 하자가 있더라도 그 부과처분이 취소되지 아니하는 한 그 부과처분에 의한 체납처분은 위법이라고 할 수는 없지만, **체납처분은 부과처분의 집행을 위한 절차에 불과**하므로 그 부과처분에 중대하고도 명백한 하자가 있어 무효인 경우에는 그 부과처분의 집행을 위한 체납처분도 무효라 할 것이다(대판 1987.9.22. 87누383). | 정답 | ○

089
□□□

행정처분이 위법임을 이유로 국가배상을 청구하는 경우, 그 행정처분에 대한 취소판결이 있어야 그 행정처분의 위법을 이유로 국가배상을 청구할 수 있는 것은 아니다.

위법한 행정대집행이 완료되면 그 처분의 무효확인 또는 취소를 구할 **소의 이익은 없다** 하더라도, 미리 그 행정처분의 **취소판결이 있어야만**, 그 행정처분의 위법임을 이유로 한 **손해배상** 청구를 할 수 있는 것은 아니다(대판 1972.4.28. 72다337, 표준판례 79).　　　　　　　　　　　　　　　| 정답 | ○

090
□□□

자동차운전면허취소처분에 대하여 취소판결이 내려지면 설령 취소판결 전에 운전을 하였다 하더라도 당해 행위는 「도로교통법」상 무면허운전에 해당하지 아니한다.

취소판결의 소급효에 의해 무면허운전에 해당하지 않게 된다.
[판례] 특정범죄 가중처벌 등에 관한 법률 위반(도주차량)으로 운전면허취소처분을 받은 자가 자동차를 운전하였다고 하더라도 그 후 피의사실에 대하여 무혐의 처분을 받고 이를 근거로 행정청이 운전면허 취소처분을 철회하였다면, 위 운전행위는 무면허운전에 해당하지 않는다(대판 2008.1.31. 2007도9220).　　　| 정답 | ○

091
□□□

연령미달의 결격자인 甲이 그의 형인 乙의 이름으로 운전면허시험에 응시·합격하여 운전면허를 취득하였다면 이는 도로교통법상 취소사유에 불과하다. 따라서 아직 그 면허가 취소되지 않고 있는 동안 운전을 하던 중 적발된 甲을 무면허 운전으로 처벌할 수 없다.

연령미달의 결격자인 피고인이 그의 형인 소외인의 이름으로 운전면허시험에 응시, 합격하여 교부받은 운전면허는 **당연무효가 아니고** 도로교통법 65조 3호의 사유에 해당함에 불과하여 **취소되지 않는 한** 유효하므로 피고인의 운전행위는 **무면허운전에 해당하지 아니한다**(대판 1982.6.8. 80도2646, 표준판례 82).　　| 정답 | ○

092
□□□

조세의 과오납이 부당이득이 되기 위하여는 납세 또는 조세의 징수가 실체법적으로나 절차법적으로 전혀 법률상이 근거가 없거나 과세처분의 하자가 중대하고 명백하여 당연 무효이어야 하고, 과세처분의 하자가 단지 취소할 수 있는 정도에 불과할 때에는 과세 관청이 이를 스스로 취소하거나 항고소송절차에 의하여 취소되지 않는 한 그로 인한 조세의 납부가 부당이득이 된다고 할 수 없다.

조세의 과오납이 **부당이득**이 되기 위하여는 납세 또는 조세의 징수가 실체법적으로나 절차법적으로 전혀 법률상의 근거가 없거나 과세처분의 하자가 중대하고 명백하여 **당연무효**이어야 하고, 과세처분의 하자가 단지 취소할 수 있는 정도에 불과할 때에는 과세관청이 이를 스스로 취소하거나 항고소송절차에 의하여 취소되지 않는 한 그로 인한 조세의 납부가 부당이득이 된다고 할 수 없다(대판 1994.11.11. 94다28000, 표준판례 80).　　　　　　　　　　　　　　　　| 정답 | ○

093
☐☐☐

민사소송에 있어서 어느 행정처분의 당연무효 여부가 선결문제로 되는 때에는 행정처분에 당연무효 사유가 있는지 여부를 판단하여 당연무효임을 전제로 판결할 수 있고 반드시 행정소송 등의 절차에 의하여 그 취소나 무효확인을 받아야 하는 것은 아니다.

민사소송에 있어서 어느 행정처분의 **당연무효 여부가 선결문제로** 되는 때에는 이를 판단하여 당연무효임을 전제로 판결할 수 있고 반드시 행정소송 등의 절차에 의하여 그 취소나 무효확인을 받아야 하는 것은 아니다 (대판 2010.4.8. 2009다90092). | 정답 | O

094
☐☐☐

행정처분이 불복기간의 경과로 확정된 경우에는 그 처분의 기초가 된 사실관계나 법률적 판단이 확정되고 당사자들이나 법원이 이에 기속되어 모순되는 주장이나 판단을 할 수 없다.

일반적으로 행정처분이나 행정심판재결이 **불복기간의 경과로 인하여 확정**될 경우, 그 확정력은 그 처분으로 인하여 법률상 이익을 침해받은 자가 당해 처분이나 재결의 효력을 더 이상 다툴 수 없다는 의미일 뿐, 더 나아가 판결에 있어서와 같은 기판력이 인정되는 것은 아니어서 그 처분의 기초가 된 사실관계나 법률적 판단이 확정되고 **당사자들이나 법원**이 이에 기속되어 모순되는 주장이나 판단을 할 수 없게 되는 것은 아니다(대판 1994.11.8. 93누21927). | 정답 | X

095
☐☐☐

산업재해요양보상급여취소처분이 불복기간의 경과로 인하여 확정된 경우, 요양급여청구권이 없다는 내용의 법률관계가 확정된다.

종전의 산업재해요양보상급여취소처분이 불복기간의 경과로 인하여 확정되었더라도 요양급여청구권이 없다는 내용의 법률관계까지 확정된 것은 아니며 소멸시효에 걸리지 아니한 이상 다시 요양급여를 청구할 수 있고 그것이 거부된 경우 이는 새로운 거부처분으로서 위법 여부를 소구할 수 있다(대판 1993.4.13. 92누17181). | 정답 | X

096
☐☐☐

과세처분에 대한 쟁송이 진행 중에 과세관청이 그 과세처분의 납부고지 절차상의 하자를 발견한 경우에는 위 과세처분을 취소하고 절차상의 하자를 보완하여 다시 동일한 내용의 과세처분을 할 수 있고, 이와 같은 새로운 처분이 행정행위의 불가쟁력이나 불가변력에 저촉되는 것은 아니다.

과세처분에 대한 쟁송이 진행 중에 과세관청이 그 과세처분의 납부고지 절차상의 하자를 발견한 경우에는 위 과세처분을 취소하고 **절차상의 하자를 보완하여** 다시 동일한 내용의 과세처분을 할 수 있고, 이와 같은 새로운 처분이 행정행위의 불가쟁력이나 불가변력에 저촉되는 것도 아니라고 할 것이므로, 최초의 과세처분을 취소한 후 그 절차상의 하자를 보완하여 이루어진 이 사건 처분이 원고가 주장하는 바와 같이 중복부과처분에 해당하는 등의 위법한 것이라고 할 수는 없다(대판 2005.11.25. 2004두3656). | 정답 | O

097
□□□

형사법원이 판결을 내리기 전에 영업허가취소처분이 행정쟁송절차에 의하여 취소되었다면, 그 영업허가취소처분 후의 영업행위는 무허가행위가 아닌 것이 되므로 형사법원은 그 영업허가취소처분 후의 영업행위에 대해 무죄를 선고하여야 한다.

영업의 금지를 명한 영업허가취소처분 자체가 나중에 **행정쟁송절차에 의하여 취소되었다면** 그 영업허가취소처분은 그 처분시에 **소급하여 효력을 잃게 되며**, 그 영업허가취소처분에 복종할 의무가 원래부터 없었음이 확정되었다고 봄이 타당하고, 영업허가취소처분이 장래에 향하여서만 효력을 잃게 된다고 볼 것은 아니므로 그 영업허가취소처분 이후의 영업행위를 무허가영업이라고 볼 수는 없다(대판 1993.6.25. 93도277).

| 정답 | ○

[13-3]

098
☐☐☐

판례에 의하면 「민법」상 비진의 의사표시의 무효에 관한 규정은 그 성질상 영업재개신고
나 사직의 의사표시와 같은 사인의 공법행위에 적용된다.

민법의 법률행위에 관한 규정은 행위의 격식화를 특색으로 하는 공법행위에 당연히 타당하다고 말할 수 없으므
로 공법행위인 영업재개업신고에 **민법 107조는** 적용될 수 없다(대판 1978.7.25. 76누276).　　| 정답 | X

[21-3]

099
☐☐☐

민법의 의사능력에 관한 규정은 사인의 공법행위에도 적용된다고 할 것이므로 사인의 공
법행위가 의사능력이 없는 자에 의해 이루어진 경우, 「민법」상의 법률행위와 마찬가지로
무효이다.

예외규정이 없는 한 민법의 의사능력에 관한 규정은 사인의 공법행위에 적용되므로, 의사능력이 없는 자에
의해 이뤄진 사인의 공법행위는 무효이다.　　| 정답 | ○

[22-1]

100
☐☐☐

국가공무원 甲이 속한 부서장은 해당 부서 20여명의 공무원에게 부서의 조직개편 사정으
로 일괄사표를 제출할 것을 종용하면서, 일괄사표를 제출하지 않을 경우 타 지역으로의
전보명령 또는 직무배치의 불이익이 있을 것임을 경고하는 한편, 일괄사표를 제출할 경
우 조직개편 이후 부서장 직속의 부서에 복직시켜 주겠다는 약속을 하였다. 이에, 국가공
무원 甲은 내심의 의사에 반하여 해당 부서 20명의 직원들과 함께 일괄사표를 제출하였
으며, 이 중 甲을 포함한 5명의 국가공무원에 대한 선별수리가 이루어져 의원면직처분이
이루어졌다. 이에 관한 설명 중 옳지 않은 것은?

ㄱ. 甲의 사직원 제출행위가 강압에 의하여 의사결정의 자유를 박탈당한 상태에서 이루
어진 것이라면 의원면직처분은 무효이다.

이른바 1980년의 공직자숙정계획의 일환으로 **일괄사표의 제출과 선별수리의 형식으로** 공무원에 대한 **의원
면직처분**이 이루어진 경우, **사직원 제출행위가 강압**에 의하여 **의사결정의 자유를 박탈당한 상태**에서 이루어
진 것이라고 할 수 없고 민법상 **비진의 의사표시의 무효**에 관한 규정은 사인의 공법행위에 **적용되지 않으므**
로 그 의원면직처분을 **당연무효라고 할 수 없다**(대판 2001.8.24. 99두9971).　　| 정답 | ○

ㄴ. 甲의 사직원 제출행위에는 「민법」상 비진의 의사표시의 무효에 관한 규정이 적용되지 않는다.

사인의 의사표시에 하자가 있는 경우 민법상 의사표시의 하자에 관한 규정을 유추적용하나, 비진의의사표시의 무효에 관한 규정(107조 1항 단서)은 성질상 사직의 의사표시와 같은 사인의 공법행위에는 적용되지 않는다.

[판례] 공무원이 사직의 의사표시를 하여 **의원면직처분을** 하는 경우 그 사직의 의사표시는 그 **법률관계의 특수성에** 비추어 **외부적·객관적으로 표시된 바를 존중**하여야 할 것이므로, 비록 사직원제출자의 내심의 의사가 사직할 뜻이 아니었다고 하더라도 진의 아닌 의사표시에 관한 **민법 107조 1항 단서**는 그 성질상 사직의 의사표시와 같은 사인의 공법행위에는 **준용되지 아니**하므로 그 의사가 외부에 표시된 이상 그 **의사는 표시된 대로 효력**을 발한다(대판 1997.12.12. 97누13962). │정답│○

ㄷ. 甲이 사직원을 제출하여 사직의 의사표시를 했더라도 임용권자의 사직원 수리가 있을 때까지 甲의 공무원신분관계는 존속한다.

사직원을 제출하였다 하더라도 임용권자에 의하여 **수리되어 면직될 때까지는** 근무업무가 있는 것이므로 원고가 수뢰혐의를 받고 구속될 것을 두려워한 나머지 1983.11.30부터 같은해 12.2까지 무단결근하고, 같은 해 12.6 사직원을 제출한 후 동 사직원이 **수리되어 면직되기 전인** 12.10부터 12.16까지와 12.19부터 12.22까지 각 **무단결근하였다면** 결국 공무원으로서 **직장이탈금지의무에 위반**하였다 할 것이고 또 원고가 무단결근한 경위 및 원고의 뇌물수수 피의사건이 기소중지되어 있는 점들을 고려하면 원고에 대한 징계로 파면을 택하였다 하여 재량권을 남용 또는 일탈하였다고 볼 수 없다(대판 1985.6.25. 85누52). │정답│○

ㄹ. 甲이 한 사직의 의사표시는 그에 터잡은 의원면직처분이 있을 때까지 철회할 수 있을 뿐만 아니라, 면직처분이 있고 난 이후에도 철회할 수 있다.

공무원이 한 사직 의사표시의 철회나 취소는 그에 터잡은 의원면직처분이 있을 때까지 할 수 있는 것이고, 일단 면직처분이 있고 난 이후에는 철회나 취소할 여지가 없다(대판 2001.8.24. 99두9971). │정답│X

ㅁ. 甲이 면직처분의 취소를 구하는 행정소송을 제기하는 경우 취소소송의 제기에 앞서 소청심사절차를 거쳐야 한다.

공무원에 대한 징계처분 등 불이익처분에 대하여 행정소송을 제기하기 위해서는 소청절차를 먼저 거쳐야 한다. 이는 필요적 전치주의에 해당한다.

국가공무원법 제16조(행정소송과의 관계) ① 제75조에 따른 처분, 그 밖에 본인의 의사에 반한 불리한 처분이나 부작위(不作爲)에 관한 행정소송은 소청심사위원회의 심사·결정을 거치지 아니하면 제기할 수 없다.
지방공무원법 제20조의2(행정소송과의 관계) 제67조에 따른 처분, 그 밖에 본인의 의사에 반한 불리한 처분이나 부작위에 관한 행정소송은 심사위원회의 심사·결정을 거치지 아니하면 제기할 수 없다.

│정답│○

101

□□□

양도인이 자신의 의사에 따라 양수인에게 영업을 양도하면서 양수인으로 하여금 영업을 하도록 허락하였다면 영업승계신고 및 수리처분이 있기 전에 발생한 양수인의 위반행위에 대한 행정적 책임은 양도인에게 귀속된다.

사실상 영업이 양도·양수되었지만 **아직 승계신고 및 그 수리처분이 있기 이전**에는 여전히 종전의 영업자인 양도인이 영업허가자이고, 양수인은 영업허가자가 되지 못한다 할 것이어서 행정제재처분의 사유가 있는지 여부 및 그 사유가 있다고 하여 행하는 **행정제재처분은 영업허가자인 양도인을 기준으로 판단**하여 그 양도인에 대하여 행하여야 할 것이고, 한편 양도인이 그의 의사에 따라 양수인에게 영업을 양도하면서 양수인으로 하여금 영업을 하도록 허락하였다면 양수인의 영업 중 발생한 위반행위에 대한 행정적인 책임은 영업허가자인 양도인에게 귀속된다고 보아야 할 것이다(대판 1995.2.24. 94누9146). | 정답 | ○

102

□□□

처분의 신청은 신청인이 직접 해야 하는 것이므로, 행정청의 허가 등을 목적으로 하는 신청행위를 대상으로 하는 위임계약은 허용되지 않는다.

행정청의 허가 등을 목적으로 하는 신청행위를 대상으로 하는 위임계약은 허용된다.
[판례] 어떠한 위임계약이 행정청의 허가 등을 목적으로 하는 신청행위를 대상으로 하는 경우에 … 수임인이 허가를 얻기 위하여 공무원의 직무 관련 사항에 관하여 특별한 청탁을 하면서 뇌물공여 등 로비를 하는 자금이 보수액에 포함되어 있다고 볼 만한 특수한 사정이 있는 때에는 위임계약은 반사회질서적인 조건이 결부됨으로써 반사회질서적 성질을 띠고 있어 민법 103조에 따라 무효이다(대판 2016.2.18. 2015다35560). | 정답 | X

103

□□□

신청한 내용의 일부를 행정청이 받아들일 수 없는 경우에는 신청내용 전체를 배척하여야 하며 일부에 대해서 인용하는 처분을 할 수는 없다.

신청을 받아들이는 처분에는 전부 받아들이는 처분과 일부 받아들이는 처분이 있다. 경우에 따라서 일부 받아들이는 처분을 하여야 하는 경우도 있다.
[판례] 처분청으로서는 국가유공자 등록신청에 대하여 단지 본인의 과실이 경합되어 있다는 등의 사유만이 문제가 된다면 등록신청 전체를 단순 배척할 것이 아니라 그 신청을 일부 받아들여 지원대상자로 등록하는 처분을 하여야 한다(대판 2013.7.11. 2013두2402). | 정답 | X

104

□□□

구 의료법상의 의원개설신고는 수리를 요하지 않는 신고에 해당하지만, 동 법령상 신고사실의 확인행위로서 의료기관 개설 신고필증(현재의 신고증명서)을 교부하도록 규정한 이상, 신고필증의 교부가 없다면 의원개설신고의 효력은 인정되지 않는다.

의료법시행규칙 22조 3항에 의하면 의원개설 신고서를 수리한 행정관청이 소정의 신고필증을 교부하도록 되어있다 하여도 이는 신고사실의 확인행위로서 신고필증을 교부하도록 규정한 것에 불과하고 그와 같은 **신고필증의 교부가 없다** 하여 개설신고의 효력을 부정할 수 없다 할 것이다(대판 1985.4.23. 84도2953). | 정답 | X

105
□□□

정신과의원을 개설하려는 자가 법령에 규정되어 있는 요건을 갖추어 개설신고를 한 때에, 행정청은 원칙적으로 이를 수리하여 신고필증을 교부하여야 하나, 법령에서 정한 요건 이외의 사유를 들어 의원급 의료기관 개설신고의 수리를 거부할 수 있다.

의료법이 의료기관의 종류에 따라 허가제와 신고제를 구분하여 규정하고 있는 취지는, 신고 대상인 의원급 의료기관 개설의 경우 행정청이 법령에서 정하고 있는 요건 이외의 사유를 들어 신고 수리를 반려하는 것을 원칙적으로 배제함으로써 개설 주체가 신속하게 해당 의료기관을 개설할 수 있도록 하기 위함이다.
앞서 본 관련 법령의 내용과 이러한 신고제의 취지를 종합하면, <u>정신과의원을 개설하려는 자가 법령에 규정되어 있는 요건을 갖추어 개설신고를 한 때에, 행정청은 원칙적으로 이를 수리하여 신고필증을 교부하여야 하고, 법령에서 정한 요건 이외의 사유를 들어 의원급 의료기관 개설신고의 수리를 거부할 수는 없다</u>(대판 2018.10.25. 2018두44302, 표준판례 37). | 정답 | X

106
□□□

건축신고에 대한 반려행위는 건축신고가 반려될 경우 건축주 등의 지위가 불안정해진다는 점에서 항고소송의 대상이 되는 처분에 해당한다.

구 건축법 관련 규정의 내용 및 취지에 의하면, 행정청은 건축신고로써 건축허가가 의제되는 건축물의 경우에도 그 신고 없이 건축이 개시될 경우 건축주 등에 대하여 공사 중지 · 철거 · 사용금지 등의 **시정명령**을 할 수 있고(69조 1항), 그 시정명령을 받고 이행하지 않은 건축물에 대하여는 당해 건축물을 사용하여 행할 다른 법령에 의한 영업 기타 행위의 허가를 하지 않도록 요청할 수 있으며(69조 2항), 그 요청을 받은 자는 특별한 이유가 없는 한 이에 응하여야 하고(69조 3항), 나아가 행정청은 그 시정명령의 이행을 하지 아니한 건축주 등에 대하여는 **이행강제금**을 부과할 수 있으며(69조의2 1항 1호), 또한 건축신고를 하지 않은 자는 200만 원 이하의 **벌금**에 처해질 수 있다(80조 1호, 9조). 이와 같이 건축주 등은 신고제하에서도 **건축신고가 반려될 경우 당해 건축물의 건축을 개시하면 시정명령, 이행강제금, 벌금의 대상이 되거나 당해 건축물을 사용하여 행할 행위의 허가가 거부될 우려가 있어 불안정한 지위에 놓이게 된다.** 따라서 건축신고 반려행위가 이루어진 단계에서 당사자로 하여금 반려행위의 적법성을 다투어 그 법적 불안을 해소한 다음 건축행위에 나아가도록 함으로써 장차 있을지도 모르는 위험에서 미리 벗어날 수 있도록 길을 열어 주고, 위법한 건축물의 양산과 그 철거를 둘러싼 분쟁을 조기에 근본적으로 해결할 수 있게 하는 것이 법치행정의 원리에 부합한다. 그러므로 <u>건축신고 반려행위는 항고소송의 대상이 된다고 보는 것이 옳다</u>(대판 2010.11.18. 2008두167, 표준판례 27). | 정답 | ○

➜ 건축법은 건축신고 및 착공신고와 관련하여, 2017년 개정으로 신고수리 여부를 통지하여야 한다고 규정하고 있다(14조 3항, 21조 3항).

107
□□□

서울대공원 시설을 기부채납한 자가 무상사용기간 만료 후 확약 사실에 근거하여 10년의 유상사용허가를 신청하였으나 서울대공원 관리사업소장이 신청서를 반려하고 대신에 1년의 임시사용허가처분을 통보하였다면, 이는 10년의 유상사용허가신청에 대한 거부처분이 아니라 부작위로 보아야 한다.

서울대공원 시설을 기부채납한 사람이 **무상사용기간 만료 후 확약 사실에 근거하여 10년 유상사용 등의 허가를 구하는 확정적인 취지의 신청**을 한 사안에서, 서울대공원 관리사업소장이 <u>그 신청서를 반려하고 조건부 1년의 임시사용허가처분을 통보</u>한 것은 사실상 **거부처분에 해당한다**(대판 2008.10.23. 2007두6212,6229). | 정답 | X

108
☐☐☐

구 「유통산업발전법」상 대규모점포의 개설 등록은 변형된 허가 또는 완화된 허가에 해당하며, 이른바 '수리를 요하는 신고'로 볼 수는 없다.

1) 구 유통산업발전법 8조 1항은, 대규모점포를 개설하고자 하는 자는 영업을 개시하기 전에 지식경제부령으로 정하는 바에 따라 시장·군수·구청장에게 등록하여야 한다고 규정하고 있고, 구 유통산업발전법 시행규칙(지식경제부령) 5조 1항은 구 유통산업발전법에 따라 대규모점포의 개설등록을 하려는 자는 소정 서식의 신청서에 그 각호의 서류를 첨부하여 시장·군수 또는 구청장에게 제출하여야 한다고 규정하고 있으며, 구 유통산업발전법 9조는 구 유통산업발전법 8조에 따라 대규모점포를 등록하는 경우 일정 요건하에 9조 1항 각호 소정의 인허가 등이 의제되는 효과가 발생하도록 규정하고 있다.
3) 앞서 본 각 규정의 내용과 체계에 비추어 보면, 구 유통산업발전법에 따른 대규모점포의 개설등록 및 구 재래시장법에 따른 시장관리자 지정은 행정청이 그 실체적 요건에 관한 심사를 한 후 수리하여야 하는 이른바 '수리를 요하는 신고'로서 행정처분에 해당한다(대판[전합] 2015.11.19. 2015두295 등 참조).
그러므로 이러한 행정처분에 당연무효에 이를 정도의 중대하고도 명백한 하자가 존재하거나 그 처분이 적법한 절차에 의하여 취소되지 않는 한 구 유통산업발전법에 따른 대규모점포개설자의 지위 및 구 재래시장법에 따른 시장관리자의 지위는 공정력을 가진 행정처분에 의하여 유효하게 유지된다고 봄이 타당하다(대판 2019.9.10. 2019다208953). | 정답 | X

109
☐☐☐

구 「재래시장 및 상점가 육성을 위한 특별법 시행규칙」 제14조는 시장관리자로 지정받으려는 자는 소정 서식의 신청서에 그 각 호의 서류를 첨부하여 시장·군수·구청장에게 제출하여야 한다고 규정하면서, 시장관리자의 지정 신청을 받은 시장·군수·구청장은 제출 서류의 사실 여부 확인 및 적격성 여부 등을 검토하여 적합하다고 인정하는 경우에는 그 신청을 받은 날부터 14일 이내에 소정 서식에 따른 시장관리자 지정서를 교부하여야 한다고 규정하고 있으므로, 시장관리자 지정은 행정청이 실체적 요건에 관한 심사를 한 후 수리하여야 하는 이른바 '수리를 요하는 신고'로서 행정처분에 해당한다.

구 재래시장 및 상점가 육성을 위한 특별법 시행규칙(지식경제부령) 14조는 구 재래시장법 67조 1항에 따라 시장관리자로 지정받으려는 자는 소정 서식의 신청서에 그 각호의 서류를 첨부하여 시장·군수·구청장에게 제출하여야 한다(1항)고 규정하면서, 1항에 따라 시장관리자의 지정 신청을 받은 시장·군수·구청장은 제출 서류의 사실 여부 확인 및 적격성 여부 등을 검토하여 적합하다고 인정하는 경우에는 그 신청을 받은 날부터 14일 이내에 소정 서식에 따른 시장관리자 지정서를 교부하여야 한다(2항)고 규정하고 있다.
앞서 본 각 규정의 내용과 체계에 비추어 보면, 구 유통산업발전법에 따른 대규모점포의 개설등록 및 구 재래시장법에 따른 시장관리자 지정은 행정청이 그 실체적 요건에 관한 심사를 한 후 수리하여야 하는 이른바 '수리를 요하는 신고'로서 행정처분에 해당한다(대판 2019.9.10. 2019다208953). | 정답 | ○

110
☐☐☐

구 「노인복지법」 제33조 제2항에 의한 유료노인복지주택의 설치신고를 받은 행정관청으로서는 그 유료노인복지주택의 시설 및 운영기준이 위 법령에 부합하는지와 아울러 그 유료노인복지주택이 적법한 입소대상자에게 분양되었는지와 설치신고 당시 부적격자들이 입소하고 있지는 않은지 여부까지 심사하여 그 신고의 수리 여부를 결정할 수 있다.

구 노인복지법의 목적과 노인주거복지시설의 설치에 관한 법령의 각 규정들 및 노인복지시설에 대하여 각종 보조와 혜택이 주어지는 점 등을 종합하여 보면, 노인복지시설을 건축한다는 이유로 건축부지 취득에 관한 조세를 감면받고 일반 공동주택에 비하여 완화된 부대시설 설치기준을 적용받아 건축허가를 받은 자로서는 당연히 그 노인복지시설에 관한 설치신고 당시에도 당해 시설이 노인복지시설로 운영될 수 있도록 조치하여야 할 의무가 있고, 따라서 같은 법 33조 2항에 의한 <u>유료노인복지주택의 설치신고를 받은 행정관청으로서는 그 유료노인복지주택의 시설 및 운영기준이 위 법령에 부합하는지와 아울러 그 유료노인복지주택이 **적법한 입소대상자에게 분양되었는지**와 설치신고 당시 **부적격자들이 입소하고 있지는 않은지** 여부까지 **심사**하여 그 신고의 수리 여부를 결정할 수 있다</u>(대판 2007.1.11. 2006두14537).　　　｜정답｜○

[12 변시]

111

☐☐☐

구 「장사 등에 관한 법률」에 의한 사설납골시설(현재의 사설봉안시설)의 설치신고가 법이 정한 요건을 모두 갖추고 있는 경우에 행정청은 수리의무가 있으나, 예외적으로 보건위생상의 위해방지나 국토의 효율적 이용 등과 같은 중대한 공익상 필요가 있는 경우에는 그 수리를 거부할 수 있다.

구 '장사 등에 관한 법률'의 관계 규정들에 비추어 보면, 같은 법 14조 1항에 의한 사설납골시설의 설치신고는, 같은 법 15조 각 호에 정한 사설납골시설설치 금지지역에 해당하지 않고 같은 법 14조 3항 및 같은 법 시행령(대통령령) 13조 1항의 [별표 3]에 정한 설치기준에 부합하는 한 수리하여야 하나, 보건위생상의 위해를 방지하거나 국토의 효율적 이용 및 공공복리의 증진 등 **중대한 공익상 필요**가 있는 경우에는 그 **수리를 거부할 수 있다**고 보는 것이 타당하다(대판 2010.9.9. 2008두22631).　　　｜정답｜○

[20-2]

112

☐☐☐

구 「골재채취법」 제32조 제1항에서 '대통령령이 정하는 규모 이상의 골재를 선별·세척 또는 파쇄하고자 하는 자는 건설교통부령이 정하는 바에 의하여 관할 시장·군수 또는 구청장에게 신고하여야 한다.'고 규정하고 있는바, 입법연혁 및 관련 규정의 취지에 비추어 시장·군수 또는 구청장이 골재 선별·세척 또는 파쇄 신고에 대하여 실질적인 요건을 심사하여 신고를 수리하거나 거부할 수 있다고 해석되는 한 이는 수리를 요하는 신고라고 보아야 하며, 이때에는 다른 법령에서 정한 사유는 심사의 대상으로 삼을 수 없다.

구 골재채취법 32조 1항에서 '대통령령이 정하는 규모 이상의 골재를 선별·세척 또는 파쇄하고자 하는 자는 건설교통부령이 정하는 바에 의하여 관할 시장·군수 또는 구청장에게 신고하여야 한다'고 규정하고 있는바, … 비록 선별·세척·파쇄 업무가 앞서 본 바와 같이 허가제에서 신고제로 완화된 사정이 있다고 하여도, 골재채취법은 선별·세척·파쇄신고에 있어서도 여전히 채취 허가 심사에 준하는 실질적인 검토를 요구하고 있다고 보이는 점, <u>구 골재채취법 30조는 시장·군수 또는 구청장은 '1. 자연환경훼손·수질오염 기타의 재해로 인하여 공중에게 위해가 발생할 우려가 있을 경우 2. 사정의 변경으로 인하여 골재채취를 계속하는 경우 현저히 공익을 해칠 우려가 있을 경우 3. 이 법 또는 이 법에 의한 명령이나 처분에 위반한 경우'에는 골재채취의 허가를 받은 자에 대하여 골재채취구역의 변경, 채취의 중지, 시설물의 이전 기타 필요한 조치를 명할 수 있다고 규정하고, 같은 법 32조 3항에서 '30조의 규정은 골재의 선별·세척 또는 파쇄의 신고를 한 자에 대하여 이를 준용한다'고 규정하고 있는바,</u> 위 법 30조, 32조 3항은 선별·세척 또는 파쇄의 신고를 한 자에 대하여 사후적으로 필요한 조치를 명할 수 있다는 것이기는 하나, 신고 당시에 이미 그와 같은 사유가 있다면 신고단계에서 이를 심사하도록 함으로써 불필요한 행정력의 낭비 및 신청인의 불이익을 줄일 수 있다는 점 등에 비추어 보면, 시장·군수 또는 구청장은 골재선별·세척 또는 파쇄 신고에 대하여 **실질적인 요건을 심사**하여 신고를 수리하거나 거부할 수 있다고 할 것이다. 그리고 위 법 32조 3항에서 준용하는 30조 각호의 요건에 관하여는 골재채취법령에서 따로 정한바 없어 결국 다른 법령의 내용 및 관계에서 판단하여야 하므로, 시장·군수 또는 구청장으로서는 **다른 법령에서 정한 사유**도 심사의 대상으로 삼을 수 있다고 할 것이다(대판 2009.6.11. 2008두18021).　　　｜정답｜Ⅹ

113
□□□

건축법상의 건축신고가 다른 법률에서 정한 인가 · 허가 등의 의제효과를 수반하는 경우에는 일반적인 건축신고와는 달리 특별한 사정이 없는 한 수리를 요하는 신고에 해당한다.

건축법에서 인 · 허가의제 제도를 둔 취지는, 인 · 허가의제사항과 관련하여 건축허가 또는 건축신고의 관할 행정청으로 그 창구를 단일화하고 절차를 간소화하며 비용과 시간을 절감함으로써 국민의 권익을 보호하려는 것이지, 인 · 허가의제사항 관련 법률에 따른 각각의 인 · 허가 요건에 관한 일체의 심사를 배제하려는 것으로 보기는 어렵다. 왜냐하면, 건축법과 인 · 허가의제사항 관련 법률은 각기 고유한 목적이 있고, 건축신고와 인 · 허가의제사항도 각각 별개의 제도적 취지가 있으며 그 요건 또한 달리하기 때문이다. 나아가 인 · 허가의제사항 관련 법률에 규정된 요건 중 상당수는 공익에 관한 것으로서 행정청의 전문적이고 종합적인 심사가 요구되는데, 만약 건축신고만으로 인 · 허가의제사항에 관한 일체의 요건 심사가 배제된다고 한다면, 중대한 공익상의 침해나 이해관계인의 피해를 야기하고 관련 법률에서 인 · 허가 제도를 통하여 사인의 행위를 사전에 감독하고자 하는 규율체계 전반을 무너뜨릴 우려가 있다. 또한 무엇보다도 건축신고를 하려는 자는 인 · 허가의제사항 관련 법령에서 제출하도록 의무화하고 있는 신청서와 구비서류를 제출하여야 하는데, 이는 건축신고를 수리하는 행정청으로 하여금 인 · 허가의제사항 관련 법률에 규정된 요건에 관하여도 심사를 하도록 하기 위한 것으로 볼 수밖에 없다. 따라서 **인 · 허가의제 효과를 수반하는 건축신고**는 일반적인 건축신고와는 달리, 특별한 사정이 없는 한 행정청이 그 실체적 요건에 관한 심사를 한 후 수리하여야 하는 이른바 **'수리를 요하는 신고'로 보는 것이 옳다**(대판[전합] 2011.1.20. 2010두14954, 표준판례 28).

| 정답 | O

114
□□□

국토의 계획 및 이용에 관한 법률상의 개발행위허가로 의제되는 건축신고가 개발행위허가의 기준을 갖추지 못한 경우 행정청은 이를 이유로 그 수리를 거부할 수 있다.

일정한 건축물에 관한 건축신고는 건축법 14조 2항, 11조 5항 3호에 의하여 국토계획법 56조에 따른 개발행위허가를 받은 것으로 의제되는데, 국토계획법 58조 1항 4호에서는 개발행위허가의 기준으로 주변 지역의 토지이용실태 또는 토지이용계획, 건축물의 높이, 토지의 경사도, 수목의 상태, 물의 배수, 하천 · 호소 · 습지의 배수 등 **주변 환경이나 경관과 조화**를 이룰 것을 규정하고 있으므로, 국토계획법상의 개발행위허가로 의제되는 건축신고가 위와 같은 기준을 갖추지 못한 경우 행정청으로서는 이를 이유로 그 수리를 거부할 수 있다고 보아야 한다(대판[전합] 2011.1.20. 2010두14954, 표준판례 28).

| 정답 | O

115
□□□

주민등록은 단순히 주민의 거주관계를 파악하고 인구의 동태를 명확히 하는 것이므로 주민등록의 신고는 행정청에 도달하기만 하면 신고로서의 효력이 발생한다.

주민등록은 단순히 주민의 거주관계를 파악하고 인구의 동태를 명확히 하는 것 외에도 주민등록에 따라 공법관계상의 여러 가지 법률상 효과가 나타나게 되는 것으로서, **주민등록의 신고는 행정청에 도달하기만 하면 신고로서의 효력이 발생하는 것이 아니라 행정청이 수리한 경우에 비로소 신고의 효력이 발생한다**. 따라서 주민등록 신고서를 행정청에 제출하였다가 행정청이 이를 수리하기 전에 신고서의 내용을 수정하여 위와 같이 수정된 전입신고서가 수리되었다면 수정된 사항에 따라서 주민등록 신고가 이루어진 것으로 보는 것이 타당하다(대판 2009.1.30. 2006다17850).

| 정답 | X

116
☐☐☐

주민들의 거주지 이동에 따른 주민등록전입신고에 대하여 행정청이 이를 심사하여 그 수리를 거부할 수는 있다고 하더라도, 그러한 행위는 자칫 헌법상 보장된 국민의 거주·이전의 자유를 침해하는 결과를 가져올 수도 있으므로, 시장·군수 또는 구청장의 주민등록전입신고 수리 여부에 대한 심사는 「주민등록법」의 입법목적의 범위 내에서 제한적으로 이루어져야 하며, 이때 신고필증의 교부는 수리행위가 법적 효력을 발휘하기 위한 필요적 요소이다.

주민들의 거주지 이동에 따른 주민등록전입신고에 대하여 행정청이 이를 심사하여 그 수리를 거부할 수는 있다고 하더라도, 그러한 행위는 자칫 헌법상 보장된 국민의 거주·이전의 자유를 침해하는 결과를 가져올 수도 있으므로, 시장·군수 또는 구청장의 주민등록전입신고 수리 여부에 대한 심사는 주민등록법의 **입법 목적의 범위 내에서** 제한적으로 이루어져야 한다. 한편, 주민등록법의 입법 목적에 관한 1조 및 주민등록 대상자에 관한 6조의 규정을 고려해 보면, 전입신고를 받은 시장·군수 또는 구청장의 심사 대상은 전입신고자가 30일 이상 생활의 근거로 거주할 목적으로 거주지를 옮기는지 여부만으로 제한된다고 보아야 한다. 따라서 전입신고자가 거주의 목적 이외에 다른 이해관계에 관한 의도를 가지고 있는지 여부, 무허가 건축물의 관리, 전입신고를 수리함으로써 당해 지방자치단체에 미치는 영향 등과 같은 사유는 주민등록법이 아닌 다른 법률에 의하여 규율되어야 하고, 주민등록전입신고의 수리 여부를 심사하는 단계에서는 고려 대상이 될 수 없다(대판[전합] 2009.6.18. 2008두10997).
한편 수리란 신고를 유효한 것으로 판단하고 법령에 의하여 처리할 의사로 이를 수령하는 수동적 행위이므로 수리행위에 **신고필증 교부** 등 행위가 꼭 필요한 것은 아니다(대판 2011.9.8. 2009두6766).　|정답| X

117
☐☐☐

甲은 A시에 거주할 목적으로 주민등록 전입신고를 하였다. 이에 관한 설명 중 옳지 않은 것은?

ㄱ. 甲이 18세 이상이고 「공직선거법」에 따른 선거권이 있는 경우라면, 관할 행정청이 甲의 주민등록 전입신고를 수리한 이후에 甲은 A시의 사무에 대한 주민감사청구에 참여할 수 있는 자격을 갖는다.

개정 지방자치법 21조 1항에 따라 지방자치단체의 18세 이상의 주민은 주민감사청구권을 갖는다.

　|정답| ○

ㄴ. 관할 행정청은 실제 거주지와 신고서의 거주지가 일치하지 않는 경우 주민등록 전입신고수리를 거부할 수 있으나, 甲의 전입으로 인해 A시의 발전에 저해가 될 것으로 보이는 사정이 있다고 해도 수리를 거부할 수는 없다.

시장·군수 또는 구청장의 **주민등록전입신고 수리** 여부에 대한 심사는 **주민등록법의 입법 목적**의 범위 내에서 제한적으로 이루어져야 한다. 한편, 주민등록법의 입법 목적에 관한 1조 및 주민등록 대상자에 관한 6조의 규정을 고려해 보면, 전입신고를 받은 시장·군수 또는 구청장의 심사 대상은 전입신고자가 30일 이상 생활의 근거로 거주할 목적으로 거주지를 옮기는지 여부만으로 제한된다(대판[전합] 2009.6.18. 2008두10997).
　|정답| ○

ㄷ. 주민등록 전입신고가 수리된 후 甲의 주민등록번호가 甲의 의사와 무관하게 불법유출되어 甲이 관할 행정청에게 주민등록번호 변경을 신청한 경우, 현행법상 주민등록번호 변경 신청권이 인정되지 않으므로 관할 행정청이 이를 거부하더라도 항고소송의 대상이 되는 거부처분이라고 할 수 없다.

피해자의 의사와 무관하게 **주민등록번호가 유출**된 경우에는 **조리상 주민등록번호의 변경을 요구할 신청권을 인정함**이 타당하고, 구청장의 주민등록번호 변경신청 거부행위는 항고소송의 대상이 되는 행정처분에 해당한다(대판 2017.6.15. 2013두2945).　　　　　　　　　　　　　　　　　　| 정답 | X

ㄹ. 관할 행정청이 전입신고수리를 거부한 경우 甲은 「민원처리에 관한 법률」에 따라 그 거부처분을 받은 날부터 소정의 기간 내에 문서로 이의신청을 할 수 있고, 이의신청 여부와 관계없이 「행정심판법」에 따른 행정심판 또는 「행정소송법」에 따른 행정소송을 제기할 수 있다.

민원사무처리법에서 정한 민원 이의신청의 대상인 거부처분에 대하여는 **민원 이의신청과 상관없이** 행정심판 또는 행정소송을 제기할 수 있으며, 행정소송법에서 정한 행정심판을 거친 경우의 제소기간의 특례가 적용된다고 할 수도 없으므로, **민원 이의신청에 대한 결과를 통지**받은 날부터 취소소송의 제소기간이 기산된다고 할 수 없다(대판 2012.11.15. 2010두8676, 표준판례 290).　　　　　| 정답 | O

[20 변시, 13 국가7급]

118
□□□

법령상 채석허가를 받은 자의 명의변경제도를 두고 있는 경우, 명의변경신고를 할 수 있는 양수인은 관할 행정청이 양도인의 허가를 취소하는 처분에 대해 취소를 구할 법률상 이익이 인정된다.

양도인과 양수인 간에 사업양도를 위한 사법상계약이 이루어졌다고 하더라도 **지위승계신고가 되기 전**이라면 허가권자는 여전히 양도인이므로, 행정청의 허가취소처분의 상대방도 양도인이다. 그러나 양수인의 입장에서도 양도인 명의의 허가의 효력유지는 자신이 지위승계신고를 함에 있어 전제조건이 되므로 **양수인이 양도인에 대한 허가취소처분을 다툴 원고적격이 있다**는 것이 판례의 입장이다(대판 2003.7.11. 2001두6289).　　　　　　　　　　　　　　| 정답 | O

[22 변시, 18 국가9급]

119
□□□

숙박업을 하고자 하는 자가 법령이 정하는 시설과 설비를 갖추고 행정청에 신고를 하면 행정청은 공중위생관리법령의 규정에 따라 원칙적으로 이를 수리하여야 하므로, 새로 숙박업을 하려는 자가 기존에 다른 사람이 숙박업 신고를 한 적이 있는 시설 등의 소유권 등 정당한 사용권한을 취득하여 법령에서 정한 요건을 갖추어 신고하였다면, 행정청으로서는 특별한 사정이 없는 한 이를 수리하여야 하고, 기존의 숙박업 신고가 외관상 남아있다는 이유로 이를 거부할 수 없다.

숙박업을 하고자 하는 자가 법령이 정하는 시설과 설비를 갖추고 행정청에 신고를 하면, 행정청은 공중위생관리법령의 위 규정에 따라 원칙적으로 이를 수리하여야 한다. 행정청이 법령이 정한 요건 이외의 사유를 들어 수리를 거부하는 것은 위 법령의 목적에 비추어 이를 거부해야 할 중대한 공익상의 필요가 있다는 등 특별한 사정이 있는 경우에 한한다.

이러한 법리는 **이미 다른 사람 명의로 숙박업 신고**가 되어 있는 시설 등의 전부 또는 일부에서 새로 숙박업을 하고자 하는 자가 신고를 한 경우에도 마찬가지이다. 기존에 다른 사람이 숙박업 신고를 한 적이 있더라도 새로 숙박업을 하려는 자가 그 시설 등의 소유권 등 정당한 사용권한을 취득하여 법령에서 정한 요건을 갖추어 신고하였다면, 행정청으로서는 특별한 사정이 없는 한 이를 **수리하여야** 하고, 단지 해당 시설 등에 관한 **기존의 숙박업 신고가 외관상 남아있다는 이유**만으로 이를 거부할 수 없다(대판 2017.5.30. 2017두34087, 표준판례 35). | 정답 | ○

[19-1]

120
□□□

「행정절차법」상 행정기관은 신고서의 기재사항에 하자가 있는 등 형식적 요건을 갖추지 못한 경우에는 신고서를 지체 없이 반려하여야 한다.

지체 없이 반려해야 하는 것이 아니라 보완요구를 하여야 한다.

> **행정절차법 제40조(신고)** ③ 행정청은 제2항 각 호의 요건을 갖추지 못한 신고서가 제출된 경우에는 지체 없이 상당한 기간을 정하여 신고인에게 보완을 요구하여야 한다.

| 정답 | X

[22 변시]

121
□□□

「행정절차법」에 따르면 행정청은 신청을 받았을 때에는 다른 법령등에 특별한 규정이 있는 경우를 제외하고는 그 접수를 보류 또는 거부하거나 부당하게 되돌려 보내서는 아니 되며, 그 신청에 구비서류의 미비 등 흠이 있는 경우에는 보완에 필요한 상당한 기간을 정하여 지체 없이 신청인에게 보완을 요구하여야 한다.

> **행정절차법 제17조(처분의 신청)** ④ 행정청은 신청을 받았을 때에는 다른 법령등에 특별한 규정이 있는 경우를 제외하고는 그 접수를 보류 또는 거부하거나 부당하게 되돌려 보내서는 아니 되며, 신청을 접수한 경우에는 신청인에게 접수증을 주어야 한다. 다만, 대통령령으로 정하는 경우에는 접수증을 주지 아니할 수 있다.
> ⑤ 행정청은 신청에 구비서류의 미비 등 흠이 있는 경우에는 보완에 필요한 상당한 기간을 정하여 지체 없이 신청인에게 보완을 요구하여야 한다.

| 정답 | ○

[22 변시]

122
□□□

신청인이 신청서의 접수에 앞서 담당 공무원에게 신청서 및 그 구비서류의 내용검토를 부탁하였고, 공무원이 그 내용을 개략적으로 검토한 후 구비서류 내용을 보완하여야 한다는 취지로 말하자 신청인이 신청서를 접수시키지 않은 경우, 신청인이 검토를 부탁한 행위는 명시적이고 확정적인 신청의 의사표시로 볼 수 있고, 구비서류의 보완을 요청한 행위를 신청거부로 보아야 한다.

구 행정절차법 17조 3항(현 17조 4항) 본문은 "행정청은 신청이 있는 때에는 다른 법령 등에 특별한 규정이 있는 경우를 제외하고는 그 접수를 보류 또는 거부하거나 부당하게 되돌려 보내서는 아니 되며, 신청을 접수한 경우에는 신청인에게 접수증을 교부하여야 한다"고 규정하고 있는바, 여기에서의 신청인의 행정청에 대한 **신청의 의사표시는 명시적이고 확정적인 것이어야** 한다고 할 것이므로 신청인이 신청에 앞서 행정청의

허가업무 담당자에게 신청서의 내용에 대한 검토를 요청한 것만으로는 다른 특별한 사정이 없는 한 명시적이고 확정적인 신청의 의사표시가 있었다고 하기 어렵다(대판 2004.9.24. 2003두13236).　　　　| 정답 | X

[20 변시, 19-2]

123
□□□

민원사항의 신청서류에 실질적인 요건에 관한 흠이 있더라도 그것이 민원인의 단순한 착오나 일시적인 사정 등에 기한 경우에는 행정청은 보완을 요구할 수 있다.

[2] 민원사무처리에관한법률 4조 2항, 같은법 시행령(대통령령) 15조 1항, 2항, 16조 1항에 의하면, 행정기관은 민원사항의 신청이 있는 때에는 다른 법령에 특별한 규정이 있는 경우를 제외하고는 그 접수를 보류하거나 거부할 수 없으며, **민원서류에 흠이 있는 경우**에는 보완에 필요한 상당한 기간을 정하여 지체 없이 민원인에게 **보완을 요구**하고 그 기간 내에 민원서류를 보완하지 아니할 때에는 7일의 기간 내에 다시 보완을 요구할 수 있으며, 위 기간 내에 민원서류를 보완하지 아니한 때에 비로소 접수된 민원서류를 되돌려 보낼 수 있도록 규정되어 있는바, 위 규정 소정의 보완의 대상이 되는 흠은 보완이 가능한 경우이어야 함은 물론이고, 그 내용 또한 형식적 · 절차적인 요건이거나, 실질적인 요건에 관한 흠이 있는 경우라도 그것이 민원인의 단순한 착오나 일시적인 사정 등에 기한 경우 등이라야 한다.
[3] 건축불허가처분을 하면서 그 사유의 하나로 소방시설과 관련된 소방서장의 건축부동의 의견을 들고 있으나 그 보완이 가능한 경우, 보완을 요구하지 아니한 채 곧바로 건축허가신청을 거부한 것은 재량권의 범위를 벗어난 것이라고 한 사례(대판 2004.10.15. 2003두6573).
→ 행정절차법 17조 5항도 행정청은 신청에 구비서류의 미비 등 흠이 있는 경우에는 보완에 필요한 상당한 기간을 정하여 지체 없이 신청인에게 보완을 요구하여야 한다고 규정하고 있다. 구비서류의 미비와 같은 흠결뿐만 아니라 실질적 요건의 흠결이 있는 경우에도 판례는 보완요구 없이 거부처분을 한 것은 위법하다고 보았다.　　　　| 정답 | ○

[23-3]

124
□□□

행정청이 구비서류의 미비 등 신청에 흠이 있어 신청인에게 상당한 기간을 주고 보완을 요구할 때, 처분의 실체적인 발급요건에 관한 사항까지 보완할 기회를 부여할 행정청의 의무는 없다.

행정절차법 17조가 '구비서류의 미비 등 흠의 보완'과 '신청 내용의 보완'을 분명하게 구분하고 있는 점에 비추어 보면, 행정절차법 17조 5항은 신청인이 신청할 때 관계 법령에서 필수적으로 첨부하여 제출하도록 규정한 서류를 첨부하지 않은 경우와 같이 쉽게 보완이 가능한 사항을 누락하는 등의 흠이 있을 때 행정청이 곧바로 거부처분을 하는 것보다는 신청인에게 보완할 기회를 주도록 함으로써 행정의 공정성 · 투명성 및 신뢰성을 확보하고 국민의 권익을 보호하려는 행정절차법의 입법 목적을 달성하고자 함이지, 행정청으로 하여금 신청에 대하여 거부처분을 하기 전에 **반드시** 신청인에게 신청의 내용이나 처분의 **실체적 발급요건**에 관한 사항까지 **보완할 기회**를 부여하여야 할 의무를 정한 것은 **아니**라고 보아야 한다(대판 2020.7.23. 2020두36007).　　　　| 정답 | ○

125

□□□

甲주식회사 소유의 유조선에서 원유가 유출되는 사고가 발생하자 乙주식회사가 피해 방지를 위해 해양경찰의 직접적인 지휘를 받아 방제작업을 보조한 경우 乙주식회사는 경찰책임자로서 당연한 의무를 이행한 것이므로 국가에 대하여 사무관리에 근거하여 방제비용을 청구할 수 있는 관계에 있지 않다.

사무관리가 성립하기 위하여는 우선 사무가 타인의 사무이고 타인을 위하여 사무를 처리하는 의사, 즉 관리의 사실상 이익을 타인에게 귀속시키려는 의사가 있어야 하며, 나아가 사무의 처리가 본인에게 불리하거나 본인의 의사에 반한다는 것이 명백하지 아니할 것을 요한다. 다만 타인의 사무가 국가의 사무인 경우, 원칙적으로 **사인**이 법령상 근거 없이 **국가의 사무**를 수행할 수 **없다**는 점을 고려하면, 사인이 처리한 국가의 사무가 사인이 국가를 대신하여 처리할 수 있는 성질의 것으로서, 사무 처리의 긴급성 등 국가의 사무에 대한 사인의 개입이 정당화되는 경우에 한하여 사무관리가 성립하고, **사인**은 그 범위 내에서 국가에 대하여 국가의 사무를 처리하면서 지출된 **필요비** 내지 유익비의 **상환을 청구**할 수 있다.
甲 주식회사 소유의 유조선에서 원유가 유출되는 사고가 발생하자 해상 방제업 등을 영위하는 乙 주식회사가 피해 방지를 위해 해양경찰의 직접적인 지휘를 받아 방제작업을 보조한 사안에서, 甲 회사의 조치만으로는 원유 유출사고에 따른 해양오염을 방지하기 곤란할 정도로 긴급방제조치가 필요한 상황이었고, 위 방제작업은 乙 회사가 국가를 위해 처리할 수 있는 국가의 의무 영역과 이익 영역에 속하는 사무이며, 乙 회사가 방제작업을 하면서 해양경찰의 지시·통제를 받았던 점 등에 비추어 乙 회사는 국가의 사무를 처리한다는 의사로 방제작업을 한 것으로 볼 수 있으므로, 乙 회사는 사무관리에 근거하여 국가에 방제비용을 **청구할 수 있다**(대판 2014.12.11. 2012다15602). | 정답 | X

126

□□□

조세부과처분이 당연무효임을 전제로 하여 이미 납부한 세금의 반환을 청구하는 과오납금반환청구소송은 공법상 당사자소송으로 취급되고 있다.

개발부담금 부과처분이 취소된 이상 그 후의 **부당이득으로서의 과오납금 반환**에 관한 법률관계는 단순한 **민사관계**에 불과한 것이고, 행정소송 절차에 따라야 하는 관계로 볼 수 없다(대판 1995.12.22. 94다51253). | 정답 | X

127

□□□

신고납부방식의 조세에 있어서 납세의무자의 신고행위가 당연무효로 되지 않는 한, 납세의무자가 납세의무가 있는 것으로 오인하고 신고 후 조세납부행위를 하였다 하더라도 그것이 곧 부당이득에 해당한다고 할 수 없다.

취득세는 신고납세 방식의 조세로서 이러한 유형의 조세에 있어서는 원칙적으로 납세의무자가 스스로 과세표준과 세액을 정하여 신고하는 행위에 의하여 납세의무가 구체적으로 확정되고, 그 납부행위는 신고에 의하여 확정된 구체적 납세의무의 이행으로 하는 것이며 국가나 지방자치단체는 그와 같이 확정된 조세채권에 기하여 납부된 세액을 보유하므로, 납세의무자의 신고행위가 중대하고 명백한 하자로 인하여 **당연무효로 되지 아니하는 한** 그것이 바로 **부당이득**에 해당한다고 할 수 없고, 여기에서 신고행위의 하자가 중대하고 명백하여 당연무효에 해당하는지의 여부에 대하여는 신고행위의 근거가 되는 법규의 목적, 의미, 기능 및 하자 있는 신고행위에 대한 법적 구제수단 등을 목적론적으로 고찰함과 동시에 신고행위에 이르게 된 구체적 사정을 개별적으로 파악하여 합리적으로 판단하여야 한다고 판시한 바 있다(대판 2009.4.23. 2009다5001). | 정답 | O

128
□□□

교육자치 지원을 위한 국가의 재정지원의 범위를 벗어나 지방자치단체가 법률상 원인 없이 국유재산을 학교부지로 임의 사용하는 경우에는 「민법」상 부당이득이 성립될 수 있다.

지방자치단체가 설립·경영하는 학교의 부지 확보, 부지의 사용료 지급 등의 사무는 특별한 사정이 없는 한 지방교육자치의 주체인 지방자치단체의 고유사무인 자치사무라 할 것이고, 국가는 법률과 예산의 범위 안에서 지방교육자치를 실현하고 있는 지방자치단체에게 재정을 지원할 의무가 있다고 할 것이며, 이러한 국가의 지원범위를 벗어나 지방자치단체가 법률상 원인 없이 국유재산을 학교부지로 임의 사용하는 경우에는 민법상 부당이득이 성립될 수 있다고 할 것이다(대판 2014.12.24. 2011다92497). | 정답 | ○

129
□□□

한국자산관리공사가 국유재산의 무단점유자에 대하여 변상금 부과·징수권을 행사하는 것과 별도로 동일 금액 범위 내에서 민사상 부당이득반환청구권을 행사하는 것도 가능하고, 이 경우 변상금의 부과·징수가 민사상 부당이득반환청구권의 소멸시효 중단사유가 되는 것도 아니다.

국유재산의 무단점유자에 대한 변상금 부과는 공권력을 가진 우월적 지위에서 행하는 행정처분이고, 그 부과처분에 의한 변상금 징수권은 공법상의 권리인 반면, 민사상 부당이득반환청구권은 국유재산의 소유자로서 가지는 사법상의 채권이다. 또한 변상금은 부당이득 산정의 기초가 되는 대부료나 사용료의 120%에 상당하는 금액으로서 부당이득금과 액수가 다르고, 이와 같이 할증된 금액의 변상금을 부과·징수하는 목적은 국유재산의 사용·수익으로 인한 이익의 환수를 넘어 국유재산의 효율적인 보존·관리라는 공익을 실현하는 데 있다. 그리고 대부 또는 사용·수익허가 없이 국유재산을 점유하거나 사용·수익하였지만 변상금 부과처분은 할 수 없는 때에도 민사상 부당이득반환청구권은 성립하는 경우가 있으므로, 변상금 부과·징수의 요건과 민사상 부당이득반환청구권의 성립 요건이 일치하는 것도 아니다.
이처럼 구 국유재산법 51조 1항, 4항, 5항에 의한 변상금 부과·징수권은 민사상 부당이득반환청구권과 법적 성질을 달리하므로, 국가는 무단점유자를 상대로 변상금 부과·징수권의 행사와 별도로 국유재산의 소유자로서 민사상 부당이득반환청구의 소를 제기할 수 있다. 그리고 이러한 법리는 구 국유재산법 32조 3항, 구 국유재산법 시행령(대통령령) 33조 2항에 의하여 국유재산 중 잡종재산(현행 일반재산)의 관리·처분에 관한 사무를 위탁받은 한국자산관리공사의 경우에도 마찬가지로 적용된다(대판[전합] 2014.7.16. 2011다76402).
나아가 위와 같이 변상금 부과·징수권이 민사상 부당이득반환청구권과 법적 성질을 달리하는 별개의 권리인 이상 원고가 변상금 부과·징수권을 행사하였다 하더라도 이로써 민사상 부당이득반환청구권의 소멸시효가 중단된다고 할 수 없다(대판 2014.9.4. 2013다3576). | 정답 | ○

130
□□□

과세처분의 취소 또는 무효확인을 구하는 행정소송의 제기는 부당이득반환청구권의 소멸시효의 진행을 중단시키는 재판상 청구에 해당하지 않는다.

일반적으로 위법한 행정처분의 취소, 변경을 구하는 행정소송은 사권을 행사하는 것으로 볼 수 없으므로 사권에 대한 시효중단사유가 되지 못하는 것이나, 다만 오납한 조세에 대한 부당이득반환청구권을 실현하기 위한 수단이 되는 과세처분의 취소 또는 무효확인을 구하는 소는 그 소송물이 객관적인 조세채무의 존부확인으로서 실질적으로 민사소송인 채무부존재확인의 소와 유사할 뿐 아니라, 과세처분의 유효 여부는 그 과세처분으로 납부한 조세에 대한 환급청구권의 존부와 표리관계에 있어 실질적으로 동일 당사자인 조세부과권자와 납세의무자 사이의 양면적 법률관계라고 볼 수 있으므로, 위와 같은 경우에는 **과세처분의 취소 또는 무효확인청구의 소가 비록 행정소송이라고 할지라도 조세환급을 구하는 부당이득반환청구권의 소멸시효중단사유인 재판상 청구에 해당한다고 볼 수 있다**(대판[전합] 1992.3.31. 91다32053).　　　　| 정답 | X

[18-2]

131
□□□

공법상 부당이득청구권에 관한 소멸시효에 대하여 특별한 규정이 없으면, 그 기간은 원칙적으로 10년이다.

민법에 의하면 일반채권은 소멸시효가 10년이지만, 국가채권은 다르다.

> **국가재정법 제96조(금전채권 · 채무의 소멸시효)** ① 금전의 급부를 목적으로 하는 국가의 권리로서 시효에 관하여 다른 법률에 규정이 없는 것은 5년 동안 행사하지 아니하면 시효로 인하여 소멸한다.
> **지방재정법 제82조(금전채권과 채무의 소멸시효)** ① 금전의 지급을 목적으로 하는 지방자치단체의 권리는 시효에 관하여 다른 법률에 특별한 규정이 있는 경우를 제외하고는 5년간 행사하지 아니하면 소멸시효가 완성한다.

| 정답 | X

[21-3]

132
□□□

행정에 관한 기간의 계산에 관하여는 「행정기본법」 또는 다른 법령등에 특별한 규정이 있는 경우를 제외하고는 「민법」을 준용한다.

> **행정기본법 제6조(행정에 관한 기간의 계산)** ① 행정에 관한 기간의 계산에 관하여는 이 법 또는 다른 법령등에 특별한 규정이 있는 경우를 제외하고는 「민법」을 준용한다.

| 정답 | ○

제2편

일반 행정작용법

[12 변시]

133
☐☐☐

대법원은, 조례가 집행행위의 개입 없이도 그 자체로서 직접 국민의 구체적인 권리의무나 법적 이익에 영향을 미치는 등의 법률상 효과를 발생하는 경우 그 조례는 항고소송의 대상이 되는 행정처분에 해당한다고 본다.

조례가 집행행위의 개입 없이도 그 자체로서 직접 국민의 구체적인 권리의무나 법적 이익에 영향을 미치는 등의 법률상 효과를 발생하는 경우 그 조례는 항고소송의 대상이 되는 행정처분에 해당한다(대판 1996.9.20. 95누8003, 표준판례 311).

| 정답 | ○

[19-3]

134
☐☐☐

헌법 제76조의 긴급명령은 헌법재판소에 의한 위헌법률심사제도에 의해 통제되고, 대법원의 명령·규칙 심사에 의한 통제대상이 되지 않는다.

긴급명령은 법률의 효력을 가지는 것으로 위헌법률심판의 대상이며 위헌·위법 명령 심사의 대상이 아니다.

| 정답 | ○

[21 변시]

135
☐☐☐

「검찰보존사무규칙」은 「검찰청법」 제11조에 기하여 제정된 법무부령이므로, 불기소사건 기록의 열람·등사의 제한을 정하고 있는 「검찰보존사무규칙」 제22조는 법규명령으로서 효력을 가진다.

검찰보존사무규칙 22조(**열람·등사제한**)는 법률의 **위임이 없는** 법무부령으로서 **행정규칙**에 불과하다. 따라서 검찰보존사무규칙은 정보공개법 9조 1항 1호의 '명령'에 해당하지 않는다는 점도 주의한다.
[**판례**] 검찰보존사무규칙이 검찰청법 11조에 기하여 제정된 법무부령이기는 하지만, **기록의 열람·등사의 제한**을 정하고 있는 같은 규칙 22조는 법률상의 위임근거가 없어 행정기관 내부의 사무처리준칙으로서 **행정규칙**에 불과하므로, 위 규칙상의 열람·등사의 제한을 정보공개법 9조 1항 1호의 '다른 법률 또는 법률에 의한 명령에 의하여 비공개사항으로 규정된 경우'에 해당한다고 볼 수 없다(대판 2006.5.25. 2006두3049).

| 정답 | X

[21-2]

136
☐☐☐

「여객자동차 운수사업법」의 위임에 따라 시외버스운송사업의 사업계획변경에 관한 절차, 인가기준 등을 부령인 「여객자동차운수사업법 시행규칙」에서 세부적으로 정하고 있는 경우 해당 시행규칙 규정은 대외적 구속력이 있는 법규명령이라 할 것이다.

구 여객자동차 운수사업법 시행규칙 31조 2항 1호, 2호, 6호는 구 여객자동차 운수사업법 11조 4항의 위임에 따라 시외버스운송사업의 사업계획변경에 관한 절차, 인가기준 등을 구체적으로 규정한 것으로서, 대외적인 구속력이 있는 법규명령이라고 할 것이고, 그것을 행정청 내부의 사무처리준칙을 규정한 행정규칙에 불과하다고 할 수는 없다(대판 2006.6.27. 2003두4355). | 정답 | ○

[21 변시, 22-3, 20-1, 23 국회8급, 23 경찰간부]

137
□□□

법령의 위임이 없음에도 법령에 규정된 처분요건에 해당하는 사항을 부령에서 변경하여 규정하였다면 그 부령의 규정은 행정청 내부의 사무처리기준 등을 정한 행정명령(행정규칙)의 성격을 지닐 뿐이다.

법령의 **위임 없이** 부령으로 **처분요건을 변경**하였다면 대외적 구속력이 부정되고, 대외적 구속력 없는 내부적 사무처리기준을 정한 행정명령(행정규칙)에 불과하다.

> **공공기관운영법 제39조(회계원칙 등)** ② 공기업·준정부기관은 공정한 경쟁이나 계약의 적정한 이행을 해칠 것이 **명백**하다고 판단되는 사람·법인·단체 등에 대하여 2년의 범위 내에서 일정기간 입찰참가자격을 제한할 수 있다.
> ③ 제1항과 제2항의 규정에 따른 회계처리원칙과 입찰참가자격의 제한기준 등에 관하여 필요한 사항은 기획재정부령으로 정한다.
> **구 공기업·준정부기관 계약사무규칙 제15조(부정당업자의 입찰참가자격 제한)** 기관장은 경쟁의 공정한 집행이나 계약의 적정한 이행을 해칠 우려가 있거나 입찰에 참가시키는 것이 부적합하다고 인정되는 자로서 「국가를 당사자로 하는 계약에 관한 법률 시행령」 제76조제1항 각 호의 어느 하나에 해당되는 계약상대자 또는 입찰참가자에 대하여는 1개월 이상 2년 이하의 범위에서 그 입찰참가자격을 제한하여야 한다.

법령에서 행정처분의 요건 중 일부 사항을 부령으로 정할 것을 위임한 데 따라 시행규칙 등 부령에서 이를 정한 경우에 그 부령의 규정은 국민에 대해서도 구속력이 있는 법규명령에 해당한다고 할 것이지만, 법령의 **위임이 없음**에도 법령에 규정된 **처분 요건**에 해당하는 사항을 **부령에서 변경**하여 규정한 경우에는 그 부령의 규정은 행정청 내부의 사무처리 기준 등을 정한 것으로서 행정조직 내에서 적용되는 행정명령의 성격(**행정규칙**)을 지닐 뿐 국민에 대한 대외적 구속력은 없다고 보아야 한다(대판 2013.9.12. 2011두10584, 표준판례 114). | 정답 | ○

[22 경찰간부]

138
□□□

조례가 주민의 권리제한 또는 의무부과에 관한 사항을 법률에서 위임받은 후, 지방자치단체장이 정하는 '규칙'에 재위임할 때는 구체적인 범위를 정하여 다시 위임하여야 한다.

법률에서 위임받은 사항을 전혀 규정하지 않고 재위임하는 것은 복위임금지 원칙에 반할 뿐 아니라 위임명령의 제정 형식에 관한 수권법의 내용을 변경하는 것이 되므로 허용되지 않으나 **위임받은 사항**에 관하여 **대강을 정하고 그 중의 특정사항을 범위를 정하여** 하위법령에 다시 위임하는 경우에는 **재위임이 허용**된다. 이러한 법리(포괄위임금지)는 **조례가** 지방자치법 22조(현 **28조 1항**) 단서에 따라 주민의 권리제한 또는 의무부과에 관한 사항을 **법률로부터 위임받은 후,** 이를 다시 지방자치단체장이 정하는 '**규칙**'이나 '**고시**' 등에 **재위임**하는 경우에도 마찬가지이다(대판 2015.1.15. 2013두14238). | 정답 | ○

139
☐☐☐

시행령의 내용이 모법의 입법 취지와 전체를 유기적 · 체계적으로 보아 모법 조항의 취지에 근거하여 이를 구체화하는 것이라도 모법에 직접 위임하는 규정이 없다면 무효이다.

법률의 시행령은 법률에 의한 위임이 없으면 개인의 권리 · 의무에 관한 내용을 변경 · 보충하거나 법률에 규정되지 아니한 새로운 내용을 정할 수는 없지만, 시행령의 내용이 모법의 입법 취지와 관련 조항 전체를 유기적 · 체계적으로 살펴보아 모법의 해석상 가능한 것을 명시한 것에 지나지 아니하거나 모법 조항의 취지에 근거하여 이를 구체화하기 위한 것인 때에는 모법의 규율 범위를 벗어난 것으로 볼 수 없으므로, 모법에 이에 관하여 직접 위임하는 규정을 두지 않았다고 하더라도 이를 무효라고 볼 수 없다(대판 2016.12.1. 2014두8650, 표준판례 113). | 정답 | X

140
☐☐☐

기본권제한 입법에 대하여는 법치국가 원리의 한 표현인 명확성원칙이 요구되므로, 법문언에 모호성이 있어 법관의 보충적인 가치판단이 필요하다면 설령 그러한 보충적 해석이 해석자의 개인적인 취향에 따라 좌우될 가능성이 없다고 하더라도 명확성원칙에 반한다.

법치국가 원리의 한 표현인 명확성의 원칙은 기본적으로 모든 기본권제한 입법에 요구되지만, 모든 법률에 있어서 동일한 정도로 요구되는 것은 아니다. 개개의 법률이나 법조항의 성격에 따라 요구되는 정도에 차이가 있을 수 있고, 각각의 구성요건의 특수성과 그러한 법률이 제정되게 된 배경이나 상황에 따라 달라질 수 있을 뿐만 아니라 이러한 명확성의 원칙을 산술적으로 엄격히 관철하도록 요구하는 것은 입법기술상 불가능하거나 현저히 곤란하므로, 어느 정도의 보편적 내지 일반적 개념의 용어사용은 부득이하다고 할 수밖에 없다. 당해 법률이 제정된 목적과 타 규범과의 연관성을 고려하여 합리적인 해석이 가능한지의 여부에 따라 명확성의 구비 여부가 가려져야 하고, 설혹 법 문언에 어느 정도의 모호함이 내포되어 있다 하더라도 법 문언이 법관의 보충적인 가치판단을 통해서 그 의미내용을 확인할 수 있고, 그러한 보충적 해석이 해석자의 개인적인 취향에 따라 좌우될 가능성이 없다면 명확성의 원칙에 반한다고 할 수 없다(헌재 2019.12.27. 2018헌바161). | 정답 | X

141
☐☐☐

법령보충적 행정규칙뿐만 아니라 재량권 행사의 준칙인 행정규칙이 행정의 자기구속원리에 따라 대외적 구속력을 가지는 경우에는 헌법소원의 대상이 될 수 있다.

재량권 행사의 준칙인 규칙이 그 정한 바에 따라 되풀이 시행되어 행정관행이 이룩되게 되면 평등의 원칙이나 신뢰보호의 원칙에 따라 행정기관은 그 상대방에 대한 관계에서 그 규칙에 따라야 할 **자기구속**을 당하게 되는 경우에는 대외적 구속력을 가지게 되는 바 이러한 경우에는 **헌법소원의 대상**이 될 수도 있다(헌재 1990.9.3. 90헌마13). | 정답 | ○

142
☐☐☐

법규명령의 위임근거가 되는 법률에 대하여 위헌결정이 선고되면 그 위임에 근거하여 제정된 법규명령도 특별한 규정이 없는 한 원칙적으로 효력을 상실한다.

법규명령의 위임의 근거가 되는 법률에 대하여 위헌결정이 선고되면 그 위임규정에 근거하여 제정된 법규명령도 원칙적으로 효력을 상실한다고 할 것이나, 구 국가보위에관한특별조치법 5조 4항에 대하여 위헌결정이 선고되어 그 법률조항에 근거한 국가보위에관한특별조치법5조4항에의한동원대상지역내의토지의수용 · 사

용에관한특별조치령이 그 효력을 상실하였음에도 그에 기한 수용처분 자체를 당연무효라고 볼 수 없어 결국 그 수용처분을 유효로 보는 경우에는, 이에 수반되어 일어나는 그 수용 법률관계에 내포된 후속 구제절차인 환매권에 관한 위 특별조치령의 규정 역시 그대로 적용하는 것이 마땅할 것인바, 이는 만약 위헌무효인 법률 조항에 근거하여 토지를 수용당한 피수용자에게 그 토지에 대한 수용목적이 소멸한 경우에 인정되어야 할 환매권이 위헌을 이유로 부정된다면 피수용자의 재산권 보호에 흠결이 생기게 되고, 수용목적이 소멸하여 이미 위 특별조치령 39조에 의하여 토지의 소유권을 회복한 피수용자들과 사이에 크게 형평에 어긋나는 결과가 초래된 나머지 위 특별조치령의 규정이 적용되던 종전의 상태보다 더 헌법질서에 반하는 결과가 빚어지기 때문이다(대판 1998.4.10. 96다52359).　　　　　　　　　　　| 정답 | O

[13 변시]

143
□□□

일단 법률에 근거하여 유효하게 성립한 법규명령은 나중에 위임법률이 개정되어 그 근거가 없어지더라도 그 효력에 지장이 없다.

<u>일반적으로 법률의 위임에 의하여 효력을 갖는 법규명령의 경우</u>, 구법에 위임의 근거가 없어 무효였더라도 사후에 법개정으로 위임의 근거가 부여되면 그 때부터는 유효한 법규명령이 되나, 반대로 <u>구법의 위임에 의한 유효한 법규명령이 **법개정으로** 위임의 근거가 없어지게 되면 **그때부터 무효인 법규명령**</u>이 되므로, 어떤 법령의 위임 근거 유무에 따른 유효 여부를 심사하려면 법개정의 전·후에 걸쳐 모두 심사하여야만 그 법규명령의 시기에 따른 유효·무효를 판단할 수 있다(대판 1995.6.30. 93추83).　　　　| 정답 | X

[14 변시]

144
□□□

집행명령은 법률의 위임이 없더라도 직권으로 발할 수 있기 때문에 모법이 폐지되어도 집행명령은 실효되지 않으며, 모법에 규정되어 있지 않은 새로운 법률사항을 집행명령으로 규정할 수 있다.

대통령은 법률에서 구체적으로 범위를 정하여 위임받은 사항과 법률을 집행하기 위하여 필요한 사항에 관하여만 대통령령을 발할 수 있는 것이므로(헌법 75조), 법률의 시행령은 모법인 법률에 의하여 위임받은 사항이나 법률이 규정한 범위 내에서 법률을 현실적으로 집행하는데 필요한 세부적인 사항만을 규정할 수 있을 뿐, **법률에 의한 위임이 없는 한** 법률이 규정한 개인의 권리·의무에 관한 내용을 변경·보충하거나 법률에 규정되지 아니한 **새로운 내용을 규정할 수는 없다**고 할 것이다(대판 1990.9.28. 89누2493).　　　　| 정답 | X

[21-3]

145
□□□

군인의 근속가봉을 일정한 횟수 내로 제한하고 있는 「공무원보수규정」 제30조의2 제3항은 「군인보수법」 제10조의 규정을 현실적으로 집행하는 데 필요한 세부적인 사항을 규정한 것으로서 군인보수법 제10조에 의하여 형성된 보수청구권의 내용을 불리하게 제한하는 것이므로 법에서 구체적인 범위를 정하여 위임하고 있어야 한다.

정년 또는 최고호봉을 초과하여 근무한 군인의 근속가봉에 관한 보수를 정한 구 군인보수법 10조는 보수수급권자에 관한 재산권인 보수청구권을 형성하는 법률이고, 군인의 근속가봉을 일정한 횟수 내로 제한하고 있는 공무원보수규정 30조의2 3항은 구 군인보수법 10조에 의하여 형성된 보수청구권의 내용을 불리하게 제한하는 것으로서 구 군인보수법 10조를 현실적으로 집행하는 데 필요한 세부적인 사항을 규정한 것으로서 법에서 구체적인 범위를 정하여 위임하고 있어야 한다(대판 2009.5.21. 2005두1237).　　　　| 정답 | O

[19-1]

146
☐☐☐

집행명령은 근거법령인 상위법령이 폐지되면 특별한 규정이 없는 이상 실효되는 것이나, 상위법령이 개정됨에 그친 경우에는 개정법령과 성질상 모순, 저촉되지 아니하고 개정된 상위법령의 시행에 필요한 사항을 규정하고 있는 이상 그 집행명령은 상위법령의 개정에도 불구하고 당연히 실효되지 아니하고 개정법령의 시행을 위한 집행명령이 제정, 발효될 때까지는 여전히 그 효력을 유지한다.

상위법령의 시행에 필요한 세부적 사항을 정하기 위하여 행정관청이 일반적 직권에 의하여 제정하는 이른바 집행명령은 근거법령인 상위법령이 폐지되면 특별한 규정이 없는 이상 실효되는 것이나, 상위법령이 개정됨에 그친 경우에는 개정법령과 성질상 모순, 저촉되지 아니하고 개정된 상위법령의 시행에 필요한 사항을 규정하고 있는 이상 그 집행명령은 상위법령의 개정에도 불구하고 당연히 실효되지 아니하고 개정법령의 시행을 위한 집행명령이 제정, 발효될 때까지는 여전히 그 효력을 유지한다(대판 1989.9.12. 88누6962). |정답| O

[22 변시]

147
☐☐☐

상위법령에서 세부사항 등을 시행규칙으로 정하도록 위임하였으나 이를 고시의 형식으로 정하였더라도 규정 내용이 위임의 범위를 벗어나지 않았다면 그 고시는 대외적 구속력을 가지는 법규명령으로서 효력이 인정된다.

법령의 규정이 특정 행정기관에게 법령 내용의 구체적 사항을 정할 수 있는 권한을 부여하면서 권한행사의 절차나 방법을 특정하지 아니한 경우에는 수임 행정기관은 행정규칙이나 규정 형식으로 법령 내용이 될 사항을 구체적으로 정할 수 있다. 이 경우 행정규칙 등은 당해 법령의 위임한계를 벗어나지 않는 한 대외적 구속력이 있는 법규명령으로서 효력을 가지게 되지만, 이는 행정규칙이 갖는 일반적 효력이 아니라 행정기관에 법령의 구체적 내용을 보충할 권한을 부여한 법령 규정의 효력에 근거하여 예외적으로 인정되는 것이다. 따라서 그 행정규칙이나 규정이 상위법령의 위임범위를 벗어난 경우에는 법규명령으로서 대외적 구속력을 인정할 여지는 없다. 이는 행정규칙이나 규정 '내용'이 위임범위를 벗어난 경우뿐 아니라 상위법령의 위임 규정에서 특정하여 정한 권한행사의 '절차'나 '방식'에 위배되는 경우도 마찬가지이므로, 상위법령에서 세부 사항 등을 시행규칙으로 정하도록 위임하였음에도 이를 고시 등 행정규칙으로 정하였다면 그 역시 대외적 구속력을 가지는 법규명령으로서 효력이 인정될 수 없다(대판 2012.7.5. 2010다72076). |정답| X

[20-1]

148
☐☐☐

개정 「주택법」에서 "사업주체는 감리자에게 건설교통부령이 정하는 절차 등에 의하여 공사감리비를 지급하여야 한다."라고 규정하였다면, 개정 전 「주택법」에 근거하여 감리비의 지급기준을 '고시' 형식으로 정한 '주택건설공사 감리비지급기준'은 대외적 구속력이 없다.

건설공사 등의 사업주체가 감리자에게 지급하여야 하는 감리비의 지급기준을 건설교통부장관의 '고시' 형식으로 정한 '주택건설공사 감리비지급기준'(이하 '감리비지급기준')은 구 주택건설촉진법 33조의6 6항에서 '사업주체는 감리자에게 **건설교통부장관이 정하는 바에 따라** 공사감리비를 지급하여야 한다'고 규정한 데 근거한 것인데, 그 법률이 주택법으로 전부 **개정**되면서 근거조항도 구 주택법 24조 6항으로 변경되었고, 개정 조항에서는 '사업주체는 감리자에게 **건설교통부령**이 정하는 절차 등에 의하여 공사감리비를 지급하여야 한다'고 되어 있다. 따라서 구 주택법이 시행된 이후에는 감리비의 지급기준 등은 구 주택법이 규정한 바에 따라 '건설교통부령'의 형식으로 정해야 하므로, 건설교통부장관의 '고시' 형식으로 되어 있는 종전 '감리비지급기준'은 구 주택법 24조 6항이 권한행사의 절차 및 방법을 특정하여 위임한 것에 위배되어 더 이상 대외적인 구속력이 있는 법규명령으로서 효력을 가지지 못한다(대판 2012.7.5. 2010다72076). |정답| O

149
☐☐☐

법률이 입법기관이 아닌 행정기관에게 구체적인 범위를 정하여 위임한 사항에 관하여는 당해 행정기관이 법정립의 권한을 갖게 되고, 입법자가 규율의 형식도 선택할 수 있으므로, 헌법이 인정하고 있는 위임입법의 형식은 예시적인 것으로 보아야 한다.

오늘날 의회의 입법독점주의에서 입법중심주의로 전환하여 일정한 범위 내에서 행정입법을 허용하게 된 동기가 사회적 변화에 대응한 입법수요의 급증과 종래의 형식적 권력분립주의로는 현대사회에 대응할 수 없다는 기능적 권력분립론에 있다는 점 등을 감안하여 헌법 40조와 헌법 75조, 95조의 의미를 살펴보면, 국회입법에 의한 수권이 입법기관이 아닌 행정기관에게 법률 등으로 구체적인 범위를 정하여 위임한 사항에 관하여는 당해 행정기관에게 법정립의 권한을 갖게 되고, 입법자가 규율의 형식도 선택할 수도 있다 할 것이므로, **헌법이 인정하고 있는 위임입법의 형식은 예시적**인 것으로 보아야 할 것이고, 그것은 법률이 행정규칙에 위임하더라도 그 행정규칙은 위임된 사항만을 규율할 수 있으므로, 국회입법의 원칙과 상치되지도 않는다(헌재 2004.10.28. 99헌바91). | 정답 | ○

150
☐☐☐

행정기관에 행정입법 제정의 법적 의무가 있는 경우에 그 제정의 부작위는 공권력의 불행사에 해당하므로 행정소송법상 부작위위법확인소송의 대상이 된다.

행정소송은 구체적 사건에 대한 법률상 분쟁을 법에 의하여 해결함으로써 법적 안정을 기하자는 것이므로 부작위위법확인소송의 대상이 될 수 있는 것은 구체적 권리의무에 관한 분쟁이여야 하고, **추상적인 법령**에 관하여 제정의 여부 등은 그 자체로서 국민의 구체적인 권리의무에 직접적 변동을 초래하는 것이 아니어서 **행정소송의 대상이 될 수 없다**(헌재 1998.7.16. 96헌마246). | 정답 | X

151
☐☐☐

댐 건설로 손실을 받은 주민들은 「특정다목적댐법 시행령」이 손실보상 청구절차 및 방법을 정하지 아니한 것을 부작위위법확인소송으로 다툴 수 있다.

행정소송은 구체적 사건에 대한 법률상 분쟁을 법에 의하여 해결함으로써 법적 안정을 기하자는 것이므로 **부작위위법확인소송의 대상이 될 수 있는 것은 구체적 권리의무에 관한 분쟁이여야 하고 추상적인 법령**에 관하여 **제정의 여부 등은 그 자체로서 국민의 구체적인 권리의무에 직접적 변동을 초래하는 것이 아니어서 그 소송의 대상이 될 수 없다**(대판 1992.5.8. 91누11261, 표준판례 116). | 정답 | X

152
☐☐☐

입법부가 법률로써 행정부에게 특정한 사항을 위임했음에도 불구하고 행정부가 정당한 이유 없이 이를 이행하지 않는다면 이는 위법일 따름이며 위헌에 이르는 것은 아니다.

행정입법부작위에 대한 헌법소원도 가능하며, 그 부작위는 위헌일 수 있다.
[판례] [1] 우리 헌법은 국가권력의 남용으로부터 국민의 자유와 권리를 보호하려는 법치국가의 실현을 기본이념으로 하고 있고, 자유민주주의 헌법의 원리에 따라 국가의 기능을 입법·행정·사법으로 분립하여 견제와 균형을 이루게 하는 권력분립제도를 채택하고 있어, 행정과 사법은 법률에 기속되므로, 국회가 특정한 사항에 대하여 행정부에 위임하였음에도 불구하고 행정부가 정당한 이유 없이 이를 이행하지 않는다면 권력분립의 원칙과 법치국가의 원칙에 위배되는 것이다.

[2] 나. 행정부가 위임 입법에 따른 시행명령을 제정하지 않거나 개정하지 않은 것에 정당한 이유가 있었다면 그런 경우에는 헌법재판소가 위헌확인을 할 수는 없다. 그러한 정당한 이유가 인정되기 위해서는 그 위임 입법 자체가 헌법에 위반된다는 것이 명백하거나, 행정입법 의무의 이행이 오히려 헌법질서를 파괴하는 결과를 가져옴이 명백할 정도는 되어야 할 것이다.

마. 법률이 군법무관의 보수를 판사, 검사의 예에 의하도록 규정하면서 그 구체적 내용을 시행령에 위임하고 있다면, 이는 군법무관의 보수의 내용을 법률로써 일차적으로 형성한 것이고, 따라서 상당한 수준의 보수청구권이 인정되는 것이라 해석함이 상당하다. 그러므로 이 사건에서 대통령이 법률의 명시적 위임에도 불구하고 지금까지 해당 시행령을 제정하지 않아 그러한 보수청구권이 보장되지 않고 있다면 그러한 입법부작위는 정당한 이유 없이 청구인들의 재산권을 침해하는 것으로서 헌법에 위반된다(헌재 2004.2.26. 2001헌마718).

| 정답 | X

[13 변시]

153
□□□

대통령령에 규정된 과징금 처분기준이 만약 일정액으로 정해진 것이라면 그 수액은 정액이 아니라 과징금의 최고한도액이라는 것이 판례의 태도이다.

구 청소년보호법 49조 1항, 2항에 따른 같은법시행령 40조 [별표 6]의 위반행위의 종별에 따른 **과징금처분기준은 법규명령**이기는 하나 모법의 위임규정의 내용과 취지 및 헌법상의 과잉금지의 원칙과 평등의 원칙 등에 비추어 같은 유형의 위반행위라 하더라도 그 규모나 기간·사회적 비난 정도·위반행위로 인하여 다른 법률에 의하여 처벌받은 다른 사정·행위자의 개인적 사정 및 위반행위로 얻은 불법이익의 규모 등 여러 요소를 종합적으로 고려하여 사안에 따라 적정한 과징금의 액수를 정하여야 할 것이므로 그 수액은 정액이 아니라 **최고한도액이다**(대판 2001.3.9. 99두5207, 표준판례 118).

| 정답 | O

[12 변시]

154
□□□

'고시 등'이 비록 법령에 근거를 둔 것이라고 하더라도 그 규정 내용이 법령의 위임범위를 벗어난 경우에는 대외적 구속력이 없다.

행정규칙형식의 법규명령이 위임 범위를 일탈한 경우, 이는 당연 무효이다. 즉 판례는 "행정 각부의 장이 정하는 고시가 비록 법령에 근거를 둔 것이라고 하더라도 그 규정 내용이 **법령의 위임 범위를 벗어난 것일** 경우에는 법규명령으로서의 **대외적 구속력**을 인정할 여지는 없다"(대판 2006.4.28. 2003마715)고 판시하였다.

| 정답 | O

[19-2]

155
□□□

훈령의 형식으로 사무처리기준을 정한 경우 적당한 방법으로 이를 표시 또는 통보하면 효력이 발생하는 것이지 공포하거나 고시하여야 그 효력이 발생하는 것은 아니다.

법규명령은 공포가 효력발생요건이지만 훈령과 같은 행정규칙은 적당한 방법으로 수명기관에게 표시 또는 통보하면 효력이 발생한다.

| 정답 | O

156
□□□

검찰조직 내부에서 검찰청의 장이 근무수칙을 행정규칙으로 정한 경우 그 행정규칙은 대외적인 구속력이 없으므로 비록 검찰청의 장이 그 근무수칙에 위반된 행위를 하였다고 하더라도 직무상의 의무위반으로 징계사유가 될 수 없다.

검찰청법 11조의 위임에 기한 검찰근무규칙 13조 1항은, 검찰청의 장이 출장 등의 사유로 근무지를 떠날 때에는 미리 바로 윗 검찰청의 장 및 검찰총장의 승인을 얻어야 한다고 규정하고 있는바, 이는 검찰조직 내부에서 검찰청의 장의 근무수칙을 정한 이른바 행정규칙으로서 검찰청의 장에 대하여 일반적인 구속력을 가지므로, 그 **위반행위는 직무상의 의무위반으로 검사징계법 2조 2호의 징계사유에 해당한다**(대판 2001.8.24. 2000두7704). | 정답 | X

157
□□□

乙구청장은 휴게음식점 영업자인 甲에 대해 「청소년보호법」 및 같은 법 시행령 [별표]의 위반행위의 종별에 따른 과징금 부과처분기준에 따라 1,000만 원의 과징금 부과처분을 하였고, 甲은 과징금 부과처분을 소송상 다투려고 한다. 이에 관한 설명 중 옳지 않은 것은?

ㄱ. 규정형식상 부령인 시행규칙으로 정한 과징금 부과처분의 기준은 행정청 내부의 사무처리준칙을 규정한 행정규칙에 지나지 않지만, 대통령령으로 정한 위 과징금 부과처분기준은 대외적 구속력이 있는 법규명령에 해당한다.

판례는 **부령의 형식(시행규칙)**으로 정해진 제재적 처분기준은 그 규정의 성질과 내용이 행정청 내의 사무처리기준을 규정한 것에 불과하므로 **행정규칙의 성질**을 가지며 대외적으로 국민이나 법원을 구속하는 법규성을 부정하는 실질설을 취한다. 이에 반하여 대통령령(시행령)으로 정해진 제재적 처분기준은 그 법적성질을 법규명령으로 보고 있다. 보면서 재량권 행사의 여지를 인정하기 위하여 처분기준(과징금 처분기준)을 최고한도(최고한도액)를 정한 것으로 본다(대판 2007.9.20. 2007두6946). | 정답 | O

ㄴ. 甲이 제기한 과징금 부과처분에 대한 취소소송에서 수소법원이 1,000만 원의 과징금 부과금액이 과도하다고 판단하는 경우, 수소법원은 적정하다고 인정하는 금액을 초과하는 부분만 취소할 수 있다.   [20 변시]

명의신탁이 조세를 포탈하거나 법령에 의한 제한을 회피할 목적이 아니어서 '부동산 실권리자명의 등기에 관한 법률 시행령' 3조의2 단서의 과징금 감경사유가 있는 경우 과징금 감경 여부는 과징금 부과 관청의 재량에 속하는 것이므로, 과징금 부과 관청이 이를 판단하면서 재량권을 일탈·남용하여 과징금 부과처분이 위법하다고 인정될 경우, 법원으로서는 **과징금 부과처분 전부를 취소**할 수밖에 없고, 법원이 적정하다고 인정되는 부분을 초과한 부분만 취소할 수는 없다(대판 2010.7.15. 2010두7031). | 정답 | X

ㄷ. 행정소송에 대한 대법원판결에 의하여 명령·규칙이 헌법 또는 법률에 위반된다는 것이 확정된 경우에는 대법원은 지체 없이 그 사유를 행정안전부장관에게 통보하여야 한다.

행정소송법 제6조(명령·규칙의 위헌판결등 공고) ① 행정소송에 대한 대법원판결에 의하여 명령·규칙이 헌법 또는 법률에 위반된다는 것이 확정된 경우에는 대법원은 지체없이 그 사유를 행정안전부장관에게 통보하여야 한다.
② 제1항의 규정에 의한 통보를 받은 행정안전부장관은 지체없이 이를 관보에 게재하여야 한다.
행정소송규칙 제2조(명령·규칙의 위헌판결 등 통보) ① 대법원은 재판의 전제가 된 명령·규칙이 헌법 또는 법률에 위배된다는 것이 법원의 판결에 의하여 확정된 경우에는 그 취지를 해당 명령·규칙의 소관 행정청에 통보하여야 한다.
② 대법원 외의 법원이 제1항과 같은 취지의 재판을 하였을 때에는 해당 재판서 정본을 지체 없이 대법원에 송부하여야 한다.

| 정답 | ○

158
☐☐☐

甲은 A시에서 숙박업을 하는 자로서, 청소년에 대하여 이성혼숙을 하게 하였다. 관할 A시장은 「공중위생관리법」 제11조 제1항을 근거로 같은 법 시행규칙 제19조 및 [별표 7]에 따라 甲에게 2월의 영업정지처분을 하였다. 甲은 영업정지처분에 승복할 수가 없어 취소소송을 제기하였으나 소송 계속 중 2월의 영업정지기간이 경과하였다. 이에 관한 설명 중 옳은 것을 모두 고른 것은?

※ 공중위생관리법 시행규칙

[별표 7] 행정처분기준(제19조관련) Ⅱ. 개별기준 1. 숙박업

위반사항	근거 법령	행정처분기준		
		1차위반	2차위반	3차위반
4) 청소년에 대하여 이성혼숙을 하게 하는 등 풍기를 문란하게 하는 영업행위를 하거나 그를 목적으로 장소를 제공한 때	법 제11조 제1항	영업정지 2월	영업정지 3월	영업장 폐쇄명령

ㄱ. 영업정지기간의 경과로 영업정지처분의 효력은 상실되므로 甲이 제기한 소송은 소의 이익(권리보호의 필요)이 인정될 수 없다.
ㄴ. 「공중위생관리법 시행규칙」 [별표 7] 행정처분기준은 행정기관 내부의 사무처리준칙을 규정한 행정규칙이다.
ㄷ. 영업정지처분이 적법한지 여부는 「공중위생관리법 시행규칙」 [별표 7]에 합치하는 것인지 여부에 따라 판단되어야 한다.
ㄹ. 甲에게 소의 이익(권리보호의 필요)이 인정될 수 있는지 여부는 「공중위생관리법 시행규칙」 [별표 7]의 법적 성격이 법규명령인지 또는 행정규칙인지 여부와 무관하다.

제재적 행정처분이 그 처분에서 정한 제재기간의 경과로 인하여 그 효과가 소멸되었으나, **부령인 시행규칙** 또는 지방자치단체의 규칙(이하 이들을 '규칙'이라고 한다)의 형식으로 정한 처분기준에서 제재적 행정처분(이하 '선행처분')을 받은 것을 가중사유나 전제요건으로 삼아 장래의 제재적 행정처분(이하 '후행처분')을 하도록 정하고 있는 경우, 제재적 행정처분의 가중사유나 전제요건에 관한 규정이 법령이 아니라 규칙의 형식으로 되어 있다고 하더라도, 그러한 규칙이 법령에 근거를 두고 있는 이상 **그 법적 성질이 대외적·일반적 구속력을 갖는 법규명령인지 여부와는 상관없이**, 관할 행정청이나 담당공무원은 이를 준수할 의무가 있으므로 이들이 그 규칙에 정해진 바에 따라 행정작용을 할 것이 당연히 예견되고, 그 결과 행정작용의 상대방인 국민으로서는 그 규칙의 영향을 받을 수밖에 없다. 따라서 그러한 규칙이 정한 바에 따라 선행처분을 받은 상대방이 그 처분의 존재로 인하여 장래에 받을 불이익, 즉 후행처분의 위험은 구체적이고 현실적인 것이므로,

상대방에게는 선행처분의 취소소송을 통하여 그 불이익을 제거할 필요가 있다. 시행규칙이 정한 바에 따라 선행처분을 가중사유 또는 전제요건으로 하는 후행처분을 받을 우려가 현실적으로 존재하는 경우에는, 선행처분을 받은 상대방은 비록 그 처분에서 정한 제재기간이 경과하였다 하더라도 그 처분의 취소소송을 통하여 그러한 불이익을 제거할 권리보호의 필요성이 충분히 인정된다고 할 것이므로, 선행처분의 취소를 구할 **법률상 이익이 있다고 보아야 한다**(대판[전합] 2006.6.22. 2003두1684).

공중위생법 23조 1항은 처분권자에게 영업자가 법에 위반하는 종류와 정도의 경중에 따라 제반사정을 참작하여 위 법에 규정된 것 중 적절한 종류를 선택하여 합리적인 범위내의 행정처분을 할 수 있는 재량권을 부여한 것이고, 이를 시행하기 위하여 동 4항에 의하여 마련된 공중위생법시행규칙 41조 별표 7에서 위 행정처분의 기준을 정하고 있더라도 **위 시행규칙은 형식은 부령으로 되어 있으나 그 성질은 행정기관 내부의 사무처리준칙을 규정한 것에 불과한 것**으로서 보건사회부장관이 관계 행정기관 및 직원에 대하여 그 직무권한 행사의 지침을 정하여 주기 위하여 발한 행정명령의 성질을 가지는 것이지, **위 법 23조 1항에 의하여 보장된 재량권을 기속하거나 대외적으로 국민을 기속하는 것은 아니다**(대판 1991.3.8. 90누6545).

| 정답 | ㄱ. X, ㄴ. ○, ㄷ. X, ㄹ. ○

[23 변시, 21-3]

159
□□□

「식품위생법」 위반행위에 대해 「식품위생법 시행규칙」 [별표]상의 처분기준에 부합하여 처분을 하였다고 하여 곧바로 적법한 것이라고 할 수는 없다.

식품위생법시행규칙 53조에서 별표 15로 식품위생법 58조에 따른 행정처분의 기준을 정하였다고 하더라도, 형식은 부령으로 되어 있으나 성질은 행정기관 내부의 사무처리준칙을 정한 것에 불과한 것으로서, 보건사회부 장관이 관계 행정기관 및 직원에 대하여 직무권한 행사의 지침을 정하여 주기 위하여 발한 행정명령의 성질을 가지는 것이지 같은 법 58조 1항의 규정에 보장된 재량권을 기속하는 것이라고 할 수 없고 대외적으로 국민이나 법원을 기속하는 힘이 있는 것은 아니므로, 같은 법 58조 1항에 의한 처분의 적법 여부는 같은법 시행규칙에 적합한 것인가의 여부에 따라 판단할 것이 아니라 같은 법 규정 및 그 취지에 적합한 것인가의 여부에 따라 판단하여야 할 것이며, 따라서 행정처분이 위 기준에 위반되었다는 사정만으로 그 처분이 위법한 것으로 되는 것은 아니다(대판 1994.10.14. 94누4370).

| 정답 | ○

[21-3]

160
□□□

도로교통법시행규칙 제53조 제1항 [별표 16]의 벌점에 관한 규정은 처분의 최고한도를 정해놓은 것이다.

도로교통법시행규칙 53조 1항 [별표 16]의 벌점에 관한 규정을 보면, 정지처분 개별기준에서 정하는 각 위반항목 별로 일정한 벌점을 배점하여 이를 누적한 다음 무위반·무사고기간 경과시에 부여되는 점수 등을 상계치로 뺀 점수를 '누산점수'로서 관리하고 그 누산점수에서 이미 처분이 집행된 벌점을 뺀 점수를 '처분벌점'으로 하여 처분의 기준으로 삼되, 취소처분 또는 정지처분의 개별기준을 적용하는 것이 현저하게 불합리한 경우에는 그 처분기준을 감경할 수 있다는 것이지, 각 위반 항목별로 규정된 점수가 최고한도를 규정한 것이라고 볼 만한 아무런 근거가 없다(대판 1998.3.27. 97누20236).

| 정답 | X

☑ **제재처분기준이 대통령령 형식인 경우**

국민건강보험법 85조 1항, 2항에 따른 같은 법 시행령 61조 1항 [별표 5]의 업무정지처분 및 과징금부과의 기준은 법규명령이기는 하나 모법의 위임규정의 내용과 취지 및 헌법상의 과잉금지의 원칙과 평등의 원칙 등에 비추어 같은 유형의 위반행위라 하더라도 그 규모나 기간·사회적 비난 정도·위반행위로 인하여 다른 법률에 의하여 처벌받은 다른 사정·행위자의 개인적 사정 및 위반행위로 얻은 불법이익의 규모 등 여러 요소를 종합적으로 고려하여 사안에 따라 적정한 업무정지의 기간 및 과징금의 금액을 정하여야 할 것이므로 그 기간 내지 금액은 확정적인 것이 아니라 최고한도라고 할 것이다(대판 2006.2.9. 2005두11982).

161

☐☐☐ '행정규칙'은 일반적으로 행정조직 내부에서만 효력을 가질 뿐 대외적으로 국민이나 법원을 구속하는 효력은 없다고 할 것이나, 행정규칙이 이를 정한 행정기관의 재량에 속하는 사항에 관한 것인 때에는 그 규정 내용이 객관적 합리성을 결여하였다는 등의 특별한 사정이 없는 한 법원은 이를 존중하여야 한다.

'**행정규칙**'은 상위법령의 구체적 위임이 있지 않는 한 행정조직 <u>내부에서만 효력</u>을 가질 뿐 대외적으로 국민이나 법원을 구속하는 효력이 없다. 다만 행정규칙이 이를 정한 <u>행정기관의 **재량**</u>에 속하는 사항에 관한 것인 때에는 그 규정 내용이 객관적 합리성을 결여하였다는 등의 특별한 사정이 없는 한 **법원은 이를 존중**하는 것이 바람직하다. 그러나 행정규칙의 내용이 **상위법령에 반**하는 것이라면 법치국가원리에서 파생되는 법질서의 통일성과 모순금지 원칙에 따라 그것은 법질서상 **당연무효**이고, **행정내부적 효력**도 인정될 수 **없다**(대판 2019.10.31. 2013두20011). ｜정답｜○

162

☐☐☐ 일반적으로 법률의 위임에 따라 효력을 갖는 법규명령의 경우에 위임의 근거가 없어 무효였더라도 나중에 법 개정으로 위임의 근거가 부여되면 그때부터는 유효한 법규명령으로 볼 수 있다. 그러나 법규명령이 개정된 법률에 규정된 내용을 함부로 유추·확장하는 내용의 해석규정이어서 위임의 한계를 벗어난 것으로 인정될 경우에는 법규명령은 여전히 무효이다.

일반적으로 법률의 위임에 따라 효력을 갖는 법규명령의 경우에 <u>위임의 근거가 없어 무효</u>였더라도 나중에 법 개정으로 위임의 근거가 부여되면 그때부터는 유효한 법규명령으로 볼 수 있다. 그러나 법규명령이 개정된 법률에 규정된 내용을 함부로 유추·확장하는 내용의 해석규정이어서 <u>위임의 한계를 벗어난 것으로 인정</u>될 경우에는 법규명령은 여전히 무효이다(대판[전합] 2017.4.20. 2015두45700).
➔ 법규명령에 하자가 있으면 행정처분과 달리 공정력이 부여되지 않기 때문에 법규범 일반의 하자법리에 따라 무효에 해당한다는 것이 다수설이다. ｜정답｜○

163

☐☐☐ 행정규칙의 내용이 상위법령이나 법의 일반원칙에 반하는 것이라면 행정내부적 효력도 인정될 수 없다.

행정규칙의 내용이 상위법령이나 법의 일반원칙에 반하는 것이라면 법치국가원리에서 파생되는 법질서의 통일성과 모순금지 원칙에 따라 그것은 법질서상 당연무효이고, 행정내부적 효력도 인정될 수 없다. 이러한 경우 법원은 해당 행정규칙이 법질서상 부존재하는 것으로 취급하여 행정기관이 한 조치의 당부를 상위법령의 규정과 입법 목적 등에 따라서 판단하여야 한다(대판 2020.5.28. 2017두66541). ｜정답｜○

164
☐☐☐

비상계엄지역 내에서 계엄사령관이 군사상 필요할 때 행한 언론, 출판, 집회 또는 단체행동 등 기본권 제한과 관련한 특별한 조치는 법규명령으로서 효력을 가진다.

비상계엄지역 내에서 계엄사령관의 군사상 필요에 의한 **특별조치**는 구 헌법 및 구 계엄법의 내용을 보충하는 **법령보충적 행정규칙**으로서 상위법령과 결합하여 대외적 구속력이 있는 법규명령으로서 효력을 가지므로 법원의 규범통제의 대상이 된다.

> **구 헌법 제54조** ③ 비상계엄이 선포된 때에는 법률이 정하는 바에 의하여 영장제도, 언론·출판·집회·결사의 자유, 정부·법원의 권한에 관하여 **특별한 조치**를 할 수 있다.
> **구 계엄법 제13조** 비상계엄지역 내에서는 계엄사령관은 군사상 필요할 때에는 체포, 구금, 수색, 거주, 이전, 언론, 출판, 집회 또는 단체행동에 관하여 **특별한 조치**를 할 수 있다.
> **제15조** 제12조, 제13조 등의 규정에 의하여 취한 계엄사령관의 조치에 응하지 아니하거나 이에 배반하는 언론 또는 행동을 한 자는 3년이하의 징역에 처한다.

구 계엄법 15조에서 정하고 있는 '13조의 규정에 의하여 취한 계엄사령관의 조치'는 유신헌법 54조 3항, 구 계엄법 13조에서 계엄사령관에게 국민의 기본권 제한과 관련한 특별한 조치를 할 수 있는 권한을 부여한 데 따른 것으로서 구 계엄법 13조, 15조의 내용을 보충하는 기능을 하고 그와 결합하여 대외적으로 구속력이 있는 **법규명령으로서 효력**을 가진다. 그러므로 법원은 현행 헌법 107조 2항에 따라서 위와 같은 특별한 조치로서 이루어진 계엄포고 1호에 대한 위헌·위법 여부를 심사할 권한을 가진다(대판 2018.11.29. 2016도14781). | 정답 | ○

165
☐☐☐

「산업재해보상보험법 시행령」 [별표3] '업무상 질병에 대한 구체적인 인정 기준'은 예시적 규정에 불과한 이상 그 위임에 따른 고용노동부 고시가 대외적으로 국민과 법원을 구속하는 효력이 있는 규범이라고 볼 수 없다.

위임근거인 산업재해보상보험법 **시행령 [별표 3]** '업무상 질병에 대한 구체적인 인정 기준'이 **예시적 규정에 불과한 이상, 그 위임에 따른 고용노동부 고시**가 대외적으로 **국민과 법원을 구속하는 효력**이 있는 규범이라고 볼 수는 **없고**, 상급행정기관이자 감독기관인 고용노동부장관이 그 지도·감독 아래 있는 근로복지공단에 대하여 **행정내부적으로** 업무처리지침이나 법령의 해석·적용 기준을 정해주는 '**행정규칙**'이라고 보아야 한다(대판 2020.12.24. 2020두39297). | 정답 | ○

제2장 | 행정계획

[13 변시]

166
□□□

정부가 발표한 '4대강 살리기 마스터플랜'은 행정기관 내부에서 사업의 기본방향을 제시하는 것일 뿐 국민의 권리의무에 직접 영향을 미치는 것이 아니어서 행정처분에 해당하지 않는다.

국토교통부, 환경부, 문화체육관광부, 농림수산부, 식품부가 합동으로 2009.6.8. 발표한 **'4대강 살리기 마스터플랜'** 등은 4대강 정비사업과 주변 지역의 관련 사업을 체계적으로 추진하기 위하여 수립한 종합계획이자 '4대강 살리기 사업'의 기본방향을 제시 하는 계획으로서, 행정기관 내부에서 사업의 기본방향을 제시하는 것일 뿐, 국민의 권리 · 의무에 직접 영향을 미치는 것이 아니어서 행정처분에 해당하지 않는다(대결[전합] 2011.4.21, 2010무111). | 정답 | ○

[21-1]

167
□□□

도시계획법령상 용도지역지정행위나 용도지역변경행위는 전문적 · 기술적 판단에 기초하여 행하여지는 일종의 행정계획으로서 재량행위라 할 것이다.

도시계획변경결정 당시 도시계획법령에 의하면, 도시계획구역 안에서의 녹지지역은 보건위생 · 공해방지, 보안과 도시의 무질서한 확산을 방지하기 위하여 녹지의 보전이 필요한 때에 지정되고, 그 중 보전녹지지역은 도시의 자연환경 · 경관 · 수림 및 녹지를 보전할 필요가 있을 때에, 자연녹지지역은 녹지공간의 보전을 해하지 아니하는 범위 안에서 제한적 개발이 불가피할 때 각 지정되는 것으로서 위와 같은 **용도지역지정행위나 용도지역변경행위**는 전문적 · 기술적 판단에 기초하여 행하여지는 일종의 행정계획으로서 **재량행위**라 할 것이다(대판 2005.3.10. 2002두5474). | 정답 | ○

[18 · 13 변시]

168
□□□

주택재건축정비사업조합이 법에 기초하여 수립한 사업시행계획이 인가 · 고시를 통해 확정되면 그 사업시행계획은 이해관계인에 대한 구속적 행정계획으로서 독립된 행정처분에 해당한다.

구 도시 및 주거환경정비법에 따른 주택재건축정비사업조합은 관할 행정청의 감독 아래 위 법상 주택재건축사업을 시행하는 공법인으로서, 그 목적 범위 내에서 법령이 정하는 바에 따라 일정한 행정작용을 행하는 행정주체의 지위를 가진다 할 것인데, 재건축정비사업조합이 이러한 행정주체의 지위에서 위 법에 기초하여 수립한 **사업시행계획은 인가 · 고시**를 통해 확정되면 이해관계인에 대한 **구속적 행정계획**으로서 독립된 행정처분에 해당한다(대결 2009.11.2. 2009마596). | 정답 | ○

[16 변시]

169
☐☐☐

도시·군관리계획 구역 내에 토지 등을 소유하고 있는 주민의 봉안시설(구 납골시설)에 대한 도시·군관리계획 입안제안을 입안권자인 군수가 반려한 행위는 사실의 통지에 불과하여 항고소송의 대상이 될 수 없다.

구 국토계획법 139조 2항 및 이에 근거하여 제정된 지방자치단체 조례에 따라 광역시장으로부터 납골시설 등에 대한 도시관리계획 입안권을 위임받은 군수는 관할구역 도시 관리계획의 입안권자이므로, 도시관리계획 구역 내 토지 등을 소유하고 있는 주민의 납골시설에 관한 **도시관리계획의 입안제안**을 반려한 군수의 처분은 항고소송의 대상이 되는 행정처분에 해당한다(대판 2010.7.22. 2010두5745). | 정답 | X

[16 변시]

170
☐☐☐

광범위한 형성의 자유가 인정되는 계획재량에 대한 통제법리는 도시·군관리계획 구역 내 토지소유자의 도시·군계획시설 변경신청에 대해 행정청이 해당 도시·군계획시설의 변경 여부를 결정하는 경우에도 적용된다.

행정주체가 구체적인 행정계획을 입안·결정할 때에 가지는 **비교적 광범위한 형성의 자유**는 무제한적인 것이 아니라 행정계획에 관련되는 자들의 이익을 공익과 사익 사이에서는 물론이고 공익 상호 간과 사익 상호 간에도 정당하게 비교·교량하여야 한다는 제한이 있는 것이므로, 행정주체가 행정계획을 입안·결정하면서 이익형량을 전혀 행하지 않거나 이익형량의 고려 대상에 마땅히 포함시켜야 할 사항을 빠뜨린 경우 또는 이익형량을 하였으나 정당성과 객관성이 결여된 경우에는 행정계획결정은 형량에 하자가 있어 위법하게 된다. 이러한 법리는 행정주체가 구 국토의 계획 및 이용에 관한 법률 26조에 의한 주민의 도시관리계획 입안제안을 받아들여 도시관리계획결정을 할 것인지를 결정할 때에도 마찬가지이고, 나아가 도시계획시설구역 내 토지 등을 소유하고 있는 주민이 장기간 집행되지 아니한 도시계획시설의 결정권자에게 도시계획시설의 변경을 신청하고, 결정권자가 이러한 신청을 받아들여 **도시계획시설을 변경할 것인지를 결정하는 경우에도 동일하게 적용**된다고 보아야 한다(대판 2007.4.12. 2005두1893). | 정답 | ○

[16 변시]

171
☐☐☐

장기성·종합성이 요구되는 행정계획에 있어서는 원칙적으로 그 계획이 확정된 후에 어떤 사정의 변동이 있다고 하여 지역주민에게 일일이 그 계획의 변경을 청구할 권리를 인정해 줄 수 없다.

구 국토이용관리법상 주민이 국토이용계획의 변경에 대하여 신청을 할 수 있다는 규정이 없을 뿐만 아니라, 국토건설종합계획의 효율적인 추진과 국토이용질서를 확립하기 위한 국토이용계획은 장기성, 종합성이 요구되는 행정계획이어서 **원칙적으로는** 그 계획이 일단 확정된 후에 어떤 사정의 변동이 있다고 하여 그러한 사유만으로는 지역주민이나 일반 이해관계인에게 일일이 **그 계획의 변경을 신청할 권리를 인정하여 줄 수는 없다**(대판 2003.9.23. 2001두10936). | 정답 | ○

172
☐☐☐

문화재보호구역 내에 있는 토지의 소유자에게는 해당 보호구역의 지정해제를 요구할 수 있는 법규상 또는 조리상의 신청권이 있으며, 그 신청에 대한 거부행위는 항고소송의 대상이 되는 행정처분에 해당된다.

문화재보호구역 내에 있는 **토지소유자 등**으로서는 위 보호구역의 지정해제를 요구할 수 있는 **법규상 또는 조리상의 신청권**이 있다고 할 것이고, 이러한 신청에 대한 거부행위는 항고소송의 대상이 되는 행정처분에 해당한다(대판 2004.4.27. 2003두8821).　　　　　　　　　　　　　　　　　　　　　　| 정답 | ○

173
☐☐☐

일정한 행정처분을 구하는 신청을 할 수 있는 법률상 지위에 있는 자의 (구)국토이용계획 변경신청을 거부하는 것이 실질적으로 당해 행정처분 자체를 거부하는 결과가 되는 경우에는 예외적으로 그 신청인에게 당해 계획의 변경을 신청할 권리가 인정된다.

장래 일정한 기간 내에 관계 법령이 규정하는 시설 등을 갖추어 일정한 행정처분을 구하는 신청을 할 수 있는 **법률상 지위에 있는 자**의 국토이용계획변경신청을 거부하는 것이 **실질적으로 당해 행정처분 자체를 거부하는 결과**가 되는 경우에는 예외적으로 그 신청인에게 국토이용계획변경을 신청할 권리가 인정된다고 봄이 상당하므로, 이러한 신청에 대한 거부행위는 항고소송의 대상이 되는 행정처분에 해당한다(대판 2003.9.23. 2001두10936).　　　　　　　　　　　　　　　　　　| 정답 | ○

174
☐☐☐

국토의 계획 및 이용에 관한 법률상 도시계획구역 내 토지 등을 소유하고 있는 사람과 같이 도시계획시설결정에 이해관계가 있는 주민은 도시시설계획의 입안 내지 변경을 요구할 수 있는 법규상 또는 조리상의 신청권이 있다.

도시계획구역 내 토지 등을 소유하고 있는 사람과 같이 당해 도시계획시설결정에 **이해관계가 있는 주민**으로서는 도시시설계획의 입안권자 내지 결정권자에게 **도시시설계획의 입안 내지 변경을 요구할 수 있는 법규상 또는 조리상의 신청권**이 있고, 이러한 신청에 대한 거부행위는 항고소송의 대상이 되는 행정처분에 해당한다(대판 2015.3.26. 2014두42742, 표준판례 316).　　　　　　　　　　　　| 정답 | ○

175
☐☐☐

「도시 및 주거환경정비법」에 따라 인가·고시된 관리처분계획은 구속적 행정계획으로서 처분성이 인정된다.

도시재개발법에 의한 재개발조합은 조합원에 대한 법률관계에서 적어도 특수한 존립목적을 부여받은 특수한 행정주체로서 국가의 감독하에 그 존립 목적인 특정한 공공사무를 행하고 있다고 볼 수 있는 범위 내에서는 공법상의 권리의무 관계에 서 있는 것이므로 분양신청 후에 정하여진 관리처분계획의 내용에 관하여 다툼이 있는 경우에는 그 **관리처분계획**은 토지 등의 소유자에게 구체적이고 결정적인 영향을 미치는 것으로서 **조합이 행한 처분에 해당**하므로 항고소송의 방법으로 그 무효확인이나 취소를 구할 수 있다(대판 2002.12.10. 2001두6333).　　　　　　　　　　　　　　　　　　　　　　　　　　　| 정답 | ○

176
□□□

비구속적 행정계획안이나 행정지침이라도 국민의 기본권에 직접적으로 영향을 끼치고, 앞으로 법령의 뒷받침에 의하여 그대로 실시될 것이 틀림없을 것으로 예상될 수 있을 때에는, 공권력행위로서 예외적으로 헌법소원의 대상이 된다.

국민적 구속력을 갖는 행정계획은 공권력의 행사로 볼 수 있지만, 구속력을 갖지 않고 사실상의 준비행위나 사전 안내 또는 행정기관 내부의 지침에 지나지 않는 행정계획은 원칙적으로 헌법소원의 대상이 되는 공권력의 행사라 할 수 없다. 하지만, 비구속적 행정계획안이나 행정지침이라도 국민의 기본권에 직접적으로 영향을 끼치고, 앞으로 **법령의 뒷받침에** 의하여 그대로 실시될 것이 틀림없을 것으로 예상될 수 있을 때에는, 공권력행위로서 예외적으로 **헌법소원의 대상**이 된다고 할 것이다(헌재 2011.12.29. 2009헌마330).　|정답| ○

177
□□□

주택건설사업계획 승인권자가 「주택법」 규정에 따라 도시·군관리계획 결정권자와 협의를 거쳐 관계 주택건설사업계획을 승인하면 도시·군관리계획결정이 이루어진 것으로 의제되는 경우에, 이러한 협의 절차와 별도로 「국토의 계획 및 이용에 관한 법률」에서 정한 도시·군관리계획 입안을 위한 주민 의견청취 절차를 거칠 필요는 없다.

인·허가 의제가 되는 경우 의제되는 행위의 절차적 요건도 준수하여야 하는지에 대해 견해 대립이 있으나, 절차적 요건은 준수하지 않아도 된다는 절차집중설(절차집중의 의미는 의제되는 행위의 절차는 거치지 않아도 된다는 의미)이 판례의 입장이다.
[판례] 구 주택법 17조 1항에 인허가 의제 규정을 둔 입법 취지는, 주택건설사업을 시행하는 데 필요한 각종 인허가 사항과 관련하여 주택건설사업계획 승인권자로 그 창구를 단일화하고 절차를 간소화함으로써 각종 인허가에 드는 비용과 시간을 절감하여 주택의 건설·공급을 활성화하려는 데에 있다. 이러한 인허가 의제 규정의 입법 취지를 고려하면, 주택건설사업계획 승인권자가 구 주택법 17조 3항에 따라 도시·군관리계획 결정권자와 협의를 거쳐 관계 주택건설사업계획을 승인하면 같은 조 1항 5호에 따라 도시·군관리계획결정이 이루어진 것으로 의제되고, 이러한 협의 절차와 별도로 국토계획법 28조 등에서 정한 도시·군관리계획 입안을 위한 주민 의견청취 절차를 거칠 필요는 없다(대판 2018.11.29. 2016두38792).　|정답| ○

178
□□□

도시계획시설인 주차장에 대한 건축허가신청을 받은 행정청으로서는 건축법상 허가 요건뿐 아니라 국토의 계획 및 이용에 관한 법령이 정한 도시계획시설사업에 관한 실시계획인가 요건도 충족하는 경우에 한하여 이를 허가해야 한다.

건축법에서 인허가의제 제도를 둔 취지는, 인허가의제사항과 관련하여 건축허가의 관할 행정청으로 창구를 단일화하고 절차를 간소화하며 비용과 시간을 절감함으로써 국민의 권익을 보호하려는 것이지, 인허가의제 사항 관련 법률에 따른 각각의 인허가 요건에 관한 일체의 심사를 배제하려는 것으로 보기는 어려우므로, **도시계획시설인 주차장에 대한 건축허가신청**을 받은 행정청으로서는 건축법상 허가 요건뿐 아니라 국토의 계획 및 이용에 관한 법령이 정한 도시계획시설사업에 관한 실시계획인가 요건도 충족하는 경우에 한하여 이를 허가해야 한다(대판 2015.7.9. 2015두39590).　|정답| ○

179
☐☐☐

판례는 후행 도시계획의 결정을 하는 행정청이 선행 도시계획의 결정·변경 등에 관한 권한을 가지고 있지 아니한 경우에 선행 도시계획과 서로 양립할 수 없는 내용이 포함된 후행 도시계획결정을 하는 것은 무효라고 보고 있다.

도시계획의 결정·변경 등에 관한 권한을 가진 행정청은 이미 도시계획이 결정·고시된 지역에 대하여도 다른 내용의 도시계획을 결정·고시할 수 있고, 이 때에 후행 도시계획에 선행 도시계획과 서로 양립할 수 없는 내용이 포함되어 있다면, 특별한 사정이 없는 한 선행 도시계획은 후행 도시계획과 같은 내용으로 변경되는 것이나, 후행 도시계획의 결정을 하는 행정청이 선행 도시계획의 결정·변경 등에 관한 권한을 가지고 있지 아니한 경우에 선행 도시계획과 서로 양립할 수 없는 내용이 포함된 후행 도시계획결정을 하는 것은 아무런 권한 없이 선행 도시계획결정을 폐지하고, 양립할 수 없는 새로운 내용이 포함된 후행 도시계획결정을 하는 것으로서, 선행 도시계획결정의 폐지 부분은 **권한 없는 자에 의하여 행해진 것으로서 무효**이고, 같은 대상지역에 대하여 선행 도시계획결정이 적법하게 폐지되지 아니한 상태에서 그 위에 다시 한 후행 도시계획결정 역시 위법하고, 그 하자는 중대하고도 명백하여 다른 특별한 사정이 없는 한 무효라고 보아야 한다(대판 2000.9.8. 99두11257). ┃정답┃ O

[22-1]

180
☐☐☐

A시를 관할하는 도지사가 적법한 권한 없이 「국토의 계획 및 이용에 관한 법률」에 따른 A시장의 도시계획시설 지정을 폐지하는 내용의 도시관리계획을 결정·고시한 경우, 특별한 사정이 없는 한 A시장의 도시계획시설 지정은 여전히 유효하다.

권한 없는 도지사에 의한 도시계획시설 지정 폐지결정은 무효이므로 기존의 A시장의 도시계획시설 지정은 여전히 유효하다.
[판례] 피고 건설부장관이 **당초의 유원지설치에 관한 계획을 폐지**하고 새로이 **공원을 설치하기 위하여 이 사건 결정**을 하였다 하더라도, 그중 당초의 유원지설치에 관한 **계획의 폐지는 권한 없는 자**에 의하여 행하여진 것으로 **무효**라고 할 것이고, 그렇게 되면 이 사건 결정은 같은 대상지역에 대하여 기존의 유원지설치에 관한 도시계획결정이 폐지되지 아니한 채 그 위에 다시 공원을 설치하기로 한 것이 되어 위법하고, 그 **하자는 중대하고도 명백하여 다른 특별한 사정이 없는 한 무효라고 보아야 할 것이다**(대판 1992.9.22. 91누11292). ┃정답┃ O

[20 변시]

181
☐☐☐

도시계획시설사업 대상 토지의 소유와 동의 요건을 갖추지 못하였는데도 사업시행자로 지정되었다면 특별한 사정이 없는 한 그 사업시행자 지정처분의 하자는 중대하다고 보아야 한다.

국토계획법령이 정한 도시계획시설사업의 대상 토지의 소유와 동의 요건을 갖추지 못하였는데도 사업시행자로 지정하였다면, 이는 국토계획법령이 정한 법규의 중요한 부분을 위반한 것으로서 특별한 사정이 없는 한 그 하자가 중대하다고 보아야 한다(대판 2017.7.11. 2016두35120). ┃정답┃ O

182
☐☐☐

주민의 입안 제안 또는 변경신청을 받아들여 도시관리계획결정을 하거나 도시계획시설을 변경할 것인지를 결정할 때에는 행정주체가 독자적·자발적으로 입안·결정하는 경우가 아니므로 형량명령이론이 적용되지 아니한다.

행정주체가 구체적인 행정계획을 입안·결정할 때에 가지는 비교적 광범위한 형성의 자유는 무제한적인 것이 아니라 행정계획에 관련되는 자들의 이익을 공익과 사익 사이에서는 물론이고 공익 상호 간과 사익 상호 간에도 정당하게 비교·교량하여야 한다는 제한이 있는 것이므로, 행정주체가 행정계획을 입안·결정하면서 이익형량을 전혀 행하지 않거나 이익형량의 고려 대상에 마땅히 포함시켜야 할 사항을 빠뜨린 경우 또는 이익형량을 하였으나 정당성과 객관성이 결여된 경우에는 행정계획결정은 형량에 하자가 있어 위법하게 된다. 이러한 법리는 행정주체가 구 국토의 계획 및 이용에 관한 법률 26조에 의한 주민의 도시관리계획 입안 제안을 받아들여 도시관리계획결정을 할 것인지를 결정할 때에도 마찬가지이고, 나아가 도시계획시설구역 내 토지 등을 소유하고 있는 주민이 장기간 집행되지 아니한 도시계획시설의 결정권자에게 도시계획시설의 변경을 신청하고, 결정권자가 이러한 신청을 받아들여 도시계획시설을 변경할 것인지를 결정하는 경우에도 동일하게 적용된다고 보아야 한다.
甲 등이 자신들의 토지를 도시계획시설인 완충녹지에서 해제하여 달라는 신청을 하였으나 관할 구청장이 이를 거부하는 처분을 한 사안에서, 위 토지를 완충녹지로 유지해야 할 공익상 필요성이 소멸되었다고 볼 수 있으므로, 위 처분은 甲 등의 재산권 행사를 과도하게 제한한 것으로서 행정계획을 입안·결정하면서 이익형량을 전혀 하지 않았거나 이익형량의 정당성·객관성이 결여된 경우에 해당한다(대판 2012.1.12. 2010두5806). | 정답 | X

183
☐☐☐

도시계획시설결정 단계에서 설치사업에 따른 공익과 사익 사이의 이익형량이 이루어졌다면, 도지사는 실시계획인가를 할 때 특별한 사정이 없는 한 이익형량을 다시 할 필요는 없다.

군계획시설결정 단계에서 군계획시설의 공익성 여부와 그 설치사업에 따른 공익과 사익 사이의 이익형량이 이루어진다. 군계획시설사업의 실시계획인가 여부를 결정하는 행정청은 특별한 사정이 없는 한 실시계획이 군계획시설의 결정·구조 및 설치의 기준 등에 부합하는지 여부를 판단하는 것으로 충분하고, 나아가 그 사업의 공익성 여부나 사업 수행에 따른 이익형량을 다시 할 필요는 없다(대판 2017.7.18. 2016두49938). | 정답 | O

184
☐☐☐

「도시개발법」상 환지계획은 환지예정지 지정이나 환지처분을 직접적으로 구속하여 토지소유자 등의 법률상의 지위를 직접 변동시키므로 항고소송의 대상이 되는 처분에 해당한다.

환지계획은 환지예정지 지정이나 환지처분의 **근거가 될 뿐** 그 자체가 직접 토지소유자 등의 법률상의 지위를 변동시키거나 또는 환지예정지 지정이나 환지처분과는 다른 고유한 법률효과를 수반하는 것이 아니어서 이를 항고소송의 대상이 되는 처분에 해당한다고 할 수가 없다(대판 1999.8.20. 97누6889). | 정답 | X

185

□□□

A군수가 「국토의 계획 및 이용에 관한 법률」에 기하여 나대지인 甲 소유 토지와 임야인 乙 소유 토지를 포함한 3필지 38,728m²에 대하여 이를 공원부지로 지정하는 내용의 도시계획시설결정을 고시하고 5년이 경과되었다. 이에 관한 설명 중 옳은 것만을 모두 고른 것은?

ㄱ. 도시계획시설결정이 일정기간 미집행되는 경우 실효되게끔 하는 제도는 헌법상 재산권으로부터 직접 도출되는 권리이다.

[22-1]

장기미집행 도시계획시설결정의 실효제도는 도시계획시설부지로 하여금 도시계획시설결정으로 인한 사회적 제약으로부터 벗어나게 하는 것으로서 결과적으로 개인의 재산권이 보다 보호되는 측면이 있는 것은 사실이나, 이와 같은 보호는 입법자가 새로운 제도를 마련함에 따라 얻게 되는 법률에 기한 권리일 뿐 헌법상 재산권으로부터 당연히 도출되는 권리는 아니다(헌재 2005.9.29. 2002헌바84). | 정답 | X

ㄴ. 乙의 토지에 대하여 가하여지는 도시계획시설결정에 의한 제한은 수인하여야 하는 사회적 제약의 범주에 속하는 것으로서 재산권에 대한 침해라고 할 수 없다.

설문에서 甲 소유의 토지는 나대지이며, 乙 소유의 토지는 임야이므로 도시계획시설결정으로 인한 재산권 침해 인정 여부가 달라진다.

[판례] 1) 도시계획시설의 지정에도 불구하고 토지를 **종래의 용도대로** 계속 사용할 수 있는 경우에는, 가사 사업시행자에 의한 토지매수가 장기간 지연된다고 하더라도 토지소유자의 재산권행사에 크게 불리한 효과를 가져오지 않는다. 지목이 **임야**나 전답인 토지가 학교, 도로, 녹지 등 도시계획시설로 지정된 경우, 토지소유자는 도시계획결정에도 불구하고 당해 토지의 협의매수나 수용시까지 그 토지를 계속 종래의 용도대로 사용할 수 있으므로, 도시계획결정으로 말미암아 토지소유자에게 이렇다 할 재산적 손실이 발생한다고 볼 수 없다.

헌법상의 재산권은 토지소유자가 이용가능한 모든 용도로 토지를 사용할 권리나 가장 경제적 또는 효율적으로 사용할 수 있는 권리를 보장하는 것은 아니므로 입법자는 중요한 공익상의 이유로 토지를 일정용도로 사용하는 권리를 제한하거나 제외할 수 있다. 도시계획시설의 지정으로 인한 개발가능성의 소멸과 그에 따른 지가의 하락, 수용시까지 토지를 종래의 용도대로만 이용해야 할 현상유지의무 등은 토지소유자가 감수해야 하는 사회적 제약의 범주에 속하는 것이다.

2) 그러나 도시계획시설로 지정된 토지가 **나대지**인 경우, 토지소유자는 더 이상 그 토지를 종래 허용된 용도(건축)대로 사용할 수 없게 됨으로써 토지의 매도가 사실상 거의 불가능하고 경제적으로 의미있는 이용가능성이 배제된다. 도시계획결정으로 말미암아 토지를 종래의 목적으로도 사용할 수 없거나 또는 더 이상 법적으로 허용된 토지이용의 방법이 없기 때문에 사실상 토지의 사적인 이용가능성이 폐지된 경우, 재산권에 대한 이러한 제한은 토지소유자가 수인해야 하는 사회적 제약의 한계를 넘는 것이다. 이러한 경우, 사업시행자에 의한 토지매수가 장기간 지체되어 토지소유자에게 토지를 계속 보유하도록 하는 것이 경제적인 관점에서 보아 더 이상 요구될 수 없다면, 입법자는 매수청구권이나 수용신청권의 부여, 지정의 해제, 금전적 보상 등 다양한 보상가능성을 통하여 재산권에 대한 가혹한 침해를 적절하게 보상하여야 한다(헌재 1999.10.21. 97헌바26). | 정답 | ○

186
□□□

甲은 관할 행정청 乙의 도시관리계획결정으로 인하여 자신의 토지가 개발제한구역 안으로 편입됨에 따라 그 토지를 개발하여 건축물을 건축하려던 자신의 계획을 이룰 수 없게 되었다. 평소 甲은 자신이 소유한 토지의 위치를 고려해 보면 이 지역은 공업지역이나 상업지역으로 적합하다고 생각하여 공개적으로 자신의 개발계획을 피력하고 있었다. 그러나 乙은 충분한 검토와 주민들의 의견수렴절차 없이 일방적으로 甲의 토지와 인근지역을 개발제한구역으로 편입하였다. 이에 甲은 乙의 도시관리계획결정을 취소 또는 무효화하기 위한 법적 조치에 착수하였다. 甲이 취할 수 있는 법적 조치에 관한 설명 중 옳은 것은?

ㄱ. 개발제한구역으로 편입한 도시관리계획결정은 처분에 해당하므로 이익형량을 하지 않거나 적절히 이익형량하지 못하였다는 이유로 당해 도시관리계획결정에 대한 취소소송을 제기할 수 있다.

도시계획법 12조 소정의 도시계획결정(현 **도시·군관리계획결정**)이 고시되면 도시계획구역안의 토지나 건물 소유자의 토지형질변경, 건축물의 신축, 개축 또는 증축 등 권리행사가 일정한 제한을 받게 되는바 이런 점에서 볼 때 고시된 도시계획결정은 특정 개인의 권리 내지 법률상의 이익을 개별적이고 구체적으로 규제하는 효과를 가져오게 하는 **행정청의 처분**이라 할 것이고, 이는 **행정소송의 대상**이 되는 것이라 할 것이다(대판 1982.3.9. 80누105, 표준판례 310). | 정답 | ○

ㄴ. 개발제한구역으로의 편입조치는 처분성을 인정받기 어려우므로 헌법소원을 제기하여 절차 위반의 위법을 주장할 수 있다.

도시계획법 12조 소정의 도시계획결정이 고시되면 도시계획구역안의 토지나 건물 소유자의 토지형질변경, 건축물의 신축, 개축 또는 증축 등 권리행사가 일정한 제한을 받게 되는바 이런 점에서 볼 때 고시된 도시계획결정은 특정 개인의 권리 내지 법률상의 이익을 개별적이고 구체적으로 규제하는 효과를 가져오게 하는 행정청의 처분이라 할 것이고, 이는 행정소송의 대상이 되는 것이라 할 것이다(대판 1982.3.9. 80누105, 표준판례 310). 즉, 개발제한구역 편입조치는 행정처분에 해당하여 항고소송의 대상이 되고, 헌법소원이 보충성 예외에 해당하지 않으므로 헌법소원을 제기하면 각하결정될 것이다. | 정답 | X

ㄷ. 주민들의 의견수렴절차 없이 행한 개발제한구역지정은 행정절차법상의 계획확정절차를 위반하여 당연무효이므로 무효확인소송의 대상이다.

독일과 달리 우리는 **계획확정절차를 규정하지 않고** 있고, 구속적 행정계획에 절차상 하자가 있어도 당연무효가 된다고 볼 수 없고 취소사유에 불과하다. | 정답 | X

ㄹ. 개발제한구역지정으로 인한 권익침해는 추후 건축허가신청이 받아들여지지 않을 때 다툴 수 있고 개발제한구역지정 자체가 구체적으로 권리를 침해하는 행위라고 보기 어려우므로, 이에 대해 항고소송으로 다투는 것은 불가능하다.

개발제한구역 지정 자체로 재산권 행사에 제약이 되기에 항고소송의 대상이 되는 처분에 해당한다.
                                                                | 정답 | X

ㅁ. 일반적으로 도시관리계획결정은 구체적으로 국민의 권익을 침해하지 않아 처분성이 인정되지 않지만, 개발제한구역지정은 그것만으로 지가하락 등의 결과를 초래하므로 구체적 권익침해가 있다고 보아야 한다.

대법원은 도시관리계획을 처분으로 보고 있다. 판례에 따르면, 도시계획법 12조 소정의 고시된 **도시계획결정**은 특정 개인의 권리 내지 법률상의 이익을 개별적이고 구체적으로 규제하는 효과를 가져오게 하는 **행정청의 처분**이라 할 것이고, 이는 행정소송의 대상이 된다(대판 1982.3.9. 80누105, 표준판례 310). | 정답 | X

제3장 | 행정행위

I 행정행위의 내용

[13 변시]

187

개인택시운송사업면허는 특정인에게 권리나 의무를 부여하는 것이므로 강학상 특허에 해당한다.

자동차운수사업법에 의한 자동차운수사업면허는 특정인에게 특정한 권리를 설정하는 행위로서 법령에 특별한 규정이 없으면 행정청의 재량에 속하는 것이고 그 **면허를 위하여 필요한 기준설정** 역시 법령에 규정이 없는 한 **행정청의 재량**에 속한다 할 것이다(대판 1991.11.12. 91누704). ┃정답┃ O

[23-1]

188

지방변호사회의 소속 변호사에 대한 겸직허가행위는 지방변호사회가 소속 변호사 사이에 맺는 공법관계에서 이루어지는 것이고, 직업선택의 자유나 영업의 자유를 제한하는 것을 의미하는 변호사의 영리 목적 업무 경영 제한을 해제하여 주는 강학상 허가에 해당한다.

변호사회는 공법상의 사단법인이고, 변호사회의 사무 중 변호사의 지도, 감독 등의 사무에 관하여는, 국가가 이를 공행정(公行政)의 일부로 인정하고, 그 사무에 대한 감독과 통제를 실시하면서, 지방변호사회에게 이와 관련하여 소속 변호사에 대한 공권(감독권이나 지방변호사회를 경유한 대한변호사협회 등록 등)을 부여하고 있는 점에 비추어 볼 때 지방변호사회는 행정주체의 하나인 공공조합에 해당한다고 봄이 상당하고, 지방변호사회가 소속 변호사에 대하여 행하는 **겸직허가행위**는 지방변호사회가 소속 변호사 사이에 맺는 공법관계에서 우러나는 것이고, 직업선택의 자유나 영업의 자유를 제한하는 것을 의미하는 변호사의 영리 목적 업무 경영 제한을 해제하여 주는 **강학상 '허가'**에 해당하는 것이므로, 지방변호사회의 겸직허가행위는 항고소송으로 그 위법 여부를 다툴 수 있는 행정소송법상의 처분에 해당한다(서울행법 2003.4.16. 2002구합32964). ┃정답┃ O

[13 변시]

189

공유수면의 점용·사용 허가는 허가 상대방에게 제한을 해제하여 공유수면이용권을 부여하는 처분으로 강학상 허가에 해당한다.

구 공유수면관리법에 따른 **공유수면의 점·사용허가**는 특정인에게 공유수면 이용권이라는 **독점적 권리를 설정하여 주는 처분**으로서 그 처분의 여부 및 내용의 결정은 원칙적으로 행정청의 재량에 속한다고 할 것이고, 이와 같은 재량처분에 있어서는 그 재량권 행사의 기초가 되는 사실인정에 오류가 있거나 그에 대한 법령적용에 잘못이 없는 한 그 처분이 위법하다고 할 수 없다(대판 2004.5.28. 2002두5016). ┃정답┃ X

[18 · 13 변시]

190
☐☐☐

행정청의 주택재개발정비사업조합 설립인가는 사인들의 조합설립 행위에 대한 보충행위의 성질을 갖는 것으로 강학상 인가에 해당한다.

행정청이 도시 및 주거환경정비법 등 관련 법령에 근거하여 행하는 **조합설립인가처분**은 단순히 사인들의 조합설립행위에 대한 보충행위로서의 성질을 갖는 것에 그치는 것이 아니라 법령상 요건을 갖출 경우 도시 및 주거환경정비법상 주택재건축사업을 시행할 수 있는 권한을 갖는 **행정주체(공법인)로서의 지위를 부여**하는 일종의 **설권적 처분**의 성격을 갖는다고 보아야 한다(대판 2009.9.24. 2008다60568). | 정답 | X

[23-2]

191
☐☐☐

출입국관리법령상 체류자격 변경허가는 신청인에게 당초의 체류자격과 다른 체류자격에 해당하는 활동을 할 수 있는 권한을 부여하는 일종의 설권적 처분의 성격을 가진다.

체류자격 변경허가는 신청인에게 당초의 체류자격과 다른 체류자격에 해당하는 활동을 할 수 있는 권한을 부여하는 일종의 **설권적 처분**의 성격을 가지므로, 허가권자는 신청인이 관계 법령에서 정한 요건을 충족하였더라도, 신청인의 적격성, 체류 목적, 공익상의 영향 등을 참작하여 허가 여부를 결정할 수 있는 재량을 가진다. 다만 재량을 행사할 때 판단의 기초가 된 사실인정에 중대한 오류가 있는 경우 또는 비례·평등의 원칙을 위반하거나 사회통념상 현저하게 타당성을 잃는 등의 사유가 있다면 이는 재량권의 일탈·남용으로서 위법하다(대판 2016.7.14. 2015두48846, 표준판례 56). | 정답 | ○

[13 변시, 21-1]

192
☐☐☐

행정청의 사립학교법인 임원취임승인행위는 학교법인의 임원선임행위의 법률상 효력을 완성하게 하는 보충적 법률행위로서 강학상 인가에 해당한다.

구 사립학교법 20조 1항, 2항은 학교법인의 이사장·이사·감사 등의 임원은 이사회의 선임을 거쳐 관할청의 승인을 받아 취임하도록 규정하고 있는바, **관할청의 임원취임승인행위**는 학교법인의 임원선임행위의 법률상 효력을 완성케 하는 **보충적 법률행위**이다(대판 2007.12.27. 2005두9651). | 정답 | ○

[13 변시, 22-1]

193
☐☐☐

토지거래허가는 토지거래허가구역 내의 토지거래를 전면적으로 금지시키고 특정한 경우에 예외적으로 토지거래계약을 체결할 수 있는 자격을 부여하는 점에서 강학상 특허에 해당한다.

구 국토이용관리법 21조의3 1항 소정의 허가가 규제지역 내의 모든 국민에게 전반적으로 토지거래의 자유를 금지하고 일정한 요건을 갖춘 경우에만 금지를 해제하여 계약체결의 자유를 회복시켜 주는 성질의 것이라고 보는 것은 위 법의 입법취지를 넘어선 지나친 해석이라고 할 것이고, **규제지역 내에서도 토지거래의 자유가 인정**되나 다만 위 허가를 허가 전의 **유동적 무효** 상태에 있는 법률행위의 효력을 완성시켜 주는 **인가적 성질**을 띤 것이라고 보는 것이 타당하다(대판[전합] 1991.12.24. 90다12243). | 정답 | X

194
□□□

민법 제45조와 제46조에서 말하는 재단법인의 정관변경 "허가"는 법률상의 표현이 허가로 되어 있기는 하나, 그 성질에 있어 법률행위의 효력을 보충해 주는 것이지 일반적 금지를 해제하는 것이 아니므로, 그 법적 성격은 인가라고 보아야 한다.

민법 45조와 46조에서 말하는 **재단법인의 정관변경 "허가"**는 법률상의 표현이 허가로 되어 있기는 하나, 그 성질에 있어 법률행위의 효력을 보충해 주는 것이지 일반적 금지를 해제하는 것이 아니므로, 그 법적 성격은 **인가**라고 보아야 한다(대판[전합] 1996.5.16. 95누4810, 표준판례 58).　　　│정답│○

195
□□□

「자동차관리법」상 자동차관리사업자로 구성하는 사업자단체인 조합 또는 협회의 설립인가처분은 국토해양부장관 또는 시·도지사가 자동차관리사업자들의 단체결성행위를 보충하여 효력을 완성시키는 처분에 해당한다.

자동차관리법상 자동차관리사업자로 구성하는 사업자단체인 조합 또는 협회의 **설립인가처분**은 국토해양부장관 또는 시·도지사가 자동차관리사업자들의 단체결성행위를 **보충하여 효력을 완성시키는 처분(강학상 인가)**에 해당한다(대판 2015.5.29. 2013두635, 표준판례 59).　　　│정답│○

196
□□□

「자동차관리법」상 조합 등 설립인가에 관하여 구체적인 기준이 정하여져 있지 않은 경우, 인가권자인 국토해양부장관 또는 시·도지사는 조합 등의 설립인가 신청에 대하여 「자동차관리법」에 정한 설립요건의 충족 여부 등을 검토하여 설립인가 여부를 결정할 재량을 가진다.

구 자동차관리법상 자동차관리사업자로 구성하는 사업자단체인 조합 또는 협회(이하 '조합 등') 설립인가 제도의 입법 취지, 조합 등에 대하여 인가권자가 가지는 지도·감독 권한의 범위 등과 아울러 **자동차관리법상 조합 등 설립인가에 관하여 구체적인 기준**이 정하여져 있지 **않은 점**에 비추어 보면, **인가권자인 국토해양부장관** 또는 시·도지사는 조합 등의 설립인가 신청에 대하여 자동차관리법 67조 3항에 정한 **설립요건의 충족 여부는 물론**, 나아가 조합 등의 사업내용이나 운영계획 등이 자동차관리사업의 건전한 발전과 질서 확립이라는 사업자단체 설립의 **공익적 목적에 부합하는지** 등을 함께 검토하여 **설립인가 여부를 결정할 재량**을 가진다. 다만 이러한 재량을 행사할 때 기초가 되는 사실을 오인하였거나 비례·평등의 원칙을 위반하는 등의 사유가 있다면 이는 재량권의 일탈·남용으로서 위법하다(대판 2015.5.29. 2013두635, 표준판례 59).　　　│정답│○

197
□□□

「도시 및 주거환경정비법」상 조합이 정관을 변경하고자 하는 경우, 받아야 하는 시장·군수 등의 인가는 그 대상이 되는 기본행위를 보충하여 법률상 효력을 완성시키는 행위로서 이러한 인가를 받지 못하였다면 변경된 정관은 효력이 없다.

구 도시정비법 20조 3항은 **조합이 정관을 변경**하고자 하는 경우에는 총회를 개최하여 조합원 과반수 또는 3분의 2 이상의 동의를 얻어 **시장·군수의 인가를 받도록** 규정하고 있다. 여기서 **시장 등의 인가**는 그 대상이 되는 **기본행위를 보충하여 법률상 효력을 완성시키는 행위**로서 이러한 인가를 받지 못한 경우 변경된 정관은 효력이 없고, 시장 등이 변경된 정관을 인가하더라도 정관변경의 효력이 총회의 의결이 있었던 때로 소급하여 발생한다고 할 수 없다(대판 2014.7.10. 2013도11532).　　　│정답│○

198
□□□
기본행위가 적법·유효하고 보충행위인 인가처분 자체에만 하자가 있다면 그 인가처분의 무효나 취소를 주장할 수 있다고 할 것이지만, 인가처분에 하자가 없다면 기본행위에 하자가 있다 하더라도 따로 그 기본행위의 하자를 다투는 것은 별론으로 하고 기본행위의 무효를 내세워 바로 그에 대한 인가처분의 취소 또는 무효확인을 구할 수 없다.

인가는 기본행위인 재단법인의 정관변경에 대한 법률상의 효력을 완성시키는 보충행위로서, 그 기본이 되는 정관변경 결의에 하자가 있을 때에는 그에 대한 인가가 있었다 하여도 기본행위인 정관변경 결의가 유효한 것으로 될 수 없으므로 기본행위인 정관변경 결의가 적법 유효하고 보충행위인 인가처분 자체에만 하자가 있다면 그 인가처분의 무효나 취소를 주장할 수 있지만, 인가처분에 하자가 없다면 기본행위에 하자가 있다 하더라도 따로 그 **기본행위의 하자**를 다투는 것은 별론으로 하고 기본행위의 무효를 내세워 바로 그에 대한 **행정청의 인가처분**의 취소 또는 무효확인을 소구할 법률상의 이익이 없다(대판[전합] 1996.05.16. 95누4810, 표준판례 58). ┃정답┃○

199
□□□
「도시 및 주거환경정비법」상 관리처분계획에 대한 행정청의 인가는 관리처분계획의 법률상 효력을 완성시키는 보충행위로서의 성질을 갖는다.

관리처분계획에 대한 행정청의 인가는 관리처분계획의 법률상 효력을 완성시키는 **보충행위로서의 성질**을 갖는데 이에 관하여 도시정비법은 49조 2항과 3항에서 사업시행자로부터 관리처분계획의 인가 신청이 있는 경우 30일 이내에 인가 여부를 결정하여 사업시행자에게 통보하고, 인가를 하는 경우 그 내용을 당해 지방자치단체의 공보에 고시하도록 규정하고 있을 뿐이다(대판 2012.8.30. 2010두24951). ┃정답┃○

200
□□□
행정청은 「도시 및 주거환경정비법」상 주택재건축정비사업조합의 관리처분계획에 대한 인가처분을 하면서 기부채납과 같은 조건을 붙일 수 있다.

관리처분계획 및 그에 대한 인가처분의 의의와 성질, 그 근거가 되는 도시정비법과 그 시행령상의 규정들에 비추어 보면, 행정청이 관리처분계획에 대한 인가 여부를 결정할 때에는 그 관리처분계획에 도시정비법 48조 및 그 시행령 50조에 규정된 사항이 포함되어 있는지, 그 계획의 내용이 도시정비법 48조 2항의 기준에 부합하는지 여부 등을 심사·확인하여 그 인가 여부를 결정할 수 있을 뿐 기부채납과 같은 다른 조건을 붙일 수는 없다(대판 2012.8.30. 2010두24951). ┃정답┃X

201
□□□
A지역에서 토지 등을 소유한 자들은 「도시 및 주거환경정비법」에 따라 주택재개발사업을 시행하기 위해 조합설립추진위원회를 구성하여 관할 행정청으로부터 승인을 받았다. 조합설립추진위원회는 이 법에 따라 조합설립결의를 거쳐 주택재개발조합(이하 '조합')의 설립인가를 받았다. 이후 조합은 조합총회결의를 거쳐 관리처분계획을 수립하였고, 행정청이 이를 인가·고시하였다. 한편, 이 사건 정비구역 내에 토지를 소유한 甲은 조합설립추진위원회 구성에 동의하지 않았다. 이에 관한 설명 중 옳지 않은 것은?

ㄱ. 甲은 조합설립추진위원회 구성승인처분의 취소를 구할 원고적격이 있다.

조합설립추진위원회의 구성에 **동의하지 아니한** 정비구역 내의 **토지 등 소유자도** 조합설립추진위원회 설립승인처분에 대하여 같은 법에 의하여 보호되는 직접적이고 구체적인 이익을 향유하므로 그 설립승인처분의 취소소송을 제기할 **원고적격이 있다**(대판 2007.1.25. 2006두12289).　　　　　　　　　　　　| 정답 | ○

ㄴ. 조합설립추진위원회 구성승인처분과 조합설립인가처분은 재개발조합의 설립이라는 동일한 법적 효과를 목적으로 하는 것으로, 조합설립추진위원회 구성승인처분에 하자가 있는 경우에는 특별한 사정이 없는 한 조합설립인가처분은 위법한 것이 된다.

조합설립추진위원회의 구성승인처분은 조합설립을 위한 주체에 해당하는 비법인사단인 추진위원회를 구성하는 행위를 보충하여 그 효력을 부여하는 처분인 데 반하여, 조합설립인가처분은 법령상 요건을 갖출 경우 도시정비법상 주택재개발사업을 시행할 수 있는 권한을 가지는 행정주체(공법인)로서의 지위를 부여하는 일종의 설권적 처분이므로, 양자는 그 목적과 성격을 달리한다. 따라서 **추진위원회구성승인처분상의 위법만을 들어 조합설립인가처분의 위법을 인정하는 것은 타당하다고 할 수 없고**, 조합설립인가처분은 추진위원회구성승인처분이 적법·유효할 것을 전제로 한다고 볼 것은 아니므로, 구 도시정비법령이 정한 동의요건을 갖추고 창립총회를 거쳐 주택재개발조합이 성립한 이상, **이미 소멸한 추진위원회구성승인처분의 하자를 들어 조합설립인가처분이 위법하다고 볼 수 없다**. 다만 추진위원회구성승인처분의 위법으로 그 추진위원회의 조합설립인가 신청행위가 무효라고 평가될 수 있는 특별한 사정이 있는 경우라면, 그 신청행위에 기초한 조합설립인가처분이 위법하다고 볼 수 있다(대판 2013.12.26. 2011두8291).　　　　　| 정답 | X

ㄷ. 조합설립인가처분은 단순히 조합설립행위에 대한 보충행위로서의 성질을 갖는 것에 그치는 것이 아니라 주택재개발사업을 시행할 수 있는 권한을 갖는 행정주체로서의 지위를 부여하는 일종의 설권적 처분의 성격을 갖는다.

조합설립인가처분은 법령상 요건을 갖출 경우 도시정비법상 주택재개발사업을 시행할 수 있는 권한을 가지는 행정주체(공법인)로서의 지위를 부여하는 일종의 설권적 처분이다(대판 2013.12.26. 2011두8291).　　　　| 정답 | ○

ㄹ. 조합설립인가처분이 행해진 이후에 조합설립결의의 하자를 이유로 조합설립의 무효를 주장하려면 인가행정청을 상대로 조합설립인가처분의 취소 또는 무효확인을 구하는 항고소송을 제기하여야 한다.

조합설립결의는 조합설립인가처분이라는 행정처분을 하는 데 필요한 요건 중 하나에 불과한 것이어서, 조합설립결의에 하자가 있다면 그 하자를 이유로 직접 항고소송의 방법으로 조합설립인가처분의 취소 또는 무효확인을 구하여야 하고, 이와는 별도로 **조합설립결의 부분만을** 따로 떼어내어 그 효력 유무를 다투는 확인의 소를 제기하는 것은 원고의 권리 또는 법률상의 지위에 현존하는 불안·위험을 제거하는 데 가장 유효·적절한 수단이라 할 수 없어 특별한 사정이 없는 한 **확인의 이익은** 인정되지 아니한다(대판 2009.9.24. 2008다60568).　　　　　　　　　　　| 정답 | ○

ㅁ. 조합이 수립한 관리처분계획에 대해 인가·고시가 있은 후에 관리처분계획에 관한 조합 총회결의의 하자를 이유로 그 효력을 다투려면 조합을 상대로 항고소송의 방법으로 관리처분계획의 취소 또는 무효확인을 구하여야 한다.　　　　　　　[22 변시]

도시 및 주거환경정비법상 주택재건축정비사업조합이 같은 법 48조에 따라 수립한 관리처분계획에 대하여 관할 행정청의 인가·고시까지 있게 되면 관리처분계획은 행정처분으로서 효력이 발생하게 되므로, 총회결의의 하자를 이유로 하여 행정처분의 효력을 다투는 **항고소송의 방법으로 관리처분계획의 취소 또는 무효확인**을 구하여야 하고, 그와 별도로 행정처분에 이르는 절차적 요건 중 하나에 불과한 **총회결의 부분만**을 따로 떼어내어 효력 유무를 다투는 확인의 소를 제기하는 것은 특별한 사정이 없는 한 허용되지 않는다(대판[전합] 2009.9.17. 2007다2428).　　　　　　　　　　　　　　　　　　　　　　　　　　| 정답 | ○

202
□□□

「도시 및 주거환경정비법」상 조합설립추진위원회 구성승인처분을 다투는 소송계속중 조합설립인가처분이 이루어진 경우에는 조합설립추진위원회 구성승인처분에 대하여 취소 또는 무효확인을 구할 법률상의 이익은 없다.

구 도시정비법 13조 1항, 2항, 14조 1항, 15조 4항, 5항 등 관계 법령의 내용, 형식, 체제 등에 비추어 보면, 조합설립추진위원회(이하 '추진위원회') 구성승인처분은 조합의 설립을 위한 주체인 추진위원회의 구성행위를 보충하여 그 효력을 부여하는 처분으로서 조합설립이라는 종국적 목적을 달성하기 위한 중간단계의 처분에 해당하지만, 그 법률요건이나 효과가 조합설립인가처분의 그것과는 다른 독립적인 처분이기 때문에, 추진위원회 구성승인처분에 대한 취소 또는 무효확인 판결의 확정만으로는 이미 조합설립인가를 받은 조합에 의한 정비사업의 진행을 저지할 수 없다. 따라서 추진위원회 구성승인처분을 다투는 소송 계속 중에 조합설립인가처분이 이루어진 경우에는, 추진위원회 구성승인처분에 위법이 존재하여 조합설립인가 신청행위가 무효라는 점 등을 들어 직접 조합설립인가처분을 다툼으로써 정비사업의 진행을 저지하여야 하고, 이와는 별도로 추진위원회 구성승인처분에 대하여 취소 또는 무효확인을 구할 법률상의 이익은 없다고 보아야 한다(대판 2013.1.31. 2011두11112).　　　　　　　　　　　　　　　　　　| 정답 | ○

[16 변시]

203
□□□

甲은 사립학교법인 이사회에서 이사로 선임되어 관할청의 취임승인을 받았다. 그러나 해당 이사회의 전임 이사였던 乙은 甲에 대한 학교법인의 이사선임행위에 하자가 있음을 주장하며 이를 다투고자 한다. 이에 관한 설명 중 옳지 않은 것은?

ㄱ. 관할청은 학교법인의 이사선임행위의 내용을 수정하여 승인할 수 없다.

인가는 항상 상대방의 신청에 의해 행해지고, 인가의 대상이 되는 행위의 내용은 신청인이 결정하며 행정청은 인가를 할 것인지의 여부만을 결정한다. 따라서 인가의 보충적 성질과 사적자치의 원칙상 **수정인가**는 법률상 근거가 없는 한 부정된다.　　　　　　　　　　　　　　　　　　　　　　| 정답 | ○

ㄴ. 학교법인의 이사선임행위가 무효인 경우에는 관할청의 취임승인이 있더라도 그 선임 행위가 유효한 것으로 되지 아니한다.

인가는 기본행위의 효력을 완성시켜 주는 보충적 행위에 불과하므로 기본행위가 **성립하지 않거나(부존재)** 무효인 경우에는 **인가의 보충적 성질**로 인하여 적법한 인가가 있어도 당해 인가는 무효가 된다.　　| 정답 | ○

204
□□□

인가의 대상이 되는 기본행위는 인가를 받아야 효력이 발생하므로, 인가를 받지 않은 이상 기본행위는 법률상 효력이 발생하지 않는다.

인가는 기본행위가 효력을 발생하기 위한 **법률행위의 효력발생요건**이므로 인가를 요하는 행위를 인가 없이 한 경우 당해 법률행위는 **무효**이다. 다만, 적법요건이 아니라 유효요건이므로 행정청의 강제집행 또는 처벌 등의 제재와 관련된 문제는 발생하지 않는다.　　　　　　　　　　　　　　　　　　　｜정답｜○

205
□□□

재량행위인 허가의 기간이 부당하게 짧은 경우라면 그 기한은 허가조건의 존속기간을 정한 것으로 볼 수 있으나, 그 후 당초 기한이 상당기간 연장되어 전체를 기준으로 볼 경우 부당하게 짧은 경우에 해당하지 않는다면 관계 행정청은 재량권의 행사로서 기간연장을 불허가할 수 있다.

일반적으로 행정처분에 효력기간이 정하여져 있는 경우에는 그 기간의 경과로 그 행정처분의 효력은 상실되며, 다만 허가에 붙은 기한이 그 허가된 사업의 성질상 부당하게 짧은 경우에는 이를 그 허가 자체의 존속기간이 아니라 그 허가조건의 존속기간으로 보아 그 기한이 도래함으로써 그 조건의 개정을 고려한다는 뜻으로 해석할 수 있지만, 이와 같이 당초에 붙은 기한을 허가 자체의 존속기간이 아니라 허가조건의 존속기간으로 보더라도 그 후 당초의 기한이 상당 기간 연장되어 연장된 기간을 포함한 **존속기간 전체를 기준으로 볼 경우** 더 이상 허가된 **사업의 성질상 부당하게 짧은 경우에 해당하지 않게 된 때에는** 관계 법령의 규정에 따라 허가 여부의 재량권을 가진 행정청으로서는 그 때에도 허가조건의 개정만을 고려하여야 하는 것은 아니고 재량권의 행사로서 더 이상의 **기간연장을 불허가할 수도 있는 것이며**, 이로써 허가의 효력은 상실된다 (대판 2004.3.25. 2003두12837).　　　　　　　　　　　　　　　　　　　｜정답｜○

206
□□□

「도시 및 주거환경정비법」상 주택재건축정비사업조합에 대한 조합설립인가처분이 있은 후에는 인가에 고유한 위법이 없는 한 조합설립결의의 하자를 이유로 조합설립인가를 다투는 것은 허용되지 않고, 민사소송인 조합설립결의무효확인소송으로 다투어야 한다.

행정청이 도시정비법 등 관련 법령에 근거하여 행하는 조합설립 인가처분은 단순히 사인들의 조합설립행위에 대한 보충행위로서의 성질을 갖는 것에 그치는 것이 아니라 법령상 요건을 갖출 경우 도시정비법상 주택재건축사업을 시행할 수 있는 권한을 갖는 행정주체(공법인)로서의 지위를 부여하는 일종의 설권적 처분의 성격을 갖는다고 보아야 한다. 그리고 그와 같이 보는 이상 일단 조합설립 인가처분이 있은 경우 조합설립결의는 위 인가처분이라는 행정처분을 하는 데 필요한 요건 중 하나에 불과한 것이어서, **조합설립 인가처분이 있은 이후에는 조합설립결의의 하자를 이유로 조합설립의 무효를 주장하는 것은 조합설립 인가처분의 취소 또는 무효확인을 구하는 항고소송의 방법에 의하여야 할 것이고**, 이와는 별도로 조합설립결의만을 대상으로 그 효력 유무를 다투는 확인의 소를 제기하는 것은 확인의 이익이 없어 허용되지 아니한다 할 것이다(대판 2009.10.15. 2009다30427).　　　　　　　　　　　　　　　　　　　｜정답｜X

207
□□□

「여객자동차 운수사업법」상 개인택시 운송사업의 양도·양수 당시에는 양도인에 대한 운송사업면허 취소사유(예 : 양도인의 운전면허 취소)가 현실적으로 발생하지 않은 경우라도 그 원인이 되는 사실(예 : 양도인의 음주운전)이 이미 존재하였다면, 관할 관청으로서는 그 후 발생한 운송사업면허 취소사유(예 : 양도인의 운전면허 취소)에 기하여 양수인의 운송사업면허를 취소할 수 있다.

구 여객자동차 운수사업법 15조 4항에 의하면 개인택시 운송사업을 양수한 사람은 양도인의 운송사업자로서의 지위를 승계하는 것이므로, 관할관청은 개인택시 운송사업의 양도·양수에 대한 인가를 한 후에도 그 양도·양수 이전에 있었던 양도인에 대한 운송사업면허 취소사유를 들어 양수인의 사업면허를 취소할 수 있는 것이고, 가사 양도·양수 당시에는 양도인에 대한 운송사업면허 취소사유가 현실적으로 발생하지 않은 경우라도 그 원인되는 사실이 이미 존재하였다면, 관할관청으로서는 그 후 발생한 운송사업면허 취소사유에 기하여 **양수인의 사업면허를 취소**할 수 있는 것이다(대판 2010.4.8. 2009두17018). | 정답 | ○

208
□□□

「식품위생법」상 영업장 면적 변경에 관한 신고의무가 이행되지 않은 영업을 양수한 자가 그 신고의무를 이행하지 않은 채 영업을 계속하는 경우, 시정명령 또는 영업정지 등 제재처분의 대상이 된다.

영업장 면적이 변경되었음에도 그에 관한 신고의무가 이행되지 않은 영업을 양수한 자 역시 그와 같은 신고의무를 이행하지 않은 채 영업을 계속 한다면 시정명령 또는 영업정지 등 제재처분의 대상이 될 수 있다(대판 2020.3.26. 2019두38830, 표준판례 34). | 정답 | ○

209
□□□

개발제한구역 안에서의 건축허가의 법적 성질은 기속행위이므로 「건축법」 등 관계 법규에서 정한 요건을 갖춘 경우 허가를 하여야 하고, 공익상의 이유를 들어 거부할 수 없다.

개발제한구역 내에서는 구역지정의 목적상 건축물의 건축 및 공작물의 설치 등 개발행위가 원칙적으로 금지되고, 다만 구체적인 경우에 이러한 구역지정의 목적에 위배되지 아니할 경우 예외적으로 허가에 의하여 그러한 행위를 할 수 있게 되어 있음이 그 규정의 체제와 문언상 분명하고, 이러한 예외적인 개발행위의 허가는 상대방에게 수익적인 것이 틀림이 없으므로 그 **법률적 성질은 재량행위** 내지 자유재량행위에 속하는 것이고, 이러한 재량행위에 있어서는 관계 법령에 명시적인 금지규정이 없는 한 행정목적을 달성하기 위하여 조건이나 기한, 부담 등의 부관을 붙일 수 있고, 그 부관의 내용이 이행 가능하고 비례의 원칙 및 평등의 원칙에 적합하며 행정처분의 본질적 효력을 저해하지 아니하는 이상 위법하다고 할 수 없다(대판 2004.3.25. 2003두12837). | 정답 | X

[21-1]

210
□□□

국토의 계획 및 이용에 관한 법률상 개발행위허가는 허가기준 및 금지요건이 불확정개념으로 규정된 부분이 많아 그 요건에 해당하는지 여부에 대한 판단에 행정청이 재량을 가진다.

국토계획법상 개발행위허가는 허가기준 및 금지요건이 불확정개념으로 규정된 부분이 많아 그 요건에 해당하는지 여부는 행정청의 재량판단의 영역에 속한다. 그러므로 그에 대한 사법심사는 행정청의 공익판단에 관한 재량의 여지를 감안하여 원칙적으로 재량권의 일탈·남용이 있는지 여부만을 대상으로 하고, 사실오인과 비례·평등원칙 위반 여부 등이 판단기준이 된다(대판 2021.3.25. 2020두51280).　　　　|정답|○

[21-3]

211
□□□

건축허가권자는 건축허가신청이 「건축법」 등 관계 법규에서 정하는 어떠한 제한에 배치되지 않는 이상 당연히 같은 법조에서 정하는 건축허가를 하여야 하고, 중대한 공익상의 필요가 없는데도 관계 법령에서 정하는 제한사유 이외의 사유를 들어 요건을 갖춘 자에 대한 허가를 거부할 수는 없다.

건축허가권자는 건축허가신청이 건축법 등 관계 법규에서 정하는 어떠한 제한에 배치되지 않는 이상 당연히 같은 법조에서 정하는 건축허가를 하여야 하고, 중대한 공익상의 필요가 없는데도 관계 법령에서 정하는 제한사유 이외의 사유를 들어 요건을 갖춘 자에 대한 허가를 거부할 수는 없다(대판 2009.9.24. 2009두8946, 표준판례 51).　　　　|정답|○

[21-2]

212
□□□

주유소 설치허가권자는 주유소 설치허가 신청이 석유사업법 등 관계 법규에서 정하는 어떠한 제한에 배치되지 않는 이상 당연히 주유소 설치허가를 하여야 하므로 관계 법령에서 정하는 제한사유 이외의 사유로서 공익상 필요와도 무관한 주민동의가 없음을 들어 이를 거부할 수는 없다 할 것이다.

원고의 주유소 설치허가 신청은 원고가 이에 앞서 피고로부터 주유소 설치대상자로 선정됨에 따라 이루어진 것으로 이미 위 주유소 설치대상자 선정에 있어 원고의 주유소 설치대상자 선정 신청이 석유사업법, 같은법 시행령, 혹은 위 시행령의 위임을 받은 경상남도지사의 고시 등 관계 법규에서 정하는 어떠한 제한에도 배치되지 않은 것으로 판단된 이상 피고는 특별한 사정이 없는 한 원고의 주유소 설치허가 신청을 허가하여야 한다 할 것이고, 관계 법령에서 정하는 제한사유 이외의 사유로서 공익상 필요와도 무관한 주민동의가 없음을 들어 이를 거부할 수는 없다 할 것이다(대판 1996.7.12. 96누5292).　　　　|정답|○

[23-1, 21-2]

213
□□□

산림훼손은 국토 및 자연의 유지와 수질 등 환경의 보전에 직접적으로 영향을 미치는 행위이므로 그 허가 관청은 그러한 자연유지와 환경보전 등 중대한 공익상 필요가 인정될 경우 그 허가를 거부할 수 있으나 법규에 명문의 근거를 요한다.

산림훼손은 국토 및 자연의 유지와 수질 등 환경의 보전에 직접적으로 영향을 미치는 행위이므로 법령이 규정하는 산림훼손 금지 또는 제한지역에 해당하는 경우는 물론 금지 또는 제한지역에 해당하지 않더라도 허가관청은 산림훼손허가신청 대상토지의 현상과 위치 및 주위의 상황 등을 고려하여 국토 및 자연의 유지와 상수원의 수질과 같은 환경의 보전 등 **중대한 공익상 필요가 있다고 인정될 때에는 허가를 거부할 수** 있고, 그 경우 **법규에 명문의 근거가 없더라도** 거부처분을 할 수 있다(대판 1993.5.27. 93누4854).　　　　|정답|X

214

□□□

X학교법인은 이사회의 의결을 통해 甲을 이사로 선임하여 교육부장관으로부터 임원취임 승인을 받았다. 교육부장관은 X학교법인에 대한 종합감사결과에 따라 교비회계의 무단 전용 등 다수의 위법·부당사항을 적발하고, X학교법인에 대하여 '무단전용된 예산과 유용 된 자금을 관련자로부터 회수하고 교비 회계로 반환할 것 등 10개의 시정요구사항을 1개 월 내에 이행하고 그 결과를 보고할 것'을 요구하면서 이 시정요구사항이 이행되지 않을 경우 임원취임승인을 취소할 것임을 계고하였다. 이에 관한 설명 중 옳은 것은? (다툼이 있는 경우 판례에 의함)

> **사립학교법**
> **제20조(임원의 선임과 임기)** ① 임원은 정관이 정하는 바에 의하여 이사회에서 선임한다.
> ② 임원은 관할청의 승인을 얻어 취임한다.
> **제20조의2(임원 취임의 승인취소)** ① 임원이 다음 각호의 1에 해당하는 행위를 하였을 때에는 관할청은 그 취임승인을 취소할 수 있다.
> 1. 이 법에 위반하거나 이에 의한 명령을 이행하지 아니한 때
> ② 제1항의 규정에 의한 취임승인의 취소는 관할청이 당해 학교법인에게 그 사유를 들어 시정 을 요구한 날부터 15일이 경과하여도 이에 응하지 아니한 경우에 한한다.
> **제25조(임시이사의 선임)** ① 관할청은 다음 각 호의 어느 하나에 해당되는 경우에는 이해관계 인의 청구 또는 직권으로 지체없이 임시이사를 선임하여야 한다.
> 2. 제20조의2의 규정에 의하여 학교법인의 임원취임 승인을 취소한 때

ㄱ. 甲과 X학교법인이 시정요구사항을 일부라도 이행하였다면 교육부장관은 시정요구사 항 불이행을 사유로 임원취임승인취소처분을 할 수 없다.

사립학교법 20조의2 소정의 임원취임승인취소는 그 궁극적인 목적이 사립학교의 건전한 발달을 도모함에 있다고 할 것인데(같은 법 1조 참조) 이를 위해서는 임원이 조성한 위법·부당한 상태의 현실적인 시정이 선행되어야 하는 점, 시정요구를 받은 학교법인이 시정에 응할 의사로 최선의 합리적인 조치를 다하였는지 는 이를 객관적으로 판정하기 어려우며, 그러한 사정은 취소의 재량남용 여부를 판단함에 있어서 참작될 수 있는 점, 기본적으로 시정이 전혀 이루어지지 아니하였음에도 시정을 위한 최선의 노력을 하였다는 것만 으로 '시정요구에 응하였다'고 보는 것은 그 문의에도 맞지 아니하는 점 등에 비추어 볼 때, 같은 법 20조의2 2항에서 말하는 '시정요구에 응하지 아니한 경우'라고 함은 **관할청의 시정요구를 애초부터 거부한 경우**뿐만 아니라 **시정에 응한 결과가 관할청의 시정요구를 이행하였다고 보기에 미흡한 경우도 포함**된다(대판 2002.2.5. 2001두7138).　　　　　　　　　　　　　　　　　　　　　　　　　　　　| 정답 | X

ㄴ. 교육부장관이 임원취임승인취소처분을 하고 임시이사로 乙을 선임하여 임시이사선 임처분취소소송이 제기되어 계속중 乙의 임기가 만료되고 임시이사가 丙으로 교체 되어도 여전히 乙에 대한 임시이사선임처분의 취소를 구할 법률상 이익이 인정된다.

임시이사 선임처분에 대하여 **취소를 구하는 소송의 계속중 임기만료** 등의 사유로 **새로운 임시이사들로 교체** 된 경우, 선행 임시이사 선임처분의 효과가 소멸하였다는 이유로 그 취소를 구할 법률상 이익이 없다고 보게 되면, 원래의 정식이사들로서는 계속중인 소를 취하하고 후행 임시이사 선임처분을 별개의 소로 다툴 수밖 에 없게 되며, 그 별소 진행 도중 다시 임시이사가 교체되면 또 새로운 별소를 제기하여야 하는 등 무익한 처분과 소송이 반복될 가능성이 있으므로, 이러한 경우 법원이 선행 임시이사 선임처분의 취소를 구할 법률 상 이익을 긍정하여 그 위법성 내지 하자의 존재를 판결로 명확히 해명하고 확인하여 준다면 위와 같은 구체

적인 **침해의 반복 위험을 방지**할 수 있을 뿐 아니라, 후행 임시이사 선임처분의 효력을 다투는 소송에서 기판력에 의하여 최초 내지 선행 임시이사 선임처분의 위법성을 다투지 못하게 함으로써 그 선임처분을 전제로 이루어진 후행 임시이사 선임처분의 효력을 쉽게 배제할 수 있어 국민의 권리구제에 도움이 된다(대판 [전합] 2007.7.19. 2006두19297). | 정답 | ○

ㄷ. 임원취임승인을 취소하기 위해서는, 「사립학교법」 제20조의2 제2항에 따라 15일의 시정요구사항에 대한 결과보고를 위한 기간 유예를 주는 것과는 별도로 「행정절차법」 상의 사전통지를 하고 의견진술기회를 부여하여야 한다.

행정절차법 3조 1항은 "행정절차에 관하여 **다른 법률에 특별한 규정**이 있는 경우를 제외하고는 이 법이 정하는 바에 의한다"고 규정하고 있는바, 다른 법률이 행정절차에 관한 특별한 규정을 적극적으로 두고 있는 경우이거나 다른 법률이 명시적으로 행정절차법의 규정을 적용하지 아니한다고 소극적으로 규정하고 있는 경우에는 행정절차법의 적용을 배제하고 다른 법률의 규정을 적용한다는 뜻을 밝히고 있는 것이라고 할 것인데, **사립학교법 20조의2 2항**은 "1항의 규정에 의한 **취임승인의 취소**는 관할청이 당해 학교법인에게 그 **사유를 들어 시정을 요구한 날로부터 15일이 경과**하여도 이에 **응하지 아니한 경우에 한한다**"고 규정하고 있는바, 비록 그 취지가 사학의 자율성을 고려하여 학교법인 스스로 임원의 위법·부당행위를 시정할 기회를 주는 데 있다고 하더라도, 학교법인이나 해당 임원의 입장에서는 위 시정요구에 응하지 아니하면 임원취임승인이 취소되므로 관할청에 위 시정요구사항에 대한 결과보고를 함에 있어서, 위 기간 안에 시정할 수 없는 사항에 대하여는 임원취임승인취소처분을 면하기 위하여 당연히 위 기간 안에 시정할 수 없는 사유와 그에 대한 앞으로의 시정계획, 학교법인의 애로사항 등에 관한 의견진술을 하게 될 것인즉, 그렇다면 위 조항에 의한 **시정요구**는 학교법인 이사장을 비롯한 임원들에게, **임원취임승인취소처분의 사전통지**와 아울러 **행정절차법 소정의 의견진술의 기회를 준 것**에 다름 아니다(대판 2002.2.5. 2001두7138). | 정답 | X

[21-2]

215
☐☐☐

건축주가 건축물에 대하여 적법한 용도변경 절차를 거치지 않고 허가받은 용도 이외의 다른 용도로 사용하더라도 건축허가가 소급해서 위법해지는 것은 아니다.

건축허가가 용도지역별 건축물의 용도 제한에 적합한지는 허가된 건축물의 용도가 국토의 계획 및 이용에 관한 법률과 그 시행령, 건축법 시행령, 도시계획조례 등의 관련 규정에 의하여 허용되는 용도인지 여부에 의하여 정해지는 것이지, 건축주가 나중에 신축한 건축물을 허가받은 용도 이외의 다른 용도로 사용할 의도나 가능성이 있는지 여부에 의하여 좌우되는 것이 아니고, 건축주가 적법한 용도변경 절차를 거치지 않고 허가받은 용도 이외의 다른 용도로 사용하더라도 무단 용도변경이 문제 될 뿐, 건축허가가 소급해서 위법해지는 것은 아니다(대판 2014.11.27. 2013두16111). | 정답 | ○

[17 변시]

216
☐☐☐

인가의 대상이 되는 기본행위에 하자가 있다면 인가가 있더라도 그 기본행위의 하자가 치유되는 것은 아니다.

인가의 대상이 되는 기본행위에 하자가 있다면 인가의 보충적 성질 때문에 그 기본행위가 무효이거나 불성립인 경우에는 인가가 있다고 하더라도 유효하게 되는 것은 아니다. 즉, 인가시 기본행위의 하자는 치유되지 않는다. | 정답 | ○

217
□□□

인가의 대상이 되는 기본행위는 인가가 있기 전에는 효력이 발생하지 않은 상태에 있다가 인가가 있으면 본래 행해진 시점에 소급하여 유효하게 된다.

인가는 행정청이 타인의 법률행위를 보충하여 그 효력을 완성시켜주는 행정행위로서, 기본행위는 인가가 있기 전에는 효력이 없으나 인가가 있으면 **소급하여 유효**하게 된다.　　　| 정답 | ○

[21 변시]

218
□□□

도시계획시설사업에 관한 실시계획의 인가처분이 그 하자가 중대·명백하여 당연무효이면, 인가처분에 기초한 수용재결도 무효이다.

도시계획시설사업에 관한 실시계획의 인가처분과 수용재결은 원칙적으로 **하자승계가 부정**되지만, 선행처분인 실시계획인가처분이 **무효**이면 하자승계가 긍정되므로 후행처분인 수용재결도 무효이다.
[판례] 사업인정처분이 당연무효이면 그것이 유효함을 전제로 이루어진 수용재결도 무효라고 보아야 한다(대판 1992.3.12. 91누4324 등 참조). 국토계획법상 도시계획시설사업의 실시계획 인가·고시에는 토지보상법에 따른 사업인정과 그 고시가 있었던 것으로 간주되고, 이 사건 실시계획 인가처분이 당연무효이므로, 그에 기초한 이 사건 수용재결 역시 무효이다(대판 2017.7.11. 2016두35144).　　　| 정답 | ○

[22 경찰간부]

219
□□□

「석유 및 석유대체연료 사업법」 제8조에 따라 사업정지처분 효과는 새로운 석유정제업자에게 승계되며, 새로운 석유정제업자가 석유정제업을 승계할 때에 그 처분이나 위반의 사실을 알지 못하였음을 증명하더라도 마찬가지이다.

석유 및 석유대체연료 사업법 10조 5항에 의하여 석유판매업자의 지위 승계 및 처분 효과의 승계에 관하여 준용되는 법 8조는 "7조에 따라 석유정제업자의 지위가 승계되면 종전의 석유정제업자에 대한 13조 1항에 따른 **사업정지처분의 효과는 새로운 석유정제업자에게 승계**되며, 처분의 절차가 진행 중일 때에는 새로운 석유정제업자에 대하여 그 절차를 계속 진행할 수 있다. 다만, **새로운 석유정제업자가** 석유정제업을 승계할 때에 그 **처분이나 위반의 사실을 알지 못하였음을 증명**하는 경우에는 그러하지 아니하다"라고 규정하고 있다(대판 2017.9.7. 2017두41085, 표준판례 43).　　　| 정답 | X

[20 변시]

220
□□□

공무원 임용을 위한 면접전형에서 임용신청자의 능력이나 적격성 등에 관한 판단은 면접위원의 고도의 교양과 학식, 경험에 기초한 자율적 판단에 의존하는 것으로서 오로지 면접위원의 자유재량에 속하고, 그와 같은 판단이 현저하게 재량권을 일탈·남용하지 않는 한 이를 위법하다고 할 수 없다.

공무원 임용을 위한 면접전형에 있어서 임용신청자의 능력이나 적격성 등에 관한 판단은 면접위원의 고도의 교양과 학식, 경험에 기초한 자율적 판단에 의존하는 것으로서 오로지 면접위원의 **자유재량**에 속하고, 그와 같은 판단이 현저하게 재량권을 일탈 내지 남용한 것이 아니라면 이를 위법하다고 할 수 없다(대판 1997.11.28. 97누11911).　　　| 정답 | ○

221
□□□

재량행위에 대한 사법심사를 하는 경우에, 법원은 행정청의 재량에 기한 공익판단의 여지를 감안하면서 독자적인 결론을 도출한 후 당해 행위에 재량권의 일탈·남용이 있는지 여부를 심사하여야 한다.

기속행위 내지 기속재량행위와 재량행위 내지 자유재량행위의 구분 기준 및 그 각각에 대한 사법심사 방식
행정행위가 그 재량성의 유무 및 범위와 관련하여 이른바 기속행위 내지 기속재량행위와 재량행위 내지 자유재량행위로 구분된다고 할 때, 양자에 대한 사법심사는, 전자의 경우 그 법규에 대한 원칙적인 기속성으로 인하여 법원이 사실 인정과 관련 법규의 해석·적용을 통하여 일정한 결론을 도출한 후 그 결론에 비추어 행정청이 한 판단의 적법 여부를 독자의 입장에서 판정하는 방식에 의하게 되나, 후자의 경우 행정청의 재량에 기한 공익판단의 여지를 감안하여 법원은 **독자의 결론을 도출함이 없이** 당해 행위에 재량권의 일탈·남용이 있는지 여부만을 심사하게 된다(대판 2001.2.9. 98두17593). | 정답 | X

222
□□□

법 위반사실이 명백하다면 법시행규칙이 정한 처분기준에 따라 사업정지처분을 하면서 법령상 사업정지기간의 감경에 관한 참작 사유가 있음에도 이를 전혀 고려하지 않았다고 하여 그 자체로 재량권을 일탈·남용한 위법한 처분이 되는 것은 아니다.

행정청이 건설산업기본법 및 구 건설산업기본법 시행령 규정에 따라 건설업자에 대하여 영업정지 처분을 할 때 건설업자에게 영업정지 기간의 감경에 관한 참작 사유가 존재하는 경우, 행정청이 그 사유까지 고려하고도 영업정지 기간을 감경하지 아니한 채 시행령 80조 1항 [별표 6] '2. 개별기준'이 정한 영업정지 기간대로 영업정지 처분을 한 때에는 이를 위법하다고 단정할 수 없으나, 위와 같은 사유가 있음에도 이를 전혀 고려하지 않거나 그 사유에 해당하지 않는다고 오인한 나머지 영업정지 기간을 감경하지 아니하였다면 영업정지 처분은 재량권을 일탈·남용한 위법한 처분이다(대판 2016.8.29. 2014두45956). | 정답 | X

223
□□□

재량권의 일탈·남용에 관한 설명 중 옳은 것을 모두 고른 것은?

ㄱ. 항고소송의 경우에는 처분의 적법성을 주장하는 행정청에게 그 적법사유에 대한 증명책임이 있으므로, 그 처분이 재량권의 일탈·남용이 없다는 점을 증명할 책임도 행정청이 부담한다.

[판례 1] 행정소송에서의 증명책임은 원칙적으로 민사소송 일반원칙에 따라 당사자 간에 분배되고, 항고소송의 경우에는 그 특성에 따라 처분의 적법성을 주장하는 피고에게 그 적법사유에 대한 증명책임이 있다(대판 2017.6.15. 2015두2826).
[판례 2] 자유재량에 의한 행정처분이 그 재량권의 한계를 벗어난 것이어서 위법하다는 점은 그 행정처분의 효력을 다투는 자가 이를 주장·입증하여야 하고 처분청이 그 재량권의 행사가 정당한 것이었다는 점까지 주장·입증할 필요는 없다(대판 1987.12.8. 87누861). | 정답 | X

ㄴ. 처분의 근거법령이 행정청에 처분의 요건과 효과 판단에 일정한 재량을 부여하였는데도, 행정청이 자신에게 재량권이 없다고 오인하여 처분으로 달성하려는 공익과 그로써 처분 상대방이 입게 되는 불이익의 내용과 정도를 전혀 비교형량하지 않은 채 처분을 하였다면, 이는 재량권 불행사로서 그 자체로 재량권 일탈·남용에 해당된다.

처분의 근거 법령이 행정청에 처분의 요건과 효과 판단에 일정한 재량을 부여하였는데도, 행정청이 자신에게 재량권이 없다고 오인한 나머지 처분으로 달성하려는 공익과 그로써 처분상대방이 입게 되는 불이익의 내용과 정도를 전혀 비교형량 하지 않은 채 처분을 하였다면, 이는 **재량권 불행사**로서 그 자체로 재량권 일탈·남용으로 해당 처분을 취소하여야 할 위법사유가 된다(대판 2019.7.11. 2017두38874). | 정답 | ○

ㄷ. 실권리자명의 등기의무를 위반한 명의신탁자에 대한 과징금 부과와 관련하여 임의적 감경규정이 존재하는 경우, 그 감경규정에 따른 감경사유가 존재하여 이를 고려하고도 과징금을 감경하지 않은 것을 위법하다고 단정할 수는 없으므로, 감경사유를 전혀 고려하지 않았거나 감경사유에 해당하지 않는다고 오인하여 과징금을 감경하지 않았다 해도 그 과징금 부과처분이 재량권을 일탈·남용한 위법한 처분이라고 할 수 없다.

부동산실명법 시행령 3조의2 단서는 임의적 감경규정임이 명백하므로, 위와 같은 감경사유가 존재하더라도 과징금 부과관청이 감경사유까지 고려하고도 과징금을 감경하지 않은 채 과징금 전액을 부과하는 처분을 한 경우에는 이를 위법하다고 단정할 수는 없으나, 위 감경사유가 있음에도 이를 전혀 고려하지 않았거나 감경사유에 해당하지 않는다고 오인한 나머지 과징금을 감경하지 아니하였다면 그 과징금 부과처분은 **재량권을 일탈·남용**한 위법한 처분이라고 할 수밖에 없다(대판 2010.7.15. 2010두7031). | 정답 | X

224
☐☐☐
甲은 학교법인 이사회에서 이사로 선임되어 관할 행정청인 교육부장관으로부터 임원취임승인을 받았다. 그 후 이사 재임기간 중 학사행정에 관하여 대학의 장의 권한을 침해하였다는 사실이 드러나자 교육부장관은 학교법인에게 시정요구를 하여야 할 사안임에도 그 절차를 거치지 아니하고 甲에 대하여 임원취임승인취소처분을 하였다. 이에 관한 설명으로 옳은 것을 모두 고른 것은?

ㄱ. 甲에 대한 이사회의 선임행위가 하자가 있다고 하더라도 그에 대한 교육부장관의 임원취임승인이 있다면 이사회의 선임행위는 소급하여 유효하게 된다.

징계처분이 중대하고 명백한 흠 때문에 **당연무효**의 것이라면 징계처분을 받은 자가 이를 용인하였다 하여 그 흠이 **치유되는 것은 아니다**(대판 1989.12.12. 88누8869).
→ 이사회의 선임행위에 하자가 있더라도 무효인 행정행위에 대한 하자 치유를 부정하는 판례의 입장에 따르면 교육부장관의 임원취임승인이 있다 하더라도 이사회의 선임행위의 하자가 치유되어 소급하여 유효하게 되는 것은 아니다. | 정답 | X

ㄴ. 학교법인의 감사는 甲에 대한 사법상의 임원선임행위에 하자가 있다는 이유로 그 선임행위의 효력에 관하여 다투려고 하는 경우 甲에 대한 취임승인처분의 취소 또는 무효 확인을 구할 법률상의 이익이 있다.

기본행위의 하자를 이유로 강학상 인가를 항고소송으로 다툴 수 없다. 즉, 기본행위의 하자를 다퉈야지 인가에 해당하는 취임승인처분을 다투는 경우에는 법률상 이익(소익)이 부정된다. | 정답 | X

ㄷ. 甲에 대한 임원취임승인취소처분은 강학상 행정행위의 철회에 해당한다.

甲에 대한 임원취임승인처분취소처분은 적법하게 성립된 행정행위의 효력을 甲이 재임기간 중 학사행정에 관하여 대학의 장의 권한을 침해하였다는 **후발적 사정**에 의해 장래를 향하여 그 효력을 소멸시키는 행위로서 **강학상 철회**에 해당한다. | 정답 | O

ㄹ. 사립학교법 제20조의2 제2항에서 규정하고 있는 시정요구제도는 학교법인에 대하여 단순히 시정의 기회를 주는 훈시적 규정에 불과하여 교육부장관이 학교법인에 대하여 시정요구를 하지 않은 채 甲에 대하여 임원취임승인취소처분을 하였더라도 절차상의 하자가 있다고 볼 수 없다.

사립학교법 20조의2 2항은 "1항의 규정에 의한 **취임승인의 취소**는 관할청이 당해 학교법인에게 그 사유를 들어 **시정을 요구**한 날로부터 15일이 경과하여도 이에 응하지 아니한 경우에 한한다"고 규정하고 있는바, 비록 그 취지가 사학의 자율성을 고려하여 학교법인 스스로 임원의 위법·부당행위를 시정할 기회를 주는 데 있다고 하더라도, 학교법인이나 해당 임원의 입장에서는 위 시정요구에 응하지 아니하면 임원취임승인이 취소되므로 관할청에 위 시정요구사항에 대한 결과보고를 함에 있어서, 위 기간 안에 시정할 수 없는 사항에 대하여는 임원취임승인취소처분을 면하기 위하여 당연히 위 기간 안에 시정할 수 없는 사유와 그에 대한 앞으로의 시정계획, 학교법인의 애로사항 등에 관한 의견진술을 하게 될 것인즉, 그렇다면 위 조항에 의한 **시정요구**는 학교법인 이사장을 비롯한 임원들에게, 임원취임승인취소처분의 사전통지와 아울러 **행정절차법 소정의 의견진술의 기회**를 준 것에 다름 아니다(대판 2002.2.5. 2001두7138). | 정답 | X

[12 변시, 21-2]

225
☐☐☐

적법한 건축물에 대한 철거명령이 하자가 중대하고 명백하여 당연무효라 하더라도, 그 후행행위인 건축물철거 대집행계고처분이 당연무효인 것은 아니다.

적법한 건축물에 대한 철거명령은 그 하자가 중대하고 명백하여 당연무효라고 할 것이고, 그 후행행위인 건축물철거 대집행계고처분 역시 당연무효라고 할 것이다(대판 1999.4.27. 97누6780). | 정답 | X

[21-1]

226
☐☐☐

납세자가 아닌 제3자의 재산을 대상으로 한 압류처분은 그 처분의 내용이 법률상 실현될 수 없는 것이어서 당연무효이다.

과세관청이 납세자에 대한 체납처분으로서 제3자의 소유 물건을 압류하고 공매하더라도 그 처분으로 인하여 제3자가 소유권을 상실하는 것이 아니고, 체납처분으로서 압류의 요건을 규정하는 국세징수법 24조 각 항의 규정을 보면 어느 경우에나 압류의 대상을 납세자의 재산에 국한하고 있으므로, 납세자가 아닌 제3자의 재산을 대상으로 한 압류처분은 그 처분의 내용이 법률상 실현될 수 없는 것이어서 당연무효이다(대판 2006.4.13. 2005두15151). | 정답 | ○

[21-1]

227
☐☐☐

개발행위허가신청의 내용이 허가기준에 맞지 않는다고 판단하여 개발행위허가신청을 불허하면서 그에 앞서 도시계획위원회의 심의를 거치지 않았다고 하여 그러한 사정만으로 그 불허가처분에 취소사유인 위법이 있다고 할 수 없다.

개발행위허가에 관한 사무를 처리하는 행정기관의 장이 일정한 개발행위를 허가하는 경우에는 국토계획법 59조 1항에 따라 도시계획위원회의 심의를 거쳐야 할 것이나, 개발행위허가의 신청 내용이 허가 기준에 맞지 않는다고 판단하여 개발행위허가신청을 불허가하였다면 이에 앞서 도시계획위원회의 심의를 거치지 않았다고 하여 이러한 사정만으로 곧바로 그 불허가처분에 취소사유에 이를 정도의 절차상 하자가 있다고 보기는 어렵다. 다만 행정기관의 장이 도시계획위원회의 심의를 거치지 아니한 결과 개발행위 불허가처분을 함에 있어 마땅히 고려하여야 할 사정을 참작하지 아니하였다면 그 불허가처분은 재량권을 일탈·남용한 것으로서 위법하다고 평가할 수 있을 것이다(대판 2015.10.29. 2012두28728, 표준판례 171). | 정답 | ○

[13 변시]

228
☐☐☐

환경영향평가법령의 규정상 환경영향평가를 거쳐야 할 사업인 경우에, 환경영향평가를 거치지 아니하였음에도 불구하고 사업승인처분을 한 것은 중대하고 명백한 하자가 있어 당연 무효이다.

구 환경영향평가법의 규정 취지는 환경영향평가를 실시하여야 할 사업이 환경을 해치지 아니하는 방법으로 시행되도록 함으로써 당해 사업과 관련된 환경공익을 보호하려는 데 그치는 것이 아니라, 당해 사업으로 인하여 직접적이고 중대한 환경피해를 입으리라고 예상되는 환경영향평가대상지역 안의 주민들이 전과 비교하여 수인한도를 넘는 환경침해를 받지 아니하고 쾌적한 환경에서 생활할 수 있는 개별적 이익까지도 보호하려는 데에 있는 것이다. 그런데 환경영향평가를 거쳐야 할 대상사업에 대하여 환경영향평가를 거치지 아니하였음에도 불구하고 승인 등 처분이 이루어진다면, 사전에 환경영향평가를 함에 있어 평가대상지역 주민들의 의견을 수렴하고 그 결과를 토대로 하여 환경부장관과의 협의내용을 사업계획에 미리 반영시키는 것 자체가 원천적으로 봉쇄되는바, 이렇게 되면 환경파괴를 미연에 방지하고 쾌적한 환경을 유지·조성하기 위하여 환경영향평가제도를 둔 입법 취지를 달성할 수 없게 되는 결과를 초래할 뿐만 아니라 환경영향평가 대상지역 안의 주민들의 직접적이고 개별적인 이익을 근본적으로 침해하게 되므로, 이러한 행정처분의 하자는 **법규의 중요한 부분을 위반한 중대한 것이고 객관적으로도 명백한 것**이라고 하지 않을 수 없어, 이와 같은 행정처분은 **당연무효이다**(대판 2006.6.30. 2005두14363). | 정답 | ○

229
☐☐☐

군수와 주민대표가 선정·추천한 전문가를 포함시키지 않은 채 입지선정위원회가 임의로 구성되어 의결을 한 후, 그에 근거하여 이루어진 폐기물처리시설입지결정처분은 무효이다.

구 폐기물처리시설 설치촉진 및 주변지역 지원 등에 관한 법률에 정한 입지선정위원회가 그 구성방법 및 절차에 관한 같은 법 시행령의 규정에 위배하여 **군수와 주민대표가 선정·추천한 전문가를 포함시키지 않은 채 임의로 구성되어 의결을 한 경우,** 그에 터잡아 이루어진 폐기물처리시설 입지결정처분의 하자는 중대한 것이고 객관적으로도 명백하므로 **무효사유에 해당한다**(대판 2007.4.12. 2006두20150). │정답│○

230
☐☐☐

위헌인 법률에 근거한 조세부과처분은 원칙상 취소할 수 있는 행위에 불과하므로 불복기간이 지난 경우에는 더 이상 다툴 수 없고, 조세부과처분과 체납처분 간에는 하자의 승계가 인정되지 않으므로 위 소득세법 조항에 위헌결정이 선고된 후에 공매 등의 체납처분을 하는 것은 위헌결정의 기속력에 반하지 않는다.

위헌결정 이전에 이미 부담금 부과처분과 압류처분 및 이에 기한 압류등기가 이루어지고 위의 각 처분이 확정되었다고 하여도, **위헌결정 이후에는** 별도의 행정처분인 매각처분, 분배처분 등 **후속 체납처분절차를 진행할 수 없는 것은** 물론이고, 특별한 사정이 없는 한 기존의 압류등기나 교부청구만으로는 다른 사람에 의하여 개시된 경매절차에서 배당을 받을 수도 없다(대판 2002.8.23. 2001두2959). │정답│X

231
☐☐☐

행정처분에 붙인 부담인 부관이 무효인 경우 그 처분을 받은 사람이 부담의 이행으로 사법상 매매 등의 법률행위를 한 때에는 그 부담은 특별한 사정이 없는 한 법률행위를 하게 된 동기로 작용하였을 뿐이므로 이는 법률행위의 취소사유가 될 수 있음은 별론으로 하고 그 법률행위 자체를 당연히 무효화하는 것은 아니다.

행정처분에 부담인 부관을 붙인 경우 부관의 무효화에 의하여 본체인 행정처분 자체의 효력에도 영향이 있게 될 수는 있지만, 그 처분을 받은 사람이 **부담의 이행으로 사법상 매매 등의 법률행위를** 한 경우에는 그 부관은 특별한 사정이 없는 한 법률행위를 하게 된 **동기 내지 연유로** 작용하였을 뿐이므로 이는 법률행위의 취소사유가 될 수 있음은 별론으로 하고 그 법률행위 자체를 당연히 무효화하는 것은 아니다(대판 2009.6.25. 2006다18174, 표준판례 75). │정답│○

232
☐☐☐

부담이 제소기간의 도과로 확정되어 불가쟁력이 생긴 경우 그 부담의 이행으로서 하게 된 사법상 매매 등의 법률행위의 효력도 다툴 수 없다.

행정처분에 붙은 부담인 **부관이 제소기간의 도과로 확정되어 이미 불가쟁력이 생겼다면** 그 하자가 중대하고 명백하여 당연 무효로 보아야 할 경우 외에는 누구나 그 효력을 부인할 수 없을 것이지만, **부담의 이행으로서 하게 된 사법상 매매** 등의 법률행위는 부담을 붙인 행정처분과는 어디까지나 **별개의 법률행위**이므로 그 부담의 불가쟁력의 문제와는 별도로 법률행위가 사회질서 위반이나 강행규정에 위반되는지 여부 등을 따져 보아 그 **법률행위의 유효 여부를 판단하여야** 한다(대판 2009.6.25. 2006다18174, 표준판례 75). │정답│X

233
☐☐☐

어업면허처분을 함에 있어 그 면허의 유효기간을 정한 경우, 위 면허의 유효기간은 행정청이 위 어업면허처분의 효력을 제한하기 위한 행정행위의 부관이라 할 것이고 이러한 행정행위의 부관은 독립하여 행정소송의 대상이 될 수 없는 것이므로 위 어업면허처분 중 그 면허유효기간만의 취소를 구하는 청구는 허용될 수 없다.

어업면허처분을 함에 있어 <u>그 **면허의 유효기간을 1년**으로 정한 경우</u>, 위 면허의 유효기간은 행정청이 위 어업면허처분의 효력을 제한하기 위한 행정행위의 부관이라 할 것이고 <u>이러한 행정행위의 부관은 독립하여 행정소송의 대상이 될 수 없는 것이므로 위 어업면허처분 중 그 면허유효기간만의 취소를 구하는 청구는 허용될 수 없다</u>(대판 1986.8.19. 86누202).　　　　　| 정답 | ○

234
☐☐☐

행정청이 사전에 교통영향평가를 거치지 아니한 채 '건축허가 전까지 교통영향평가 심의필증을 교부받을 것'을 내용으로 하는 부관을 붙여서 한 실시계획변경 및 공사시행변경 인가처분은 중대하고 명백한 흠이 있다고 할 수 없으므로 이를 무효로 보기는 어렵다.

교통영향평가는 환경영향평가와 그 취지 및 내용, 대상사업의 범위, 사전 주민의견수렴절차 생략 여부 등에 차이가 있고 그 후 교통영향평가가 교통영향분석 · 개선대책으로 대체된 점, 행정청은 교통영향평가를 배제한 것이 아니라 **'건축허가 전까지 교통영향평가 심의필증을 교부받을 것'**을 부관으로 하여 실시계획변경 및 공사시행변경 인가 처분을 한 점 등에 비추어, 행정청이 사전에 교통영향평가를 거치지 아니한 채 위와 같은 부관을 붙여서 한 위 처분에 중대하고 명백한 흠이 있다고 할 수 없으므로 이를 무효로 보기는 어렵다(대판 2010.2.25. 2009두102).　　　　　| 정답 | ○

235
☐☐☐

국토계획법령이 정한 요건을 결여한 사업시행자지정처분이 당연무효라면 그 후 사업시행자가 작성한 실시계획에 대한 인가처분도 당연무효이다.

선행처분과 후행처분이 서로 독립하여 별개의 법률효과를 목적으로 하는 때에도 선행처분이 당연무효이면 선행처분의 하자를 이유로 후행처분의 효력을 다툴 수 있다. 도시계획시설사업의 시행자가 작성한 실시계획을 인가하는 처분은 도시계획시설사업 시행자에게 도시계획시설사업의 공사를 허가하고 수용권을 부여하는 처분으로서 선행처분인 도시계획시설사업 시행자 지정 처분이 처분 요건을 충족하지 못하여 당연무효인 경우에는 사업시행자 지정 처분이 유효함을 전제로 이루어진 후행처분인 실시계획 인가처분도 무효라고 보아야 한다(대판 2017.7.11. 2016두35120).　　　　　| 정답 | ○

236
☐☐☐

5급 이상의 국가정보원 직원에 대하여 임면권자인 대통령이 아닌 국가정보원장이 행한 의원면직처분은 당연무효이다.

<u>의원면직처분은 소극적 확인행위로서 재량의 여지가 거의 없다는 점</u>, 국정원장은 직원의 임면제청권이 있다는 점을 종합할 때, 5급 이상의 국가정보원 직원에 대하여 임면권자인 대통령이 아닌 **국정원장**이 행한 **의원면직처분**은 위법하나, 당연무효는 아니다.

[판례] 국가정보원장이 비록 5급 이상 국정원 직원에 대한 임면권자는 아니나, 그 임면에 대해 제청권이 있어 법적으로도 임면권자인 대통령의 권한행사에 실질적으로 관여할 수 있는 지위에 있었다는 점 등을 종합적으로 고려하여 보면, 5급 이상 국정원 직원에 대한 의원면직처분은 임면권자가 아닌 피고(국가정보원장)에 의해 행해진 것으로 위법하나, 나아가 원고들의 명예퇴직원 내지 사직서제출이 직위해제 후 1년여에 걸친 피고측의 종용에 의한 것이라는 사정을 감안하더라도 그러한 <u>하자가 중대한 것이라고 볼 수는 없으므로</u>, 대통령의 내부결재가 있었는지에 관계없이 <u>당연무효는 아니다</u>(대판 2007.7.26. 2005두15748).

| 정답 | X

[20 변시]

237
□□□

과세처분 및 체납처분에 관한 설명 중 옳은 것(○)과 옳지 않은 것(×)을 올바르게 조합한 것은?

ㄱ. 중대한 하자가 있는 세무조사에 의하여 수집된 과세자료를 기초로 과세처분이 이루어진 경우라고 하더라도, 세무조사 절차가 종결되었다면 그 과세처분은 위법하지 않다.

[20-2]

세무조사가 과세자료의 수집 또는 신고내용의 정확성 검증이라는 본연의 목적이 아니라 부정한 목적을 위하여 행하여진 것이라면 이는 <u>세무조사에 중대한 위법사유가 있는 경우</u>에 해당하고 이러한 <u>세무조사에 의하여 수집된 과세자료를 기초로 한 과세처분 역시 위법하다</u>(대판 2016.12.15. 2016두47659, 표준판례 18).

| 정답 | X

ㄴ. 체납자에 대한 공매통지가 공매에서 체납자의 권리 내지 재산상의 이익을 보호하기 위하여 법률로 규정한 절차적 요건이라고 하더라도, 체납자는 자신에 대한 공매통지의 하자뿐만 아니라 다른 권리자에 대한 공매통지의 하자를 공매처분의 위법사유로 주장할 수 있다.

체납자 등에 대한 공매통지는 국가의 강제력에 의하여 진행되는 공매에서 체납자 등의 권리 내지 재산상의 이익을 보호하기 위하여 법률로 규정한 절차적 요건이라고 보아야 하며 공매처분을 하면서 체납자 등에게 공매통지를 하지 않았거나 공매통지를 하였더라도 그것이 적법하지 아니한 경우에는 절차상의 흠이 있어 그 공매처분은 위법하다. 다만, 체납자 등은 **자신에 대한** 공매통지의 하자만을 공매처분의 위법사유로 주장할 수 있을 뿐 **다른 권리자에 대한** 공매통지의 하자를 들어 공매처분의 위법사유로 주장하는 것은 허용되지 <u>않는다</u>(대판[전합] 2008.11.20. 2007두18154, 표준판례 209).
| 정답 | X

ㄷ. 과세처분의 취소소송에서 청구가 기각된 확정판결의 기판력은 그 과세처분의 무효확인을 구하는 소송에도 미친다.

과세처분 취소소송에서 청구가 기각된 확정판결의 기판력은 과세처분 무효확인소송에 미친다. 과세처분의 취소소송은 당해 과세처분의 적부가 심리의 대상이 되는 것이며, 과세처분 취소청구를 기각하는 판결이 확정되면 그 처분이 적법하다는 점에 관하여 기판력이 생기고 그 후 원고가 이를 무효라 하여 무효확인을 소구할 수 없는 것이어서 과세처분의 취소소송에서 청구가 기각된 확정판결의 기판력은 그 과세처분의 무효확인을 구하는 소송에도 미친다(대판 1998.7.24. 98다10854).
| 정답 | ○

238
☐☐☐

일반적으로 법률이 헌법에 위배된다는 사정은 헌법재판소의 위헌결정이 있기 전에는 객관적으로 명백한 것이라고 할 수 없어 헌법재판소의 위헌결정 전에 행정처분의 근거가 되는 해당 법률이 헌법에 위배된다는 사유는 특별한 사정이 없는 한 그 행정처분 취소소송의 전제가 될 수 있을 뿐 당연무효사유는 아니다.

법률에 근거하여 행정처분이 발하여진 후에 헌법재판소가 그 행정처분의 근거가 된 법률을 위헌으로 결정하였다면 결과적으로 행정처분은 법률의 근거가 없이 행하여진 것과 마찬가지가 되어 하자가 있는 것이 되나, 하자 있는 <u>행정처분이 당연무효가 되기 위하여는 그 하자가 중대할 뿐만 아니라 명백한 것이어야 하는데,</u> 일반적으로 법률이 헌법에 위반된다는 사정이 헌법재판소의 위헌결정이 있기 전에는 객관적으로 명백한 것이라고 할 수는 없으므로 <u>헌법재판소의 위헌결정 전에 행정처분의 근거되는 당해 법률이 헌법에 위반된다는 사유는 특별한 사정이 없는 한 그 행정처분의 취소소송의 전제가 될 수 있을 뿐 당연무효사유는 아니라고</u> 봄이 상당하다(대판 1994.10.28. 92누9463). | 정답 | ○

239
☐☐☐

어느 처분에 대하여 제소기간이 도과하고 집행이 종료된 다음 그 처분의 근거가 된 법률조항이 위헌이라는 이유로 무효확인소송이 제기된 경우, 법원은 해당 법률조항이 위헌인지 여부를 심리하여 위헌이라고 판단되는 때에는 헌법재판소에 위헌법률심판을 제청하여야 한다.

어느 행정처분에 대하여 그 <u>행정처분의 근거가 된 법률이 위헌이라는 이유로 무효확인청구의 소가 제기된</u> 경우에는 다른 특별한 사정이 없는 한 법원으로서는 그 법률이 위헌인지 여부에 대하여는 판단할 필요 없이 <u>그 무효확인청구를 기각하여야 한다</u>(대판 1994.10.28. 92누9463). | 정답 | X

240
☐☐☐

위헌결정의 효력은 위헌제청이 이루어진 '당해사건', 동종의 위헌제청신청이 있었던 '동종사건', 따로 위헌제청신청을 하지 않았지만 해당 법률조항이 재판의 전제가 되어 위헌결정 당시에 법원에 계속 중인 '병행사건'에도 미친다.

<u>헌법재판소의 위헌결정의 효력은 위헌제청을 한 당해 사건</u>, 위헌결정이 있기 전에 이와 동종의 위헌 여부에 관하여 헌법재판소에 위헌여부심판제청을 하였거나 법원에 <u>위헌여부심판제청신청을 한 경우의 당해 사건</u>과 따로 위헌제청신청은 아니하였지만 당해 법률 또는 법률의 조항이 재판의 전제가 되어 법원에 계속중인 사건뿐만 아니라 위헌결정 이후에 위와 같은 이유로 제소된 <u>일반사건</u>에도 미친다(대판 1993.1.15. 92다12377). | 정답 | ○

241
☐☐☐

행정처분에 대한 소송절차에서는 행정처분의 적법성·정당성뿐만 아니라 그 근거 법률의 헌법적합성까지도 심판대상으로 되는 것이므로, 행정처분에 불복하는 당사자뿐만 아니라 행정처분의 주체인 행정청도 헌법의 최고규범력에 따른 구체적 규범통제를 위하여 근거 법률의 위헌 여부에 대한 심판의 제청을 신청할 수 있고 「헌법재판소법」 제68조 제2항의 헌법소원심판을 청구할 수 있다.

헌법재판소법 68조 2항에 의한 헌법소원심판은 구체적 규범통제의 헌법소원으로서 기본권의 침해가 있을 것을 그 요건으로 하고 있지 않을 뿐만 아니라 행정처분에 대한 소송절차에서는 그 근거법률의 헌법적합성까지도 심판대상으로 되는 것이므로, 행정처분의 주체인 **행정청도** 헌법의 최고규범력에 따른 구체적 규범통제를 위하여 근거법률의 위헌 여부에 대한 심판의 제청을 신청할 수 있고, 헌법재판소법 68조 2항의 헌법소원을 제기할 수 있다(헌재 2008.4.24. 2004헌바44).

| 정답 | ○

[17 변시]

242
□□□

법률이 헌법에 위반되는지 여부를 심사할 권한이 없는 공무원으로서는 행위 당시의 법률에 따를 수밖에 없으므로, 행위의 근거가 된 법률조항에 대하여 위헌결정이 선고되더라도 위 법률조항에 따라 행위 한 당해 공무원에게는 고의 또는 과실이 있다 할 수 없어 국가배상책임은 성립되지 아니한다.

일반적으로 법률이 헌법에 위반된다는 사정은 헌법재판소의 위헌결정이 있기 전에는 객관적으로 명백한 것이라고 할 수 없어, 법률이 헌법에 위반되는지 여부를 심사할 권한이 없는 공무원으로서는 행위 당시의 법률에 따를 수밖에 없으므로, 행위의 근거가 된 법률조항에 대하여 **위헌결정**이 선고되더라도 위 법률조항에 따라 행위 한 당해 공무원에게는 **고의 또는 과실**이 있다 할 수 없어 국가배상책임은 성립되지 아니한다(헌재 2014.4.24. 2011헌바56).

| 정답 | ○

Ⅱ 행정행위의 부관

[17 변시]

243
□□□

일반적으로 기속행위나 기속재량행위에는 부관을 붙일 수 없고, 가사 부관을 붙였다 하더라도 무효이다.

일반적으로 **기속행위**나 기속적 재량행위에는 부관을 붙을 수 없고 가사 **부관을** 붙였다 하더라도 이는 **무효의 것이다**(대판 1988.4.27. 87누1106).
➔ 행정기본법 17조 2항에 따르면, 행정청은 처분에 재량이 없는 경우 법률에 근거가 있는 경우에만 부관을 붙일 수 있다.

| 정답 | ○

[21-3]

244
□□□

행정청은 처분에 재량이 있는 경우에 부관을 붙일 수 있으며, 처분에 재량이 없는 경우에도 법률에 근거가 있으면 부관을 붙일 수 있다.

행정기본법 제17조(부관) ① 행정청은 처분에 재량이 있는 경우에는 부관(조건, 기한, 부담, 철회권의 유보 등)을 붙일 수 있다.
② 행정청은 처분에 재량이 없는 경우에는 법률에 근거가 있는 경우에 부관을 붙일 수 있다.

| 정답 | ○

245
☐☐☐

행정청이 행정처분을 하면서 부담을 부가하는 경우 행정청은 부담을 일방적으로 부가할 수도 있지만, 부담을 부가하기 이전에 상대방과 협약의 형식으로 미리 정한 다음 행정처분을 하면서 이를 부가할 수도 있다.

수익적 행정처분에 있어서는 법령에 특별한 근거규정이 없다고 하더라도 그 부관으로서 부담을 붙일 수 있고, 그와 같은 **부담은** 행정청이 행정처분을 하면서 **일방적으로** 부가할 수도 있지만 부담을 부가하기 이전에 상대방과 협의하여 부담의 내용을 **협약의 형식**으로 미리 정한 다음 행정처분을 하면서 이를 부가할 수도 있다(대판 2009.2.12. 2005다65500).　　　　　　　　　　　　　　　　　　　　　　　　　| 정답 | ○

→ 행정기본법 17조 1항에서는 부관의 구체적인 유형을 '조건, 기한, 부담, 철회권의 유보 등'으로 제시하고 있다. 하지만, 유형을 제시하고 있을 뿐 그 유형을 한정 짓고 있는 것은 아니므로 경우에 따라서는 예시로 제시된 형태의 부관과는 다른 형태의 부관이 활용될 수 있다(법제처, 「행정기본법 조문별 해설」, 2021, 67쪽).

246
☐☐☐

행정청이 처분을 하며 부가한 부담의 위법 여부는 처분 당시 법령뿐 아니라 처분 전·후의 법령상태를 모두 살펴 판단하여야 하므로, 부담의 전제가 된 근거법령이 개정되어 부관을 붙일 수 없게 된 경우라면 부담의 효력은 소멸한다.

행정청이 수익적 행정처분을 하면서 부가한 부담의 위법 여부는 **처분 당시 법령을 기준으로 판단**하여야 하고, **부담이 처분 당시 법령을 기준으로 적법하다면 처분 후 부담의 전제가 된 주된 행정처분의 근거 법령이 개정됨으로써 행정청이 더 이상 부관을 붙일 수 없게 되었다 하더라도 곧바로 위법하게 되거나 그 효력이 소멸하게 되는 것은 아니다.** 따라서 행정처분의 상대방이 수익적 행정처분을 얻기 위하여 행정청과 사이에 행정처분에 부가할 부담에 관한 협약을 체결하고 행정청이 수익적 행정처분을 하면서 협약상의 의무를 부담으로 부가하였으나 부담의 전제가 된 주된 행정처분의 근거 법령이 개정됨으로써 행정청이 더 이상 부관을 붙일 수 없게 된 경우에도 곧바로 협약의 효력이 소멸하는 것은 아니다(대판 2009.2.12. 2005다65500).　　　　　　| 정답 | X

247
☐☐☐

A광역시 B구 구청장 甲은 관할구역 내 지역주택조합 乙이 「주택법」에 따라 제출한 주택건설사업계획에 대해 사업승인을 하면서 교통난 해소에 필요한 진입도로 개설을 위해 乙에게 사업계획구역에 접하고 있는 B구 소유의 토지를 유상으로 매입하도록 하는 부관을 부가하였다. 이에 관한 설명으로 옳은 것은?

ㄱ. 법률에 명시적인 근거가 없는 한, 甲은 乙의 동의가 있더라도 유상으로 매입하도록 한 토지의 면적을 당초 면적보다 확대하는 내용으로 부관을 변경할 수 없다.

ㄴ. 부관부 주택건설사업계획승인이 있는 상태에서 사정변경으로 인하여 당초에 붙인 부관의 목적을 달성할 수 없게 된 경우에는 명문의 규정이 없더라도 그 목적 달성에 필요한 범위 내에서 甲은 의무의 범위 또는 내용을 변경하는 부관을 사후에 붙이는 것이 예외적으로 허용된다.

법률에 **명문규정이 없는** 경우에도 **당사자의 동의가 있으면 사후 부관변경**이 가능하고, **사정변경**으로 인하여 부관의 **목적달성이 불가능한** 경우에는 예외적으로 목적달성에 필요한 범위 내에서 **사후 부관변경**이 가능하다. 이때 사후 부관 변경은 **법률 근거** 또는 **당사자 동의**가 있는 경우에는 **원칙적 긍정**, 이와 달리 **사정변경**의 경우는 **예외적 긍정**이라는 점을 주의한다.

> **행정기본법 제17조(부관)** ③ 행정청은 부관을 붙일 수 있는 처분이 다음 각 호의 어느 하나에 해당하는 경우에는 그 처분을 한 후에도 부관을 새로 붙이거나 종전의 부관을 변경할 수 있다.
> 1. 법률에 근거가 있는 경우
> 2. 당사자의 동의가 있는 경우
> 3. 사정이 변경되어 부관을 새로 붙이거나 종전의 부관을 변경하지 아니하면 해당 처분의 목적을 달성할 수 없다고 인정되는 경우

| 정답 | ㄱ. X, ㄴ. O

248
□□□

「사도법」상 사도개설허가에서 정해진 공사기간이 공사기간을 준수하여 공사를 마치도록 하는 의무를 부과하는 부담의 성질을 갖는 경우, 그 공사기간 내에 사도로 준공검사를 받지 못하였다 하더라도 사도개설허가가 당연히 실효되는 것은 아니다.

일반적으로 행정처분에 효력기간이 정하여져 있는 경우에는 그 기간의 경과로 그 행정처분의 효력은 상실되며, 다만 허가에 붙은 기한이 그 허가된 **사업의 성질상 부당하게 짧은 경우**에는 이를 그 허가 자체의 존속기간이 아니라 그 허가조건의 존속기간으로 보아 그 기한이 도래함으로써 그 조건의 개정을 고려한다는 뜻으로 해석할 수 있다. 사도개설허가에서 정해진 공사기간 내에 사도로 준공검사를 받지 못한 경우, 이 공사기간을 사도개설허가 자체의 존속기간(유효기간)으로 볼 수 없다는 이유로 사도개설허가가 당연히 실효되는 것은 아니다(대판 2004.11.25. 2004두7023). | 정답 | O

249
□□□

종전의 허가가 기한의 도래로 실효되었다고 하여도 종전 허가의 유효기간이 지나서 기간 연장을 신청하였다면 그 신청은 종전 허가의 유효기간을 연장하여 주는 행정처분을 구한 것으로 보아야 하지 종전 허가와는 별개로 새로운 허가를 내용으로 하는 행정처분을 구한 것으로 보아서는 아니 된다.

종전 허가의 유효기간이 지나 다시 한 허가신청에 대한 허가는 종전의 허가처분을 전제로 하여 단순히 유효기간을 연장하여 주는 행정처분이라기보다는 종전의 허가처분과는 **별도의 새로운 영업허가**를 내용으로 하는 행정처분이므로 허가권자는 이를 같은 법 7조 2항에 정한 재허가신청으로 보아, 그 규정에 의하여 허가요건의 적합 여부를 새로이 판단하여 허가 여부를 결정하여야 한다(대판 1993.6.29. 92누15314). | 정답 | X

250

甲은 A시가 주민의 복리를 위하여 설치한 시립종합문화회관 내에 일반음식점을 운영하고자 「공유재산 및 물품 관리법」에 따라 행정재산에 대한 사용허가를 신청하였다. A시의 시장 乙은 甲에게 사용허가를 하면서 일반음식점 이용고객으로 인한 주차문제를 우려하여 인근에 소재한 甲의 소유 토지에 차량 10대 규모의 주차장을 설치할 것을 내용으로 하는 부담을 부관으로 붙였다. 이에 관한 설명 중 옳은 것은?

ㄱ. 乙이 甲에게 한 사용허가의 법적 성질은 강학상 특허에 해당한다.

공유재산의 관리청이 **행정재산의 사용·수익에 대한 허가**는 순전히 사경제주체로서 행하는 사법상의 행위가 아니라 관리청이 공권력을 가진 우월적 지위에서 행하는 행정처분으로서 특정인에게 행정재산을 사용할 수 있는 권리를 설정하여 주는 **강학상 특허**에 해당한다(대판 1998.2.27. 97누1105). | 정답 | ○

ㄴ. 甲이 자신의 토지에 주차장을 설치하게 하는 부관이 재산권을 과도하게 침해하는 위법한 것임을 이유로 소송상 다투려는 경우, 부관부행정행위 전체에 대하여 취소를 구하여야 한다.

행정행위의 부관은 행정행위의 일반적인 효력이나 효과를 제한하기 위하여 의사표시의 주된 내용에 부가되는 종된 의사표시이지 그 자체로서 직접법적 효과를 발생하는 독립된 처분이 아니므로 현행 행정쟁송제도 아래서는 부관 그 자체만을 독립된 쟁송의 대상으로 할 수 없는 것이 원칙이나 행정행위의 부관 중에서도 행정행위에 부수하여 그 행정행위의 상대방에게 일정한 의무를 부과하는 행정청의 의사표시인 **부담의 경우**에는 다른 부관과는 달리행정 행위의 불가분적인 요소가 아니고 그 존속이 본체인 행정행위의 존재를 전제로 하는 것일 뿐이므로 **부담 그 자체**로서 행정쟁송의 대상이 될 수 있다(대판 1992.1.21. 91누1264, 표준판례 73). | 정답 | X

ㄷ. 사정변경으로 인하여 甲에게 부담을 부가한 목적을 달성할 수 없게 된 경우에도 법률에 명문의 규정이 있거나 그 변경이 미리 유보되어 있는 경우 또는 甲의 동의가 있는 경우가 아니라면 乙은 甲에게 부가된 부담을 사후적으로 변경할 수 없다.

행정처분에 이미 부담이 부가되어 있는 상태에서 그 의무의 범위 또는 내용 등을 변경하는 부관의 사후변경은, 법률에 명문의 규정이 있거나 그 변경이 미리 유보되어 있는 경우 또는 상대방의 동의가 있는 경우에 한하여 허용되는 것이 원칙이지만, **사정변경으로** 인하여 당초에 부담을 부가한 목적을 달성할 수 없게 된 경우에도 그 목적달성에 필요한 범위 내에서 **예외적으로 허용**된다(대판 1997.5.30. 97누2627).

> **행정기본법 제17조(부관)** ③ 행정청은 부관을 붙일 수 있는 처분이 다음 각 호의 어느 하나에 해당하는 경우에는 그 처분을 한 후에도 부관을 새로 붙이거나 종전의 부관을 변경할 수 있다.
> 1. 법률에 근거가 있는 경우
> 2. 당사자의 동의가 있는 경우
> 3. 사정이 변경되어 부관을 새로 붙이거나 종전의 부관을 변경하지 아니하면 해당 처분의 목적을 달성할 수 없다고 인정되는 경우

| 정답 | X

ㄹ. 甲에 대한 부담이 재산권을 과도하게 침해하는 것이어서 부관으로 붙일 수 없는 경우라고 하더라도 乙이 甲과 사법상 계약의 형식을 통해 동일한 의무를 부과하는 것은 가능하다.

공무원이 인·허가 등 수익적 행정처분을 하면서 상대방에게 그 처분과 관련하여 이른바 부관으로서 부담을 붙일 수 있다 하더라도, 그러한 부담은 법치주의와 사유재산 존중, 조세법률주의 등 헌법의 기본원리에 비추어 비례의 원칙이나 부당결부의 원칙에 위반되지 않아야만 적법한 것인바, 행정처분과 부관 사이에 실제적 관련성이 있다고 볼 수 없는 경우 공무원이 위와 같은 **공법상의 제한을 회피할 목적**으로 행정처분의 상대방과 사이에 **사법상 계약**을 체결하는 형식을 취하였다면 이는 법치행정의 원리에 반하는 것으로서 위법하다. 지방자치단체가 골프장사업계획승인과 관련하여 사업자로부터 기부금을 지급받기로 한 증여계약은 공무수행과 결부된 금전적 대가로서 그 조건이나 동기가 사회질서에 반하므로 **민법 103조에 의해 무효**라고 본 사례(대판 2009.12.10. 2007다63966). | 정답 | X

[16 변시]

251
☐☐☐

甲은 아파트를 건설하고자 乙시장에게 「주택법」상 사업계획승인신청을 하였는데, 乙시장은 아파트단지 인근에 개설되는 자동차전용도로의 부지로 사용할 목적으로 甲 소유 토지의 일부를 아파트 사용검사 시까지 기부채납할 것을 조건으로 하여 사업계획을 승인하였다. 이에 관한 설명으로 옳은 것은?

ㄱ. 甲이 위 부관을 불이행하였다면 乙시장은 이를 이유로 사업계획승인을 철회하거나, 위 부관상의 의무불이행에 대해 행정대집행을 할 수 있다. [20 변시]

甲 소유 토지일부의 기부채납은 '토지·건물의 명도의무'에 해당하여 대체적 작위의무가 아니므로 행정대집행의 대상이 아니고, 이러한 부담의 불이행은 철회사유가 되지만 언제나 행정청의 철회권 행사가 가능한 것은 아니고, 철회권 행사로 달성하려는 공익과 침해되는 상대방의 불이익을 이익형량하여 후자의 이익이 훨씬 더 큰 경우에는 철회권 행사가 제한될 수 있다. | 정답 | X

ㄴ. 甲이 위 부관을 이행하지 아니하더라도 乙시장의 사업계획승인이 당연히 효력을 상실하는 것은 아니다.

해제조건의 경우에는 조건이 성취되면 행정행위의 효력이 당연히 소멸하게 되는데, 부담의 경우에는 부담에 의해 부가된 의무의 불이행이 있는 경우에 행정행위가 당연히 효력을 상실하는 것이 아니며 행정행위의 **철회사유**가 될 뿐이다. | 정답 | ○

ㄷ. 만일 甲이 「건축법」상 기속행위에 해당하는 건축허가를 신청하였고, 乙시장이 건축허가를 하면서 기부채납 부관을 붙였다면 그 부관은 무효이다.

건축허가를 하면서 일정 토지를 기부채납하도록 하는 내용의 허가조건은 부관을 붙일 수 없는 **기속행위** 내지 기속적 재량행위인 건축허가에 붙인 부담이거나 또는 법령상 아무런 **근거가 없는 부관이어서 무효이다**(대판 1995.6.13. 94다56883). | 정답 | ○

252
☐☐☐

판례는 부담 이외의 부관의 경우 부관부 행정행위를 소의 대상으로 하면서 부관만의 취소를 구하는 부진정일부취소소송은 인정할 수 없고, 부관부행정행위 전체의 취소를 청구하거나, 부관부행정행위의 변경 신청 후 행정청이 이를 거부한 경우 거부처분의 취소를 구하는 소송을 제기할 수 있다고 본다.

이 사건 시설물에 대하여 그 기간을 20년간으로 한 무상 사용 · 수익의 허가(이하 '이 사건 허가')를 받자, 위와 같은 허가기간의 산정이 위법하다고 하면서, 주위적으로는 이 사건 허가 중 원고가 신청한 사용 · 수익 허가기간 40년 가운데 20년간만 허가기간으로 인정하고 그 나머지 기간에 대한 신청을 받아들이지 않은 부분의 취소를 구하고, 예비적으로는 이 사건 허가 전부의 취소를 구하는 이 사건 소를 제기한 데 대하여, 행정행위의 부관은 부담인 경우를 제외하고는 독립하여 행정소송의 대상이 될 수 없는바, 이 사건 허가에서 피고가 정한 사용 · 수익허가의 기간은 이 사건 허가의 효력을 제한하기 위한 행정행위의 부관으로서 이러한 사용 · 수익허가의 기간에 대해서는 독립하여 행정소송을 제기할 수 없는 것이고, 이러한 법리는 이 사건 허가 중 원고가 신청한 허가기간을 받아들이지 않은 부분의 취소를 구하는 이 사건 주위적 청구의 경우에도 마찬가지로 적용되어야 할 것이므로, 결국 이 사건 주위적 청구는 부적법하여 각하를 면할 수 없다고 할 것이지만, 이 사건 사용허가처분 전부에 대한 취소소송은 가능하다(대판 2001.6.15. 99두509, 표준판례 74). 피고가 원고에 대하여 이 사건 기선선망어업의 허가를 하면서 운반선, 등선 등 부속선을 사용할 수 없도록 제한한 부관은 그것이 비록 위 법 15조의 규정에 터잡은 것이라 하더라도 위 어업허가의 목적달성을 사실상 어렵게 하여 그 본질적 효력을 해하는 것일 뿐만 아니라 위 시행령 14조의4 3항의 규정에도 어긋나는 것이며, 더욱 뒤에 보는 바와 같이 어업조정이나 기타 공익상 필요하다고 인정되는 사정이 없는 이 사건에서는 위법한 것이라고 할 것이고, 나아가 이 부관을 삭제하여 등선과 운반선을 사용할 수 있도록 하여 달라는 내용의 원고의 이 사건 어업허가사항변경신청을 불허가한 피고의 처분 역시 위법하다고 보아야 할 것이다(대판 1990.4.27. 89누6808).　　　　　　　　　　　　　　　　　　　　　　│ 정답 │ ○

253
☐☐☐

개발제한구역 내에서의 예외적인 개발행위의 허가에는 관계법령의 명시적인 금지 규정이 없는 한 행정목적을 달성하기 위하여 조건이나 기한, 부담 등의 부관을 붙일 수 있다.

개발제한구역 내에서는 구역지정의 목적상 건축물의 건축 및 공작물의 설치 등 개발행위가 원칙적으로 금지되고, 다만 구체적인 경우에 이러한 구역지정의 목적에 위배되지 아니할 경우 예외적으로 허가에 의하여 그러한 행위를 할 수 있게 되어 있음이 그 규정의 체제와 문언상 분명하고, 이러한 **예외적인 개발행위의 허가는** 상대방에게 수익적인 것이 틀림이 없으므로 그 법률적 성질은 **재량행위** 내지 자유재량행위에 속하는 것이고, 이러한 재량행위에 있어서는 관계 법령에 명시적인 금지규정이 없는 한 행정목적을 달성하기 위하여 조건이나 기한, 부담 등의 부관을 붙일 수 있고, 그 부관의 내용이 이행 가능하고 비례의 원칙 및 평등의 원칙에 적합하며 행정처분의 본질적 효력을 저해하지 아니하는 이상 위법하다고 할 수 없다(대판 2004.3.25. 2003두12837).　　　　　　　　　　　　　　　　　　　　　　　　　　　　│ 정답 │ ○

254
□□□

甲은 노점을 운영하기 위하여 관할 행정청인 乙에게 도로점용허가를 신청하였다. 乙은 도로점용허가(이하 '이 사건 도로점용허가')를 하면서 "디자인노점상협의회의 등록회원 자격을 유지하지 못하거나 乙이 도로관리에 관하여 명하는 제반 지시사항을 위반할 경우, 도로점용허가를 취소·철회함"을 부관(이하 '이 사건 부관')으로 붙였다. 이에 관한 설명으로 옳지 않은 것은?

ㄱ. 도로점용허가는 재량행위이므로 乙은 법률에 근거가 없는 경우에도 부관을 붙일 수 있다.

도로점용의 허가는 특정인에게 일정한 내용의 공물사용권을 설정하는 설권행위로서 공물관리자가 신청인의 적격성, 사용목적 및 공익상의 영향 등을 참작하여 허가를 할 것인지의 여부를 결정하는 **재량행위**이다(대판 2007.5.31. 2005두1329). 이러한 재량행위에 있어서는 관계 법령에 명시적인 금지규정이 없는 한 행정목적을 달성하기 위하여 조건이나 기한, 부담 등의 부관을 붙일 수 있다(대판 2004.3.25. 2003두12837). 행정기본법 17조 1항 역시 행정청은 처분에 재량이 있는 경우 부관을 붙일 수 있다고 규정하고 있다. │정답│ ○

ㄴ. 만약 부관이 주된 행정행위인 도로점용허가와 실질적 관련이 없다면 위법하다.

부관은 주된 행정행위와 실질적 관련성이 있어야 하며, 그렇지 못한 부관은 부당결부금지원칙에 반하여 위법하다.
[판례] 지방자치단체장이 사업자에게 주택사업계획승인을 하면서 그 주택사업과는 아무런 관련이 없는 토지를 기부채납하도록 하는 부관을 주택사업계획승인에 붙인 경우, 그 부관은 부당결부금지의 원칙에 위반되어 위법하다(대판 1997.3.11. 96다49650, 표준판례 69). │정답│ ○

ㄷ. 甲이 이 사건 도로점용허가는 다투지 않고 이 사건 부관만을 행정쟁송으로 다투고자 하더라도 이 사건 부관이 부담으로 인정되지 않는 이상 이 사건 부관만을 대상으로 독립하여 행정쟁송의 대상으로 삼을 수 없다.

'이 사건 부관'은 **철회권의 유보**에 해당하므로 이 사건 부관만을 대상으로 독립하여 행정쟁송의 대상으로 삼을 수 없다.
[판례] 행정행위의 부관은 행정행위의 일반적인 효력이나 효과를 제한하기 위하여 의사표시의 주된 내용에 부가되는 종된 의사표시이지 그 자체로서 직접 법적 효과를 발생하는 독립된 처분이 아니므로 현행 행정쟁송제도 아래서는 **부관 그 자체만을 독립된 쟁송의 대상으로 할 수 없는** 것이 원칙이나 행정행위의 부관 중에서도 행정행위에 부수하여 그 행정행위의 상대방에게 일정한 의무를 부과하는 행정청의 의사표시인 **부담**의 경우에는 **다른 부관과는 달리** 행정행위의 불가분적인 요소가 아니고 그 존속이 본체인 행정행위의 존재를 전제로 하는 것일 뿐이므로 부담 그 자체로서 행정쟁송의 대상이 될 수 있다(대판 1992.1.21. 91누1264, 표준판례 73). │정답│ ○

ㄹ. 甲이 디자인노점상협의회 등록회원 자격을 상실하고 乙의 도로관리에 관한 지시사항을 따르지 않은 경우라도 이 사유가 관련 법령에서 정한 철회 사유에 해당하지 않는다면 乙은 이 사건 도로점용허가를 철회할 수 없다.

행정기본법 19조 1항에 규정되어 있지 않은 일반적인 철회 사유로서 철회권 유보 사유의 발생과 부담 불이행의 경우에는 법률적 근거가 없더라도 그 자체로 철회 사유가 된다(법제처, 「행정기본법 해설서」, 2021, 199쪽). 따라서 甲이 '이 사건 부관에서 정한 사항을 위반한 경우 철회권 유보 사유가 발생한 것이므로 위 사유가 관련 법령에서 정한 철회 사유에 해당하지 않더라도 乙은 철회권을 행사할 수 있다.　　　　　| 정답 | X

ㅁ. 乙이 법률에서 정한 다른 철회 사유에 근거하여 이 사건 도로점용허가를 철회할 경우 이익형량의 원칙에 따른 제한을 받는다.　　　　　[23 변시]

수익적 행정행위를 취소 또는 **철회**하거나 중지시키는 경우에는 이미 부여된 국민의 기득권을 침해하는 것이 되므로, 비록 취소 등의 사유가 있다고 하더라도 그 취소권 등의 행사는 기득권의 침해를 정당화할 만한 중대한 공익상의 필요 또는 제3자의 이익을 보호할 필요가 있고, 이를 상대방이 받는 불이익과 비교·교량하여 볼 때 공익상의 필요 등이 상대방이 입을 불이익을 정당화할 만큼 강한 경우에 한하여 허용될 수 있다(대판 2017.3.15. 2014두41190).
  ➜ 철회권이 유보된 경우의 철회에도 이익형량원칙이 적용된다.

> **행정기본법 제19조(적법한 처분의 철회)** ① 행정청은 적법한 처분이 다음 각 호의 어느 하나에 해당하는 경우에는 그 처분의 전부 또는 일부를 장래를 향하여 철회할 수 있다.
>   1. 법률에서 정한 철회 사유에 해당하게 된 경우
> ② 행정청은 제1항에 따라 처분을 철회하려는 경우에는 철회로 인하여 당사자가 입게 될 불이익을 철회로 달성되는 공익과 비교·형량하여야 한다.

| 정답 | O

[21-1]

255
☐☐☐

행정처분의 외부적 성립은 행정의사가 외부에 표시되어 행정청이 자유롭게 취소·철회할 수 없는 구속을 받게 되는 시점을 확정하는 의미를 가지므로, 어떠한 처분의 외부적 성립 여부는 행정청에 의해 행정의사가 공식적인 방법으로 외부에 표시되었는지를 기준으로 판단하여야 한다.

일반적으로 행정처분이 주체·내용·절차와 형식이라는 내부적 성립요건과 외부에 대한 표시라는 외부적 성립요건을 모두 갖춘 경우에는 행정처분이 존재한다고 할 수 있다. 행정처분의 외부적 성립은 행정의사가 외부에 표시되어 행정청이 자유롭게 취소·철회할 수 없는 구속을 받게 되는 시점을 확정하는 의미를 가지므로, 어떠한 처분의 외부적 성립 여부는 행정청에 의해 행정의사가 공식적인 방법으로 외부에 표시되었는지를 기준으로 판단하여야 한다(대판 2017.7.11. 2016두35120, 표준판례 76).　　| 정답 | O

[21-1]

256
☐☐☐

행정처분의 효력발생요건으로서의 도달이란 처분상대방이 처분서의 내용을 현실적으로 알았을 것을 필요로 하며, 처분서가 처분상대방의 주민등록상 주소지로 송달되어 처분상대방의 사무원이나 그 밖에 우편물 수령권한을 위임받은 사람이 수령하여 처분상대방이 알 수 있는 상태가 된 것만으로는 불충분하다.

행정처분의 효력발생요건으로서의 도달이란 처분상대방이 처분서의 내용을 **현실적으로** 알았을 필요까지는 없고 처분상대방이 **알 수 있는** 상태에 놓임으로써 충분하며, 처분서가 처분상대방의 주민등록상 주소지로 송달되어 처분상대방의 사무원 등 또는 그 밖에 우편물 **수령권한을 위임받은 사람이 수령**하면 처분상대방이 알 수 있는 상태가 되었다고 할 것이다(대판 2017.3.9. 2016두6057).　　| 정답 | X

257
☐☐☐

상대방 있는 행정처분은 특별한 규정이 없는 한 의사표시에 관한 일반법리에 따라 상대방에게 고지되어야 효력이 발생하고, 상대방 있는 행정처분이 상대방에게 고지되지 아니한 경우에는 상대방이 다른 경로를 통해 행정처분의 내용을 알게 되었다고 하더라도 행정처분의 효력이 발생한다고 볼 수 없다.

상대방 있는 행정처분은 특별한 규정이 없는 한 의사표시에 관한 일반법리에 따라 상대방에게 고지되어야 효력이 발생하고, 상대방 있는 행정처분이 상대방에게 고지되지 아니한 경우에는 상대방이 다른 경로를 통해 행정처분의 내용을 알게 되었다고 하더라도 행정처분의 효력이 발생한다고 볼 수 없다(대판 2019.8.9. 2019두38656). | 정답 | ○

258
☐☐☐

건국훈장 독립장이 수여된 망인에 대한 서훈취소를 국무회의에서 의결하고 대통령이 결재함으로써 서훈취소가 결정된 후, 국가보훈처장이 망인의 유족 甲에게 '독립유공자 서훈취소결정 통보'를 하자 甲이 국가보훈처장을 상대로 서훈취소결정의 무효확인의 소를 제기하였다. 이에 관한 설명으로 옳지 않은 것은?

ㄱ. 망인에 대한 서훈취소는 유족 甲에게도 영향을 미치는 결과를 초래하므로 망인에 대한 서훈취소는 甲에 대한 통지가 있어야만 성립하고 그 효력이 발생한다.

망인에 대한 서훈취소는 유족에 대한 것이 아니므로 **유족에 대한 통지에** 의해서만 성립하여 효력이 발생한다고 볼 수 없고, 그 결정이 처분권자의 의사에 따라 **상당한 방법으로 대외적으로 표시됨으로써** 행정행위로서 **성립하여 효력이 발생한다**(대판 2014.9.26. 2013두2518). | 정답 | X

ㄴ. 보훈처장이 행한 통보행위는 훈장을 보관하고 있는 甲에 대하여 그 반환 요구의 전제로서 대통령의 서훈취소결정이 있었음을 알리는 것이고, 보훈처장 명의의 서훈취소 처분이 있는 것은 아니다.

피고 국가보훈처장이 행한 이 사건 통보행위 자체는 유족으로서 상훈법에 따라 훈장 등을 보관하고 있는 원고들에 대하여 그 반환 요구의 전제로서 대통령의 서훈취소결정이 있었음을 알리는 것에 불과하므로, 이로써 피고가 그 명의로 서훈취소의 처분을 하였다고 볼 것은 아니다(대판 2014.9.26. 2013두2518). | 정답 | ○

259
☐☐☐

자동차 운전면허 취소처분을 받은 사람이 자동차를 운전하였으나 운전면허 취소처분의 원인이 된 교통사고 또는 법규위반에 대하여 범죄사실의 증명이 없는 때에 해당한다는 이유로 무죄판결이 확정되었더라도 그 운전면허 취소처분이 취소되지 않고 있다면 「도로교통법」에 규정된 무면허운전의 죄로 처벌할 수 있다.

자동차 운전면허 취소처분을 받은 사람이 자동차를 운전하였으나 <u>운전면허 취소처분의 원인이 된 교통사고 또는 법규 위반에 대하여 범죄사실의 증명이 없는 때에 해당한다는 이유로 무죄판결이 확정된 경우에는 그 취소처분이 취소되지 않았더라도 도로교통법에 규정된 무면허운전의 죄로 처벌할 수는 없다</u>(대판 2021.9.16. 2019도11826). | 정답 | X

260
☐☐☐

피재해자에게 이루어진 요양승인처분이 불복기간의 경과로 확정되었다 하더라도 사업주는 피재해자가 재해 발생 당시 자신의 근로자가 아니라는 사정을 들어 보험급여액징수처분의 위법성을 주장할 수 있다.

불가쟁력으로 처분의 기초가 된 사실관계나 법률적 판단이 확정되는 것은 아니다.
[판례] 피재해자에게 요양승인처분이 이루어지고 그러한 요양승인처분이 불복기간의 경과로 확정되었다 하더라도, 재해발생 당시 사업주와 피재해자 사이에 산재보험관계가 성립하였다는 점까지 확정되는 것은 아니며, 또 앞서 본 것처럼 재해 발생 당시 산재보험관계가 성립하였는지 여부는 보험급여액 징수처분의 적법요건이 되는 것이므로, … <u>피재해자에게 이루어진 요양승인처분이 불복기간의 경과로 확정되었다 하더라도 사업주는 피재해자가 재해 발생 당시 자신의 근로자가 아니라는 사정을 들어 보험급여액징수처분의 위법성을 주장할 수 있다</u>(대판 2008.7.24. 2006두20808). | 정답 | ○

Ⅲ **행정행위의 하차**

261
☐☐☐

「폐기물처리시설 설치촉진 및 주변지역지원 등에 관한 법률」의 규정에 따른 폐기물처리시설 설치계획에 대한 승인권자가 환경부장관인 경우, 환경관리청장이 별도의 수임 없이 폐기물처리시설 설치승인을 했다면 이는 권한 없는 기관에 의한 행정처분으로서 취소사유의 위법에 해당한다.

<u>폐기물처리시설 설치계획에 대한 승인권자는 구 폐기물처리시설설치촉진및주변지역지원등에관한법률 10조 2항의 규정에 의하여 환경부장관이며, 이러한 설치승인권한을 환경관리청장에게 위임할 수 있는 근거도 없으므로, 환경관리청장의 폐기물처리시설 설치승인처분은 **권한 없는 기관에 의한 행정처분**으로서 그 **하자가 중대하고 명백하여 당연무효**</u>라고 한 사례(대판 2004.7.22. 2002두10704). | 정답 | X

262
☐☐☐

판례는 민원사무를 처리하는 행정기관이 민원 1회 방문 처리제를 시행하는 절차의 일환으로 민원사항의 심의, 조정 등을 위한 민원조정위원회를 개최하면서 민원인에게 회의일정등을 사전에 통지하지 아니하였다면 취소사유가 존재한다는 입장이다.

민원사무를 처리하는 행정기관이 **민원 1회 방문 처리제를** 시행하는 절차의 일환으로 민원사항의 심의·조정 등을 위한 민원조정위원회를 개최하면서 민원인에게 회의일정 등을 **사전에 통지하지 아니하였다** 하더라도, 이러한 사정만으로 곧바로 민원사항에 대한 행정기관의 장의 거부처분에 취소사유에 이를 정도의 흠이 존재한다고 보기는 어렵다. 다만 행정기관의 장의 거부처분이 재량행위인 경우에, 위와 같은 사전통지의 흠결로 민원인에게 의견진술의 기회를 주지 아니한 결과 민원조정위원회의 심의과정에서 고려대상에 마땅히 포함시켜야 할 사항을 누락하는 등 재량권의 불행사 또는 해태로 볼 수 있는 구체적 사정이 있다면, 거부처분은 재량권을 일탈·남용한 것으로서 위법하다(대판 2015.8.27. 2013두1560). | 정답 | X

263
☐☐☐

「군사시설보호법」에서는 관계 행정청이 군사시설보호구역 안에서 건축허가시 미리 관할 부대장과 협의하도록 하고 있는데, 이 때의 협의는 동의를 의미하므로 관할 부대장의 동의가 없는 한 건축은 금지된다.

구 군사시설보호법 7조 3호, 6호, 7호 등에 의하면, 관계 행정청이 군사시설보호구역 안에서 가옥 기타 축조물의 신축 또는 증축, 입목의 벌채 등을 허가하고자 할 때에는 미리 관할 부대장과 협의를 하도록 규정하고 있고, 구 군사시설보호법시행령 10조 2항에 비추어 보면, 여기서 협의는 동의를 뜻한다 할 것이며, 같은 조 3항에 의하면, 관계 행정청이 이러한 협의를 거치지 않거나 협의를 한 경우에도 협의조건을 이행하지 아니하고 건축허가 등을 한 경우에는 당해 행정청에 대하여 그 허가의 취소 등을 요구할 수 있고, 그 요구를 받은 행정청은 이에 응하여야 한다고 규정하고 있으므로, 군사시설보호구역으로 지정된 토지는 군 당국의 동의가 없는 한 건축 또는 사용이 금지된다 할 것이다(대판 1995.3.10. 94누12739).

| 정답 | ○

264
☐☐☐

어떤 법률관계에 대하여 당해 법령의 규정을 적용할 수 없다는 법리가 명백히 밝혀지지 아니하여 해석에 다툼의 여지가 있더라도 과세관청이 납세의무에 관한 법령을 잘못 해석·적용한 결과 정당한 세액을 초과하는 세금이 부과·납부된 이상 그 과세처분에 있는 하자는 무효사유가 된다.

과세처분이 당연무효라고 하기 위하여는 그 처분에 위법사유가 있다는 것만으로는 부족하고 그 하자가 법규의 중요한 부분을 위반한 중대한 것으로서 객관적으로 명백한 것이어야 하며, 하자가 중대하고 명백한지를 판별할 때에는 과세처분의 근거가 되는 법규의 목적·의미·기능 등을 목적론적으로 고찰함과 동시에 구체적 사안 자체의 특수성에 관하여도 합리적으로 고찰하여야 한다. 그리고 어느 법률관계나 사실관계에 대하여 어느 법령의 규정을 적용하여 과세처분을 한 경우에 그 법률관계나 사실관계에 대하여는 그 법령의 규정을 적용할 수 없다는 법리가 명백히 밝혀져서 해석에 다툼의 여지가 없음에도 과세관청이 그 법령의 규정을 적용하여 과세처분을 하였다면 그 하자는 중대하고도 명백하다고 할 것이나, 그 법률관계나 사실관계에 대하여 그 법령의 규정을 적용할 수 없다는 법리가 명백히 밝혀지지 아니하여 해석에 다툼의 여지가 있는 때에는 과세관청이 이를 잘못 해석하여 과세처분을 하였더라도 이는 과세요건사실을 오인한 것에 불과하여 그 하자가 명백하다고 할 수 없다(대판[전합] 2018.7.19. 2017다242409). | 정답 | X

265
□□□

A 세무서장은「국세기본법」상 제2차 납세의무자에 해당하는 甲에게 B 주식회사의 체납 국세에 대한 과세처분(이하 '이 사건 과세처분')을 하였다. 이 사건 과세처분의 위법성을 주장하기 위한 행정소송의 제소기간은 경과되었다. 그런데 그로부터 1년 후 헌법재판소는 乙이 청구한 헌법소원심판 사건에서 이 사건 과세처분의 근거가 되었던「국세기본법」 규정이 헌법에 위반된다고 결정(이하 '이 사건 위헌결정')하였다. A 세무서장은 이 사건 과세처분에 따라 당시 유효하게 시행 중이던「국세징수법」을 근거로 甲이 체납 중이던 체납액 및 결손액(가산세 포함)을 징수하기 위하여 甲 명의의 예금채권을 압류했다. 이에 관한 설명 중 옳은 것은?

ㄱ. 만약 이 사건 위헌결정 이전에 甲이 이 사건 과세처분의 취소를 구하는 행정소송을 제기하여 이미 패소 확정되었다면, 甲에게는 이 사건 위헌결정이「헌법재판소법」제 75조 제7항이 정한 재심청구사유에 해당하므로 甲은 재심을 청구할 수 있다.

'이 사건 위헌결정' 이전에 패소 확정된 경우, '이 사건 과세처분'에는 위헌결정의 소급효가 미치지 않으므로 甲은 재심을 청구할 수 없다.
[판례] 헌법재판소의 위헌결정의 효력은 위헌제청을 한 '당해사건', 위헌결정이 있기 전에 이와 동종의 위헌 여부에 관하여 헌법재판소에 위헌여부심판제청을 하였거나 법원에 위헌여부심판제청신청을 한 '동종사건'과 따로 위헌제청신청은 아니하였지만 당해 법률 또는 법률 조항이 재판의 전제가 되어 법원에 계속 중인 '병행 사건'뿐만 아니라, 위헌결정 이후 같은 이유로 제소된 '일반사건'에도 미친다. 하지만 위헌결정의 효력이 미치 는 범위가 무한정일 수는 없고, 다른 법리에 의하여 그 소급효를 제한하는 것까지 부정되는 것은 아니며, 법적 안정성의 유지나 당사자의 신뢰보호를 위하여 불가피한 경우에 위헌결정의 소급효를 제한하는 것은 오히려 법치주의의 원칙상 요청된다(대판 2017.3.9. 2015다233982, 표준판례 21). | 정답 | X

ㄴ. 조세 부과의 근거가 되었던 법률규정이 위헌으로 선언된 경우, 그 위헌결정의 기속력 때문에 그 위헌결정 이후 조세채권의 집행을 위한 새로운 체납처분에 착수하거나 이 를 속행하는 것은 더 이상 허용되지 않는다. 이러한 위헌결정의 효력에 위배하여 이 루어진 체납처분은 그 사유만으로 하자가 중대하고 객관적으로 명백하여 당연무효 이다.
[17 · 16 · 15 변시]

위헌결정의 기속력과 헌법을 최고규범으로 하는 법질서의 체계적 요청에 비추어 국가기관 및 지방자치단체 는 위헌으로 선언된 법률규정에 근거하여 새로운 행정처분을 할 수 없음은 물론이고, 위헌결정 전에 이미 형성된 법률관계에 기한 후속처분이라도 그것이 새로운 위헌적 법률관계를 생성 · 확대하는 경우라면 이를 허용할 수 없다. 따라서 조세 부과의 근거가 되었던 법률규정이 위헌으로 선언된 경우, 비록 그에 기한 과세 처분이 위헌결정 전에 이루어졌고, 과세처분에 대한 제소기간이 이미 경과하여 조세채권이 확정되었으며, 조세채권의 집행을 위한 체납처분의 근거규정 자체에 대하여는 따로 위헌결정이 내려진 바 없다고 하더라 도, 위와 같은 **위헌결정 이후**에 조세채권의 집행을 위한 **새로운 체납처분**에 착수하거나 이를 속행하는 것은 더 이상 허용되지 않고, 나아가 이러한 위헌결정의 효력에 위배하여 이루어진 체납처분은 그 사유만으로 하자가 중대하고 객관적으로 명백하여 **당연무효**라고 보아야 한다(대판[전합] 2012.2.16. 2010두10907, 표준판례 92). | 정답 | ○

266
□□□

甲은 2013. 11. 6. 乙로부터 A시 소재 B유흥주점의 영업시설 일체를 양도받아, 2013. 12. 2. A시장에게 영업자 지위를 승계하였음을 신고하고 위 주점을 운영하여 왔다. 그런데 甲이 인수하기 전인 2013. 10. 초순, 乙은 청소년인 丙, 丁(당시 각 18세)을 유흥접객원으로 고용하여 유흥행위를 하게 하였다. 이에 A시장은 2014. 2. 3. 甲에 대하여 「식품위생법」위반을 이유로 영업허가를 취소하였다. 이에 관한 설명 중 옳지 않은 것은?

ㄱ. A시장이 甲의 지위승계신고를 수리하는 행위는 실질적으로 乙의 영업허가를 취소함과 아울러 甲에게 적법하게 영업을 할 수 있는 권리를 설정하여 주는 행위이다.

[20 변시, 21-2]

식품위생법 25조 3항에 의한 **영업양도에 따른 지위승계신고를 수리하는 허가관청의 행위**는 단순히 양도ㆍ양수인 사이에 이미 발생한 사법상의 사업양도의 법률효과에 의하여 양수인이 그 영업을 승계하였다는 **사실의 신고를 접수하는 행위에 그치는 것이 아니라, 영업허가자의 변경이라는 법률효과를 발생시키는 행위**라고 할 것이다(대판 1995.2.24. 94누9146). | 정답 | ○

ㄴ. A시장의 乙에 대한 영업허가는 대물적 허가이지만, 만일 乙에 대한 영업정지처분이 내려졌다면 그 효과는 甲에게 승계되지 않음이 원칙이다.

석유사업법 12조 3항, 9조 1항, 12조 4항 등을 종합하면 석유판매업(주유소)허가는 소위 **대물적 허가의 성질을 갖는 것**이어서 그 사업의 양도도 가능하고 **이 경우 양수인은 양도인의 지위를 승계하게 됨에 따라 양도인의 위 허가에 따른 권리의무가 양수인에게 이전되는 것**이므로 만약 양도인에게 그 허가를 취소할 위법사유가 있다면 허가관청은 이를 이유로 양수인에게 응분의 제재조치를 취할 수 있다 할 것이고, 양수인이 그 양수 후 허가관청으로부터 석유판매업허가를 다시 받았다 하더라도 이는 석유판매업의 양수를 전제로 한 것이어서 이로써 양도인의 지위승계가 부정되는 것은 아니므로 **양도인의 귀책사유는 양수인에게 그 효력이 미친다**(대판 1986.7.22. 86누203). | 정답 | X

ㄷ. 만일 A시장이 2013. 11. 27. 乙에 대한 허가취소처분을 하였다면, 甲은 지위승계신고 수리 이전이라도 사실상 양수인으로서 이를 소송상 다툴 법률상 이익이 있다.

채석허가가 **대물적 허가의 성질**을 아울러 가지고 있고 수허가자의 지위가 사실상 양도ㆍ양수되는 점을 고려하여 수허가자의 지위를 사실상 양수한 양수인의 이익을 보호하고자 하는 데 있는 것으로 해석되므로, **수허가자의 지위를 양수받아 명의변경신고를 할 수 있는 양수인의 지위는 단순한 반사적 이익이나 사실상의 이익이 아니라** 산림법령에 의하여 보호되는 **직접적이고 구체적인 이익으로서 법률상 이익**이라고 할 것이고, 채석허가가 유효하게 존속하고 있다는 것이 양수인의 명의변경신고의 전제가 된다는 의미에서 관할 행정청이 양도인에 대하여 채석허가를 취소하는 처분을 하였다면 **이는 양수인의 지위에 대한 직접적 침해가 된다고 할 것이므로 양수인은 채석허가를 취소하는 처분의 취소를 구할 법률상 이익을 가진다**(대판 2003.7.11. 2001두6289). | 정답 | ○

ㄹ. A시장은 지위승계신고를 수리할 경우 乙에게 사전통지하여야 한다.

행정청이 당사자에게 의무를 과하거나 권익을 제한하는 처분을 함에 있어서는 당사자 등에게 처분의 사전통지를 하고 의견제출의 기회를 주어야 하며, 여기서 당사자라 함은 행정청의 처분에 대하여 직접 그 상대가 되는 자를 의미한다 할 것이고, 한편 구 식품위생법 25조 2항, 3항의 각 규정에 의하면, 지방세법에 의한

압류재산 매각절차에 따라 영업시설의 전부를 인수함으로써 그 영업자의 지위를 승계한 자가 관계 행정청에 이를 신고하여 행정청이 이를 수리하는 경우에는 종전의 영업자에 대한 영업허가 등은 그 효력을 잃는다 할 것인데, 위 규정들을 종합하면 위 **행정청이 구 식품위생법 규정에 의하여 영업자지위승계신고를 수리하는 처분은 종전의 영업자의 권익을 제한하는 처분**이라 할 것이고 따라서 **종전의 영업자는 그 처분에 대하여 직접 그 상대가 되는 자에 해당**한다고 봄이 상당하므로, **행정청으로서는 위 신고를 수리하는 처분을 함에 있어서 행정절차법 규정 소정의 당사자에 해당하는 종전의 영업자에 대하여 위 규정 소정의 행정절차를 실시하고 처분을 하여야 한다**(대판 2003.2.14. 2001두7015). 　　　　　　　　　　　　| 정답 | O

ㅁ. 영업양도가 무효이면 지위승계신고 수리가 있었더라도 그 수리는 무효이므로 乙은 민사쟁송으로 양도·양수행위의 무효를 구함이 없이 막바로 허가관청을 상대로 신고 수리처분의 무효확인을 구할 법률상 이익이 있다.　　　　　　　　　[20 변시, 22-3]

사업양도·양수에 따른 허가관청의 지위승계신고의 수리는 적법한 사업의 양도·양수가 있었음을 전제로 하는 것이므로 **그 수리대상인 사업양도·양수가 존재하지 아니하거나 무효인 때에는** 수리를 하였다 하더라도 그 수리는 유효한 대상이 없는 것으로서 당연히 무효라 할 것이고, 사업의 양도행위가 무효라고 주장하는 양도자는 **민사쟁송으로 양도·양수행위의 무효를 구함이 없이 막바로 허가관청을 상대로 하여 행정소송으로 위 신고수리처분의 무효확인을 구할 법률상 이익이** 있다(대판 2005.12.23. 2005두3554, 표준판례 39). 　　　　　　　　　| 정답 | O

[14 변시, 21-2]

267
☐☐☐

표준지공시지가결정이 위법한 경우에는 그 자체를 행정소송의 대상이 되는 행정처분으로 보아 그 위법 여부를 다툴 수 있음은 물론, 수용보상금의 증액을 구하는 소송에서도 선행처분으로서 그 수용대상 토지 가격 산정의 기초가 된 비교표준지공시지가결정의 위법을 독립한 사유로 주장할 수 있다.

표준지공시지가결정은 이를 기초로 한 수용재결 등과는 별개의 독립된 처분으로서 서로 독립하여 별개의 법률효과를 목적으로 하지만, 표준지공시지가는 이를 인근 토지의 소유자나 기타 이해관계인에게 개별적으로 고지하도록 되어 있는 것이 아니어서 인근 토지의 소유자 등이 표준지공시지가결정 내용을 알고 있었다고 전제하기가 곤란할 뿐만 아니라, 결정된 표준지공시지가가 공시될 당시 보상금 산정의 기준이 되는 표준지의 인근 토지를 함께 공시하는 것이 아니어서 인근 토지 소유자는 보상금 산정의 기준이 되는 표준지가 어느 토지인지를 알 수 없으므로, 인근 토지 소유자가 표준지의 공시지가가 확정되기 전에 이를 다투는 것은 불가능하다. 더욱이 장차 어떠한 수용재결 등 구체적인 불이익이 현실적으로 나타나게 되었을 경우에 비로소 권리구제의 길을 찾는 것이 우리 국민의 권리의식임을 감안하여 볼 때, 인근 토지소유자 등으로 하여금 결정된 표준지공시지가를 기초로 하여 장차 토지보상 등이 이루어질 것에 대비하여 항상 토지의 가격을 주시하고 표준지공시지가결정이 잘못된 경우 정해진 시정절차를 통하여 이를 시정하도록 요구하는 것은 부당하게 높은 주의의무를 지우는 것이고, **위법한 표준지공시지가결정에 대하여 그 정해진 시정절차를 통하여 시정하도록 요구하지 않았다는 이유로 위법한 표준지공시지가를 기초로 한 수용재결 등 후행 행정처분에서 표준지공시지가결정의 위법을 주장할 수 없도록 하는 것은 수인한도를 넘는 불이익을 강요하는 것**으로서 국민의 재산권과 재판받을 권리를 보장한 헌법의 이념에도 부합하는 것이 아니다. 따라서 표준지공시지가결정이 위법한 경우에는 그 자체를 행정소송의 대상이 되는 행정처분으로 보아 그 위법 여부를 다툴 수 있음은 물론, **수용보상금의 증액을 구하는 소송에서도 선행처분으로서 그 수용대상 토지 가격 산정의 기초가 된 비교표준지공시지가결정의 위법을 독립한 사유로 주장할 수 있다**(대판 2008.8.21. 2007두13845). 　　　　　　　　　| 정답 | O

268
☐☐☐

보충역편입처분을 다투지 아니하여 이미 불가쟁력이 생겨 그 효력을 다툴 수 없게 된 경우에는, 병역처분변경신청에 의하는 경우는 별론으로 하고, 보충역편입처분에 하자가 있다고 할지라도 그것이 당연무효라고 볼만한 특단의 사정이 없는 한 그 위법을 이유로 공익근무요원소집처분의 효력을 다툴 수 없다.

보충역편입처분 등의 **병역처분**은 구체적인 병역의무부과를 위한 전제로서 징병검사 결과 신체등위와 학력·연령 등 자질을 감안하여 역종을 부과하는 처분임에 반하여, **공익근무요원소집처분**은 보충역편입처분을 받은 공익근무요원소집대상자에게 기초적 군사훈련과 구체적인 복무기관 및 복무분야를 정한 공익근무요원으로서의 복무를 명하는 구체적인 행정처분이므로, 위 두 처분은 후자의 처분이 전자의 처분을 전제로 하는 것이기는 하나 각각 단계적으로 **별개의 법률효과를 발생하는 독립된 행정처분**이라고 할 것이므로, 따라서 보충역편입처분의 기초가 되는 신체등위 판정에 잘못이 있다는 이유로 이를 다투기 위하여는 신체등위 판정을 기초로 한 보충역편입처분에 대하여 쟁송을 제기하여야 할 것이며, 그 처분을 다투지 아니하여 이미 불가쟁력이 생겨 그 효력을 다툴 수 없게 된 경우에는, 병역처분변경신청에 의하는 경우는 별론으로 하고, 보충역편입처분에 하자가 있다고 할지라도 그것이 당연무효라고 볼만한 특단의 사정이 없는 한 그 위법을 이유로 공익근무요원소집처분의 효력을 다툴 수 없다(대판 2002.12.10. 2001두5422). | 정답 | ○

269
☐☐☐

건물철거명령이 당연무효가 아닌 이상 행정심판이나 소송을 제기하여 그 위법함을 소구하는 절차를 거치지 아니하였다면 선행행위인 건물철거명령은 적법한 것으로 확정되었다고 할 것이므로 후행행위인 대집행계고처분의 취소소송에서 그 건물이 무허가건물이 아닌 적법한 건축물이라는 주장이나 그러한 사실인정을 하지 못한다.

건물철거명령이 당연무효가 아닌 이상 행정심판이나 소송을 제기하여 그 위법함을 소구하는 절차를 거치지 아니하였다면 위 선행행위인 건물철거명령은 적법한 것으로 확정되었다고 할 것이므로 **후행행위인 대집행계고처분**에서는 그 건물이 무허가건물이 아닌 적법한 건축물이라는 주장이나 그러한 사실인정을 하지 못한다(대판 1998.9.8. 97누20502). | 정답 | ○

270
☐☐☐

선행처분에 후속하여 후행처분이 행해진 경우, 두 처분이 서로 결합하여 하나의 법률효과를 목적으로 하는 경우에도 선행처분에 대하여 제소기간이 도과하여 불가쟁력이 발생하였다면, 선행처분의 위법을 이유로 후행처분의 취소를 구할 수 없다.

두 개 이상의 행정처분이 연속적으로 행하여지는 경우 선행처분과 후행처분이 서로 결합하여 1개의 법률효과를 완성하는 때에는 선행처분에 하자가 있으면 그 하자는 후행처분에 승계되므로 선행처분에 불가쟁력이 생겨 그 효력을 다툴 수 없게 된 경우에도 선행처분의 하자를 이유로 후행처분의 효력을 다툴 수 있다(대판 1994.1.25. 93누8542, 표준판례 95). | 정답 | X

271
☐☐☐

선행처분인 대집행계고처분에 불가쟁력이 발생하였다면, 후행처분인 대집행영장발부통보처분의 취소소송에서 위 대집행계고처분이 위법하다는 것을 이유로 대집행영장발부통보처분도 위법한 것이라는 주장을 할 수 없다.

대집행의 계고, 대집행영장에 의한 통지, 대집행의 실행, 대집행에 요한 비용의 납부명령 등은 타인이 대신하여 행할 수 있는 행정의무의 이행을 의무자의 비용부담하에 확보하고자 하는, 동일한 행정목적을 달성하기 위하여 단계적인 일련의 절차로 연속하여 행하여지는 것으로서, 서로 결합하여 하나의 법률효과를 발생시키는 것이므로, 선행처분인 계고처분이 하자가 있는 위법한 처분이라면, 비록 그 하자가 중대하고도 명백한 것이 아니어서 당연무효의 처분이라고 볼 수 없고 행정소송으로 효력이 다투어지지도 아니하여 이미 불가쟁력이 생겼으며, 후행처분인 대집행영장발부통보처분 자체에는 아무런 하자가 없다고 하더라도, 후행처분인 **대집행영장발부통보처분**의 취소를 청구하는 소송에서 청구원인으로 **선행처분인 계고처분**이 위법한 것이기 때문에 그 계고처분을 전제로 행하여진 대집행영장발부통보처분도 위법한 것이라는 주장을 할 수 있다(대판 1996.2.9. 95누12507). | 정답 | X

[14 변시, 22-2]

272
☐☐☐

선행처분과 후행처분이 서로 독립하여 별개의 효과를 목적으로 하는 경우에도 선행처분의 불가쟁력이나 구속력이 그로 인하여 불이익을 입게 되는 자에게 수인한도를 넘는 가혹함을 가져오며, 그 결과가 당사자에게 예측가능한 것이 아닌 경우에는 선행처분의 후행처분에 대한 구속력은 인정될 수 없다.

두 개 이상의 행정처분이 연속적으로 행하여진 경우 선행처분과 후행처분이 서로 독립하여 별개의 법률효과를 목적으로 하는 때에는 선행처분에 불가쟁력이 생겨 그 효력을 다툴 수 없게 되면 선행처분의 하자가 중대하고 명백하여 당연무효인 경우를 제외하고는 선행처분의 하자를 이유로 후행처분을 다툴 수 없는 것이 원칙이나, 이 경우에도 선행처분의 불가쟁력이나 구속력이 그로 인하여 불이익을 입게 되는 자에게 **수인한도를 넘는 가혹함**을 가져오고 그 결과가 당사자에게 **예측가능한 것이 아닌 경우**에는 국민의 재판받을 권리를 보장하고 있는 헌법의 이념에 비추어 선행처분의 후행처분에 대한 구속력은 인정될 수 없다고 봄이 타당하므로, 선행처분에 위법이 있는 경우에는 그 자체를 행정소송의 대상으로 삼아 위법 여부를 다툴 수 있음은 물론 이를 기초로 한 후행처분의 취소를 구하는 행정소송에서도 선행처분의 위법을 독립된 위법사유로 주장할 수 있다(대판 1998.3.13. 96누6059). | 정답 | O

[15 변시]

273
☐☐☐

甲을 「일제강점하 반민족행위 진상규명에 관한 특별법」에 의하여 친일반민족행위자로 결정한 친일반민족행위진상규명위원회의 최종발표(선행처분)에 따라 지방보훈지청장이 「독립유공자예우에 관한 법률」의 적용 대상자로 보상금 등의 예우를 받던 甲의 유가족에 대하여 위 법률의 적용 배제자 결정(후행처분)을 한 경우, 유가족이 통지를 받지 못하여 그 존재를 알지 못한 선행처분에 대하여 위 특별법에 의한 이의신청절차를 밟거나 후행처분에 대한 것과 별개로 행정심판이나 행정소송을 제기하지 않았다고 하더라도, 이 경우 선행처분의 후행처분에 대한 구속력을 인정할 수 없으므로 선행처분의 위법을 이유로 후행처분의 효력을 다툴 수 있다.

진상규명위원회가 甲의 친일반민족행위자 결정 사실을 통지하지 않아 乙은 후행처분이 있기 전까지 선행처분의 사실을 알지 못하였고, 후행처분인 지방보훈지청장의 독립유공자법 적용배제결정이 자신의 법률상 지위에 직접적인 영향을 미치는 행정처분이라고 생각했을 뿐, 통지를 받지도 않은 진상규명위원회의 친일반민족행위자 결정처분이 자신의 법률상 지위에 영향을 주는 독립된 행정처분이라고 생각하기는 쉽지 않았을 것으로 보여, 乙이 선행처분에 대하여 일제강점하 반민족행위 진상규명에 관한 특별법에 의한 이의신청절차를 밟거나 후행처분에 대한 것과 별개로 행정심판이나 행정소송을 제기하지 않았다고 하여 **선행처분의 하자를 이유로 후행처분의 효력을 다툴 수 없게 하는 것**은 乙에게 수인한도를 넘는 불이익을 주고 그 결과가 乙에게 예측가능한 것이라고 할 수 없어 선행처분의 후행처분에 대한 구속력을 인정할 수 없으므로 **선행처분의 위법을 이유로 후행처분의 효력을 다툴 수 있다**(대판 2013.3.14. 2012두6964). | 정답 | O

274
□□□

표준지로 선정된 토지의 공시지가에 대하여 불복하기 위하여는 처분청을 상대로 그 공시지가결정의 취소를 구하는 행정소송을 제기하여야 하고, 그러한 소송절차를 밟지 아니한 채 개별토지가격결정을 다투는 소송에서 그 개별토지가격 산정의 기초가 된 표준지공시지가의 위법성을 다툴 수는 없다.

표준지로 선정된 토지의 공시지가에 대하여 불복하기 위하여는 지가공시및토지등의평가에관한법률 8조 1항 소정의 **이의절차를 거쳐 처분청을 상대로 그 공시지가결정의 취소를 구하는 행정소송을 제기하여야 하는 것이지, 그러한 절차를 밟지 아니한 채 개별토지가격결정을 다투는 소송에서 그 개별토지가격 산정의 기초가 된 표준지 공시지가의 위법성을 다툴 수는 없다**(대판 1995.3.28. 94누12920). | 정답 | ○

275
□□□

공인중개사무소 개설등록취소처분은 공인중개사 업무정지처분을 전제로 하고, 서로 결합하여 1개의 법률효과를 완성하는 경우이므로 선행처분의 하자가 후행처분에 승계된다.

가. (1) 피고는, 원고가 공인중개사법 25조 3항, 4항의 규정을 위반하여 중개대상물 확인·설명서에 서명·날인하지 않았다는 이유로 선행처분인 업무정지처분을 하였으나, 그 처분사유가 인정되지 않는다. 다만 그와 같은 처분사유 부존재의 하자가 중대하고 명백하다고 볼 수는 없다.
(2) 이 사건은 업무정지처분의 불가쟁력이나 구속력이 그로 인하여 불이익을 입게 되는 원고에게 수인한도를 넘는 가혹함을 가져오고 그 결과가 예측가능하지 않은 경우에 해당한다고 보기 어렵다. 따라서 선행처분인 업무정지처분의 이 사건 처분에 대한 구속력이 인정된다.
나. 이 사건 **선행처분**인 업무정지처분은 일정 기간 중개업무를 하지 못하도록 하는 처분인 반면, **후행처분**인 **이 사건 처분은 위와 같은 업무정지처분에 따른 업무정지기간 중에 중개업무를 하였다는 별개의 처분사유를 근거로 중개사무소의 개설등록을 취소하는 처분이다. 비록 이 사건 처분이 업무정지처분을 전제로 하지만, 양 처분은 그 내용과 효과를 달리하는 독립된 행정처분으로서, 서로 결합하여 1개의 법률효과를 완성하는 때에 해당한다고 볼 수 없다. 따라서 원고는 선행처분이 당연무효가 아닌 이상 그 하자를 이유로 후행처분인 이 사건 처분의 효력을 다툴 수 없다.** 또한 원고는 업무정지기간 중에 중개업무를 하여서는 안 된다는 것을 인식하고 있었던 점, 원고가 불복기간 내에 업무정지처분의 취소를 구하는 행정심판이나 행정소송을 제기하는 데에 특별히 어려움이 있었다고 인정할 만한 사정 또한 엿보이지 않는 점 등의 사정에 비추어 보면, 업무정지처분의 불가쟁력이나 구속력이 원고에게 수인한도를 넘는 가혹함을 가져오고 그 결과가 예측가능하지 않았던 경우에 해당한다고 볼 수도 없다.
다. 따라서, 선행처분인 업무정지처분은 위법하지만 그 하자가 후행처분인 이 사건 처분에 승계되지 않는다(대판 2019.1.31. 2017두40372). | 정답 | X

276
□□□

개별공시지가결정으로 불이익을 받게 되는 자에게 수인한도를 넘는 가혹함을 가져오며 그 결과가 당사자에게 예측가능한 것이 아닌 경우에는, 국민의 재산권과 재판받을 권리를 보장하고 있는 헌법의 이념에 비추어 예외적으로 개별공시지가결정의 하자를 이유로 과세처분의 효력을 다툴 수 있다.

두 개 이상의 행정처분이 연속적으로 행하여지는 경우 선행처분과 후행처분이 서로 결합하여 1개의 법률효과를 완성하는 때에는 선행처분에 하자가 있으면 그 하자는 후행처분에 승계되므로 선행처분에 불가쟁력이 생겨 그 효력을 다툴 수 없게 된 경우에도 선행처분의 하자를 이유로 후행처분의 효력을 다툴 수 있는 반면 **선행처분과 후행처분이 서로 독립하여 별개의 법률효과를 목적으로 하는 때에는 선행처분에 불가쟁력이 생겨 그 효력을 다툴 수 없게 된 경우에는 선행처분의 하자가 중대하고 명백하여 당연무효인 경우를 제외하고는**

선행처분의 하자를 이유로 후행처분의 효력을 다툴 수 없는 것이 원칙이나 선행처분과 후행처분이 서로 독립하여 별개의 효과를 목적으로 하는 경우에도 선행처분의 불가쟁력이나 구속력이 그로 인하여 불이익을 입게 되는 자에게 수인한도를 넘는 가혹함을 가져오며, 그 결과가 당사자에게 예측가능한 것이 아닌 경우에는 국민의 재판받을 권리를 보장하고 있는 헌법의 이념에 비추어 선행처분의 후행처분에 대한 구속력은 인정될 수 없다. **개별공시지가결정은 이를 기초로 한 과세처분 등과는 별개의 독립된 처분으로서 서로 독립하여 별개의 법률효과를 목적으로 하는 것**이나, 개별공시지가는 이를 토지소유자나 이해관계인에게 개별적으로 고지하도록 되어 있는 것이 아니어서 토지소유자 등이 개별공시지가결정 내용을 알고 있었다고 전제하기도 곤란할 뿐만 아니라 결정된 개별공시지가가 자신에게 유리하게 작용될 것인지 또는 불이익하게 작용될 것인지 여부를 쉽사리 예견할 수 있는 것도 아니며, 더욱이 장차 어떠한 과세처분 등 구체적인 불이익이 현실적으로 나타나게 되었을 경우에 비로소 권리구제의 길을 찾는 것이 우리 국민의 권리의식임을 감안하여 볼 때 토지소유자 등으로 하여금 결정된 개별공시지가를 기초로 하여 장차 과세처분 등이 이루어질 것에 대비하여 항상 토지의 가격을 주시하고 개별공시지가결정이 잘못된 경우 정해진 시정절차를 통하여 이를 시정하도록 요구하는 것은 부당하게 높은 주의의무를 지우는 것이라고 아니할 수 없고, 위법한 개별공시지가결정에 대하여 그 정해진 시정절차를 통하여 시정하도록 요구하지 아니하였다는 이유로 위법한 개별공시지가를 기초로 한 과세처분 등 후행 행정처분에서 개별공시지가결정의 위법을 주장할 수 없도록 하는 것은 수인한도를 넘는 불이익을 강요하는 것으로서 국민의 재산권과 재판받을 권리를 보장한 헌법의 이념에도 부합하는 것이 아니라고 할 것이므로, **개별공시지가결정에 위법이 있는 경우에는 그 자체를 행정소송의 대상이 되는 행정처분으로 보아 그 위법 여부를 다툴 수 있음은 물론 이를 기초로 한 과세처분 등 행정처분의 취소를 구하는 행정소송에서도 선행처분인 개별공시지가결정의 위법을 독립된 위법사유로 주장할 수 있다**고 해석함이 타당하다 (대판 1994.1.25. 93누8542, 표준판례 95). | 정답 | ○

[22-2]

277
□□□

행정대집행의 계고·대집행영장에 의한 통지·대집행의 실행·대집행 비용납부명령은 동일한 행정 목적달성을 위한 단계적인 일련의 절차로서 행하여지는 것으로 서로 결합하여 하나의 법률효과를 완성시키는 것이므로 선행처분인 계고처분의 위법을 이유로 대집행비용납부명령이 위법한 것이라는 주장을 하여 다툴 수 있다.

대집행의 계고·대집행영장에 의한 통지·대집행의 실행·대집행에 요한 비용의 납부명령 등은, 타인이 대신하여 행할 수 있는 행정의무의 이행을 의무자의 비용부담하에 확보하고자 하는, 동일한 행정목적을 달성하기 위하여 단계적인 일련의 절차로 연속하여 행하여지는 것으로서, **서로 결합하여 하나의 법률효과를 발생시키는 것**이므로, 선행처분인 계고처분이 하자가 있는 위법한 처분이라면, 비록 하자가 중대하고도 명백한 것이 아니어서 당연무효의 처분이라고 볼 수 없고 대집행의 실행이 이미 사실행위로서 완료되어 계고처분의 취소를 구할 법률상 이익이 없게 되었으며, 또 대집행비용납부명령 자체에는 아무런 하자가 없다 하더라도, 후행처분인 대집행비용납부명령의 취소를 청구하는 소송에서 청구원인으로 선행처분인 계고처분이 위법한 것이기 때문에 그 계고처분을 전제로 행하여진 대집행비용납부명령도 위법한 것이라는 주장을 할 수 있다(대판 1993.11.9. 93누14271, 표준판례 94). | 정답 | ○

[24·22·15·14·13 변시]

278
□□□

선행처분인 「공익사업을 위한 토지 등의 취득 및 보상에 관한 법률」상의 사업인정처분에 불가쟁력이 생겨 그 효력을 다툴 수 없게 되었다면 그 처분에 하자가 있다고 하더라도 그것이 당연무효의 시유가 아닌 한 후행처분인 수용재결에 승계되는 것은 아니다.

사업인정처분 자체의 위법은 사업인정단계에서 다투어야 하고 이미 그 쟁송기간이 도과한 수용재결단계에서는 **사업인정처분이 당연무효라고 볼 만한 특단의 사정이 없는 한 그 위법을 이유로 재결의 취소를 구할 수는 없다**(대판 1992.3.13. 91누4324). | 정답 | ○

279
☐☐☐

직위해제처분과 면직처분은 동일한 행정목적을 달성하기 위하여 단계적인 일련의 절차로 연속하여 행하여지는 행정처분으로서 선행된 직위해제처분의 위법사유는 면직처분에 승계되는 것이므로 선행된 직위해제처분의 위법사유를 들어 면직처분의 효력을 다툴 수 없다.

구 경찰공무원법 50조 1항에 의한 **직위해제처분**과 같은 조 3항에 의한 **면직처분**은 후자가 전자의 처분을 전제로 한 것이기는 하나 각각 단계적으로 별개의 법률효과를 발생하는 행정처분이어서 선행직위 해제처분의 위법사유가 면직처분에는 승계되지 아니한다 할 것이므로 선행된 직위해제 처분의 위법사유를 들어 면직처분의 효력을 다툴 수는 없다(대판 1984.9.11. 84누191). | 정답 | X

280
☐☐☐

「국토의 계획 및 이용에 관한 법률」상 도시 · 군계획시설결정과 실시계획인가는 동일한 법률효과를 목적으로 하는 것이므로 선행처분인 도시 · 군계획시설결정의 하자는 실시계획인가에 승계된다.

도시 · 군계획시설결정과 실시계획인가는 도시 · 군계획시설사업을 위하여 이루어지는 단계적 행정절차에서 별도의 요건과 절차에 따라 별개의 법률효과를 발생시키는 독립적인 행정처분이다. 그러므로 선행처분인 도시 · 군계획시설결정에 하자가 있더라도 그것이 당연무효가 아닌 한 원칙적으로 후행처분인 실시계획인가에 승계되지 않는다(대판 2017.7.18. 2016두49938, 표준판례 93). | 정답 | X

281
☐☐☐

개발제한구역 내에서 건축허가를 받은 자가 건축공사 과정에서 무단으로 공사자재 등을 쌓아놓은 행위 등에 대하여 관할 행정청으로부터 원상복구를 명하는 시정명령을 받았으나 이행하지 않은 경우 관할 행정청이 시정명령 불이행에 대하여 근거법령에 토대하여 이행강제금을 부과한 경우 시정명령의 하자는 이행강제금 부과처분에 승계된다.

하자의 승계에 대하여 판례는 선행처분과 후행처분이 **동일한 법적 효과**의 발생을 목적으로 하는 경우에는 승계를 긍정하고 **별개의 법적 효과**의 발생을 목적으로 하는 경우에는 승계를 부정한다.
의무를 부과하는 철거명령과 의무불이행시 강제집행 절차인 대집행 사이에 하자의 승계를 부정하는 판례에 비추어 보면, 기본처분인 시정명령과 집행처분인 이행강제금 부과처분 사이의 하자의 승계는 부정된다.
| 정답 | X

282
☐☐☐

판례상 사업종류 변경결정처분과 산재보험료 부과처분 사이에 하자의 승계가 인정되지 않는다.

근로복지공단의 사업종류 변경결정에 따라 국민건강보험공단이 사업주에 대하여 하는 각각의 산재보험료 부과처분도 항고소송의 대상인 처분에 해당하므로, 사업주는 각각의 산재보험료 부과처분을 별도의 항고소송으로 다툴 수 있다. 그런데 근로복지공단이 사업종류 변경결정을 하면서 개별 사업주에 대하여 사전통지 및 의견청취, 이유제시 및 불복방법 고지가 포함된 처분서를 작성하여 교부하는 등 실질적으로 행정절차법에서 정한 처분절차를 준수함으로써 사업주에게 방어권행사 및 불복의 기회가 보장된 경우에는, 그 사업종류 변경결정은 그 내용 · 형식 · 절차의 측면에서 단순히 조기의 권리구제를 가능하게 하기 위하여 행정소송법상 처분으로 인정되는 소위 '쟁송법적 처분'이 아니라, 개별 · 구체적 사안에 대한 규율로서 외부에 대하여

직접적 법적 효과를 갖는 행정청의 의사표시인 소위 '실체법적 처분'에 해당하는 것으로 보아야 한다. 이 경우 사업주가 행정심판법 및 행정소송법에서 정한 기간 내에 불복하지 않아 불가쟁력이 발생한 때에는 그 사업종류 변경결정이 중대·명백한 하자가 있어 당연무효가 아닌 한, 사업주는 그 사업종류 변경결정에 기초하여 이루어진 각각의 산재보험료 부과처분에 대한 쟁송절차에서는 선행처분인 사업종류 변경결정의 위법성을 주장할 수 없다. 다만 근로복지공단이 사업종류 변경결정을 하면서 실질적으로 행정절차법에서 정한 처분절차를 준수하지 않아 사업주에게 방어권행사 및 불복의 기회가 보장되지 않은 경우에는 이를 항고소송의 대상인 처분으로 인정하는 것은 사업주에게 조기의 권리구제기회를 보장하기 위한 것일 뿐이므로, 이 경우에는 사업주가 사업종류 변경결정에 대해 제소기간 내에 취소소송을 제기하지 않았다고 하더라도 후행처분인 각각의 산재보험료 부과처분에 대한 쟁송절차에서 비로소 선행처분인 사업종류 변경결정의 위법성을 다투는 것이 허용되어야 한다(대판 2020.4.9. 2019두61137).　　　　　| 정답 | ○

➜ 선행행위가 '실체적법 처분'인 경우 하자승계를 부정하고, '쟁송법적 처분'인 경우 하자승계를 부정한다는 판례이므로, 지문은 선행처분인 사업종류 변경결정이 처분절차를 준수하고 사업주의 불복기회가 보장된 '실체법적 처분'을 전제한 지문으로 이해해야 한다.

[12 변시]

283 □□□

행정청이 청문의 사전통지기간을 다소 어겼다 하더라도 당사자가 이에 대하여 이의를 제기하지 않고 청문일에 출석하여 그 의견을 진술하고 변명하는 등 방어의 기회를 충분히 가졌다면 청문의 사전통지기간을 준수하지 아니한 하자는 치유된다.

행정청이 식품위생법상의 청문절차를 이행함에 있어 소정의 청문서 도달기간을 지키지 아니하였다면 이는 청문의 절차적 요건을 준수하지 아니한 것이므로 이를 바탕으로 한 행정처분은 일단 위법하다고 보아야 할 것이지만 이러한 청문제도의 취지는 처분으로 말미암아 받게 될 영업자에게 미리 변명과 유리한 자료를 제출할 기회를 부여함으로써 부당한 권리침해를 예방하려는 데에 있는 것임을 고려하여 볼 때, 가령 행정청이 **청문서 도달기간을 다소 어겼다하더라도** 영업자가 이에 대하여 이의하지 아니한 채 스스로 청문일에 출석하여 그 의견을 진술하고 변명하는 등 **방어의 기회를 충분히 가졌다면** 청문서 도달기간을 준수하지 아니한 **하자는 치유**되었다고 봄이 상당하다(대판 1992.10.23. 92누2844, 표준판례 173).　　　　　| 정답 | ○

[17 변시]

284 □□□

취소사유인 절차적 하자가 있는 당초 과세처분에 대하여 증액경정처분이 있는 경우, 당초 처분의 절차적 하자는 증액경정처분에 승계되지 아니한다.

증액경정처분이 있는 경우 당초처분은 증액경정처분에 흡수되어 소멸하고, **소멸한 당초처분의 절차적 하자는** 존속하는 증액경정처분에 승계되지 아니한다(대판 2010.6.24. 2007두16493).　　　　　| 정답 | ○

[19-3]

285 □□□

과세처분의 감액경정처분이 있으면 당초처분은 감액경정처분과 상쇄되어 축소된 상태로 남아 있으므로 축소된 당초처분과 새로운 감액경정처분은 서로 독립한 과세처분으로서 병존하고, 납세자의 선택에 따라 각각 항고소송의 대상이 될 수 있다.

과세표준과 세액을 감액하는 경정처분은 당초 부과처분과 별개 독립의 과세처분이 아니라 그 실질은 당초 부과처분의 변경이고, 그에 의하여 세액의 일부 취소라는 납세자에게 유리한 효과를 가져오는 처분이므로 그 감액경정결정으로도 아직 취소되지 아니하고 남아 있는 부분이 위법하다 하여 다투는 경우, 항고소송 대상은 당초의 부과처분 중 경정결정에 의하여 취소되지 않고 남은 부분이고, 경정결정이 항고소송의 대상이 되는 것은 아니며, 이 경우 적법한 전심절차를 거쳤는지 여부도 당초 처분을 기준으로 판단하여야 한다(대판 1998.5.26. 98두3211).　　　　　| 정답 | X

286
☐☐☐

과세처분의 증액경정처분은 당초처분과 별개인 독립의 과세처분이 아니라 그 실질은 당초처분의 변경이고 그에 의하여 당초의 세액을 기반으로 하여 새로이 세액을 확정하는 데에 그 법적 효력이 있는 것으로서, 새로이 확정된 세액이 위법하다 하여 다투는 경우 항고소송의 대상은 증액경정에 의하여 확대된 당초처분이지 증액경정처분이 아니다.

구 국세기본법 22조의2 1항은 "세법의 규정에 의하여 당초 확정된 세액을 증가시키는 경정은 당초 확정된 세액에 관한 이 법 또는 세법에서 규정하는 권리·의무관계에 영향을 미치지 아니한다"고 규정하고 있다. 위 규정의 문언 내용 및 그 주된 입법 취지가 증액경정처분이 있더라도 불복기간의 경과 등으로 확정된 당초 신고나 결정에서의 세액에 대한 불복은 제한하려는 데 있는 점을 종합하면, 증액경정처분이 있는 경우 당초 신고나 결정은 증액경정처분에 흡수됨으로써 독립한 존재가치를 잃게 되어 원칙적으로는 당초 신고나 결정에 대한 불복기간의 경과 여부 등에 관계없이 증액경정처분만이 항고소송의 심판대상이 되고, 납세자는 그 항고소송에서 당초 신고나 결정에 대한 위법사유도 함께 주장할 수 있으나, 확정된 당초 신고나 결정에서의 세액에 관하여는 취소를 구할 수 없고 증액경정처분에 의하여 증액된 세액을 한도로 취소를 구할 수 있다 할 것이다(대판 2011.4.14. 2008두22280).
➔ 당초처분의 위법사유도 함께 주장할 수 있으나 확정된 당초처분의 세액에 대해서는 취소를 구할 수 없다.

| 정답 | X

287
☐☐☐

납세고지서에 증여세의 과세표준과 세액의 산출근거가 기재되어 있지 않더라도, 과세처분에 앞서 납세의무자에게 보낸 과세관청의 과세예고통지서에 과세표준과 세액의 산출근거 등 납세고지서의 필요적 기재사항이 이미 모두 기재되어 있어 납세의무자가 불복여부의 결정 및 불복신청에 전혀 지장을 받지 않았다는 것이 명백하다면, 납세고지의 하자는 치유될 수 있다.

국세징수법 9조, 구 상속세법 34조의7, 25조, 25조의2, 구 상속세법시행령(대통령령) 42조 1항, 19조 1항의 각 규정에 의하여 증여세의 납세고지서에 과세표준과 세액의 계산명세가 기재되어 있지 아니하거나 그 계산명세서를 첨부하지 아니하였다면 그 납세고지는 위법하다고 할 것이나, 한편 과세관청이 과세처분에 앞서 납세의무자에게 보낸 과세예고통지서 등에 납세고지서의 필요적 기재사항이 제대로 기재되어 있어 납세의무자가 그 처분에 대한 불복 여부의 결정 및 불복신청에 전혀 지장을 받지 않았음이 명백하다면, 이로써 납세고지서의 하자가 보완되거나 치유될 수 있다(대판 2001.3.27. 99두8039).

| 정답 | ○

288
☐☐☐

세액산출근거가 기재되지 아니한 납세고지에 의한 부과처분은 취소대상이 된다 할 것이며, 납세의무자가 부과된 세금을 자진납부하였다고 하여 그 하자가 치유되는 것은 아니다.

세액산출근거가 기재되지 아니한 납세고지서에 의한 부과처분은 강행법규에 위반하여 **취소대상이 된다 할 것이므로** 이와 같은 하자는 납세의무자가 전심절차에서 이를 주장하지 아니하였거나, 그 후 **부과된 세금을 자진납부**하였다거나, 또는 조세채권의 소멸시효기간이 만료되었다 하여 **치유되는 것이라고는 할 수 없다**(대판 1985.4.9. 84누431).

| 정답 | ○

289
☐☐☐

과세관청이 국세기본법상 과세예고통지를 해야 하는 경우임에도 이를 생략한 채 부과처분을 하였다면 해당 처분은 위법하다.

국세기본법 및 구 국세기본법 시행령이 과세예고 통지의 대상으로 삼고 있지 않다거나 과세전적부심사를 거치지 않고 곧바로 과세처분을 할 수 있는 예외사유로 정하고 있는 등의 특별한 사정이 없는 한, **과세관청이 과세처분에 앞서 필수적으로 행하여야 할 과세예고 통지를 하지 아니함**으로써 납세자에게 과세전적부심사의 기회를 부여하지 아니한 채 과세처분을 하였다면, 이는 납세자의 절차적 권리를 침해한 것으로서 과세처분의 효력을 부정하는 방법으로 통제할 수밖에 없는 중대한 절차적 하자가 존재하는 경우에 해당하므로, **과세처분은 위법**하다(대판 2016.4.15. 2015두52326). | 정답 | ○

290
☐☐☐

「국세기본법」 등에서 예외사유를 정하는 등의 특별한 사정이 없는 한, 과세예고통지 후 과세전적부 심사청구를 한 경우 그에 대한 결정이 있기도 전에 과세처분을 하는 것은 그 절차상 하자가 중대하고도 명백하여 무효이다.

국세기본법 및 국세기본법 시행령이 과세전적부심사를 거치지 않고 곧바로 과세처분을 할 수 있거나 과세전적부심사에 대한 결정이 있기 전이라도 과세처분을 할 수 있는 예외사유로 정하고 있다는 등의 특별한 사정이 없는 한, 과세예고통지 후 과세전적부심사 청구나 그에 대한 결정이 있기도 전에 과세처분을 하는 것은 원칙적으로 과세전적부심사 이후에 이루어져야 하는 과세처분을 그보다 앞서 함으로써 과세전적부심사 제도 자체를 형해화시킬 뿐만 아니라 과세전적부심사 결정과 과세처분 사이의 관계 및 불복절차를 불분명하게 할 우려가 있으므로, 그와 같은 과세처분은 납세자의 절차적 권리를 침해하는 것으로서 절차상 하자가 중대하고도 명백하여 무효이다(대판 2016.12.27. 2016두49228). | 정답 | ○

291
☐☐☐

「화재예방, 소방시설 설치 · 유지 및 안전관리에 관한 법률」상의 소방시설 불량사항에 관한 시정보완명령을 문서로 하지 않고 구두로 한 것은 신속을 요하거나 사안이 경미한 경우가 아닌 한 무효이다.

행정절차법 24조는, 행정청이 처분을 하는 때에는 다른 법령 등에 특별한 규정이 있는 경우를 제외하고는 문서로 하여야 하고 전자문서로 하는 경우에는 당사자 등의 동의가 있어야 하며, 다만 **신속을 요하거나 사안이 경미한 경우**에는 **구술** 기타 방법으로 할 수 있다고 규정하고 있는데, 이는 행정의 공정성 · 투명성 및 신뢰성을 확보하고 국민의 권익을 보호하기 위한 것이므로 위 규정을 위반하여 행하여진 행정청의 처분은 하자가 중대하고 명백하여 원칙적으로 무효이다.
집합건물 중 일부 구분건물의 소유자인 피고인이 관할 소방서장으로부터 소방시설 불량사항에 관한 시정보완명령을 받고도 따르지 아니하였다는 내용으로 기소된 사안에서, 담당 소방공무원이 행정처분인 위 명령을 **구술로 고지한 것은 행정절차법 24조를 위반**한 것으로 **하자가 중대하고 명백하여 당연 무효**이고, 무효인 명령에 따른 의무위반이 생기지 아니하는 이상 피고인에게 명령 위반을 이유로 소방시설 설치유지 및 안전관리에 관한 법률 48조의2 1호에 따른 행정형벌을 부과할 수 없다(대판 2011.11.10. 2011도11109). | 정답 | ○

[17 변시]

292
☐☐☐

망인(亡人) 甲이 친일행적을 하였다는 이유로 국무회의 의결과 대통령 결재를 거쳐 甲의 독립유공자 서훈취소가 결정된 후, 국가보훈처장이 甲의 유족에게 행한 '독립유공자 서훈취소 결정통보'는 권한 없는 기관에 의한 행정처분으로서 주체상의 하자가 있다.

서훈취소 처분의 통지가 처분권한자인 대통령이 아니라 그 보좌기관인 피고에 의하여 이루어졌다고 하더라도, 그 처분이 **대통령의 인식과 의사에 기초하여 이루어졌고**, 앞서 보았듯이 그 통지로 **이 사건 서훈취소 처분의 주체(대통령)와 내용을 알 수 있으므로**, 이 사건 서훈취소 처분의 외부적 표시의 방법으로서 위 통지의 **주체나 형식에 어떤 하자가 있다고 보기도 어렵다**(대판 2014.9.26. 2013두2518).　　│정답│X

[12 변시]

293
☐☐☐

행정처분을 한 행정청은 그 처분의 성립에 하자가 있는 경우 이를 취소할 별도의 법적 근거가 없다 하더라도 직권으로 취소할 수 있다.

행정처분을 한 처분청은 그 처분의 성립에 하자가 있는 경우 이를 취소할 **별도의 법적 근거가 없다고 하더라도 직권으로 이를 취소할 수 있는바**, 병역의무가 국가수호를 위하여 전 국민에게 과하여진 헌법상의 의무로서 그를 수행하기 위한 전제로서의 신체등위판정이나 병역처분 등은 공정성과 형평성을 유지하여야 함은 물론 그 면탈을 방지하여야 할 공익적 필요성이 매우 큰 점에 비추어 볼 때, 지방병무청장은 군의관의 신체등위판정이 금품수수에 따라 위법 또는 부당하게 이루어졌다고 인정하는 경우에는 그 위법 또는 부당한 신체등위판정을 기초로 자신이 한 병역처분을 직권으로 취소할 수 있다(대판 2002.5.28. 2001두9653).
➔ 행정기본법 18조 1항에 신설되면서 위법 또는 부당한 처분의 직권취소에 대한 일반적 규정이 명문화되었다.　　│정답│○

[22 변시]

294
☐☐☐

행정행위를 한 처분청이 그 행위의 하자를 이유로 수익적 행정처분을 취소하려는 경우에는 별도의 법적 근거가 있어야 한다.

행정행위를 한 처분청은 그 행위에 하자가 있는 경우에는 별도의 **법적 근거가 없더라도 스스로 이를 취소할 수 있고**, 다만 수익적 행정처분을 취소할 때에는 이를 취소하여야 할 공익상의 필요와 그 취소로 인하여 당사자가 입게 될 기득권과 신뢰보호 및 법률생활 안정의 침해 등 불이익을 비교·교량한 후 공익상의 필요가 당사자가 입을 불이익을 정당화할 만큼 강한 경우에 한하여 취소할 수 있다(대판 2006.5.25. 2003두4669).　　│정답│X

[22-1]

295
☐☐☐

A시장은 甲에 대해 영업허가를 하였으나 이후 위법한 영업허가임을 이유로 甲의 영업허가를 직권으로 취소하였다. 이와 관련한 법률관계에 관한 설명 중 옳은 것은?

ㄱ. 甲이 영업허가를 신청하면서 관련 서류를 위조하여 허가를 받았음을 이유로 영업허가를 취소하는 경우라면, A시장은 甲에 대해 영업허가를 취소하면서 관련법에 특별한 규정이 없는 한 「행정절차법」상 사전통지절차를 거치지 않아도 된다.

행정절차법상 <u>의무를 부과하거나 권익을 제한하는</u> 처분을 하는 경우 법에서 규정한 예외사유에 해당하지 않는 한 사전통지 및 의견제출절차를 필수적으로 거쳐야 한다(21조 및 22조 3항). 사안의 경우 예외사유에 해당하지 않으므로 반드시 사전통지 및 의견제출절차를 거쳐야 한다. |정답| X

ㄴ. 만약 甲에 대한 영업허가의 관할권이 B시장에 있는 것임에도 A시장이 권한 없이 영업허가를 한 경우라면, A시장은 무권한자이므로 甲에 대한 영업허가를 직권취소할 수 없다.

권한 없는 행정기관이 한 **당연무효인 행정처분을 취소**할 수 있는 권한은 **당해 행정처분을 한 처분청**에게 속하고, 당해 행정처분을 할 수 있는 적법한 권한을 가지는 행정청에 그 취소권이 귀속되는 것이 아니다(대판 1984.10.10. 84누463). |정답| X

ㄷ. 직권취소를 할 수 있음에도 A시장이 직권취소를 하지 않는 경우, 이해관계인 乙에게는 직권취소를 요구할 수 있는 신청권이 일반적으로 인정된다.

산림법령에는 채석허가처분을 한 처분청이 산림을 복구한 자에 대하여 복구설계서승인 및 복구준공통보를 한 경우 그 취소신청과 관련하여 아무런 규정을 두고 있지 않고, 원래 행정처분을 한 처분청은 그 처분에 하자가 있는 경우에는 원칙적으로 별도의 법적 근거가 없더라도 스스로 이를 직권으로 취소할 수 있지만, 그와 같이 <u>직권취소를 할 수 있다</u>는 사정만으로 이해관계인에게 처분청에 대하여 <u>그 취소를 요구할 신청권이 부여된 것으로 볼 수는 없으므로</u>, 처분청이 위와 같이 법규상 또는 조리상의 신청권이 없이 한 이해관계인의 복구준공통보 등의 취소신청을 거부하더라도, 그 거부행위는 항고소송의 대상이 되는 처분에 해당하지 않는다(대판 2006.6.30. 2004두701). |정답| X

[22 변시]

296
☐☐☐

수익적 행정처분을 직권으로 취소하는 경우, 행정청이 종전 처분과 양립할 수 없는 처분을 함으로써 묵시적으로 종전의 수익적 행정처분을 취소할 수는 없다.

행정행위의 취소라 함은 일단 유효하게 성립한 행정처분이 위법 또는 부당함을 이유로 소급하여 그 효력을 소멸시키는 별도의 행정처분을 말하고, 행정청은 **종전 처분과 양립할 수 없는 처분을 함으로써 묵시적으로 종전 처분을 취소**할 수도 있으나, 행정행위 중 당사자의 신청에 의하여 인·허가 또는 면허 등 이익을 주거나 그 신청을 거부하는 처분을 하는 것을 내용으로 하는 이른바 <u>신청에 의한 처분</u>의 경우에는 신청에 대하여 일단 거부처분이 행해지면 그 거부처분이 적법한 절차에 의하여 취소되지 않는 한, 사유를 추가하여 거부처분을 반복하는 것은 존재하지도 않는 신청에 대한 거부처분으로서 당연무효이다(대판 1999.12.28. 98두1895). |정답| X

[21 변시]

297
☐☐☐

병무청장이 재신체검사 등을 거쳐 현역병입영대상편입처분을 보충역편입처분으로 변경하는 경우, 그 후 보충역편입처분의 성립에 중대하나 명백하지 않은 하자가 있었음을 이유로 하여 이를 취소한다고 하더라도 종전의 현역병입영대상편입처분의 효력이 되살아나는 것은 아니다.

판례는 **취소의 취소**와 관련하여 절충설을 취한다. 즉 침익적 처분은 부정, 수익적 처분은 긍정한다. 현역병입 영대상편입처분은 침익적 처분이므로 취소의 취소는 부정된다.

[판례] 지방병무청장이 현역병입영대상편입처분을 보충역편입처분 등으로 변경하는 경우 종전의 병역처분의 효력은 취소 또는 철회되어 확정적으로 상실된다고 할 것이므로 그 후 새로운 병역처분의 성립에 하자가 있음을 이유로 하여 이를 취소한다고 하더라도 종전의 병역처분의 효력이 되살아난다고 할 수 없다(대판 2002.5.28. 2001두9653).

| 정답 | ○

[18 · 13 변시]

298
□□□

학교보건법의 규정에 의하면 학교환경위생정화구역 내에서 금지된 행위 및 시설의 해제 여부에 관한 행정처분시 학교환경위생정화위원회의 심의를 거치도록 되어 있는 바, 위 심의에 따른 의결은 행정처분에 실질적 영향을 미칠 수 있으므로 위 심의를 누락한 채 행해진 행정처분은 당연 무효이다.

행정청이 구 학교보건법 소정의 **학교환경위생정화구역 내에서 금지행위** 및 시설의 해제 여부에 관한 행정처분을 함에 있어 **학교환경위생정화위원회의 심의**를 거치도록 한 취지는 그에 관한 전문가 내지 이해관계인의 의견과 주민의 의사를 행정청의 의사결정에 반영함으로써 공익에 가장 부합하는 민주적 의사를 도출하고 행정처분의 공정성과 투명성을 확보하려는 데 있고, 나아가 그 심의의 요구가 법률에 근거하고 있을 뿐 아니라 심의에 따른 의결내용도 단순히 절차의 형식에 관련된 사항에 그치지 않고 금지행위 및 시설의 해제 여부에 관한 행정처분에 영향을 미칠 수 있는 사항에 관한 것임을 종합해 보면, 금지행위 및 시설의 해제 여부에 관한 행정처분을 하면서 절차상 위와 같은 **심의를 누락**한 흠이 있다면 그와 같은 흠을 가리켜 위 행정처분의 효력에 아무런 영향을 주지 않는다거나 경미한 정도에 불과하다고 볼 수는 없으므로, 특별한 사정이 없는 한 이는 행정처분을 위법하게 하는 **취소사유**가 된다(대판 2007.3.15. 2006두15806, 표준판례 170). | 정답 | X

[18 변시]

299
□□□

甲은 2016. 3. 8. 「학교보건법」(현행 「교육환경보호에 관한 법률」)에 따라 지정된 학교환경위 생정화구역(현행 '교육환경보호구역') 내에서 위 법이 금지하는 당구장업을 하기 위해 금지행 위 및 금지시설의 해제를 신청하였다. 관할 행정청은 「학교보건법」상 학교환경위생정화위원 회(현행 '지역교육환경보호위원회')의 심의를 거치지 아니하고, 2016. 3. 15. '학생의 안전보 호'를 이유로 해제신청을 거부하는 결정을 하였고 이 결정이 2016. 3. 16. 甲에게 도달하였다. 관할 행정청은 처분을 하면서 甲에게 행정심판 청구기간을 고지하지 아니하였다. 甲은 거부처 분에 대해 행정심판을 제기하고자 한다. 이에 관한 설명 중 옳지 않은 것은?

ㄱ. 학교환경위생정화구역 내에서의 금지행위 및 금지시설의 해제신청에 대하여 신청을 인용하거나 거부하는 처분은 재량행위에 속한다.

학교환경위생정화구역 안에서의 금지행위 및 시설의 해제신청에 대하여 그 행위 및 시설이 학습과 학교보건 에 나쁜 영향을 주지 않는 것인지의 여부를 결정하여 그 **금지행위 및 시설을 해제**하거나 계속하여 금지(해제 거부)하는 조치는 시·도교육위원회 교육감 또는 교육감이 지정하는 자의 **재량행위에** 속하는 것이다(대판 2010.3.1. 2009두17643).

| 정답 | ○

ㄴ. 甲이 2016. 7. 20. 취소심판을 제기하는 경우 청구기간이 도과하지 않은 것이므로 적법하다.

행정청이 행정심판 청구기간을 고지하지 아니한 경우, 처분이 있었던 날부터 180일까지 행정심판을 청구할 수 있다(행정심판법 27조 3항·6항). 2016. 7. 20.은 2016. 3. 16.으로부터 127일째 날이므로 청구기간이 도과하지 않았다.
| 정답 | ○

ㄷ. 관할 행정청이 행정심판단계에서 '학생의 안전보호'라는 처분사유를 '학생의 보건·위생보호'로 변경하고자 할 경우 기본적 사실관계의 동일성이 있으면 처분사유의 변경이 허용된다.

행정처분의 취소를 구하는 **항고소송**에서 처분청은 당초 처분의 근거로 삼은 사유와 **기본적 사실관계가 동일성**이 있다고 인정되는 한도 내에서만 다른 사유를 추가 또는 변경할 수 있고, 이러한 법리는 **행정심판** 단계에서도 그대로 적용된다(대판 2014.5.16. 2013두26118, 표준판례 298).
| 정답 | ○

ㄹ. 「체육시설의 설치·이용에 관한 법률」에 따른 당구장업의 신고요건을 갖춘 甲은 학교환경위생정화구역 내에서 「학교보건법」에 따른 별도 요건을 충족하지 아니하고도 적법한 신고를 할 수가 있다.

체육시설의설치·이용에관한법률에 따른 당구장업의 신고요건을 갖춘 자라 할지라도 학교보건법 5조 소정의 학교환경 위생정화구역 내에서는 같은 법 6조에 의한 별도 요건을 충족하지 아니하는 한 적법한 신고를 할 수 없다고 보아야 한다(대판 1991.7.12. 90누8350).
| 정답 | X

[16 변시]

300
☐☐☐

다음 「방송법」 규정에 따른 허가취소에 관한 설명 중 옳은 것은?

> **방송법 제18조(허가·승인·등록의 취소등)** ① 방송사업자·중계유선방송사업자·음악유선방송사업자·전광판방송사업자 또는 전송망사업자가 다음 각 호의 어느 하나에 해당하는 때에는 미래창조과학부장관 또는 방송통신위원회가 소관 업무에 따라 허가·승인 또는 등록을 취소하거나 6월 이내의 기간을 정하여 그 업무의 전부 또는 일부를 정지하거나 광고의 중단 또는 제16조에 따른 허가·승인의 유효기간 단축을 명할 수 있다. 〈단서 생략〉
> 1. 허위 기타 부정한 방법으로 허가·변경허가·재허가를 받거나 승인·변경승인·재승인을 얻거나 등록·변경등록을 한때
> 2~8. 〈생략〉
> 9. 제99조제1항에 따른 시정명령을 이행하지 아니하거나 같은 조 제2항에 따른 시설 개선명령을 이행하지 아니한 때

ㄱ. 위 제9호에 따른 허가취소의 경우 취소의 상대방에 대한 보상을 요하지 않는다.

방송법 18조 1항 **9호에 따른 허가취소**는 시정명령 또는 개선명령 불이행이라는 **후발적 사정**에 근거한 강학상 철회에 해당한다. 수익적 행정행위의 철회는 상대방의 귀책사유나 철회권이 유보된 경우 이외에 신뢰보호가 인정되는 경우에는 철회로 인한 손실은 보상되어야 한다. 시정명령 등의 불이행에 따른 강학상 철회의 경우에는 상대방의 귀책사유를 전제하므로 손실보상이 부정된다.
| 정답 | ○

ㄴ. 위 제9호에 따른 허가취소의 경우 행정절차상 사전통지 및 의견제출절차를 거칠 필요가 없다.

수익적 행정행위의 직권취소 또는 직권철회는 행정절차법 21조 1항의 **침익적 처분**에 해당하므로 사전통지 및 의견제출절차를 거쳐야 한다.　　　　　　　　　　　　　　　　　　　　　　　　　　　| 정답 | X

ㄷ. 위 제9호에 따른 허가취소는 원칙적으로 소급효를 가진다.

후발적 사정에 따른 **강학상 철회는 장래에 향하여** 원행정행위의 효력을 상실시키는 효력을 갖는다. 수익적 행정행위의 직권취소의 경우에도 상대방에게 귀책사유가 없는 한 취소의 효과가 소급하지 않는 것이 원칙이다.　　　| 정답 | X

ㄹ. 위 제1호에 따른 허가취소의 경우 사업자는 허가의 존속에 관한 신뢰이익을 원용할 수 있고, 주무관청은 이러한 신뢰이익을 보호하여야 한다.

수익적 처분이 있으면 상대방은 그것을 기초로 하여 새로운 법률관계 등을 형성하게 되는 것이므로, 이러한 상대방의 신뢰를 보호하기 위하여 수익적 처분의 취소에는 일정한 제한이 따르는 것이나, 수익적 처분이 상대방의 허위 기타 부정한 방법으로 인하여 행하여졌다면 상대방은 그 처분이 그와 같은 사유로 인하여 취소될 것임을 예상할 수 없었다고 할 수 없으므로, 이러한 경우에까지 상대방의 신뢰를 보호하여야 하는 것은 아니라고 할 것이다(대판 1995.1.20. 94누6529). 이러한 판례의 견해에 따를 때 방송법 18조 1항 1호에 따른 허가취소는 원시적 하자에 따른 직권취소로서 **신청인의 귀책사유를 전제**하므로 상대방의 신뢰이익은 보호되지 않는다.　　　　　　　　　　　　　　　　　　| 정답 | X

[22 · 16 변시]

301
□□□

수익적 행정처분을 직권으로 취소하는 경우에는 비록 취소의 사유가 있다고 하더라도 그 취소권의 행사가 기득권의 침해를 정당화할 만한 중대한 공익상의 필요 또는 제3자의 이익보호의 필요가 있고, 이를 상대방이 받는 불이익과 비교 · 교량하여 볼 때 공익상의 필요 등이 상대방이 입을 불이익을 정당화할 만큼 강한 경우에 허용된다.

수익적 행정행위를 취소 또는 철회하거나 중지시키는 경우에는 이미 부여된 국민의 기득권을 침해하는 것이 되므로, 비록 취소 등의 사유가 있다고 하더라도 그 취소권 등의 행사는 기득권의 침해를 정당화할 만한 중대한 공익상의 필요 또는 제3자의 이익을 보호할 필요가 있고, 이를 상대방이 받는 불이익과 비교 · 교량하여 볼 때 공익상의 필요 등이 상대방이 입을 불이익을 정당화할 만큼 강한 경우에 한하여 허용될 수 있다 (대판 2017.3.15. 2014두41190).

> **행정기본법 제18조(위법 또는 부당한 처분의 취소)** ② 행정청은 제1항에 따라 당사자에게 권리나 이익을 부여하는 처분을 취소하려는 경우에는 취소로 인하여 당사자가 입게 될 불이익을 취소로 달성되는 공익과 비교 · 형량(衡量)하여야 한다. 〈단서 생략〉

| 정답 | O

302

수익적 행정처분의 쟁송취소는 취소를 통한 기득권의 침해를 정당화할 만한 중대한 공익상의 필요 또는 제3자 이익보호의 필요가 있는 때에 한하여 허용된다.

수익적 행정처분에 대한 취소권 등의 행사는 기득권의 침해를 정당화할 만한 중대한 공익상의 필요 또는 제3자의 이익보호의 필요가 있는 때에 한하여 허용될 수 있다는 법리는, 처분청이 수익적 행정처분을 직권으로 취소·철회하는 경우에 적용되는 법리일 뿐 **쟁송취소의 경우에는 적용되지 않는다**(대판 2019.10.17. 2018두104, 표준판례 100).　　　　　　　　　　　　　　　　　　　　　　　　　　　　| 정답 | X

303

음주운전자에 대한 운전면허의 취소 여부는 행정청의 재량행위이나, 음주운전으로 인한 교통사고의 증가와 그 결과의 참혹성 등에 비추어 보면 운전면허의 취소에서는 일반의 수익적 행정행위의 취소와는 달리 취소로 인하여 입게 될 당사자의 불이익보다는 이를 방지하여야 하는 일반예방적 측면이 더욱 강조되어야 한다.

자동차가 대중적인 교통수단이고 그에 따라 자동차운전면허가 대량으로 발급되어 교통상황이 날로 혼잡해짐에 따라 교통법규를 엄격히 지켜야 할 필요성은 더욱 커지는 점, 음주운전으로 인한 교통사고 역시 빈번하고 그 결과가 참혹한 경우가 많아 대다수의 선량한 운전자 및 보행자를 보호하기 위하여 음주운전을 엄격하게 단속하여야 할 필요가 절실한 점 등에 비추어 보면, 음주운전으로 인한 교통사고를 방지할 공익상의 필요는 더욱 중시되어야 하고 운전면허의 취소는 일반의 수익적 행정행위의 취소와는 달리 그 취소로 인하여 입게 될 당사자의 불이익보다는 이를 방지하여야 하는 일반예방적 측면이 더욱 강조되어야 한다(대판 2019.1.17. 2017두59949).　　　　　　　　　　　　　　　　　　　　　　　　| 정답 | ○

304

당사자의 부정한 방법에 의한 신청행위를 이유로 수익적 행정처분을 직권취소하는 경우, 당사자는 처분에 관한 신뢰이익을 원용할 수 없음은 물론 행정청이 이를 고려하지 아니하였다고 하여도 재량권의 일탈·남용이 아니다.

행정행위를 한 처분청은 그 행위에 하자가 있는 경우에는 별도의 법적 근거가 없더라도 스스로 이를 취소할 수 있고, 다만 수익적 행정처분을 취소할 때에는 이를 취소하여야 할 공익상의 필요와 그 취소로 인하여 당사자가 입게 될 기득권과 신뢰보호 및 법률생활 안정의 침해 등 불이익을 비교·교량한 후 공익상의 필요가 당사자가 입을 불이익을 정당화할 만큼 강한 경우에 한하여 취소할 수 있으며, 나아가 수익적 행정처분의 하자가 당사자의 사실은폐나 기타 사위의 방법에 의한 신청행위에 기인한 것이라면 당사자는 처분에 의한 이익이 위법하게 취득되었음을 알아 취소가능성도 예상하고 있었다 할 것이므로, 그 자신이 처분에 관한 신뢰이익을 원용할 수 없음은 물론 행정청이 이를 고려하지 아니하였다고 하여도 재량권의 남용이 되지 않는다(대판 2006.5.25. 2003두4669).　　　　　　　　　　　　　　　　　　　　　| 정답 | ○

305
□□□

운전면허취소처분이 위법하더라도 공정력이 인정되는 결과, 운전면허취소처분을 받은 자가 운전면허취소처분 이후 쟁송기간 중 자동차를 운전하였다면 이후 항고소송에 의하여 운전면허취소처분이 취소되었더라도 무면허운전에 해당한다.

피고인이 행정청으로부터 자동차 운전면허취소처분을 받았으나 나중에 그 행정처분 자체가 행정쟁송절차에 의하여 취소되었다면, 위 운전면허취소처분은 그 처분시에 소급하여 효력을 잃게 되고, 피고인은 위 운전면허취소처분에 복종할 의무가 원래부터 없었음이 후에 확정되었다고 봄이 타당할 것이고(대판 1993.6.25. 93도277 참조), 행정행위에 공정력의 효력이 인정된다고 하여 행정소송에 의하여 적법하게 취소된 운전면허취소처분이 단지 장래에 향하여서만 효력을 잃게 된다고 볼 수는 없는 것이다.

따라서 피고인이 1997. 3. 1. 자동차 운전면허취소처분을 받은 후 처분청을 상대로 운전면허취소처분의 취소소송을 제기하여 1997. 11. 27. 서울고등법원에서 승소판결을 받았고 그 판결이 대법원의 상고기각 판결로 확정되었다면, 피고인이 1997. 11. 18. 자동차를 운전한 행위는 도로교통법에 규정된 무면허운전의 죄에 해당하지 아니한다(대판 1999.2.5. 98도4239, 표준판례 83).　　　　|정답| X

306
□□□

구 「도시계획법」상 원상복구명령을 위반한 경우, 원상복구명령이 당연무효는 아니라 하더라도 위법한 처분으로 인정되는 한 원상복구명령위반죄는 성립하지 않는다.

구 도시계획법 78조 1항에 정한 처분이나 조치명령을 받은 자가 이에 위반한 경우 이로 인하여 같은 법 92조에 정한 처벌을 하기 위하여는 그 처분이나 조치명령이 적법한 것이라야 하고, 그 처분이 당연무효가 아니라 하더라도 그것이 위법한 처분으로 인정되는 한 같은 법 92조 위반죄가 성립될 수 없다(대판 1992.8.18. 90도1709).　　　　|정답| ○

307
□□□

건설업면허의 갱신이 있으면 갱신 전의 면허는 실효되고 새로운 면허가 부여된 것으로 보아야 하므로, 갱신 전의 건설업자의 법위반 사실을 이유로 갱신된 면허를 취소할 수 없다.

갱신 전의 행위를 이유로 갱신 후의 면허를 취소할 수 있다.
[판례] 건설업면허의 갱신이 있으면 기존 면허의 효력은 동일성을 유지하면서 장래에 향하여 지속한다 할 것이고 갱신에 의하여 갱신전의 면허는 실효되고 새로운 면허가 부여된 것이라고 볼 수는 없으므로 면허갱신에 의하여 갱신전의 건설업자의 모든 위법사유가 치유된다거나 일정한 시일의 경과로서 그 위법사유가 치유된다고 볼 수 없다(대판 1984.9.11. 83누658).　　　　|정답| X

308
□□□

수익적 행정행위의 철회는 상대방의 이익을 침해하는 결과가 되므로 침익적 행정행위의 발령절차와 마찬가지로 법률상의 근거가 필요하다.

행정행위를 한 처분청은 비록 그 처분 당시에 별다른 하자가 없었고, 또 그 처분 후에 이를 철회할 별도의 법적 근거가 없다 하더라도 원래의 처분을 존속시킬 필요가 없게 된 사정변경이 생겼거나 또는 중대한 공익상의 필요가 발생한 경우에는 그 효력을 상실케 하는 별개의 행정행위로 이를 철회할 수 있다(대판 2004.11.26. 2003두10251,10268).　　　　|정답| X

309

「국민연금법」이 정한 수급요건을 갖추지 못하였음에도 연금 지급결정이 이루어진 경우에는 이미 지급된 급여 부분에 대한 환수처분과 별도로 지급결정을 취소할 수 있지만, 연금 지급결정을 취소하는 처분이 적법하다고 하여 환수처분도 반드시 적법하다고 판단하여야 하는 것은 아니다.

행정처분을 한 처분청은 처분의 성립에 하자가 있는 경우 별도의 법적 근거가 없더라도 직권으로 이를 취소할 수 있다고 봄이 원칙이므로, 국민연금법이 정한 수급요건을 갖추지 못하였음에도 연금 지급결정이 이루어진 경우에는 이미 지급된 급여 부분에 대한 환수처분과 별도로 지급결정을 취소할 수 있다. 이 경우에도 이미 부여된 국민의 기득권을 침해하는 것이므로 취소권의 행사는 지급결정을 취소할 공익상의 필요보다 상대방이 받게 될 불이익 등이 막대한 경우에는 재량권의 한계를 일탈한 것으로서 위법하다고 보아야 한다. 다만 이처럼 연금 지급결정을 취소하는 처분과 그 처분에 기초하여 잘못 지급된 급여액에 해당하는 금액을 환수하는 처분이 적법한지를 판단하는 경우 비교·교량할 각 사정이 동일하다고는 할 수 없으므로, 연금 지급결정을 취소하는 처분이 적법하다고 하여 환수처분도 반드시 적법하다고 판단하여야 하는 것은 아니다 (대판 2017.3.30. 2015두43971). | 정답 | ○

310

침익적 행정행위가 직권취소된 경우, 당해 침익적 행정행위는 확정적으로 효력을 상실하므로 직권취소를 취소하더라도 당해 행정행위의 효력이 되살아나지는 않는다.

판례는 과세처분과 같은 침익적 처분은 취소의 취소를 부정하고 있다. 반면 수익적 행정행위의 경우는 긍정한 판례도 있고, 직권취소 후에 이해관계인이 생긴 경우에는 부정한 판례도 있다.
[판례] 설사 부과의 취소에 위법사유가 있다고 하더라도 당연무효가 아닌 한 일단 유효하게 성립하여 부과처분을 확정적으로 상실시키는 것이므로, 과세관청은 부과의 취소를 다시 취소함으로써 원부과처분을 소생시킬 수는 없고 납세의무자에게 종전의 과세대상에 대한 납부의무를 지우려면 다시 법률에서 정한 부과절차에 좇아 동일한 내용의 새로운 처분을 하는 수밖에 없다(대판 1995.3.10. 94누7027, 표준판례 101). | 정답 | ○

311

「영유아보육법」에 따른 평가인증을 받은 자에 대하여 평가인증 이후에 새로이 발생한 사유로 평가인증을 취소하는 경우 별도의 법적 근거가 없더라도 이익형량의 원칙에 따라 평가인증의 효력을 과거로 소급하여 소멸시킬 수 있다.

영유아보육법상 평가인증 취소는 **강학상 철회**에 해당하고, 행정기본법 19조 1항에 따르면 적법한 처분이 사정변경으로 더 이상 존속시킬 필요가 없게 된 경우 **장래를 향하여** 철회할 수 있으므로, 평가인증의 효력을 과거로 소급하여 소멸시키기 위해서는 별도의 법적 근거가 필요하다.
[판례] 영유아보육법 30조 5항 3호에 따른 평가인증의 취소는 평가인증 당시에 존재하였던 하자가 아니라 그 이후에 새로이 발생한 사유로 평가인증의 효력을 소멸시키는 경우에 해당하므로, 법적 성격은 평가인증의 '철회'에 해당한다. 그런데 행정청이 평가인증을 철회하면서 그 효력을 철회의 효력발생일 이전으로 소급하게 하면, 철회 이전의 기간에 평가인증을 전제로 지급한 보조금 등의 지원이 그 근거를 상실하게 되어 이를 반환하여야 하는 법적 불이익이 발생한다. 이는 장래를 향하여 효력을 소멸시키는 철회가 예정한 법적 불이익의 범위를 벗어나는 것이다. 이처럼 행정청이 평가인증이 이루어진 이후에 새로이 발생한 사유를 들어 영유아보육법 30조 5항에 따라 평가인증을 철회하는 처분을 하면서도, 평가인증의 효력을 과거로 소급하여 상실시키기 위해서는, 특별한 사정이 없는 한 영유아보육법 30조 5항과는 별도의 법적 근거가 필요하다 (대판 2018.6.28. 2015두58195). | 정답 | X

312
□□□

다음 법률 규정에 관한 설명 중 옳지 않은 것은?

> **영유아보육법**
> **제45조(어린이집의 폐쇄 등)** ① 소관청은 어린이집을 설치·운영하는 자가 다음 각 호의 어느 하나에 해당하면 1년 이내의 어린이집 운영정지를 명하거나 어린이집의 폐쇄를 명할 수 있다.
> [각 호 생략]
> **제45조의2(과징금 처분)** ① 소관청은 어린이집의 설치·운영자가 제45조 제1항 각 호의 어느 하나에 해당하여 어린이집 운영정지를 명하여야 하는 경우로서 그 운영정지가 영유아 및 보호자에게 심한 불편을 주거나 그 밖에 공익을 해칠 우려가 있으면 어린이집 운영정지 처분을 갈음하여 3천만 원 이하의 과징금을 부과할 수 있다.
> **제49조의3(위반사실의 공표)** ① 소관청은 제45조 또는 제45조의2에 따른 행정처분을 받은 어린이집으로서 다음 각 호의 어느 하나의 경우에 해당하는 어린이집에 대하여 그 위반행위, 처분내용, 해당 어린이집의 명칭 등, 대통령령으로 정하는 사항을 공표하여야 한다.
> [각 호 생략]

ㄱ. 어린이집 운영정지처분은 특별한 사정이 없는 한 위반자에게 고의나 과실이 없더라도 할 수 있다.

[22 변시]

<u>행정법규 위반에 대한 제재조치는 행정목적의 달성을 위하여 행정법규 위반이라는 객관적 사실에 착안하여 가하는 제재이므로, 반드시 현실적인 행위자가 아니라도 법령상 책임자로 규정된 자에게 부과되고, 특별한 사정이 없는 한 위반자에게 고의나 과실이 없더라도 부과할 수 있다.</u> 이러한 법리는 구 대부업 등의 등록 및 금융이용자 보호에 관한 법률 13조 1항이 정하는 대부업자 등의 불법추심행위를 이유로 한 영업정지 처분에도 마찬가지로 적용된다(대판 2017.5.11. 2014두8773). | 정답 | ○

ㄴ. 폐쇄명령을 받은 설치·운영자가 명령에 불응하는 경우 소관청은 「영유아보육법」 제45조 제1항에 근거하여 해당 어린이집을 직접 폐쇄할 수 있다.

영유아보육법 45조 1항은 어린이집의 폐쇄명령에 대한 근거이지 직접강제에 해당하는 직접폐쇄의 근거가 아니다. 따라서 영유아보육법 45조 1항에 근거하여 해당 어린이집을 직접 폐쇄할 수는 없다. | 정답 | X

313
□□□

헌법불합치결정을 받은 법령에 근거하여 부담금을 부과·징수하는 침익적 처분을 하는 경우, 그 법령과 관련한 어떠한 추가적 개선입법이 없더라도 행정청이 사법적 판단에 따라 위헌이라고 판명된 내용과 동일한 취지로 부담금부과처분을 하여서는 안 된다는 점은 분명하고, 이는 법질서의 통일성과 일관성을 확보하려는 법치주의의 당연한 귀결이며, 행정청이 위 부담금부과처분을 하지 않는 데에 어떠한 법률상 장애가 있다고 볼 수도 없으므로 위 부담금부과처분은 당연무효이다.

법률의 위헌 여부는 위헌결정 이전에는 명백하지 않으므로, 위헌결정 이전에 발령된 위헌법률에 근거한 처분은 취소사유이나, **위헌결정 이후**에 위헌법률에 근거한 처분은 하자의 명백성이 인정되므로 당연무효이다. 따라서 위헌결정인 헌법불합치 결정 이후에 위헌법령을 적용한 부담금부과처분은 하자가 중대·명백하여 **당연무효**이다.

[판례] 행정청이 사법적 판단에 따라 위헌판명된 내용과 동일취지로 부담금부과처분을 하여서는 안 된다는 점은 분명하다. 행정청에 위헌적 내용의 법령을 계속 적용할 의무가 없고, 행정청이 부담금처분을 하지 않는 데에 어떠한 법률상 장애가 있다고 볼 수도 없으므로, 피고가 이 사건 **헌법불합치결정 이후** 원고에 대하여 이 사건 법률조항에 근거하여 **부담금부과처분**을 하는 경우, 위 처분의 하자는 중대하고 명백하여 **당연무효** 이다(대판 2017.12.28. 2017두30122).　　　　　　　　　　　　　　　　　　| 정답 | ○

314
□□□

어업권면허에 선행하는 우선순위결정은 행정청이 우선권자로 결정된 자의 신청이 있으면 어업권면허처분을 하겠다는 것을 약속하는 행위로서 강학상 확약에 불과하고 행정처분은 아니다.

어업권면허에 선행하는 우선순위결정은 행정청이 우선권자로 결정된 자의 신청이 있으면 어업권면허처분을 하겠다는 것을 약속하는 행위로서 **강학상 확약**에 불과하고 행정처분은 아니므로, 우선순위결정에 공정력이나 불가쟁력과 같은 효력은 인정되지 아니한다(대판 1995.1.20. 94누6529, 표준판례 145).　　　| 정답 | ○

315
□□□

행정청이 당사자의 신청에 따라 장래에 어떤 처분을 하거나 하지 아니할 것을 내용으로 하는 의사표시인 확약을 했다면, 그 확약이 위법한 경우라도 행정청은 이에 기속된다.

종래 판례는 **위법한 확약의 구속력을 부정**하였고, 개정 행정절차법 40조의2 4항 2호는 행정청은 위법한 확약에 기속되지 않는다고 명문으로 규정하였다.

> **행정절차법 제40조의2(확약)** ① 법령등에서 당사자가 신청할 수 있는 처분을 규정하고 있는 경우 행정청은 당사자의 신청에 따라 **장래에 어떤 처분을 하거나 하지 아니할 것**을 내용으로 하는 의사 표시(이하 "확약")를 할 수 있다.
> ④ 행정청은 **다음 각 호의 어느 하나**에 해당하는 경우에는 확약에 **기속되지 아니한다.**
> 　1. 확약을 한 후에 확약의 내용을 이행할 수 없을 정도로 **법령등**이나 **사정이 변경**된 경우
> 　2. 확약이 위법한 경우

우선순위결정이 잘못되었다는 이유로 종전의 **어업권면허처분이 취소되면** 행정청은 종전의 우선순위결정을 무시하고 **다시 우선순위를 결정한 다음** 새로운 우선순위결정에 기하여 **새로운 어업권면허**를 할 수 있다(대판 1995.1.20. 94누6529).　　　　　　　　　　　　　　　　　　| 정답 | X

316
□□□

행정청이 어떤 처분을 하겠다는 확약을 하면서 그 자체에서 상대방에게 일정 기간까지 그 처분의 신청을 하도록 유효기간을 둔 경우, 그 기간 내에 상대방의 신청이 없거나 확약이 있은 후에 사실적·법률적 상태가 변경되었다면 그 확약은 행정청의 별다른 의사표시를 기다리지 않고 실효된다.

확약·공적 견해표명은 사실적·**법률적 상태가 변경**되는 사정변경이 있으면 행정청의 **별도의 의사표시 없이 실효**되므로 확약의 구속력이 소멸하고, 행정청은 **확약에 반하는 처분**을 할 수 있다. 행정절차법 40조의2 4항 1호에 입법화되었다.

[판례] 행정청이 상대방에게 장차 어떤 처분을 하겠다고 확약 또는 공적인 의사 표명을 하였다고 하더라도, 그 자체에서 상대방으로 하여금 언제까지 처분의 발령을 신청하도록 유효기간을 두었는데도 그 기간 내에 상대방의 신청이 없었다거나 확약 또는 공적인 의사표명이 있은 후에 **사실적·법률적 상태가 변경**되었다면, 그와 같은 확약 또는 공적인 의사표명은 행정청의 **별다른 의사표시를 기다리지 않고 실효된다**(대판 1996.8.20. 95누10877, 표준판례 147).　　　　　　　　　　　　　　　　| 정답 | ○

317
□□□

다단계행정절차에서 활용되는 사전결정이나 부분허가는 한정된 사항에 대한 종국적 규율이라는 점에서, 종국적 규율에 대한 약속인 확약과 구별된다.

다단계행정절차에서 활용되는 **사전결정이나 부분허가는** 한정된 사항에 대하여 종국적으로 규율하는 행정행위의 성격을 갖는다는 점에서 종국적 규율에 대한 약속에 지나지 않는 **확약과 구별**되어야 한다.　　　　　　| 정답 | ○

318
□□□

폐기물처리업의 허가에 앞서 사업계획서에 대한 적정·부적정 통보 제도를 두고 있는 것은 허가관청으로 하여금 미리 사업계획서를 심사하여 그 적정·부적정통보 처분을 하도록 하고, 나중에 허가단계에서는 나머지 허가요건만을 심사하여 신속하게 허가업무를 처리하는데 그 취지가 있으므로 적정통보가 있는 경우에는 폐기물처리업의 허가단계에서는 허가요건만을 심사하면 된다.

폐기물처리업의 허가에 앞서 사업계획서에 대한 적정·부적정 통보 제도를 두고 있는 것은 폐기물처리업을 하고자 하는 자가 스스로 시설 등을 설치하여 허가신청을 하였다가 허가단계에서 그 사업계획이 부적정하다고 판명되어 불허가되면 허가신청인이 막대한 경제적·시간적 손실을 입게 되므로, 이를 방지하는 동시에 허가관청으로 하여금 미리 사업계획서를 심사하여 그 적정·부적정통보 처분을 하도록 하고, 나중에 허가단계에서는 나머지 허가요건만을 심사하여 신속하게 허가업무를 처리하는데 그 취지가 있다(대판 1998.4.28. 97누21086, 표준판례 322).　　　　　　　　　　　　　　| 정답 | ○

319
☐☐☐

한국수력원자력주식회사(이하 '한수원')는 A시 관내에 원자력발전소 1·2호기를 건설하려는 계획을 갖고 있다. 관할 A시장은 「주민투표법」 제8조 제1항에 기한 산업통상자원부장관의 요구에 따라 원자력발전소 건설문제를 주민투표에 부쳐, 투표권자 과반수의 찬성표가 나왔다. 한수원은 산업통상자원부장관으로부터 「전원개발촉진법」에 의한 전원개발사업계획승인을 받은 후 「원자력안전법」 제10조 제3항에 따라 원자력안전위원회로부터 원자로 및 관계시설의 건설부지에 대해 사전공사를 실시하기 위해 부지사전승인을 받았다. 한수원은 기초공사 후 우선 제1호기 원자로의 건설허가를 신청하였다. 이에 관한 설명 중 옳지 않은 것은?

ㄱ. 부지사전승인처분은 원자로 및 관계시설 건설허가의 사전적 부분허가의 성격을 가지고 있으므로, 원자로 및 관계시설의 건설허가기준에 관한 사항은 건설허가의 기준이 됨은 물론 부지사전승인의 기준이 된다.　　　　　　　　　　　　　　　　　　　[20-2]

원자로시설부지사전승인처분의 근거 법률인 구 원자력법 11조 3항에 근거한 <u>원자로 및 관계 시설의 부지사전승인처분은 원자로 등의 건설허가 전에 그 원자로 등 건설예정지로 계획중인 부지가 원자력법의 관계 규정에 비추어 적법성을 구비한 것인지 여부를 심사하여 행하는 <u>사전적 부분 건설허가처분의 성격을 가지고 있는 것이므로</u>, 원자력법 12조 2호, 3호로 규정한 <u>원자로 및 관계 시설의 허가기준에 관한 사항은 건설허가처분의 기준이 됨은 물론 부지사전승인처분의 기준으로도 된다</u>(대판 1998.9.4. 97누19588). | 정답 | ○

ㄴ. 원자로 및 관계시설의 부지사전승인처분은 그 자체로서 건설부지를 확정하고 사전공사를 허용하는 법률효과를 지닌 독립한 행정처분이다.

<u>원자로 및 관계 시설의 부지사전승인처분은 그 자체로서 건설부지를 확정하고 사전공사를 허용하는 법률효과를 지닌 독립한 행정처분이다</u>(대판 1998.9.4. 97누19588). | 정답 | ○

ㄷ. 지방자치단체의 장 및 지방의회는 주민투표의 결과 확정된 내용대로 행정·재정상의 필요한 조치를 하여야 한다.

주민투표법 제8조(국가정책에 관한 주민투표) ① 중앙행정기관의 장은 지방자치단체를 폐지하거나 설치하거나 나누거나 합치는 경우 또는 지방자치단체의 구역을 변경하거나 주요시설을 설치하는 등 국가정책의 수립에 관하여 주민의 의견을 듣기 위하여 필요하다고 인정하는 때에는 주민투표의 실시구역을 정하여 관계 지방자치단체의 장에게 주민투표의 실시를 요구할 수 있다. 이 경우 중앙행정기관의 장은 미리 행정안전부장관과 협의하여야 한다.
④ 제1항의 규정에 의한 주민투표에 관하여는 제7조, 제16조, <u>제24조제1항·제5항</u>·제6항, 제25조 및 제26조의 규정을 적용하지 아니한다.
제24조(주민투표결과의 확정) ⑤ 지방자치단체의 장 및 지방의회는 주민투표결과 확정된 내용대로 행정·재정상의 필요한 조치를 하여야 한다.

| 정답 | X

ㄹ. 방사성물질 등에 의하여 직접적이고 중대한 피해를 입으리라고 예상되는 지역 내의 주민들에게는 방사성물질 등에 의한 생명·신체의 안전침해를 이유로 한 부지사전승인처분 취소소송의 원고적격이 인정된다.

원자력법 12조 2호(발전용 원자로 및 관계 시설의 위치·구조 및 설비가 대통령령이 정하는 기술수준에 적합하여 방사성물질 등에 의한 인체·물체·공공의 재해방지에 지장이 없을 것)의 취지는 원자로 등 건설사업이 방사성물질 및 그에 의하여 오염된 물질에 의한 인체·물체·공공의 재해를 발생시키지 아니하는 방법으로 시행되도록 함으로써 방사성물질 등에 의한 생명·건강상의 위해를 받지 아니할 이익을 일반적 공익으로서 보호하려는 데 그치는 것이 아니라 방사성물질에 의하여 보다 직접적이고 중대한 피해를 입으리라고 예상되는 지역 내의 주민들의 위와 같은 이익을 직접적·구체적 이익으로서도 보호하려는 데에 있다 할 것이므로, 위와 같은 지역 내의 주민들에게는 방사성물질 등에 의한 생명·신체의 안전침해를 이유로 부지사전승인처분의 취소를 구할 원고적격이 있다(대판 1998.9.4. 97누19588). | 정답 | ○

[22 경찰간부]

320
□□□

행정청은 처분에 재량이 있는 경우 법률이 정하는 바에 따라 완전히 자동화된 시스템으로 처분할 수 있다.

행정기본법 제20조(자동적 처분) 행정청은 법률로 정하는 바에 따라 완전히 자동화된 시스템(인공지능 기술을 적용한 시스템을 포함)으로 처분을 할 수 있다. 다만, 처분에 재량이 있는 경우는 그러하지 아니하다.

| 정답 | X

제4장 | 공법상 계약

[14 변시]

321
☐☐☐

계약직공무원에 대한 계속적 계약은 당사자 상호간의 신뢰관계를 그 기초로 하는 것이므로, 당해 계약의 존속 중에 당사자의 일방이 그 계약상의 의무를 위반함으로써 그로 인하여 계약의 기초가 되는 신뢰관계가 파괴되어 계약관계를 그대로 유지하기 어려운 정도에 이르게 된 경우에는 상대방은 그 계약관계를 막바로 해지함으로써 그 효력을 장래에 향하여 소멸시킬 수 있다.

계속적 계약은 당사자 상호간의 신뢰관계를 그 기초로 하는 것이므로, 당해 계약의 존속 중에 당사자의 일방이 그 계약상의 의무를 위반함으로써 그로 인하여 **계약의 기초가 되는 신뢰관계가 파괴되어** 계약관계를 그대로 유지하기 어려운 정도에 이르게 된 경우에는 상대방은 그 계약관계를 막바로 해지함으로써 그 효력을 장래에 향하여 소멸시킬 수 있다고 봄이 타당하다(대판 2002.11.26. 2002두5948). | 정답 | ○

[21-3, 22 지방9급]

322
☐☐☐

지방자치단체가 일방 당사자가 되는 이른바 '공공계약'이 사경제의 주체로서 상대방과 대등한 위치에서 체결하는 사법상 계약에 해당하는 경우 사적 자치와 계약자유의 원칙 등 사법의 원리가 그대로 적용된다.

지방자치단체가 일방 당사자가 되는 이른바 **'공공계약'**이 사경제의 주체로서 상대방과 대등한 위치에서 체결하는 **사법상 계약에 해당**하는 경우 그에 관한 법령에 특별한 정함이 있는 경우를 제외하고는 사적 자치와 계약자유의 원칙 등 **사법의 원리가 그대로 적용**된다(대판 2018.2.13. 2014두11328, 표준판례 136). | 정답 | ○

[19-2]

323
☐☐☐

공법상 계약은 당사자 사이의 의사의 합치에 의해 성립되므로 공법상 계약에는 법률의 근거가 필요 없고, 그러한 이유로 비권력행정분야에서만 인정될 뿐 권력행정분야에서는 인정되지 않는다.

공법상 계약은 법률우위의 원칙은 적용되지만 당사자 간의 합의에 의해서 성립하므로 법률유보의 원칙은 적용되지 않는다는 것이 일반적인 견해이다. 권력행정에서도 공법상 계약은 이루어질 수 있다. 행정행위에 갈음하는 공법상 계약을 법률의 수권 없이 체결할 수 있는지 견해가 대립하고 있는데 다수의 견해는 긍정설이라고 할 수 있다. 긍정설에서도 협의에 의한 행정이 타당하지 않고 공권력에 의해 일방적으로 규율되어야 하는 분야(ex. 경찰행정, 조세행정 등)에서는 대체할 수 없다고 한다.
행정기본법 27조는 법령 등을 위반하지 아니하는 범위에서, 공공성과 제3자의 이해관계를 고려하는 한계 내에서 공법상 계약이 허용된다는 점을 원칙적으로 규율함으로써 공법상 계약을 허용하는 **일반적 규정**에 해당한다. | 정답 | X

324
☐☐☐

「과학기술기본법」및「국가연구개발사업의 관리 등에 관한 규정」에 따라 중앙행정기관의 장과 민간기업이 체결한 연구개발협약에 관한 분쟁은 행정소송의 대상이다.

과학기술기본법의 위임에 따라 구 국가연구개발사업의 관리 등에 관한 규정은 국가연구개발사업의 관리 등에 필요한 사항을 규율하였으며, 같은 규정에 근거하여 환경부훈령인 환경기술개발사업운영규정이 세부 내용을 규율하였다.
[판례] 한국환경산업기술원장이 환경기술개발사업 협약을 체결한 甲 주식회사 등에게 연차평가 실시 결과 절대평가 60점 미만으로 평가되었다는 이유로 연구개발 중단 조치 및 연구비 집행중지 조치(이하 '각 조치')를 한 사안에서, 각 조치는 甲 회사 등에게 연구개발을 중단하고 이미 지급된 연구비를 더 이상 사용하지 말아야 할 **공법상 의무**를 부과하는 것이고, 연구개발 중단 조치는 협약의 해약 요건에도 해당하며, 조치가 있은 후에는 주관연구기관이 연구개발을 계속하더라도 그에 사용된 연구비는 환수 또는 반환 대상이 되므로, 각 조치는 甲 회사 등의 **권리·의무에 직접적인 영향**을 미치는 행위로서 항고소송의 대상이 되는 행정처분에 해당한다(대판 2015.12.24. 2015두264). ┃정답┃ O

325
☐☐☐

지방재정법에 따라 지방자치단체가 당사자가 되어 체결하는 계약은 사법상의 계약일 뿐, 공권력을 행사하는 것이거나 공권력 작용과 일체성을 가진 것은 아니라고 할 것이므로 이에 관한 분쟁은 행정소송의 대상이 될 수 없다.

예산회계법 또는 **지방재정법에 따라 지방자치단체가 당사자가 되어 체결하는 계약은 사법상의 계약**일 뿐, 공권력을 행사하는 것이거나 공권력 작용과 일체성을 가진 것은 아니라고 할 것이므로 이에 관한 분쟁은 행정소송의 대상이 될 수 없다(대판 1996.12.20. 96누14708). ┃정답┃ O

326
☐☐☐

국립의료원 부설주차장에 관한 위탁관리용역운영계약과 관련하여 사용료의 미납을 이유로 가산금이 부과된 경우, 그러한 가산금 지급채무의 부존재를 주장하여 권리구제를 받으려면 민사소송을 통하여 다투어야 한다.

피고 대한민국 산하의 국립의료원 부설주차장에 관한 이 사건 위탁관리용역운영계약에 대하여 관리청이 순전히 사경제주체로서 행한 사법상 계약임을 전제로, 가산금에 관한 별도의 약정이 없는 이상 원고에게 가산금을 지급할 의무가 없다고 주장하여 그 부존재의 확인을 구한다는 것인데, 위 운영계약의 실질은 행정재산인 위 부설주차장에 대한 국유재산법 24조 1항에 의한 사용·수익허가로서 이루어진 것임을 알 수 있으므로, 이는 위 국립의료원이 원고의 신청에 의하여 공권력을 가진 우월적 지위에서 행한 행정처분으로서 특정인에게 행정재산을 사용할 수 있는 권리를 설정하여 주는 강학상 특허에 해당한다 할 것이고 순전히 사경제주체로서 원고와 대등한 위치에서 행한 사법상의 계약으로 보기 어렵다(대판 2002.9.22. 2000두2013). ┃정답┃ X

327
□□□

「도시 및 주거환경정비법」상 도시환경정비사업조합은 공법인인 행정주체에 해당하므로 조합과 시공자 사이의 공사도급계약은 공법상 계약이고, 그에 관한 분쟁은 당사자소송에 의해야 한다.

도시정비법상 도시환경정비사업조합이 공법인이라는 사정만으로 도시환경정비사업조합과 시공자 사이에 체결되는 공사도급계약 등을 둘러싼 법률관계가 공법상의 법률관계에 해당한다거나 위와 같은 공사도급계약의 효력을 다투는 소송이 당연히 공법상 당사자소송에 해당한다고 볼 수는 없고, 도시정비법의 규정들이 도시환경정비사업조합과 시공자와의 관계를 특별히 공법상의 계약관계로 설정하고 있다고 볼 수도 없으므로, **도시환경정비사업조합과 시공자 사이의 공사도급계약** 등을 둘러싼 법률관계는 사법상의 법률관계로서 그 공사도급계약의 효력을 다투는 소송은 **민사소송**에 의하여야 할 것이다(대결 2010.4.8. 2009마1026).

| 정답 | X

328
□□□

광주광역시문화예술회관장의 단원 위촉은 광주광역시문화예술회관장이 행정청으로서 공권력을 행사하여 행하는 행정처분이 아니라 공법상의 근무관계의 설정을 목적으로 하여 광주광역시와 단원이 되고자 하는 자 사이에 대등한 지위에서 의사가 합치되어 성립하는 공법상 근로계약에 해당한다.

광주광역시문화예술회관장의 단원 위촉은 광주광역시문화예술회관장이 행정청으로서 공권력을 행사하여 행하는 행정처분이 아니라 공법상의 근무관계의 설정을 목적으로 하여 광주광역시와 단원이 되고자 하는 자 사이에 대등한 지위에서 의사가 합치되어 성립하는 공법상 근로계약에 해당한다고 보아야 할 것이므로, 광주광역시립합창단원으로서 위촉기간이 만료되는 자들의 재위촉 신청에 대하여 광주광역시문화예술회관장이 실기와 근무성적에 대한 평정을 실시하여 재위촉을 하지 아니한 것을 항고소송의 대상이 되는 불합격처분이라고 할 수는 없다(대판 2001.12.11. 2001두7794, 표준판례 140).
행정소송규칙 19조 2호 바목은 이러한 대법원 판례의 법리를 명문화하였다.

| 정답 | O

329
□□□

전문직공무원인 공중보건의사 채용계약 해지의 의사표시에 대하여는 대등한 당사자 간의 소송형식인 공법상의 당사자소송으로 그 의사표시의 무효확인을 청구할 수 있는 것이지, 이를 항고소송의 대상이 되는 행정처분이라는 전제하에서 그 취소를 구하는 항고소송을 제기할 수는 없다.

현행 실정법이 전문직공무원인 공중보건의사의 채용계약 해지의 의사표시는 일반공무원에 대한 징계처분과는 달라서 항고소송의 대상이 되는 처분 등의 성격을 가진 것으로 인정되지 아니하고, 일정한 사유가 있을 때에 관할 도지사가 채용계약 관계의 한쪽 당사자로서 대등한 지위에서 행하는 의사표시로 취급하고 있는 것으로 이해되므로, **공중보건의사 채용계약 해지**의 의사표시에 대하여는 대등한 당사자간의 소송형식인 공법상의 당사자소송으로 그 의사표시의 무효확인을 청구할 수 있는 것이지, 이를 항고소송의 대상이 되는 행정처분이라는 전제하에서 그 취소를 구하는 항고소송을 제기할 수는 없다(대판 1996.5.31. 95누10617).
행정소송규칙 19조 2호 바목은 이러한 대법원 판례의 법리를 명문화하였다.

| 정답 | O

330
□□□

공법상 계약에 의한 의무의 불이행에 대해서는 개별법에서 행정강제를 규정하는 명문의 규정이 없더라도 공익의 실현을 보장하기 위하여 「행정대집행법」에 의한 대집행이 허용된다.

공법상 계약에 의한 의무의 불이행이 있는 경우에 행정주체에게는 계약의 해지권이 인정되지만, 계약 상대방인 국민에게는 해지가 공익에 반하는 경우에는 인정되지 않고 이 경우에 국민은 채무불이행에 의한 손해배상 청구만을 할 수 있다고 보아야 한다. 공법상 계약에 의한 의무의 불이행에 대하여 개별법에서 행정강제를 규정하는 경우가 있다. 공법상 계약에 관하여 개별법에 특별한 규정이 없는 경우에는 '국가를 당사자로 하는 계약에 관한 법률'을 적용하고 동 법률에서도 정하지 않는 사항에 대하여는 계약에 관한 민법의 규정을 적용할 수 있다. 다만, 이 경우에도 공법상 계약은 공법적 효과를 발생시키고 공익의 실현과 밀접한 관련을 가지고 있으므로 사법상 계약에 관한 민법의 규정이 그대로 적용될 수 없고 유추적용되어야 한다. 당사자가 계약상의 의무를 이행하지 아니하면 상대방은 법원의 판결을 받아 이행을 강제할 수 있다. 설령 행정청이 행정행위를 발하였더라면 강제집행할 수 있었을지라도 계약의 형식으로 한 이상 **법원의 판결 없이는 강제집행할 수 없다.** 다만 예외적으로 명문의 규정이 있다면, 행정청이 판결 없이 강제 집행을 할 수 있다. | 정답 | X

331
□□□

행정청이 자신과 상대방 사이의 법률관계를 일방적인 의사표시로 종료시킨 경우 그 의사표시가 행정처분이라고 단정할 수 없고, 관계 법령이 상대방의 법률관계에 관하여 구체적으로 어떻게 규정하고 있는지에 따라 의사표시가 행정처분에 해당하는지 아니면 공법상 계약관계의 일방 당사자로서 대등한 지위에서 행하는 의사표시인지를 개별적으로 판단하여야 한다.

전문직공무원인 공중보건의사의 채용계약의 해지가 관할 도지사의 일방적인 의사표시에 의하여 그 신분을 박탈하는 불이익처분이라고 하여 곧바로 그 의사표시가 관할 도지사가 행정청으로서 공권력을 행사하여 행하는 행정처분이라고 단정할 수는 없고, 공무원 및 공중보건의사에 관한 현행 실정법이 공중보건의사의 근무관계에 관하여 구체적으로 어떻게 규정하고 있는가에 따라 그 의사표시가 항고소송의 대상이 되는 처분 등에 해당하는 것인지의 여부를 개별적으로 판단하여야 할 것이다(대판 1996.5.31. 95누10617). | 정답 | ○

332
□□□

재단법인 한국연구재단이 과학기술기본법령에 따라 연구개발비의 회수 및 관련자에 대한 국가연구개발사업 참여제한을 내용으로 하여 '2단계 두뇌한국(BK) 21 사업협약'을 해지하는 통보를 하였다면, 그 통보는 행정처분에 해당한다.

재단법인 한국연구재단이 甲 대학교 총장에게 연구개발비의 부당집행을 이유로 '해양생물유래 고부가식품·향장·한약 기초소재 개발 인력양성사업에 대한 2단계 두뇌한국(BK)21 사업' 협약을 해지하고 연구팀장 乙에 대한 국가연구개발사업의 3년간 참여제한 등을 명하는 통보를 하자 乙이 통보의 취소를 청구한 사안에서, 학술진흥 및 학자금대출 신용보증 등에 관한 법률 등의 입법 취지 및 규정 내용 등과 아울러 위 법 등 해석상 국가가 두뇌한국(BK)21 사업의 주관연구기관인 대학에 연구개발비를 출연하는 것은 '연구 중심 대학'의 육성은 물론 그와 별도로 대학에 소속된 연구인력의 역량 강화에도 목적이 있다고 보이는 점, 기본적으로 국가연구개발사업에 대한 연구개발비의 지원은 대학에 소속된 일정한 연구단위별로 신청한 연구개발과제에 대한 것이지, 그 소속 대학을 기준으로 한 것은 아닌 점 등 제반 사정에 비추어 보면, **乙은 위 사업에 관한 협약의 해지 통보의 효력을 다툴 법률상 이익이 있다**(대판 2014.12.11. 2012두28704).
| 정답 | ○

333
☐☐☐

과잉공급된 택시를 줄이기 위해 관할 행정청이 관내 택시회사들과 감차보상금의 지급을 전제로 자발적 감차합의를 하였고, 합의한 바대로 자발적인 감차 조치를 이행하지 않을 경우 직권감차명령을 할 수 있다는 내용의 합의를 하였다면, 그러한 합의의 위반을 이유로 관련 법령에 따라 행해진 직권감차 통보는 합의 자체의 구속력에서 비롯된 법률관계로서 공법상 계약에 근거한 의사표시로 보아야 한다.

이 사건 합의는 여객자동차법 4조 3항이 정한 '면허조건'을 원고들의 동의하에 사후적으로 붙인 것으로서, 이러한 면허조건을 위반하였음을 이유로 한 이 사건 직권감차 통보는 피고가 우월적 지위에서 여객자동차법 85조 1항 38호에 따라 원고들에게 일정한 법적 효과를 발생하게 하는 것이므로 항고소송의 대상이 되는 처분에 해당한다고 보아야 하고, 단순히 대등한 당사자의 지위에서 형성된 공법상 계약에 근거한 의사표시에 불과한 것으로는 볼 수 없다(대판 2016.11.24. 2016두45028).　｜ 정답 | X

[17 변시, 23-1, 20-1]

334
☐☐☐

'서울특별시 시민감사옴부즈만 운영 및 주민감사청구에 관한 조례'에 따라 계약직으로 구성하는 옴부즈만 공개채용과정에서 최종합격자로 공고된 자에 대해 서울특별시장이 인사위원회의 심의결과에 따라 채용하지 아니하겠다고 통보한 경우, 그 불채용통보는 항고소송을 통해 다툴 수 없다.

행정청이 자신과 상대방 사이의 근로관계를 일방적인 의사표시로 종료시켰다고 하더라도 곧바로 그 의사표시가 행정청으로서 공권력을 행사하여 행하는 행정처분이라고 단정할 수는 없고, 관계 법령이 상대방의 근무관계에 관하여 구체적으로 어떻게 규정하고 있는지에 따라 그 의사표시가 항고소송의 대상이 되는 행정처분에 해당하는 것인지 아니면 공법상 계약관계의 일방 당사자로서 대등한 지위에서 행하는 의사표시인지 여부를 개별적으로 판단하여야 한다. 이러한 법리는 공법상 근무관계의 형성을 목적으로 하는 채용계약의 체결 과정에서 행정청의 일방적인 의사표시로 계약이 성립하지 아니하게 된 경우에도 마찬가지이다.

이 사건 조례에 의하면 이 사건 옴부즈만은 토목분야와 건축분야 각 1인을 포함하여 5인 이내의 '지방계약직공무원'으로 구성하도록 되어 있는데(3조 2항), 지방계약직공무원인 **이 사건 옴부즈만 채용행위**는 공법상 대등한 당사자 사이의 의사표시의 합치로 성립하는 **공법상 계약**에 해당한다. 이와 같이 이 사건 옴부즈만 채용행위가 공법상 계약에 해당하는 이상 원고의 채용계약 청약에 대응한 피고의 '승낙의 의사표시'가 대등한 당사자로서의 의사표시인 것과 마찬가지로 그 청약에 대하여 '**승낙을 거절**하는 의사표시' 역시 **행정청이 대등한 당사자**의 지위에서 하는 **의사표시**라고 보는 것이 타당하고, 그 채용계약에 따라 담당할 직무의 내용에 고도의 공공성이 있다거나 원고가 그 채용과정에서 최종합격자로 공고되어 채용계약 성립에 관한 강한 기대나 신뢰를 가지게 되었다는 사정만으로 이를 행정청이 우월한 지위에서 행하는 공권력의 행사로서 행정처분에 해당한다고 볼 수는 없다(대판 2014.4.24. 2013두6244).　｜ 정답 | ○

335
☐☐☐

중소기업기술정보진흥원장이 甲 주식회사와 체결한 중소기업 정보화지원사업 지원대상인 사업의 지원에 관한 협약을 그 협약에서 정한 해지사항에 따라 해지한 경우, 그 해지의 효과는 전적으로 협약이 정한 바에 따라 정해질 뿐, 달리 협약 해지의 효과 또는 이에 수반되는 행정상 제재 등에 관하여 관련 법령에 아무런 규정을 두고 있지 아니하더라도, 국민의 권리구제를 위해 그 협약해지는 행정청이 우월한 지위에서 행하는 공권력의 행사로서 행정처분에 해당한다고 보아야 한다.

중소기업기술정보진흥원장이 甲 주식회사와 중소기업 정보화지원사업 지원대상인 사업의 지원에 관한 협약을 체결하였는데, 협약이 甲 회사에 책임이 있는 사업실패로 해지되었다는 이유로 협약에서 정한 대로 지급받은 정부지원금을 반환할 것을 통보한 사안에서, 중소기업 정보화지원사업에 따른 지원금 출연을 위하여 중소기업청장이 체결하는 협약은 공법상 대등한 당사자 사이의 의사표시의 합치로 성립하는 공법상 계약에 해당하는 점, 구 중소기업 기술혁신 촉진법 32조 1항은 10조가 정한 기술혁신사업과 11조가 정한 산학협력 지원사업에 관하여 출연한 사업비의 환수에 적용될 수 있을 뿐 이와 근거 규정을 달리하는 중소기업 정보화지원사업에 관하여 출연한 지원금에 대하여는 적용될 수 없고 달리 지원금 환수에 관한 구체적인 법령상 근거가 없는 점 등을 종합하면, **협약의 해지 및 그에 따른 환수통보는 공법상 계약에 따라 행정청이 대등한 당사자의 지위에서 하는 의사표시**로 보아야 하고, 이를 행정청이 우월한 지위에서 행하는 공권력의 행사로서 행정처분에 해당한다고 볼 수는 없다(대판 2015.8.27. 2015두41449, 표준판례 132).　　　　| 정답 | X

336
☐☐☐

중소기업 정보화지원사업에 따른 지원금 출연을 위하여 관계 행정기관의 장이 사인과 체결하는 협약은 공법상 대등한 당사자 사이의 의사표시 합치로 성립하는 공법상 계약에 해당한다.

중소기업 정보화지원사업에 따른 지원금 출연을 위하여 중소기업청장이 체결하는 협약은 공법상 대등한 당사자 사이의 의사표시의 합치로 성립하는 **공법상 계약**에 해당한다(대판 2015.8.27. 2015두41449).　　　　| 정답 | ○

337
☐☐☐

「사회기반시설에대한민간투자법」에 따라 지방자치단체와 유한회사 간 체결한 민간투자사업 실시협약은 공법상 계약에 해당하므로, 공법상 당사자소송의 대상이다.

민간투자사업 실시협약을 체결한 당사자가 **공법상 당사자소송**에 의하여 그 실시 협약에 따른 재정지원금의 지급을 구하는 경우에, 수소법원은 단순히 주무관청이 재정지원금액을 산정한 절차 등에 위법이 있는지 여부를 심사하는 데 그쳐서는 아니 되고, 실시협약에 따른 적정한 재정지원금액이 얼마인지를 구체적으로 심리·판단하여야 한다(대판 2019.1.31. 2017두46455).
행정소송규칙 19조 4호는 이러한 대법원 판례의 법리를 명문화하였다.　　　　| 정답 | ○

338
□□□

조달청장이 수요기관을 대신하여 「국가를 당사자로 하는 계약에 관한 법률」에 규정된 입찰참가자격 제한 처분을 하기 위해서 그에 관한 수권의 취지가 포함된 업무 위탁에 관한 근거가 법률에 별도로 마련되어 있어야 하는 것은 아니다.

구 국가계약법에 따르면, 국가가 수익자인 수요기관을 위하여 국민을 계약상대자로 하여 체결하는 **요청조달계약**에는 다른 법률에 특별한 규정이 없는 한 당연히 국가계약법이 적용된다.
그러나 위 법리에 의하여 요청조달계약에 적용되는 국가계약법 조항은 국가가 사경제 주체로서 국민과 대등한 관계에 있음을 전제로 한 사법(私法)관계에 관한 규정에 한정되고, 고권적 지위에서 국민에게 **침익적 효과**를 발생시키는 행정처분에 관한 규정까지 당연히 적용된다고 할 수 없다. 특히 조달청장이 조달사업에 관한 법률 5조의2 1항 또는 2항에 따라 수요기관으로부터 계약 체결을 요청받아 그에 따라 체결하는 계약에 있어 조달청장은 수요기관으로부터 요청받은 계약 업무를 이행하는 것에 불과하므로, **조달청장이 수요기관을 대신하여 국가계약법 27조 1항에 규정된 입찰참가자격 제한 처분**을 할 수 있기 위해서는 그에 관한 수권의 취지가 포함된 업무 위탁에 관한 **근거**가 법률에 별도로 마련되어 있어야 한다(대판 2017.6.29. 2014두14389). | 정답 | X

339
□□□

요청조달계약에 적용되는 「국가를 당사자로 하는 계약에 관한 법률」 조항은 국가가 사경제 주체로서 국민과 대등한 관계에 있음을 전제로 한 사법(私法)관계에 관한 규정에 한정되고, 고권적 지위에서 국민에게 침익적 효과를 발생시키는 행정처분에 관한 규정까지 당연히 적용되는 것은 아니다.

요청조달계약에 적용되는 국가계약법 조항은 국가가 사경제 주체로서 국민과 대등한 관계에 있음을 전제로 한 **사법(私法)관계**에 관한 규정에 한정되고, 고권적 지위에서 국민에게 침익적 효과를 발생시키는 행정처분에 관한 규정까지 당연히 적용된다고 할 수 없다(대판 2017.12.28. 2017두39433). | 정답 | O

340
□□□

공법상 계약과 관련된 공무원의 불법행위로 국민이 입은 손해는 「국가배상법」에 의한 배상의 대상이 된다.

직무의 범위에 대하여 협의설(권력작용만), 광의설(비권력적 작용까지), 최광의설(사법작용까지)의 견해 대립이 있으나 판례는 광의설의 입장이므로 공법상 계약도 국가배상법상 직무에 해당한다. 공법상 계약의 체결상 및 집행상의 불법행위로 인한 손해배상에 대해서 국가배상청구가 가능하다.
[판례] 국가배상법이 정한 손해배상청구의 요건인 '공무원의 직무'에는 국가나 지방자치단체의 권력적 작용뿐만 아니라 비권력적 작용도 포함되지만 단순한 사경제의 주체로서 하는 작용은 포함되지 않는다(대판 2004.4.9. 2002다10691). | 정답 | O

제5장 | 행정상 사실행위

[22-2, 21-1, 20-2]

341

☐☐☐

판례에 의하면 장부제출명령이나 세무조사결정은 처분성이 인정된다.

부과처분을 위한 과세관청의 질문조사권이 행해지는 세무조사결정이 있는 경우 납세의무자는 세무공무원의 과세자료 수집을 위한 질문에 대답하고 검사를 수인하여야 할 법적 의무를 부담하게 되는 점, 동일한 세목 및 과세기간에 대한 재조사는 납세자의 영업의 자유 등 권익을 심각하게 침해할 뿐만 아니라 과세관청에 의한 자의적인 세무조사의 위험마저 있으므로 조세공평의 원칙에 현저히 반하는 예외적인 경우를 제외하고는 금지될 필요가 있는 점, 납세의무자로 하여금 개개의 과태료 처분에 대하여 불복하거나 조사 종료 후의 과세처분에 대하여만 다툴 수 있도록 하는 것보다는 그에 앞서 세무조사결정에 대하여 다툼으로써 분쟁을 조기에 근본적으로 해결할 수 있는 점 등을 종합하면, **세무조사결정은 납세의무자의 권리·의무에 직접 영향을 미치는 공권력의 행사에 따른 행정작용으로서 항고소송의 대상이 된다**(대판 2011.3.10. 2009두23617, 23624, 표준판례 219). ┃정답┃ ○

342

☐☐☐

공법상 사실행위에 대한 구제수단으로 국가배상청구가 활용될 수 있다.

국가배상은 국가가 자신의 직무수행과 관련하여 위법하게 타인에게 손해를 가한 경우에 국가가 피해자에게 손해를 배상해 주는 제도인데 여기서 직무란 행정뿐만 아니라 입법 및 사법의 모든 직무를 의미한다. **명령적 행위, 형성적 행위, 준법률행위적 행정행위, 사실행위, 특별행정법관계에서의 행위 등을 가리지 아니한다.** ┃정답┃ ○

[24 해경승진]

343

☐☐☐

판례에 의하면 지방경찰청장이 횡단보도를 설치하여 보행자의 통행방법 등을 규제하는 것은 처분성이 인정된다.

지방경찰청장이 횡단보도를 설치하여 보행자의 통행방법 등을 규제하는 것은, 행정청이 특정사항에 대하여 의무의 부담을 명하는 행위이고 이는 국민의 권리의무에 직접관계가 있는 행위로서 **행정처분이라고 보아야 할 것이다**(대판 2000.10.27. 98두8964). ┃정답┃ ○

344
☐☐☐

교정시설 내 과밀수용행위는 교정시설의 장이 우월적 지위에서 수형자의 의사와 상관없이 일방적으로 행한 권력적 사실행위로서 헌법소원심판의 대상이 되는 공권력 행사에 해당한다.

이 사건 수용행위(구치소 내 과밀수용행위)는 피청구인 ○○구치소장이 우월적 지위에서 청구인의 의사와 상관없이 일방적으로 행한 권력적 사실행위로서 헌법소원심판의 대상이 되는 공권력 행사에 해당한다(헌재 2016.12.29. 2013헌마142). | 정답 | ○

345
☐☐☐

「폐기물관리법」에 따른 폐기물관련사업장에 대한 행정기관의 감사는 행정기관이 일방적으로 행하는 사실적 업무행위이고 상대방이 이를 거부·방해하거나 기피하면 과태료에 처해지는 점에서 권력적 사실행위에 해당한다.

행정청이 우월적 지위에서 일방적으로 강제하는 권력적 사실행위는 헌법소원의 대상이 되는 공권력의 행사에 해당한다는 것이 우리 재판소의 판례이다. 이 사건 감사는 피청구인 부여군수가 폐기물관리법 43조 1항에 따라 폐기물의 적정 처리 여부 등을 확인하기 위한 목적으로 청구인들의 의사에 상관없이 일방적으로 행하는 사실적 업무행위이고, 청구인들이 이를 거부·방해하거나 기피하는 경우에는 과태료에 처해지는 점으로 볼 때 청구인들도 이를 수인해야 할 법적 의무가 있다. 그렇다면 이 사건 감사는 피청구인이 우월적 지위에서 일방적으로 강제하는 **권력적 사실행위**라 할 것이고 이는 헌법소원의 대상이 되는 헌법재판소법 68조 1항의 '공권력의 행사'에 해당된다(헌재 2003.12.18. 2001헌마754). | 정답 | ○

346
☐☐☐

A국 주개 대한민국대사가 국제결혼을 사유로 한 사증발급 신청서에 신청인으로 하여금 결혼경위, 교제경위 등을 기재하도록 요구한 행위에 대하여 헌법소원이 제기된 경우 그 요구행위는 권력적 사실행위이다.

국가기관인 피청구인 주중국 대한민국대사가 청구인으로 하여금 결혼경위 등을 기재하도록 요구한 행위는 청구인의 처 장○염이 결혼동거목적거주 사증발급신청을 함에 있어 동 신청이 수리될 수 있는 요건으로서, 법령의 근거에 따라 청구인과 위 장○염에게 결혼경위, 소개인관계, 교제경비내역, 교제경위 등을 '초청사유서'와 '결혼동거사증신청 첨부서류'에 기재해야 하는 의무를 부과한 고권적 행위이고, 따라서 피청구인의 이와 같은 요구는 청구인과 위 장○염에 대하여 **구속력을 갖는 권력적 사실행위**로서 헌법소원의 대상이 된다(헌재 2005. 3. 31. 2003헌마87). | 정답 | ○

347
☐☐☐

구치소장이 수용자번호가 기재되지 않은 소포를 반송한 것은 구치소와 같이 다수의 수용자들이 구금되어 있는 곳에서 단순히 우편물 관리를 위한 내부적 업무처리 행위에 불과한 것이 아니라 헌법소원의 대상인 공권력의 행사라고 보아야 한다.

피청구인 부산구치소장이 수용자번호가 기재되지 않은 소포를 반송한 것은 교도소나 구치소와 같이 다수의 수용자들이 구금되어 있는 곳에서 신속하고 정확하게 우편물을 관리하기 위한 **내부적 업무처리** 행위에 불과한 것으로서, 헌법소원의 대상이 되는 공권력의 행사에 해당한다고 보기 어려우므로, 이 부분에 대한 심판청구는 부적법하다(헌재 2009.12.29. 2008헌마617). | 정답 | X

제6장 | 행정지도

[21 변시]

348
☐☐☐

행정기관의 조언에 따르지 않을 경우 일정한 불이익조치가 예정되어 있어 사실상 상대방에게 그에 따를 의무를 부과하는 것과 다를 바 없더라도 그 조언이 행정지도에 불과한 이상 이는 「헌법재판소법」 제68조 제1항의 헌법소원심판의 대상이 되는 공권력의 행사라 할 수 없다.

행정지도가 불이익조치를 예정하고 **사실상 강제력**을 수반하는 경우에는 헌법소원의 대상인 **공권력 행사**에 해당한다.
[판례] 교육인적자원부장관의 대학총장들에 대한 **학칙시정요구**는 행정지도의 일종이지만, <u>그에 따르지 않을 경우 일정한 불이익조치를 예정하는 경우</u> 단순한 행정지도로서의 한계를 넘어 **규제적·구속적 성격**을 가지므로 헌법소원의 대상이 되는 **공권력 행사**이다(헌재 2003.6.26. 2002헌마337).　　　　| 정답 | X

[20-1]

349
☐☐☐

「A도교육청 전자파 취약계층보호 조례」에서 A도 내 유치원 및 초등학교 등을 전자파 안심지대로 정하고 전자파 안심지대에서의 기지국 설치를 금지한 후, 동 조례 부칙에서 "A도 교육감은 이 조례 이전에 설치된 기지국에 대하여 전자파 위험 등을 고려하여 철거를 권고할 수 있다"라고 정한 경우, 동 부칙에 따른 철거권고는 비권력적 행정지도에 해당한다.

이 사건 조례안 부칙 2조는 경기도 교육감으로 하여금 <u>이미 설치된 기지국의 철거를 권고할 수 있다</u>고 정하고 있다. 이는 <u>비권력적 행정지도</u>로서 주민의 권리를 제한하거나 의무를 부과한 것으로 볼 수 없다. 따라서 이 사건 조례안 부칙 2조는 법률의 위임이 없더라도 효력이 있다(대판 2017.12.5. 2016추5162). | 정답 | O

[22-1]

350
☐☐☐

상대방의 임의적 협력을 전제로 하는 비권력적 사실행위는 법적 근거가 필요하지 않으며, 「행정기본법」은 물론 「행정절차법」에도 행정지도에 대한 일반적 규정을 두고 있지 않다.

상대방의 임의적 협력을 전제로 하는 행정지도는 비권력적 사실행위인데 법적 근거가 필요한지에 대해 견해 대립이 있지만 다수설은 불요설을 취하고 있다. 행정지도에 대해 행정기본법은 규정을 두고 있지 않지만, <u>행정절차법은 48조(행정지도의 원칙)부터 51조(다수인을 대상으로 하는 행정지도)까지 행정지도에 대한 일반적 규정을 두고 있다.</u>　　　　| 정답 | X

351
□□□

행정지도는 법적 효과를 발생시키는 것이 아니므로 항고소송 등 행정쟁송의 대상이 되지 아니하며, 행정지도를 따르지 않았다는 이유로 발령된 행정행위에 대해서도 항고소송을 제기할 수 없다.

행정지도는 비권력적 사실행위이므로 처분성이 인정되지 않고, 따라서 항고쟁송으로 다툴 수 없다는 것이 통설·판례의 입장이다. 그러나 행정지도에 따르지 않았다는 이유로 불이익 처분을 받은 경우, 그 처분에 대하여는 행정쟁송을 제기할 수 있다.

| 정답 | X

352
□□□

행정지도가 말로 이루어지는 경우에 상대방이 행정지도의 취지 및 내용, 행정지도를 하는 자의 신분을 적은 서면의 교부를 요구하면 그 행정지도를 하는 자는 직무 수행에 특별한 지장이 없으면 이를 교부하여야 한다.

행정절차법 제49조(행정지도의 방식) ① 행정지도를 하는 자는 그 상대방에게 그 행정지도의 취지 및 내용과 신분을 밝혀야 한다.
② 행정지도가 말로 이루어지는 경우에 상대방이 제1항의 사항을 적은 서면의 교부를 요구하면 그 행정지도를 하는 자는 직무 수행에 특별한 지장이 없으면 이를 교부하여야 한다.

| 정답 | ○

353
□□□

행정기관이 동일한 행정목적을 실현하기 위하여 다수인에게 행정지도를 하려는 경우 특별한 사정이 없으면 행정지도에 공통되는 내용을 공표하여야 한다.

행정절차법 제51조(다수인을 대상으로 하는 행정지도) 행정기관이 같은 행정목적을 실현하기 위하여 많은 상대방에게 행정지도를 하려는 경우에는 특별한 사정이 없으면 행정지도에 공통적인 내용이 되는 사항을 공표하여야 한다.

| 정답 | ○

354
□□□

국가배상법이 정하는 배상청구의 요건인 '공무원의 직무'에는 행정지도와 같은 비권력적 행정작용이 포함된다.

국가배상법상 직무행위의 범위에 관한 통설·판례의 입장인 광의설에 의하면, 행정작용이면 권력행위뿐만 아니라 비권력행위도 당해 직무에 포함된다고 한다. 따라서 비권력적 사실행위인 행정지도도 직무행위의 범위에 포함된다.

| 정답 | ○

[21 · 13 변시, 23 지방9급, 23 국회8급]

355
□□□

행정지도가 강제성을 띠지 않은 비권력적 작용으로서 행정지도의 한계를 일탈하지 아니하였다면, 그로 인하여 상대방에게 어떤 손해가 발생하였다고 하더라도 행정기관은 그에 대한 손해배상책임이 없다.

행정지도가 강제성을 띠지 않은 비권력적 작용으로서 **행정지도의 한계를 일탈하지 아니하였다면,** 그로 인하여 상대방에게 어떤 손해가 발생하였다 하더라도 행정기관은 그에 대한 **손해배상책임이 없다**(대판 2008.9.25. 2006다18228, 표준판례 143). | 정답 | ○

[22 경찰간부]

356
□□□

고등교육법령에 근거한 교육인적자원부 장관의 대학총장들에 대한 학칙시정요구는 단순한 행정지도로서의 한계를 넘어 규제적 · 구속적 성격을 상당히 강하게 갖는 것으로서 헌법소원의 대상이 되는 공권력의 행사이다.

교육인적자원부장관의 대학총장들에 대한 이 사건 **학칙시정요구**는 고등교육법 6조 2항, 동법시행령 4조 3항에 따른 것으로서 그 법적 성격은 대학총장의 임의적인 협력을 통하여 사실상의 효과를 발생시키는 **행정지도의 일종**이지만, 그에 따르지 않을 경우 일정한 **불이익조치를 예정**하고 있어 사실상 상대방에게 그에 따를 의무를 부과하는 것과 다를 바 없으므로 단순한 **행정지도로서의 한계를 넘어** 규제적 · 구속적 성격을 상당히 강하게 갖는 것으로서 **헌법소원의 대상**이 되는 공권력의 행사라고 볼 수 있다(헌재 2003.6.26. 2002헌마337 등, 표준판례 144). | 정답 | ○

제7장 | 행정조사

[23 변시]

357
☐☐☐

관할 구청장이 영업시간 준수 여부를 확인할 목적으로 영업장에 출입하여 현장조사를 하기 위해서는 「식품위생법」에 근거가 있어야 하며, 만일 이 법에 현장조사에 관한 근거가 없다면 조사대상자의 자발적인 협조가 있더라도 현장조사를 할 수 없다.

행정조사는 원칙적으로 **법적 근거**를 요하나, **자발적 협조**가 있으면 법적 근거가 **필요하지 않다.** 행정조사 중 강제조사는 권력적 사실행위이므로 법적 근거가 필요하나, **자발적 협조**가 있는 임의조사는 비권력적 사실행위이므로 **법적 근거**가 필요하지 **않기** 때문이다.

> **행정조사기본법 제5조(행정조사의 근거)** 행정기관은 법령등에서 행정조사를 규정하고 있는 경우에 한하여 행정조사를 실시할 수 있다. 다만, 조사대상자의 자발적인 협조를 얻어 실시하는 행정조사의 경우에는 그러하지 아니하다.

| 정답 | X

[23-3]

358
☐☐☐

사무실 또는 사업장의 업무시간에 실시하는 현장조사는 해가 뜨기 전이나 해가 진 뒤에는 할 수 없다.

> **행정조사기본법 제11조(현장조사)** ② 제1항에 따른 현장조사는 해가 뜨기 전이나 해가 진 뒤에는 할 수 없다. 다만, 다음 각 호의 어느 하나에 해당하는 경우에는 그러하지 아니하다.
> 1. 조사대상자(대리인 및 관리책임이 있는 자를 포함)가 동의한 경우 [20-3]
> 2. 사무실 또는 사업장 등의 업무시간에 행정조사를 실시하는 경우

| 정답 | X

[23-3]

359
☐☐☐

우편물 통관검사절차에서 이루어지는 우편물의 개봉, 시료채취, 성분분석 등의 검사는 수사기관의 강제처분이라고 할 수 없으므로, 압수·수색영장 없이 우편물의 개봉, 시료채취, 성분분석 등 검사가 진행되었다 하더라도 특별한 사정이 없는 한 위법하다고 볼 수 없다.

관세법이 관세의 부과·징수와 아울러 수출입물품의 통관을 적정하게 함을 목적으로 한다는 점(관세법 1조)에 비추어 보면, 우편물 통관검사절차에서 이루어지는 우편물의 개봉, 시료채취, 성분분석 등의 검사는 수출입물품에 대한 적정한 통관 등을 목적으로 한 행정조사의 성격을 가지는 것으로서 수사기관의 강제처분이라고 할 수 없으므로, **압수·수색영장 없이** 우편물의 개봉, 시료채취, 성분분석 등 **검사가 진행되었다** 하더라도 특별한 사정이 없는 한 **위법하다고 볼 수 없다**(대판 2013.9.26. 2013도7718, 표준판례 221). | 정답 | ○

360
□□□

세관공무원이 「관세법」에 따라 행정조사를 하는 경우, 그 관련 규정에 따라 긴급을 요하는 경우에 한한다고 하더라도, 수색·압수를 하고 사후에 영장을 교부받는 것은 위법하다.

압수·수색을 수반하는 행정조사에 영장주의가 적용되는지에 대하여, 판례는 수사기관의 강제처분이 아닌 행정조사의 성격을 가지는 한 영장은 요구되지 않는다고 본다. 그러나, 행정조사에서 나아가 범죄수사를 하면서 행하는 압수·수색에는 영장이 필요하다고 본다.

[판례 1] 관세법이 관세의 부과·징수와 아울러 수출입물품의 통관을 적정하게 함을 목적으로 한다는 점(관세법 1조)에 비추어 보면, 우편물 통관검사절차에서 이루어지는 우편물의 개봉, 시료채취, 성분분석 등의 검사는 수출입물품에 대한 적정한 통관 등을 목적으로 한 **행정조사**의 성격을 가지는 것으로서 수사기관의 강제처분이라고 할 수 없으므로, **압수·수색영장 없이** 우편물의 개봉, 시료채취, 성분분석 등의 검사가 진행되었다 하더라도 특별한 사정이 없는 한 위법하다고 볼 수 없다(대판 2013.9.26. 2013도7718).

[판례 2] 수출입물품 통관검사절차에서 이루어지는 물품의 개봉, 시료채취, 성분분석 등의 검사는 수출입물품에 대한 적정한 통관 등을 목적으로 조사를 하는 것으로서 이를 수사기관의 강제처분이라고 할 수 없으므로, 세관공무원은 압수·수색영장 없이 이러한 검사를 진행할 수 있다. 세관공무원이 **통관검사**를 위하여 직무상 소지하거나 보관하는 물품을 수사기관에 임의로 제출한 경우에는 비록 소유자의 동의를 받지 않았더라도 수사기관이 강제로 점유를 취득하지 않은 이상 해당 물품을 압수하였다고 할 수 없다. 그러나 **마약류불법거래 방지에 관한 특례법 4조 1항**에 따른 조치의 일환으로 특정한 수출입물품을 개봉하여 검사하고 그 내용물의 점유를 취득한 행위는 위에서 본 수출입물품에 대한 적정한 통관 등을 목적으로 조사를 하는 경우와는 달리, 범죄수사인 **압수 또는 수색**에 해당하여 **사전 또는 사후에 영장**을 받아야 한다(대판 2017.7.18. 2014도8719). | 정답 | X

361
□□□

「국세기본법」에서 한정적으로 열거한 재조사 요건을 갖추지 못한 경우 같은 세목 및 같은 과세기간에 대한 재조사는 원칙적으로 금지되나, 이를 위반하였음을 이유로 법원이 과세처분의 효력을 부정할 수는 없다.

국세기본법은 재조사가 예외적으로 허용되는 경우를 엄격히 제한하고 있는바, 그와 같이 한정적으로 열거된 요건을 갖추지 못한 경우 같은 세목 및 같은 과세기간에 대한 **재조사는 원칙적으로 금지**되고, 나아가 이러한 중복세무조사금지의 원칙을 위반한 때에는 **과세처분의 효력을 부정**하는 방법으로 통제할 수밖에 없는 중대한 절차적 하자가 존재한다고 보아야 한다.

구 국세기본법 81조의4 2항에 따라 금지되는 재조사에 기하여 과세처분을 하는 것은 단순히 당초 과세처분의 오류를 경정하는 경우에 불과하다는 등의 특별한 사정이 없는 한 그 자체로 위법하고, 이는 과세관청이 그러한 재조사로 얻은 과세자료를 과세처분의 근거로 삼지 않았다거나 이를 배제하고서도 동일한 과세처분이 가능한 경우라고 하여 달리 볼 것은 아니다(대판 2017.12.13. 2016두55421). | 정답 | X

[12 변시, 21-3]

362
☐☐☐

아무런 권원 없이 국유재산에 설치한 시설물에 대하여 행정청이 행정대집행을 할 수 있고 따로 민사소송의 방법으로 그 시설물의 철거를 구하는 것이 허용되지는 않지만, 아무런 권원 없이 국유재산에 설치한 시설물에 대하여 행정청이 행정대집행을 실시하지 않는 경우, 그 국유재산에 대한 사용청구권을 가지고 있는 자가 국가를 대위하여 민사소송으로 그 시설물의 철거를 구할 수 있다.

관리권자인 보령시장이 행정대집행을 실시하지 아니하는 경우 국가에 대하여 이 사건 토지 사용청구권을 가지는 원고로서는 위 청구권을 보전하기 위하여 국가를 대위하여 피고들을 상대로 민사소송의 방법으로 이 사건 시설물의 철거를 구하는 이외에는 이를 실현할 수 있는 다른 절차와 방법이 없어 그 보전의 필요성이 인정되므로, 원고는 **국가를 대위하여** 피고들을 상대로 **민사소송의 방법**으로 이 사건 시설물의 철거를 구할 수 있다고 보아야 할 것이고, 한편 이 사건 청구 중 이 사건 토지 인도청구 부분에 대하여는 관리권자인 보령시장으로서도 행정대집행의 방법으로 이를 실현할 수 없으므로, 원고는 당연히 국가를 대위하여 피고들을 상대로 민사소송의 방법으로 이 사건 토지의 인도를 구할 수 있다고 할 것이다(대판 2009.6.11. 2009다1122). | 정답 | ○

[17 지방9급]

363
☐☐☐

「공유재산 및 물품 관리법」 제83조에 따라 지방자치단체장이 행정대집행의 방법으로 공유재산에 설치한 시설물을 철거할 수 있는 경우, 민사소송의 방법으로도 시설물의 철거를 구하는 것이 허용된다.

공유재산법 83조 1항은 "지방자치단체의 장은 정당한 사유 없이 공유재산을 점유하거나 공유재산에 시설물을 설치한 경우에는 원상복구 또는 시설물의 철거 등을 명하거나 이에 필요한 조치를 할 수 있다"라고 규정하고, 2항은 "1항에 따른 명령을 받은 자가 그 명령을 이행하지 아니할 때에는 '행정대집행법'에 따라 원상복구 또는 시설물의 철거 등을 하고 그 비용을 징수할 수 있다"라고 규정하고 있다. 위 규정에 따라 지방자치단체장은 행정대집행의 방법으로 공유재산에 설치한 시설물을 철거할 수 있고, 이러한 행정대집행의 절차가 인정되는 경우에는 민사소송의 방법으로 시설물의 철거를 구하는 것은 허용되지 아니한다(대판 2017.4.13. 2013다207941). | 정답 | X

[12 변시]

364
☐☐☐

제1차로 창고건물의 철거 및 하천부지에 대한 원상복구명령을 하였음에도 이에 불응하므로 대집행계고를 하면서 다시 자진철거 및 하천부지의 원상복구를 명한 경우, 대집행계고서에 기재된 철거 및 원상복구명령도 취소소송의 대상이 되는 독립한 행정처분이다.

제1차로 창고건물의 철거 및 하천부지에 대한 원상복구명령을 하였음에도 이에 불응하므로 대집행계고를 하면서 다시 자진철거 및 토사를 반출하여 하천부지를 원상복구할 것을 명한 경우, 행정대집행법상의 철거 및 원상복구의무는 **제1차 철거 및 원상복구명령**에 의하여 이미 발생하였다 할 것이어서, 대집행계고서에

기재된 자진철거 및 원상복구명령은 새로운 의무를 부과하는 것이라고 볼 수 없으며, 단지 종전의 철거 및 원상복구를 독촉하는 통지에 불과하므로 취소소송의 대상이 되는 독립한 행정처분이라고 할 수 없다(대판 2004.6.10. 2002두12618). | 정답 | X

[22-1]

365 □□□

「건축법」에 위반하여 건축한 것이어서 철거의무가 있는 건물이라 하더라도 그 철거의무를 대집행하기 위한 계고처분을 하려면 다른 방법으로는 이행의 확보가 어렵고 불이행을 방치함이 심히 공익을 해하는 것으로 인정될 때에 한하여 허용되고, 이러한 요건의 주장·증명책임은 처분청에 있다.

건축법에 위반하여 건축한 것이어서 철거의무가 있는 건물이라 하더라도 그 철거의무를 대집행하기 위한 계고처분을 하려면 다른 방법으로는 이행의 확보가 어렵고 불이행을 방치함이 심히 공익을 해하는 것으로 인정될 때에 한하여 허용되고 이러한 요건의 주장·입증책임은 처분 행정청에 있다(대판 1996.10.11. 96누8086, 표준판례 206). | 정답 | ○

[13 변시]

366 □□□

급박한 위험이 있어 위 시설물을 급속히 철거하여야 하는데 계고절차를 거칠 여유가 없을 경우 계고 없이 대집행을 할 수 있다.

비상시 또는 위험이 절박한 경우에 있어서 당해 행위의 급속한 실시를 요하여 계고를 취할 여유가 없을 때에는 **계고나 대집행 영장통지를 거치지 아니하고** 대집행을 할 수 있다(행정대집행법 3조 3항). | 정답 | ○

[23 · 13 변시]

367 □□□

행정청이 대집행계고를 함에 있어서 대집행할 행위의 내용 및 범위는 대집행계고서 자체만으로 특정되어야 하는 것이지, 계고처분 전후에 송달된 문서 등을 종합하여 그 특정 여부를 판단할 것은 아니다.

계고의 요건 중 대집행의 **내용·범위 특정**은 계고서만이 아닌, **처분 전·후 송달문서**로 특정이 가능하다. **[판례]** 행정청이 **대집행계고**를 함에 있어서는 대집행할 행위의 **내용 및 범위**가 **구체적으로 특정**되어야 하지만, 그 내용 및 범위는 **반드시 대집행계고서**에 의하여서만 **특정**되어야 하는 것이 **아니고**, **계고처분 전후**에 **송달된 문서**나 기타 사정을 종합하여 행위의 **내용이 특정**되거나 대집행 의무자가 그 이행의무의 **범위를 알 수** 있으면 족하다(대판 1997.2.14. 96누15428). | 정답 | X

[13 변시]

368 □□□

계고처분을 거쳐 대집행 실행이 완료된 경우, 상대방은 원칙적으로 계고처분의 취소를 구할 법률상 이익을 가지지 않는다.

대집행계고처분 취소소송의 변론종결 전에 대집행영장에 의한 통지절차를 거쳐 **사실행위로서 대집행의 실행이 완료된 경우**에는 행위가 위법한 것이라는 이유로 손해배상이나 원상회복 등을 청구하는 것은 별론으로 하고 처분의 **취소를 구할 법률상 이익은 없다**(대판 1993.6.8. 93누6164, 표준판례 207). | 정답 | ○

369
☐☐☐

행정청이 계고서라는 명칭의 1장의 문서로써 일정기간 내에 위법건축물의 자진철거를 명함과 동시에 그 소정기한 내에 자진철거를 하지 아니할 때에는 대집행할 뜻을 미리 계고한 경우라도 건축법에 의한 철거명령과 행정대집행법에 의한 계고처분은 독립하여 있는 것으로서 각 그 요건이 충족되었다고 볼 수 있다.

계고서라는 명칭의 1장의 문서로서 일정기간 내에 위법건축물의 자진철거를 명함과 동시에 그 소정기한 내에 자진철거를 하지 아니할 때에는 대집행할 뜻을 미리 계고한 경우라도 건축법에 의한 철거명령과 행정대집행법에 의한 계고처분은 독립하여 있는 것으로서 **각 그 요건이 충족**되었다고 볼 것이다(대판 1992.6.12. 91누13564, 표준판례 205). | 정답 | ○

370
☐☐☐

대집행 실행에 저항하는 경우와 관련해서 행정대집행법에서는 이러한 저항을 실력으로 배제할 수 있다는 명문의 규정을 두고 있다.

행정대집행법에는 의무위반자가 대집행의 실행에 저항하는 경우 **실력행사**를 할 수 있는가에 관한 명시적 규정이 없고, 실력행사를 할 수 있는가에 대해 학설이 대립한다. | 정답 | X

371
☐☐☐

대집행을 통한 건물철거의 경우 건물의 점유자가 철거의무자인 때에는 부수적으로 건물의 점유자에 대한 퇴거조치를 할 수 있지만, 대집행에 의한 건물철거 시 점유자들이 위력을 행사하여 방해하는 경우라도 경찰의 도움을 받을 수 없다.

행정청이 행정대집행의 방법으로 건물철거의무의 이행을 실현할 수 있는 경우에는 건물철거 대집행 과정에서 부수적으로 건물의 점유자들에 대한 퇴거 조치를 할 수 있고, 점유자들이 적법한 행정대집행을 위력을 행사하여 방해하는 경우 형법상 공무집행방해죄가 성립하므로, 필요한 경우에는 '경찰관 직무집행법'에 근거한 위험발생 방지조치 또는 형법상 공무집행방해죄의 범행방지 내지 현행범체포의 차원에서 경찰의 도움을 받을 수도 있다(대판 2017.4.28. 2016다213916, 표준판례 152, 199). | 정답 | X

372
☐☐☐

관할 행정청은 현행 건축법상 위법건축물에 대한 이행강제수단으로 대집행과 이행강제금을 선택적으로 활용할 수 있다.

현행 건축법상 위법건축물에 대한 이행강제수단으로 **대집행**(건축법 85조)과 **이행강제금**(건축법 80조)이 인정되고 있는데, 양 제도는 **각각의 장단점**이 있으므로 행정청은 개별사건에 있어서 위반내용, 위반자의 시정 의지 등을 감안하여 대집행과 이행강제금을 선택적으로 활용할 수 있으며, 이처럼 그 합리적인 재량에 의해 선택하여 활용하는 이상 중첩적인 제재에 해당한다고 볼 수 없다(헌재 2004.2.26. 2001헌바80 등, 표준판례 213). | 정답 | ○

[21-1]

373
☐☐☐

법률상 시설설치금지의무를 위반하여 시설을 설치한 경우 별다른 규정이 없어도 대집행 요건이 충족된다.

행정대집행법 2조는 대집행의 대상이 되는 의무를 "법률(법률의 위임에 의한 명령, 지방자치단체의 조례를 포함)에 의하여 직접 명령되었거나 또는 법률에 의거한 행정청의 명령에 의한 행위로서 타인이 대신하여 행할 수 있는 행위"라고 규정하고 있으므로, **대집행계고처분을 하기 위하여는 법령에 의하여 직접 명령되거나 법령에 근거한 행정청의 명령에 의한 의무자의 대체적 작위의무 위반행위**가 있어야 한다. 따라서 단순한 부작위의무의 위반, 즉 관계 법령에 정하고 있는 절대적 금지나 허가를 유보한 상대적 금지를 위반한 경우에는 당해 법령에서 그 위반자에 대하여 위반에 의하여 생긴 유형적 결과의 시정을 명하는 행정처분의 권한을 인정하는 규정을 두고 있지 아니한 이상, 법치주의의 원리에 비추어 볼 때 위와 같은 <u>부작위의무로부터 그 의무를 위반함으로써 생긴 결과를 시정하기 위한 작위의무를 당연히 끌어낼 수는 없으며</u>, 또 위 금지규정(특히 허가를 유보한 상대적 금지규정)으로부터 작위의무, 즉 위반결과의 시정을 명하는 권한이 당연히 추론(推論)되는 것도 아니다(대판 1996.6.28. 96누4374, 표준판례 203). | 정답 | X

[23 변시]

374
☐☐☐

「공익사업을 위한 토지 등의 취득 및 보상에 관한 법률」상 토지소유자가 수용 또는 사용의 개시일까지 토지를 사업시행자에게 인도하여야 할 의무는 「행정대집행법」에 의한 대집행의 대상이 된다.

토지보상법상 수용대상 토지 등의 **인도의무는 대집행의 대상이 아니다**. **수용목적물**인 토지·가옥의 **인도의무** 또는 **명도의무**는 점유이전을 수반하는 **비대체적 작위의무**에 해당하기 때문이다.
[판례] 피수용자 등이 기업자에 대하여 부담하는 **수용대상 토지의 인도의무**에 관한 토지보상법상 '인도'에는 명도도 포함되는 것이고, 이러한 **명도의무**는 그것을 강제적으로 실현하면서 **직접적인 실력행사가 필요**한 것이지 **대체적 작위의무**라고 볼 수 **없으므로** 특별한 사정이 없는 한 <u>행정대집행법에 의한 **대집행의 대상이** 될 수 있는 것이 **아니다**(대판 2005.8.19. 2004다2809).</u> | 정답 | X

[16 변시]

375
☐☐☐

지방자치단체가 자치사무를 처리하는 경우 당해 지방자치단체는 국가기관과는 별도의 독립한 공법인이지만, 양벌규정에 의한 처벌대상이 되는 법인에 해당하지는 않는다.

국가가 본래 그의 사무의 일부를 지방자치단체의 장에게 위임하여 처리하게 하는 기관위임사무의 경우 지방자치단체는 국가기관의 일부로 볼 수 있고, **지방자치단체가** 그 고유의 자치사무를 처리하는 경우 지방자치단체는 국가기관의 일부가 아니라 국가기관과는 별도의 독립한 공법인으로서 **양벌규정**에 의한 처벌대상이 <u>되는 법인에 해당한다</u>(대판 2009.6.11. 2008도6530). | 정답 | X

376
☐☐☐

통고처분은 통고이행을 강제하거나 상대방에게 권리의무를 형성하지 않으므로 행정소송의 대상으로서의 처분에 해당하지 아니한다.

도로교통법 118조에서 규정하는 **경찰서장의 통고처분은** 행정소송의 대상이 되는 행정처분이 아니므로 그 처분의 취소를 구하는 소송은 부적법하고, 도로교통법상의 통고처분을 받은 자가 그 처분에 대하여 이의가 있는 경우에는 통고처분에 따른 범칙금의 납부를 이행하지 아니함으로써 경찰서장의 즉결심판청구에 의하여 법원의 심판을 받을 수 있게 될 뿐이다(대판 1995.6.29. 95누4674). | 정답 | ○

377
☐☐☐

경찰서장이 범칙행위에 대하여 통고처분을 한 이상, 통고처분에서 정한 범칙금 납부 기간까지는 원칙적으로 경찰서장은 즉결심판을 청구할 수 없고, 검사도 동일한 범칙행위에 대하여 공소를 제기할 수 없다.

경범죄 처벌법상 **범칙금제도는** 범칙행위에 대하여 형사절차에 앞서 경찰서장의 통고처분에 따라 범칙금을 납부할 경우 이를 **납부하는 사람**에 대하여는 기소를 하지 않는 **처벌의 특례를** 마련해 둔 것으로 법원의 재판 절차와는 제도적 취지와 법적 성질에서 차이가 있다. 또한 범칙자가 통고처분을 불이행하였더라도 기소독점 주의의 예외를 인정하여 경찰서장의 즉결심판 청구를 통하여 공판절차를 거치지 않고 사건을 간이하고 신속·적정하게 처리함으로써 소송경제를 도모하되, **즉결심판 선고 전까지 범칙금을 납부하면** 형사처벌을 면할 수 있도록 함으로써 범칙자에 대하여 형사소추와 형사처벌을 면제받을 기회를 부여하고 있다. 따라서 **경찰서장이 범칙행위에 대하여 통고처분을 한 이상,** 범칙자의 위와 같은 절차적 지위를 보장하기 위하여 **통고처분에서 정한 범칙금 납부기간까지는** 원칙적으로 경찰서장은 **즉결심판을** 청구할 수 **없고,** 검사도 동일한 범칙행위에 대하여 **공소를 제기할 수 없다**고 보아야 한다(대판 2020.4.29. 2017도13409). | 정답 | ○

378
☐☐☐

건물철거 대집행 계고처분을 제1차로 고지한 후 이에 불응하자 다시 제2차, 제3차 계고서를 발송한 경우 「행정대집행법」상의 건물철거의무는 각 회차마다 발생하고, 각 회차의 계고처분이 모두 행정처분에 해당한다.

건물의 소유자에게 위법건축물을 일정기간까지 철거할 것을 명함과 아울러 불이행할 때에는 대집행한다는 내용의 철거대집행 계고처분을 고지한 후 이에 불응하자 다시 제2차, 제3차 계고서를 발송하여 일정기간까지의 자진철거를 촉구하고 불이행하면 대집행을 한다는 뜻을 고지하였다면 행정대집행법상의 건물철거의무는 제1차 철거명령 및 계고처분으로서 발생하였고 **제2차, 제3차의 계고처분은** 새로운 철거의무를 부과한 것이 아니고 다만 대집행기한의 연기통지에 불과하므로 행정처분이 아니다(대판 1994.10.28. 94누5144). | 정답 | X

379
☐☐☐

행정법규 위반에 대한 제재로서 가하는 영업정지처분은 반드시 현실적인 행위자가 아니라도 법령상 책임자로 규정된 자에게 부과되고, 특별한 사정이 없는 한 위반자에게 고의나 과실이 없더라도 부과할 수 있다.

행정법규 위반에 대하여 가하는 제재조치는 행정목적의 달성을 위하여 행정법규 위반이라는 객관적 사실에 착안하여 가하는 제재이므로 반드시 현실적인 행위자가 아니라도 법령상 책임자로 규정된 자에게 부과되고 특별한 사정이 없는 한 위반자에게 고의나 과실이 없더라도 부과할 수 있다(대판 2012.5.10. 2012두1297).

| 정답 | ○

[16 변시]

380
☐☐☐

행정대집행의 대상이 되는 대체적 작위의무는 공법상 의무이어야 하고, 이때의 작위의무는 행정처분뿐만 아니라 법령에 의해 직접 부과될 수도 있다.

행정대집행법 2조는 대집행의 대상이 되는 의무를 **"법률(법률의 위임에 의한 명령, 지방자치단체의 조례를 포함)에 의하여 직접 명령되었거나 또는 법률에 의거한 행정청의 명령에 의한 행위로서 타인이 대신하여 행할 수 있는 행위"**라고 규정하고 있으므로, 대집행계고처분을 하기 위하여는 법령에 의하여 직접 명령되거나 법령에 근거한 행정청의 명령에 의한 의무자의 대체적 작위의무 위반행위가 있어야 한다(대판 1996.6.28. 96누4374).

| 정답 | ○

[23 변시]

381
☐☐☐

행정청이 해가 지기 전에 대집행을 착수한 경우라 하더라도 해가 진 후에는 대집행을 할 수 없다.

해가 지기 전 대집행 **착수시** 해진 후에도 대집행할 수 있다. **당사자 동의가 있는 경우, 목적달성이 불가능한** 경우 등에도 **해진 후에 대집행**이 인정된다.

> **행정대집행법 제4조(대집행의 실행 등)** ① 행정청(제2조에 따라 대집행을 실행하는 제3자를 포함)은 해가 뜨기 전이나 해가 진 후에는 대집행을 하여서는 아니 된다. 다만, 다음 각 호의 어느 하나에 해당하는 경우에는 그러하지 아니하다.
> 2. 해가 지기 전에 대집행을 착수한 경우

| 정답 | X

[23 변시]

382
☐☐☐

공법인은 법령에 의하여 행정청의 대집행권한을 위탁받아 대집행을 실시하기 위하여 지출한 비용을 「행정대집행법」상 절차에 따라 징수할 수 있는 것과는 별개로, 민사소송절차에 의하여 그 비용의 상환을 구할 소의 이익이 있다.

공법인이 **대집행권한을 위탁받아 지출한 비용은 민사소송으로 소구할 수 없다.** 행정대집행법이 **국세징수법의 예**에 의한다고 규정하고 있는 바, **공법상 강제집행**이 가능한 경우에는 **민사상 강제집행**은 부정된다.

> **행정대집행법 제6조(비용징수)** ① 대집행에 요한 비용은 국세징수법의 예에 의하여 징수할 수 있다.

대한주택공사가 구 대한주택공사법 및 구 대한주택공사법 시행령에 의하여 **대집행권한을 위탁받아** 공무인 대집행을 실시하기 위하여 **지출한 비용**을 행정대집행법 절차에 따라 **국세징수법의 예**에 의하여 징수할 수 있음에도 **민사소송절차**에 의하여 그 **비용의 상환을 청구**한 사안에서, 행정대집행법이 대집행비용의 징수에 관하여 민사소송절차에 의한 소송이 아닌 간이하고 경제적인 특별구제절차를 마련해 놓고 있으므로, 위 청구는 **소의 이익이 없어** 부적법하다(대판 2011.9.8. 2010다48240).

| 정답 | X

383
□□□

구청장 A는 허가 없이 건축물을 불법으로 축조한 甲에게 시정명령을 내렸으나, 甲이 이에 응하지 않자 「건축법」 제80조 제1항 본문에 근거하여 이행강제금을 부과하였다. 이에 관한 설명 중 옳지 않은 것은?

ㄱ. 甲의 무허가 건축행위에 대하여 1천만원의 벌금 부과와 별개로 시정명령의 불이행을 이유로 이행강제금을 부과하더라도 이중처벌에 해당하지 않는다.

허가를 받지 않고 한 용도변경행위에 대한 형사처벌과 건축법 83조 1항에 의한 시정명령 위반에 대한 이행강제금의 부과는 그 처벌 내지 제재대상이 되는 기본적 사실관계로서의 행위를 달리하며, 또한 그 보호법익과 목적에서도 차이가 있으므로 **이중처벌에 해당한다고 할 수 없다**(대결 2005.8.19. 2005마30).

| 정답 | ○

ㄴ. 甲이 이행강제금을 부과받은 후 사망한 경우 이행강제금의 납부의무는 甲의 상속인에게 승계되지 않는다. [22-2, 22-1, 21-2, 19-2]

구 건축법상의 이행강제금은 구 건축법의 위반행위에 대하여 시정명령을 받은 후 시정기간 내에 당해 시정명령을 이행하지 아니한 건축주 등에 대하여 부과되는 간접강제의 일종으로서 그 **이행강제금 납부의무는** 상속인 기타의 사람에게 승계될 수 없는 **일신전속적인 성질의 것**이므로 이미 사망한 사람에게 이행강제금을 부과하는 내용의 처분이나 결정은 당연무효이고, 이행강제금을 부과받은 사람의 이의에 의하여 비송사건절차법에 의한 재판절차가 개시된 후에 **그 이의한 사람이 사망한 때에는** 사건 자체가 목적을 잃고 **절차가 종료한다**(대결 2006.12.8. 2006마470, 표준판례 212).

| 정답 | ○

ㄷ. A는 이행강제금을 징수한 후에도 甲이 시정명령을 이행하지 않는 경우 이행할 때까지 법정 한도에서 반복하여 부과할 수 있다.

이행강제금은 위법건축물의 원상회복을 궁극적인 목적으로 하고, 그 궁극적인 목적을 달성하기 위해서는 위법건축물이 존재하는 한 계속하여 부과할 수밖에 없으며, 만약 통산부과횟수나 통산부과상한액의 제한을 두면 위법건축물의 소유자 등에게 위법건축물의 현상을 고착할 수 있는 길을 열어주게 됨으로써 이행강제금의 본래의 취지를 달성할 수 없게 될 수 있으므로, 건축법 83조 4항이 "허가권자는 최초의 시정명령이 있은 날을 기준으로 하여 **1년에 2회의 범위 안에서 당해 시정명령이 이행될 때까지 반복하여 이행강제금을 부과·징수할 수 있다**"고 규정하였다고 하여 과잉금지원칙에 반한다고 할 수도 없다(대결 2005.8.19. 2005마30).

| 정답 | ○

384
□□□

「건축법」상 이행강제금은 일정한 기한까지 의무를 이행하지 않을 때에 일정한 금전적 부담을 과할 뜻을 미리 계고함으로써 의무자에게 심리적 압박을 주어 장래에 그 의무를 이행하게 하려는 행정상 간접적인 강제집행 수단의 하나이자 과거의 일정한 법률위반 행위에 대한 제재로서 형벌의 성격을 갖는다.

건축법상 **이행강제금은** 시정명령의 불이행이라는 **과거의 위반행위에 대한 제재가 아니라**, 시정명령을 이행하지 않고 있는 건축주·공사시공자·현장관리인·소유자·관리자 또는 점유자에 대하여 다시 상당한 이행기한을 부여하고 기한 안에 시정명령을 이행하지 않으면 이행강제금이 부과된다는 사실을 고지함으로써

의무자에게 심리적 압박을 주어 시정명령에 따른 **의무의 이행을 간접적으로 강제**하는 행정상의 간접강제 수단에 해당한다(대판 2016.7.14. 2015두46598). | 정답 | X

[22-1]

385 □□□

「건축법」상 무허가 건축행위에 대한 형사처벌과 시정명령 위반에 대한 이행강제금의 부과는 그 처벌 내지 제재대상이 되는 기본적 사실관계로서의 행위를 달리하며, 또한 그 보호법익과 목적에서도 차이가 있으므로 헌법 제13조 제1항이 금지하는 이중처벌에 해당한다고 할 수 없다.

건축법 80조 1항 및 4항에서 규정하고 있는 **이행강제금**은 일정한 기한까지 의무를 이행하지 않을 때에는 일정한 금전적 부담을 과할 뜻을 미리 계고함으로써 의무자에게 심리적 압박을 주어 장래에 그 의무를 이행하게 하려는 행정상 간접적인 강제집행 수단의 하나로서 과거의 일정한 법률위반 행위에 대한 제재로서의 형벌이 아니라 장래의 의무이행의 확보를 위한 강제수단일 뿐이어서 범죄에 대하여 국가가 형벌권을 실행한 다고 하는 과벌에 해당하지 아니하므로 헌법 13조 1항이 금지하는 이중처벌금지의 원칙이 적용될 여지가 없을 뿐 아니라, 건축법 108조, 110조에 의한 형사처벌의 대상이 되는 행위와 이 사건 법률조항에 따라 이행강제금이 부과되는 행위는 기초적 사실관계가 동일한 행위가 아니라 할 것이므로 이런 점에서도 이 사건 법률조항이 헌법 13조 1항의 이중처벌금지의 원칙에 위반되지 아니한다(헌재 2011.10.25. 2009헌바140). | 정답 | O

[22 변시]

386 □□□

「건축법」상 의무자가 이행기간을 도과하여 의무를 이행한 이상 행정청이 이행강제금을 부과하기 전에 그 의무를 이행한 것이라도 해당 이행강제금 부과처분은 위법하다고 볼 수 없다.

건축법상의 이행강제금은 시정명령의 불이행이라는 과거의 위반행위에 대한 제재가 아니라, 의무자에게 시정명령을 받은 의무의 이행을 명하고 그 이행기간 안에 의무를 이행하지 않으면 이행강제금이 부과된다는 사실을 고지함으로써 의무자에게 심리적 압박을 주어 의무의 이행을 간접적으로 강제하는 행정상의 간접강제 수단에 해당한다. 이러한 이행강제금의 본질상 시정명령을 받은 의무자가 **이행강제금이 부과되기 전에 그 의무를 이행**한 경우에는 비록 시정명령에서 정한 기간을 지나서 이행한 경우라도 **이행강제금을 부과할 수 없다**(대판 2018.1.25. 2015두35116, 표준판례 214). | 정답 | X

[22 변시]

387 □□□

「건축법」상 시정명령을 받은 의무자가 그 시정명령의 취지에 부합하는 의무를 이행하기 위한 정당한 방법으로 신고를 하였으나 행정청이 위법하게 이를 반려함으로써 결국 반려처분이 취소되었더라도, 행정청은 이행강제금 제도의 취지상 이행강제금을 부과할 수 있다.

시정명령을 받은 의무자가 그 시정명령의 취지에 부합하는 의무를 이행하기 위한 **정당한 방법으로 행정청에 신청** 또는 신고를 하였으나 행정청이 **위법하게 이를 거부** 또는 반려함으로써 결국 그 처분이 취소되기에 이르렀다면, 특별한 사정이 없는 한 그 시정명령의 불이행을 이유로 **이행강제금을 부과할 수는 없다**고 보는 것이 위와 같은 이행강제금 제도의 취지에 부합한다(대판 2018.1.25. 2015두35116, 표준판례 214). | 정답 | X

388
☐☐☐

건축주 등이 장기간 건축철거를 명하는 시정명령을 이행하지 아니하였다면, 비록 그 기간중에 시정명령의 이행 기회가 제공되지 아니하였다가 뒤늦게 시정명령의 이행 기회가 제공된 경우라 하더라도, 행정청은 이행 기회가 제공되지 아니한 과거의 기간에 대한 이행강제금까지 한꺼번에 부과할 수 있다.

비록 건축주 등이 장기간 시정명령을 이행하지 아니하였더라도, 그 기간 중에는 시정명령의 이행 기회가 제공되지 아니하였다가 뒤늦게 시정명령의 이행 기회가 제공된 경우라면, 시정명령의 이행 기회 제공을 전제로 한 1회분의 이행강제금만을 부과할 수 있고, 시정명령의 이행 기회가 제공되지 아니한 과거의 기간에 대한 이행강제금까지 한꺼번에 부과할 수는 없다. 그리고 이를 위반하여 이루어진 이행강제금 부과처분은 과거의 위반행위에 대한 제재가 아니라 행정상의 간접강제 수단이라는 이행강제금의 본질에 반하여 구 건축법 80조 1항, 4항 등 법규의 중요한 부분을 위반한 것으로서, 그러한 하자는 중대할 뿐만 아니라 객관적으로도 명백하다(대판 2016.7.14. 2015두46598, 표준판례 215). | 정답 | X

389
☐☐☐

장기미등기자가 등기신청의무의 이행기간이 지나서 등기신청을 한 경우에도 이행강제금을 부과할 수 있다.

장기미등기자에 대하여 부과되는 이행강제금은 소유권이전등기신청의무 불이행이라는 과거의 사실에 대한 제재인 과징금과 달리, 장기미등기자에게 등기신청의무를 이행하지 아니하면 이행강제금이 부과된다는 심리적 압박을 주어 그 의무의 이행을 간접적으로 강제하는 행정상의 간접강제 수단에 해당한다. 따라서 장기미등기자가 이행강제금 부과 전에 등기신청의무를 이행하였다면 이행강제금의 부과로써 이행을 확보하고자 하는 목적은 이미 실현된 것이므로 부동산실명법 6조 2항에 규정된 기간이 지나서 등기신청의무를 이행한 경우라 하더라도 이행강제금을 부과할 수 없다고 보아야 한다(대판 2016.6.23. 2015두36454). | 정답 | X

390
☐☐☐

노동위원회가 「근로기준법」에 따라 이행강제금을 부과하는 경우 그 30일 전까지 하여야 하는 이행강제금 부과 예고는 '계고'에 해당한다.

이행강제금은 행정법상의 부작위의무 또는 비대체적 작위의무를 이행하지 않은 경우에 '일정한 기한까지 의무를 이행하지 않을 때에는 일정한 금전적 부담을 과할 뜻'을 미리 '계고'함으로써 의무자에게 심리적 압박을 주어 장래를 향하여 의무의 이행을 확보하려는 간접적인 행정상 강제집행 수단이고, 노동위원회가 근로기준법 33조에 따라 이행강제금을 부과하는 경우 그 30일 전까지 하여야 하는 이행강제금 부과 예고는 이러한 '계고'에 해당한다(대판 2015.6.24. 2011두2170). | 정답 | O

391
☐☐☐

사용자가 이행하여야 할 행정법상 의무의 내용을 초과하는 것을 '불이행 내용'으로 기재한 이행강제금 부과 예고서에 의하여 이행강제금 부과 예고를 한 다음 이를 이행하지 않았다는 이유로 이행강제금을 부과하였다면, 초과한 정도가 근소하다는 등의 특별한 사정이 없는 한 이행강제금 부과 예고는 이행강제금 제도의 취지에 반하는 것으로서 위법하고, 이에 터 잡은 이행강제금 부과처분 역시 위법하다.

이행강제금은 행정법상의 부작위의무 또는 비대체적 작위의무를 이행하지 않은 경우에 '일정한 기한까지 의무를 이행하지 않을 때에는 일정한 금전적 부담을 과할 뜻'을 미리 '계고'함으로써 의무자에게 심리적 압박을 주어 장래를 향하여 의무의 이행을 확보하려는 간접적인 행정상 강제집행 수단이고, 노동위원회가 근로기준법 33조에 따라 이행강제금을 부과하는 경우 그 30일 전까지 하여야 하는 이행강제금 부과 예고는 이러한 '계고'에 해당한다. 따라서 사용자가 이행하여야 할 행정법상 의무의 내용을 초과하는 것을 '불이행 내용'으로 기재한 이행강제금 부과 예고서에 의하여 이행강제금 부과 예고를 한 다음 이를 이행하지 않았다는 이유로 이행강제금을 부과하였다면, 초과한 정도가 근소하다는 등의 특별한 사정이 없는 한 이행강제금 부과 예고는 이행강제금 제도의 취지에 반하는 것으로서 위법하고, 이에 터 잡은 이행강제금 부과처분 역시 위법하다 (대판 2015.6.24. 2011두2170). | 정답 | ○

[22-3]

392

□□□

「농지법」상 이행강제금 부과처분은 「행정소송법」상 항고소송의 대상이 된다.

농지법 63조와 같이 이행강제금에 불복하는 자는 이의를 제기할 수 있는 것으로 규정하고, 이의를 제기한 경우에는 비송사건절차법에 의하여 이행강제금을 결정하는 것으로 규정하고 있는 경우 이행강제금 부과처분은 항고소송의 대상이 되는 처분이 아니다.
[판례] 건축법 83조 소정의 이행강제금 부과처분에 불복하는 자는 그 처분의 고지를 받은 날로부터 30일 이내에 당해 부과권자에게 이의를 제기할 수 있고, 이의를 받은 부과권자는 지체 없이 관할법원에 그 사실을 통보하여야 하며, 그 통보를 받은 관할법원은 비송사건절차법에 의한 재판을 하도록 규정되어 있는바, 위 법규정에 의하면 건축법 83조의 규정에 의하여 부과된 이행강제금 부과처분의 당부는 최종적으로 비송사건절차법에 의한 절차에 의하여만 판단되어야 한다고 보아야 할 것이므로 위와 같은 이행강제금 부과처분은 행정소송의 대상이 되는 행정처분이라고 볼 수 없다(대판 2000.9.22. 2000두5722). | 정답 | X
➡ 구 건축법은 이행강제금의 특별한 불복수단으로 비송사건절차법을 규정하였으나, 개정법에서 삭제되었다. 따라서 현행 건축법에 따른 이행강제금은 급부하명으로서 항고소송의 대상인 처분이 된다.

[23-3, 21-2]

393

□□□

법률에서 특별히 이행강제금 부과처분에 대해 불복하는 경우 「비송사건절차법」으로 결정하도록 하고 있는 경우, 이와 다른 불복절차는 허용될 수 없으므로 관할청이 이행강제금 부과처분을 하면서 행정심판이나 행정소송을 할 수 있다고 잘못 안내하였다고 하더라도 행정법원에 항고소송 재판관할이 생긴다고 할 수 없다.

농지법은 농지 처분명령에 대한 이행강제금 부과처분에 불복하는 자가 그 처분을 고지받은 날부터 30일 이내에 부과권자에게 이의를 제기할 수 있고, 이의를 받은 부과권자는 지체 없이 관할 법원에 그 사실을 통보하여야 하며, 그 통보를 받은 관할 법원은 비송사건절차법에 따른 과태료 재판에 준하여 재판을 하도록 정하고 있다(62조 1항, 6항, 7항). 따라서 농지법 62조 1항에 따른 이행강제금 부과처분에 불복하는 경우에는 비송사건절차법에 따른 재판절차가 적용되어야 하고, 행정소송법상 항고소송의 대상은 될 수 없다.
농지법 62조 6항, 7항이 위와 같이 이행강제금 부과처분에 대한 불복절차를 분명하게 규정하고 있으므로, 이와 다른 불복절차를 허용할 수는 없다. 설령 관할청이 이행강제금 부과처분을 하면서 재결청에 행정심판을 청구하거나 관할 행정법원에 행정소송을 할 수 있다고 잘못 안내하거나 관할 행정심판위원회가 각하재결이 아닌 기각재결을 하면서 관할 법원에 행정소송을 할 수 있다고 잘못 안내하였다고 하더라도, 그러한 잘못된 안내로 행정법원의 항고소송 재판관할이 생긴다고 볼 수도 없다(대판 2019.4.11. 2018두42955, 표준판례 216). | 정답 | ○

394
□□□

「독점규제 및 공정거래에 관한 법률」의 해당 조항에 따른 이행강제금의 경우 이행강제금이 부과되기 전에 시정조치를 이행하거나 부작위 의무를 명하는 시정조치 불이행을 중단한 경우에는 과거의 시정조치 불이행 기간에 대하여 이행강제금을 부과할 수 없다.

판례는 공정거래법 17조의3에 따른 이행강제금을 과거의 의무위반행위에 대한 제재와 장래 의무 이행의 간접강제를 통합하여 시정조치 불이행기간에 비례하여 제재금을 부과하도록 하는 제도라고 보았다.
[판례] 공정거래법 17조의3은 같은 법 16조에 따른 시정조치를 그 정한 기간 내에 이행하지 아니하는 자에 대하여 이행강제금을 부과할 수 있는 근거 규정이고, 시정조치가 공정거래법 16조 1항 7호에 따른 부작위 의무를 명하는 내용이더라도 마찬가지로 보아야 한다. 나아가 이러한 이행강제금이 부과되기 전에 시정조치를 이행하거나 부작위 의무를 명하는 시정조치 불이행을 중단한 경우 과거의 시정조치 불이행기간에 대하여 이행강제금을 부과할 수 있다(대판 2019.12.12. 2018두63563).　　　　　　　　　| 정답 | X

395
□□□

행정청은 의무자가 행정상 의무를 이행할 때까지 이행강제금을 반복하여 부과할 수 있으나, 의무자가 의무를 이행하면 새로운 이행강제금의 부과를 즉시 중지하여야 하며, 이미 부과된 이행강제금도 징수할 수 없다.

행정기본법 제31조(이행강제금의 부과) ⑤ 행정청은 의무자가 행정상 의무를 이행할 때까지 이행강제금을 반복하여 부과할 수 있다. 다만, 의무자가 의무를 이행하면 새로운 이행강제금의 부과를 즉시 중지하되, 이미 부과한 이행강제금은 징수하여야 한다.

| 정답 | X

396
□□□

「경찰관 직무집행법」상의 범죄예방을 위한 경찰관의 제지행위는 행정상 즉시강제이자 권력적 사실행위에 해당한다.

경찰관직무집행법 6조 1항 중 경찰관의 제지에 관한 부분은 범죄의 예방을 위한 경찰 행정상 즉시강제에 관한 근거 조항이다(대판 2008.11.13. 2007도9794). **행정상 즉시강제**는 국민의 신체나 재산에 대한 직접적인 실력행사이므로 **권력적 사실행위**이다. 따라서 처분성이 인정되고 항고소송의 대상이 된다.　　| 정답 | ○

397
□□□

가산세 부과처분에 관해서 「국세기본법」 등에 그 납세고지의 방식 등에 관하여 따로 정한 규정이 없더라도, 하나의 납세고지서에 의하여 본세와 가산세를 함께 부과할 때에는 납세고지서에 본세와 가산세 각각의 세액과 산출근거 등을 구분하여 기재해야 한다.

가산세 부과처분에 관해서는 국세기본법이나 개별 세법 어디에도 그 납세고지의 방식 등에 관하여 따로 정한 규정이 없다. 본세의 부과처분과 가산세의 부과처분은 각 별개의 과세처분인 것처럼, 같은 세목에 관하여 여러 종류의 가산세가 부과되면 그 각 가산세 부과처분도 종류별로 각각 별개의 과세처분이라고 보아야 한다.

따라서 **하나의 납세고지서에 의하여 본세와 가산세를 함께 부과할 때에는 납세고지서에 본세와 가산세 각각의 세액과 산출근거 등을 구분하여 기재해야 하는 것**이고, 또 여러 종류의 가산세를 함께 부과하는 경우에는 그 가산세 상호 간에도 종류별로 세액과 산출근거 등을 구분하여 기재함으로써 납세의무자가 납세고지서 자체로 각 과세처분의 내용을 알 수 있도록 하는 것이 당연한 원칙이다(대판[전합] 2012.10.18. 2010두12347).

| 정답 | ○

[18 변시]

398
□□□

여러 종류의 가산세를 함께 부과하면서 그 종류와 세액의 산출근거를 구분하여 밝히지 않고 가산세의 합계세액만을 기재한 오랜 관행이 비록 적법절차의 원칙에서 문제가 있더라도, 법률에서 가산세의 납세고지에 관하여 특별히 규정하지 않은 이상 그 관행은 행정관습법으로 통용될 수 있다.

여러 종류의 가산세를 함께 부과하는 경우에는 그 가산세 상호 간에도 종류별로 세액과 산출근거 등을 구분하여 기재함으로써 납세의무자가 납세고지서 자체로 각 과세처분의 내용을 알 수 있도록 하는 것이 당연한 원칙이다(대판[전합] 2012.10.18. 2010두12347).

| 정답 | X

[17 변시]

399
□□□

「여객자동차 운수사업법」상 사업정지처분에 갈음하여 부과하는 과징금은 행정법규위반이라는 객관적 사실에 착안하여 가하는 제재이므로 반드시 현실적인 행위자가 아니라도 법령상 책임자로 규정된 자에게 부과될 수 있다.

구 여객자동차 운수사업법 88조 1항의 과징금부과처분은 제재적 행정처분으로서 여객자동차 운수사업에 관한 질서를 확립하고 여객의 원활한 운송과 여객자동차 운수사업의 종합적인 발달을 도모하여 공공복리를 증진한다는 행정목적의 달성을 위하여 행정법규 위반이라는 객관적 사실에 착안하여 가하는 제재이므로 반드시 현실적인 행위자가 아니라도 **법령상 책임자**로 규정된 자에게 부과되고 원칙적으로 위반자의 **고의 · 과실을 요하지 아니**하나, 위반자의 의무 해태를 탓할 수 없는 정당한 사유가 있는 등의 특별한 사정이 있는 경우에는 이를 부과할 수 없다(대판 2014.10.15. 2013두5005).

| 정답 | ○

[22-2]

400
□□□

구 「의료보험법」상 가산금의 납부독촉이 여러 번 반복된 경우, 최초의 독촉만이 징수처분으로서 항고소송의 대상이 되는 행정처분이다.

구 의료보험법 45조, 55조, 55조의2의 각 규정에 의하면, 보험자 또는 보험자단체가 사기 기타 부정한 방법으로 보험급여비용을 받은 의료기관에게 그 급여비용에 상당하는 금액을 부당이득으로 징수할 수 있고, 그 의료기관이 납부고지에서 지정된 납부기한까지 징수금을 납부하지 아니한 경우 국세체납절차에 의하여 강제징수할 수 있는바, 보험자 또는 보험자단체가 부당이득금 또는 가산금의 납부를 독촉한 후 다시 동일한 내용의 독촉을 하는 경우 **최초의 독촉만이 징수처분**으로서 항고소송의 대상이 되는 **행정처분**이 되고 그 후에 한 동일한 내용의 독촉은 체납처분의 전제요건인 징수처분으로서 소멸시효 중단사유가 되는 독촉이 아니라 민법상의 단순한 최고에 불과하여 국민의 권리의무나 법률상의 지위에 직접적으로 영향을 미치는 것이 아니므로 항고소송의 대상이 되는 행정처분이라 할 수 없다(대판 1999.7.13. 97누119).

| 정답 | ○

401

☐☐☐

과세관청이 체납처분으로 행한 공매는 항고소송의 대상이 된다.

과세관청이 **체납처분으로서 행하는 공매**는 우월한 공권력의 행사로서 행정소송의 대상이 되는 공법상의 **행정처분**이며 공매에 의하여 재산을 매수한 자는 그 공매처분이 취소된 경우에 그 취소처분의 위법을 주장하여 행정소송을 제기할 법률상 이익이 있다(대판 1984.9.25. 84누201, 표준판례 208). | 정답 | ○

402

☐☐☐

전통적으로 행정대집행은 대체적 작위의무에 대한 강제집행수단으로, 이행강제금은 부작위의무나 비대체적 작위의무에 대한 강제집행수단으로 이해되어 왔으나, 이는 이행강제금제도의 본질에서 오는 제약은 아니고, 이행강제금은 대체적 작위의무 위반에 대해서도 부과될 수 있다.

이행강제금은 주로 **비대체적 작위의무**가 대상이지만 **대체적 작위의무**에 대해서도 인정된다. 대표적인 예로 건축법상 시정명령을 준수하지 않는 경우에 부과되는 이행강제금을 들 수 있다(법제처, 행정기본법 조문별 해설, 128쪽).
[판례] 전통적으로 행정대집행은 대체적 작위의무에 대한 강제집행수단으로, 이행강제금은 부작위의무나 비대체적 작위의무에 대한 강제집행수단으로 이해되어 왔으나, 이는 이행강제금제도의 본질에서 오는 제약은 아니며, **이행강제금은 대체적 작위의무의 위반에 대하여도 부과될 수 있다.** 현행 건축법상 위법건축물에 대한 이행강제수단으로 대집행과 이행강제금(83조 1항)이 인정되고 있는데, 양 제도는 각각의 장·단점이 있으므로 행정청은 개별사건에 있어서 위반내용, 위반자의 시정의지 등을 감안하여 대집행과 이행강제금을 선택적으로 활용할 수 있으며, 이처럼 그 합리적인 재량에 의해 선택하여 활용하는 이상 중첩적인 제재에 해당한다고 볼 수 없다(헌재 2004.2.26. 2001헌바80 등, 표준판례 213). | 정답 | ○

403

☐☐☐

체납자 등에 대한 공매통지는 국가의 강제력에 의하여 진행되는 공매에서 체납자 등의 권리 내지 재산상의 이익을 보호하기 위하여 법률로 규정한 절차적 요건이라고 보아야 하며 공매통지 자체가 그 상대방인 체납자 등의 법적 지위나 권리·의무에 직접적인 영향을 주는 행정처분에 해당한다고 할 것은 아니므로 다른 특별한 사정이 없는 한 공매통지 자체를 항고소송의 대상으로 삼아 그 취소를 구할 수는 없다.

국세징수법이 압류재산을 공매할 때에 공고와 별도로 체납자 등에게 공매통지를 하도록 한 이유는, 체납자 등으로 하여금 공매절차가 유효한 조세부과처분 및 압류처분에 근거하여 적법하게 이루어지는지 여부를 확인하고 이를 다툴 수 있는 기회를 주는 한편, 국세징수법이 정한 바에 따라 체납세액을 납부하고 공매절차를 중지 또는 취소시켜 소유권 또는 기타의 권리를 보존할 수 있는 기회를 갖도록 함으로써 체납자 등이 감수하여야 하는 강제적인 재산권 상실에 대응한 절차적인 적법성을 확보하기 위한 것으로 보아야 하고, 따라서 체납자 등에 대한 공매통지는 국가의 강제력에 의하여 진행되는 공매에서 체납자 등의 권리 내지 재산상의 이익을 보호하기 위하여 법률로 규정한 절차적 요건이라고 보아야 하며, 공매처분을 하면서 체납자 등에게 공매통지를 하지 않았거나 공매통지를 하였더라도 그것이 적법하지 아니한 경우에는 절차상의 흠이 있어 그 공매처분이 위법하게 되는 것이지만, **공매통지 자체가 그 상대방인 체납자 등의 법적 지위나 권리·의무에 직접적인 영향을 주는 행정처분에 해당한다고 할 것은 아니므로** 다른 특별한 사정이 없는 한 체납자 등은 공매통지의 결여나 위법을 들어 공매처분의 취소 등을 구할 수 있는 것이지 **공매통지 자체를 항고소송의 대상으로 삼아 그 취소 등을 구할 수는 없다**(대판 2011.3.24. 2010두25527). | 정답 | ○

404
☐☐☐

행정상 즉시강제는 엄격한 실정법상의 근거를 필요로 할 뿐만 아니라, 그 발동에 있어서는 법규의 범위 안에서도 다시 행정상의 장해가 목전에 급박하고, 다른 수단으로는 행정목적을 달성할 수 없는 경우이어야 하며, 이러한 경우에도 그 행사는 필요 최소한도에 그쳐야 한다.

행정상 즉시강제란 급박한 행정상 장해를 제거할 필요가 있거나 미리 의부를 부과할 시간적 여유가 없을 때 또는 그 성질상 의무를 명해서는 목적달성이 곤란할 경우에 직접 국민의 신체 또는 재산에 실력을 가하여 행정상 필요한 상태를 실현하는 행정작용으로서, 권력적 사실행위이다. 즉, **행정상 즉시강제 역시 행정작용으로서 행정법상 일반원칙으로서 비례원칙이 준수되어야 한다**는 점에서 필요한 최소한도에 그쳐야 할 것이다.

> **행정기본법 제33조(즉시강제)** ① 즉시강제는 <u>다른 수단으로는 행정목적을 달성할 수 없는 경우에만</u> 허용되며, 이 경우에도 <u>최소한으로만</u> 실시하여야 한다.
> ② 즉시강제를 실시하기 위하여 <u>현장에 파견되는 **집행책임자**</u>는 그가 집행책임자임을 표시하는 증표를 보여 주어야 하며, 즉시강제의 이유와 내용을 고지하여야 한다.

| 정답 | ○

405
☐☐☐

행정대집행을 인정하기 위해서는 불이행된 의무를 다른 수단으로는 이행을 확보하기 곤란하여야 하므로 행정벌을 과할 수 있는 등의 수단이 존재하는 경우 대집행은 허용되지 않는다.

건축법에 위반하여 증, 개축함으로써 철거의무가 있다 하더라도 행정대집행법 2조에 의하여 그 철거의무를 **대집행**하기 위한 계고처분을 하려면 **다른 방법으로는 그 이행의 확보가 어렵고**, 그 불이행을 방치함이 심히 공익을 해하는 것으로 인정되는 경우에 한한다고 할 것이다(대판 1989.7.11. 88누11193). **다른 수단이란 비례원칙상 의무자에 대한 침해가 대집행보다 경미한 수단**을 의미한다. 따라서 **직접강제나 행정벌은 이에 해당하기 어렵다.**

| 정답 | X

406
☐☐☐

법인 대표자의 범죄행위에 대하여 법인의 가담 여부나 이를 감독할 주의의무 위반 여부를 처벌요건으로 규정하지 아니하고, 달리 법인이 면책될 가능성에 대해서도 정하지 않은 채 법인에 대해 형벌을 부과하는 것은 헌법상 법치국가원리로부터 도출되는 책임주의원칙에 반한다.

심판대상조항 중 법인의 종업원 관련 부분은 종업원 등의 범죄행위에 관하여 비난할 근거가 되는 법인의 의사결정 및 행위구조, 즉 종업원 등이 저지른 행위의 결과에 대한 법인의 독자적인 책임에 관하여 전혀 규정하지 않은 채, 단순히 **법인이 고용한 종업원** 등이 업무에 관하여 범죄행위를 하였다는 이유만으로 법인에 대하여 형벌을 부과하도록 정하고 있는바, 이는 <u>다른 사람의 범죄에 대하여 그 책임 유무를 묻지 않고 형사처벌하는 것이므로 헌법상 법치국가원리로부터 도출되는 책임주의원칙에 위배된다.</u>
반면, 법인은 기관을 통하여 행위하므로 법인이 대표자를 선임한 이상 그의 행위로 인한 법률효과는 법인에게 귀속되어야 하고, **법인 대표자의 범죄행위에 대하여는 법인이 자신의 행위에 대한 책임을 부담하는 것**이다. 법인 대표자의 법규위반행위에 대한 법인의 책임은 법인 자신의 법규위반행위로 평가될 수 있는 행위에 대한 법인의 직접책임이므로, 대표자의 고의에 의한 위반행위에 대하여는 법인이 고의 책임을, 대표자의 과실에 의한 위반행위에 대하여는 법인이 과실 책임을 부담한다. 따라서 심판대상조항 중 법인의 대표자 관련 부분은 법인의 직접책임을 근거로 하여 법인을 처벌하므로 책임주의원칙에 위배되지 않는다(헌재 2020.4.23. 2019헌가25).

| 정답 | X

407

질서위반행위규제법과 관련하여 옳은 것을 모두 고른 것은?

ㄱ. 과태료는 행정형벌이 아닌 행정질서벌이므로 「질서위반행위규제법」은 행위자의 고의 또는 과실이 없더라도 과태료를 부과하도록 하고 있다.   [21-2]

질서위반행위규제법 제7조(고의 또는 과실) <u>고의 또는 과실이 없는</u> 질서위반행위는 <u>과태료를 부과하지 아니</u>한다.

| 정답 | X

ㄴ. 법인의 대표자, 법인 또는 개인의 대리인·사용인 및 그 밖의 종업원이 업무에 관하여 법인 또는 그 개인에게 부과된 법률상의 의무를 위반한 때에는 법인 또는 그 개인에게 과태료를 부과한다.

질서위반행위규제법 제11조(법인의 처리 등) ① <u>법인의 대표자, 법인 또는 개인의 대리인·사용인 및 그 밖의 종업원이 업무에 관하여 법인 또는 그 개인에게 부과된 법률상의 의무를 위반한 때에는 법인 또는 그 개인에게</u> 과태료를 부과한다.

| 정답 | O

ㄷ. 신분에 의하여 성립하는 질서위반행위에 신분이 없는 자가 가담한 경우 신분이 없는 자에 대하여는 질서위반행위가 성립하지 않는다.

질서위반행위규제법 제12조(다수인의 질서위반행위 가담) ① <u>2인 이상이 질서위반행위에 가담한</u> 때에는 각자가 질서위반행위를 한 것으로 본다.
② <u>신분에 의하여 성립하는 질서위반행위에 신분이 없는 자가 가담한 때에는 신분이 없는 자에 대하여도 질서위반행위가</u> 성립한다.
③ <u>신분에 의하여 과태료를 감경 또는 가중하거나 과태료를 부과하지 아니하는 때에는 그 신분의 효과는 신분이 없는 자에게는 미치지 아니</u>한다.

| 정답 | X

ㄹ. 과태료는 행정청의 과태료 부과처분이나 법원의 과태료 재판이 확정된 후 5년간 징수하지 아니하거나 집행하지 아니하면 시효로 인하여 소멸한다.

질서위반행위규제법 제15조(과태료의 시효) ① 과태료는 행정청의 과태료 부과처분이나 법원의 과태료 재판이 확정된 후 <u>5년간 징수하지 아니하거나</u> 집행하지 아니하면 <u>시효로 인하여</u> 소멸한다.

| 정답 | O

ㅁ. 행정청이 질서위반행위에 대하여 과태료를 부과하고자 하는 때에는 미리 당사자에게 통지하고 10일 이상의 기간을 정하여 의견을 제출할 기회를 주어야 한다.

> **질서위반행위규제법 제16조(사전통지 및 의견 제출 등)** ① 행정청이 질서위반행위에 대하여 과태료를 부과하고자 하는 때에는 미리 당사자에게 대통령령으로 정하는 사항을 통지하고, 10일 이상의 기간을 정하여 의견을 제출할 기회를 주어야 한다. 이 경우 지정된 기일까지 의견 제출이 없는 경우에는 의견이 없는 것으로 본다.
> **제17조(과태료의 부과)** ① 행정청은 제16조의 의견 제출 절차를 마친 후에 서면(당사자가 동의하는 경우에는 전자문서를 포함)으로 과태료를 부과하여야 한다.

| 정답 | ○

ㅂ. 「질서위반행위규제법」상의 행정청의 과태료부과처분에 대해 불복하는 당사자는 이의제기 절차를 거치지 않고 항고소송을 통해 다툴 수 있다.

> **질서위반행위규제법 제20조(이의제기)** ① 행정청의 과태료 부과에 불복하는 당사자는 제17조제1항에 따른 과태료 부과 통지를 받은 날부터 60일 이내에 해당 행정청에 서면으로 이의제기를 할 수 있다.
> ② 제1항에 따른 이의제기가 있는 경우에는 행정청의 과태료 부과처분은 그 효력을 상실한다.

| 정답 | X

ㅅ. 과태료 재판은 검사의 명령으로써 집행하나, 검사는 과태료를 최초 부과한 행정청에 대하여 과태료 재판의 집행을 위탁할 수 있다.

> **질서위반행위규제법 제42조(과태료 재판의 집행)** ① 과태료 재판은 검사의 명령으로써 집행한다. 이 경우 그 명령은 집행력 있는 집행권원과 동일한 효력이 있다.
> **제43조(과태료 재판 집행의 위탁)** ① 검사는 과태료를 최초 부과한 행정청에 대하여 과태료 재판의 집행을 위탁할 수 있고, 위탁을 받은 행정청은 국세 또는 지방세 체납처분의 예에 따라 집행한다.

| 정답 | ○

[19 변시]

408
□□□

하나의 행위가 2 이상의 질서위반행위에 해당하는 경우에는 각 질서위반행위에 대하여 정한 과태료 중 가장 중한 과태료를 부과한다. 이 경우를 제외하고 2 이상의 질서위반행위가 경합하는 경우에는 가장 중한 과태료에 그 1/2을 가산한다. 다만, 다른 법령(지방자치단체의 조례를 포함한다.)에 특별한 규정이 있는 경우에는 그 법령으로 정하는 바에 따른다.

질서위반행위규제법 제13조(수개의 질서위반행위의 처리) ① 하나의 행위가 2 이상의 질서위반행위에 해당하는 경우에는 각 질서위반행위에 대하여 정한 과태료 중 가장 중한 과태료를 부과한다. ② 제1항의 경우를 제외하고 2 이상의 질서위반행위가 경합하는 경우에는 각 질서위반행위에 대하여 정한 과태료를 각각 부과한다. 다만, 다른 법령(지방자치단체의 조례를 포함)에 특별한 규정이 있는 경우에는 그 법령으로 정하는 바에 따른다.

| 정답 | X

409

행정벌에 관한 설명 중 옳은 것을 모두 고른 것은?

ㄱ. 양벌규정에 의한 영업주의 처벌은 금지위반행위자인 종업원의 처벌에 종속하는 것이 아니라 독립하여 그 자신의 종업원에 대한 선임감독상의 과실로 인하여 처벌되는 것이므로 종업원의 범죄성립이나 처벌이 영업주 처벌의 전제조건이 될 필요는 없다.

[23 변시]

양벌규정에 의한 영업주의 처벌은 금지위반행위자인 종업원의 처벌에 종속하는 것이 아니라 독립하여 그 자신의 종업원에 대한 선임감독상의 과실로 인하여 처벌되는 것이므로 종업원의 범죄성립이나 처벌이 영업주 처벌의 전제조건이 될 필요는 없다(대판 2006.2.24. 2005도7673).

| 정답 | O

ㄴ. 지방자치단체 소속 공무원이 지방자치단체 고유의 자치사무를 수행하던 중 「도로법」 규정을 위반한 경우 지방자치단체는 「도로법」 상의 양벌규정에 따라 처벌대상이 되는 법인에 해당한다.

지방자치단체 소속 공무원이 지방자치단체 고유의 자치사무를 수행하던 중 도로법 81조 내지 85조의 규정에 의한 위반행위를 한 경우에는 지방자치단체는 도로법 86조의 양벌규정에 따라 처벌대상이 되는 법인에 해당한다고 할 것이다(대판 2005.11.10. 2004도2657, 표준판례 222).

| 정답 | O

ㄷ. 과태료처분을 받고 이를 납부한 일이 있는데도 그 후에 형사처벌을 하면 일사부재리의 원칙에 위반된다.

행정법상의 질서벌인 과태료의 부과처분과 형사처벌은 그 성질이나 목적을 달리하는 별개의 것이므로 행정법상의 질서벌인 과태료를 납부한 후에 형사처벌을 한다고 하여 이를 일사부재리의 원칙에 반하는 것이라고 할 수는 없다(대판 1996.4.12. 96도158, 표준판례 223).

| 정답 | X

ㄹ. 「여객자동차 운수사업법」에서 정하는 과태료처분이나 감차처분 등은 형벌이 아니므로 같은 법이 정하고 있는 처분대상인 위반행위를 유추해석하거나 확대해석하는 것이 가능하다.

여객자동차 운수사업법 76조, 85조에서 정하는 과태료처분이나 감차처분 등은 규정 위반자에 대하여 처벌 또는 제재를 가하는 것이므로 같은 법이 정하고 있는 처분대상인 위반행위를 함부로 유추해석하거나 확대해석하여서는 아니 된다(대판 2007.3.30. 2004두7665).

| 정답 | X

410
☐☐☐

관할 구청장 乙은 미성년자에게 주류를 판매한 업주 甲에게 영업정지처분에 갈음하여 과징금부과처분을 하였고, 甲은 부과된 과징금을 납부하였다. 이후 甲은 과징금부과처분에 하자가 있음을 알게 되었다. 이에 관한 설명으로 옳은 것은?

ㄱ. 영업정지처분과 과징금부과처분은 「식품위생법」상 의무위반에 따른 제재적 처분이고 각각 부작위의무와 급부의무를 명하는 하명에 해당하며 반드시 법령의 근거를 필요로 한다.

하명(下命)이란 행정청이 국민에게 작위, 부작위, 급부 또는 수인의무를 명하는 행위를 말한다. 하명으로 인하여 상대방에게 일정한 공법상 의무가 발생하는 바 법령의 근거가 필요하며, 특히 과징금을 부과하기 위해서는 개별법률의 근거가 있어야 한다. | 정답 | ○

ㄴ. 과징금부과처분에 중대한 하자가 있다면 그 과징금부과처분을 유효한 것으로 믿은 제3자나 공공의 신뢰를 보호할 필요가 없으므로 그 하자가 명백하지 않더라도 과징금부과처분은 무효이다.

판례는 중대명백설을 취하므로 중대하나 명백하지 않은 하자는 취소사유에 불과하다.
[판례] 하자 있는 행정처분이 당연무효가 되기 위하여는 그 하자가 법규의 중요한 부분을 위반한 중대한 것으로서 객관적으로 명백한 것이어야 하며 하자가 중대하고 명백한 것인지 여부를 판별함에 있어서는 그 법규의 목적, 의미, 기능 등을 목적론적으로 고찰함과 동시에 구체적 사안 자체의 특수성에 관하여도 합리적으로 고찰함을 요한다(대판[전합] 1995.7.11. 94누4615, 표준판례 85). | 정답 | X

ㄷ. 甲이 과징금부과처분 취소소송을 제기한 이후 소송계속 중 과징금부과처분의 근거법령이 위헌으로 결정된 경우 위헌결정의 효력은 甲의 과징금부과처분 취소소송에 미치며, 법원은 과징금부과처분의 무효확인을 구하는 취소소송의 형태로 심리를 하여야 한다.

법률에 근거하여 행정처분이 발하여진 후에 헌법재판소가 그 행정처분의 근거가 된 법률을 위헌으로 결정하였다면 결과적으로 행정처분은 법률의 근거가 없이 행하여진 것과 마찬가지가 되어 하자가 있는 것이 되나, 하자 있는 행정처분이 당연무효가 되기 위하여는 그 하자가 중대할 뿐만 아니라 명백한 것이어야 하는데, 일반적으로 법률이 헌법에 위반된다는 사정이 헌법재판소의 위헌결정이 있기 전에는 객관적으로 명백한 것이라고 할 수는 없으므로 **헌법재판소의 위헌결정 전에 행정처분의 근거되는 당해 법률이 헌법에 위반된다는 사유는 특별한 사정이 없는 한 그 행정처분의 취소소송의 전제**가 될 수 있을 뿐 당연무효사유는 아니라고 봄이 상당하다(대판 1994.10.28. 92누9463). | 정답 | X

ㄹ. 과징금부과처분에 절차상 하자가 있어 甲이 과징금부과처분 취소소송을 제기한 경우 乙은 사실심 변론종결 전까지 그 하자를 보완할 수 있으며, 이때 과징금부과처분의 하자는 치유된다.

절차상 하자의 치유는 가능하나, **하자치유의 시간적 한계는 행정쟁송 제기 전**이므로, **행정심판 계속 중** 또는 **행정소송 계속 중**인 경우 하자**치유는 부정**된다.
[판례] 과세처분에 과세표준과 세액의 계산명세서 등을 첨부하여 고지하도록 한 것은 납세의무자에게 부과처분의 내용을 상세히 알려서 불복여부의 결정 및 그 불복신청에 편의를 주려는데에도 그 취지가 있으므로

이 치유를 허용하려면 늦어도 과세처분에 대한 불복여부의 결정 및 불복신청에 편의를 줄 수 있는 상당한 기간내에 하여야 한다고 할 것인바 피고 이리세무서장의 뒤늦은 납세고지서의 송달로서는 이 과세처분의 하자가 치유되었다고 보기 어렵다(대판 1983.7.26. 82누420, 표준판례 96). ㅣ정답ㅣX

ㅁ. 甲이 이미 납부한 과징금을 반환받기 위해서는 乙을 상대로 당사자소송을 제기하여 야 한다.

甲은 이미 납부한 **과징금을 반환**받기 위한 **부당이득반환청구**는 재판실무상 **민사소송의 대상**이다. 다수설에 따라 공법상 부당이득반환청구권을 공권으로 보는 견해에 따르더라도 당사자소송의 피고는 권리주체이므로 구청장 乙이 아닌, 乙이 속한 지방자치단체가 피고가 된다. ㅣ정답ㅣX

[20-3]

411
□□□

甲이 양심상의 사유로 현역 입영을 불응한 것에 대하여 ○○지방병무청장은 「병역법」 제81조의2 제3항에 따라 ○○지방병무청 병역의무기피공개심의위원회의 심의 및 재심의를 거쳐 甲을 공개대상자로 결정하였고, 병무청장은 「병역법」 제81조의2 제1항에 따라 병무청 인터넷 홈페이지에 甲의 인적사항과 병역의무 미이행 사항 등을 공개하였다. 이에 甲은 병무청장의 인적사항 공개처분의 취소를 구하는 행정소송을 청구하였다. 이에 관한 설명으로 옳지 않은 것은?

> ❏ 참 고
> **병역법 제81조의2(병역의무 기피자의 인적사항 등의 공개)**
> ① 병무청장은 다음 각 호의 어느 하나에 해당하는 사람에 대해서는 인적사항과 병역의무 미이행 사항 등을 인터넷 홈페이지 등에 공개할 수 있다. (단서 생략)
> 　3. 정당한 사유 없이 현역 입영 또는 사회복무요원·대체복무요원 소집이나 군사교육소직에 응하지 아니하는 사람
> ② 제1항에 따라 공개하는 인적사항과 병역의무 기피·면탈 및 감면 사항 등에 대한 공개 여부를 심의하기 위하여 관할 지방병무청(지방병무청지청을 포함한다. 이하 이 조에서 같다)에 병역의무기피공개심의위원회(이하 이 조에서 "위원회"라 한다)를 둔다.
> ③ 관할 지방병무청장은 위원회의 심의를 거친 잠정 공개 대상자에게 제1항에 따른 인적사항 등의 공개 대상자임을 통지하여 소명 기회를 주어야 하며, 통지일부터 6개월이 지난 후 위원회로 하여금 잠정 공개 대상자의 병역의무 이행 상황을 고려하여 공개 여부를 재심의하게 한 후 공개 대상자를 결정한다.

ㄱ. 병무청장의 공개조치는 특정인의 병역의무 기피를 공표한다는 행정결정이 전제되어 있는데, 병무청장이 그러한 행정결정을 공개 대상자에게 미리 통보하지 않았다거나 처분서를 작성·교부하지 않았다 하더라도 항고소송의 대상적격은 인정된다.

병무청장이 하는 병역의무 기피자의 인적사항 등 공개조치에는 특정인을 병역의무 기피자로 판단하여 그에게 불이익을 가한다는 행정결정이 전제되어 있고, 공개라는 사실행위는 행정결정의 집행행위라고 보아야 한다. 병무청장이 그러한 행정결정을 공개 대상자에게 미리 통보하지 않은 것이 적절한지는 본안에서 해당 처분이 적법한가를 판단하는 단계에서 고려할 요소이며, 병무청장이 그러한 행정결정을 공개 대상자에게 미리 통보하지 않았다거나 처분서를 작성·교부하지 않았다는 점만으로 항고소송의 대상적격을 부정하여서는 아니 된다(대판 2019.6.27. 2018두49130, 표준판례 228). ㅣ정답ㅣ○

412

☐☐☐

행정청이 여러 개의 위반행위에 대하여 하나의 제재처분을 하였으나, 위반행위별로 제재처분의 내용을 구분하는 것이 가능하고 여러 개의 위반행위 중 일부의 위반행위에 대한 제재처분 부분만이 위법하다면, 법원은 제재처분 전부를 취소하여서는 아니 된다.

행정청이 **여러 개의 위반행위**에 대하여 **하나의 제재처분**을 하였으나, 위반행위별로 **제재처분의 내용을 구분**하는 것이 가능하고 여러 개의 위반행위 중 **일부의 위반행위**에 대한 **제재처분 부분만이 위법**하다면, 법원은 제재처분 중 **위법성이 인정되는 부분만** 취소하여야 하고 제재처분 전부를 취소하여서는 아니 된다(대판 2020.5.14. 2019두63515, 표준판례 210). | 정답 | ○

413

☐☐☐

관할 행정청이 여객자동차운송사업자가 범한 여러 가지 위반행위 중 일부만 인지하여 과징금 부과처분을 하였는데 그 후 과징금 부과처분 시점 이전에 이루어진 다른 위반행위를 인지하여 이에 대하여 별도의 과징금 부과처분을 하게 되는 경우, 종전 과징금 부과처분의 대상이 된 위반행위와 추가 과징금 부과처분의 대상이 된 위반행위에 대하여 일괄하여 하나의 과징금 부과처분을 하는 경우와의 형평을 고려하여 추가 과징금 부과처분의 처분양정이 이루어져야 한다.

관할 행정청이 여객자동차운송사업자가 범한 여러 가지 위반행위 중 일부만 인지하여 과징금 부과처분을 하였는데 그 후 과징금 부과처분 시점 이전에 이루어진 다른 위반행위를 인지하여 이에 대하여 별도의 과징금 부과처분을 하게 되는 경우에도 종전 과징금 부과처분의 대상이 된 위반행위와 추가 과징금 부과처분의 대상이 된 위반행위에 대하여 일괄하여 하나의 과징금 부과처분을 하는 경우와의 형평을 고려하여 추가 과징금 부과처분의 처분양정이 이루어져야 한다. 다시 말해, 행정청이 전체 위반행위에 대하여 하나의 과징금 부과처분을 할 경우에 산정되었을 정당한 과징금액에서 이미 부과된 과징금액을 뺀 나머지 금액을 한도로 하여서만 추가 과징금 부과처분을 할 수 있다. 행정청이 여러 가지 위반행위를 언제 인지하였느냐는 우연한 사정에 따라 처분상대방에게 부과되는 과징금의 총액이 달라지는 것은 그 자체로 불합리하기 때문이다(대판 2021.2.4. 2020두48390, 표준판례 227). | 정답 | ○

414
☐☐☐

공기업 甲은 관련 법령에 따라 A주식회사가 구매입찰에서 담합행위를 하였다는 이유로 6개월의 입찰참가자격 제한처분(이하 '1차 처분')을 하였으며, 이후 1차 처분 이전 구매행위에서 담합행위를 하였다는 이유로 다시 6개월의 입찰참가자격 제한처분(이하 '2차 처분')을 하였다. 아래 법령을 참고하여 위 사례에 관한 설명으로 옳은 것을 모두 고른 것은?

□ 참 고

공공기관의 운영에 관한 법률 제39조(회계원칙 등) ② 공기업·준정부기관은 공정한 경쟁이나 계약에 적정한 이행을 해칠 것이 명백하다고 판단되는 사람·법인 또는 단체 등에 대하여 2년의 범위 내에서 일정기간 입찰참가자격을 제한할 수 있다.
③ 제1항과 제2항의 규정에 따른 회계처리의 원칙과 입찰참가자격의 제한기준 등에 관하여 필요한 사항은 기획재정부령으로 정한다.
구 공기업·준정부기관 계약사무규칙(기획재정부령) 제15조(부정당업자의 입찰참가자격 제한)
② 제1항에 따른 입찰참가자격의 제한에 관한 기간, 제한기간의 가감, 그 밖에 필요한 사항은 「국가를 당사자로 하는 계약에 관한 법률 시행규칙」 제76조에서 정하는 바에 따른다.
구 국가를 당사자로 하는 계약에 관한 법률 시행규칙 제76조(부정당업자의 입찰참가자격 제한기준 등) ① 영 제76조 제2항에 따른 부정당업자의 입찰참가자격 제한의 세부기준은 별표 2와 같다.
③ 부정당업자가 수 개의 위반행위를 하여 별표 2 각 호의 사유 중 2 이상에 해당하는 경우에는 그 중 무거운 제한기준에 의한다.

ㄱ. 구 「국가를 당사자로 하는 계약에 관한 법률 시행규칙」에서 수 개의 위반행위에 대하여 그 중 가장 무거운 제한기준에 의하여 제재처분을 하도록 규정하고 있더라도 행정청이 입찰참가자격 제한처분을 한 후 그 처분 전의 위반행위를 알게 되어 다시 입찰참가자격 제한처분을 하는 경우에는 이 규정이 적용되지 않는다.

한국전력공사가, 甲 주식회사가 광섬유복합가공지선 구매입찰에서 담합행위(1차 위반행위)를 하였다는 이유로 6개월의 입찰참가자격 제한처분(1차 처분)을 한 다음, 1차 처분이 있기 전에 전력선 구매입찰에서 담합행위(2차 위반행위)를 하였다는 이유로 甲 회사에 다시 6개월의 입찰참가자격 제한처분(2차 처분)을 한 사안에서, 수 개의 위반행위에 대하여 그 중 가장 무거운 제한기준에 의하여 제재처분을 하도록 규정한 '국가를 당사자로 하는 계약에 관한 법률 시행규칙' 76조 3항은 규정의 취지 등을 고려할 때, 공기업·준정부기관(이하 '행정청')이 입찰참가자격 제한처분을 한 후 그 처분 전의 위반행위를 알게 되어 다시 입찰참가자격 제한처분을 하는 경우에도 적용된다고 보아야 하고, 1차 위반행위와 2차 위반행위의 제한기준이 동일하며, 행정청 내부의 사무처리기준상 1차 처분 전의 2차 위반행위에 대하여는 추가로 제재할 수 없다는 이유로, 甲 회사에 대한 2차 처분은 재량권을 일탈·남용하여 위법하다(대판 2014.11.27. 2013두18964).

| 정답 | X

ㄴ. 1차 처분의 사유인 1차 위반행위와 2차 위반행위의 입찰참가자격 제한기준이 동일하며, 행정청은 1차 처분에서 입찰참가자격 제한기준상 제재기간을 감경하지 아니하고 그대로 처분함으로써 추가로 제재할 여지가 없는 경우, 사무처리기준상 1차 처분 전의 위반행위인 2차 위반행위에 대하여는 더 이상 제재할 수 없다.

국가계약법 시행규칙 76조 3항(이하 '이 사건 규칙조항')은 수 개의 위반행위에 대하여 그 중 가장 무거운 제한기준에 의하여 제재처분을 하도록 규정하고 있고, 이는 가장 중한 위반행위에 대한 입찰참가자격 제한처분만으로도 입법 목적을 충분히 달성할 수 있다는 취지로 보이며, 또한 행정청이 입찰참가자격 제한처분을 할 때 그 전에 발생한 수 개의 위반행위를 알았거나 알 수 있었는지 여부를 구별하여 적용기준을 달리 정하고 있지도 아니하다. 나아가 수 개의 위반행위에 대하여 한 번에 제재처분을 받을 경우와의 형평성 등을 아울러 고려하면, 이 사건 규칙조항은 행정청이 입찰참가자격 제한처분을 한 후 그 처분 전의 위반행위를 알게 되어 다시 입찰참가자격 제한처분을 하는 경우에도 적용된다고 할 것이다.

따라서 이 사건 처분에 관하여도 이 사건 규칙조항이 적용된다고 보아야 하고, 1차 처분의 사유인 1차 위반행위와 이 사건 처분의 사유인 2차 위반행위의 제한기준이 동일할 뿐더러, 행정청은 1차 처분에서 입찰참가자격 제한기준상 제재기간을 감경하지 아니하고 그대로 처분함으로써 추가로 제재할 여지가 없는 상황이므로, 행정청 내부의 사무처리기준상 1차 처분 전의 위반행위인 2차 위반행위에 대하여는 더 이상 제재할 수 없다고 할 것이다(대판 2014.11.27. 2013두18964). | 정답 | ○

[23-1]

415
□□□

관할 행정청의 이행강제금 부과는 「행정기본법」상 제재처분에 해당하지 않는다.

행정기본법 제2조(정의) 이 법에서 사용하는 용어의 뜻은 다음과 같다.
5. "제재처분"이란 법령등에 따른 의무를 위반하거나 이행하지 아니하였음을 이유로 당사자에게 의무를 부과하거나 권익을 제한하는 처분을 말한다. 다만, 제30조제1항 각 호에 따른 행정상 강제는 제외한다.
제30조(행정상 강제) ① 행정청은 행정목적을 달성하기 위하여 필요한 경우에는 법률로 정하는 바에 따라 필요한 최소한의 범위에서 다음 각 호의 어느 하나에 해당하는 조치를 할 수 있다.
2. 이행강제금의 부과: 의무자가 행정상 의무를 이행하지 아니하는 경우 행정청이 적절한 이행기간을 부여하고, 그 기한까지 행정상 의무를 이행하지 아니하면 금전급부의무를 부과하는 것

| 정답 | ○

제9장 | 행정절차

I 행정절차

[22 · 12 변시]

416

□□□ 행정절차의 하자는 행정쟁송제기 이전까지 치유할 수 있다.

세액산출근거가 누락된 납세고지서에 의한 과세처분의 하자의 치유를 허용하려면 늦어도 과세처분에 대한 **불복여부의 결정 및 불복신청에 편의를 줄 수 있는 상당한 기간내**에 하여야 한다고 할 것이므로 위 과세처분에 대한 전심절차가 모두 끝나고 상고심의 계류중에 세액산출근거의 통지가 있었다고 하여 이로써 위 과세처분의 하자가 치유되었다고는 볼 수 없다(대판 1984.4.10. 83누393, 표준판례 175). | 정답 | ○

[12 변시]

417

□□□ 명문의 규정이 없는 한 취소사유인 절차상 하자가 실체적 결정에 영향을 미치지 않았음이 명백한 경우에는 절차상 하자만으로 당해 행정행위를 취소할 수 없다.

절차상 하자만으로도 독자적 위법사유가 된다는 것이 판례의 견해이다.
[판례] 구 독점규제및공정거래에관한법률 49조 3항, 52조 1항이 정하고 있는 절차적 요건을 갖추지 못한 공정거래위원회의 시정조치 또는 과징금납부명령은 설령 실체법적 사유를 갖추고 있다고 하더라도 위법하여 취소를 면할 수 없다(대판 2001.5.8. 2000두10212). | 정답 | X

[22 변시]

418

□□□ 기속행위의 경우에는 실체적 내용에 하자가 없는 이상 절차적 하자만으로 독립된 위법사유가 되지 않는다.

식품위생법 64조, 같은법시행령 37조 1항 소정의 청문절차를 전혀 거치지 아니하거나 거쳤다고 하여도 그 **절차적 요건을 제대로 준수하지 아니한 경우에는 가사 영업정지사유 등 위 법 58조 등 소정 사유가 인정된다고 하더라도 그 처분은 위법**하여 취소를 면할 수 없다(대판 1991.7.9. 91누971). | 정답 | X

[20-2]

419

□□□ 보건복지부장관이 작성한 「보육사업안내」에서 평가인증취소의 절차에 관한 사항을 일부 정한 경우에, 이는 다른 법률에 특별한 규정이 있는 경우에 해당하여 「행정절차법」의 적용이 배제된다.

① 영유아보육법 30조 7항은 어린이집 평가인증의 실시 및 유효기간 등에 필요한 사항에 관해서만 보건복지부령으로 정하도록 위임하고 있는 점, ② 구 영유아보육법 시행규칙 31조도 '운영체계, 평가지표, 수수료 등 어린이집의 평가인증에 필요한 사항'(1항), '평가인증의 절차 및 서식 등에 관한 구체적인 사항'(4항)만을 보건복지부장관이 정하도록 위임하고 있는 점 등을 종합하면, 보건복지부장관이 작성한 보육사업안내에 평가인증취소의 절차에 관한 사항을 일부 정하고 있다 하더라도 이러한 사정만으로 행정절차법 3조 1항이 정한 '다른 법률에 특별한 규정이 있는 경우'에 해당하여 평가인증취소에 행정절차법 적용이 배제된다고 보기 어렵다(대판 2016.11.9. 2014두1260, 표준판례 151).　　　　　　　　　　　　　　　| 정답 | X

[23-1, 19-2]

420 ☐☐☐ 감사원이 감사위원회의 결정을 거쳐 행하는 사항에 대해서는 「행정절차법」이 적용되지 않는다.

> **행정절차법 제3조(적용 범위)** ② 이 법은 다음 각 호의 어느 하나에 해당하는 사항에 대하여는 적용하지 아니한다.
> 5. 감사원이 감사위원회의의 결정을 거쳐 행하는 사항

　　　　　　　　　　　　　　　　　　　　　　　　　　　　　　　| 정답 | O

[18 · 13 변시]

421 ☐☐☐ 공무원 인사관계 법령에 따른 처분에 관한 사항이라도 그 전부에 대하여 행정절차법의 적용이 배제되는 것이 아니라 성질상 행정절차를 거치기 곤란하거나 불필요하다고 인정되는 처분이나 행정절차에 준하는 절차를 거치도록 하고 있는 처분의 경우에만 행정절차법의 적용이 배제된다.

행정청이 침해적 행정처분을 하면서 당사자에게 행정절차법상의 사전통지를 하거나 의견제출의 기회를 주지 아니하였다면 사전통지를 하지 않거나 의견제출의 기회를 주지 아니하여도 되는 예외적인 경우에 해당하지 아니하는 한 그 처분은 위법하여 취소를 면할 수 없다. 행정과정에 대한 국민의 참여와 행정의 공정성, 투명성 및 신뢰성을 확보하고 국민의 권익을 보호함을 목적으로 하는 행정절차법의 입법목적과 행정절차법 3조 2항 9호의 규정 내용 등에 비추어 보면, **공무원 인사관계 법령**에 의한 처분에 관한 사항 전부에 대하여 행정절차법의 적용이 배제되는 것이 아니라 **성질상 행정절차를 거치기 곤란하거나 불필요**하다고 인정되는 처분이나 **행정절차에 준하는** 절차를 거치도록 하고 있는 처분의 경우에만 행정절차법의 적용이 배제된다(대판 2007.9.21. 2006두20631, 표준판례 148).　　　　　　　　　　　　　　| 정답 | O

[22-3]

422 ☐☐☐ 사전통지를 하지 않고 의견제출기회를 주지 아니한 별정직 공무원에 대한 직권면직처분은 「행정절차법」 위반의 절차하자가 있어 위법하다.

공무원 인사관계 법령에 의한 처분에 관한 사항이라 하더라도 그 전부에 대하여 행정절차법의 적용이 배제되는 것이 아니라, 성질상 행정절차를 거치기 곤란하거나 불필요하다고 인정되는 처분이나 행정절차에 준하는 절차를 거치도록 하고 있는 처분의 경우에만 행정절차법의 적용이 배제되는 것으로 보아야 하고(대판 2007.9.21. 2006두20631 등 참조), 이러한 법리는 '공무원 인사관계 법령에 의한 처분'에 해당하는 **별정직 공무원**에 대한 **직권면직 처분**의 경우에도 마찬가지로 적용된다고 할 것이다.

이 사건 처분은 대통령기록물 관리에 관한 법률에서 5년 임기의 별정직 공무원으로 규정한 대통령기록관장으로 임용된 원고를 직권면직한 처분으로서, 원고에 대하여 의무를 과하거나 원고의 권익을 제한하는 처분이고, 별정직 공무원에 대한 직권면직의 경우에는 징계처분과 달리 징계절차에 관한 구 공무원징계령(대통령령)의 규정도 적용되지 않는 등 **행정절차에 준하는 절차**를 거치도록 하는 규정이 없으며, 이 사건 처분이 **성질상** 행정절차를 거치기 곤란하거나 불필요하다고 인정되는 처분에도 해당하지 아니하므로, 원고에게 사전통지를 하지 않고 의견제출의 기회를 주지 아니한 이 사건 처분은 구 행정절차법 21조 1항, 22조 3항을 위반한 절차상 하자가 있어 위법하다(대판 2013.1.16. 2011두30687).　　　　|정답 | ○

[20-2]

423
□□□
육군3사관학교 사관생도에 대한 질책·훈계·퇴학처분은 「행정절차법」의 적용이 배제된다.

행정절차법의 적용이 제외되는 공무원 인사관계 법령에 의한 처분에 관한 사항이란 성질상 행정절차를 거치기 곤란하거나 불필요하다고 인정되는 처분이나 행정절차에 준하는 절차를 거치도록 하고 있는 처분에 관한 사항만을 말하는 것으로 보아야 한다. 이러한 법리는 '공무원 인사관계 법령에 의한 처분'에 해당하는 육군3사관학교 생도에 대한 퇴학처분에도 마찬가지로 적용된다. 그리고 **행정절차법 시행령 2조 8호**는 '학교·연수원 등에서 **교육·훈련**의 목적을 달성하기 위하여 학생·연수생들을 대상으로 하는 사항'을 행정절차법의 적용이 제외되는 경우로 규정하고 있으나, 이는 교육과정과 내용의 구체적 결정, 과제의 부과, 성적의 평가, 공식적 징계에 이르지 아니한 **질책·훈계** 등과 같이 교육·훈련의 목적을 직접 달성하기 위하여 행하는 사항을 말하는 것으로 보아야 하고, 생도에 대한 **퇴학처분**과 같이 신분을 박탈하는 징계처분은 여기에 해당한다고 볼 수 없다(대판 2018.3.13. 2016두33339, 표준판례 149).　　　　|정답 | X

[20-2]

424
□□□
시보임용을 거쳐 정규공무원으로 임용된 사람에게 시보임용처분 당시 법률상 공무원임용 결격사유가 있어 시보임용처분을 취소하고 그에 따라 정규임용처분을 취소한 경우, 정규임용처분을 취소하는 처분에 대해서는 성질상 「행정절차법」의 적용이 배제된다.

정규공무원으로 임용된 사람에게 시보임용처분 당시 지방공무원법 31조 4호에 정한 공무원임용 결격사유가 있어 시보임용처분을 취소하고 그에 따라 정규임용처분을 취소한 사안에서, 정규임용처분을 취소하는 처분은 성질상 행정절차를 거치는 것이 불필요하여 행정절차법의 적용이 배제되는 경우에 해당하지 않으므로, 그 처분을 하면서 사전통지를 하거나 의견제출의 기회를 부여하지 않은 것은 위법하다(대판 2009.1.30. 2008두16155).　　　　|정답 | X

425
□□□
귀화에 관한 결정은 성질상 행정절차를 거치기 곤란하거나 거칠 필요가 없다고 인정되어 처분의 이유제시 등을 규정한 행정절차법이 적용되지 않는다고 할 것이다.

구 국적법 5조 각호와 같이 **귀화**는 요건이 항목별로 구분되어 구체적으로 규정되어 있다. 그리고 성질상 행정절차를 거치기 곤란하거나 거칠 필요가 없다고 인정되어 처분의 이유제시 등을 규정한 **행정절차법이 적용되지 않는다**. 귀화의 이러한 특수성을 고려하면, 귀화의 요건인 구 국적법 5조 각호 사유 중 일부를 갖추지 못하였다는 이유로 행정청이 귀화 신청을 받아들이지 않는 처분을 한 경우에 '그 각호 사유 중 일부를 갖추지 못하였다는 판단' 자체가 처분의 사유가 된다(대판 2018.12.13. 2016두31616).　　　　|정답 | ○

[23-1]

426
☐☐☐

행정청이 그 관할에 속하지 아니하는 사안을 접수하였을 때에는 지체 없이 이를 관할 행정청에 이송하여야 하나 그 사실을 신청인에게 통지하여야 하는 것은 아니다.

> **행정절차법 제6조(관할)** ① 행정청이 그 관할에 속하지 아니하는 사안을 접수하였거나 이송받은 경우에는 지체 없이 이를 관할 행정청에 이송하여야 하고 그 사실을 신청인에게 통지하여야 한다. 행정청이 접수하거나 이송받은 후 관할이 변경된 경우에도 또한 같다.

| 정답 | X

[23-1]

427
☐☐☐

행정청은 법령등의 이유로 독자적인 직무수행이 어려운 경우에는 다른 행정청에 행정응원을 요청할 수 있으나 능률성과 경제성을 이유로 하는 행정응원은 요청할 수 없다.

> **행정절차법 제8조(행정응원)** ① 행정청은 다음 각 호의 어느 하나에 해당하는 경우에는 다른 행정청에 행정응원(行政應援)을 요청할 수 있다.
> 1. 법령등의 이유로 독자적인 직무 수행이 어려운 경우
> 5. 다른 행정청의 응원을 받아 처리하는 것이 보다 능률적이고 경제적인 경우

| 정답 | X

[23-1]

428
☐☐☐

행정절차에 있어서 대표자가 있는 경우에는 당사자등은 그 대표자를 통하여서만 행정절차에 관한 행위를 할 수 있다.

> **행정절차법 제11조(대표자)** ⑤ 대표자가 있는 경우에는 당사자등은 그 대표자를 통하여서만 행정절차에 관한 행위를 할 수 있다.

| 정답 | ○

[21 변시]

429
☐☐☐

징계와 같은 불이익처분절차에서 징계심의대상자에게 변호사를 통한 방어권의 행사를 보장하는 것이 필요하고, 징계심의대상자가 선임한 변호사가 징계위원회에 출석하여 징계심의대상자를 위하여 필요한 의견을 진술하는 것은 방어권 행사의 본질적 내용에 해당하므로, 행정청은 특별한 사정이 없는 한 이를 거부할 수 없다.

징계절차에도 변호인의 조력권이 인정되므로, 징계와 같은 불이익처분절차에서 징계심의대상자가 선임한 변호사가 징계위원회에 출석하여 징계심의대상자를 위하여 필요한 의견을 진술하는 것을 행정청은 거부할 수 없다.

행정절차법 제11조(대표자) ④ 대표자는 각자 그를 대표자로 선정한 당사자등을 위하여 **행정절차에 관한 모든 행위를** 할 수 있다. 다만, 행정절차를 끝맺는 행위는 당사자등의 동의를 받아야 한다.
제12조(대리인) ① 당사자등은 다음 각 호의 어느 하나에 해당하는 자를 **대리인으로** 선임할 수 있다.
　3. **변호사**
② 대리인에 관하여는 제11조제3항·제4항 및 제6항을 준용한다.

행정절차법령의 규정취지, 법치국가원리와 적법절차원칙에 비추어 징계 같은 불이익처분절차에서 징계심의대상자에게 변호사를 통한 방어권 행사를 보장하는 것이 필요하고, 징계심의대상자가 선임한 변호사가 징계위원회에 출석하여 징계심의대상자를 위하여 필요한 의견을 진술하는 것은 방어권 행사의 본질적 내용에 해당하므로, 행정청은 특별한 사정이 없는 한 이를 거부할 수 없다(대판 2018.3.13. 2016두33339, 표준판례 149). ┃ 정답 ┃ ○

[22 경찰간부]

430

☐☐☐

처분기준이 법규명령 형식으로 제정된 경우에는 입법절차에 따라 공포하여야 하나, 행정규칙 형식으로 설정된 경우에는 이를 공고하지 않는다.

행정절차법 20조는 '처분기준을 … 공표하여야 한다'고 규정하고 있으므로, 형식에 따라 공표 여부가 달라지지 않는다.

행정절차법 제20조(처분기준의 설정·공표) ① 행정청은 필요한 처분기준을 해당 처분의 성질에 비추어 되도록 구체적으로 정하여 공표하여야 한다. 처분기준을 변경하는 경우에도 또한 같다.

┃ 정답 ┃ X

[23 변시, 23-3, 23-1, 22-3]

431

☐☐☐

행정규칙에 규정된 처분기준이 법의 일반원칙을 위반하지 않았더라도 해당 처분기준을 사전에 공표하지 않고 처분하였다면 이는 곧바로 취소사유에 해당한다.

미리 공표하지 않은 처분기준을 적용하였다고 하여, 해당 **처분이 위법**해지는 것은 아니다. 행정절차법 20조 1항에 따른 처분기준의 사전공표의무 위반은 처분의 독자적인 **위법사유가 아니기** 때문이다.
[판례] 행정청이 행정절차법 20조 1항의 **처분기준 사전공표 의무를** 위반하여 미리 **공표하지 아니한 기준을 적용하여** 처분을 하였다고 하더라도, 그러한 사정만으로 곧바로 해당 처분에 **취소사유에** 이를 정도의 **흠이 존재**한다고 볼 수는 없다. 다만 해당 처분에 적용한 기준이 상위법령의 규정이나 신뢰보호의 원칙 등과 같은 **법의 일반원칙을** 위반하였거나 **객관적으로 합리성이 없다**고 볼 수 있는 구체적인 사정이 있다면 해당 **처분은 위법**하다고 평가할 수 있다(대판 2020.12.24. 2018두45633, 표준판례 154). ┃ 정답 ┃ X

432
□□□

문화체육관광부장관 甲은 A국과의 관광협상 결과에 따른 세부사항을 시행하기 위하여 「전담여행사 업무 시행지침」(이하 '이 사건 지침')을 제정하였다. 甲은 이 사건 지침에 근거하여 2013. 5.경 재심사를 통해 전담여행사 지위를 갱신하는 갱신기준('종전 처분기준')을 정하여 이를 공표하였다. 甲은 2016. 3. 23. 무자격 가이드 고용으로 감점을 받은 경우 전담여행사 지위를 갱신하지 않기로 하는 내용의 '변경된 처분기준'을 마련하였으나 이를 공표하지 않았다. 한편, 전담여행사 지정을 받은 乙은 2015. 1.경 무자격 가이드를 고용하였고 이를 이유로 2016. 4. 2. '변경된 처분기준'에 따라 재지정 탈락기준을 상회하는 감점을 받았다. 이를 근거로 甲은 2016. 11. 4. 乙에 대한 전담여행사 지정을 취소하였다(이하 '이 사건 처분'). 이에 관한 설명으로 옳은 것은?

ㄱ. 이미 공표된 '종전 처분기준'을 다시 변경하는 경우에도 공공의 안전 또는 복리를 현저히 해치는 등 예외적인 사유에 해당하지 않는 한, '변경된 처분기준'을 다시 공표하여야 한다.

이미 **공표된 처분기준을 변경**하는 경우에도 원칙적으로 변경된 처분기준을 **다시 공표해야** 한다. 예외적으로 공공안전·복리에 더 적합한 경우에는 행정절차법 20조 3항에 따라 공표하지 않을 수 있다.

> **행정절차법 제20조(처분기준의 설정·공표)** ① 행정청은 필요한 **처분기준을** 해당 **처분**의 성질에 비추어 되도록 **구체적으로** 정하여 **공표하여야** 한다. 처분기준을 변경하는 경우에도 **또한** 같다.
> ③ 제1항에 따른 처분기준을 공표하는 것이 해당 처분의 **성질상** 현저히 곤란하거나 **공공의 안전 또는 복리를** 현저히 해치는 것으로 인정될 만한 상당한 이유가 있는 경우에는 처분기준을 **공표하지 아니할** 수 있다.

처분의 성질상 처분기준을 **미리 공표**하게 되면 **행정목적을 달성**할 수 없게 되거나 행정청에게 일정한 범위 내에서 재량권을 부여함으로써 구체적인 사안에서 개별적인 사정들을 고려하여 **탄력적으로 처분**이 이루어 지도록 하는 것이 오히려 **공공의 안전**이나 복리에 더 적합한 경우가 있을 수 있으므로, 그와 같은 경우에는 행정절차법 20조 2항에 따라 처분기준을 따로 **공표하지 아니하거나** 개략적으로만 공표할 수도 있다(대판 2019.12.13. 2018두41907, 표준판례 153). 행정청은 당초에 **공표된 처분기준을 변경**하는 경우에도 위 2항이 정한 예외에 해당하지 않는 한 변경된 처분기준을 **다시 공표하여야** 한다(대판 2020.12.24. 2018두45633).
| 정답 | ○

ㄴ. '변경된 처분기준'은 근거 법령에서 구체적 위임을 받아 제정·공포되었다는 특별한 사정이 없는 한, 원칙적으로 대외적 구속력이 없는 행정규칙에 해당한다.

행정절차법 20조 1항에 따라 **공표된 '변경된 처분기준'**은 원칙적으로 **행정규칙**에 해당하므로 **대외적 구속력이 없다.** 법령의 위임을 받았다는 특별한 사정이 없는 한 공표된 처분기준은 **내부적 사무처리기준**에 불과하기 때문이다.
[판례] 행정청이 행정절차법 20조 1항에 따라 정하여 **공표한 처분기준**은, 그것이 해당 처분의 근거 법령에서 구체적 위임을 받아 제정·공포되었다는 특별한 사정이 없는 한, 원칙적으로 **대외적 구속력이 없는 행정규칙**에 해당한다(대판 2020.12.24. 2018두45633).
| 정답 | ○

ㄷ. 사전에 공표한 갱신기준을 심사대상기간이 이미 경과하였거나 상당부분 경과한 시점에서 처분상대방의 갱신여부를 좌우할 정도로 중대하게 변경하는 것은 특별한 사정이 없는 한 허용되지 않는다.

사전공표된 갱신심사기준을 심사기간 경과 후 **갱신여부를 좌우할** 정도로 **중대하게 변경**하는 것은 허용되지 않는다. 갱신제도의 폐지·인원감축의 중대한 공익상 필요가 없는 한 갱신제도의 취지에 반하기 때문이다.
[판례] 사전에 공표한 심사기준 중 경미한 사항을 변경하거나 다소 불명확하고 추상적이었던 부분을 명확하게 하거나 구체화하는 정도를 뛰어넘어, **심사대상기간이 이미 경과**하였거나 **상당 부분 경과**한 시점에서 처분상대방의 **갱신 여부를 좌우**할 정도로 **중대하게 변경**하는 것은 갱신제의 본질과 사전에 공표된 심사기준에 따라 공정한 심사가 이루어져야 한다는 요청에 정면으로 위배되는 것이므로, 갱신제 자체를 폐지하거나 갱신상대방의 수를 종전보다 대폭 감축할 수밖에 없도록 만드는 중대한 공익상 필요가 인정되거나 관계 법령이 제·개정되었다는 등의 특별한 사정이 없는 한, **허용되지 않는다**(대판 2020.12.24. 2018두45633).

| 정답 | ○

[21-2]

433
☐☐☐

처분의 신청을 전자문서로 하는 경우에는 행정청의 컴퓨터에 입력된 때에 신청한 것이 되며, 행정청은 당사자의 동의가 없더라도 전자문서로 처분을 할 수 있다.

행정절차법 제17조(처분의 신청) ② 제1항에 따라 처분을 신청할 때 전자문서로 하는 경우에는 행정청의 컴퓨터 등에 입력된 때에 신청한 것으로 본다.
제24조(처분의 방식) ① 행정청이 처분을 할 때에는 다른 법령등에 특별한 규정이 있는 경우를 제외하고는 문서로 하여야 하며, 다음 각 호의 어느 하나에 해당하는 경우에는 **전자문서로** 할 수 있다.
1. 당사자등의 동의가 있는 경우
2. 당사자가 전자문서로 처분을 신청한 경우

| 정답 | ○

[21 변시]

434
☐☐☐

교육부장관이 관련 법령에 따른 부적격사유가 없는 A와 B 총장후보자 가운데 A후보자가 상대적으로 더욱 적합하다고 판단하여 대통령에게 총장으로 A후보자를 임용제청한 경우, 교육부장관은 B후보자에게 개별 심사항목이나 총장 임용 적격성에 대한 정성적 평가 결과를 구체적으로 밝힐 의무가 있다.

복수의 총장후보자에 대한 교육부장관의 임용제청과 관련, 부적격 후보자의 임용제청 배제의 경우 부적격사유를 구체적으로 제시할 의무가 있으나, 부적격사유가 없는 후보자들 중 보다 적합한 자를 임용제청하는 경우에는 개별 평가결과를 구체적으로 밝힐 의무는 없다.
[판례] 교육부장관이 어떤 후보자를 총장 임용에 부적격하다고 판단하여 배제하고 다른 후보자를 **임용제청**하는 경우라면 **배제한 후보자에게** 부적격사유가 있다는 점을 구체적으로 제시할 의무가 있으나, **부적격사유가 없는 후보자들** 사이에서 어떤 후보자를 상대적으로 더욱 적합하다고 판단하여 임용제청하는 경우라면, 교육부장관이 어떤 후보자를 총장으로 임용제청하는 행위자체에 그가 총장으로 더욱 적합하다는 정성적 평가결과가 당연히 포함되어 있는 것으로, 이로써 행정절차법상 이유제시의무를 다한 것이라고 보아야 하고, 나아가 교육부장관에게 개별 심사항목이나 고려요소에 대한 평가결과를 자세히 밝힐 의무까지는 없다(대판 2018.6.15. 2016두57564).

| 정답 | X

435

☐☐☐

당사자에게 의무를 과하거나 당사자의 권익을 제한하는 처분을 함에 있어서, 행정청은 법령 등에서 요구된 자격이 없어지게 되면 반드시 일정한 처분을 하여야 하는 경우에 그 자격이 없어지게 된 사실이 법원의 재판 등에 의하여 객관적으로 증명된 경우에도 행정 절차법상의 사전통지를 하여야 한다.

> **행정절차법 제21조(처분의 사전 통지)** ① 행정청은 당사자에게 의무를 부과하거나 권익을 제한하는 처분을 하는 경우에는 미리 다음 각 호의 사항을 당사자등에게 통지하여야 한다.
> ④ 다음 각 호의 어느 하나에 해당하는 경우에는 제1항에 따른 통지를 하지 아니할 수 있다.
>   1. 공공의 안전 또는 복리를 위하여 긴급히 처분을 할 필요가 있는 경우
>   2. 법령등에서 요구된 자격이 없거나 없어지게 되면 반드시 일정한 처분을 하여야 하는 경우에 그 자격이 없거나 없어지게 된 사실이 법원의 재판 등에 의하여 **객관적으로 증명**된 경우

| 정답 | X

436

☐☐☐

행정청은 처분을 하는 경우 원칙적으로 당사자에게 그 근거와 이유를 제시할 의무가 있으므로, 당사자가 근거규정 등을 명시하여 신청하는 인 · 허가 등을 거부하는 처분을 함에 있어 당사자가 그 근거를 알 수 있을 정도로 상당한 이유를 제시한 경우라 할지라도 당해 처분의 근거 및 이유로서 구체적 조항 및 내용까지 명시해야 하고 그러지 아니하면 그 처분은 위법하다.

행정절차법 23조 1항은 행정청은 처분을 하는 때에는 당사자에게 그 근거와 이유를 제시하여야 한다고 규정하고 있는바, 일반적으로 당사자가 근거규정 등을 명시하여 신청하는 인 · 허가 등을 거부하는 처분을 함에 있어 **당사자가 그 근거를 알 수 있을 정도로 상당한 이유를 제시**한 경우에는 당해 처분의 근거 및 이유를 **구체적 조항 및 내용까지** 명시하지 않았더라도 그로 말미암아 그 처분이 위법한 것이 된다고 할 수 없다 (대판 2002.5.17. 2000두8912).

| 정답 | X

437

☐☐☐

신청에 대한 거부처분은 특별한 사정이 없는 한 「행정절차법」 제21조 제1항의 '당사자에게 의무를 부과하거나 권익을 제한하는 처분'에 해당하지 않으므로 사전통지의 대상이 아니다.

행정절차법 21조 1항은 행정청은 당사자에게 의무를 과하거나 권익을 제한하는 처분을 하는 경우에는 미리 처분의 제목, 당사자의 성명 또는 명칭과 주소, 처분하고자 하는 원인이 되는 사실과 처분의 내용 및 법적 근거, 그에 대하여 의견을 제출할 수 있다는 뜻과 의견을 제출하지 아니하는 경우의 처리방법, 의견제출기관의 명칭과 주소, 의견제출기한 등을 당사자 등에게 통지하도록 하고 있는바, 신청에 따른 처분이 이루어지지 아니한 경우에는 아직 당사자에게 권익이 부과되지 아니하였으므로 특별한 사정이 없는 한 신청에 대한 거부처분이라고 하더라도 직접 당사자의 권익을 제한하는 것은 아니어서 **신청에 대한 거부처분을 여기에서 말하는 '당사자의 권익을 제한하는 처분'에 해당한다고 할 수 없는 것이어서 처분의 사전통지대상이 된다고 할 수 없다**(대판 2003.11.28. 2003두674, 표준판례 161).

| 정답 | ○

438
☐☐☐

사전통지의 예외에 해당하여 사전통지하지 않는 경우에는 처분을 할 때도 당사자 등에게 통지하지 아니한 사유를 알릴 필요가 없다.

> **행정절차법 제21조(처분의 사전 통지)** ④ 다음 각 호의 어느 하나에 해당하는 경우에는 제1항에 따른 통지를 하지 아니할 수 있다. 〈각 호 생략〉
> ⑥ 제4항에 따라 사전 통지를 하지 아니하는 경우 행정청은 처분을 할 때 당사자등에게 통지를 하지 아니한 사유를 알려야 한다. 다만, 신속한 처분이 필요한 경우에는 처분 후 그 사유를 알릴 수 있다.

| 정답 | X

439
☐☐☐

청문을 실시하지 않아도 되는 예외적인 경우에 해당하지 않는 한 행정청은 침익적 행정처분을 할 때 반드시 청문을 실시하여야 하고 그 절차를 결여한 처분은 위법한 처분으로서 당연무효에 해당한다.

> 구 도시계획법 78조, 78조의2, 행정절차법 22조 1항 1호, 4항, 21조 4항에 의하면, 행정청이 구 도시계획법 23조 5항의 규정에 의한 사업시행자 지정처분을 취소하기 위해서는 청문을 실시하여야 하고, 다만 행정절차법 22조 4항, 21조 4항에서 정한 예외사유에 해당하는 경우에 한하여 청문을 실시하지 아니할 수 있으며, 이러한 청문제도는 행정처분의 사유에 대하여 당사자에게 변명과 유리한 자료를 제출할 기회를 부여함으로써 위법사유의 시정가능성을 고려하고 처분의 신중과 적정을 기하려는 데 그 취지가 있음에 비추어 볼 때, 행정청이 침해적 행정처분을 함에 즈음하여 청문을 실시하지 않아도 되는 예외적인 경우에 해당하지 않는 한 반드시 청문을 실시하여야 하고, 그 절차를 결여한 처분은 위법한 처분으로서 **취소사유에 해당한다** (대판 2004.7.8. 2002두8350, 표준판례 165). | 정답 | X

440
☐☐☐

행정청과 당사자가 청문절차를 배제하는 협약을 체결하였다 하더라도, 협약의 체결로 청문 실시 관련 규정의 적용을 배제할 수 있다고 볼 만한 법령상의 규정이 없는 한 청문의 실시에 관한 규정의 적용이 배제되지 않는다.

> 행정청이 당사자와 사이에 도시계획사업의 시행과 관련한 **협약을 체결**하면서 관계 법령 및 행정절차법에 규정된 청문의 실시 등 의견청취절차를 배제하는 조항을 두었다고 하더라도, 국민의 행정참여를 도모함으로써 행정의 공정성 · 투명성 및 신뢰성을 확보하고 국민의 권익을 보호한다는 행정절차법의 목적 및 청문제도의 취지 등에 비추어 볼 때, 위와 같은 협약의 체결로 청문의 실시에 관한 규정의 적용을 배제할 수 있다고 볼 만한 법령상의 규정이 없는 한, 이러한 협약이 체결되었다고 하여 **청문의 실시에 관한 규정의 적용이 배제된다거나 청문을 실시하지 않아도 되는 예외적인 경우에 해당한다고 할 수 없다**(대판 2004.7.8. 2002두8350). | 정답 | ○

441

□□□

판례는 처분의 상대방이 통지된 청문일시에 불출석하였다는 이유만으로 행정청이 관계 법령상 그 실시가 요구되는 청문을 실시하지 아니한 채 침익적 처분을 할 수는 없을 것이므로, 청문통지서가 반송되었다거나 처분의 상대방이 청문 일시에 불출석하였다는 이유로 청문을 실시하지 아니하고 한 침익적 처분은 위법하다고 본다.

행정절차법 21조 4항 3호는 침해적 행정처분을 할 경우 청문을 실시하지 않을 수 있는 사유로서 "당해 처분의 성질상 의견청취가 현저히 곤란하거나 명백히 불필요하다고 인정될 만한 상당한 이유가 있는 경우"를 규정하고 있으나, 여기에서 말하는 '의견청취가 현저히 곤란하거나 명백히 불필요하다고 인정될 만한 상당한 이유가 있는지 여부'는 당해 행정처분의 성질에 비추어 판단하여야 하는 것이지, 청문통지서의 반송 여부, 청문통지의 방법 등에 의하여 판단할 것은 아니며, 또한 행정처분의 상대방이 통지된 청문일시에 불출석하였다는 이유만으로 행정청이 관계 법령상 그 실시가 요구되는 청문을 실시하지 아니한 채 침해적 행정처분을 할 수는 없을 것이므로, 행정처분의 상대방에 대한 **청문통지서가 반송**되었다거나, 행정처분의 상대방이 **청문일시에 불출석**하였다는 이유로 청문을 실시하지 아니하고 한 침해적 행정처분은 위법하다(대판 2001.4.13. 2000두3337, 표준판례 164).　　　　　　　　　　　　　　　　　　　| 정답 | ○

442

□□□

계약직공무원의 채용계약을 해지하고자 하는 경우에는 행정절차법에 의하여 그 근거와 이유를 제시하여야 한다.

계약직공무원에 관한 현행 법령의 규정에 비추어 볼 때, 계약직공무원 채용계약해지의 의사표시는 일반공무원에 대한 징계처분과는 달라서 항고소송의 대상이 되는 처분 등의 성격을 가진 것으로 인정되지 아니하고, 일정한 사유가 있을 때에 국가 또는 지방자치단체가 채용계약 관계의 한쪽 당사자로서 대등한 지위에서 행하는 의사표시로 취급되는 것으로 이해되므로, 이를 징계해고 등에서와 같이 그 징계사유에 한하여 효력 유무를 판단하여야 하거나, 행정처분과 같이 **행정절차법에 의하여 근거와 이유를 제시하여야 하는 것은 아니다**(대판 2002.11.26. 2002두5948).
행정소송규칙 19조 2호 바목은 이러한 대법원 판례의 법리를 명문화하였다.　　　　　　　| 정답 | X

443

□□□

일반 주류도매업면허 취소통지에 "상기 주류도매장은 무면허 주류판매업자에게 주류를 판매하여 주세법 제11조 및 주세사무처리규정 제26조에 의거 지정조건위반으로 주류 판매면허를 취소합니다."라고 적용법규가 명시되어 있는 경우에는 이유제시가 제대로 된 것으로 본다.

면허의 취소처분에는 그 근거가 되는 법령이나 취소권 유보의 부관 등을 명시하여야 함은 물론 처분을 받은 자가 어떠한 위반사실에 대하여 당해 처분이 있었는지를 알 수 있을 정도로 사실을 적시할 것을 요하며, 이와 같은 취소처분의 근거와 위반사실의 적시를 빠뜨린 하자는 피처분자가 처분 당시 그 취지를 알고 있었다거나 그 후 알게 되었다 하여도 치유될 수 없다고 할 것인바, 세무서장인 피고가 주류도매업자인 원고에 대하여 한 이 사건 일반주류도매업면허취소통지에 "상기 주류도매장은 무면허 주류판매업자에게 주류를 판매하여 주세법 11조 및 국세법사무처리규정 26조에 의거 지정조건위반으로 주류판매면허를 취소합니다"라고만 되어 있어서 원고의 영업기간과 거래상대방 등에 비추어 원고가 **어떠한 거래행위로 인하여 이 사건 처분을 받았는지 알 수 없게 되어 있다면** 이 사건 면허취소처분은 위법하다(대판 1990.9.11. 90누1786, 표준판례 156).　　　　　　　　　　　　　　　　| 정답 | X

444
□□□

납세고지서에 세액산출근거 등의 기재사항이 누락되었거나 과세표준과 세액의 계산명세서가 첨부되지 않았다면 적법한 납세의 고지라고 볼 수 없으나, 납세의무자가 그 나름대로 산출근거를 알고 있었거나 사실상 이를 알고 쟁송에 이른 경우에는 이러한 하자는 치유된다.

통지사항의 일부를 결여한 통지는 적법한 부과결정의 고지라고 볼 수 없어 부과처분 자체가 위법한 것이므로 소론과 같이 납세의무자가 사실상 과세표준과 세액 등을 **알고 쟁송에 이른 여부**에 따라 그 위법여부가 좌우되거나 **치유될 수는 없다**고 할 것이다(대판 1985.5.28. 84누289). 　　　　|정답| X

[22 변시]

445
□□□

「행정절차법」이 처분의 처리기간을 정하는 것은 신청에 따른 사무를 가능한 한 조속히 처리하도록 하기 위한 것으로, 처리기간에 관한 규정은 훈시규정에 불과할 뿐 강행규정이라고 볼 수 없으므로, 행정청이 처리기간이 지나 처분을 하였더라도 이를 처분을 취소할 절차상 하자로 볼 수 없다.

행정절차법 19조 1항은 "행정청은 신청인의 편의를 위하여 처분의 처리기간을 종류별로 미리 정하여 공표하여야 한다."라고 정하고 있다. … 처분이나 민원의 처리기간을 정하는 것은 신청에 따른 사무를 가능한 한 조속히 처리하도록 하기 위한 것이다. **처리기간에 관한 규정은 훈시규정**에 불과할 뿐 강행규정이라고 볼 수 없다. 행정청이 처리기간이 지나 처분을 하였더라도 이를 처분을 취소할 **절차상 하자**로 볼 수 **없다**(대판 2019.12.13. 2018두41907). 　　|정답| ○

[22 변시, 22-3]

446
□□□

퇴직연금환수결정은 당사자에게 의무를 과하는 처분이기는 하나, 관련 법령에 따라 당연히 환수금액이 정하여지는 것이므로, 퇴직연금의 환수결정에 앞서 당사자에게 의견진술의 기회를 주지 않아도 행정절차법 제22조 제3항이나 신의칙에 어긋나지 않는다.

퇴직연금의 환수결정은 당사자에게 의무를 과하는 처분이기는 하나, 관련 법령에 따라 당연히 환수금액이 정하여지는 것이므로, 퇴직연금의 환수결정에 앞서 당사자에게 **의견진술의 기회를 주지 아니하여도** 행정절차법 22조 3항이나 신의칙에 어긋나지 **아니한다**(대판 2000.11.28. 99두5443). 　　|정답| ○

[19 변시]

447
□□□

군인사법령에 의해 진급예정자명단에 포함된 자에 대해 진급선발을 취소하는 경우 이는 행정절차법 제3조 제2항 제9호 및 동법 시행령 제2조 제3호에 의한 예외사유(공무원 인사관계 법령에 의한 징계 기타 처분)에 해당되므로 사전통지 및 의견제출의 대상이 아니다.

공무원 인사관계 법령에 의한 처분에 관한 사항 전부에 대하여 행정절차법의 적용이 배제되는 것이 아니라 성질상 행정절차를 거치기 곤란하거나 불필요하다고 인정되는 처분이나 행정절차에 준하는 절차를 거치도록 하고 있는 처분의 경우에만 행정절차법의 적용이 배제된다. **군인사법령에 의하여 진급예정자명단에 포함된 자에 대하여 의견제출의 기회를 부여하지 아니한 채 진급선발을 취소하는 처분을 한 것이 절차상 하자가 있어 위법하다**(대판 2007.9.21. 2006두20631, 표준판례 148). 　　|정답| X

448
□□□

「도로법」에 의한 도로구역변경결정은 이를 고시에 의하도록 하면서 그 도면을 일반인이 열람하도록 하고 있으므로 사전통지의 대상이 되지 않는다.

행정절차법 2조 4호가 행정절차법의 당사자를 행정청의 처분에 대하여 직접 그 상대가 되는 당사자로 규정하고, 도로법 25조 3항이 도로구역을 결정하거나 변경할 경우 이를 고시에 의하도록 하면서, 그 도면을 일반인이 열람할 수 있도록 한 점 등을 종합하여 보면, **도로구역을 변경**한 이 사건 처분은 행정절차법 21조 1항의 **사전통지**나 22조 3항의 **의견청취의 대상**이 되는 처분은 **아니라고** 할 것이다(대판 2008.6.12. 2007두1767, 표준판례 162).

→ 행정절차법상의 사전통지제도나 의견제출제도는 당사자에게 의무를 부과하거나 권익을 제한하는 경우에 적용되는 제도이다. 그런데 이 사건 도로법 25조 3항의 도로구역변경결정은 이를 고시에 의하도록 하면서, 그 도면을 일반인이 열람할 수 있도록 한 점 등에 비추어 의무를 부과하거나 권익을 제한하는 처분이 아니며, 또한 행정절차법상의 사전통지의 당사자는 법규정상 행정청의 처분에 대하여 직접 그 상대가 되는 당사자인바, **고시의 경우**에는 불특정 다수인을 상대로 하는 행위이므로 사전통지의 상대방도 특정할 수 없다. | 정답 | ○

449
□□□

「국민건강보험법」상 특정한 질병군의 상대가치점수를 종전보다 인하하는 고시는 해당 질병군 관련 수술을 하는 의사 일반의 권익을 제한하므로 사전통지의 대상이 된다.

구 행정절차법 22조 3항에 따라 행정청이 의무를 부과하거나 권익을 제한하는 처분을 할 때 의견제출의 기회를 주어야 하는 '당사자'는 '행정청의 처분에 대하여 직접 그 상대가 되는 당사자'(구 행정절차법 2조 4호)를 의미한다. 그런데 **고시'의 방법**으로 불특정 다수인을 상대로 의무를 부과하거나 권익을 제한하는 처분은 성질상 의견제출의 기회를 주어야 하는 상대방을 특정할 수 없으므로, 이와 같은 처분에 있어서까지 구 행정절차법 22조 3항에 의하여 그 상대방에게 **의견제출의 기회**를 주어야 한다고 해석할 것은 아니다(대판 2014.10.27. 2012두7745). | 정답 | X

450
□□□

체육시설업자 지위승계신고를 수리하는 처분이 있으면 종전의 체육시설업자는 적법한 신고를 마친 체육시설업자로서의 지위를 부인당할 불안정한 상태에 놓이게 되므로 이는 사전통지의 대상이 된다.

행정절차법 21조 1항, 22조 3항 및 2조 4호의 각 규정에 의하면, 행정청이 당사자에게 의무를 과하거나 권익을 제한하는 처분을 할 때에는 당사자 등에게 처분의 사전통지를 하고 의견제출의 기회를 주어야 하며, 여기서 당사자란 행정청의 처분에 대하여 직접 그 상대가 되는 자를 의미한다. 한편 구 관광진흥법 8조 2항, 4항, 구 체육시설의 설치ㆍ이용에 관한 법률(이하 '구 체육시설법') 27조 2항, 20조의 각 규정에 의하면, 공매 등의 절차에 따라 문화체육관광부령으로 정하는 주요한 유원시설업 시설의 전부 또는 **체육시설업의 시설 기준에 따른 필수시설을 인수함으로써 유원시설업자 또는 체육시설업자의 지위를 승계한 자가 관계 행정청에 이를 신고하여 행정이 수리하는 경우에는 종전 유원시설업자에 대한 허가는 효력을 잃고, 종전 체육시설업자는 적법한 신고를 마친 체육시설업자의 지위를 부인당할 불안정한 상태에 놓이게 된다.** 따라서 행정청이 구 관광진흥법 또는 구 체육시설법의 규정에 의하여 유원시설업자 또는 체육시설업자 지위승계신고를 수리하는 처분은 종전 유원시설업자 또는 체육시설업자의 권익을 제한하는 처분이고, 종전 유원시설업자 또는 체육시설업자는 그 처분에 대하여 직접 그 상대가 되는 자에 해당한다고 보는 것이 타당하므로, **행정청이 그 신고를 수리하는 처분을 할 때에는 행정절차법 규정에서 정한 당사자에 해당하는 종전 유원시설업자 또는 체육시설업자에 대하여 위 규정에서 정한 행정절차를 실시하고 처분을 하여야 한다**(대판 2012.12.13. 2011두29144, 표준판례 160). | 정답 | ○

451

☐☐☐

처분상대방이 이미 행정청에 위반사실을 시인하였다는 사정은 사전통지의 예외가 적용되는 '의견청취가 현저히 곤란하거나 명백히 불필요하다고 인정될 만한 상당한 이유가 있는 경우'에 해당한다.

행정청이 침해적 행정처분을 하면서 당사자에게 사전통지를 하거나 의견제출의 기회를 주지 아니하였다면, 사전통지나 의견제출의 예외적인 경우에 해당하지 아니하는 한, 처분은 위법하여 취소를 면할 수 없다. 그리고 여기에서 '의견청취가 현저히 곤란하거나 명백히 불필요하다고 인정될 만한 상당한 이유가 있는 경우'에 해당하는지는 해당 행정처분의 성질에 비추어 판단하여야 하며, 처분상대방이 이미 행정청에 위반사실을 시인하였다거나 처분의 사전통지 이전에 의견을 진술할 기회가 있었다는 사정을 고려하여 판단할 것은 아니다 (대판 2016.10.27. 2016두41811). | 정답 | X

452

☐☐☐

甲은 한옥 여관건물을 신축하기 위하여 관할 A시장에게 건축허가를 신청하였다. 한편「건축법」제11조 제4항은 허가권자는 위락시설이나 숙박시설에 해당하는 건축물의 건축을 허가하는 경우 해당 대지에 건축하려는 건축물의 용도·규모 또는 형태가 주거환경이나 교육환경 등 주변 환경을 고려할 때 부적합하다고 인정되는 경우에는 건축위원회의 심의를 거쳐 건축허가를 하지 아니할 수 있다는 취지로 규정하고 있다. 그런데 A시장은 위 여관건물이 한옥이 아닌 일반 빌딩의 형태인 것으로 오인하여 위 제4항에 따라 "甲이 건축하고자 하는 여관건물이 주변 한옥마을 사이에 위치하게 되면 그 외관이 주변과 조화되지 않는다."는 이유로 건축허가를 거부하였다. 이에 관한 설명 중 옳지 않은 것은?

ㄱ. 甲의 건축허가신청 후 건축허가기준에 관한 관계 법령의 규정이 개정된 경우, A시장은 새로이 개정된 법령의 경과규정에서 달리 정하는 경우 등을 제외하고는 처분 당시에 시행되는 개정 법령과 그에서 정한 기준에 의하여 허가 여부를 결정하는 것이 원칙이다.

행정행위는 처분 당시에 시행중인 법령과 허가기준에 의하여 하는 것이 원칙이고, 인·허가신청 후 처분 전에 관계 법령이 개정 시행된 경우 신법령 부칙에 그 시행 전에 이미 허가신청이 있는 때에는 종전의 규정에 의한다는 취지의 경과규정을 두지 아니한 이상 당연히 허가신청 당시의 법령에 의하여 허가 여부를 판단하여야 하는 것은 아니며, 소관 행정청이 허가신청을 수리하고도 정당한 이유 없이 처리를 늦추어 그 사이에 법령 및 허가기준이 변경된 것이 아닌 한 변경된 법령 및 허가기준에 따라서 한 불허가처분은 위법하다고 할 수 없다(대판 2005.7.29. 2003두3550). | 정답 | ○

ㄴ. 주변 환경에 대한 고려는 비대체적 결정영역 또는 예측결정으로서 판단여지가 인정되는 영역이므로, 주변 환경과 조화되지 않는다는 A시장의 판단에 대해서 법원은 사법심사를 할 수 없다.

건축법 11조 4항과 관련하여 판례와 다수설은 위락시설이나 숙박시설 허가와 관련하여 주거환경이나 교육환경 등 주변 환경을 고려할 수 있는 재량권을 인정한 규정으로 보고 있다. 따라서 이러한 재량행위는 행정소송법 27조에 따라 재량권 일탈·남용을 심사할 수 있다. 판례도 해당 조문에 근거한 처분의 재량권 일탈·남용을 판단하고 있다. | 정답 | X

ㄷ. 甲이 A시장의 건축허가거부처분에 대해 취소소송을 제기하여 인용판결을 받아 확정된 경우에도, A시장은 위 소송의 계속 중에 개정된 관계 법령에 따라 강화된 건축허가기준의 미비를 이유로 甲에게 재차 건축허가거부처분을 할 수 있다.

취소판결 확정 후 새로운 사실관계나 신법령 등 새로운 사유를 근거로 동일 당사자에 대하여 동일한 내용의 처분을 하여도 기속력에 반하는 것은 아니다. 기속력의 시적 범위를 일탈하기 때문이다.　　　　　|정답| ○

[21-3, 19-3]

453
☐☐☐

처분 당시 당사자가 어떠한 근거와 이유로 처분이 이루어진 것인지를 충분히 알 수 있어서 그에 불복하여 행정구제절차로 나아가는 데에 별다른 지장이 없었던 것으로 인정되는 경우라도 처분서에 처분의 근거와 이유가 구체적으로 명시되어 있지 않았다면 그로 말미암아 그 처분은 위법한 것으로 된다.

행정절차법 23조 1항은 행정청이 처분을 하는 때에는 당사자에게 그 근거와 이유를 제시하도록 규정하고 있는바, 이는 행정청의 자의적 결정을 배제하고 당사자로 하여금 행정구제절차에서 적절히 대처할 수 있도록 하는 데 그 취지가 있는 것이므로, 처분서에 기재된 내용과 관계 법령 및 당해 처분에 이르기까지의 전체적인 과정 등을 종합적으로 고려하여, 처분 당시 당사자가 어떠한 근거와 이유로 처분이 이루어진 것인지를 충분히 알 수 있어서 그에 불복하여 행정구제절차로 나아가는 데에 별다른 지장이 없었던 것으로 인정되는 경우에는 처분시에 처분의 근거와 이유가 구체적으로 명시되어 있지 않았다 하더라도 그로 말미암아 그 처분이 위법한 것으로 된다고 할 수는 없다(대판 2009.12.10. 2007두20362).　　　　　|정답| X

[23-3, 21-3]

454
☐☐☐

행정청이 수익적 행정처분의 철회를 하면서 「행정심판법」에 따른 불복절차의 고지에 대한 의무를 이행하지 아니하였다고 하더라도 그 때문에 행정처분이 위법하다고 할 수는 없다.

행정절차법 26조는 "행정청이 처분을 하는 때에는 당사자에게 그 처분에 관하여 행정심판 및 행정소송을 제기할 수 있는지 여부, 기타 불복을 할 수 있는지 여부, 청구절차 및 청구기간 기타 필요한 사항을 알려야 한다"라고 규정하고 있다. 이러한 고지절차에 관한 규정은 행정처분의 상대방이 그 처분에 대한 행정심판의 절차를 밟는 데 편의를 제공하려는 것이어서 처분청이 위 규정에 따른 **고지의무를 이행하지 아니하였다고** 하더라도 경우에 따라 **행정심판의 제기기간이 연장될 수 있음에** 그칠 뿐, 그 때문에 심판의 대상이 되는 **행정처분이 위법**하다고 할 수는 **없다**(대판 2016.4.29. 2014두3631).　　　　　|정답| ○

[18 변시]

455
☐☐☐

「행정절차법」상 청문은 청문 주재자가 필요하다고 인정하는 경우 공개할 수 있으며, 당사자 또는 이해관계인은 청문의 공개를 신청할 수 없다.

> **행정절차법 제30조(청문의 공개)** 청문은 당사자가 공개를 신청하거나 청문 주재자가 필요하다고 인정하는 경우 공개할 수 있다. 다만, 공익 또는 제3자의 정당한 이익을 현저히 해칠 우려가 있는 경우에는 공개하여서는 아니 된다.

|정답| X

[23-3]

456

☐☐☐

행정청이 신속을 요하거나 사안이 경미한 경우가 아님에도 구술로 처분한 경우 당사자의 요구에 의해 서면을 교부하였다면 하자가 치유된다.

행정절차법 24조는, 행정청이 처분을 하는 때에는 다른 법령 등에 특별한 규정이 있는 경우를 제외하고는 문서로 하여야 하고 전자문서로 하는 경우에는 당사자 등의 동의가 있어야 하며, 다만 **신속을 요하거나 사안이 경미한 경우**에는 **구술** 기타 방법으로 할 수 있다고 규정하고 있는데, 이는 행정의 공정성·투명성 및 신뢰성을 확보하고 국민의 권익을 보호하기 위한 것이므로 위 규정을 위반하여 행하여진 행정청의 처분은 하자가 중대하고 명백하여 원칙적으로 **무효**이다(대판 2011.11.10. 2011도11109). 하자의 치유는 행정행위의 존재를 전제로 하여 그 흠을 치유하여 흠이 없는 행정행위로 하는 것이므로 무효인 행정행위의 치유는 인정될 수 없다(대판 1997.5.28. 96누5308).　　　　　　　　　　　　　　　　　　　　　| 정답 | X

[22-1, 19-3]

457

☐☐☐

인·허가의제에 있어서 인·허가가 의제되는 행위의 요건불비를 이유로 사인이 신청한 주된 인·허가에 대한 거부처분이 있는 경우 주된 인·허가의 거부처분을 대상으로 소송을 제기해야 하며, 의제되는 행위의 거부에 대해 따로 소송으로 다툴 수 없다.

건축불허가처분을 하면서 그 처분사유로 건축불허가 사유뿐만 아니라 형질변경불허가 사유나 농지전용불허가 사유를 들고 있다고 하여 그 **건축불허가처분 외에 별개로 형질변경불허가처분이나 농지전용불허가처분이 존재하는 것이 아니므로**, 그 건축불허가처분을 받은 사람은 그 건축불허가처분에 관한 쟁송에서 건축법상의 건축불허가 사유뿐만 아니라 같은 도시계획법상의 형질변경불허가 사유나 농지법상의 농지전용불허가 사유에 관하여도 다툴 수 있는 것이지, 그 건축불허가처분에 관한 쟁송과는 별개로 형질변경불허가처분이나 농지전용불허가처분에 관한 쟁송을 제기하여 이를 다투어야 하는 것은 아니며, 그러한 쟁송을 제기하지 아니하였어도 형질변경불허가 사유나 농지전용불허가 사유에 관하여 불가쟁력이 생기지 아니한다(대판 2001.1.16. 99두10988, 표준판례 128).　　　　　　　　　　　　　　　　　　　　　　　　| 정답 | ○

[22-3, 21-1]

458

☐☐☐

어떤 개발사업의 시행과 관련하여 인허가의 근거 법령에서 절차간소화를 위하여 관련 인허가를 의제 처리할 수 있는 근거 규정을 둔 경우, 사업시행자가 인허가를 신청하면서 반드시 관련 인허가 의제 처리를 신청할 의무가 있다.

어떤 개발사업의 시행과 관련하여 여러 개별 법령에서 각각 고유한 목적과 취지를 가지고 요건과 효과를 달리하는 인허가 제도를 각각 규정하고 있다면, 그 개발사업을 시행하기 위해서는 개별 법령에 따른 여러 인허가 절차를 각각 거치는 것이 원칙이다. 다만 어떤 인허가의 근거 법령에서 절차간소화를 위하여 관련 인허가를 의제 처리할 수 있는 근거 규정을 둔 경우에는, 사업시행자가 인허가를 신청하면서 하나의 절차 내에서 관련 인허가를 의제 처리해줄 것을 신청할 수 있다. 관련 인허가 의제 제도는 사업시행자의 이익을 위하여 만들어진 것이므로, 사업시행자가 **반드시 관련 인허가 의제 처리를 신청할 의무가 있는 것은 아니다**(대판 2020.7.23. 2019두31839).　　　　　　　　　　　　　　　　　　　　　　| 정답 | X

459
□□□

건축주가 건축물을 건축하기 위해서는 「건축법」상 건축허가와 「국토의 계획 및 이용에 관한 법률」상 개발행위(건축물의 건축)허가를 각각 별도로 신청할 수 있고, 「건축법」상 건축허가절차에서 관련 인허가의제 제도를 통해 두 허가의 발급 여부가 동시에 심사·결정되어야 하는 것은 아니다.

건축주가 건축물을 건축하기 위해서는 건축법상 건축허가와 국토계획법상 개발행위(건축물의 건축) 허가를 각각 별도로 신청하여야 하는 것이 아니라, 건축법상 건축허가절차에서 관련 인허가 의제 제도를 통해 두 허가의 발급 여부가 동시에 심사·결정되도록 하여야 한다. 즉, 건축주는 건축행정청에 건축법상 건축허가를 신청하면서 국토계획법상 개발행위(건축물의 건축) 허가 심사에도 필요한 자료를 첨부하여 제출하여야 하고, 건축행정청은 개발행위허가권자와 사전 협의절차를 거침으로써 건축법상 건축허가를 발급할 때 국토계획법상 개발행위(건축물의 건축) 허가가 의제되도록 하여야 한다(대판 2020.7.23. 2019두31839).

| 정답 | X

460
□□□

甲 창업기업은 「중소기업창업 지원법」에 따라 A시장에게 공장설립계획의 승인을 신청하고자 한다. 동법 제47조는 A시장이 공장설립계획의 승인을 할 때 「하천법」 제33조에 따른 하천의 점용허가에 관하여 A시장이 하천점용허가청과 협의를 한 사항에 대하여는 그 허가를 받은 것으로 본다고 규정하고 있다. 이에 관한 설명 중 옳지 않은 것은?

ㄱ. A시장으로부터 협의를 요청받은 하천점용허가청은 하천법령을 위반하여 협의에 응해서는 아니 되며, 하천점용허가에 필요한 심의, 의견청취 등 절차에 관하여는 법률에 인허가의제 시에도 해당 절차를 거친다는 명시적인 규정이 있는 경우에만 이를 거친다.

행정기본법 제24조(인허가의제의 기준) ⑤ 제3항에 따라 협의를 요청받은 관련 인허가 행정청은 해당 법령을 위반하여 협의에 응해서는 아니 된다. 다만, 관련 인허가에 필요한 심의, 의견 청취 등 절차에 관하여는 법률에 인허가의제 시에도 해당 절차를 거친다는 명시적인 규정이 있는 경우에만 이를 거친다.

| 정답 | O

ㄴ. 하천점용허가가 의제되면 하천점용허가청은 하천점용허가를 직접 한 것으로 보아 관계 법령에 따른 관리·감독 등 필요한 조치를 하여야 한다.

행정기본법 제26조(인허가의제의 사후관리 등) ① 인허가의제의 경우 관련 인허가 행정청은 관련 인허가를 직접 한 것으로 보아 관계 법령에 따른 관리·감독 등 필요한 조치를 하여야 한다.

| 정답 | O

461
□□□

건축불허가처분을 하면서 그 처분사유로 건축불허가 사유뿐만 아니라 형질변경불허가 사유나 농지전용불허가 사유를 들고 있다고 하여 그 건축불허가처분 외에 별개로 형질변경불허가처분이나 농지전용불허가처분이 존재하는 것이 아니므로, 그 건축불허가처분을 받은 사람은 그 건축불허가처분에 관한 쟁송에서「건축법」상의 건축불허가 사유뿐만 아니라「국토의 계획 및 이용에 관한 법률」상의 형질변경불허가 사유나「농지법」상의 농지전용불허가 사유에 관하여도 다툴 수 있다.

건축불허가처분을 하면서 그 처분사유로 건축불허가 사유뿐만 아니라 형질변경불허가 사유나 농지전용불허가 사유를 들고 있다고 하여 그 건축불허가처분 외에 별개로 형질변경불허가처분이나 농지전용불허가처분이 존재하는 것이 아니므로, 그 건축불허가처분을 받은 사람은 그 건축불허가처분에 관한 쟁송에서 건축법상의 건축불허가 사유뿐만 아니라 같은 도시계획법상의 형질변경불허가 사유나 농지법상의 농지전용불허가 사유에 관하여도 다툴 수 있는 것이지, 그 건축불허가처분에 관한 쟁송과는 별개로 형질변경불허가처분이나 농지전용불허가처분에 관한 쟁송을 제기하여 이를 다투어야 하는 것은 아니며, 그러한 쟁송을 제기하지 아니하였어도 형질변경불허가 사유나 농지전용불허가 사유에 관하여 불가쟁력이 생기지 아니한다(대판 2001.1.16. 99두10988, 표준판례 128). | 정답 | ○

462
□□□

의제된 인·허가는 통상적인 인·허가와 동일한 효력을 가지는 것이 아니라 법률상 의제되는 것에 불과한 것이므로, 주된 인·허가와 별도로 의제된 인·허가만의 취소나 철회는 허용될 수 없고, 그 의제된 인·허가에 대한 쟁송취소 역시 허용되지 않는다.

의제된 인허가는 통상적인 인허가와 동일한 효력을 가지므로, 적어도 '부분 인허가 의제'가 허용되는 경우에는 그 효력을 제거하기 위한 법적 수단으로 의제된 인허가의 취소나 철회가 허용될 수 있고, 이러한 직권취소·철회가 가능한 이상 그 의제된 인허가에 대한 쟁송취소 역시 허용된다.
따라서 주택건설사업계획 승인처분에 따라 의제된 인허가가 위법함을 다투고자 하는 이해관계인은, 주택건설사업계획 승인처분의 취소를 구할 것이 아니라 의제된 인허가의 취소를 구하여야 하며, 의제된 인허가는 주택건설사업계획 승인처분과 별도로 항고소송의 대상이 되는 처분에 해당한다(대판 2018.11.29. 2016두38792, 표준판례 129). | 정답 | X

463
□□□

행정청이 주된 인·허가 이후 법령 위반을 이유로 의제된 인·허가를 취소하고 이어 주된 인·허가를 취소한 경우, 의제된 인·허가의 취소에 대해 따로 항고소송으로 다툴 수 있다.

군수가 甲 주식회사에 구 중소기업창업 지원법 35조에 따라 산지전용허가 등이 의제되는 사업계획을 승인하면서 산지전용허가와 관련하여 재해방지 등 명령을 이행하지 아니한 경우 산지전용허가를 취소할 수 있다는 조건을 첨부하였는데, 甲 회사가 재해방지 조치를 이행하지 않았다는 이유로 산지전용허가 취소를 통보하고, 이어 토지의 형질변경 허가 등이 취소되어 공장설립 등이 불가능하게 되었다는 이유로 甲 회사에 사업계획승인을 취소한 사안에서, 산지전용허가 취소는 군수가 의제된 산지전용허가의 효력을 소멸시킴으로써 甲 회사의 구체적인 권리·의무에 직접적인 변동을 초래하는 행위로 보이는 점 등을 종합하면 **의제된 산지전용허가 취소가 항고소송의 대상이 되는 처분에 해당**하고, 산지전용허가 취소에 따라 사업계획승인은 산지전용허가를 제외한 나머지 인허가 사항만 의제하는 것이 되므로 사업계획승인 취소는 산지전용허가를 제외한 나머지 인허가 사항만 의제된 사업계획승인을 취소하는 것이어서 산지전용허가 취소와 사업계획승인 취소가 대상과 범위를 달리하는 이상, 甲 회사로서는 사업계획승인 취소와 별도로 산지전용허가 취소를 다툴 필요가 있다(대판 2018.7.12. 2017두48734, 표준판례 127). | 정답 | ○

464
☐☐☐

인·허가 의제 대상이 되는 처분의 공시방법에 관한 하자가 있다고 하더라도, 그로써 해당 인·허가 등 의제의 효과가 발생하지 않을 여지가 있게 될 뿐이고, 그러한 사정이 주된 처분 자체의 위법사유가 될 수는 없다.

구 주택법 17조 1항에 따르면, 주택건설사업계획 승인권자가 관계 행정청의 장과 미리 협의한 사항에 한하여 승인처분을 할 때에 인허가 등이 의제될 뿐이고, 각호에 열거된 모든 인허가 등에 관하여 일괄하여 사전협의를 거칠 것을 주택건설사업계획 승인처분의 요건으로 규정하고 있지 않다. 따라서 <u>인허가 의제 대상이 되는 처분에 어떤 하자가 있더라도, 그로써 해당 인허가 의제의 효과가 발생하지 않을 여지가 있게 될 뿐이고, 그러한 사정이 주택건설사업계획 승인처분 자체의 위법사유가 될 수는 없다</u>(대판 2018.11.29. 2016두38792, 표준판례 129).

| 정답 | ○

465
☐☐☐

채광계획인가로 공유수면점용허가가 의제 되는 경우 공유수면점용불허가사유를 근거로 채광계획을 인가하지 아니할 수 있다.

구 광업법 47조의2 5호에 의하여 채광계획인가를 받으면 공유수면 점용허가를 받은 것으로 의제되고, 이 공유수면 점용허가는 공유수면 관리청이 공공 위해의 예방 경감과 공공 복리의 증진에 기여함에 적당하다고 인정하는 경우에 그 자유재량에 의하여 허가의 여부를 결정하여야 할 것이므로, **공유수면 점용허가를 필요로 하는 채광계획 인가신청**에 대하여도, <u>공유수면 관리청이 재량적 판단에 의하여 공유수면 점용을 허가 여부를 결정할 수 있고, 그 결과 공유수면 점용을 허용하지 않기로 결정하였다면, 채광계획 인가관청은 이를 사유로 하여 채광계획을 인가하지 아니할 수 있는 것이다</u>(대판 2002.10.11. 2001두151, 표준판례 124).

> **행정기본법 제24조(인허가의제의 기준)** ③ 주된 인허가 행정청은 주된 인허가를 하기 전에 관련 인허가에 관하여 미리 관련 인허가 행정청과 협의하여야 한다.
> ⑤ 제3항에 따라 협의를 요청받은 관련 인허가 행정청은 해당 법령을 위반하여 협의에 응해서는 아니 된다. 다만, 관련 인허가에 필요한 심의, 의견 청취 등 절차에 관하여는 법률에 인허가의제 시에도 해당 절차를 거친다는 명시적인 규정이 있는 경우에만 이를 거친다.
> [시행일 : 2023. 3. 24.]

| 정답 | ○

466
☐☐☐

「택지개발촉진법」에 따라 택지개발사업 실시계획승인에 「도로법」에 의한 도로공사시행허가 및 도로점용허가가 의제되는 경우, 해당 택지개발사업 시행의 일환으로 도로에 전력관을 매설하였다면 사업시행 완료 후 이를 계속 유지·관리하기 위해 도로를 점용하는 것에 대한 도로점용허가도 해당 실시계획승인에 의해 의제된다.

구 택지개발촉진법 11조 1항 9호에서는 <u>사업시행자가 택지개발사업 실시계획승인을 받은 때 도로법에 의한 도로공사시행허가 및 도로점용허가를 받은 것으로 본다고 규정하고 있는바, 이러한 인허가 의제제도는 목적사업의 원활한 수행을 위해 행정절차를 간소화하고자 하는 데 그 취지가 있는 것이므로 위와 같은 **실시계획승인에 의해 의제되는 도로공사시행허가 및 도로점용허가는** 원칙적으로 당해 **택지개발사업을 시행하는데 필요한 범위 내에서만** 그 효력이 유지된다고 보아야 한다. 따라서 원고가 이 사건 택지개발사업과 관련하여 그 사업시행의 일환으로 이 사건 도로예정지 또는 도로에 전력관을 매설하였다고 하더라도 사업시행완료 후 이를 계속 유지·관리하기 위해 도로를 점용하는 것에 대한 도로점용허가까지 그 실시계획 승인에 의해 의제된다고 볼 수는 없다</u>(대판 2010.4.29. 2009두18547).

| 정답 | X

467
□□□

주된 인허가에 관한 사항을 규정하고 있는 법률에서 주된 인허가가 있으면 다른 법률에 의한 인허가를 받은 것으로 본다는 규정을 둔 경우 다른 법률에 의하여 인허가를 받았음을 전제로 하는 그 다른 법률의 모든 규정들도 적용된다.

주된 인·허가에 관한 사항을 규정하고 있는 어떠한 법률에서 주된 인·허가가 있으면 다른 법률에 의한 인·허가를 받은 것으로 의제한다는 규정을 둔 경우에는, 주된 인·허가가 있으면 다른 법률에 의한 인·허가가 있는 것으로 보는 데 그치는 것이고, 거기에서 더 나아가 다른 법률에 의하여 인·허가를 받았음을 전제로 한 다른 법률의 모든 규정들까지 적용되는 것은 아니다(대판 2015.4.23. 2014두2409).

> **행정기본법 제25조(인허가의제의 효과)** ② 인허가의제의 효과는 <u>주된 인허가의 해당 법률에 규정된 관련 인허가에 한정된다.</u>
> [시행일 : 2023. 3. 24.]

| 정답 | X

[23 변시]

468
□□□

「주택법」상 주택건설사업계획의 승인이 있으면, 관계 행정기관의 장과 협의한 사항에 대하여 「국토의 계획 및 이용에 관한 법률」(이하 '국토계획법')에 따른 도시·군관리계획의 결정을 비롯하여 「주택법」 제19조 제1항 각 호에서 열거하는 인·허가를 받은 것으로 의제된다. 甲은 관할 A행정청에 「주택법」에 따른 주택건설사업계획승인을 신청하였고, A행정청은 관계 행정기관의 장과 협의를 거쳐 주택건설사업계획을 승인·고시하였다. 이에 관한 설명으로 옳지 않은 것은?

ㄱ. 주택건설사업계획의 승인이 있으면 「주택법」 제19조 제1항 각 호에서 열거하는 모든 인·허가가 의제되므로, 모든 인·허가 사항에 대해 사전에 관계 행정기관과 일괄하여 협의를 거쳐야 한다.

모든 의제되는 인허가에 대하여 일괄하여 사전협의를 거쳐야 하는 것은 아니다. 주무 행정청이 관계 행정청과 **사전협의한** 사항에 **한하여** 주된 인허가시 **의제효과가** 발생하고, 이때 **사전협의 대상은** 신청인이 요구한 의제 인허가에 **한정되고**, 법률상 **의제가능한** 허가전부에 대하여 **일괄적으로 사전협의를** 할 필요는 **없는** 것이다. **[판례]** 중소기업창업법상 **인허가의제 조항은** 창업자가 신속하게 공장을 설립하여 사업을 개시할 수 있도록 **창구를 단일화하여** 의제되는 인허가를 일괄 처리하는 데 **입법 취지가** 있다. 위 규정에 의하면 <u>사업계획승인 권자가 관계 행정기관의 장과 **미리 협의한** 사항에 **한하여** 승인시에 그 인허가가 **의제될 뿐**이고, 해당 사업과 관련된 **모든 인허가의제 사항에** 관하여 **일괄하여 사전 협의를** 거쳐야 하는 것은 **아니다**(대판 2018.7.12. 2017 두48734).

| 정답 | X

[19-2]

469

법령의 입법을 포함하는 행정예고는 입법예고로 갈음할 수 없다.

행정절차법 제46조(행정예고) ① 행정청은 정책, 제도 및 계획(이하 "정책등")을 수립·시행하거나 변경하려는 경우에는 이를 예고하여야 한다. 다만, 다음 각 호의 어느 하나에 해당하는 경우에는 예고를 하지 아니할 수 있다. 〈각 호 생략〉
② 제1항에도 불구하고 <u>법령등의 입법을 포함하는 행정예고는 입법예고로 갈음할 수 있다.</u>

| 정답 | X

[19-3]

470

일정한 법규 위반 사실이 행정처분의 전제사실이자 형사법규의 위반 사실이 되는 경우에 동일한 행위에 관하여 독립적으로 행정처분이나 형벌을 부과하거나 이를 병과할 수 있으므로, 법규가 예외적으로 형사소추 선행 원칙을 규정하고 있지 않은 이상 형사판결 확정에 앞서 일정한 위반사실을 들어 행정처분을 하였다고 하여 절차적 위반이 있다고 할 수 없다.

행정처분과 형벌은 각각 그 권력적 기초, 대상, 목적이 다르다. 일정한 법규 위반 사실이 행정처분의 전제사실이자 형사법규의 위반 사실이 되는 경우에 동일한 행위에 관하여 독립적으로 행정처분이나 형벌을 부과하거나 이를 병과할 수 있다. 법규가 예외적으로 형사소추 선행 원칙을 규정하고 있지 않은 이상 형사판결 확정에 앞서 일정한 위반사실을 들어 행정처분을 하였다고 하여 절차적 위반이 있다고 할 수 없다(대판 2017.6.19. 2015두59808).

| 정답 | ○

[16 변시]

471
☐☐☐

甲은 A를 강간죄로 고소하였고, 관할 검찰청 검사는 사건을 수사한 후 「성폭력범죄의 처벌 등에 관한 특례법」 위반으로 A를 기소하였다. 그 후 甲은 관할 검찰청 검사장 乙에게 이 사건 공소장의 공개를 요구하는 정보공개청구서를 제출하였다. 이에 관한 설명으로 옳은 것은?

ㄱ. 甲이 청구한 공개대상정보가 공소장 원본일 필요는 없다.

공공기관의 정보공개에 관한 법률상 공개청구의 대상이 되는 정보란 공공기관이 직무상 작성 또는 취득하여 현재 보유·관리하고 있는 문서에 한정되는 것이기는 하나, 그 문서가 반드시 **원본일 필요는 없다**(대판 2006.5.25. 2006두3049).

| 정답 | ○

ㄴ. 乙이 甲의 정보공개청구를 거부한 경우 甲은 「공공기관의 정보공개에 관한 법률」에 따른 이의신청 절차를 거치지 아니하고 행정심판을 청구할 수 있다.

정보공개법 제19조(행정심판) ① 청구인이 정보공개와 관련한 공공기관의 결정에 대하여 불복이 있거나 정보공개 청구 후 20일이 경과하도록 정보공개 결정이 없는 때에는 행정심판법에서 정하는 바에 따라 행정심판을 청구할 수 있다. 이 경우 국가기관 및 지방자치단체 외의 공공기관의 결정에 대한 감독행정기관은 관계 중앙행정기관의 장 또는 지방자치단체의 장으로 한다.
② 청구인은 제18조에 따른 이의신청 절차를 거치지 아니하고 행정심판을 청구할 수 있다.

| 정답 | ○

[20-1]

472
☐☐☐

국민의 '알 권리', 즉 정보에의 접근·수집·처리의 자유는 자유권적 성질과 청구권적 성질을 공유하는 것으로서 「공공기관의 정보공개에 관한 법률」에 의해 구체화되어야 하는 권리이고 헌법 제21조에 의하여 직접 보장되는 권리는 아니다.

국민의 '**알권리**', 즉 정보에의 접근·수집·처리의 자유는 **자유권적 성질**과 **청구권적 성질**을 공유하는 것으로서 헌법 21조에 의하여 **직접 보장되는** 권리이고, 그 구체적 실현을 위하여 제정된 공공기관의 정보공개에 관한 법률도 3조에서 공공기관이 보유·관리하는 정보를 원칙적으로 공개하도록 하여 정보공개의 원칙을 천명하고 있고, 위 법 9조가 예외적인 비공개사유를 열거하고 있는 점에 비추어 보면, 국민으로부터 보유·관리하는 정보에 대한 공개를 요구받은 공공기관으로서는 위 법 9조 1항 각 호에서 정하고 있는 비공개사유에 해당하지 않는 한 이를 공개하여야 하고, 이를 거부하는 경우라 할지라도 대상이 된 정보의 내용을 구체적으로 확인·검토하여 어느 부분이 어떠한 법익 또는 기본권과 충돌되어 위 각 호의 어디에 해당하는지를 주장·증명하여야만 하며, 여기에 해당하는지 여부는 비공개에 의하여 보호되는 업무수행의 공정성 등의 이익과 공개에 의하여 보호되는 국민의 알권리의 보장과 국정에 대한 국민의 참여 및 국정운영의 투명성 확보 등의 이익을 비교·교량하여 구체적인 사안에 따라 개별적으로 판단하여야 한다(대판 2009.12.10. 2009 두12785).

| 정답 | X

473

□□□

지방자치단체가 제정한 정보공개조례안은 주민의 권리의 제한 또는 의무의 부과에 관한 사항인지 여부와 상관없이 법률의 개별적 위임이 없는 한 위법하다.

지방자치단체는 그 내용이 주민의 권리의 제한 또는 의무의 부과에 관한 사항이거나 벌칙에 관한 사항이 아닌 한 법률의 위임이 없더라도 조례를 제정할 수 있다 할 것인데 청주시의회에서 의결한 **청주시행정정보 공개조례안**은 행정에 대한 주민의 알 권리의 실현을 그 근본내용으로 하면서도 이로 인한 개인의 **권익침해 가능성을 배제**하고 있으므로 이를 들어 주민의 권리를 제한하거나 의무를 부과하는 조례라고는 단정할 수 없고 따라서 그 제정에 있어서 반드시 법률의 개별적 위임이 따로 필요한 것은 아니다(대판 1992.6.23. 92추 17). | 정답 | X

474

□□□

형사재판확정기록의 공개에 관하여 정보공개법에 의한 공개청구는 허용된다.

형사소송법 59조의2는 **형사재판확정기록**의 공개 여부나 공개 범위, 불복절차 등에 대하여 구 정보공개법과 달리 규정하고 있는 것으로 **정보공개법 4조 1항**에서 정한 '정보의 공개에 관하여 **다른 법률**에 특별한 규정 이 있는 경우'에 해당한다. 따라서 형사재판확정기록의 공개에 관하여는 정보공개법에 의한 공개청구가 허용 되지 아니한다(대판 2016.12.15. 2013두20882). | 정답 | X

475

□□□

「공공기관의 정보공개에 관한 법률」에 의한 정보공개의 청구와 「군사기밀보호법」에 의한 군사기밀의 공개요청은 그 상대방, 처리절차 등이 유사하므로 「공공기관의 정보공개에 관한 법률」에 의한 정보공개청구는 「군사기밀보호법」에 의한 군사기밀 공개요청과 동일한 것으로 보거나 그 공개요청이 포함되어 있는 것으로 볼 수 있다.

군사기밀보호법 9조 1항은 "모든 국민은 군사기밀의 공개를 국방부장관에게 문서로써 요청할 수 있다"고 규정하고, 9조 2항, 3항, 7조, 같은 법 시행령 7조 등의 규정에 의하면 군사기밀의 공개를 요청받은 국방부 장관은 국민에게 알릴 필요가 있거나 공개함으로써 국가안전보장에 현저한 이익이 있다고 판단되는 때에는 보안정책회의를 거쳐 공개할 수 있되, 중요 군사기밀의 공개에 관하여는 국가정보원장의 승인을 얻도록 되어 있다.
이와 같이, **정보공개법**에 의한 정보공개의 청구와 **군사기밀보호법**에 의한 군사기밀의 공개요청은 그 상대방, 처리절차 및 공개의 사유 등이 **전혀 다르므로** 특별한 규정이 없는 한 정보공개법에 의한 정보공개청구를 군사기밀보호법에 의한 군사기밀 공개요청과 동일한 것으로 보거나 그 공개요청이 포함되어 있는 것으로 볼 수는 없다고 할 것이다(대판 2006.11.10. 2006두9351). | 정답 | X

476

□□□

판례에 의하면 공개청구의 대상이 되는 정보가 이미 다른 사람에게 공개되어 널리 알려 져 있다거나 인터넷 등을 통하여 공개되어 인터넷검색으로 쉽게 알 수 있는 경우에는 비 공개 결정을 할 수 있다.

국민의 정보공개청구권은 법률상 보호되는 구체적인 권리이므로, 공공기관에 대하여 정보의 공개를 청구하였다가 공개거부처분을 받은 청구인은 행정소송을 통하여 그 공개거부처분의 취소를 구할 법률상의 이익이 있고, 공개청구의 대상이 되는 정보가 이미 다른 사람에게 **공개되어 널리 알려져** 있다거나 인터넷 등을 통하여 공개되어 **인터넷검색 등을 통하여 쉽게 알 수 있다**는 사정만으로는 소의 이익이 없다거나 비공개결정이 정당화될 수 없다(대판 2010.12.23. 2008두13101, 표준판례 179). | 정답 | X

[20-3]

477
□□□

판례에 의하면 공개를 구하는 정보를 공공기관이 한 때 보유·관리하였으나 후에 그 정보가 담긴 문서 등이 폐기되어 존재하지 않게 된 경우 해당 정보를 더 이상 보유·관리하고 있지 않다는 점에 대한 증명책임은 공공기관에게 있다.

정보공개제도는 공공기관이 보유·관리하는 정보를 그 상태대로 공개하는 제도로서 공개를 구하는 정보를 공공기관이 **보유·관리하고 있을 상당한 개연성**이 있다는 점에 대하여 원칙적으로 공개청구자에게 증명책임이 있다고 할 것이지만, 공개를 구하는 정보를 공공기관이 한 때 보유·관리하였으나 후에 그 정보가 담긴 문서등이 폐기되어 존재하지 않게 된 것이라면 그 정보를 **더 이상 보유·관리하고 있지 아니하다는 점**에 대한 증명책임은 공공기관에게 있다(대판 2004.12.9. 2003두12707, 표준판례 198). | 정답 | O

478
□□□

공공기관은 공개청구된 정보가 제3자와 관련된 경우 제3자의 비공개요청이 있으면 이를 공개할 수 없다.

정보공개법 11조 3항이 "공공기관은 공개청구 된 공개대상정보의 전부 또는 일부가 제3자와 관련이 있다고 인정되는 때에는 그 사실을 제3자에게 지체없이 통지하여야 하며, 필요한 경우에는 그의 의견을 청취할 수 있다", 21조 1항이 "11조 3항의 규정에 의하여 공개청구된 사실을 통지받은 제3자는 통지받은 날부터 3일 이내에 당해 공공기관에 대하여 자신과 관련된 정보를 공개하지 아니할 것을 요청할 수 있다"고 규정하고 있다고 하더라도, 이는 공공기관이 보유·관리하고 있는 정보가 제3자와 관련이 있는 경우 그 정보공개여부를 결정함에 있어 공공기관이 제3자와의 관계에서 거쳐야 할 절차를 규정한 것에 불과할 뿐, **제3자의 비공개요청**이 있다는 사유만으로 정보공개법상 정보의 **비공개사유에 해당한다고 볼 수 없다**(대판 2008.9.25. 2008두8680). | 정답 | X

479
□□□

정보공개법에서 말하는 국민에는 자연인은 물론 권리능력 없는 사단·재단 등의 경우에는 그 설립목적을 불문한다.

정보공개법 6조 1항은 "모든 국민은 정보의 공개를 청구할 권리를 가진다"고 규정하고 있는데, 여기에서 말하는 국민에는 자연인은 물론 법인, 권리능력 없는 사단·재단도 포함되고, 법인, **권리능력 없는 사단·재단 등의 경우에는 설립목적을 불문**하며, 한편 정보공개청구권은 법률상 보호되는 구체적인 권리이므로 청구인이 공공기관에 대하여 정보공개를 청구하였다가 거부처분을 받은 것 자체가 법률상 이익의 침해에 해당한다(대판 2003.12.12. 2003두8050, 표준판례 194). | 정답 | O

480

국내에 학술·연구를 위하여 일시적으로 체류하는 외국인은 정보공개를 청구할 수 있다.

> **정보공개법 제5조(정보공개 청구권자)** ② 외국인의 정보공개 청구에 관하여는 대통령령으로 정한다.
> **정보공개법 시행령 제3조(외국인의 정보공개 청구)** 법 제5조제2항에 따라 정보공개를 청구할 수 있는 외국인은 다음 각 호의 어느 하나에 해당하는 자로 한다.
> 　1. 국내에 일정한 주소를 두고 거주하거나 학술·연구를 위하여 일시적으로 체류하는 사람
> 　2. 국내에 사무소를 두고 있는 법인 또는 단체

| 정답 | ○

481

정보공개법은 정보공개 청구권자가 공개를 청구하는 정보와 어떤 관련성을 가질 것을 요구하거나 정보공개청구의 목적에 특별한 제한을 두고 있지 않다.

정보공개법은 국민의 알권리를 보장하고 국정에 대한 국민의 참여와 국정 운영의 투명성을 확보함을 목적으로 하고(1조), 공공기관이 보유·관리하는 정보는 국민의 알권리 보장 등을 위하여 적극적으로 공개하여야 한다는 정보공개의 원칙을 선언하고 있으며(3조), 모든 국민은 정보의 공개를 청구할 권리를 가진다고 하면서(5조 1항) 비공개대상정보에 해당하지 않는 한 공공기관이 보유·관리하는 정보는 공개 대상이 된다고 규정하고 있을 뿐(9조 1항) 정보공개 청구권자가 공개를 청구하는 정보와 어떤 **관련성**을 가질 것을 요구하거나 정보공개청구의 목적에 특별한 제한을 두고 있지 아니하므로 정보공개 청구권자의 **권리구제 가능성** 등은 정보의 공개 여부 결정에 아무런 영향을 미치지 못한다(대판 2017.9.7. 2017두44558). | 정답 | ○

482

정보공개를 청구하여 정보공개 여부에 대한 결정의 통지를 받은 자가 정당한 사유 없이 해당 정보의 공개를 다시 청구하는 경우, 정보공개 청구를 받은 공공기관은 정보공개 청구 대상 정보의 성격, 종전 청구와의 내용적 유사성·관련성, 종전 청구와 동일한 답변을 할 수밖에 없는 사정 등을 종합적으로 고려하여 해당 청구를 종결 처리할 수 있고, 종결 처리 사실을 청구인에게 알려야 한다.

> **정보공개법 제11조의2(반복 청구 등의 처리)** ① 공공기관은 제11조에도 불구하고 제10조제1항 및 제2항에 따른 정보공개 청구가 다음 각 호의 어느 하나에 해당하는 경우에는 정보공개 청구 대상 정보의 성격, 종전 청구와의 내용적 유사성·관련성, 종전 청구와 동일한 답변을 할 수밖에 없는 사정 등을 종합적으로 고려하여 해당 청구를 **종결 처리**할 수 있다. 이 경우 종결 처리 사실을 청구인에게 알려야 한다.
> 　1. 정보공개를 청구하여 정보공개 여부에 대한 결정의 통지를 받은 자가 정당한 사유 없이 해당 정보의 공개를 다시 청구하는 경우
> 　2. 정보공개 청구가 제11조제5항에 따라 민원으로 처리되었으나 다시 같은 청구를 하는 경우

| 정답 | ○

483

☐☐☐

교도소에 수용 중이던 재소자가 담당 교도관들을 상대로 가혹행위를 이유로 형사고소 및 민사소송을 제기하면서 그 증명자료 확보를 위해 정보공개를 요청한 '근무보고서'는 공개 대상정보에 해당한다.

교도소에 수용 중이던 재소자가 담당 교도관들을 상대로 가혹행위를 이유로 형사고소 및 민사소송을 제기하면서 그 증명자료 확보를 위해 '근무보고서'와 '징벌위원회 회의록' 등의 정보공개를 요청하였으나 교도소장이 이를 거부한 사안에서, **근무보고서는 정보공개법 9조 1항 4호에 정한 비공개대상정보에 해당한다고 볼 수 없고, 징벌위원회 회의록 중 비공개 심사·의결 부분**은 위 법 9조 1항 5호의 비공개사유에 해당하지만 재소자의 진술, 위원장 및 위원들과 재소자 사이의 문답 등 징벌절차 진행 부분은 비공개사유에 해당하지 않는다고 보아 분리 공개가 허용된다(대판 2009.12.10. 2009두12785). | 정답 | ○

484

☐☐☐

교도소 재소자가 자신의 징벌과 관련된 징벌위원회 회의록에 대한 정보공개를 청구한 경우, 회의록 중 재소자의 진술, 위원장 및 위원들과 재소자 사이의 문답 등 징벌절차 진행 부분은 비공개사유에 해당하지 아니한다.

교도소에 수용 중이던 재소자가 담당 교도관들을 상대로 가혹행위를 이유로 형사고소 및 민사소송을 제기하면서 그 증명자료 확보를 위해 '근무보고서'와 '징벌위원회 회의록' 등의 정보공개를 요청하였으나 교도소장이 이를 거부한 사안에서, 근무보고서는 정보공개법 9조 1항 4호에 정한 비공개대상정보에 해당한다고 볼 수 없고, 징벌위원회 회의록 중 비공개 심사·의결 부분은 위 법 9조 1항 5호의 비공개사유에 해당하지만 재소자의 진술, 위원장 및 위원들과 재소자 사이의 문답 등 징벌절차 진행 부분은 비공개사유에 해당하지 않는다고 보아 <u>분리 공개가</u> 허용된다(대판 2009.12.10. 2009두12785). | 정답 | ○

485

☐☐☐

정보공개제도는 공공기관이 보유·관리하는 정보를 그 상태대로 공개하는 제도이므로, 정보가 청구인이 구하는 대로 되어 있지 않은 경우에는, 비록 공공기관이 그 기초자료를 보유하고 있다고 할지라도, 기초자료를 가공하여 공개할 의무는 없다.

정보공개법에 의한 정보공개제도는 공공기관이 보유·관리하는 정보를 그 상태대로 공개하는 제도이지만, 전자적 형태로 보유·관리되는 정보의 경우에는, 그 정보가 청구인이 구하는 대로는 되어 있지 않다고 하더라도, 공개청구를 받은 공공기관이 공개청구대상정보의 기초자료를 전자적 형태로 보유·관리하고 있고, 당해 기관에서 통상 사용되는 컴퓨터 하드웨어 및 소프트웨어와 기술적 전문지식을 사용하여 그 기초자료를 <u>검색하여 청구인이 구하는 대로 편집할 수 있으며,</u> 그러한 작업이 당해 기관의 컴퓨터 시스템 운용에 별다른 지장을 초래하지 아니한다면, 그 공공기관이 공개청구대상정보를 보유·관리하고 있는 것으로 볼 수 있고, 이러한 경우에 **기초자료를 검색·편집하는 것**은 새로운 정보의 생산 또는 가공에 해당한다고 할 수 없다(대판 2010.2.11. 2009두6001, 표준판례 180). | 정답 | X

486
☐☐☐

정보공개법상 정보공개를 청구하는 경우에 특정한 공개방법을 지정하여 정보공개를 청구할 수 있는 법령상 신청권이 인정되지 않으므로, 공공기관이 공개청구의 대상이 된 정보를 공개는 하되, 청구인이 신청한 공개방법 이외의 방법으로 공개하기로 하는 결정을 하였다면 청구인은 정보공개방법에 관한 부분에 대하여 항고소송으로 다툴 수 없다.

구 정보공개법은 청구인이 정보공개방법도 아울러 지정하여 정보공개를 청구할 수 있도록 하고 있고, 전자적 형태의 정보를 전자적으로 공개하여 줄 것을 요청한 경우에는 공공기관은 원칙적으로 요청에 응할 의무가 있고, 나아가 비전자적 형태의 정보에 관해서도 전자적 형태로 공개하여 줄 것을 요청하면 재량판단에 따라 전자적 형태로 변환하여 공개할 수 있도록 하고 있다. 이는 정보의 효율적 활용을 도모하고 청구인의 편의를 제고함으로써 구 정보공개법의 목적인 국민의 알 권리를 충실하게 보장하려는 것이므로, 청구인에게는 특정한 공개방법을 지정하여 정보공개를 청구할 수 있는 법령상 신청권이 있다. 따라서 공공기관이 공개청구의 대상이 된 정보를 공개는 하되, 청구인이 **신청한 공개방법 이외의 방법으로 공개**하기로 하는 결정을 하였다면, 이는 정보공개청구 중 정보공개방법에 관한 부분에 대하여 **일부 거부처분**을 한 것이고, 청구인은 그에 대하여 항고소송으로 다툴 수 있다(대판 2016.11.10. 2016두44674, 표준판례 193). │ 정답 │ X

[20-3]

487
☐☐☐

행정청이 공개를 거부한 정보에 비공개대상정보에 해당하는 부분과 공개가 가능한 부분이 혼합되어 있고 두 부분을 분리할 수 있을 때에는, 법원은 거부처분을 전부 취소하여서는 아니 되고 그 중 공개가 가능한 정보에 관한 부분만을 취소하여야 한다.

법원이 행정청의 정보공개거부처분의 위법 여부를 심리한 결과 공개를 거부한 정보에 비공개대상정보에 해당하는 부분과 공개가 가능한 부분이 **혼합되어 있고** 공개청구의 취지에 어긋나지 아니하는 범위 안에서 두 **부분을 분리할 수 있음을 인정**할 수 있을 때에는, 위 정보 중 공개가 가능한 부분을 특정하고 판결의 주문에 행정청의 위 거부처분 중 공개가 가능한 정보에 관한 **부분만을 취소한다**고 표시하여야 한다(대판 2003.3.11. 2001두6425, 표준판례 189). │ 정답 │ ○

[20-3]

488
☐☐☐

정보공개를 청구한 날로부터 20일 이내에 공공기관이 공개 여부를 결정하지 아니한 때에는 청구인은 이의신청을 하거나 의무이행심판 또는 항고소송을 제기하여 불복할 수 있다.

> **정보공개법 제18조(이의신청)** ① 청구인이 정보공개와 관련한 공공기관의 비공개 결정 또는 부분공개 결정에 대하여 불복이 있거나 정보공개 청구 후 20일이 경과하도록 정보공개 결정이 없는 때에는 공공기관으로부터 정보공개 여부의 결정 통지를 받은 날 또는 정보공개 청구 후 20일이 경과한 날부터 30일 이내에 해당 공공기관에 문서로 이의신청을 할 수 있다.
> **제19조(행정심판)** ① 청구인이 정보공개와 관련한 공공기관의 결정에 대하여 불복이 있거나 정보공개 청구 후 20일이 경과하도록 정보공개 결정이 없는 때에는 행정심판법에서 정하는 바에 따라 행정심판을 청구할 수 있다. 이 경우 국가기관 및 지방자치단체 외의 공공기관의 결정에 대한 감독행정기관은 관계 중앙행정기관의 장 또는 지방자치단체의 장으로 한다.
> ② 청구인은 제18조에 따른 이의신청 절차를 거치지 아니하고 행정심판을 청구할 수 있다.
> **제20조(행정소송)** ① 청구인이 정보공개와 관련한 공공기관의 결정에 대하여 불복이 있거나 정보공개 청구 후 20일이 경과하도록 정보공개 결정이 없는 때에는 행정소송법에서 정하는 바에 따라 행정소송을 제기할 수 있다.

│ 정답 │ ○

489
☐☐☐ 정보공개법 제9조 제1항 제1호에서 공개대상의 예외로 규정하고 있는 '다른 법률 또는 법률에서 위임한 명령에 따라 비밀이나 비공개 사항으로 규정된 정보'의 해석에 있어서 '법률에서 위임한 명령'은 정보의 공개에 관하여 법률의 구체적인 위임 아래 제정된 법규명령(위임명령)을 의미한다.

정보공개법 1조, 3조, 헌법 37조의 각 취지와 행정입법으로는 법률이 구체적으로 범위를 정하여 위임한 범위 안에서만 국민의 자유와 권리에 관련된 규율을 정할 수 있는 점 등을 고려할 때, **정보공개법 7조(현 9조) 1항 1호 소정의 '법률에 의한 명령'**은 법률의 위임규정에 의하여 제정된 대통령령, 총리령, 부령 전부를 의미한다기보다는 정보의 공개에 관하여 **법률의 구체적인 위임 아래 제정된 법규명령(위임명령)**을 의미한다(대판 2003.12.11. 2003두8395).　　　　　　　　　　　　　　　　　　　　　| 정답 | ○

490
☐☐☐ 법원 이외의 공공기관이 정보공개법 제9조 제1항 제4호에서 정한 '진행 중인 재판에 관련된 정보'에 해당한다는 사유로 정보공개를 거부하기 위하여는 반드시 그 정보가 진행 중인 재판의 소송기록 그 자체에 포함된 내용의 정보일 필요는 없으나, 재판에 관련된 일체의 정보가 그에 해당하는 것은 아니고 진행 중인 재판의 심리 또는 재판결과에 구체적으로 영향을 미칠 위험이 있는 정보에 한정된다.

법원 이외의 공공기관이 위 규정이 정한 '진행 중인 재판에 관련된 정보'에 해당한다는 사유로 정보공개를 거부하기 위하여는 반드시 그 정보가 진행 중인 재판의 **소송기록 그 자체**에 포함된 내용의 정보일 필요는 없으나, **재판에 관련된 일체의 정보**가 그에 해당하는 것은 아니고 진행 중인 재판의 심리 또는 재판결과에 **구체적으로 영향을 미칠 위험**이 있는 정보에 한정된다(대판 2012.4.12. 2010두24913).　　　　| 정답 | ○

491
☐☐☐ 망인의 친족이 국가보훈처장에게 '망인들에 대한 공적심사위원회의 심의 · 의결 과정 및 그 내용을 기재한 회의록'의 공개를 청구한 경우 그 회의록은 주관적 판단이 주된 심사내용이라고 볼 수 없으므로 '공개될 경우 업무의 공정한 수행에 현저한 지장을 초래한다고 인정할 만한 상당한 이유가 있는 정보'에 해당하지 아니한다.

甲이 친족인 망 乙 등에 대한 독립유공자 포상신청을 하였다가 독립유공자서훈 공적심사위원회(이하 '공적심사위원회')의 심사를 거쳐 포상에 포함되지 못하였다는 내용의 공적심사 결과를 통지받자 국가보훈처장에게 '망인들에 대한 **공적심사위원회의 심의 · 의결 과정 및 그 내용을 기재한 회의록**' 등의 공개를 청구하였는데, 국가보훈처장이 위 회의록은 정보공개법 9조 1항 5호에 따라 공개할 수 없다는 통보를 한 사안에서, 독립유공자 등록에 관한 신청당사자의 알권리 보장에는 불가피한 제한이 따를 수밖에 없고 관계 법령에서 제한을 다소나마 해소하기 위해 조치를 마련하고 있는 점 등 위 회의록 공개에 의하여 보호되는 알권리의 보장과 비공개에 의하여 보호되는 업무수행의 공정성 등의 이익 등을 비교 · 교량해 볼 때, **위 회의록은 정보공개법 9조 1항 5호에서 정한 '공개될 경우 업무의 공정한 수행에 현저한 지장을 초래한다고 인정할 만한 상당한 이유가 있는 정보'**에 해당한다(대판 2014.7.24. 2013두20301).　　　　　　　| 정답 | X

492
☐☐☐

방송프로그램의 기획·편성·제작 등에 관한 정보의 공개는, 「공공기관의 정보공개에 관한 법률」이 정하는 예외사유에 해당하지 않는 한, 정보공개의 결과로서 야기될 수 있는 각종 비난이나 공격에 노출되게 하여 결과적으로 방송프로그램 기획 등 방송활동을 위축시킴으로써 경영·영업상의 이익을 해하고 나아가 방송의 자유와 독립을 훼손할 우려가 있으므로 비공개대상인 '법인 등의 경영·영업상 비밀에 관한 사항'에 해당한다.

방송사의 취재활동을 통하여 확보한 결과물이나 그 과정에 관한 정보 또는 **방송프로그램의 기획·편성·제작 등에 관한 정보**는 경쟁관계에 있는 다른 방송사와의 관계나 시청자와의 관계, 방송프로그램의 객관성·형평성·중립성이 보호되어야 한다는 당위성 측면에서 볼 때 '**타인에게 알려지지 아니함이 유리한 사업활동에 관한 일체의 정보**'에 해당한다고 볼 수 있는바, 개인 또는 집단의 가치관이나 이해관계에 따라 방송프로그램에 대한 평가가 크게 다를 수밖에 없는 상황에서, 정보공개법에 의한 정보공개청구의 방법으로 방송사가 가지고 있는 방송프로그램의 기획·편성·제작 등에 관한 정보 등을 제한 없이 모두 공개하도록 강제하는 것은 방송사로 하여금 정보공개의 결과로서 야기될 수 있는 각종 비난이나 공격에 노출되게 하여 결과적으로 방송프로그램 기획 등 방송활동을 위축시킴으로써 방송사의 경영·영업상의 이익을 해하고 나아가 방송의 자유와 독립을 훼손할 우려가 있다. 따라서 방송프로그램의 기획·편성·제작 등에 관한 정보로서 방송사가 공개하지 아니한 것은, 사업활동에 의하여 발생하는 위해로부터 사람의 생명·신체 또는 건강을 보호하기 위하여 공개할 필요가 있는 정보나 위법·부당한 사업활동으로부터 국민의 재산 또는 생활을 보호하기 위하여 공개할 필요가 있는 정보를 제외하고는, <u>정보공개법 9조 1항 **7호**에 정한 '**법인 등의 경영·영업상 비밀에 관한 사항**'</u>에 해당할 뿐만 아니라 그 공개를 거부할 만한 정당한 이익도 있다고 보아야 한다(대판 2010.12.23. 2008두13101, 표준판례 179). | 정답 | ○

493
☐☐☐

'당해 정보에 포함되어 있는 이름·주민등록번호 등 개인에 관한 사항으로서 공개될 경우 개인의 사생활의 비밀 또는 자유를 침해할 우려가 있다고 인정되는 정보'의 의미와 범위는 이름·주민등록번호 등 정보 형식이나 유형을 기준으로 비공개대상정보에 해당하는지를 판단하는 '개인 식별정보'에 한정하는 것으로 새겨야 한다.

정보공개법의 개정 연혁, 내용 및 취지 등에 헌법상 보장되는 사생활의 비밀 및 자유의 내용을 보태어 보면, 정보공개법 9조 1항 6호 본문의 규정에 따라 비공개대상이 되는 정보에는 구 정보공개법의 이름·주민등록번호 등 정보 형식이나 유형을 기준으로 비공개대상정보에 해당하는지를 판단하는 '**개인식별정보**'뿐만 아니라 <u>그 외에 정보의 내용을 구체적으로 살펴 '개인에 관한 사항의 공개로 개인의 내밀한 내용의 비밀 등이 알려지게 되고, 그 결과 인격적·정신적 내면생활에 지장을 초래하거나 자유로운 사생활을 영위할 수 없게 될 위험성이 있는 정보'도 포함</u>된다고 새겨야 한다. 따라서 불기소처분 기록 중 피의자신문조서 등에 기재된 피의자 등의 인적사항 이외의 진술내용 역시 개인의 사생활의 비밀 또는 자유를 침해할 우려가 인정되는 경우 정보공개법 9조 1항 6호 본문 소정의 비공개대상에 해당한다(대판[전합] 2012.6.18. 2011두2361, 표준판례 190). | 정답 | X

494
☐☐☐

사면실시 당시 법무부가 발표한 사면발표문 및 보도자료에 이미 사면대상자들 상당수의 명단이 포함되어 공개된 상황에서 사면대상자들의 사면실시건의서와 그와 관련된 국무회의 안건자료에 대해 정보공개청구가 있는 경우 그 정보는 정보공개법상 개인식별정보로서 비공개대상정보에 해당하지 않는다.

원고가 공개를 청구한 사면대상자들의 사면실시건의서와 그와 관련된 국무회의 안건자료를 공개할 경우 비록 당사자들의 사생활의 비밀 등이 침해될 염려가 있다고 하더라도, 사면실시 당시 법무부가 발표한 사면발표문 및 보도자료에 이미 이 사건 정보의 당사자들 상당수의 명단이 포함되어 있는 점, 대통령이 행하는 사면권 행사가 고도의 정치적 행위라고 하더라도, 위 정보의 공개가 정치적 행위로서의 사면권 자체를 부정하려는 것이 아니라 오히려 사면권 행사의 실체적 요건이 설정되어 있지 아니하여 생길 수 있는 사면권의 남용을 견제할 국민의 자유로운 정치적 의사 등이 형성되도록 위 정보에의 접근을 허용할 필요성이 있는 점 등에 견주어 보면, 이 사건 정보의 공개로 얻는 이익이 이로 인하여 침해되는 당사자들의 사생활의 비밀에 관한 이익보다 더욱 크다고 할 것이므로 정보공개법 7조 1항 6호 소정의 비공개사유에 해당되지 않는다 (대판 2006.12.7. 2005두241). | 정답 | ○

495
☐☐☐

A는 공정거래위원회에 B회사를 비롯한 제약회사들이 예방접종백신 가격을 담합하여 인상하는 행위를 하였다는 내용의 신고를 하였다. 공정거래위원회는 신고 내용을 조사한 결과 B회사에게 혐의가 없다고 판단하고 A에게 위 신고 내용에 관하여 무혐의조치를 하였다는 내용의 '신고에 대한 조치 내용 통지'를 하였다. A는 「공공기관의 정보공채에 관한 법률」에 근거하여 공정거래위원회에 '신고에 대한 조치 내용 틀지의 근거서류 일체'의 공개를 청구하였다. 이에 관한 설명 중 옳은 것만을 모두 고른 것은?

ㄱ. 정보공개를 청구한 날부터 20일 이내에 공정거래위원회가 공개여부를 결정하지 아니한 때에는 비공개의 결정이 있는 것으로 보므로, 이 경우 A는 비공개결정에 대한 취소소송 또는 무효확인소송을 제기할 수 있다.

구법에는 정보공개를 청구한 날부터 20일 이내에 공공기관이 공개 여부를 결정하지 아니한 때에는 비공개의 결정이 있는 것으로 보는 규정이 있었으나 법 개정으로 이를 삭제하였다. 따라서 비공개결정이 있는 것으로 보는 것은 틀린 설명이다. 따라서 이에 대해서는 공정거래위원회의 부작위에 대하여 부작위위법확인소송을 제기하여야 한다. | 정답 | X

ㄴ. 정보공개청구를 할 때에는 문서 계목이나 관련 내용을 제시하여야 하므로 '신고에 대한 조치 내용 통지의 근거서류 일체'라고 기재한 것만으로는 청구대상정보가 특정되었다고 볼 수 없다.

정보공개법 10조 1항 2호는 정보의 공개를 청구하는 자는 정보공개청구서에 '공개를 청구하는 정보의 내용' 등을 기재할 것을 규정하고 있는 바, 청구대상정보를 기재함에 있어서는 사회일반인의 관점에서 청구대상정보의 내용과 범위를 확정할 수 있을 정도로 특정함을 요한다. '신고서에 대한 조치내용 통지의 **근거서류일체**'라는 기재로도 청구대상정보가 특정되었다고 본 사례(대판 2003.3.28. 2000두9212). | 정답 | X

ㄷ. 공정거래위원회는 B회사의 경영·영업상 비밀에 해당한다는 이유만으로는 정보공개를 거부할 수 없고 공개를 거부할 만한 정당한 이익이 있어야 거부할 수 있는바, 그 정당할 이익이 있는지 여부는 정보공개법의 입법 취지에 비추어 엄격하게 판단하여야 한다.

정보공개법 9조 1항 7호에서 정한 '법인 등의 경영·영업상 비밀'은 '타인에게 알려지지 아니함이 유리한 사업활동에 관한 일체의 정보' 또는 '사업활동에 관한 일체의 비밀사항'을 의미하는 것이고, 그 **공개 여부는 공개를 거부할 만한 정당한 이익**이 있는지 여부에 따라 결정되어야 하는바, 그 정당한 이익이 있는지 여부는 앞서 본 정보공개법의 입법 취지에 비추어 이를 **엄격하게 판단**하여야 할 뿐만 아니라, 국민에 의한 감시의 필요성이 크고 이를 감수하여야 하는 면이 강한 공익법인에 대하여는 보다 소극적으로 판단하여야 한다(대판 2010.12.23. 2008두13101, 표준판례 179).　　　　　　　　　　　　　　　　　　　　　　　　| 정답 | ○

ㄹ. 예방접종백신 가격에 관하여 이해관계가 없음에도 정보공개를 청구한 것이라면 A의 공개청구는 권리남용에 해당한다.

일반적인 정보공개청구권의 의미와 성질, 구 정보공개법 3조, 5조 1항, 6조의 규정 내용과 입법 목적, 정보공개법이 정보공개청구권의 행사와 관련하여 정보의 사용 목적이나 정보에 접근하려는 이유에 관한 어떠한 제한을 두고 있지 아니한 점 등을 고려하면, 국민의 정보공개청구는 정보공개법 9조에 정한 비공개 대상 정보에 해당하지 아니하는 한 원칙적으로 폭넓게 허용되어야 하지만, 실제로는 해당 정보를 취득 또는 활용할 의사가 전혀 없이 정보공개 제도를 이용하여 사회통념상 용인될 수 없는 부당한 이득을 얻으려 하거나, 오로지 공공기관의 담당공무원을 괴롭힐 목적으로 정보공개청구를 하는 경우처럼 권리의 남용에 해당하는 것이 명백한 경우에는 정보공개청구권의 행사를 허용하지 아니하는 것이 옳다(대판 2014.12.24. 2014두9349, 표준판례 197).
  → 현행법은 개별적 이해관계가 있는 경우의 개별적 정보공개청구권 뿐만 아니라 개별적 이해관계가 없는 경우에도 **일반적 정보공개청구권이 인정**되는 것으로 해석하는 것이 일반적이다. 민중소송화 우려는 협의의 소의 이익으로 제한가능하다는 논리이다. 판례도 **개별적 이해관계 없는 시민단체**의 정보공개청구권을 긍정한 바 있다.　　　　　　　　　　　　　　　　　　　　　　　　　　　　　　| 정답 | X

496
□□□

공공기관의 정보공개에 관한 법률에 따라 공개를 청구한 정보의 내용이 '대한주택공사의 특정 공공택지에 관한 수용가, 택지조성원가, 분양가, 건설원가 등 및 관련 자료 일체'인 경우, '관련 자료 일체' 부분은 그 내용과 범위가 정보공개청구 대상정보로서 특정되지 않았다고 볼 수 있다.

정보공개법 10조 1항 2호는 청구자는 정보공개청구서에 '공개를 청구하는 정보의 내용' 등을 기재할 것을 규정하고 있는바, 청구대상정보를 기재함에 있어서는 사회일반인의 관점에서 청구대상정보의 내용과 범위를 확정할 수 있을 정도로 특정함을 요한다. 정보비공개결정의 취소를 구하는 사건에 있어서, 만일 공개를 청구한 정보의 내용 중 너무 포괄적이거나 막연하여서 사회일반인의 관점에서 그 내용과 범위를 확정할 수 있을 정도로 특정되었다고 볼 수 없는 부분이 포함되어 있다면, 이를 심리하는 법원으로서는 마땅히 정보공개법 20조 2항의 규정에 따라 공공기관에게 그가 보유·관리하고 있는 공개청구정보를 제출하도록 하여 이를 비공개로 열람·심사하는 등의 방법으로 공개청구정보의 내용과 범위를 특정시켜야 하고, 나아가 위와 같은 방법으로도 특정이 불가능한 경우에는 특정되지 않은 부분과 나머지 부분을 분리할 수 있고 나머지 부분에 대한 비공개결정이 위법한 경우라고 하여도 정보공개의 청구 중 특정되지 않은 부분에 대한 비공개결정의 취소를 구하는 부분은 나머지 부분과 분리하여 이를 기각하여야 한다.

정보공개법에 따라 공개를 청구한 정보의 내용이 '대한주택공사의 특정 공공택지에 관한 수용가, 택지조성원가, 분양가, 건설원가 등 및 **관련 자료 일체**'인 경우, '관련 자료 일체' 부분은 그 내용과 범위가 정보공개청구 대상정보로서 특정되지 않았다(대판 2007.6.1. 2007두2555, 표준판례 191).　　　　| 정답 | ○

497
☐☐☐

정보공개거부처분이 있은 후 대상 정보가 폐기되어 공공기관이 그 정보를 보유 · 관리하지 않게 된 경우라 하더라도 그 정보공개거부처분의 취소를 구할 법률상의 이익이 있다.

정보공개제도는 공공기관이 보유 · 관리하는 정보를 그 상태대로 공개하는 제도라는 점 등에 비추어 보면, 정보공개를 구하는 자가 공개를 구하는 정보를 행정기관이 보유 · 관리하고 있을 상당한 개연성이 있다는 점을 입증함으로써 족하다 할 것이지만, 공공기관이 그 **정보를 보유 · 관리하고 있지 아니한** 경우에는 특별한 사정이 없는 한 정보공개거부처분의 취소를 구할 **법률상의 이익이 없다**(대판 2006.1.13. 2003두9459, 표준판례 196).　　　　| 정답 | X

498
☐☐☐

검찰의 불기소처분기록 중 피의자신문조서에 기재된 피의자 등의 진술내용이 개인의 사생활의 비밀 또는 자유를 침해할 우려가 인정되는 경우, 위 진술내용은 공공기관의 정보공개에 관한 법률상의 비공개 대상에 해당한다.

불기소처분 기록 중 피의자신문조서 등에 기재된 피의자 등의 **인적사항 이외의 진술내용** 역시 개인의 사생활의 비밀 또는 자유를 침해할 우려가 인정되는 경우 정보공개법 9조 1항 6호 본문 소정의 비공개대상에 해당한다(대판[전합] 2012.6.18. 2011두2361, 표준판례 190).　　　　| 정답 | ○

[18 국회8급]

499
☐☐☐

개인정보자기결정권의 보호대상이 되는 개인정보는 개인의 신체, 신념, 사회적 지위, 신분등과 같이 인격주체성을 특징짓는 사항으로서 개인의 동일성을 식별할 수 있게 하는 일체의 정보를 의미하는 것이므로 개인의 내밀한 영역에 속하는 정보에 국한되고 공적 생활에서 형성되었거나 이미 공개된 개인정보는 포함되지 않는다.

개인정보자기결정권의 보호대상이 되는 개인정보는 개인의 신체, 신념, 사회적 지위, 신분 등과 같이 인격주체성을 특징짓는 사항으로서 개인의 동일성을 식별할 수 있게 하는 일체의 정보를 의미하며, 반드시 개인의 내밀한 영역에 속하는 정보에 국한되지 않고 공적 생활에서 형성되었거나 이미 공개된 개인정보까지도 포함한다(대판 2016.3.10. 2012다105482).　　　　| 정답 | X

500
☐☐☐

환경부는 전국에 유통 중인 생수 7개 제품에서 기준치를 초과하는 발암우려물질이 검출됐다고 발표했다. 그러나 환경부는 신용훼손 등을 이유로 제조사 丙 등의 명단은 발표하지 않았다. 이에 대하여 甲은 환경부장관 乙에게 제조사 명단에 대한 정보공개를 청구하였다. 甲의 정보공개청구에 대하여 乙은 명단의 공개가 「공공기관의 정보공개에 관한 법률」 제9조 제1항 제7호의 '법인·단체 또는 개인의 경영상·영업상 비밀에 관한 사항으로서 공개될 경우 법인등의 정당한 이익을 현저히 해칠 우려가 있다고 인정되는 정보'에 해당된다는 이유로 공개를 거부하였다. 이에 관한 설명으로 옳은 것은?

ㄱ. 정보공개청구권은 법률상 보호되는 구체적인 권리이므로 甲이 乙에게 정보공개를 청구하였다가 거부처분을 받은 것 자체가 법률상 이익의 침해에 해당한다. [23 변시]

정보공개청구권은 법률상 보호되는 구체적인 권리이므로 청구인이 공공기관에 대하여 정보공개를 청구하였다가 **거부처분을 받은 것 자체가 법률상 이익의 침해에 해당한다고 할 것이고, 거부처분을 받은 것 이외에 추가로 어떤 법률상의 이익을 가질 것을 요구하는 것은 아니다**(대판 2004.9.23. 2003두1370). ┃정답┃ ○

ㄴ. 乙은 甲이 공개 청구한 대상정보와 관련이 있는 제3자인 丙에게 그 사실을 지체 없이 통지하여야 한다.

정보공개법 제11조(정보공개 여부의 결정) ③ 공공기관은 공개 청구된 공개 대상 정보의 <u>전부 또는 일부가 제3자와 관련이 있다고 인정할 때에는 그 사실을 제3자에게 지체 없이 통지하여야 하며, 필요한 경우에는 그의 의견을 들을 수 있다.</u>

┃정답┃ ○

ㄷ. 「공공기관의 정보공개에 관한 법률」은 제3자의 권리구제수단에 대해서는 별도의 규정을 두고 있지 않으나, 만일 丙의 비공개 요청에도 불구하고 乙이 공개결정을 하였다면 丙은 그 공개결정에 대한 행정소송을 제기할 수 있다.

정보공개법 제21조(제3자의 비공개 요청 등) ① 제11조제3항에 따라 공개 청구된 사실을 통지받은 제3자는 그 통지를 받은 날부터 3일 이내에 해당 공공기관에 대하여 자신과 관련된 정보를 공개하지 아니할 것을 요청할 수 있다.
② 제1항에 따른 비공개 요청에도 불구하고 공공기관이 공개 결정을 할 때에는 공개 결정 이유와 공개 실시일을 분명히 밝혀 지체 없이 문서로 통지하여야 하며, <u>제3자는 해당 공공기관에 문서로 이의신청을 하거나 행정심판 또는 행정소송을 제기할 수 있다.</u> 이 경우 이의신청은 통지를 받은 날부터 7일 이내에 하여야 한다.

┃정답┃ X

501
☐☐☐

2002학년도부터 2005학년도까지의 대학수학능력시험 원데이터를 공개하는 경우 대학수학능력시험 업무의 공정한 수행이 객관적으로 현저한 지장을 받게 되므로 위 정보는 비공개대상정보이다.

'2002년도 및 2003년도 국가 수준 학업성취도평가 자료'는 표본조사 방식으로 이루어졌을 뿐만 아니라 학교식별정보 등도 포함되어 있어서 그 원자료 전부가 그대로 공개될 경우 학업성취도평가 업무의 공정한 수행이 객관적으로 현저하게 지장을 받을 것이라는 고도의 개연성이 존재한다고 볼 여지가 있어 정보공개법 9조 1항 5호에서 정한 비공개대상정보에 해당하는 부분이 있으나, '2002학년도부터 2005학년도까지의 대학수학능력시험 원데이터'는 연구 목적으로 그 정보의 공개를 청구하는 경우, 공개로 인하여 초래될 부작용이 공개로 얻을 수 있는 이익보다 더 클 것이라고 단정하기 어려우므로 그 공개로 대학수학능력시험 업무의 공정한 수행이 객관적으로 현저하게 지장을 받을 것이라는 고도의 개연성이 존재한다고 볼 수 없어 위 조항의 비공개대상정보에 해당하지 않는다고 한 사례(대판 2010.2.25. 2007두9877). ┃정답┃ X

502
☐☐☐

「학교폭력예방 및 대책에 관한 법률」상의 학교폭력대책자치위원회의 회의록은 '다른 법률 또는 법률이 위임한 명령에 의하여 비밀 또는 비공개 사항으로 규정된 정보'에 해당하므로 비공개대상정보이다.

학교폭력예방 및 대책에 관한 법률 21조 3항이 학교폭력대책자치위원회의 회의를 공개하지 못하도록 규정하고 있는 점 등에 비추어, 학교폭력대책자치위원회의 회의록은 공공기관의 정보공개에 관한 법률 9조 1항 1호의 '다른 법률 또는 법률이 위임한 명령에 의하여 비밀 또는 비공개 사항으로 규정된 정보'에 해당한다(대판 2010.6.10. 2010두2913, 표준판례 181). ┃정답┃ ○

503
☐☐☐

정보공개 거부처분 취소소송에서 공공기관이 청구정보를 증거 등으로 법원에 제출하여 법원을 통하여 그 사본을 청구인에게 교부 또는 송달되게 하였다면 당해 정보의 비공개결정의 취소를 구할 소의 이익은 소멸된다.

청구인이 정보공개거부처분의 취소를 구하는 소송에서 공공기관이 청구정보를 증거 등으로 법원에 제출하여 법원을 통하여 그 사본을 청구인에게 교부 또는 송달하게 하여 결과적으로 청구인에게 정보를 공개하는 셈이 되었다고 하더라도, 이러한 우회적인 방법은 법이 예정하고 있지 아니한 방법으로서 법에 의한 공개라고 볼 수는 없으므로, 당해 문서의 비공개결정의 취소를 구할 소의 이익은 소멸되지 않는다(대판 2004.3.26. 2002두6583). ┃정답┃ X

504
□□□

甲은 행정청 乙이 지출한 업무추진비의 예산집행내역과 지출증빙서 등에 관하여 乙에게 정보공개청구를 하였다. 이에 관한 설명으로 옳은 것은?

ㄱ. 甲이 사본 또는 복제물의 교부를 원하는 경우에 공개대상 정보의 양이 너무 많아 정상적인 업무수행에 현저한 지장을 초래할 우려가 있는 경우가 아니라면, 乙은 열람의 방식으로 공개할 수 없다.

공공기관은 청구인이 사본 또는 복제물의 교부를 원하는 경우에는 이를 교부하여야 한다. 다만, 공개 대상 정보의 양이 너무 많아 정상적인 업무수행에 현저한 지장을 초래할 우려가 있는 경우에는 정보의 사본·복제물을 일정 기간별로 나누어 제공하거나 열람과 병행하여 제공할 수 있다(정보공개법 13조 2항).

| 정답 | ○

ㄴ. 공개청구된 지출증빙서에 간담회 등 행사참석자를 식별할 수 있는 개인정보가 일부 기재되어 있는 경우 乙은 공개청구된 정보에 대해 정보비공개결정을 하여야 한다.

정보공개법 9조 1항 각 호의 어느 하나에 해당하는 부분과 공개 가능한 부분이 혼합되어 있는 경우로서 공개 청구의 취지에 어긋나지 아니하는 범위에서 두 부분을 분리할 수 있는 경우에는 9조 1항 각 호의 어느 하나에 해당하는 부분(비공개대상정보)을 제외하고 공개하여야 한다(정보공개법 14조).

| 정답 | X

ㄷ. 乙의 정보비공개결정에 대한 甲의 이의신청이 각하 또는 기각되었을 경우에 甲은 행정심판 또는 행정소송을 제기할 수 있고, 또한 정보비공개결정에 대해 이의신청을 거치지 않고 바로 행정심판 또는 행정소송을 제기할 수 있다.

행정청의 정보비공개결정에 대한 이의신청을 거쳐 행정심판 또는 행정소송을 제기할 수도 있고(정보공개법 18조), 이의신청을 거치지 않고 바로 행정심판 또는 행정소송을 제기할 수도 있다(19조, 20조).

| 정답 | ○

ㄹ. 甲이 정보공개거부처분취소심판을 청구하여 인용재결을 받았음에도 乙이 정보공개를 하지 않는 경우, 甲은 「행정심판법」상 간접강제신청을 할 수 있다.

위원회는 피청구인이 49조 2항(49조 4항에서 준용하는 경우를 포함) 또는 3항에 따른 처분을 하지 아니하면 청구인의 신청에 의하여 결정으로 상당한 기간을 정하고 피청구인이 그 기간 내에 이행하지 아니하는 경우에는 그 지연기간에 따라 일정한 배상을 하도록 명하거나 즉시 배상을 할 것을 명할 수 있다(행정심판법 50조의2).

| 정답 | ○

505
☐☐☐

정보공개거부처분 취소소송에서 비공개사유의 주장·입증책임은 피고인 공공기관에 있다.

공공기관의정보공개에관한법률 1조, 3조, 6조는 국민의 알권리를 보장하고 국정에 대한 국민의 참여와 국정 운영의 투명성을 확보하기 위하여 공공기관이 보유·관리하는 정보를 모든 국민에게 원칙적으로 공개하도록 하고 있으므로, 국민으로부터 보유·관리하는 <u>정보에 대한 공개를 요구받은 공공기관으로서는</u> 같은 법 7조 1항 각 호에서 정하고 있는 비공개사유에 해당하지 않는 한 이를 공개하여야 할 것이고, 만일 이를 거부하는 경우라 할지라도 대상이 된 정보의 내용을 구체적으로 확인·검토하여 <u>어느 부분이 어떠한 법익 또는 기본권과 충돌되어 같은 법 7조 1항 몇 호에서 정하고 있는 비공개사유에 해당하는지를 주장·입증하여야만 할 것이며</u>, 그에 이르지 아니한 채 개괄적인 사유만을 들어 공개를 거부하는 것은 허용되지 아니한다 (대판 2003.12.11. 2001두8827). | 정답 | ○

[22-2]

506
☐☐☐

「개인정보 보호법」은 원칙적으로 민간기관만을 적용대상으로 한다.

종전의 공공기관의 개인정보보호에 관한 법률은 보호의 주체가 공공기관이었기에, 공법적 차원에서만 다루어졌지만, 이를 대체한 <u>개인정보 보호법은 공공기관은 물론 사주체에 의한 개인정보보호 전반을 규율대상으로 한다</u>(김중권, 「행정법」(2판), 법문사, 2016, 485쪽).

> **개인정보 보호법 제2조(정의)** 이 법에서 사용하는 용어의 뜻은 다음과 같다.
> 5. "<u>개인정보처리자</u>"란 업무를 목적으로 개인정보파일을 운용하기 위하여 스스로 또는 다른 사람을 통하여 <u>개인정보를 처리하는 공공기관, 법인, 단체 및 개인 등을</u> 말한다.
> 6. "<u>공공기관</u>"이란 다음 각 목의 기관을 말한다. 〈각 목 생략〉

| 정답 | X

[22-2]

507
☐☐☐

「개인정보 보호법」상 "가명처리"란 개인정보의 일부를 삭제하거나 일부 또는 전부를 대체하는 등의 방법으로 추가 정보가 없이는 특정 개인을 알아볼 수 없도록 처리하는 것을 말한다.

> **개인정보 보호법 제2조(정의)** 이 법에서 사용하는 용어의 뜻은 다음과 같다.
> 1의2. "<u>가명처리</u>"란 개인정보의 일부를 삭제하거나 일부 또는 전부를 대체하는 등의 방법으로 추가 정보가 없이는 특정 개인을 알아볼 수 없도록 처리하는 것을 말한다.

| 정답 | ○

508

☐☐☐

「개인정보 보호법」상 개인정보처리자는 정보주체의 동의가 없더라도 당초 수집 목적과 합리적으로 관련된 범위에서 법령상의 기준에 따른다면 개인정보를 추가적으로 이용할 수 있다.

> **개인정보 보호법 제15조(개인정보의 수집ㆍ이용)** ③ 개인정보처리자는 당초 수집 목적과 합리적으로 관련된 범위에서 정보주체에게 불이익이 발생하는지 여부, 암호화 등 안전성 확보에 필요한 조치를 하였는지 여부 등을 고려하여 대통령령으로 정하는 바에 따라 정보주체의 동의 없이 개인정보를 이용할 수 있다.

| 정답 | ○

509

☐☐☐

「개인정보 보호법」에 의하면 통계작성 및 과학적 연구를 위하여는 특정 개인을 알아보기 위한 목적으로 가명정보를 처리할 수 있다.

> **개인정보 보호법 제28조의2(가명정보의 처리 등)** ① 개인정보처리자는 통계작성, 과학적 연구, 공익적 기록보존 등을 위하여 정보주체의 동의 없이 가명정보를 처리할 수 있다.
> ② 개인정보처리자는 제1항에 따라 가명정보를 제3자에게 제공하는 경우에는 특정 개인을 알아보기 위하여 사용될 수 있는 정보를 포함해서는 아니 된다.

| 정답 | X

해커스변호사
law.Hackers.com

제3편
행정구제법

제1장 | 행정상 손해배상(국가배상)

[20 · 14 변시, 22 지방7급]

510
☐☐☐

공무원의 부작위로 인한 국가배상책임을 인정하기 위한 조건인 '법령에 위반하여'라고 함은 엄격하게 형식적 의미의 법령에 명시적으로 공무원의 작위의무가 정하여져 있음에도 이를 위반하는 경우만을 의미하는 것은 아니고, 인권존중 · 권력남용금지 · 신의성실과 같이 공무원으로서 마땅히 지켜야 할 준칙이나 규범을 지키지 아니하고 위반한 경우를 포함하여 널리 그 행위가 객관적인 정당성을 결여하고 있는 경우도 포함한다.

공무원의 부작위로 인한 국가배상책임을 인정하기 위해서는 공무원의 작위로 인한 국가배상책임을 인정하는 경우와 마찬가지로 '공무원이 직무를 집행하면서 고의 또는 과실로 법령을 위반하여 타인에게 손해를 입힌 때'라는 국가배상법 2조 1항의 요건이 충족되어야 한다. 여기서 **법령 위반**이란 엄격하게 형식적 의미의 법령에 명시적으로 공무원의 작위의무가 규정되어 있는데도 이를 위반하는 경우만을 의미하는 것은 아니고, 인권존중 · 권력남용금지 · 신의성실과 같이 공무원으로서 마땅히 지켜야 할 준칙이나 규범을 지키지 않고 위반한 경우를 포함하여 널리 **객관적인 정당성이 없는** 행위를 한 경우를 포함한다(대판 2020.5.28. 2017다211559). | 정답 | ○

[17 변시]

511
☐☐☐

산업기술혁신 촉진법령에 따른 중앙행정기관과 지방자치단체 등의 인증신제품 구매의무는 공공 일반의 전체적인 이익을 도모하기 위한 것으로 봄이 타당하고, 신제품 인증을 받은 자의 재산상 이익은 법령이 보호하고자 하는 이익으로 보기는 어려우므로, 지방자치단체가 위 법령에서 정한 인증신제품 구매의무를 위반하였다고 하더라도, 이를 이유로 신제품 인증을 받은 자에 대하여 국가배상책임을 지는 것은 아니다.

구 산업기술혁신 촉진법 1조, 3조, 16조 1항, 17조 1항 본문 및 구 산업기술혁신 촉진법 시행령(대통령령) 23조, 24조, 25조, 27조의 목적과 내용 등을 종합하여 보면, 위 법령이 공공기관에 부과한 신제품 인증을 받은 제품(이하 '인증신제품') 구매의무는 기업에 신기술개발제품의 판로를 확보하여 줌으로써 산업기술개발을 촉진하기 위한 국가적 지원책의 하나로 국민경제의 지속적인 발전과 국민의 삶의 질 향상이라는 공공 일반의 이익을 도모하기 위한 것이고, 공공기관이 구매의무를 이행한 결과 신제품 인증을 받은 자가 재산상 이익을 얻게 되더라도 이는 반사적 이익에 불과할 뿐 위 법령이 보호하고자 하는 이익으로 보기는 어렵다. 따라서 공공기관이 위 법령에서 정한 **인증신제품 구매의무를 위반**하였다고 하더라도, 이를 이유로 신제품 인증을 받은 자에 대하여 국가배상법 2조가 정한 배상책임이나 불법행위를 이유로 한 손해배상책임을 지는 것은 아니다(대판 2015.5.28. 2013다41431). | 정답 | ○

512

□□□

국가배상청구의 요건인 '공무원의 직무'에는 국가나 지방자치단체의 권력적 작용뿐만 아니라 비권력적 작용도 포함되지만, 단순한 사경제주체로서 하는 작용은 포함되지 않는다.

국가배상법이 정한 손해배상청구의 요건인 '공무원의 직무'에는 국가나 지방자치단체의 권력적 작용뿐만 아니라 **비권력적 작용도 포함**되지만 단순한 사경제의 주체로서 하는 작용은 포함되지 않는다(대판 2004.4.9. 2002다10691).
       | 정답 | ○

513

□□□

행위 자체의 외관을 객관적으로 관찰하여 공무원의 직무행위로 보여진다 하더라도 그것이 실질적으로 직무행위에 해당하지 않는다면 그 행위는 '직무를 집행하면서' 행한 것으로 볼 수 없다.

국가배상법 2조 1항에서 말하는 "직무를 행함에 당하여"라는 취지는 공무원의 행위의 **외관을 객관적으로 관찰하여 공무원의 직무행위로 보여질 때에는 비록 그것이 실질적으로 직무행위이거나 아니거나 또는 행위자의 주관적 의사에 관계없이** 그 행위는 공무원의 직무집행행위로 볼 것이요 이러한 행위가 실질적으로 공무집행행위가 아니라는 사정을 **피해자가 알았다 하더라도** 그것을 "직무를 행함에 당하여"라고 단정하는데 아무런 영향을 미치는 것이 아니다(대판 1966.6.28. 66다781).
       | 정답 | X

514

□□□

국가배상청구권의 소멸시효기간이 지났으나, 국가가 소멸시효완성을 주장하는 것이 신의성실의 원칙에 반하는 권리남용으로 허용될 수 없어 배상책임을 이행한 경우에는, 그 소멸시효 완성 주장이 권리남용에 해당하게 된 원인행위와 관련하여 해당 공무원이 그 원인이 되는 행위를 적극적으로 주도하였다는 등의 특별한 사정이 없는 한, 국가의 해당 공무원에 대한 구상권 행사는 신의칙상 허용되지 않는다.

국가배상청구권이 그 소멸시효 기간이 경과하였다고 하더라도 국가가 소멸시효의 완성 전에 피해자의 권리행사나 시효중단을 불가능 또는 현저히 곤란하게 하였거나 객관적으로 피해자가 권리를 행사할 수 없는 장애사유가 있었다는 등의 사정이 있어 국가에게 채무이행의 거절을 인정하는 것이 현저히 부당하거나 불공평하게 되는 등 특별한 사정이 있는 경우에는, 국가가 소멸시효 완성을 주장하는 것은 신의성실 원칙에 반하여 권리남용으로서 허용될 수 없다. 이와 같이 공무원의 불법행위로 손해를 입은 피해자의 국가배상청구권의 소멸시효 기간이 지났으나 국가가 소멸시효 완성을 주장하는 것이 신의성실의 원칙에 반하는 권리남용으로 허용될 수 없어 배상책임을 이행한 경우에는, 그 **소멸시효 완성 주장이 권리남용에 해당하게 된 원인행위와 관련하여 해당 공무원이 그 원인이 되는 행위를 적극적으로 주도하였다는 등의 특별한 사정이 없는 한, 국가가 해당 공무원에게 구상권을 행사하는 것은 신의칙상 허용되지 않는다**고 봄이 상당하다(대판 2016.6.9. 2015다200258, 표준판례 254).
       | 정답 | ○

515
☐☐☐

건축주가 토지 소유자로부터 토지사용승낙서를 받아 그 토지 위에 건축물을 건축하는 대물적(對物的) 성질의 건축허가를 받았다가 착공에 앞서 건축주의 귀책사유로 해당 토지를 사용할 권리를 상실한 경우, 건축허가의 존재로 말미암아 토지에 대한 소유권 행사에 지장을 받을 수 있는 토지 소유자로서는 건축허가의 철회를 신청할 수 있다고 보아야 한다. 따라서 토지 소유자의 위와 같은 신청을 거부한 행위는 항고소송의 대상이 된다.

건축허가는 대물적 성질을 갖는 것이어서 행정청으로서는 허가를 할 때에 건축주 또는 토지 소유자가 누구인지 등 인적 요소에 관하여는 형식적 심사만 한다. 건축주가 토지 소유자로부터 토지사용승낙서를 받아 그 토지 위에 건축물을 건축하는 대물적(對物的) 성질의 건축허가를 받았다가 착공에 앞서 건축주의 귀책사유로 해당 토지를 사용할 권리를 상실한 경우, 건축허가의 존재로 말미암아 토지에 대한 소유권 행사에 지장을 받을 수 있는 토지 소유자로서는 건축허가의 철회를 신청할 수 있다고 보아야 한다. 따라서 토지 소유자의 위와 같은 신청을 거부한 행위는 항고소송의 대상이 된다(대판 2017.3.15. 2014두41190).　　　| 정답 | ○

516
☐☐☐

국가에게 국가배상책임이 있는 경우에, 경과실이 있는 공무원이 피해자에 대하여 손해배상책임을 부담하지 아니함에도 피해자에게 손해를 배상하였다면 경과실이 있는 그 공무원은 특별한 사정이 없는 한 국가에 대하여 자신이 변제한 금액에 관하여 구상권을 취득한다고 할 것이며 피해자에게 자신이 변제한 금액에 대하여 부당이득반환청구를 할 수는 없다.

공무원이 직무수행 중 불법행위로 타인에게 손해를 입힌 경우에 국가 등이 국가배상책임을 부담하는 외에 공무원 개인도 고의 또는 중과실이 있는 경우에는 불법행위로 인한 손해배상책임을 지고, 공무원에게 경과실이 있을 뿐인 경우에는 공무원 개인은 손해배상책임을 부담하지 아니한다. 이처럼 **경과실이 있는 공무원이 피해자에 대하여 손해배상책임을 부담하지 아니함에도 피해자에게 손해를 배상하였다면** 그것은 채무자 아닌 사람이 타인의 채무를 변제한 경우에 해당하고, 이는 민법 469조의 '제3자의 변제' 또는 민법 744조의 '도의관념에 적합한 비채변제'에 해당하여 피해자는 공무원에 대하여 이를 반환할 의무가 없고, 그에 따라 피해자의 국가에 대한 손해배상청구권이 소멸하여 국가는 자신의 출연 없이 채무를 면하게 되므로, **피해자에게 손해를 직접 배상한 경과실이 있는 공무원은 특별한 사정이 없는 한 국가에 대하여 국가의 피해자에 대한 손해배상책임의 범위 내에서 공무원이 변제한 금액에 관하여 구상권을 취득한다**(대판 2014.8.20. 2012다54478, 표준판례 255).　　　| 정답 | ○

517
☐☐☐

공무원이 직무집행을 위해 관용차를 운행한 경우 운행자는 관용차를 소유한 국가 또는 지방자치단체가 된다는 것이 판례의 태도이다.

자동차손해배상보장법 3조 소정의 '자기를 위하여 자동차를 운행하는 자'라고 함은 자동차에 대한 운행을 지배하여 그 이익을 향수하는 책임주체로서의 지위에 있는 자를 뜻하는 것인바, 공무원이 그 직무를 집행하기 위하여 국가 또는 지방자치단체 소유의 **공용차를 운행**하는 경우, 그 자동차에 대한 운행지배나 운행이익은 그 공무원이 소속된 국가 또는 지방자치단체에 귀속된다고 할 것이고 그 공무원 자신이 개인적으로 그 자동차에 대한 운행지배나 운행이익을 가지는 것이라고는 볼 수 없으므로, 그 공무원이 자기를 위하여 공용차를 운행하는 자로서 같은 법조 소정의 손해배상책임의 주체가 될 수는 없다(대판 1994.12.27. 94다31860).　　　| 정답 | ○

518
☐☐☐

생명 · 신체의 침해로 인한 국가배상을 받을 권리는 양도하거나 압류하지 못한다.

국가배상법 제4조(양도 등 금지) 생명 · 신체의 침해로 인한 국가배상을 받을 권리는 양도하거나 압류하지 못한다.

| 정답 | ○

519
☐☐☐

「국가배상법」 제2조 소정의 '공무원'이라 함은 「국가공무원법」이나 「지방공무원법」에 의하여 공무원으로서의 신분을 가진 자에 국한하지 않고 널리 공무를 위탁받아 실질적으로 공무에 종사하고 있는 일체의 자를 가리키나, 공무의 위탁이 일시적이고 한정적인 사항에 관한 활동을 위한 것인 경우는 이에 포함되지 않는다.

국가배상법 2조 소정의 '공무원'이라 함은 국가공무원법이나 지방공무원법에 의하여 공무원으로서의 신분을 가진 자에 국한하지 않고, 널리 공무를 위탁받아 실질적으로 공무에 종사하고 있는 일체의 자를 가리키는 것으로서, 공무의 위탁이 일시적이고 한정적인 사항에 관한 활동을 위한 것이어도 달리 볼 것은 아니다(대판 2001.1.5. 98다39060). | 정답 | X

520
☐☐☐

「국가배상법」 제2조 소정의 '법령을 위반하여'라고 함은 인권존중 · 권력남용금지 · 신의성실과 같이 공무원으로서 마땅히 지켜야 할 준칙이나 규범을 지키지 아니하고 위반한 경우를 비롯하여 널리 그 행위가 객관적인 정당성을 결여하고 있는 경우를 포함한다.

공무원의 행위를 원인으로 한 국가배상책임을 인정하기 위하여는 '공무원이 직무를 집행하면서 고의 또는 과실로 법령을 위반하여 타인에게 손해를 입힌 때'라고 하는 국가배상법 2조 1항의 요건이 충족되어야 한다. 여기서 **'법령을 위반하여'**라고 함은 엄격하게 형식적 의미의 법령에 명시적으로 공무원의 행위의무가 정하여져 있음에도 이를 위반하는 경우만을 의미하는 것은 아니고, 인권존중 · 권력남용금지 · 신의성실과 같이 공무원으로서 마땅히 지켜야 할 준칙이나 규범을 지키지 아니하고 위반한 경우를 비롯하여 널리 **그 행위가 객관적인 정당성을 결여하고 있는 경우도 포함**한다(대판 2015.8.27. 2012다204587). | 정답 | ○

521
□□□

판례에 의하면 공무원의 위법한 직무집행이 있더라도 국가가 당해 공무원에 대한 선임·감독에 고의·과실이 없으면 국가배상책임은 인정되지 않는다.

국가배상법 2조 1항 본문 및 2항의 입법 취지는 공무원의 직무상 위법행위로 타인에게 손해를 끼친 경우에는 변제자력이 충분한 국가 등에게 **선임감독상 과실 여부에 불구하고** 손해배상책임을 부담시켜 국민의 재산권을 보장하되, 공무원이 직무를 수행함에 있어 경과실로 타인에게 손해를 입힌 경우에는 그 직무수행상 통상 예기할 수 있는 흠이 있는 것에 불과하므로, 이러한 공무원의 행위는 여전히 국가 등의 기관의 행위로 보아 그로 인하여 발생한 손해에 대한 배상책임도 전적으로 국가 등에만 귀속시키고 공무원 개인에게는 그로 인한 책임을 부담시키지 아니하여 공무원의 공무집행의 안정성을 확보하고, 반면에 공무원의 위법행위가 고의·중과실에 기한 경우에는 비록 그 행위가 그의 직무와 관련된 것이라고 하더라도 그와 같은 행위는 그 본질에 있어서 기관행위로서의 품격을 상실하여 국가 등에게 그 책임을 귀속시킬 수 없으므로 공무원 개인에게 불법행위로 인한 손해배상책임을 부담시키되, 다만 이러한 경우에도 그 행위의 외관을 객관적으로 관찰하여 공무원의 직무집행으로 보여질 때에는 피해자인 국민을 두텁게 보호하기 위하여 국가 등이 공무원 개인과 **중첩적으로 배상책임을 부담**하되 국가 등이 배상책임을 지는 경우에는 공무원 개인에게 구상할 수 있도록 함으로써 궁극적으로 그 책임이 공무원 개인에게 귀속되도록 하려는 것이라고 봄이 합당하다(대판[전합] 1996.2.15. 95다38677, 표준판례 253). | 정답 | X
➜ 민법 756조 1항 단서의 사용자 면책규정은 국가배상법에 준용되지 않는다.

522
□□□

행정청이 관계 법령의 해석이 확립되기 전에 어느 한 견해를 취하여 업무를 처리한 것이 결과적으로 위법하게 되어 그 법령의 부당집행이라는 결과를 빚었다고 하더라도 처분 당시 그와 같은 처리방법 이상의 것을 성실한 평균적 공무원에게 기대하기 어려웠던 경우라면 특별한 사정이 없는 한 이를 두고 공무원의 과실로 인한 것이라고 볼 수는 없다.

어떠한 행정처분이 후에 항고소송에서 취소되었다고 할지라도 그 기판력에 의하여 당해 행정처분이 곧바로 공무원의 고의 또는 과실로 인한 것으로서 불법행위를 구성한다고 단정할 수 없는바, 그 이유는 행정청이 **관계 법령의 해석이 확립되기 전에** 어느 한 설을 취하여 업무를 처리한 것이 **결과적으로 위법**하게 되어 그 법령의 부당 집행이라는 결과를 빚었다고 하더라도 처분 당시 그와 같은 처리 방법 이상의 것을 성실한 평균적 공무원에게 기대하기 어려웠던 경우라면 특단의 사정이 없는 한 이를 두고 **공무원의 과실**로 인한 것이라고는 할 수 없기 때문이다(대판 1999.9.17. 96다53413). | 정답 | ○

523
□□□

국세가 확정되기 전에 보전압류를 한 후 보전압류에 의하여 징수하려는 국세의 전부 또는 일부가 확정되지 못하였다면 보전압류로 인하여 납세자가 입은 손해에 대하여 특별한 반증이 없는 한 과세관청의 담당공무원에게 고의 또는 과실이 있다고 사실상 추정되므로, 국가는 부당한 보전압류로 인한 손해를 배상할 책임이 있다.

구 국세징수법 24조 2항과 같이 국세가 확정되기 전에 보전압류를 한 후 보전압류에 의하여 징수하려는 국세의 전부 또는 일부가 확정되지 못하였다면 보전압류로 인하여 납세자가 입은 손해에 대하여 특별한 반증이 없는 한 과세관청의 담당공무원에게 고의 또는 과실이 있다고 사실상 추정되므로, 국가는 부당한 보전압류로 인한 손해를 배상할 책임이 있다. 이러한 법리는 보전압류 후 과세처분에 의해 일단 국세가 확정되었으나 과세처분이 취소되어 결국 국세의 전부 또는 일부가 확정되지 못한 경우에도 마찬가지로 적용된다(대판 2015.10.29. 2013다209534). | 정답 | ○

524
☐☐☐

법령에 대한 해석이 복잡, 미묘하여 워낙 어렵고, 이에 대한 학설, 판례조차 귀일되어 있지 않는 등의 특별한 사정이 없는 한 일반적으로 공무원이 관계 법규를 알지 못하거나 필요한 지식을 갖추지 못하고 법규의 해석을 그르쳐 행정처분을 하였다면 그가 법률전문가가 아닌 행정직 공무원이라고 하여 과실이 없다고는 할 수 없다.

법령에 대한 해석이 복잡, 미묘하여 워낙 어렵고, 이에 대한 학설, 판례조차 귀일되어 있지 않는 등의 특별한 사정이 없는 한 일반적으로 <u>공무원이 관계 법규를 알지 못하거나 필요한 지식을 갖추지 못하고 법규의 해석을 그르쳐 행정처분을 하였다면 그가 법률전문가가 아닌 행정직 공무원이라고 하여 과실이 없다고는 할 수 없다</u>(대판 2001.2.9. 98다52988, 표준판례 249). | 정답 | ○

525
☐☐☐

행정청에게 편의재량(공익재량, 합목적재량)이 인정되는 분야에 있어서 관계 공무원이 공익성, 합목적성의 인정·판단을 잘못하여 그 재량권의 범위를 넘어선 행정행위를 한 경우가 있다 하더라도 어느 행정처분을 할 것인가에 관하여 행정청 내부에 일응의 기준을 정해 둔 경우 그 기준에 따른 행정처분을 하였다면 이에 관여한 공무원에게 그 직무상의 과실이 있다고 할 수 없다.

<u>행정법규가 행정청으로서 지켜야 할 일정한 준칙을 규정함에 불과하고 그 범위 안에서 행정청의 재량에 일임하여 그 법규가 정하는 행정목적의 달성을 위하여 객관적으로 구체적 타당성에 적합하도록 하는 이른바 편의재량(공익재량, 합목적재량)의 경우에는 공익상의 필요, 합목적성의 여부는 행정청의 자유재량에 따라 결정하고 그에 적합하다고 인정되는 처분을 선택하는 것이므로, 그 경우에 한 처분에 있어 관계공무원이 공익성, 합목적성의 인정·판단을 잘못하여 그 **재량권의 범위를 넘어선** 행정행위를 한 경우가 있다 하더라도 공익성 및 합목적성의 적절 여부의 판단 기준은 구체적 사안에 따라 각각 동일하다 할 수 없을 뿐만 아니라, 구체적인 경우 어느 행정처분을 할 것인가에 관하여 **행정청 내부에** 일응의 기준을 정해 둔 경우 그 **기준에 따른** 행정처분을 하였다면 이에 관여한 공무원에게 그 직무상의 **과실**이 있다고 할 수 **없다**</u>(대판 2002.5.10. 2001다62312, 표준판례 251). | 정답 | ○

526
☐☐☐

행정입법에 관여한 공무원이 입법 당시의 상황에서 다양한 요소를 고려하여 나름대로 합리적인 근거를 찾아 어느 하나의 견해에 따라 경과규정을 두는 등의 조치 없이 새 법령을 그대로 시행하거나 적용한 경우, 그와 같은 공무원의 판단이 나중에 대법원이 내린 판단과 같지 않다고 하더라도 국가배상책임의 성립요건인 공무원의 과실이 있다고 할 수는 없다.

<u>행정입법에 관여한 공무원이 입법 당시의 상황에서 다양한 요소를 고려하여 나름대로 합리적인 근거를 찾아 어느 하나의 견해에 따라 경과규정을 두는 등의 조치 없이 새 법령을 그대로 시행하거나 적용하였다면</u>, 그와 같은 공무원의 판단이 나중에 대법원이 내린 판단과 같지 아니하여 결과적으로 시행령 등이 신뢰보호의 원칙 등에 위배되는 결과가 되었다고 하더라도, 이러한 경우에까지 국가배상법 2조 1항에서 정한 국가배상책임의 성립요건인 <u>공무원의 과실이 있다고 할 수는 없다</u>(대판 2013.4.26. 2011다14428, 표준판례 252). | 정답 | ○

527
☐☐☐

군대의 특성상 군대 내에서 장병의 자살을 예방할 의무에 관한 명시적인 법률 및 구체적인 규정이 있는 경우에만 지휘관 등 상급자에게 자살 장병에 대한 직무상 의무위반 및 과실을 인정할 수 있다.

자살우려자 식별과 신상파악·관리·처리의 책임이 있는 각급 부대의 지휘관 등 관계자는 장병의 자살을 예방하기 위해 마련된 부대관리훈령 등의 관련 규정을 준수하여 자살이 우려되는 장병을 식별하고 장병의 신상을 파악하려고 노력하고, 자살의 가능성이 확인된 장병에 대해서는 정신과 군의관의 진단 등을 거쳐 그 결과에 따라 해당 장병을 적절하게 관리하는 등의 조치를 취하여 <u>자살 등의 사고를 미리 방지하고 그가 신체적·정신적 건강을 회복할 수 있도록 할 의무가 있다.</u> 각급 부대의 관계자가 위와 같은 <u>자살예방 관련 규정에 따라 필요한 조치를 취하지 않은 상황에서 소속 장병의 자살 사고가 발생한 경우,</u> 자살 사고가 발생할 수 있음을 <u>예견할 수 있었고</u> 그러한 조치를 취했을 경우 자살 사고의 결과를 <u>회피할 수 있었다면,</u> 특별한 사정이 없는 한 해당 관계자의 <u>직무상 의무 위반과 이에 대한 과실이 인정되고,</u> 국가는 국가배상법 2조 1항에 따라 배상책임을 진다(대판 2020.5.28. 2017다211559). | 정답 | X

528
☐☐☐

행정절차는 그 자체가 독립적으로 의미를 가지는 것이라기보다는 행정의 공정성과 적정성을 보장하는 공법적 수단으로서의 의미가 크므로, 관련 행정처분의 성립이나 무효·취소 여부 등을 따지지 않은 채 주민들이 일시적으로 행정절차에 참여할 권리를 침해받았다는 사정만으로 곧바로 국가나 지방자치단체가 주민들에게 정신적 손해에 대한 배상의무를 부담한다고 단정할 수 없다.

국가나 지방자치단체가 공익사업을 시행하는 과정에서 해당 사업부지 인근 주민들은 의견제출을 통한 행정절차 참여 등 법령에서 정하는 절차적 권리를 행사하여 환경권이나 재산권 등 사적 이익을 보호할 기회를 가질 수 있다. 그러나 법령에서 주민들의 행정절차 참여에 관하여 정하는 것은 어디까지나 주민들에게 자신의 의사와 이익을 반영할 기회를 보장하고 행정의 공정성, 투명성과 신뢰성을 확보하며 국민의 권익을 보호하기 위한 것일 뿐, 행정절차에 참여할 권리 그 자체가 사적 권리로서의 성질을 가지는 것은 아니다. 이와 같이 행정절차는 그 자체가 독립적으로 의미를 가지는 것이라기보다는 행정의 공정성과 적정성을 보장하는 공법적 수단으로서의 의미가 크므로, 관련 행정처분의 성립이나 무효·취소 여부 등을 따지지 않은 채 <u>주민들이 일시적으로 행정절차에 참여할 권리를 침해받았다는</u> 사정만으로 곧바로 국가나 지방자치단체가 주민들에게 <u>정신적 손해에 대한 배상의무를</u> 부담한다고 단정할 수 <u>없다.</u>
이와 같은 행정절차상 권리의 성격이나 내용 등에 비추어 볼 때, 국가나 지방자치단체가 <u>행정절차를 진행하는 과정에서 주민들의 의견제출 등 절차적 권리를 보장하지 않은 위법이 있다고 하더라도 그 후 이를 시정하여 절차를 다시 진행한 경우,</u> 종국적으로 행정처분 단계까지 이르지 않거나 처분을 직권으로 취소하거나 철회한 경우, 행정소송을 통하여 처분이 취소되거나 처분의 무효를 확인하는 판결이 확정된 경우 등에는 주민들이 절차적 권리의 행사를 통하여 환경권이나 재산권 등 사적 이익을 보호하려던 목적이 실질적으로 달성된 것이므로 특별한 사정이 없는 한 <u>절차적 권리 침해로 인한 정신적 고통에 대한 배상은 인정되지 않는다.</u> 다만 이러한 조치로도 주민들의 절차적 권리 침해로 인한 정신적 고통이 여전히 남아 있다고 볼 특별한 사정이 있는 경우에 국가나 지방자치단체는 그 정신적 고통으로 인한 손해를 배상할 책임이 있다(대판 2021.7.29. 2015다221668, 표준판례 244). | 정답 | ○

529
☐☐☐

甲이 乙과 동일한 이름으로 개명허가를 받은 것처럼 호적등본을 위조하여 주민등록상 성명을 위법하게 정정하고, 乙 명의의 주민등록증을 발급받아 乙의 부동산에 관하여 근저당권설정등기를 마친 경우, 주민등록사무를 담당하는 공무원이 위와 같은 성명정정 사실을 甲의 본적지 관할관청에 통보하지 아니한 직무상 의무위배행위와 乙이 입은 손해 사이에 상당인과관계를 인정할 수 없다.

위법한 성명정정으로 타인명의 주민등록증 발급받아 **불법적인 근저당권** 설정한 경우, 담당공무원의 **성명정정 통보의무 위반**과 근저당권 설정으로 인한 **손해**는 **상당인과관계가 인정**된다. 담당공무원의 **본적지에** 성명정정 통보의무는 허위 주민등록발급 및 부정사용으로 인한 신분상 · 재산상 손해예방을 위한 취지가 있기 때문이다.
[판례] 주민등록사무를 담당하는 공무원이 **개명으로 인한 주민등록상 성명정정**을 본적지 관할관청에 **통보하지 아니한 직무상 의무위배행위**와 甲과 같은 이름으로 개명허가를 받은 듯이 **호적등본을 위조**하여 주민등록상 성명을 위법하게 정정한 乙이 甲의 부동산에 관하여 **불법적으로 근저당권설정등기를 경료**함으로써 甲이 입은 **손해** 사이에는 **상당인과관계가 있다**(대판 2003.4.25. 2001다59842). | 정답 | X

530
☐☐☐

금융감독원 및 그 직원들의 직무집행이 위법하여 저축은행의 후순위사채에 투자한 투자자들이 손해를 입은 경우, 금융감독원에 금융기관에 대한 검사감독의무를 부과한 근거법령의 목적이 금융상품에 투자한 투자자 개인의 이익을 직접 보호하기 위한 것이라고 할 수 없으므로 국가배상을 청구할 수 없다.

금융위원회의 설치 등에 관한 법률의 입법취지 등에 비추어 볼 때, 피고 금융감독원에 금융기관에 대한 검사 · 감독의무를 부과한 법령의 목적이 금융상품에 투자한 투자자 개인의 이익을 직접 보호하기 위한 것이라고 할 수 없으므로, 피고 금융감독원 및 그 직원들의 위법한 직무집행과 부산저축은행의 후순위사채에 투자한 원고들이 입은 손해 사이에 상당인과관계가 있다고 보기 어렵다(대판 2015.12.23. 2015다210194, 표준판례 242). | 정답 | ○

531
☐☐☐

개별공시지가 산정업무 담당공무원이 직무상 의무에 위반하여 현저하게 불합리한 개별공시지가가 결정되도록 함으로써 국민 개개인의 재산권을 침해한 경우, 그 손해에 대하여 상당인과관계 있는 범위 내에서 그 담당공무원이 소속된 지방자치단체가 「국가배상법」상 배상책임을 진다.

개별공시지가 산정업무 **담당공무원**이 직무상 의무에 위반하여 **현저하게 불합리한 개별공시지가가 결정되도록** 함으로써 국민 개개인의 **재산권을 침해한 경우, 그 담당공무원이 속한 지방자치단체가 손해배상책임을** 진다.
[판례] 개별공시지가는 개발부담금부과, 토지관련 조세부과 등 **국민의 재산상 권리 · 의무에 직접적 영향을** 미치므로, 그 산정업무를 담당하는 공무원으로서는 법령에서 정한 기준과 방법에 의하여 개별공시지가가 제대로 산정된 것인지를 검증, 심의함으로써 적정한 개별공시지가가 결정 · 공시되도록 조치할 직무상의 의무가 있고, 이러한 직무상 의무는 단순히 공공일반의 이익이나 행정기관 내부질서를 규율하기 위한 것이 아니고 전적으로 또는 부수적으로 국민 개개인의 재산권 보장을 목적으로 규정된 것이라고 봄이 상당하다. 따라서 개별공시지가 산정업무 담당공무원 등이 그 직무상 의무에 위반하여 현저하게 불합리한 개별공시지가가 결정되도록 함으로써 국민 개개인의 재산권을 침해한 경우 그 손해에 대하여 상당인과관계 있는 범위 내에서 그 담당공무원 등이 소속된 지방자치단체가 배상책임을 지게 된다(대판 2010.7.22. 2010다13527). | 정답 | ○

[23 변시]

532
□□□

재판에 대하여 따로 불복절차 또는 시정절차가 마련되어 있는 경우에는, 불복에 의한 시정을 구할 수 없었던 것 자체가 공무원의 귀책사유로 인한 것이라는 등의 특별한 사정이 없는 한, 스스로 시정을 구하지 아니한 결과 권리 내지 이익을 회복하지 못한 사람은 원칙적으로 국가배상에 의한 권리구제를 받을 수 없다.

재판에 **별도의 불복절차가 있는 경우**, 재판결과에 **불복하지 못한 것**이 공무원의 귀책사유 등 특별한 사정이 없는 한 **스스로의 책임**이므로 원칙적으로 **국가배상은 부정**된다. 이와 달리 재판에 **별도의 불복절차가 없는 경우 국가배상이 인정될 수** 있다.
[판례] 재판에 대하여 따로 **불복절차** 등이 마련되어 있는 경우 재판결과로 불이익을 입은 사람은 그 절차에 따라 자신의 권익을 회복하도록 법이 예정하므로, **불복할 수 없었던 것** 자체가 법관이나 다른 공무원의 귀책사유로 인한 것이라거나 부득이한 사정 등의 특별한 사정이 없는 한, **스스로** 그와 같은 **시정을 구하지 아니한 결과** 권익을 회복하지 못한 사람은 원칙적으로 **국가배상**에 의한 권리구제를 받을 수 **없다**. 재판에 대하여 **불복절차** 내지 시정절차 자체가 **없는 경우** 부당한 재판으로 인하여 손해를 입은 사람은 국가배상 이외의 방법으로는 권익을 회복할 방법이 없으므로, 배상요건이 충족되는 한 **국가배상책임을 인정하지 않을 수 없다**(대판 2003.7.11. 99다24218, 표준판례 233). | 정답 | ○

[19-2]

533
□□□

군인이 전투·훈련 중에 사고를 낸 것이 아니라 훈련장소로의 이동을 위해 군용차량을 운전하다 사고가 발생한 경우 이 사고로 다쳐 손해를 입은 다른 군인은 다른 법령에 따라 재해보상금 등의 보상을 받은 경우에도 국가배상청구를 할 수 있다.

전투·훈련 등 직무집행으로 인하여 손해가 발생한 경우 이중배상금지에 따라 보상을 받은 경우에는 국가배상청구를 할 수 없다. 훈련장소로의 이동을 하는 것도 전투·훈련 등 직무집행이라고 볼 수 있다. 판례는 전투·훈련 또는 이에 준하는 직무집행뿐만 아니라 일반 직무집행에 관하여도 국가나 지방자치단체의 배상책임을 제한하고 있다(대판 2011.3.10. 2010다85942). | 정답 | X

[12 변시]

534
□□□

운전병인 군인 甲은 전투훈련 중 같은 부대 소속 군인 丙을 태우고 군용차량을 운전하여 훈련지로 이동하다가 민간인 乙이 운전하던 차량과 쌍방과실로 충돌하였고, 이에 인해 군인 丙이 사망하였다. 이 경우 손해배상책임 및 구상권에 관한 설명 중 옳지 않은 것은? (단, 자동차손해보험과 관련된 법적 책임은 고려하지 않음)

ㄱ. 현행법상 丙의 유족이 다른 법령에 따라 유족연금 등 보상을 받은 경우에는 국가배상청구를 할 수 없다.

국가배상법 제2조(배상책임) ① 국가나 지방자치단체는 공무원 또는 공무를 위탁받은 사인(이하 "공무원")이 직무를 집행하면서 고의 또는 과실로 법령을 위반하여 타인에게 손해를 입히거나, 「자동차손해배상 보장법」에 따라 손해배상의 책임이 있을 때에는 이 법에 따라 그 손해를 배상하여야 한다. 다만, 군인·군무원·경찰공무원 또는 예비군대원이 전투·훈련 등 직무 집행과 관련하여 전사(戰死)·순직(殉職)하거나 공상(公傷)을 입은 경우에 본인이나 그 유족이 다른 법령에 따라 재해보상금·유족연금·상이연금 등의 보상을 지급받을 수 있을 때에는 이 법 및 「민법」에 따른 손해배상을 청구할 수 없다.

| 정답 | O

ㄴ. 대법원은 甲이 고의·중과실이 있는 경우에만 丙의 유족에 대한 손해배상책임을 부담하고, 甲에게 경과실만 인정되는 경우에는 丙의 유족에 대한 손해배상책임을 부담하지 않는다고 보았다.

가해 공무원에게 경과실이 있는 경우에는 그 공무원은 <u>손해배상책임을 부담하지 아니한다</u>(대판[전합] 2001.2.15. 96다42420, 표준판례 258).

| 정답 | O

ㄷ. 대법원은 공동불법행위의 일반적인 경우와 달리 乙은 자신의 부담부분만을 丙의 유족에게 배상하면 된다고 하였다.

공동불법행위자 등이 부진정연대채무자로서 각자 피해자의 손해 전부를 배상할 의무를 부담하는 공동불법행위의 일반적인 경우와 달리 예외적으로 민간인은 피해 군인 등에 대하여 그 손해 중 국가 등이 민간인에 대한 구상의무를 부담한다면 그 내부적인 관계에서 부담하여야 할 부분을 제외한 나머지 **자신의 부담부분에 한하여** 손해배상의무를 부담하고, 한편 국가 등에 대하여는 그 귀책부분의 **구상을 청구할 수 없다**고 해석함이 상당하다 할 것이고, 이러한 해석이 손해의 공평·타당한 부담을 그 지도원리로 하는 손해배상제도의 이상에도 맞는다 할 것이다(대판[전합] 2001.2.15. 96다42420, 표준판례 258).

| 정답 | O

ㄹ. 대법원은 만일 乙이 손해배상액 전부를 丙의 유족에게 배상한 경우에는 자신의 귀책부분을 넘는 금액에 대해 국가에 구상청구를 할 수 있다고 하였다.

공동불법행위자 등이 부진정연대채무자로서 각자 피해자의 손해 전부를 배상할 의무를 부담하는 공동불법행위의 일반적인 경우와 달리 예외적으로 민간인은 피해 군인 등에 대하여 그 손해 중 국가 등이 민간인에 대한 구상의무를 부담한다면 그 내부적인 관계에서 부담하여야 할 부분을 제외한 나머지 자신의 부담부분에 한하여 손해배상의무를 부담하고, 한편 국가 등에 대하여는 그 귀책부분의 구상을 청구할 수 없다고 해석함이 상당하다 할 것이고, 이러한 해석이 손해의 공평·타당한 부담을 그 지도원리로 하는 손해배상제도의 이상에도 맞는다 할 것이다(대판[전합] 2001.2.15. 96다42420, 표준판례 258).

| 정답 | X

535
□□□

다음 사례에서 甲, 乙, 丙의 권리구제에 관한 설명 중 옳지 않은 것은?

> ○ 군인 甲은 영외작업 후 부대복귀 중 작업병의 차출을 둘러싸고 언쟁을 하다가 소속부대 선임하사 A로부터 구타당하여 부상을 입었다.
> ○ 乙은 경찰청 소속의 의무경찰대원으로서 순찰업무를 수행하기 위하여 동료 의무경찰대원 B가 운전하던 오토바이 뒷좌석에 타고 가던 중 B의 오토바이와 민간인 C가 운전하던 트럭이 쌍방의 과실로 충돌하는 사고가 발생하여 상해를 입었다. 한편, C가 운전하던 트럭의 보험자인 D보험회사가 상해를 입은 의무경찰대원 乙의 손해를 전부 배상하였다.
> ○ 주민자치센터에 근무하는 사회복무요원(구 공익근무요원) 丙은 공무수행 중 차량전복사고로 상해를 입었다.

ㄱ. 甲은 「군인연금법」 또는 「국가유공자 등 예우 및 지원에 관한 법률」에 의하여 별도의 보상을 받을 수 없는 경우에도 「국가배상법」에 따른 배상을 청구할 수 없다. [19-2]

군인·군무원 등 국가배상법 2조 1항에 열거된 자가 전투, 훈련 기타 직무집행과 관련하는 등으로 공상을 입은 경우라고 하더라도 **군인연금법 또는 국가유공자예우등에관한법률에 의하여 재해보상금·유족연금·상이연금 등 별도의 보상을 받을 수 없는 경우에는 국가배상법 2조 1항 단서의 적용 대상에서 제외하여야** 한다(대판 1997.2.14. 96다28066). | 정답 | X

ㄴ. 乙은 「국가배상법」상 직무집행 중인 경찰공무원에 해당한다.

전투경찰순경은 경찰청 산하의 전투경찰대에 소속되어 대간첩작전의 수행 및 치안업무의 보조를 그 임무로 하고 있어서 그 직무수행상의 위험성이 다른 경찰공무원의 경우보다 낮다고 할 수 없을 뿐만 아니라, 전투경찰대설치법 4조가 경찰공무원법의 다수 조항을 준용하고 있는 점 등에 비추어 보면, 국가배상법 2조 1항 단서 중의 **'경찰공무원'은 '경찰공무원법상의 경찰공무원'만을 의미한다고 단정하기 어렵고, 널리 경찰업무에 내재된 고도의 위험성을 고려하여 '경찰조직의 구성원을 이루는 공무원'을 특별취급하려는 취지로 파악함이** 상당하므로 전투경찰순경은 헌법 29조 2항 및 **국가배상법 2조 1항 단서 중의 '경찰공무원'에 해당**한다고 보아야 한 것이다(헌재 1996.6.13. 94헌마118). | 정답 | ○

ㄷ. 헌법재판소는 D가 C의 귀책부분을 넘는 B의 부담부분에 관하여 국가를 상대로 구상권을 행사하는 것이 부인되는 경우, 이는 헌법상 평등원칙, 재산권보장규정 및 헌법 제37조 제2항 등의 헌법규정에 반한다고 보았다. [19-2]

국가배상법 2조 1항 단서 중 군인에 관련되는 부분을, 일반국민이 직무집행 중인 군인과의 공동불법행위로 직무집행 중인 다른 군인에게 공상을 입혀 그 피해자에게 공동의 불법행위로 인한 손해를 배상한 다음 **공동불법행위자인 군인의 부담부분에 관하여 국가에 대하여 구상권을 행사하는 것을 허용하지 않는다고 해석한다면**, 이는 위 단서 규정의 헌법상 근거규정인 헌법 29조가 구상권의 행사를 배제하지 아니하는데도 이를 배제하는 것으로 해석하는 것으로서 **합리적인 이유 없이 일반국민을 국가에 대하여 지나치게 차별하는 경우**에 해당하므로 헌법 11조, 29조에 위반되며, 또한 국가에 대한 구상권은 헌법 23조 1항에 의하여 보장되는 재산권이고 위와 같은 해석은 그러한 **재산권의 제한에 해당**하며 재산권의 제한은 헌법 37조 2항에 의한 기본권제한의 한계 내에서만 가능한데, 위와 같은 해석은 헌법 37조 2항에 의하여 기본권을 제한할 때 요구되는 **비례의 원칙에 위배**하여 일반국민의 재산권을 과잉제한하는 경우에 해당하여 헌법 23조 1항 및 37조 2항에도 위반된다(헌재 1994.12.29. 93헌바21, 표준판례 257). | 정답 | ○

ㄹ. 丙은 「국가배상법」상 손해배상청구가 제한되는 군인 등에 해당하지 않는다.

공익근무요원은 병역법 2조 1항 9호, 5조 1항의 규정에 의하면 국가기관 또는 지방자치단체의 공익목적수행에 필요한 경비·감시·보호 또는 행정업무 등의 지원과 국제협력 또는 예술·체육의 육성을 위하여 소집되어 공익분야에 종사하는 사람으로서 보충역에 편입되어 있는 자이기 때문에, **소집되어 군에 복무하지 않는 한 군인이라고 말할 수 없으므로,** 비록 병역법 75조 2항이 공익근무요원으로 복무 중 순직한 사람의 유족에 대하여 국가유공자등예우및지원에관한법률에 따른 보상을 하도록 규정하고 있다고 하여도, **공익근무요원이 국가배상법 2조 1항 단서의 규정에 의하여 국가배상법상 손해배상청구가 제한되는 군인·군무원·경찰공무원 또는 향토예비군대원에 해당한다고 할 수 없다**(대판 1997.3.28. 97다4036). ｜정답｜O

536
☐☐☐

「국가배상법」 제2조 제1항 단서에서 열거한 군인 등이 다른 법령에 규정된 요건에 해당되어 보상을 받을 권리가 발생하였다 하더라도, 실제로 권리를 행사하지 아니하였다면 단서 규정에 따라 국가에 대하여 손해배상청구권을 행사할 수 있다.

국가배상법 2조 1항 단서는 헌법 29조 2항에 근거를 둔 규정이고, 보훈보상자법이 정한 보상에 관한 규정은 국가배상법 2조 1항 단서가 정한 '다른 법령'에 해당하므로, 보훈보상자법에서 정한 보훈보상대상자 요건에 해당하여 보상금 등 보훈급여금을 지급받을 수 있는 경우는 보훈보상자법에 따라 '보상을 지급받을 수 있을 때'에 해당한다. 따라서 군인·군무원·경찰공무원 또는 향토예비군대원이 전투·훈련 등 직무집행과 관련하여 공상을 입는 등의 이유로 보훈보상자법이 정한 보훈보상대상자 요건에 해당하여 보상금 등 보훈급여금을 지급받을 수 있을 때에는 국가배상법 2조 1항 단서에 따라 국가를 상대로 국가배상을 청구할 수 없다(대판 2017.2.3. 2015두60075, 표준판례 256). ｜정답｜X

[16 변시]

537
☐☐☐

국가가 초법규적·일차적으로 위험배제에 나서지 아니하면 국민의 생명·신체·재산 등을 보호할 수 없는 경우 그 위험을 배제할 공무원의 작위의무가 인정되며, 그러한 작위의무 위반도 「국가배상법」 제2조 제1항의 법령위반에 해당한다.

공무원의 부작위로 인한 국가배상책임을 인정하기 위하여는 공무원의 작위로 인한 국가배상책임을 인정하는 경우와 마찬가지로 '공무원이 그 직무를 집행함에 당하여 고의 또는 과실로 법령에 위반하여 타인에게 손해를 가한 때'라고 하는 국가배상법 2조 1항의 요건이 충족되어야 할 것인바, 여기서 '법령에 위반하여'라고 하는 것이 엄격하게 형식적 의미의 법령에 명시적으로 공무원의 작위의무가 규정되어 있는데도 이를 위반하는 경우만을 의미하는 것은 아니고, 국민의 생명, 신체, 재산 등에 대하여 절박하고 중대한 위험상태가 발생하였거나 발생할 우려가 있어서 국민의 생명, 신체, 재산 등을 보호하는 것을 본래적 사명으로 하는 국가가 초법규적·일차적으로 그 위험 배제에 나서지 아니하면 국민의 생명, 신체, 재산 등을 보호할 수 없는 경우에는 **형식적 의미의 법령에 근거가 없더라도 국가나 관련 공무원에 대하여 그러한 위험을 배제할 작위의무를 인정할 수 있을 것이다**(대판 2005.6.10. 2002다53995). ｜정답｜O

538
□□□

국민의 생명·신체·재산 등에 대하여 절박하고 중대한 위험상태가 발생하였거나 발생할 상당한 우려가 있는 경우가 아닌 한, 원칙적으로 공무원이 관련 법령에서 정하여진 대로 직무를 수행하였다면 손해방지조치를 제대로 이행하지 않은 부작위를 가지고 '고의 또는 과실로 법령에 위반'하였다고 할 수는 없다.

국민의 생명, 신체, 재산 등에 대하여 절박하고 중대한 위험상태가 발생하였거나 발생할 우려가 있어서 국민의 생명, 신체, 재산 등을 보호하는 것을 본래적 사명으로 하는 <u>국가가 초법규적·일차적으로 그 위험 배제에 나서지 아니하면 국민의 생명, 신체, 재산 등을 보호할 수 없는 경우에는 형식적 의미의 법령에 근거가 없더라도 국가나 관련 공무원에 대하여 그러한 위험을 배제할 작위의무를 인정할 수 있을 것이다.</u> 따라서 그와 같은 절박하고 중대한 위험상태가 발생하였거나 발생할 우려가 있는 경우가 아닌 한, 원칙적으로 공무원이 관련 법령대로만 직무를 수행하였다면 그와 같은 공무원의 부작위를 가지고 '고의 또는 과실로 법령에 위반'하였다고 할 수는 없을 것이다(대판 2005.6.10. 2002다53995). | 정답 | ○

539
□□□

공무원의 직무집행이 법령이 정한 요건과 절차에 따라 이루어진 것이라면, 그 과정에서 개인의 권리가 침해되는 일이 생긴다고 하더라도, 특별한 사정이 없는 한 그 직무집행의 법령적합성이 곧바로 부정되는 것은 아니다.

<u>공무원이 법령상 요건·절차 준수한 경우, 그 과정에서 개인의 권리침해시 곧바로 위법한 것은 아니다.</u> 처분 당시 **처분기준을 준수**하였으나 사후에 **재량권 일탈·남용**된 경우에도 국가배상법상 **위법성은 부정**된다. **[판례]** 국가배상책임은 공무원의 직무집행이 법령에 위반한 것임을 요건으로 하는 것으로서, <u>공무원의 직무집행이 **법령이 정한 요건과 절차**에 따라 이루어진 것이라면 특별한 사정이 없는 한 이는 **법령에 적합**한 것이고 그 과정에서 **개인의 권리**가 **침해**되는 일이 생긴다고 하여 그 **법령 적합성이 곧바로 부정**되는 것은 **아니**라고 할 것인바,</u> 불법시위를 진압하는 경찰관들의 직무집행이 법령에 위반한 것이라고 하기 위하여는 그 시위진압이 불필요하거나 또는 불법시위의 태양 및 시위 장소의 상황 등에서 예측되는 피해 발생의 구체적 위험성의 내용에 비추어 시위진압의 계속 수행 내지 그 방법 등이 **현저히 합리성을 결하여** 이를 위법하다고 평가할 수 있는 경우이어야 한다(대판 1997.7.25. 94다2480). | 정답 | ○

540
□□□

법령의 위임에도 불구하고 보건복지부장관이 치과전문의제도의 실시를 위하여 필요한 시행규칙의 개정 등 절차를 마련하지 않은 입법부작위가 위헌이라는 헌법재판소 결정의 기속력에 따라, 보건복지부장관이 사실상 전공의 수련과정을 수료한 치과의사들에게 그 수련경력에 대한 기득권을 인정하는 경과조치를 행정입법으로 제정하지 않았다면 입법부작위에 의한 국가배상책임이 성립한다.

헌법재판소의 위헌확인 결정에 따라 당연히 보건복지부장관의 경과규정 제정의무가 발생하는지와 관련하여, 이 사건 위헌결정은 보건복지부장관에게 구 의료법 및 구 전문의 규정의 위임에 따라 치과의사전문의 자격시험제도를 실시하기 위하여 필요한 시행규칙의 개정 등 절차를 마련하여야 할 헌법상 입법의무가 부과되어 있다고 판시하였을 뿐, **사실상 전공의 수련과정을 수료**한 치과의사들에게 수련경력에 대한 **기득권**을 인정하는 **경과조치**를 마련하지 **아니한** 보건복지부장관의 **행정입법부작위가 위헌·위법**하다고까지 판시한 것은 **아니다.** 따라서 이 사건 **위헌결정의 기속력**이 곧바로 위와 같은 **경과조치 마련**에 대하여까지 미친다고는 볼수 **없다.** 따라서 행정입법 의무를 전제로 한 국가배상청구는 인정되지 않는다(대판 2018.6.15. 2017다249769). | 정답 | X

541
□□□

공무원이 직무를 수행하면서 근거되는 법령의 규정에 따라 구체적으로 의무를 부여받았어도 그것이 직접 국민 개개인의 이익을 위한 것이 아니라 전체적으로 공공 일반의 이익을 도모하기 위한 것이라면 그 의무를 위반하여 국민에게 손해를 가하여도 국가 또는 지방자치단체는 배상책임을 부담하지 아니한다.

공무원에게 부과된 직무상 의무의 내용이 단순히 공공일반의 이익을 위한 것이거나 행정기관의 내부의 질서를 규율하기 위한 것이 아니고, **전적으로 또는 부수적으로 사회구성원 개인의 안전과 이익을 보호**하기 위하여 설정된 것이라면, 공무원이 그와 같은 직무상 의무를 위반함으로 인하여 피해자가 입은 손해에 대하여는 상당인과관계가 인정되는 범위 내에서 국가나 지방자치단체가 손해배상책임을 지는 것이고, 이때 상당인과관계의 유무를 판단함에 있어서는 일반적인 결과발생의 개연성은 물론 직무상의 의무를 부과하는 행동규범의 목적, 그 수행하는 직무의 목적 내지 기능으로부터 예견가능한 행위 후의 사정 및 가해행위의 태양이나 피해의 정도 등을 종합적으로 고려하여야 한다(대판 1994.12.27. 94다36285).　　　| 정답 | ○

542
□□□

행정계획은 장래에 대한 예측을 전제로 하여 수립되고, 본질상 사정변경에 따라 변경되거나 폐지될 가능성을 내포하고 있으므로 위법한 계획의 변경 또는 폐지로 인하여 가해진 손해에 대해 국가배상이 인정될 여지는 없고, 특별한 손실을 받은 경우 손실보상만 인정될 뿐이다.

위법한 행정계획의 수립 · 변경 · 폐지로 인하여 손해를 받은 자가 국가배상법 2조의 요건을 구비할 때에는 국가배상을 청구할 수도 있다.　　　| 정답 | X

543
□□□

공무원에 대한 전보인사가 법령이 정한 기준과 원칙에 위배되거나 인사권을 부적절하게 행사한 것이라면 그 전보인사는 당연히 당해 공무원에 대한 관계에서 손해배상책임이 인정되는 불법행위를 구성한다.

공무원에 대한 전보인사가 법령이 정한 기준과 원칙에 위배되거나 **인사권을 다소 부적절하게 행사**한 것으로 볼 여지가 있다 하더라도 그러한 사유만으로 그 전보인사가 당연히 **불법행위를 구성한다고 볼 수는 없고**, 인사권자가 당해 공무원에 대한 보복감정 등 다른 의도를 가지고 인사재량권을 일탈 · 남용하여 객관적 정당성을 상실하였음이 명백한 경우 등 전보인사가 우리의 건전한 사회통념이나 사회상규상 도저히 용인될 수 없음이 분명한 경우에, 그 전보인사는 위법하게 상대방에게 정신적 고통을 가하는 것이 되어 당해 공무원에 대한 관계에서 불법행위를 구성한다(대판 2009.5.28. 2006다16215).　　　| 정답 | X

544
□□□

법관의 재판에 법령의 규정을 따르지 아니한 잘못이 있다하더라도 이로써 바로「국가배상법」제2조 제1항의 법령위반이 되는 것은 아니며, 국가배상책임이 성립하기 위해서는 당해 법관이 위법 또는 부당한 목적을 가지고 재판을 하는 등 법관이 그에게 부여된 권한의 취지에 명백히 어긋나게 이를 행사하였다고 인정할 만한 특별한 사정이 있어야 한다.

법관의 재판에 법령의 규정을 따르지 아니한 잘못이 있다 하더라도 이로써 바로 그 재판상 직무행위가 국가배상법 2조 1항에서 말하는 위법한 행위로 되어 국가의 손해배상책임이 발생하는 것은 아니고, 그 국가배상책임이 인정되려면 당해 **법관이 위법 또는 부당한 목적**을 가지고 재판을 하였다거나 법이 법관의 직무수행상 준수할 것을 요구하고 있는 기준을 현저하게 위반하는 등 **법관이 그에게 부여된 권한의 취지에 명백히 어긋나게 이를 행사**하였다고 인정할 만한 특별한 사정이 있어야 한다(대판 2003.7.11. 99다24218, 표준판례 233). | 정답 | ○

545
□□□

헌법재판소 재판관이 헌법소원심판의 청구기간을 잘못 산정하여 각하결정을 한 경우, 본안판단을 하였더라도 어차피 청구가 기각되었을 것이라는 사정이 있는 경우에는 국가배상책임이 인정될 수 없다.

헌법소원심판을 청구한 자로서는 헌법재판소 재판관이 일자 계산을 정확하게 하여 본안판단을 할 것으로 기대하는 것이 당연하고, 따라서 **헌법재판소 재판관의 위법한 직무집행의 결과 잘못된 각하결정**을 함으로써 청구인으로 하여금 본안판단을 받을 기회를 상실하게 한 이상, 설령 본안판단을 하였더라도 어차피 청구가 기각되었을 것이라는 사정이 있다고 하더라도 잘못된 판단으로 인하여 헌법소원심판 청구인의 위와 같은 합리적인 기대를 침해한 것이고 이러한 기대는 인격적 이익으로서 보호할 가치가 있다고 할 것이므로 그 침해로 인한 정신상 고통에 대하여는 위자료를 지급할 의무가 있다(대판 2003.7.11. 99다24218, 표준판례 233). | 정답 | X

546
□□□

국회의원의 입법행위는 그 입법 내용이 헌법의 문언에 명백히 위배됨에도 불구하고 국회가 굳이 당해 입법을 한 것과 같은 특수한 경우가 아닌 한 「국가배상법」제2조 제1항 소정의 위법행위에 해당한다고 볼 수 없다.

국회의원의 입법행위는 그 내용이 **헌법 문언에 명백히 위배**되는 등의 특별한 사정이 있어야 국가배상책임이 인정될 수 있다.
[판례] 국회의원은 입법에 관하여 원칙적으로 국민 전체에 대한 **정치적 책임**을 질 뿐 국민 개개인에게 **법적 의무**를 지는 것은 **아니므로**, 국회의원의 **입법행위**는 그 입법내용이 **헌법의 문언에 명백히 위배**됨에도 불구하고 국회가 굳이 당해 입법을 한 것과 같은 **특수한 경우가 아닌 한** 국가배상법 2조 1항의 **위법행위**에 해당한다고 볼 수 **없다**(대판 2008.5.29. 2004다33469). | 정답 | ○

547
☐☐☐

공무원이 직무를 수행하면서 근거되는 법령의 규정에 따라 구체적으로 의무를 부여받았어도 그것이 직접 국민 개개인의 이익을 위한 것이 아니라 전체적으로 공공 일반의 이익을 도모하기 위한 것이라면 그 의무를 위반하여 국민에게 손해를 가하여도 국가 또는 지방자치단체는 배상책임을 부담하지 아니한다.

일반적으로 국가 또는 지방자치단체가 권한을 행사할 때에는 국민에 대한 손해를 방지하여야 하고, 국민의 안전을 배려하여야 하며, 소속 공무원이 전적으로 또는 부수적으로라도 국민 개개인의 안전과 이익을 보호하기 위하여 법령에서 정한 직무상의 의무에 위반하여 국민에게 손해를 가하면 상당인과관계가 인정되는 범위 안에서 국가 또는 지방자치단체가 배상책임을 부담하는 것이지만, 공무원이 직무를 수행하면서 그 근거되는 법령의 규정에 따라 **구체적으로 의무를 부여**받았어도 그것이 국민의 이익과는 관계없이 순전히 행정기관 내부의 질서를 유지하기 위한 것이거나, 또는 국민의 이익과 관련된 것이라도 직접 국민 개개인의 이익을 위한 것이 아니라 전체적으로 **공공 일반의 이익을 도모하기 위한 것**이라면 그 의무에 위반하여 **국민에게 손해를 가하여도 국가 또는 지방자치단체는 배상책임을 부담하지 아니한다**(대판 2001.10.23. 99다36280).

| 정답 | ○

548
☐☐☐

공무원이 직무수행 중 불법행위로 타인에게 손해를 입힌 경우에 국가 등이 국가배상책임을 부담한 외에 공무원 개인도 고의 또는 중과실이 있는 경우에는 불법행위로 인한 손해배상 책임을 진다.

공무원이 직무 수행 중 불법행위로 타인에게 손해를 입힌 경우에 국가나 지방자치단체가 국가배상책임을 부담하는 외에 공무원 개인도 고의 또는 중과실이 있는 경우에는 불법행위로 인한 손해배상책임을 지고, 공무원에게 경과실이 있을 뿐인 경우에는 공무원 개인은 불법행위로 인한 손해배상책임을 부담하지 아니하는데, 여기서 공무원의 중과실이란 공무원에게 통상 요구되는 정도의 상당한 주의를 하지 않더라도 약간의 주의를 한다면 손쉽게 위법·유해한 결과를 예견할 수 있는 경우임에도 만연히 이를 간과함과 같은 거의 고의에 가까운 현저한 주의를 결여한 상태를 의미한다(대판 2011.9.8. 2011다34521).

| 정답 | ○

549
☐☐☐

국가배상법상 위법을 항고소송의 위법보다 넓은 개념으로 보는 견해에 의하면 취소소송의 판결 중에서 인용판결의 기판력은 국가배상소송에 영향을 미치지 않지만, 기각판결의 기판력은 국가배상 소송에 영향을 미친다.

국가배상의 위법개념과 행정쟁송법상의 위법개념을 동일한 것으로 보게 되면, 취소소송에서의 청구기각판결의 기판력으로 인해 후의 국가배상소송에서 당해 행정처분의 위법성을 주장할 수 없게 된다. 반면에 국가배상법상 위법개념을 행정 쟁송법상 위법개념보다 넓은 것으로 보는 견해에 의하면 **인용판결의 기판력**은 국가배상소송에 미치지만, 기각판결의 기판력은 국가배상소송에 미치지 않는다고 본다.

| 정답 | X

550
☐☐☐

어떠한 행정처분이 항고소송에서 위법한 것으로서 취소되었다면 이로써 당해 행정처분은 공무원의 고의 또는 과실에 의한 불법행위를 구성한다.

어떠한 행정처분이 후에 항고소송에서 취소되었다고 할지라도 그 기판력에 의하여 당해 행정처분이 곧바로 공무원의 고의 또는 과실로 인한 것으로서 불법행위를 구성한다고 단정할 수는 없는 것이고, 그 행정처분의 담당공무원이 보통 일반의 공무원을 표준으로 하여 볼 때 객관적 주의의무를 결하여 그 행정처분이 객관적 정당성을 상실하였다고 인정될 정도에 이른 경우에 비로소 국가배상법 2조 소정의 국가배상책임의 요건을 충족하였다고 봄이 상당하다(대판 2003.11.27. 2001다33789, 표준판례 256).　　　　　　　　　| 정답 | X

551
☐☐☐

행정처분에 대해 제소기간이 도과하여 불가쟁력이 발생한 경우, 행정처분의 위법을 이유로 국가배상청구소송을 제기할 수 없다.

세무담당 공무원들로서는 각 그 직무를 수행함에 있어서 새로이 상급관서에 질의하거나 재무부관세국에 조회하는 등 조치하며 물품세대상품목 여부를 오인하지 않도록 할 주의의무가 있다 할 것임에도 불구하고 이를 게을리한 과실로 이 사건 과세에 이른 것이고, 이 사건 과세처분이 취소되지 아니하였다 하더라도 그 담당공무원의 직무집행상의 고의 또는 과실로 인한 손해배상청구는 가능하다(대판 1979.4.10. 79다262).
➜ 관련 법규에서 정한 청구기한을 도과하였다는 이유로 심사청구가 기각되어 과세처분이 취소되지는 않았으나 국가배상청구는 가능하다고 본 판례이다.　　　　　　　　　| 정답 | X

552
☐☐☐

관리청이 「하천법」 등 관련규정에 의해 책정한 하천정비기본계획 등에 따라 개수를 완료한 하천 또는 아직 개수중이라 하더라도 개수를 완료한 부분에 있어서는, 위 하천정비기본계획 등에서 정한 계획홍수량 및 계획홍수위를 충족하여 하천이 관리되고 있다면 당초부터 계획홍수량 또는 계획홍수위를 잘못 책정하였다거나 그 후 이를 시급히 변경해야 할 사정이 생겼음에도 불구하고 이를 해태하였다는 등의 특별한 사정이 없는 한, 그 하천은 용도에 따라 통상 갖추어야 할 안전성을 갖추고 있다고 보아야 한다.

관리청이 하천법 등 관련 규정에 의해 책정한 하천정비기본계획 등에 따라 개수를 완료한 하천 또는 아직 개수 중이라 하더라도 개수를 완료한 부분에 있어서는, 위 하천정비기본계획 등에서 정한 **계획홍수량 및 계획홍수위를 충족**하여 하천이 관리되고 있다면 당초부터 계획홍수량 및 계획홍수위를 잘못 책정하였다거나 그 후 이를 시급히 변경해야 할 사정이 생겼음에도 불구하고 이를 해태하였다는 등의 특별한 사정이 없는 한, 그 하천은 용도에 따라 통상 갖추어야 할 안전성을 갖추고 있다고 봄이 상당하다(대판 2007.9.21. 2005다65678).　　　　　　　　　| 정답 | O

553
☐☐☐

경찰관에게 권한을 부여한 법규의 취지와 목적에 비추어 볼 때 구체적인 사정에 따라 경찰관이 그 권한을 행사하여 필요한 조치를 취하지 아니하는 것이 현저하게 불합리하다고 인정되는 경우에는 권한의 불행사는 직무상의 의무를 위반한 것이 되어 위법하게 된다.

경찰관직무집행법 5조는 경찰관은 인명 또는 신체에 위해를 미치거나 재산에 중대한 손해를 끼칠 우려가 있는 위험한 사태가 있을 때에는 그 각 호의 조치를 취할 수 있다고 규정하여 형식상 경찰관에게 재량에 의한 직무수행권한을 부여한 것처럼 되어 있으나, 경찰관에게 그러한 권한을 부여한 취지와 목적에 비추어 볼 때 구체적인 사정에 따라 **경찰관이 그 권한을 행사하여 필요한 조치를 취하지 아니하는 것**이 현저하게 불합리하다고 인정되는 경우에는 그러한 권한의 불행사는 직무상의 의무를 위반한 것이 되어 위법하게 된다 (대판 1998.8.25. 98다16890).　　　　　　　　　　　　　　　　　　　　　| 정답 | ○

554
☐☐☐

판례는 지방자치단체장간의 기관위임이 있을 때 위임받은 하위 지방자치단체 소속공무원이 위임 사무를 처리하면서 고의로 타인에게 손해를 가한 경우에는 상위 지방자치단체는 손해배상책임을 지지 않는다고 본다.

지방자치단체장 간의 기관위임의 경우에 위임받은 하위 지방자치단체장은 상위 지방자치단체 산하 행정기관의 지위에서 그 사무를 처리하는 것이므로 사무귀속의 주체가 달라진다고 할 수 없고, 따라서 하위 지방자치단체장을 보조하는 하위 지방자치단체 소속 공무원이 위임사무처리에 있어 고의 또는 과실로 타인에게 손해를 가하였더라도 **상위 지방자치단체는 여전히 그 사무귀속 주체로서 손해배상책임을** 진다(대판 1996.11.8. 96다21331).　　　　　　　　　　　　　　　　　　　　| 정답 | X

555
☐☐☐

甲은 변호사 개업활동을 해 오던 중 형사범죄로 선고유예 판결이 확정되어 대한변호사협회부터 변호사등록이 취소되었다. 이후 「변호사법」에서 정한 선고유예 판결에 따른 2년의 변호사등록 결격기간이 지나자, 甲은 이 선고유예 판결의 확정증명원만 첨부하고 다른 범죄경력조회서는 첨부하지 않은 채 다시 변호사등록신청을 하였다. 서울지방변호사회는 "甲에 대한 선고유예 판결이 2년이 경과하여 등록거부사유가 없으므로 등록을 함이 타당하다."는 의견서를 첨부하여 대한변호사협회에 송부하였다. 그러나 대한변호사협회장 乙은 甲에게 「변호사법」에서 정한 등록거부사유가 있다는 전제 하에 등록심사위원회에 甲에 대한 변호사등록 여부를 안건으로 회부하였고, 등록심사위원회는 甲이 등록거부사유에 해당하는지 여부를 심의하였으나 위 선고유예 확정판결 이외에 다른 사유를 확인하지 못하였음에도 별다른 이유 없이 2개월간 등록을 지연하였다. 이에 甲은 변호사등록이 2개월간 지연되었음을 이유로 손해배상소송을 제기하고자 한다. 이에 관한 설명으로 옳지 않은 것은? (다툼이 있는 경우 판례에 의함)

ㄱ. 대한변호사협회는 공법인으로서 위탁받은 공행정사무에 관한 행정주체의 지위에서
   배상책임을 부담한다.
ㄴ. 공법인의 피용인은 실질적인 의미에서 공무를 수행한 사람으로서 「국가배상법」제2조
   에서 정한 공무원에 해당하므로 고의 또는 중과실이 있는 경우 배상책임을 부담한다.
ㄷ. 공무원의 중과실이란 공무원에게 통상 요구되는 정도의 상당한 주의를 하지 않더라
   도 약간의 주의를 한다면 손쉽게 위법·유해한 결과를 예견할 수 있는 경우임에도 만
   연히 이를 간과한 경우와 같이, 거의 고의에 가까운 현저한 주의를 결여한 상태를 의
   미한다.

공법인이 국가로부터 위탁받은 공행정사무를 집행하는 과정에서 공법인의 임직원이나 피용인이 고의 또는
과실로 법령을 위반하여 타인에게 손해를 입힌 경우에는, **공법인은 위탁받은 공행정사무에 관한 행정주체의
지위에서 배상책임을 부담하여야** 하지만, 공법인의 **임직원**이나 피용인은 실질적인 의미에서 공무를 수행한
사람으로서 **국가배상법 2조에서 정한 공무원**에 해당하므로 **고의 또는 중과실이 있는 경우에만 배상책임을
부담**하고 **경과실**이 있는 경우에는 **배상책임을 면한다**. 한편 공무원의 **중과실**이란 공무원에게 통상 요구되는
정도의 상당한 주의를 하지 않더라도 **약간의 주의를 한다면 손쉽게 위법·유해한 결과를 예견할 수 있는
경우임에도 만연히 이를 간과한 경우와 같이**, 거의 **고의에 가까운 현저한 주의를 결여한 상태를** 의미한다(대
판 2021.1.28. 2019다260197, 표준판례 229). | 정답 | ㄱ. ○, ㄴ. ○, ㄷ. ○

ㄹ. 乙은 대한변호사협회장으로서 서울지방변호사회의 의견을 임의로 무시한 경과실이
   인정되면 甲에 대한 개인적 배상책임을 부담한다.

대한변호사협회는 등록신청인이 변호사법 8조 1항 각호에서 정한 등록거부사유에 해당하는 경우에만 변호
사등록을 거부할 수 있고, 그 외 다른 사유를 내세워 변호사등록을 거부하거나 지연하는 것은 허용될 수
없는데, 甲의 선고유예 판결에 따른 결격사유 이외에 변호사법이 규정한 다른 등록거부사유가 있는지 여부
를 짧은 시간 안에 명백하게 확인할 수 있었음에도 그러한 확인절차를 거치지 않은 채 단순한 의심만으로
변호사등록 거부 안건을 등록심사위원회에 회부하고, 여죄 유무를 추궁한다며 등록심사기간을 지연시킨 것
에 관하여 협회장 乙 및 등록심사위원회 위원들의 과실이 인정되므로, 대한변호사협회는 이들이 속한 행정
주체의 지위에서 배상책임을 부담하여야 하고, 甲에게 변호사등록이 위법하게 지연됨으로 인하여 얻지 못한
수입 상당액의 손해를 배상할 의무가 있는 반면, **乙은 대한변호사협회의 장(長)으로서 국가로부터 위탁받은
공행정사무인 '변호사등록에 관한 사무'를 수행하는 범위 내에서 국가배상법 2조에서 정한 공무원에 해당하
므로 경과실 공무원의 면책 법리에 따라 甲에 대한 배상책임을 부담하지 않는다**(대판 2021.1.28. 2019다
260197, 표준판례 229). | 정답 | X

[18 변시]

556
□□□

세관 공무원들의 공무원증 및 재직증명서 발급업무를 하는 공무원이 세관의 다른 공무원
의 공무원증 등을 위조하는 행위는 실질적으로 직무행위에 속하지 아니하므로, 국가배상
법 제2조 제1항 소정의 '공무원이 직무를 집행하면서'에 해당하는 직무행위로 인정되지
않는다.

울산세관의 통관지원과에서 인사업무를 담당하면서 울산세관 공무원들의 공무원증 및 재직증명서 발급업무
를 하는 공무원인 김영선이 울산세관의 다른 공무원의 공무원증 등을 위조하는 행위는 비록 그것이 실질적
으로는 직무행위에 속하지 아니한다 할지라도 적어도 **외관상으로는 공무원증과 재직증명서를 발급**하는 행
위로서 직무집행으로 보여지므로 결국 소외인의 공무원증 등 위조행위는 국가배상법 2조 1항 소정의 공무
원이 직무를 집행함에 당하여 한 행위로 인정된다(대판 2005.1.14. 2004다26805). | 정답 | X

557

□□□

「국가배상법」 제5조의 배상책임에 관한 설명 중 옳은 것은?

ㄱ. '공공의 영조물'이란 국가 또는 지방자치단체에 의하여 특정 공공의 목적에 공여된 유체물 및 물적 설비 등을 말하며, 국가 또는 지방자치단체가 소유권, 임차권 그 밖의 권한에 기하여 관리하고 있는 경우뿐만 아니라 사실상의 관리를 하고 있는 경우도 포함한다.

[21-2]

국가배상법 5조 1항 소정의 "공공의 영조물"이라 함은 국가 또는 지방자치단체에 의하여 특정 공공의 목적에 공여된 유체물 내지 물적 설비를 지칭하며, 특정 공공의 목적에 공여된 물이라 함은 일반 공중의 자유로운 사용에 직접적으로 제공되는 공공용물에 한하지 아니하고, 행정주체 자신의 사용에 제공되는 공용물도 포함하며 국가 또는 지방자치단체가 소유권, 임차권 그밖의 권한에 기하여 관리하고 있는 경우뿐만 아니라 사실상의 관리를 하고 있는 경우도 포함한다(대판 1995.1.24. 94다45302). | 정답 | ○

ㄴ. 고등학교 3학년 학생이 교사의 단속을 피해 담배를 피우기 위하여 3층 건물 화장실 밖의 학생들이 출입할 수 없는 난간을 지나다가 실족하여 사망한 경우 학교시설의 설치·관리상의 하자가 있다.

고등학교 3학년 학생이 교사의 단속을 피해 담배를 피우기 위하여 3층 건물 화장실 밖의 난간을 지나다가 실족하여 사망한 사안에서 학교 관리자에게 그와 같은 이례적인 사고가 있을 것을 예상하여 복도나 화장실 창문에 난간으로의 출입을 막기 위하여 출입금지장치나 추락위험을 알리는 경고표지판을 설치할 의무가 있다고 볼 수는 없다는 이유로 학교시설의 **설치·관리상의 하자가 없다**(대판 1997.5.16. 96다54102, 표준판례 260). | 정답 | X

ㄷ. 공항에서 발생하는 소음 등으로 인근주민들이 피해를 입었다면 수인한도를 넘는지 여부를 불문하고 도로의 경우와 같이 '공공의 영조물'에 관한 일반적인 설치·관리상의 하자에 대한 판단방법에 따라 국가책임이 인정된다.

타인에게 위해를 끼칠 위험성이 있는 상태라 함은 당해 영조물을 구성하는 물적 시설 그 자체에 있는 물리적·외형적 흠결이나 불비로 인하여 그 이용자에게 위해를 끼칠 위험성이 있는 경우뿐만 아니라, 그 영조물이 공공의 목적에 이용됨에 있어 그 이용상태 및 정도가 일정한 한도를 초과하여 제3자에게 **사회통념상 수인할 것이 기대되는 한도를 넘는 피해**를 입히는 경우까지 포함된다고 보아야 한다(대판 2005.1.27. 2003다49566, 표준판례 258). | 정답 | X

ㄹ. 편도 2차로 도로의 1차로 상에 교통사고의 원인이 될 수 있는 크기의 돌멩이가 방치되어 있었고 이로 인하여 사고가 발생하였다면, 도로의 점유·관리자의 관리 가능성과 무관하게 이는 도로 관리·보존상의 하자에 해당한다.

편도 2차선 도로의 1차선 상에 교통사고의 원인이 될 수 있는 크기의 돌멩이가 방치되어 있는 경우, 도로의 점유·관리자가 그에 대한 **관리 가능성이 없다는 입증을 하지 못하는 한** 이는 도로의 관리·보존상의 하자에 해당한다(대판 1998.2.10. 97다32536). | 정답 | X

ㅁ. 국·공유나 사유 여부를 불문하고 사실상 도로로 사용되고 있었다면 도로의 노선인정의 공고 기타 공용개시가 없었다고 하여도 「국가배상법」 제5조의 배상책임이 인정된다.

국가배상법 5조 소정의 공공의 영조물이란 공유나 사유임을 불문하고 행정주체에 의하여 특정공공의 목적에 공여된 유체물 또는 물적 설비를 의미하므로 사실상 군민의 통행에 제공되고 있던 도로 옆의 암벽으로부터 떨어진 낙석에 맞아 소외인이 사망하는 사고가 발생하였다고 하여도 동 사고지점 도로가 피고 군에 의하여 **노선인정 기타 공용개시가 없었으면 이를 영조물이라 할 수 없다**(대판 1981.7.7. 80다2478). | 정답 | X

ㅂ. 헌법은 공무원의 직무상 불법행위로 인한 국가배상만 규정하고 있을 뿐이고 영조물의 설치·관리의 하자로 인한 국가배상에 대해서는 규정하고 있지 않다.

헌법 29조는 영조물의 설치·관리의 하자로 인한 국가배상책임에 대해서는 규정하고 있지 않다. | 정답 | O

[22-1, 20-1]

558
□□□

지방자치단체가 자연상태의 언덕이 붕괴할 위험이 있어 붕괴위험지구로 지정하여 공무원을 관리책임자로 지정하고 옹벽을 설치하기로 하였으나, 아직 옹벽시설공사가 완성되지 않은 채 공사시행과정에서 파놓은 구덩이에 행인이 추락한 사고에 대해 영조물책임을 물을 수 없다.

지방자치단체가 비탈사면인 언덕에 대하여 현장조사를 한 결과 붕괴의 위험이 있음을 발견하고 이를 붕괴위험지구로 지정하여 관리하여 오다가 붕괴를 예방하기 위하여 언덕에 옹벽을 설치하기로 하고 소외 회사에게 옹벽시설공사를 도급 주어 소외 회사가 공사를 시행하다가 깊이 3m의 구덩이를 파게 되었는데, 피해자가 공사현장 주변을 지나가다가 흙이 무너져 내리면서 위 구덩이에 추락하여 상해를 입게된 사안에서, 위 사고 당시 설치하고 있던 옹벽은 소외 회사가 공사를 도급받아 공사 중에 있었을 뿐만 아니라 아직 완성도 되지 아니하여 일반 공중의 이용에 제공되지 않고 있었던 이상 국가배상법 5조 1항 소정의 **영조물**에 해당한다고 할 수 없다(대판 1998.10.23. 98다17381). | 정답 | O

[13 변시]

559
□□□

영조물이 완전무결한 상태에 있지 않고 기능상 어떠한 결함이 있었다면 객관적으로 보아 시간적, 장소적으로 그 기능상 결함으로 인한 손해발생의 예견가능성, 회피가능성이 없어도 본조의 책임이 발생한다.

국가배상법 5조 1항에 정해진 영조물의 설치 또는 관리의 하자라 함은 영조물이 그 용도에 따라 통상 갖추어야 할 안전성을 갖추지 못한 상태에 있음을 말하는 것이며, 다만 영조물이 완전무결한 상태에 있지 아니하고 그 기능상 어떠한 결함이 있다는 것만으로 영조물의 설치 또는 관리에 하자가 있다고 할 수 없는 것이고, 위와 같은 안전성의 구비 여부를 판단함에 있어서는 당해 영조물의 용도, 그 설치장소의 현황 및 이용 상황 등 제반 사정을 종합적으로 고려하여 설치·관리자가 그 영조물의 위험성에 비례하여 사회통념상 일반적으로 요구되는 정도의 방호조치의무를 다하였는지 여부를 그 기준으로 삼아야 하며, 만일 객관적으로 보아 시간적·장소적으로 영조물의 기능상 결함으로 인한 **손해발생의 예견가능성과 회피가능성이 없는 경우** 즉 그 영조물의 결함이 영조물의 설치·관리자의 관리행위가 미칠 수 없는 상황 아래에 있는 경우임이 입증되는 경우라면 영조물의 설치·관리상의 하자를 인정할 수 없다(대판 2001.7.27. 2000다56822, 표준판례 262). | 정답 | X

560
☐☐☐

가변차로에 설치된 두 개의 신호기에서 서로 모순되는 신호가 들어옴으로 인해 사고가 발생한 경우, 적정전압보다 낮은 저전압이 원인이 되어 오작동이 발생하였고 그 고장은 당시 기술수준상 부득이한 것이라면 손해발생의 회피가능성을 인정하기 어려우므로 「국가배상법」상 면책사유가 될 수 있다.

가변차로에 설치된 신호등의 용도와 오작동시에 발생하는 사고의 위험성과 심각성을 감안할 때, 만일 가변차로에 설치된 두 개의 신호기에서 서로 모순되는 신호가 들어오는 고장을 예방할 방법이 없음에도 그와 같은 신호기를 설치하여 그와 같은 고장을 발생하게 한 것이라면, 그 고장이 자연재해 등 **외부요인에 의한 불가항력**에 기인한 것이 아닌 한 그 자체로 설치·관리자의 방호조치의무를 다하지 못한 것으로서 신호등이 그 용도에 따라 통상 갖추어야 할 안전성을 갖추지 못한 상태에 있었다고 할 것이고, 따라서 설령 적정전압보다 낮은 저전압이 원인이 되어 위와 같은 오작동이 발생하였고 그 고장은 현재의 기술수준상 부득이한 것이라고 가정하더라도 그와 같은 사정만으로 손해발생의 예견가능성이나 회피가능성이 없어 영조물의 하자를 인정할 수 없는 경우라고 단정할 수 없다(대판 2001.7.27. 2000다56822, 표준판례 262). | 정답 | X

561
☐☐☐

영조물 설치의 하자 유무는 객관적 견지에서 본 안전성의 문제이고 그 설치자의 재정사정이나 영조물의 사용목적에 의한 사정은 안전성을 결정지을 절대적 요건에는 해당하지 않는다.

영조물 설치의 『하자』라 함은 영조물의 축조에 불완전한 점이 있어 이 때문에 영조물 자체가 통상 갖추어야 할 완전성을 갖추지 못한 상태에 있음을 말한다고 할 것인바 그 『하자』 유무는 객관적 견지에서 본 안전성의 문제이고 그 **설치자의 재정사정**이나 영조물의 사용목적에 의한 사정은 안전성을 요구하는데 대한 정도 문제로서 **참작사유**에는 해당할지언정 안전성을 결정지을 절대적 요건에는 해당하지 아니한다 할 것이다(대판 1967.2.21. 66다1723). | 정답 | O

562
☐☐☐

공공의 영조물의 설치·관리를 맡은 자뿐만 아니라 그 비용부담자도 본조의 배상책임을 진다.

국가배상법 제6조(비용부담자 등의 책임) ① 제2조·제3조 및 제5조에 따라 국가나 지방자치단체가 손해를 배상할 책임이 있는 경우에 공무원의 선임·감독 또는 영조물의 설치·관리를 맡은 자와 공무원의 봉급·급여, 그 밖의 비용 또는 영조물의 설치·관리 비용을 부담하는 자가 동일하지 아니하면 그 비용을 부담하는 자도 손해를 배상하여야 한다.

| 정답 | O

563
☐☐☐

영조물의 설치·관리자와 비용부담자가 다른 경우에 피해자는 설치·관리자를 상대로 먼저 배상청구를 하여야 한다.

피해자는 설치·관리자를 상대로 먼저 배상청구를 하여야 하는 것은 아니다. | 정답 | X

564
□□□

「국가배상법」상 영조물의 설치·관리상의 하자로 인한 책임은 무과실책임이고 나아가 「민법」제758조 소정의 공작물의 점유자의 책임과는 달리 면책사유도 규정되어 있지 않으므로, 국가 또는 지방자치단체는 영조물의 설치·관리상의 하자로 인하여 타인에게 손해를 가한 경우에 그 손해의 방지에 필요한 주의를 해태하지 아니하였다 하여 면책을 주장할 수 없다.

국가배상법 5조는 민법 758조 소정의 공작물과 유사한 점은 있으나, 대상이 공작물에 한정되지 않고 점유자의 면책규정이 없다는 점에서 차이가 있다.
[판례] 국가배상법 5조 소정의 영조물의 설치·관리상의 하자로 인한 책임은 무과실책임이고 나아가 민법 758조 소정의 공작물의 점유자의 책임과는 달리 면책사유도 규정되어 있지 않으므로, 국가 또는 지방자치단체는 영조물의 설치·관리상의 하자로 인하여 타인에게 손해를 가한 경우에 그 손해의 방지에 필요한 주의를 해태하지 아니하였다 하여 면책을 주장할 수 없다(대판 1994.11.22. 94다32924, 표준판례 261).

| 정답 | ○

565
□□□

「국가배상법」상 영조물의 설치 또는 관리상의 하자로 인한 사고라 함은 영조물의 설치 또는 관리상의 하자만이 손해발생의 원인이 되는 경우로 제한적으로 해석해야 하므로, 다른 자연적 사실이나 제3자의 행위 또는 피해자의 행위와 경합하여 손해가 발생하는 경우에는 「국가배상법」이 적용되지 않는다.

영조물의 설치 또는 관리상의 하자로 인한 사고라 함은 영조물의 설치 또는 관리상의 하자만이 손해발생의 원인이 되는 경우만을 말하는 것이 아니고, **다른 자연적 사실이나 제3자의 행위** 또는 피해자의 행위와 **경합하여** 손해가 발생하더라도 영조물의 설치 또는 관리상의 하자가 **공동원인**의 하나가 되는 이상 그 손해는 영조물의 설치 또는 관리상의 하자에 의하여 발생한 것이라고 해석함이 상당하다(대판 1994.11.22. 94다32924, 표준판례 261).

| 정답 | X

566
□□□

국도상에 떨어진 쇠파이프로 인한 사고발생시 사고발생 직전 순찰차량이 사고현장을 지나갔으나 발견하지 못한 경우, 순찰간격을 더 짧게 하여 순찰을 하여 낙하물을 제거하는 것은 현실적으로 불가능하므로 도로 보존상 하자가 있다고 할 수 없다.

승용차 운전자가 편도 2차선의 국도를 진행하다가 반대차선 진행차량의 바퀴에 팅기어 승용차 앞유리창을 뚫고 들어온 **쇠파이프에 맞아 사망한** 경우, 그와 같은 쇠파이프가 위 도로에 떨어져 있었다면 일단 도로의 관리에 하자가 있는 것으로 볼 수 있으나, 내세운 증거에 의하면 사고 당일 09:57부터 10:08 사이(사고발생 33분 내지 22분 전)에 피고 운영의 과적차량 검문소 근무자 교대차량이 사고장소를 통과 하였으나 위 쇠파이프를 발견하지 못한 사실을 인정하고 피고가 관리하는 넓은 국도상을 더 짧은 간격으로 일일이 순찰하면서 낙하물을 제거하는 것은 현실적으로 불가능하다 하여 피고에게 국가배상법 5조 1항이 정하는 **손해배상책임이 없다**(대판 1997.4.22. 97다3194, 표준판례 263).

| 정답 | ○

567
□□□
적색교통신호기의 전구가 단선되어 발생한 사고의 경우 설치관리자가 그 영조물의 위험성에 비례하여 사회통념상 일반적으로 요구되는 정도의 방호조치의무를 다하였는지 여부를 그 기준으로 삼아야 할 것이므로, 손해발생의 예견가능성과 회피가능성이 없다는 이유만으로 영조물의 설치·관리상의 하자를 부인할 수 없다.

이 사건 사고 장소에는 가해 버스의 진행방향에서 보아 교차로 건너편에 차량용 신호가 있고 교차로를 지난 직후 이 사건 보행자 신호기가 설치된 횡단보도가 있는데, 교차로를 통행하는 운전자로서는 차량용 신호기가 진행신호인 경우 횡단보도에 설치된 보행자 신호기가 정지신호일 것이라고 신뢰하고 횡단보도 앞에서 감속하거나 일단정지를 하지 않을 것이므로, 횡단보도에 설치된 보행자 신호기가 고장이 나서 그 신호기의 신호와 차량용 신호기의 신호가 불일치 또는 모순되는 경우 교통사고가 발생할 위험성이 큰 점, 특히 이 사건에서 피고와의 교통신호등 유지보수공사 계약에 따라 사고 장소의 각 신호기를 관리하여 오던 삼흥전설이라는 업체는 매일 순회하면서 신호기의 정상작동 여부를 확인, 점검하여 고장 신호기를 보수하고 있는데 이 사건 사고 발생 이틀 후에야 비로소 위 고장 신호기가 수리된 점 등의 각 사정에 비추어, **피고 청주시가 자신이 관리하는 영조물인 이 사건 보행자 신호기의 위험성에 비례하여 사회통념상 일반적으로 요구되는 정도의 방호조치의무를 다하였다고 볼 수 없고, 객관적으로 보아 시간적·장소적으로 영조물의 기능상 결함으로 인한 손해발생의 예견가능성과 회피가능성이 없는 경우에 해당한다고 볼 수도 없다**는 이유로, 이 사건 사고 당시 적색등의 전구가 단선되어 있었던 **이 사건 보행자 신호기에는 그 용도에 따라 통상 갖추어야 할 안전성을 갖추지 못한 관리상의 하자가 있었다**(대판 2007.10.26. 2005다51235). | 정답 | X

568
□□□
사격장의 경우 기능상 소음이 발생할 수밖에 없으므로, 물적 시설 그 자체에 있는 물리적·외형적 흠결이나 불비로 인하여 그 이용자에게 위해를 끼칠 위험성이 있는 경우가 아니라면, 설령 그 소음이 수인한도를 넘는 경우라 하더라도 하자가 있다고 볼 수 없다.

국가배상법 5조 1항에 정하여진 '영조물의 설치 또는 관리의 하자'라 함은 공공의 목적에 공여된 영조물이 그 용도에 따라 갖추어야 할 안전성을 갖추지 못한 상태에 있음을 말하고, 여기서 안전성을 갖추지 못한 상태, 즉 타인에게 위해를 끼칠 위험성이 있는 상태라 함은 당해 영조물을 구성하는 **물적 시설 그 자체에** 있는 물리적·외형적 흠결이나 불비로 인하여 그 이용자에게 위해를 끼칠 위험성이 있는 경우뿐만 아니라 그 영조물이 공공의 목적에 이용됨에 있어 그 **이용상태 및 정도**가 일정한 한도를 초과하여 제3자에게 사회통념상 참을 수 없는 피해를 입히는 경우까지 포함된다고 보아야 할 것이고, 사회통념상 참을 수 있는 피해인지의 여부는 그 영조물의 공공성, 피해의 내용과 정도, 이를 방지하기 위하여 노력한 정도 등을 종합적으로 고려하여 판단하여야 한다. **매향리 사격장**에서 발생하는 소음 등으로 지역 주민들이 입은 피해는 사회통념상 참을 수 있는 정도를 넘는 것으로서 사격장의 설치 또는 관리에 하자가 있었다고 본 사례(대판 2004.3.12. 2002다14242, 표준판례 267). | 정답 | X

[19-1]

569
□□□
「국가배상법」상 영조물의 설치·관리상의 하자로 인하여 손해가 발생한 경우라 함은 재산상의 손해만을 의미하므로 피해자의 위자료청구권은 이에 속하지 않는다.

국가배상법 5조 1항의 영조물의 설치·관리상의 하자로 인한 손해가 발생한 경우 같은 법 3조 1항 내지 5항의 해석상 피해자의 위자료 청구권이 반드시 배제되지 아니한다(대판 1990.11.13. 90다카25604). | 정답 | X

570
☐☐☐
고속도로의 관리상 하자를 판단할 때 고속도로의 점유관리자가 손해의 방지에 필요한 주의를 해태하였다는 주장·입증의 책임은 피해자에게 있다.

도로의 관리상 하자가 인정되는 이상 **고속도로의 점유관리자는** 그 하자가 불가항력에 의한 것이거나 손해의 방지에 필요한 주의를 해태하지 아니하였디는 점을 주장·**입증**하여야 비로소 그 책임을 면할 수 있다(대판 2008.3.13. 2007다29287).　　　　　　　　　　　　　　　　　　　　　　　　　　　　| 정답 | X

571
☐☐☐
집중호우로 제방도로가 유실되면서 보행자가 강물에 휩쓸려 익사한 경우, 사고 당일의 집중호우가 50년 빈도의 최대강우량에 해당한다는 사실만으로 불가항력에 기인한 것으로 볼 수 없다.

집중호우로 제방도로가 유실되면서 그 곳을 걸어가던 보행자가 강물에 휩쓸려 익사한 경우, 사고 당일의 **집중호우가 50년 빈도의 최대강우량**에 해당한다는 사실만으로 불가항력에 기인한 것으로 볼 수 없다는 이유로 제방도로의 설치·관리상의 하자를 인정한 사례(대판 2000.5.26. 99다53247).　　　　　　　　　　| 정답 | ○

572
☐☐☐
교차로의 진행방향신호기 고장으로 정지신호가 꺼져있는 상태에서 그대로 진행하다가 다른 방향의 진행신호에 따라 교차로에 진입한 차량과 충돌한 경우, 신호기의 기능상 결함이 있었다는 사정만으로는 신호기의 설치관리상의 하자를 인정할 수 없다.

교차로의 진행방향 신호기의 정지신호가 단선으로 소등되어 있는 상태에서 그대로 진행하다가 다른 방향의 진행신호에 따라 교차로에 진입한 차량과 충돌한 경우, **신호기의 적색신호가 소등된 기능상 결함**이 있었다는 사정만으로 신호기의 설치 또는 관리상의 하자를 인정할 수 없다고 한 사례(대판 2000.2.25. 99다54004).　　　　| 정답 | ○

[23-3]

573
☐☐☐
「국가배상법」 제5조 영조물의 설치 및 관리하자를 이유로 한 국가배상청구와 「국가배상법」 제2조에 따른 국가배상청구를 동시에 할 수 있으며 양 책임은 경합되며 둘 중 어느 것에 근거하더라도 손해배상청구가 가능하다.

특정 손해에 대해 국가배상법 2조 책임과 5조 책임이 경합하는 경우에 원고는 2조 책임과 5조 책임을 선택적으로 주장할 수 있다. 예를 들면, 국도에서의 소음 공해로 인한 인근주민의 피해에 대해 그 피해자가 공무원의 직무상 손해방지의무 위반을 피해의 원인으로 주장하는 경우 국가배상법 2조의 국가배상을 청구하고, 도로의 설치·관리상 하자(이용상 하자)를 피해의 원인으로 주장하는 경우 국가배상법 5조의 국가배상을 청구하여야 한다(박균성, 「행정법강의」(21판), 박영사, 2024, 603쪽).　　　　　　　　　　　　| 정답 | ○

574

☐☐☐ 지방자치단체장으로부터 교통신호기의 관리권한을 위임받은 기관 소속의 공무원이 위임사무 처리에 있어 고의 또는 과실로 타인에게 손해를 가하였거나 위임사무로 설치·관리하는 영조물의 하자로 타인에게 손해를 발생하게 한 경우에는 권한을 위임한 관청이 소속된 지방자치단체가 「국가배상법」 제2조 또는 제5조에 의한 배상책임을 부담하며, 그 기관 소속 공무원에게 국가가 봉급을 부담하고 있다면 국가도 「국가배상법」 제6조에 의한 배상책임을 부담한다.

행정권한이 기관위임된 경우 권한을 위임받은 기관은 권한을 위임한 기관이 속하는 지방자치단체의 산하 행정기관의 지위에서 그 사무를 처리하는 것이므로 사무귀속의 주체가 달라진다고 할 수 없고, 따라서 권한을 위임받은 기관 소속의 공무원이 위임사무처리에 있어 고의 또는 과실로 타인에게 손해를 가하였거나 위임사무로 설치·관리하는 영조물의 하자로 타인에게 손해를 발생하게 한 경우에는 권한을 위임한 관청이 소속된 지방자치단체가 국가배상법 2조 또는 5조에 의한 배상책임을 부담하고, 권한을 위임받은 관청이 속하는 지방자치단체 또는 국가가 국가배상법 2조 또는 5조에 의한 배상책임을 부담하는 것이 아니므로, 지방자치단체장이 교통신호기를 설치하여 그 관리권한이 도로교통법 71조의2 1항의 규정에 의하여 관할 지방경찰청장에게 위임되어 지방자치단체 소속 공무원과 지방경찰청 소속 공무원이 합동근무하는 교통종합관제센터에서 그 관리업무를 담당하던 중 위 신호기가 고장난 채 방치되어 교통사고가 발생한 경우, **국가배상법 2조 또는 5조에 의한 배상책임을 부담하는 것은 지방경찰청장이 소속된 국가가 아니라, 그 권한을 위임한 지방자치단체장이 소속된 지방자치단체라고 할 것**이나, 한편 국가배상법 6조 1항은 같은 법 2조, 3조 및 5조의 규정에 의하여 국가 또는 지방자치단체가 손해를 배상할 책임이 있는 경우에 공무원의 선임·감독 또는 영조물의 설치·관리를 맡은 자와 공무원의 봉급·급여 기타의 비용 또는 영조물의 설치·관리의 비용을 부담하는 자가 동일하지 아니한 경우에는 그 비용을 부담하는 자도 손해를 배상하여야 한다고 규정하고 있으므로 교통신호기를 관리하는 지방경찰청장 산하 경찰관들에 대한 봉급을 부담하는 국가도 국가배상법 6조 1항에 의한 배상책임을 부담한다(대판 1999.6.25. 99다11120, 표준판례 272). | 정답 | ○

575

☐☐☐ 「국가배상법」 제7조가 정하는 상호보증은 반드시 당사국과의 조약이 체결되어 있을 필요는 없지만, 당해 외국에서 구체적으로 우리나라 국민에게 국가배상청구를 인정한 사례가 있어 실제로 국가배상이 상호 인정될 수 있는 상태가 인정되어야 한다.

국가배상법상 상호보증은 외국의 법령, 판례 및 관례 등에 의하여 발생요건을 비교하여 인정되면 충분하고 반드시 당사국과의 조약이 체결되어 있을 필요는 없으며, 당해 외국에서 구체적으로 우리나라 국민에게 국가배상청구를 인정한 사례가 없더라도 실제로 인정될 것이라고 기대할 수 있는 상태이면 충분하다(대판 2015.6.11. 2013다208388). | 정답 | X

576

□□□

「국가배상법」 제5조와 관련된 다음의 사례에 관한 설명 중 옳은 것은?

> 甲은 편도 2차선의 도로를 승용차를 운전하여 가다가 반대방향 도로 1차선에 떨어져 있던 길이 120cm, 직경 2cm 크기의 U자형 쇠파이프가 번호 미상 승용차 뒤 타이어에 튕기어 甲의 승용차 앞 유리창을 뚫고 들어오는 바람에 사망하였다.
> 위 도로는 A광역시장이 법령에 근거하여 B구청장에게 그 관리권한을 위임한 도로이다.

ㄱ. 甲의 유족이 손해배상 소송을 제기하기 위해서는 「국가배상법」에 따라 배상심의회에 배상신청절차를 거쳐야 한다.

과거에는 국가배상청구소송을 제기하기 위하여 국가배상심의회에 배상신청이 필수적인 전치절차였으나 법 개정으로 임의적 절차로 바뀌었다.

국가배상법 제9조(소송과 배상신청의 관계) 이 법에 따른 손해배상의 소송은 배상심의회에 배상신청을 하지 아니하고도 제기할 수 있다.

| 정답 | X

577

□□□

전투·훈련 등 직무집행과 관련하여 공상을 입은 군인이 먼저 「국가배상법」에 따라 손해배상금을 지급받은 다음 「국가유공자법」이 정한 보상금 등 보훈급여금의 지급을 청구하는 경우, 「국가배상법」에 따라 손해배상을 받았다는 사정을 들어 보상금 등 보훈급여금의 지급을 거부할 수 없다.

국가배상법 2조 1항 단서의 입법 취지, 구 국가유공자법이 정한 보상과 국가배상법이 정한 손해배상의 목적과 산정방식의 차이 등을 고려하면, 구 국가배상법 2조 1항 단서가 구 국가유공자법 등에 의한 보상을 받을 수 있는 경우 추가로 국가배상법에 따른 손해배상청구를 하지 못한다는 것을 넘어 국가배상법상 손해배상금을 받은 경우 일률적으로 구 국가유공자법상 보상금 등 보훈급여금의 지급을 금지하는 취지로까지 해석하기는 어렵다(대판 2017.2.3. 2014두40012).

| 정답 | ○

578

□□□

경찰공무원인 피해자가 구 「공무원연금법」에 따라 공무상 요양비를 지급받는 것은 「국가배상법」 제2조 제1항 단서에서 정한 '다른 법령의 규정'에 따라 보상을 지급받는 것에 해당한다.

구 공무원연금법에 따라 각종 급여를 지급하는 제도는 공무원의 생활안정과 복리향상에 이바지하기 위한 것이라는 점에서 **국가배상법** 2조 1항 단서에 따라 손해배상금을 지급하는 제도와 그 취지 및 목적을 달리하므로, 경찰공무원인 피해자가 구 공무원연금법의 규정에 따라 공무상 요양비를 지급받는 것은 국가배상법 2조 1항 단서에서 정한 '다른 법령의 규정'에 따라 보상을 지급받는 것에 해당하지 않는다(대판 2019.5.30. 2017다16174).

| 정답 | X

579
□□□

「국가유공자 등 예우 및 지원에 관한 법률」은 「국가배상법」 제2조 제1항 단서의 '다른 법령'에 해당할 수 있다.

국가유공자예우등에관한법률 및 군인연금법의 각 보상규정은 국가배상법 2조 1항 단서 소정의 "다른 법령의 규정"에 해당한다(대판 1994.12.13. 93다29969).　　　　　　　　　　　　　　| 정답 | ○

580
□□□

국가배상청구권은 피해자나 그 법정대리인이 그 손해 및 가해자를 안 경우에는 「민법」 제766조 제1항에 따라 안 날로부터 3년간 행사하지 않으면 소멸하나, 피해자나 그 법정대리인이 그 손해 및 가해자를 알지 못한 경우에는 국가재정법 제96조 제2항에 따라 5년간 행사하지 않으면 시효로 소멸한다.

국가배상청구권도 민법상 불법행위를 원인으로 한 손해배상청구권과 마찬가지로 민법 766조 1항에 따라 피해자나 그 법정대리인이 손해와 가해자를 안 날로부터 3년간 이를 행사하지 아니하면 시효로 소멸한다 (대판 1998.7.10. 98다7001).

예산회계법 96조에서 '다른 법률의 규정'이라 함은 다른 법률에 예산회계법 96조에서 규정한 5년의 소멸시효기간보다 짧은 기간의 소멸시효의 규정이 있는 경우를 가리키는 것이고, 이보다 긴 10년의 소멸시효를 규정한 민법 766조 2항은 예산회계법 96조에서 말하는 '다른 법률의 규정'에 해당하지 아니한다(대판 2001.4.24. 2000다57856).

> **민법 제766조(손해배상청구권의 소멸시효)** ① 불법행위로 인한 손해배상의 청구권은 피해자나 그 법정대리인이 그 손해 및 가해자를 안 날로부터 3년간 이를 행사하지 아니하면 시효로 인하여 소멸한다.
> ② 불법행위를 한 날로부터 10년을 경과한 때에도 전항과 같다.
> **국가재정법 제96조(금전채권·채무의 소멸시효)** ① 금전의 급부를 목적으로 하는 국가의 권리로서 시효에 관하여 다른 법률에 규정이 없는 것은 5년 동안 행사하지 아니하면 시효로 인하여 소멸한다.
> ② 국가에 대한 권리로서 금전의 급부를 목적으로 하는 것도 또한 제1항과 같다.

| 정답 | ○

제2장 | 행정상 손실보상

581
□□□

이른바 '분리이론'은 재산권의 가치보장보다는 존속보장을 강화하려는 입장에서 접근하는 견해이다.

분리이론은 사회적 제약을 정한 재산권의 내용규정과 수용규정을 전혀 별개의 제도로 보고, '보상을 요하는 수용'과 '보상의무가 없는 내용규정' 사이에 제3의 범주가 있음을 인정한다. 이러한 <u>분리이론은 존속보장(위헌적 침해의 억제)에 중점을 두고, 위헌무효설과 연결된다.</u>

| 정답 | ○

582
□□□

대법원은 「하천법」 부칙(1984. 12. 31.) 제2조 제1항과 「법률 제3782호 하천법 중 개정법률 부칙 제2조의 규정에 의한 보상청구권의 소멸시효가 만료된 하천구역 편입토지 보상에 관한 특별조치법」 제2조 제1항의 규정에 의한 손실보상청구권의 확인을 구하는 소송을 당사자소송으로 보았다.

[1] 하천구역 편입토지 보상에 관한 특별조치법(이하 '특별조치법')에서는 법률 3782호 하천법 중 개정법률 (이하 '개정 하천법') 부칙 2조 1항에 해당하는 토지로서 개정 하천법 부칙 2조 2항에서 규정하고 있는 소멸시효의 만료로 보상청구권이 소멸되어 보상을 받지 못한 토지에 대하여는 시 · 도지사가 그 손실을 보상하도록 규정하고 있는바, 그 법적 성질은 하천법 본칙(本則)이 원래부터 규정하고 있던 하천구역에의 편입에 의한 손실보상청구권과 하등 다를 바 없는 것이어서 공법상의 권리임이 분명하므로 그에 관한 쟁송도 행정소송절차에 의하여야 한다.
[2] 특별조치법 2조, 6조의 각 규정들을 종합하면, 위 규정들에 의한 손실보상청구권은 1984. 12. 31. 전에 토지가 하천구역으로 된 경우에는 **당연히 발생**되는 것이지, 관리청의 보상금지급결정에 의하여 비로소 발생하는 것이 아니므로, 위 <u>손실보상금의 지급을 구하거나 손실보상청구권의 확인을 구하는 소송은 행정소송법 3조 2호 소정의 당사자소송에 의하여야 할 것이다</u>(대판[전합] 2006.5.18. 2004다6207, 표준판례 285).
<u>행정소송규칙 19조 1호 다목은 이러한 대법원 판례의 법리를 명문화하였다.</u>

| 정답 | ○

583
□□□

토지에 대한 국가의 점유취득시효가 완성되었으나 그에 따른 등기가 마쳐지지 않은 상태에서 그 토지가 하천구역에 편입되어 국가의 소유로 된 경우, 그 토지의 소유자는 국가에 대하여 「하천편입토지 보상 등에 관한 특별조치법」에 따른 손실보상청구권을 행사할 수 없다.

국가가 토지를 20년간 점유하여 취득시효가 완성된 경우, 토지의 소유자는 국가에 이를 원인으로 하여 소유권이전등기절차를 이행하여 줄 의무를 부담하므로 국가에 대하여 소유권을 행사할 지위에 있다고 보기 어려우나, 한편 보상청구권의 소멸시효 만료로 보상을 받지 못한 하천편입토지 소유자에 대한 보상을 목적으로 제정된 하천편입토지 보상 등에 관한 특별조치법(이하 '특별조치법')의 입법 취지 등에 비추어 보면, 점유취득시효기간이 경과하였다는 사정은 토지 소유자가 국가를 상대로 소유권에 기초한 물권적 청구권을 행사하는 데에 지장이 될 수는 있으나, <u>토지 소유자가 소유권의 상실을 전제로 하여 특별조치법에 터 잡은 금전적인 손실의 보상을 청구하는 데에 장애로 작용하지는 않는다</u>(대판 2016.6.9. 2014두1369).

| 정답 | X

584
□□□

판례는「공익사업을 위한 토지 등의 취득 및 보상에 관한 법률」에 따른 농업손실에 대한 보상청구권은 공권으로 보고 공익사업 주체를 상대로 한 행정소송에 의해 행사해야 한다고 하였다.

구 토지보상법 등 규정들에 따른 **농업손실보상청구권**은 공익사업의 시행 등 적법한 공권력의 행사에 의한 재산상의 특별한 희생에 대하여 전체적인 공평부담의 견지에서 공익사업의 주체가 그 손해를 보상하여 주는 **손실보상의 일종으로 공법상의 권리임이 분명하므로 그에 관한 쟁송은 민사소송이 아닌 행정소송절차에** 의하여야 할 것이고, 공익사업으로 인하여 농업의 손실을 입게 된 자가 사업시행자로부터 구 토지보상법 77조 2항에 따라 농업손실에 대한 보상을 받기 위해서는 구 토지보상법 34조, 50조 등에 규정된 **재결절차를 거친 다음** 그 재결에 대하여 불복이 있는 때에 비로소 구 **토지보상법 83조 내지 85조에 따라 권리구제를 받을 수 있다**(대판 2011.10.13. 2009다43461). | 정답 | ○

585
□□□

대법원 판례에 의하면 공공사업의 시행으로 사업시행지 밖에서 발생한 간접손실은 손실 발생을 쉽게 예견할 수 있고 손실 범위도 구체적으로 특정할 수 있더라도, 사업시행자와 협의가 이루어지지 아니하고 그 보상에 관한 명문의 근거 법령이 없는 경우에는 보상의 대상이 아니다.

공공용지의취득및손실보상에관한특례법 3조 1항은 "공공사업을 위한 토지 등의 취득 또는 사용으로 인하여 토지 등의 소유자가 입은 손실은 사업시행자가 이를 보상하여야 한다"고 규정하고, 같은법시행규칙 23조의 2 내지 7에서 공공사업시행지구 밖에 있는 영업과 공작물 등에 대한 간접손실에 대하여도 일정한 조건하에서 이를 보상하도록 규정하고 있는 점 등에 비추어, **공공사업의 시행으로 인하여 그러한 손실이 발생하리라는 것을 쉽게 예견할 수 있고 그 손실의 범위도 구체적으로 이를 특정할 수 있는 경우라면,** 그 손실의 보상에 관하여 공공용지의취득및손실보상에관한특례법시행규칙의 **관련 규정 등을 유추적용할 수 있다**고 해석함이 상당하다(대판 2002.11.26. 2001다44352). | 정답 | X

586
□□□

손실보상액 산정의 기준이나 방법에 관하여 구체적인 법령의 규정이 없는 경우에는, 그 성질상 유사한 물건 또는 권리등에 대한 관련법령상의 손실보상액 산정의 기준이나 방법에 관한 규정을 유추적용할 수 있으므로, 하천수 사용권에 대한 '물의 사용에 관한 권리'로서의 정당한 보상금액은 어업권이 취소되거나 어업면허의 유효기간 연장이 허가되지 않은 경우의 손실보상액 산정 방법과 기준을 유추적용하여 산정할 수 있다.

물건 또는 권리 등에 대한 손실보상액 산정의 기준이나 방법에 관하여 구체적으로 정하고 있는 법령의 규정이 없는 경우에는, 그 성질상 유사한 물건 또는 권리 등에 대한 관련 법령상의 손실보상액 산정의 기준이나 방법에 관한 규정을 유추적용할 수 있다. 갑 회사의 하천수 사용권에 대한 '물의 사용에 관한 권리'로서의 정당한 보상금액은 어업권이 취소되거나 어업면허의 유효기간 연장이 허가되지 않은 경우의 손실보상액 산정 방법과 기준을 유추적용하여 산정하는 것이 타당하다(대판 2018.12.27. 2014두11601). | 정답 | ○

587
☐☐☐

헌법 제23조 제3항에서 규정한 "정당한 보상"이란 원칙적으로 피수용재산의 객관적인 재산가치를 완전하게 보상하여야 한다는 완전보상을 뜻하는 것이지만, 공익사업의 시행으로 인한 개발이익은 완전보상의 범위에 포함되는 피수용토지의 객관적 가치 내지 피수용자의 손실이라고 볼 수 없다.

헌법 23조 3항에서 규정한 "정당한 보상"이란 원칙적으로 피수용재산의 객관적인 재산가치를 완전하게 보상하여야 한다는 완전보상을 뜻하는 것이지만, **공익사업의 시행으로 인한 개발이익**은 완전보상의 범위에 포함되는 피수용토지의 객관적 가치 내지 피수용자의 손실이라고는 볼 수 없다(헌재 1990.6.25. 89헌마107). |정답 | ○

588
☐☐☐

토지수용으로 인한 손실보상액을 공시지가를 기준으로 산정하되 개별공시지가가 아닌 표준지공시지가를 기준으로 하는 것은 헌법 제23조 제3항이 규정한 정당보상의 원칙에 위배되지 않는다.

법률 4120호로 삭제되기 전의 국토이용관리법 29조 내지 29조의6에 의하여 평가된 기준지가는 그 평가의 기준이나 절차로 미루어 대상토지가 대상지역공고일 당시 갖는 객관적 가치를 평가하기 위한 것으로서 부적절한 것으로 볼 수 없고, 구 토지수용법 46조 2항이 들고 있는 시점보정의 방법은 보정결과의 적정성에 흠을 남길만큼 중요한 기준이 누락되었다거나 적절치 아니한 기준을 적용한 것으로 판단되지 않는다(헌재 1990.6.25. 89헌마107). |정답 | ○

589
☐☐☐

해당 공익사업의 시행으로 발생한 개발이익은 사업시행자의 투자에 의한 것으로서 피수용자인 토지소유자의 노력이나 자본에 의하여 발생하는 것이 아니고, 피수용토지가 수용 당시 갖는 객관적 가치에 포함된다고 볼 수도 없어 이러한 개발이익을 배제하고 손실보상액을 산정하더라도 정당 보상의 원리에 어긋나는 것이 아니라는 것이 헌법재판소의 입장이다.

'부동산 가격공시 및 감정평가에 관한 법률' 9조 1항 1호가 개별공시지가가 아닌 표준지공시지가를 기준으로 보상액을 산정하도록 한 것은 개발이익이 배제된 수용 당시 피수용 재산의 객관적인 재산가치를 가장 정당하게 보상하는 것이라고 할 것이므로, 헌법 23조 3항에 위반된다고 할 수 없다(헌재 2011.8.30. 2009헌바245). |정답 | ○

590
☐☐☐

손실보상의 대상이 되는 '영업'의 개념에 '적법한 장소에서 운영될 것'이라는 요소를 포함한 규칙을 적용하여, 무허가건축물에서의 영업을 「공익사업을 위한 토지 등의 취득 및 보상에 관한 법률」상 보상의 대상에서 제외한 것은 정당한 보상의 원칙에 위배되지 아니한다.

중앙토지수용위원회가 생태하천조성사업에 편입되는 토지 상의 무허가건축물에서 축산업을 영위하는 甲에 대하여 토지보상법 시행규칙 45조 1호에 따라 영업손실을 인정하지 않는 내용의 수용재결을 한 사안에서,

위 조항이 토지보상법의 위임 범위를 벗어나거나 <u>정당한 보상의 원칙에 위배된다고 하기 어렵다</u>(대판 2014.3.27. 2013두25863).　|정답| ○

[21-3, 20-3]

591
□□□

사업시행자가 동일한 토지소유자에 속하는 일단의 토지 일부를 취득함으로 인하여 잔여지의 가격이 감소하거나 그 밖의 손실이 있을 때 등에는 잔여지를 종래의 목적으로 사용하는 것이 가능한 경우라도 잔여지 손실보상의 대상이 되며, 잔여지를 종래의 목적에 사용하는 것이 불가능하거나 현저히 곤란한 경우이어야만 잔여지 손실보상청구를 할 수 있는 것이 아니다.

사업시행자가 동일한 토지소유자에 속하는 일단의 토지 일부를 취득함으로 인하여 **잔여지의 가격이 감소하거나 그 밖의 손실**이 있을 때 등에는 <u>잔여지를 종래의 목적으로 사용하는 것이 가능한 경우라도 잔여지 손실보상의 대상이 되며</u>, 잔여지를 종래의 목적에 사용하는 것이 불가능하거나 현저히 곤란한 경우이어야만 잔여지 손실보상청구를 할 수 있는 것이 아니다(대판 2018.7.20. 2015두4044, 표준판례 288).　|정답| ○

[22 경찰간부]

592
□□□

보상되어야 할 손실에는 수용재결 당시의 현실적 이용상황의 변경 외 장래의 이용 가능성이나 거래의 용이성 등에 의한 사용가치 및 교환가치상의 하락 등도 포함된다.

동일한 토지 소유자에 속하는 일단의 토지의 일부가 수용됨으로 인하여 잔여지의 가격이 감소하거나 기타의 손실이 있을 때에는 토지소유자는 그로 인한 잔여지 손실보상청구를 할 수 있고, 이러한 손실보상은 달리 특별한 사정이 없는 한 일반원칙에 따라 수용재결시를 기준으로 하여 산정하여야 할 것인바, 이 경우 <u>보상하여야 할 손실은 수용재결 당시의 현실적 이용상황의 변경뿐만 아니라 장래의 이용가능성이나 거래의 용이성 등에 의한 사용가치 및 교환가치상의 하락 모두를 포함한다</u>(대판 1998.9.8. 97누10680).　|정답| ○

[20-3]

593
□□□

잔여 영업시설 손실보상의 요건인 '공익사업에 영업시설의 일부가 편입됨으로 인하여 잔여시설에 그 시설을 새로이 설치하거나 잔여시설을 보수하지 아니하고는 그 영업을 계속할 수 없는 경우'란, 잔여 영업시설에 시설을 새로이 설치하거나 잔여 영업시설을 보수하지 아니하고는 그 영업이 전부 불가능하거나 곤란하게 되는 경우만을 의미하는 것이 아니라, 공익사업에 영업시설 일부가 편입됨으로써 잔여 영업시설의 운영에 일정한 지장이 초래되고, 이에 따라 종전처럼 정상적인 영업을 계속하기 위해서는 잔여 영업시설에 시설을 새로 설치하거나 잔여 영업시설을 보수할 필요가 있는 경우도 포함된다.

잔여 영업시설 손실보상의 요건인 "공익사업에 영업시설의 일부가 편입됨으로 인하여 <u>잔여시설에 그 시설을 새로이 설치하거나 잔여시설을 보수하지 아니하고는 그 영업을 계속할 수 없는 경우</u>"란 잔여 영업시설에 시설을 새로이 설치하거나 잔여 영업시설을 보수하지 아니하고는 <u>그 영업이 **전부 불가능**하거나 곤란하게 되는 경우만을 의미하는 것이 아니라</u>, 공익사업에 영업시설 일부가 편입됨으로써 <u>잔여 영업시설의 운영에 **일정한 지장**이 초래되고</u>, 이에 따라 종전처럼 정상적인 영업을 계속하기 위해서는 잔여 영업시설에 시설을 새로 설치하거나 잔여 영업시설을 보수할 필요가 있는 경우도 포함된다(대판 2018.7.20. 2015두4044, 표준판례 288).　|정답| ○

594
□□□

건축물의 일부가 공익사업에 편입됨으로 인하여 잔여 건축물의 가격감소 손실이 발생한 경우에 토지보상법에 규정된 재결절차를 거치지 않은 채 곧바로 사업시행자를 상대로 손실보상을 청구하는 것은 허용되지 않는다.

손실보상금은 토지수용위원회의 수용재결에 의해 확정되므로, 토지수용위원회의 재결절차를 거치지 않은 채 곧바로 사업시행자를 상대로 손실보상을 청구할 수 없다.
[판례] 공익사업에 영업시설 일부가 편입됨으로 인하여 잔여 영업시설에 손실을 입은 자가 잔여 영업시설의 손실보상을 받기 위해서는, 토지보상법상 재결절차를 거친 다음 그 재결에 대하여 불복이 있는 때에 비로소 토지보상법 83조(이의신청) 내지 85조(행정소송)에 따라 권리구제를 받을 수 있을 뿐이다. 이러한 재결절차를 거치지 않은 채 곧바로 사업시행자를 상대로 손실보상을 청구하는 것은 허용되지 않는다(대판 2018.7.20. 2015두4044, 표준판례 288). | 정답 | ○

595
□□□

수용 대상 토지의 보상액을 산정함에 있어서 해당 공익사업과 무관한 다른 사업의 시행으로 인한 개발이익을 포함하여 보상금을 산정하여야 하나, 그 개발이익이 해당 공익사업의 사업인정 고시일 후에 발생한 경우에는 그러하지 아니하다.

토지보상법 67조 2항은 '보상액을 산정할 경우에 해당 공익사업으로 인하여 토지 등의 가격이 변동되었을 때에는 이를 고려하지 아니한다'라고 규정하고 있는바, 수용 대상 토지의 보상액을 산정함에 있어 해당 공익사업의 시행을 직접 목적으로 하는 계획의 승인, 고시로 인한 가격변동은 이를 고려함이 없이 재결 당시의 가격을 기준으로 하여 적정가격을 정하여야 하나, 해당 공익사업과는 관계없는 다른 사업의 시행으로 인한 개발이익은 이를 포함한 가격으로 평가하여야 하고, 개발이익이 해당 공익사업의 사업인정고시일 후에 발생한 경우에도 마찬가지이다(대판 2014.2.27. 2013두21182). | 정답 | X

596
□□□

공익사업으로 인한 환경피해의 경우, 그로 인한 손실보상과 손해배상은 별개의 청구권이므로 손실보상 청구기간이 도과하여 손실보상청구권을 더 이상 행사할 수 없는 경우에도 손해배상의 요건이 충족되는 이상 여전히 손해배상청구는 가능하다.

'**토지보상법**' 79조 2항(그 밖의 토지에 관한 비용보상 등)에 따른 **손실보상**과 환경정책기본법 44조 1항(환경오염의 피해에 대한 무과실책임)에 따른 **손해배상**은 근거 규정과 요건 · 효과를 달리하는 것으로서, 각 요건이 충족되면 성립하는 **별개의 청구권**이다. 다만 손실보상청구권에는 이미 '손해 전보'라는 요소가 포함되어 있어 실질적으로 같은 내용의 손해에 관하여 양자의 청구권을 동시에 행사할 수 있다고 본다면 이중배상의 문제가 발생하므로, 실질적으로 같은 내용의 손해에 관하여 양자의 청구권이 동시에 성립하더라도 영업자는 어느 하나만을 **선택적으로 행사**할 수 있을 뿐이고, 양자의 청구권을 동시에 행사할 수는 없다. 또한 '해당 사업의 공사완료일로부터 1년'이라는 손실보상 청구기간(토지보상법 79조 5항, 73조 2항)이 도과하여 손실보상청구권을 더 이상 행사할 수 없는 경우에도 손해배상의 요건이 충족되는 이상 여전히 손해배상청구는 가능하다(대판 2019.11.28. 2018두227). | 정답 | ○

597
☐☐☐

토지보상법 시행규칙 소정의 공익사업시행지구 밖의 영업손실에 대한 보상은 공익사업의 시행 또는 시행 당시 발생한 사유로 휴업이 불가피한 경우만을 의미하고, 공익사업의 시행으로 설치되는 시설의 사용 등에 기인하여 휴업이 불가피한 경우에는 적용되지 않는다.

공익사업시행지구 밖의 영업손실은 공익사업의 시행과 동시에 발생하는 경우도 있지만, 공익사업에 따른 공공시설의 설치공사 또는 설치된 공공시설의 가동·운영으로 발생하는 경우도 있어 그 발생원인과 발생시점이 다양하므로, 공익사업시행지구 밖의 영업자가 발생한 영업상 손실의 내용을 구체적으로 특정하여 주장하지 않으면 사업시행자로서는 영업손실보상금 지급의무의 존부와 범위를 구체적으로 알기 어려운 특성이 있다. 위와 같은 공익사업시행지구 밖 영업손실보상의 특성과 헌법이 정한 '정당한 보상의 원칙'에 비추어 보면, 공익사업시행지구 밖 영업손실보상의 요건인 '공익사업의 시행으로 인한 그 밖의 부득이한 사유로 일정 기간 동안 휴업이 불가피한 경우'란 공익사업의 시행 또는 **시행 당시** 발생한 사유로 휴업이 불가피한 경우만을 의미하는 것이 아니라 공익사업의 **시행 결과**, 즉 그 공익사업의 시행으로 설치되는 시설의 형태·구조·사용 등에 기인하여 휴업이 불가피한 경우도 포함된다(대판 2019.11.28. 2018두227, 표준판례 284). │정답│ X

598
☐☐☐

잔여 영업시설 손실보상은 토지보상법령에 따른 잔여지 손실보상, 잔여건축물 손실보상 등과 비교하여 볼 때 그 입법 목적이 동일하므로, 각 손실보상의 요건을 해석할 때에는 그 보상 목적물의 종류가 다르다는 특성을 고려하되 입법 목적 및 헌법상 정당보상의 관점에서 서로 궤를 같이하여야 한다.

영업시설 손실보상은 토지보상법 73조 1항에 따른 잔여지 손실보상, 토지보상법 75조의2 1항에 따른 잔여건축물 손실보상 등과 비교하여 볼 때 사업시행자가 분할하여 취득하는 목적물의 종류만을 달리 하는 것일 뿐, 모두 사업시행자가 공익사업의 시행을 위해 일단의 토지·건축물·영업시설 중 일부를 분할하여 취득하는 경우 그로 인하여 잔여 토지·건축물·영업시설에 발생한 손실까지 함께 보상하도록 함으로써 헌법상 정당보상원칙을 구현하고자 하는 것으로 그 **입법목적이 동일**하다. 따라서 각 손실보상의 요건을 해석할 때에는, 그 보상 목적물의 종류가 다르다는 특성을 고려하되 입법목적 및 헌법상 정당보상의 관점에서 서로 궤를 같이하여야 한다(대판 2018.7.20. 2015두4044, 표준판례 288). │정답│ ○

599
☐☐☐

토지수용 보상금의 증감에 관한 행정소송에 있어서, 그 소송을 제기하는 자가 토지소유자 또는 관계인일 때에는 사업시행자를 피고로 한다.

보상금증감청구소송은 형식적 당사자소송으로서 처분청은 피고가 되지 않는다.

> **토지보상법 제85조(행정소송의 제기)** ② 제1항에 따라 제기하려는 행정소송이 보상금의 증감(增減)에 관한 소송인 경우 그 소송을 제기하는 자가 토지소유자 또는 관계인일 때에는 사업시행자를, 사업시행자일 때에는 토지소유자 또는 관계인을 각각 피고로 한다.

│정답│ ○

600

☐☐☐

토지소유자의 사업시행자에 대한 손실보상금 채권에 관하여 압류 및 추심명령이 있더라도, 추심채권자가 보상금 증액 청구의 소를 제기할 수 없다.

토지보상법 85조 2항에 따른 보상금의 증액을 구하는 소(이하 '보상금 증액 청구의 소')의 성질, 토지보상법상 손실보상금 채권의 존부 및 범위를 확정하는 절차 등을 종합하면, 토지보상법에 따른 토지소유자 또는 관계인(이하 '토지소유자 등')의 **사업시행자에 대한 손실보상금 채권에 관하여 압류 및 추심명령**이 있더라도, **추심채권자가 보상금 증액 청구의 소를 제기할 수 없고**, 채무자인 토지소유자 등이 보상금 증액 청구의 소를 제기하고 그 소송을 수행할 당사자적격을 상실하지 않는다고 보아야 한다(대판[전합] 2022.11.24. 2018두67).

➔ 보상금증감에 관한 소송은 형식적 당사자소송의 일종으로서 항고소송의 실질을 가지고 있다. 대법원은 이러한 특색에 착안하여, 손실보상금 채권에 관한 압류 및 추심명령에 의하여 추심채권자가 재결을 다툴 지위까지 취득할 수 없다는 입장에 있다(위 판례). 이는 "채권에 대한 압류 및 추심명령이 있으면 제3채무자에 대한 이행의 소는 추심채권자만 제기할 수 있고 채무자는 피압류채권에 대한 이행소송을 제기할 당사자적격을 상실한다"라는 민사소송에서의 판례(대판 2000.4.11. 99다23888)와는 정반대의 결론이다(하명호, 「행정법」(6판), 박영사, 2024, 735~736쪽). | 정답 | ○

601

☐☐☐

대법원은, 공익사업을 위한 토지 등의 취득 및 보상에 관한 법령상 공익사업의 시행에 따라 이주하는 주거용 건축물의 세입자에게 지급하는 주거이전비와 이사비는 사회보장적 차원에서 지급하는 금원의 성격을 갖는다고 본다.

토지보상법 78조 5항 및 같은 법 시행규칙 54조 2항, 55조 2항의 각 규정에 의하여 공익사업의 시행에 따라 이주하는 주거용 건축물의 세입자에게 지급하는 **주거이전비와 이사비**는, 당해 공익사업 시행지구 안에 거주하는 세입자들의 조기이주를 장려하여 사업추진을 원활하게 하려는 정책적인 목적과 주거이전으로 인하여 특별한 어려움을 겪게 될 세입자들을 대상으로 하는 사회보장적인 차원에서 지급하는 금원의 성격을 갖는다(대판 2006.4.27. 2006두2435). | 정답 | ○

602

☐☐☐

이주대책 실시 여부는 입법자의 입법정책적 재량의 영역에 속하므로 법률상 이주대책의 대상자에서 세입자를 제외하고 있는 것이 세입자의 재산권을 침해하여 위헌이라고는 할 수 없다.

이주대책은 헌법 23조 3항에 규정된 정당한 보상에 포함되는 것이라기보다는 이에 부가하여 이주자들에게 종전의 생활상태를 회복시키기 위한 생활보상의 일환으로서 국가의 정책적인 배려에 의하여 마련된 제도라고 볼 것이다. 따라서 **이주대책의 실시 여부는 입법자의 입법정책적 재량의 영역에 속하므로** 토지보상법시행령 40조 3항 3호가 이주대책의 대상자에서 세입자를 제외하고 있는 것이 세입자의 재산권을 침해하는 것이라 볼 수 없다(헌재 2006.2.23. 2004헌마19). | 정답 | ○

603
□□□

공익사업의 시행자는 해당 공익사업의 성격 등 제반 사정을 고려하여 관련 법이 정한 이주대책대상자를 포함하여 그 밖의 이해관계인에게까지 대상자를 넓혀 이주대책수립 등을 시행할 수 있다.

사업시행자는 **법정 이주대책대상자를 포함**하여 이해관계인까지 **넓혀 이주대책수립**을 시행할 수 있다. 공익사업의 성격상 사업시행자에게 이주대책 **내용형성에 재량**이 인정되기 때문이다.
[판례] 사업시행자는 **법이 정한 이주대책대상자**를 법령이 예정하고 있는 이주대책 수립 등의 대상에서 **임의로 제외**해서는 **아니**된다. 그렇지만 관련 법규정의 취지가 사업시행자가 시행하는 이주대책 수립 등의 대상자를 **법이 정한** 이주대책대상자로 **한정하는 것은 아니**므로, 사업시행자는 해당 공익사업의 성격, 구체적인 경위나 내용, 그 원만한 시행을 위한 필요 등 제반 사정을 고려하여 **법이 정한** 이주대책대상자를 포함하여 그 밖의 **이해관계인에게까지 넓혀** 이주대책 수립 등을 시행할 수 있다고 할 것이다(대판 2015.7.23. 2012두22911). | 정답 | ○

604
□□□

이주대책대상자로 선정된 자는 비록 아직 이주택지에 대한 분양예정통보 및 분양공고에 따른 택지분양신청을 하지는 않았다고 하더라도 분양예정통보 및 분양공고상의 공급조건에 강행법규 위반의 점이 있어 분양계약의 체결에 응하지 못하고 있다면 법적 불안정을 해소하기 위하여 위 공급조건의 무효확인을 구할 법적 이익이 있다.

구 공공용지의취득및손실보상에관한특례법 8조에 의한 이주대책은 공공사업에 협력한 자에게 특별공급의 기회를 요구할 수 있는 법적인 이익을 부여하고 있는 것으로 그들에게는 **특별공급신청권이** 인정되며, 사업시행자가 이주대책에 관한 구체적인 계획을 수립하여 이를 해당자에게 통지 내지 공고한 후 이주자가 수분양권을 취득하기를 희망하여 이주대책에 정한 절차에 따라 사업시행자에게 이주대책대상자 선정신청을 하고 사업시행자가 이를 받아들여 이주대책대상자로 확인·결정하면 구체적인 수분양권이 발생하게 되는 것이므로 이주대책대상자로 선정된 자는 비록 아직 이주택지에 대한 분양예정통보 및 분양공고에 따른 택지분양신청을 하지는 않았다고 하더라도 분양예정통보 및 분양공고상의 공급조건에 강행법규 위반의 점이 있어 분양계약의 체결에 응하지 못하고 있다면 법적 불안정을 해소하기 위하여 위 공급조건의 무효확인을 구할 법적 이익이 있다(대판 2003.7.25. 2001다57778). | 정답 | ○

605
□□□

공공사업의 시행자가 그 사업에 필요한 토지를 취득하는 경우 그것이 협의에 의한 취득이고 「공익사업을 위한 토지 등의 취득 및 보상에 관한 법률」상의 협의 성립의 확인이 없는 이상, 그 취득행위는 어디까지나 사경제 주체로서 행하는 사법상의 취득으로서 승계취득한 것으로 보아야 할 것이고, 재결에 의한 취득과 같이 원시취득한 것으로 볼 수는 없다.

공공사업의 시행자가 토지보상법에 의하여 그 사업에 필요한 토지를 취득하는 경우 그것이 **협의에 의한 취득**이고 토지보상법 25조의2의 규정에 의한 협의 성립의 확인이 없는 이상, 그 취득행위는 어디까지나 사경제 주체로서 행하는 **사법상의 취득으로서 승계취득한 것**으로 보아야 할 것이고, 재결에 의한 취득과 같이 원시취득한 것으로 볼 수는 없다(대판 1996.2.13. 95다3510). | 정답 | ○

[14 변시]

606

□□□

공익사업을 위해 협의취득하거나 수용한 토지가 제3자에게 처분된 경우에는 특별한 사정이 없는 한 그 토지는 당해 공익사업에는 필요 없게 된 것이라고 보아야 한다.

공익사업의 원활한 시행을 위한 무익한 절차의 반복 방지라는 '공익사업의 변환'을 인정한 입법 취지에 비추어 볼 때, 만약 사업시행자가 협의취득하거나 수용한 당해 토지를 제3자에게 처분해 버린 경우에는 어차피 변경된 사업시행자는 그 사업의 시행을 위하여 제3자로부터 토지를 재취득해야 하는 절차를 새로 거쳐야 하는 관계로 위와 같은 공익사업의 변환을 인정할 필요성도 없게 되므로, 공익사업의 변환을 인정하기 위해서는 적어도 변경된 사업의 사업시행자가 당해 토지를 소유하고 있어야 한다. 나아가 공익사업을 위해 협의취득하거나 **수용한 토지가 제3자에게 처분**된 경우에는 특별한 사정이 없는 한 그 토지는 당해 공익사업에는 필요 없게 된 것이라고 보아야 하고, 변경된 공익사업에 관해서도 마찬가지이므로, 그 토지가 변경된 사업의 사업시행자 아닌 제3자에게 처분된 경우에는 **공익사업의 변환을 인정할 여지도 없다**(대판 2010.9.30. 2010다30782). | 정답 | ○

[22 · 17 변시]

607

□□□

국가 등의 공적 기관이 직접 수용의 주체가 되는 것이든 그러한 공적 기관의 최종적인 허부판단과 승인결정 하에 민간기업이 수용의 주체가 되는 것이든, 양자 사이에 공공필요에 대한 판단과 수용의 범위에 있어서 본질적인 차이가 있는 것은 아니다.

헌법 23조 3항은 정당한 보상을 전제로 하여 재산권의 수용 등에 관한 가능성을 규정하고 있지만, 재산권 수용의 주체를 한정하지 않고 있다. 위 헌법조항의 핵심은 당해 수용이 공공필요에 부합하는가, 정당한 보상이 지급되고 있는가 여부 등에 있는 것이지, 그 수용의 주체가 국가인지 민간기업인지 여부에 달려 있다고 볼 수 없다. 또한 국가 등의 공적 기관이 직접 수용의 주체가 되는 것이든 그러한 공적 기관의 최종적인 허부판단과 승인결정하에 **민간기업이 수용의 주체**가 되는 것이든, 양자 사이에 공공필요에 대한 판단과 수용의 범위에 있어서 본질적인 차이를 가져올 것으로 보이지 않는다. 따라서 위 수용 등의 주체를 국가 등의 공적 기관에 한정하여 해석할 이유가 없다(헌재 2009.9.24. 2007헌바114, 표준판례 276). | 정답 | ○

[17 변시]

608

□□□

「공익사업을 위한 토지 등의 취득 및 보상에 관한 법률」상 토지소유자가 사업시행자로부터 잔여지 가격감소로 인한 손실보상을 받고자 하는 경우 토지수용위원회의 재결절차를 거치지 않은 채 곧바로 사업시행자를 상대로 손실보상을 청구하는 것은 허용되지 아니 한다.

토지소유자가 사업시행자로부터 공익사업법 73조에 따른 **잔여지 가격감소 등으로 인한 손실보상**을 받기 위해서는 공익사업법 34조, 50조 등에 규정된 재결절차를 거친 다음 그 재결에 대하여 불복이 있는 때에 비로소 공익사업법 83조 내지 85조에 따라 권리구제를 받을 수 있을 뿐, 이러한 **재결절차를 거치지 않은 채 곧바로 사업시행자를 상대로 손실보상을 청구하는 것은 허용되지 않는다**고 봄이 상당하고, 이는 수용대상토지에 대하여 재결절차를 거친 경우에도 마찬가지라 할 것이다(대판 2014.4.24. 2012두6773). | 정답 | ○

609

□□□

「공익사업을 위한 토지 등의 취득 및 보상에 관한 법률」상 공익사업 시행으로 영업손실이 발생하였음에도 사업시행자가 재결을 신청하지 않는 경우에는 피해자는 '정당한 보상'을 받기 위하여 사업시행자를 상대로 공법상 당사자소송으로 손실보상금의 지급을 청구할 수 있다.

공익사업으로 인하여 영업을 폐지하거나 휴업하는 자가 사업시행자에게서 구 공익사업법 77조 1항에 따라 영업손실에 대한 보상을 받기 위해서는 구 공익사업법 34조, 50조 등에 규정된 재결절차를 거친 다음 재결에 대하여 불복이 있는 때에 비로소 구 공익사업법 83조 내지 85조에 따라 권리구제를 받을 수 있을 뿐, 이러한 재결절차를 거치지 않은 채 곧바로 사업시행자를 상대로 손실보상을 청구하는 것은 허용되지 않는다고 보는 것이 타당하다(대판 2011.9.29. 2009두10963). | 정답 | X

610

□□□

개발제한구역 지정으로 인하여 토지를 종래의 목적으로도 사용할 수 없거나 또는 더 이상 법적으로 허용된 토지이용의 방법이 없기 때문에 실질적으로 토지의 사용·수익의 길이 없는 경우에는 토지소유자가 수인해야 하는 사회적 제약의 한계를 넘는 것으로 보아야 한다.

개발제한구역 지정으로 인하여 토지를 종래의 목적으로도 사용할 수 없거나 또는 더 이상 법적으로 허용된 토지이용의 방법이 없기 때문에 실질적으로 토지의 사용·수익의 길이 없는 경우에는 토지소유자가 수인해야 하는 사회적 제약의 한계를 넘는 것으로 보아야 한다(헌재 1998.12.24. 89헌마214 등, 표준판례 275). | 정답 | ○

611

□□□

「공익사업을 위한 토지 등의 취득 및 보상에 관한 법률」상 사업시행자가 3년 이상 사용한 토지에 대해 해당 토지소유자가 지방토지수용위원회에 수용청구를 하였으나 받아들여지지 않은 경우, 이에 불복하여 소송을 제기하고자 하는 토지소유자는 사업시행자를 상대로 '보상금의 증감에 관한 소송'을 제기하여야 한다.

구 '공익사업을 위한 토지 등의 취득 및 보상에 관한 법률' 74조 1항에 규정되어 있는 **잔여지 수용청구권은** 손실보상의 일환으로 토지소유자에게 부여되는 권리로서 그 요건을 구비한 때에는 잔여지를 수용하는 토지수용위원회의 재결이 없더라도 그 청구에 의하여 수용의 효과가 발생하는 **형성권적 성질**을 가지므로, 잔여지 수용청구를 받아들이지 않은 토지수용위원회의 재결에 대하여 토지소유자가 불복하여 제기하는 소송은 위 법 85조 2항에 규정되어 있는 '**보상금의 증감에 관한 소송**'에 해당하여 사업시행자를 피고로 하여야 한다 (대판 2010.8.19. 2008두822, 표준판례 282). | 정답 | ○

612
□□□

잔여지수용청구가 정당함에도 불구하고 관할 토지수용위원회가 잔여지수용거부재결을 한 경우, 토지소유자는 거부재결 취소소송을 통해 다투어야 한다는 것이 판례의 입장이다.

토지보상법 72조의 문언, 연혁 및 취지 등에 비추어 보면, 위 규정이 정한 수용청구권은 토지보상법 74조 1항이 정한 잔여지 수용청구권과 같이 손실보상의 일환으로 토지소유자에게 부여되는 권리로서 그 청구에 의하여 수용효과가 생기는 형성권의 성질을 지니므로, 토지소유자의 토지수용청구를 받아들이지 아니한 토지수용위원회의 재결에 대하여 토지소유자가 불복하여 제기하는 소송은 토지보상법 85조 2항에 규정되어 있는 '보상금의 증감에 관한 소송'에 해당하고, 피고는 토지수용위원회가 아니라 사업시행자로 하여야 한다 (대판 2015.4.9. 2014두46669). | 정답 | X

[17 변시, 20-1]

613
□□□

「공익사업을 위한 토지 등의 취득 및 보상에 관한 법률」상 주거용 건축물 세입자의 주거이전비 보상청구권은 사법상의 권리이고, 주거이전비 보상청구소송은 민사소송에 의하여야 한다.

구 토지보상법 2조, 78조에 의하면, 세입자는 사업시행자가 취득 또는 사용할 토지에 관하여 임대차 등에 의한 권리를 가진 관계인으로서, 같은 법 시행규칙 54조 2항 본문에 해당하는 경우에는 주거이전에 필요한 비용을 보상받을 권리가 있다. 그런데 이러한 주거이전비는 당해 공익사업 시행지구 안에 거주하는 세입자들의 조기이주를 장려하여 사업추진을 원활하게 하려는 정책적인 목적과 주거이전으로 인하여 특별한 어려움을 겪게 될 세입자들을 대상으로 하는 사회보장적인 차원에서 지급되는 금원의 성격을 가지므로, **적법하게 시행된 공익사업으로 인하여 이주하게 된 주거용 건축물 세입자의 주거이전비 보상청구권은 공법상의 권리이고, 따라서 그 보상을 둘러싼 쟁송은 민사소송이 아니라 공법상의 법률관계를 대상으로 하는 행정소송에 의하여야** 한다(대판 2008.5.29. 2007다8129). | 정답 | X

[20 변시]

614
□□□

「공익사업을 위한 토지 등의 취득 및 보상에 관한 법률」상 사업시행자의 이주대책수립의무에 관한 규정은 강행규정이 아니므로, 사업시행자는 공익사업의 시행으로 인하여 주거용건축물을 제공함에 따라 생활의 근거를 상실하게 되는 자와의 합의로 이주대책 수립의무에 관한 당해 조항의 적용을 배제할 수 있다.

구 공익사업법은 공익사업에 필요한 토지 등을 협의 또는 수용에 의하여 취득하거나 사용함에 따른 손실의 보상에 관한 사항을 규정함으로써 공익사업의 효율적인 수행을 통하여 공공복리의 증진과 재산권의 적정한 보호를 도모함을 목적으로 하고 있고, 위 법에 의한 이주대책은 공익사업의 시행에 필요한 토지 등을 제공함으로 인하여 생활의 근거를 상실하게 되는 이주대책대상자들에게 종전의 생활상태를 원상으로 회복시키면서 동시에 인간다운 생활을 보장하여 주기 위하여 마련된 제도이므로, **사업시행자의 이주대책 수립·실시의무를 정하고 있는 구 공익사업법 78조 1항은 물론 그 이주대책의 내용에 관하여 규정하고 있는 같은 법 78조 4항 본문 역시 당사자의 합의 또는 사업시행자의 재량에 의하여 그 적용을 배제할 수 없는 강행법규이다**(대판 2011.7.28. 2009다16834). | 정답 | X

615
□□□

이주자의 수분양권은 이주자가 이주대책에서 정한 절차에 따라 사업시행자에게 이주대책대상자 선정신청을 하고 사업시행자가 이를 받아들여 이주대책대상자로 확인·결정하여야만 비로소 구체적으로 발생하게 된다.

공공용지의취득및손실보상에관한특례법 8조 1항이 사업시행자에게 이주대책의 수립·실시의무를 부과하고 있다고 하여 그 규정 자체만에 의하여 이주자에게 사업시행자가 수립한 이주대책상의 택지분양권이나 아파트 입주권 등을 받을 수 있는 구체적인 권리(수분양권)가 직접 발생하는 것이라고는 도저히 볼 수 없으며, 사업시행자가 이주대책에 관한 구체적인 계획을 수립하여 이를 해당자에게 통지 내지 공고한 후, <u>이주자가 이주대책에 정한 절차에 따라 사업시행자에게 이주대책대상자 선정신청을 하고 사업시행자가 이를 받아들여 이주대책대상자로 **확인**·**결정**하여야만 비로소 구체적인 **수분양권**이 발생하게 된다</u>(대판[전합] 1994.5.24. 92다35783, 표준판례 279).　　　　　　| 정답 | O

616
□□□

사업시행자 스스로 공익사업의 원활한 시행을 위하여 생활대책을 수립·실시할 수 있도록 하는 내부규정을 두고 이에 따라 생활대책대상자 선정기준을 마련하여 생활대책을 수립·실시하는 경우, 생활대책대상자 선정기준에 해당하는 자는 자신을 생활대책대상자에서 제외하거나 선정을 거부한 행위에 대해 사업시행자를 상대로 항고소송을 제기할 수는 없다.

사업시행자 스스로 공익사업의 원활한 시행을 위하여 필요하다고 인정함으로써 생활대책을 수립·실시할 수 있도록 하는 내부규정을 두고 있고 내부규정에 따라 생활대책대상자 선정기준을 마련하여 생활대책을 수립·실시하는 경우에는, 이러한 <u>생활대책 역시 헌법 23조 3항에 따른 정당한 보상에 포함되는 것으로 보아야 한다.</u> 따라서 이러한 생활대책대상자 선정기준에 해당하는 자는 사업시행자에게 생활대책대상자 선정 여부의 확인·결정을 신청할 수 있는 권리를 가지는 것이어서, 만일 사업시행자가 그러한 자를 생활대책대상자에서 제외하거나 선정을 거부하면, 이러한 생활대책대상자 선정기준에 해당하는 자는 사업시행자를 상대로 항고소송을 제기할 수 있다고 보는 것이 타당하다(대판 2011.10.13. 2008두17905).　　| 정답 | X

617
□□□

사업시행자가 하는 이주대책의 종류가 달라 보장내용에 차등이 있는 경우, 이주자의 희망에도 불구하고 사업시행자가 더 이익이 되는 내용의 이주대책대상자로 선정하지 않았다면, 이러한 행위는 항고소송의 대상이 되는 처분에 해당한다.

공익사업을 위한 토지 등의 취득 및 보상에 관한 법률상의 공익사업시행자가 하는 <u>이주대책대상자 확인·결정은 구체적인 이주대책상의 수분양권을 부여하는 요건이 되는 행정작용으로서의 처분이지</u> 이를 단순히 절차상의 필요에 따른 사실행위에 불과한 것으로 평가할 수는 없다. 따라서 수분양권의 취득을 희망하는 이주자가 소정의 절차에 따라 이주대책대상자 선정신청을 한 데 대하여 사업시행자가 이주대책대상자가 아니라고 하여 위 확인·결정 등의 처분을 하지 않고 이를 제외시키거나 거부조치한 경우에는, 이주자로서는 사업시행자를 상대로 항고소송에 의하여 제외처분이나 거부처분의 취소를 구할 수 있다. 나아가 <u>이주대책의 종류가 달라 각 그 보장하는 내용에 차등이 있는 경우 이주자의 희망에도 불구하고 사업시행자가 요건 미달 등을 이유로 그중 더 이익이 되는 내용의 이주대책대상자로 선정하지 않았다면 이 또한 이주자의 권리의무에 직접적 변동을 초래하는 행위로서 항고소송의 대상이 된다</u>(대판 2014.2.27. 2013두10885).　　| 정답 | O

[19-2]

618
□□□

이주대책상의 수분양권이 있다고 주장하는 자는 사업시행자가 이주대책대상자 선정 신청에 대하여 아무런 응답을 하지 않는 경우에 사업시행자를 상대로 민사소송이나 공법상 당사자소송을 제기하여 수분양권의 확인 등을 구할 수 있다.

이주자가 사업시행자에 대한 이주대책대상자 선정신청 및 이에 따른 **확인결정 등 절차를 밟지 아니하여 구체적인 수분양권을 아직 취득하지도 못한 상태에서** 곧바로 분양의무의 주체를 상대방으로 하여 민사소송이나 공법상 당사자소송으로 이주대책상의 수분양권의 확인 등을 구하는 것은 허용될 수 없고, 나아가 그 공급대상인 택지나 아파트 등의 특정부분에 관하여 그 수분양권의 확인을 소구하는 것은 더더욱 불가능하다고 보아야 한다(대판[전합] 1994.5.24. 92다35783, 표준판례 279). | 정답 | X

[23-3]

619
□□□

재결신청 지연가산금은 사업시행자가 정해진 기간 내에 재결신청을 하지 않고 지연한 데 대한 제재와 토지소유자 등의 손해에 대한 보전이라는 성격을 아울러 가진다.

토지보상법 30조 3항에 따른 **재결신청 지연가산금**은 사업시행자가 정해진 기간 내에 재결신청을 하지 않고 지연한 데 대한 제재와 토지소유자 등의 손해에 대한 보전이라는 성격을 아울러 가진다. 따라서 토지소유자 등이 적법하게 재결신청청구를 하였다고 볼 수 없거나 사업시행자가 재결신청을 지연하였다고 볼 수 없는 특별한 사정이 있는 경우에는 그 해당 기간 동안은 지연가산금이 발생하지 않는다(대판 2020.8.20. 2019두34630). | 정답 | O

620
□□□

사업시행자, 토지소유자 또는 관계인은 수용재결에 불복할 때에는 재결서를 받은 때부터 90일 이내에, 이의신청을 거쳤을 때에는 이의신청에 대한 재결서를 받은 날부터 60일 이내에 각각 행정소송을 제기할 수 있다.

토지보상법 제85조(행정소송의 제기) ① 사업시행자, 토지소유자 또는 관계인은 제34조에 따른 재결에 불복할 때에는 재결서를 받은 날부터 90일 이내에, 이의신청을 거쳤을 때에는 이의신청에 대한 재결서를 받은 날부터 60일 이내에 각각 행정소송을 제기할 수 있다. 이 경우 사업시행자는 행정소송을 제기하기 전에 제84조에 따라 늘어난 보상금을 공탁하여야 하며, 보상금을 받을 자는 공탁된 보상금을 소송이 종결될 때까지 수령할 수 없다.

| 정답 | O

[14 사복9급]

621
□□□

「공익사업을 위한 토지 등의 취득 및 보상에 관한 법률」상 보상액의 산정은 협의에 의한 경우에는 협의성립 당시의 가격을, 재결에 의한 경우에는 수용 또는 사용의 재결 당시의 가격을 기준으로 한다.

토지보상법 제67조(보상액의 가격시점 등) ① 보상액의 산정은 **협의**에 의한 경우에는 협의 성립 당시의 가격을, 재결에 의한 경우에는 수용 또는 사용의 재결 당시의 가격을 기준으로 한다.

| 정답 | O

622
☐☐☐

공유수면 매립면허의 고시가 있다고 하여 반드시 그 사업이 시행되고 그로 인하여 손실이 발생한다고 할 수 없고, 매립면허 고시 이후 매립공사가 실행되어 어업권자에게 실질적이고 현실적인 피해가 발생한 경우에만 「공유수면 관리 및 매립에 관한 법률」에서 정하는 손실보상청구권이 발생한다.

손실보상은 공공필요에 의한 행정작용에 의하여 사인에게 발생한 특별한 희생에 대한 전보라는 점에서 그 사인에게 특별한 희생이 발생하여야 하는 것은 당연히 요구되는 것이고, 공유수면 매립면허의 고시가 있다고 하여 반드시 그 사업이 시행되고 그로 인하여 손실이 발생한다고 할 수 없으므로, 매립면허 고시 이후 매립공사가 실행되어 관행어업권자에게 실질적이고 현실적인 피해가 발생한 경우에만 공유수면매립법에서 정하는 손실보상청구권이 발생하였다고 할 것이다(대판 2010.12.9. 2007두6571). | 정답 | ○

623
☐☐☐

공익사업을 위한 토지 등의 취득 및 손실보상에 관한 법률에 따를 경우, 피수용자는 수용재결을 신청할 수 없고 사업인정고시가 있은 후 협의가 성립되지 아니한 때에는 토지소유자 및 관계인은 서면으로 사업시행자에게 재결을 신청할 것을 청구할 수 있다.

토지보상법 제28조(재결의 신청) ① 제26조에 따른 협의가 성립되지 아니하거나 협의를 할 수 없을 때(제26조제2항 단서에 따른 협의 요구가 없을 때를 포함)에는 사업시행자는 사업인정고시가 된 날부터 1년 이내에 대통령령으로 정하는 바에 따라 관할 토지수용위원회에 재결을 신청할 수 있다.
제30조(재결 신청의 청구) ① 사업인정고시가 된 후 협의가 성립되지 아니하였을 때에는 토지소유자와 관계인은 대통령령으로 정하는 바에 따라 서면으로 사업시행자에게 재결을 신청할 것을 청구할 수 있다. | 정답 | ○

624
☐☐☐

「공익사업을 위한 토지 등의 취득 및 보상에 관한 법률」에 따르면 사업인정 이전에 임의 협의 절차를 거쳤으나 협의가 성립되지 아니하여 사업인정을 받은 사업시행자는 토지소유자가 협의를 요구하더라도 협의 절차를 거치지 않을 수 있다.

토지보상법 제26조(협의 등 절차의 준용) ② 사업인정 이전에 제14조부터 제16조까지 및 제68조에 따른 절차를 거쳤으나 협의가 성립되지 아니하고 제20조에 따른 사업인정을 받은 사업으로서 토지조서 및 물건조서의 내용에 변동이 없을 때에는 제1항에도 불구하고 제14조부터 제16조까지의 절차를 거치지 아니할 수 있다. 다만, 사업시행자나 토지소유자 및 관계인이 제16조에 따른 협의를 요구할 때에는 협의하여야 한다. | 정답 | X

625

☐☐☐

사업인정이 있으면 수용할 목적물의 범위가 확정되고 목적물에 관한 현재 및 장래의 권리자에게 대항할 수 있는 일종의 공법상의 권리로서의 효력이 발생한다.

토지수용법 14조에 따른 사업인정은 그 후 일정한 절차를 거칠 것을 조건으로 하여 일정한 내용의 수용권을 설정해 주는 행정처분의 성격을 띠는 것으로서 그 **사업인정을 받음으로써 수용할 목적물의 범위가 확정되고 수용권으로 하여금 목적물에 관한 현재 및 장래의 권리자에게 대항할 수 있는 일종의 공법상의 권리로서의 효력을 발생시킨다**고 할 것이므로 위 사업인정단계에서의 하자를 다투지 아니하여 이미 쟁송기간이 도과한 수용재결단계에 있어서는 위 사업인정처분에 중대하고 명백한 하자가 있어 당연무효라고 볼만한 특단의 사정이 없다면 그 처분의 불가쟁력에 의하여 사업인정처분의 위법, 부당함을 이유로 수용재결처분의 취소를 구할 수 없다(대판 1987.9.8. 87누395). | 정답 | ○

626

☐☐☐

도시계획시설결정은 일반인의 이용에 제공하기 위하여 설치하는 골프장에 관하여 한 것이라고 인정되는 범위 내에서만 적법하므로, 회원제 골프장에 대하여 수용권을 부여하기 위한 도시계획시설사업 실시계획인가는 도시계획시설결정의 적법성이 인정되는 범주를 벗어났으므로 위법하다.

헌법 23조 3항에서 규정하고 있는 '공공필요'는 "국민의 재산권을 그 의사에 반하여 강제적으로라도 취득해야 할 공익적 필요성"으로, '공공필요'의 개념은 '공익성'과 '필요성'이라는 요소로 구성되어 있는바, '공익성'의 정도를 판단함에 있어서는 공용수용을 허용하고 있는 개별법의 입법목적, 사업내용, 사업이 입법목적에 이바지 하는 정도는 물론, 특히 그 사업이 대중을 상대로 하는 영업인 경우에는 그 사업 시설에 대한 대중의 이용·접근가능성도 아울러 고려하여야 한다. 그리고 '필요성'이 인정되기 위해서는 공용수용을 통하여 달성하려는 공익과 그로 인하여 재산권을 침해당하는 사인의 이익 사이의 형량에서 사인의 재산권침해를 정당화할 정도의 공익의 우월성이 인정되어야 하며, 사업시행자가 사인인 경우에는 그 사업 시행으로 획득할 수 있는 공익이 현저히 해태되지 않도록 보장하는 제도적 규율도 갖추어져 있어야 한다.
그런데 이 사건에서 문제된 지구개발사업의 하나인 '관광휴양지 조성사업' 중에는 고급골프장, 고급리조트 등(이하 '고급골프장 등')의 사업과 같이 입법목적에 대한 기여도가 낮을 뿐만 아니라, 대중의 이용·접근가능성이 작아 공익성이 낮은 사업도 있다. 또한 고급골프장 등 사업은 그 특성상 사업 운영 과정에서 발생하는 지방세수 확보와 지역경제 활성화는 부수적인 공익일 뿐이고, 이 정도의 공익이 그 사업으로 인하여 강제수용 당하는 주민들의 기본권침해를 정당화할 정도로 우월하다고 볼 수는 없다.
따라서 이 사건 법률조항은 공익적 필요성이 인정되기 어려운 민간개발자의 지구개발사업을 위해서까지 공공수용이 허용될 수 있는 가능성을 열어두고 있어 헌법 23조 3항에 위반된다(헌재 2014.10.30. 2011헌바129). | 정답 | ○

627

☐☐☐

토지수용위원회는 수용재결신청에 대한 기각결정으로 당해 공익사업의 시행이 불가능해지는 경우에도 사업의 공익성이 없다고 판단하면 수용재결신청을 기각할 수 있다.

토지수용법은 수용·사용의 일차 단계인 사업인정에 속하는 부분은 사업의 공익성 판단으로 사업인정기관에 일임하고, 그 이후의 구체적인 수용·사용의 결정은 토지수용위원회에 맡기고 있는바, 이와 같은 토지수용절차의 2분화 및 사업인정의 성격과 토지수용위원회의 재결사항을 열거하고 있는 같은 법 29조 2항의 규정 내용에 비추어 볼 때, 토지수용위원회는 행정쟁송에 의하여 사업인정이 취소되지 않는 한 그 기능상 사업인정 자체를 무의미하게 하는, 즉 **사업의 시행이 불가능하게 되는 것과 같은 재결을 행할 수는 없다**(대판 1994.11.11. 93누19375). | 정답 | X

628
□□□

토지수용으로 인한 손실보상액은 당해 공공사업의 시행을 직접 목적으로 하는 계획의 승인·고시로 인한 가격변동을 고려함이 없이 수용재결 당시의 가격을 기준으로 하여 정하여야 한다.

토지수용으로 인한 손실보상액을 산정함에 있어서 당해 공공사업의 시행을 직접 목적으로 하는 계획의 승인·고시로 인한 가격변동은 이를 고려함이 없이 **수용재결 당시의 가격을 기준**으로 하여 적정가격을 정하여야 하나, **당해 공공사업과는 관계없는 다른 사업의 시행으로 인한 개발이익**은 이를 배제하지 아니한 가격으로 평가하여야 한다(대판 1999.1.15. 98두8896).　　　　　　　　　　　　　　　|정답| ○

629
□□□

건물의 일부만 수용되어 잔여부분을 보수하여 사용할 수 있는 경우 그 건물 전체의 가격에서 수용된 부분의 비율에 해당하는 금액과 건물 보수비를 손실보상액으로 평가하여 보상하면 되고, 잔여 건물에 대한 가치하락까지 보상해야 하는 것은 아니다.

잔여건물에 대하여 보수만으로 보전될 수 없는 가치하락이 있는 경우에는, 동일한 토지소유자의 소유에 속하는 일단의 토지 일부가 공공사업용지로 편입됨으로써 잔여지의 가격이 하락한 경우에는 공공사업용지로 편입되는 토지의 가격으로 환산한 잔여지의 가격에서 가격이 하락된 잔여지의 평가액을 차감한 잔액을 손실액으로 평가하도록 되어 있는 공공용지의 취득 및 손실보상에 관한 특례법 시행규칙 26조 2항을 유추적용하여 **잔여건물의 가치하락분에 대한 감가보상을 인정함**이 상당하다(대판 2001.9.25. 2000두2426).　　　　　　　|정답| X

630
□□□

공익사업의 시행자가 해당 공익사업을 수행할 의사와 능력을 상실하였음에도 사업인정에 기하여 수용권을 행사하는 것은 수용권의 남용에 해당한다.

사업시행자가 공익사업 **수행의사·능력을 상실**한 후 수용권을 행사하는 것은 **수용권 남용**으로 허용되지 않는다. 또한 사업시행자에게 해당 공익사업 **수행의사와 능력**은 사업인정의 요건에 해당하므로, 수행의사와 능력이 없으면 처분청은 사업인정을 거부할 수 있다.
[판례] 공용수용은 헌법상의 재산권 보장의 요청상 불가피한 최소한에 그쳐야 한다는 헌법 23조의 근본취지에 비추어 볼 때, 사업시행자가 사업인정을 받은 후 그 사업이 공용수용을 할 만한 공익성을 상실하거나 사업인정에 관련된 자들의 이익이 현저히 비례의 원칙에 어긋나게 된 경우 또는 사업시행자가 해당 **공익사업을 수행할 의사나 능력을 상실**하였음에도 여전히 그 사업인정에 기하여 수용권을 행사하는 것은 수용권의 공익 목적에 반하는 **수용권의 남용**에 해당하여 허용되지 않는다(대판 2011.1.27. 2009두1051).
　　　　　　　　　　　　　　　　　　　　　　　　　　　　　　　|정답| ○

631
□□□

사업시행자가 해당 공익사업을 수행할 의사와 능력이 있어야 한다는 것은 사업인정의 요건에 해당한다.

공익사업을 수행하여 공익을 실현할 의사나 능력이 없는 자에게 타인의 재산권을 공권력적·강제적으로 박탈할 수 있는 수용권을 설정하여 줄 수는 없으므로, 사업시행자에게 해당 공익사업을 수행할 의사와 능력이 있어야 한다는 것도 사업인정의 한 요건이라고 보아야 한다(대판 2019.2.28. 2017두71031).　　|정답| ○

632
□□□

문화적, 학술적 가치는 특별한 사정이 없는 한 그 토지의 부동산으로서의 경제적, 재산적 가치를 높여 주는 것이 아니므로 손실보상의 대상이 될 수 없다.

문화적, 학술적 가치는 특별한 사정이 없는 한 그 토지의 부동산으로서의 경제적, 재산적 가치를 높여 주는 것이 아니므로 토지수용법 51조 소정의 손실보상의 대상이 될 수 없으니, 이 사건 토지가 철새 도래지로서 자연 문화적인 학술가치를 지녔다 하더라도 손실보상의 대상이 될 수 없다(대판 1989.9.12. 88누11216).

| 정답 | ○

633
□□□

잔여지수용청구와 관련하여 '종래의 목적'이라 함은 수용재결 당시에 당해 잔여지가 현실적으로 사용되고 있는 구체적인 용도를 의미하고, 잔여지가 이용은 가능하지만 그 이용에 많은 비용이 소요되는 경우에도 잔여지수용을 청구할 수 있다.

구 토지수용법 48조 1항에서 규정한 **'종래의 목적'**이라 함은 수용재결 당시에 당해 잔여지가 현실적으로 사용되고 있는 구체적인 용도를 의미하고, **'사용하는 것이 현저히 곤란한 때'**라고 함은 **물리적으로** 사용하는 것이 곤란하게 된 경우는 물론 **사회적, 경제적으로** 사용하는 것이 곤란하게 된 경우, 즉 절대적으로 이용 불가능한 경우만이 아니라 이용은 가능하나 **많은 비용이 소요되는 경우**를 포함한다(대판 2005.1.28. 2002두4679).

| 정답 | ○

634
□□□

(구) 「토지수용법」에 의한 잔여지수용청구권은 그 요건을 구비한 때에는 청구에 의해 수용의 효과가 발생하는 형성권적 성질을 가진다.

구 '공익사업을 위한 토지 등의 취득 및 보상에 관한 법률' 74조 1항에 규정되어 있는 잔여지 수용청구권은 손실보상의 일환으로 토지소유자에게 부여되는 권리로서 그 요건을 구비한 때에는 잔여지를 수용하는 토지수용위원회의 재결이 없더라도 그 청구에 의하여 수용의 효과가 발생하는 **형성권적 성질**을 가지므로, 잔여지 수용청구를 받아들이지 않은 토지수용위원회의 재결에 대하여 토지소유자가 불복하여 제기하는 소송은 위 법 85조 2항에 규정되어 있는 **'보상금의 증감에 관한 소송'**에 해당하여 사업시행자를 피고로 하여야 한다(대판 2010.8.19. 2008두822, 표준판례 282).

| 정답 | ○

635
□□□

토지소유자는 잔여지수용청구를 해당 사업의 공사완료일까지 하여야 하며, 그 기간을 도과한 경우 토지소유자의 잔여지수용청구권은 소멸한다.

토지소유자의 잔여지수용청구는 사업완료일까지 하여야 하며, 행사기간을 도과한 경우 잔여지수용청구권은 소멸한다.

> **토지보상법 제74조(잔여지 등의 매수 및 수용 청구)** ① 동일한 소유자에게 속하는 일단의 토지의 일부가 협의에 의하여 매수되거나 수용됨으로 인하여 잔여지를 종래의 목적에 사용하는 것이 현저히 곤란할 때에는 해당 토지소유자는 사업시행자에게 잔여지를 매수하여 줄 것을 청구할 수 있으며, 사업인정 이후에는 관할 토지수용위원회에 수용을 청구할 수 있다. 이 경우 수용의 청구는 매수에 관한 협의가 성립되지 아니한 경우에만 할 수 있으며, 사업완료일까지 하여야 한다.

구 '토지보상법' 74조 1항에 의하면, 잔여지 수용청구는 사업시행자와 사이에 매수에 관한 협의가 성립되지 아니한 경우 일단의 토지의 일부에 대한 관할 토지수용위원회의 수용재결이 있기 전까지 관할 토지수용위원회에 하여야 하고, **잔여지 수용청구권**의 행사기간은 **제척기간**으로서, 토지소유자가 그 **행사기간 내에** 잔여지 수용청구권을 **행사하지 아니**하면 그 **권리가 소멸**한다(대판 2010.8.19. 2008두822, 표준판례 282). | 정답 | ○

[11 국가9급]

636
□□□

토지수용위원회는 손실보상의 신청범위와 관계없이 손실보상의 증액재결을 할 수 없다.

> **토지보상법 제50조(재결사항)** ① 토지수용위원회의 재결사항은 다음 각 호와 같다.
> 2. 손실보상
> ② 토지수용위원회는 사업시행자, 토지소유자 또는 관계인이 신청한 범위에서 재결하여야 한다. 다만, 제1항제2호의 손실보상의 경우에는 증액재결(增額裁決)을 할 수 있다.

| 정답 | X

[10 국회8급]

637
□□□

사업인정은 특정한 사업이 공용수용을 할 만한 공익사업에 해당함을 인정하는 국가의 행위로서 그 성질은 확인행위가 아니라 형성행위이다.

공익사업을위한토지등의취득및보상에관한법률의 규정에 의한 **사업인정처분**이라 함은 공익사업을 토지 등을 수용 또는 사용할 사업으로 결정하는 것으로서(같은 법 2조 7호) 단순한 확인행위가 아니라 **형성행위이므로**, 당해 사업이 외형상 토지 등을 수용 또는 사용할 수 있는 사업에 해당된다 하더라도 행정주체로서는 그 사업이 공용수용을 할 만한 공익성이 있는지의 여부와 공익성이 있는 경우에도 그 사업의 내용과 방법에 대하여 사업인정처분에 관련된 자들의 이익을 공익과 사익 간에서는 물론, 공익 상호간 및 사익 상호간에도 정당하게 비교·교량하여야 하고, 그 비교·교량은 비례의 원칙에 적합하도록 하여야 한다(대판 2005.4.29. 2004두14670). | 정답 | ○

[22·15 변시, 21-2]

638
□□□

사업인정과 수용재결은 하나의 법률효과를 위하여 이루어지는 일련의 행정처분이므로, 사업인정이 당연무효가 아니더라도 그 위법을 수용재결 취소소송에서 수용재결의 위법사유로 주장할 수 있다.

토지수용법 14조에 따른 사업인정은 그 후 일정한 절차를 거칠 것을 조건으로 하여 일정한 내용의 수용권을 설정해 주는 행정처분의 성격을 띠는 것으로서 그 사업인정을 받음으로써 수용할 목적물의 범위가 확정되고 수용권으로 하여금 목적물에 관한 현재 및 장래의 권리자에게 대항할 수 있는 일종의 공법상의 권리로서의 효력을 발생시킨다고 할 것이므로 위 사업인정단계에서의 하자를 다투지 아니하여 이미 쟁송기간이 도과한 수용재결단계에 있어서는 위 사업인정처분에 중대하고 명백한 하자가 있어 당연무효라고 볼만한 특단의 사정이 없다면 그 처분의 불가쟁력에 의하여 **사업인정처분의 위법, 부당함을 이유로 수용재결처분의 취소를 구할 수 없다**(대판 1987.9.8. 87누395). | 정답 | X

639
□□□

피수용자가 명도 또는 인도의 의무를 이행하지 않을 때 행정대집행법에 의한 대집행이 가능하다.

피수용자 등이 기업자에 대하여 부담하는 수용대상 토지의 인도의무에 관한 구 토지수용법(2002. 2. 4. 법률 6656호 공익사업을 위한 토지 등의 취득 및 보상에 관한 법률 부칙 2조로 폐지) 63조, 64조, 77조 규정에서의 '**인도'에는 명도도 포함**되는 것으로 보아야 하고, 이러한 명도의무는 그것을 강제적으로 실현하면서 직접적인 실력행사가 필요한 것이지 대체적 작위의무라고 볼 수 없으므로 특별한 사정이 없는 한 행정대집행법에 의한 대집행의 대상이 될 수 있는 것이 아니다(대판 2005.8.19. 2004다2809). | 정답 | X

640
□□□

「공익사업을 위한 토지 등의 취득 및 보상에 관한 법률」에 의한 협의취득시 건물소유자가 매매대상 건물에 대한 철거의무를 부담하겠다는 취지의 약정을 하였다 하더라도, 이러한 철거의무는 「행정대집행법」에 의한 대집행의 대상이 될 수 없다.

토지보상법상 **협의취득**에 약정된 철거의무는 **대집행**의 대상이 **아니다**. 대집행은 공법상 대체적 작위의무의 불이행을 대상으로 하나, **협의취득은 사법상 계약**에 불과하여 약정된 철거의무는 사법상 의무에 불과하기 때문이다.
[판례] 행정대집행법상 **대집행의 대상**이 되는 대체적 작위의무는 **공법상 의무**이어야 할 것인데, 구 공공용지의 취득 및 손실보상에 관한 특례법에 따른 토지 등의 **협의취득**은 공공사업에 필요한 토지 등을 그 소유자와의 협의에 의하여 취득하는 것으로서 공공기관이 사경제주체로서 행하는 사법상 매매 내지 **사법상 계약**의 실질을 가지는 것이므로, 그 **협의취득시** 건물소유자가 매매대상 건물에 대한 철거의무를 부담하겠다는 취지의 약정을 하였다고 하더라도 이러한 **철거의무는 공법상의 의무**가 될 수 없고, 이 경우에도 행정대집행법을 준용하여 대집행을 허용하는 별도의 규정이 없는 한 위와 같은 철거의무는 행정대집행법에 의한 **대집행의 대상**이 되지 **않는다**(대판 2006.10.13. 2006두7096, 표준판례 200). | 정답 | ○

641
□□□

어떤 보상항목이 토지보상법령상 손실보상대상에 해당함에도 관할 토지수용위원회가 사실을 오인하거나 법리를 오해함으로써 손실보상대상에 해당하지 않는다고 잘못된 내용의 재결을 한 경우, 피보상자는 관할 토지수용위원회를 상대로 그 재결에 대한 취소소송을 통해 그 잘못을 시정할 수 있을 뿐이고 사업시행자를 상태로 토지보상법령에 따른 보상금증감소송을 제기하는 것은 허용되지 아니한다.

[2] 공익사업에 영업시설 일부가 편입됨으로 인하여 잔여 영업시설에 손실을 입은 자가 사업시행자로부터 구 토지보상법 시행규칙(국토교통부령)에 따라 잔여 영업시설의 손실에 대한 보상을 받기 위해서는, 토지보상법 34조, 50조 등에 규정된 재결절차를 거친 다음 그 재결에 대하여 불복이 있는 때에 비로소 토지보상법 83조 내지 85조에 따라 권리구제를 받을 수 있을 뿐이다. 이러한 재결절차를 거치지 않은 채 곧바로 사업시행자를 상대로 손실보상을 청구하는 것은 허용되지 않는다.

재결절차를 거쳤는지 여부는 보상항목별로 판단하여야 한다. 피보상자별로 어떤 토지, 물건, 권리 또는 영업이 손실보상대상에 해당하는지, 나아가 보상금액이 얼마인지를 심리·판단하는 기초 단위를 보상항목이라고 한다. … 잔여 영업시설 손실보상을 포함하는 영업손실보상의 경우에는 '전체적으로 단일한 시설 일체로서의 영업' 자체가 보상항목이 되고, 세부 영업시설이나 영업이익, 휴업기간 등은 영업손실보상금 산정에서 고려하는 요소에 불과하다. 그렇다면 영업의 단일성·동일성이 인정되는 범위에서 보상금 산정의 세부요소를 추가로 주장하는 것은 하나의 보상항목 내에서 허용되는 공격방법일 뿐이므로, 별도로 재결절차를 거쳐야 하는 것은 아니다.

[3] 어떤 보상항목이 토지보상법령상 손실보상대상에 해당함에도 관할 토지수용위원회가 사실을 오인하거나 법리를 오해함으로써 손실보상대상에 해당하지 않는다고 잘못된 내용의 재결을 한 경우에는, 피보상자는 관할 토지수용위원회를 상대로 그 재결에 대한 취소소송을 제기할 것이 아니라, 사업시행자를 상대로 구 토지보상법 85조 2항에 따른 **보상금증감소송**을 제기하여야 한다(대판 2018.7.20. 2015두4044, 표준판례 288).

| 정답 | X

[21 변시]

642
□□□

편입토지·물건 보상, 지장물 보상, 잔여 토지·건축물 손실보상 또는 수용청구의 경우에는 원칙적으로 개별 물건에 따라 하나의 보상항목이 되지만, 잔여 영업시설 손실보상을 포함하는 영업손실보상의 경우에는 '전체적으로 단일한 시설 일체로서의 영업' 자체가 보상항목이 되고, 세부 영업시설이나 공사비용, 휴업기간 등은 영업손실보상금 산정에서 고려하는 요소에 불과하다.

손실보상의 경우 원칙적으로 개별물건이 보상항목이 되지만, **영업손실보상**은 '전체적으로 단일한 시설일체로서의 영업' 자체가 보상항목이 되고, 세부적인 사항인 영업시설·공사비용·휴업기간은 영업손실보상의 산정의 고려요소에 불과하다.

[판례] 편입토지·물건 보상, 지장물 보상, 잔여 토지·건축물 손실보상 또는 수용청구의 경우에는 원칙적으로 개별물건별로 하나의 보상항목이 되지만, **잔여 영업시설 손실보상**을 포함하는 영업손실보상의 경우에는 '전체적으로 단일한 시설 일체로서의 영업' 자체가 보상항목이 되고, 세부적인 영업시설 등은 영업손실보상금 산정에서 고려하는 요소에 불과하다. 그렇다면 영업의 단일성·동일성이 인정되는 범위에서 보상금 산정의 세부요소를 추가로 주장하는 것은 하나의 보상항목 내에서 허용되는 공격방법일 뿐이므로, 별도로 재결절차를 거쳐야 하는 것은 아니다(대판 2018.7.20. 2015두4044, 표준판례 288).

| 정답 | ○

[21 변시]

643
□□□

하나의 재결에서 피보상자별로 여러 가지의 토지, 물건, 권리 또는 영업의 손실에 관하여 심리·판단이 이루어졌을 때, 피보상자 또는 사업시행자가 반드시 재결 전부에 관하여 불복하여야 하는 것은 아니다.

하나의 재결에서 피보상자별로 여러 가지의 토지, 물건, 권리 또는 영업손실에 관하여 심리·판단이 이루어졌을 때, 피보상자 또는 사업시행자가 반드시 재결 전부에 관하여 불복하여야 하는 것은 아니며, 여러 보상항목들 중 **일부에 관해서만 불복**하는 경우에는 그 부분에 관해서만 **개별적으로 불복의 사유를 주장**하여 행정소송을 제기할 수 있다. 이러한 보상금 증감 소송에서 법원의 심판범위는 하나의 재결 내에서 소송당사자가 구체적으로 불복신청을 한 보상항목들로 제한된다(대판 2018.5.15. 2017두41221, 표준판례 289).

| 정답 | ○

644
☐☐☐

보상금증감소송에서 법원이 구체적인 불복신청이 있는 보상항목들에 관해서 감정을 실시하는 등 심리한 결과, 재결에서 정한 보상금액이 일부 보상항목의 경우 과소하고 다른 보상항목의 경우 과다한 것으로 판명되었다면, 법원은 보상항목 상호 간의 유용을 허용하여 항목별로 과다 부분과 과소 부분을 합산하여 보상금의 합계액을 정당한 보상금으로 결정할 수 있다.

법원이 구체적인 불복신청이 있는 보상항목들에 관해서 감정을 실시하는 등 심리한 결과, **재결에서 정한 보상금액이 일부 보상항목의 경우 과소하고 다른 보상항목의 경우 과다**한 것으로 판명되었다면, **법원은 보상항목 상호 간의 유용을 허용**하여 항목별로 과다 부분과 과소 부분을 합산하여 보상금의 합계액을 정당한 보상금으로 결정할 수 있다(대판 2018.5.15. 2017두41221, 표준판례 289). | 정답 | ○

645
☐☐☐

판례에 의하면 공익사업의 변경 전과 변경 후의 사업주체가 동일하지 않으면 공익사업의 변환이 인정되지 않는다.

이른바 "공익사업의 변환"이 국가 · 지방자치단체 또는 정부투자기관이 사업인정을 받아 토지를 협의취득 또는 수용한 경우에 한하여, 그것도 사업인정을 받은 공익사업이 공익성의 정도가 높은 토지수용법 3조 1호 내지 4호에 규정된 다른 공익사업으로 변경된 경우에만 허용되도록 규정하고 있는 (구) 토지수용법 71조 7항 등 관계법령의 규정내용이나 그 입법이유 등으로 미루어 볼 때, 같은 법 71조 7항 소정의 "공익사업의 변환"이 국가 · 지방자치단체 또는 정부투자기관 등 기업자(또는 사업시행자)가 동일한 경우에만 허용되는 것으로 해석되지는 않는다(대판 1994.1.25. 93다11760,11777,11784). | 정답 | X

646
☐☐☐

공익사업변환제도에서 변환되는 새로운 사업은 「공익사업을 위한 토지 등의 취득 및 보상에 관한 법률」에 의하여 토지 등을 취득 또는 사용할 수 있는 모든 공익사업이다.

변환되는 새로운 사업은 토지보상법 4조 **1호부터 5호까지**에 규정된 공익사업이어야 한다(토지보상법 91조 6항 1문). | 정답 | X

647
☐☐☐

대법원 판례는 환매권이 헌법이 보장하는 재산권의 내용에 포함되는 것이어서 개별법령상의 명문의 규정이 없더라도 행사할 수 있다고 한다.

토지수용법이나 공공용지의 취득 및 손실보상에 관한 특례법 등에서 규정하고 있는 바와 같은 **환매권은** 공공의 목적을 위하여 수용 또는 협의취득된 토지의 원소유자 또는 그 포괄승계인에게 재산권보장과 관련하여 공평의 원칙상 인정하고 있는 권리로서 민법상의 환매권과는 달리 **법률의 규정에 의하여서만 인정**되고 있고, 그 행사요건, 기간 및 방법 등이 세밀하게 규정되어 있는 점에 비추어 다른 경우에까지 이를 유추적용할 수 없다(대판 1993.6.29. 91다43480). | 정답 | X

[12 변시]

648
□□□

무효등확인심판은 심판청구기간의 제한이 없고, 사정재결도 인정되지 아니한다.

> **행정심판법 제27조(심판청구의 기간)** ① 행정심판은 처분이 있음을 알게 된 날부터 90일 이내에 청구하여야 한다.
> ⑦ 제1항부터 제6항까지의 규정은 **무효등확인심판청구**와 부작위에 대한 의무이행심판청구에는 적용하지 아니한다.
> **제44조(사정재결)** ① 위원회는 심판청구가 이유가 있다고 인정하는 경우에도 이를 인용(認容)하는 것이 공공복리에 크게 위배된다고 인정하면 그 심판청구를 기각하는 재결을 할 수 있다. 이 경우 위원회는 재결의 주문(主文)에서 그 처분 또는 부작위가 위법하거나 부당하다는 것을 구체적으로 밝혀야 한다.
> ③ 제1항과 제2항은 무효등확인심판에는 적용하지 아니한다.

| 정답 | ○

[22 경찰간부]

649
□□□

공무원 인사 관계 법령에 따른 징계 등 처분에 관한 사항에는 「행정기본법」상 이의신청 규정이 적용되지 않는다.

> **행정기본법 제36조(처분에 대한 이의신청)** ① 행정청의 처분(「행정심판법」 제3조에 따라 같은 법에 따른 행정심판의 대상이 되는 처분)에 이의가 있는 당사자는 처분을 받은 날부터 30일 이내에 해당 행정청에 이의신청을 할 수 있다.
> ⑦ 다음 각 호의 어느 하나에 해당하는 사항에 관하여는 이 조를 적용하지 아니한다.
> 1. 공무원 인사 관계 법령에 따른 징계 등 처분에 관한 사항

| 정답 | ○

[20-3]

650
□□□

甲은 2020. 1. 29. 질병관리본부(보건복지부 소속 행정기관)에 예방접종 피해신청을 하였고, 질병관리본부장은 2020. 3. 27. 피해보상 기각결정을 하였다(이 기각결정은 2020. 4. 10. 甲에게 송달되었다). 감염병의 예방 및 관리에 관한 법령(이하 '감염병관리법령'이라 한다)에는 피해보상 기각결정에 대해 이의신청을 할 수 있다는 규정이 없지만 甲은 2020. 7. 17. 이의신청을 하였고, 질병관리본부장은 다시 심의한 후 2020. 9. 29. 이의신청을 기각하였다(이 기각결정은 2020. 10. 16. 甲에게 송달되었다). 甲이 행정심판을 청구하고자 하는 경우에 관한 설명으로 옳지 않은 것은?

ㄱ. 행정심판에 대한 관할은 중앙행정심판위원회에 있지만, 행정심판청구서를 질병관리 본부장에게 제출하여도 무방하다.

행정심판법 제17조(피청구인의 적격 및 경정) ① 행정심판은 처분을 한 행정청(의무이행심판의 경우에는 청구인의 신청을 받은 행정청)을 피청구인으로 하여 청구하여야 한다. 다만, 심판청구의 대상과 관계되는 권한이 다른 행정청에 승계된 경우에는 권한을 승계한 행정청을 피청구인으로 하여야 한다.

제23조(심판청구서의 제출) ① 행정심판을 청구하려는 자는 제28조에 따라 심판청구서를 작성하여 피청구인이나 위원회에 제출하여야 한다. 이 경우 피청구인의 수만큼 심판청구서 부본을 함께 제출하여야 한다.

| 정답 | ○

ㄴ. 질병관리본부장이 2020. 3. 27. 甲에게 한 피해보상 기각결정을 대상으로 하여 2020. 7. 3. 취소심판을 제기한 경우, 그 취소심판청구는 청구기간을 도과하지 않아 적법하다.

질병관리본부장이 2020. 3. 27. 甲에게 한 피해보상 기각결정은 2020. 4. 10. 甲에게 송달되었으므로 2020. 4. 10.부터 기산하여 행정심판법 27조 1항에 따라 90일이 경과하기 전 2020. 7. 3. 甲은 취소심판을 제기하였으므로 청구기간을 준수하였다.

[판례] 행정소송법 20조 1항에 따르면, 취소소송은 처분 등이 있음을 안 날부터 90일 이내에 제기하여야 하는데, 행정심판청구를 할 수 있는 경우에 행정심판청구가 있은 때의 기간은 재결서 정본을 송달받은 날부터 기산한다. 이처럼 취소소송의 제소기간을 제한함으로써 처분 등을 둘러싼 법률관계의 안정과 신속한 확정을 도모하려는 입법 취지에 비추어 볼 때, 여기서 말하는 '**행정심판**'은 행정심판법에 따른 **일반행정심판**과 이에 대한 특례로서 다른 법률에서 사안의 전문성과 특수성을 살리기 위하여 특히 필요하여 일반행정심판을 갈음하는 특별한 행정불복절차를 정한 경우의 **특별행정심판**(행정심판법 4조)을 뜻한다(대판 2014.4.24. 2013두10809 등 참조).

감염병예방법령은 예방접종 피해보상 기각결정에 대한 이의신청에 관하여 아무런 규정을 두고 있지 않으므로 피고가 원고의 이의신청에 대하여 스스로 다시 심사하였다고 하여 행정심판을 거친 경우에 대한 제소기간의 특례가 적용된다고 볼 수 없다.

따라서 제1차 거부통보에 대한 제소기간은 원고가 그 처분이 있음을 알았던 2014. 4. 10.부터 기산된다(대판 2019.4.3. 2017두52764).

| 정답 | ○

ㄷ. 예방접종 등에 따른 피해의 국가보상에 관한 보건복지부장관의 권한이 감염병관리법령에 따라 질병관리본부장에게 위임된 경우, 행정심판청구의 피청구인 적격자는 질병관리본부장이다.

감염병의 예방 및 관리에 관한 법률에 따르면, 국가는 일정한 예방접종을 받은 사람이 그 예방접종으로 질병에 걸리거나 장애인이 되거나 사망하였을 때에는 대통령령으로 정하는 기준과 절차에 따라 보상을 하여야 하고(71조), 법에 따른 보건복지부장관의 권한은 대통령령으로 정하는 바에 따라 일부를 질병관리본부장에게 위임할 수 있다(76조 1항).

그 위임에 따른 구 감염병의 예방 및 관리에 관한 법률 시행령(대통령령)에 따르면, 보건복지부장관은 예방접종피해보상 전문위원회의 의견을 들어 보상 여부를 결정하고(31조 3항), 보상을 하기로 결정한 사람에게 보상 기준에 따른 보상금을 지급하며(31조 4항), 이러한 예방접종피해보상 업무에 관한 보건복지부장관의 권한은 질병관리본부장에게 위임되어 있다(32조 1항 20호).

위 규정에 따르면 법령상 보상금 지급에 대한 처분 권한은, 국가사무인 예방접종피해보상에 관한 보건복지부장관의 **위임**을 받아 보상금 지급 여부를 **결정**하고, 보상금을 지급함으로써 대외적으로 보상금 지급 여부에 관한 **의사를 표시**할 수 있는 **질병관리본부장**에게 있다(대판 2019.4.3. 2017두52764).

| 정답 | ○

[12 변시]

651
□□□

행정심판위원회는 당사자의 신청을 거부하거나 부작위로 방치한 처분의 이행을 명하는 재결이 있었음에도 당해 행정청이 재결의 취지에 따른 처분을 하지 아니하는 때에는 당사자의 신청에 의하여 시정을 명하고 불이행시 직접 당해 처분을 행할 수도 있다.

행정심판법 제49조(재결의 기속력 등) ① 심판청구를 인용하는 재결은 피청구인과 그 밖의 관계 행정청을 기속(羈束)한다.
② 재결에 의하여 취소되거나 무효 또는 부존재로 확인되는 처분이 당사자의 신청을 거부하는 것을 내용으로 하는 경우에는 그 처분을 한 행정청은 재결의 취지에 따라 다시 이전의 신청에 대한 처분을 하여야 한다.
③ 당사자의 신청을 거부하거나 부작위로 방치한 처분의 이행을 명하는 재결이 있으면 행정청은 지체 없이 이전의 신청에 대하여 재결의 취지에 따라 처분을 하여야 한다.
제50조(위원회의 직접 처분) ① 위원회는 피청구인이 제49조제3항에도 불구하고 처분을 하지 아니하는 경우에는 당사자가 신청하면 기간을 정하여 서면으로 시정을 명하고 그 기간에 이행하지 아니하면 직접 처분을 할 수 있다. 다만, 그 처분의 성질이나 그 밖의 불가피한 사유로 위원회가 직접 처분을 할 수 없는 경우에는 그러하지 아니하다.

| 정답 | ○

652
□□□

甲은 자신의 영업소 인근 도로에 광고물을 설치하기 위해 관할 도로관리청인 A시장에게 도로점용허가를 신청하였으나 A시장은 신청 후 상당한 기간이 경과하였음에도 아무런 조치를 취하고 있지 않다. 이에 관한 설명 중 옳은 것은? (다툼이 있는 경우 판례에 의함)

ㄱ. 甲이 청구한 의무이행심판에 대하여 처분의 이행을 명하는 재결이 있음에도 불구하고 A시장이 재결의 취지에 따른 처분을 하지 않는 경우, 甲은 관할 행정심판위원회에 간접강제를 신청할 수 있다.

행정심판법 제49조(재결의 기속력 등) ③ 당사자의 신청을 거부하거나 부작위로 방치한 처분의 이행을 명하는 재결이 있으면 행정청은 지체 없이 이전의 신청에 대하여 재결의 취지에 따라 처분을 하여야 한다.
제50조의2(위원회의 간접강제) ① 위원회는 피청구인이 제49조제2항(제49조제4항에서 준용하는 경우를 포함) 또는 제3항에 따른 처분을 하지 아니하면 청구인의 신청에 의하여 결정으로 상당한 기간을 정하고 피청구인이 그 기간 내에 이행하지 아니하는 경우에는 그 지연기간에 따라 일정한 배상을 하도록 명하거나 즉시 배상을 할 것을 명할 수 있다.

| 정답 | ○

ㄴ. 甲이 제기한 부작위위법확인소송에서 A시장의 부작위가 위법한지 여부는 甲의 허가 신청시를 기준으로 판단되어야 한다.

부작위위법확인소송의 위법판단의 기준시는 판결시(사실심변론종결시)가 된다. | 정답 | X

[23-1]

653
☐☐☐

행정심판 절차에서 청구인들이 당사자가 아닌 사람을 선정대표자로 선정한 바 있더라도 당사자가 아닌 사람에 대한 선정행위는 그 효력을 갖는 것은 아니어서 그 선정된 사람이 위 행정심판 절차의 당사자가 되는 것은 아니다.

행정심판 절차에서 청구인들이 당사자가 아닌 원고 개인을 선정대표자로 선정한 바 있더라도 행정심판법 11조(현행 15조)에 의하면 선정대표자는 청구인 중에서 이를 선정하여야 하는 것이므로 당사자가 아닌 원고 개인에 대한 선정행위는 그 효력을 갖는 것은 아니어서 그 선정으로 말미암아 원고 개인이 위 행정심판 절차의 당사자가 되게 되는 것도 아니다(대판 1991.1.25. 90누7791). | 정답 | ○

[12 변시]

654
☐☐☐

심판청구의 대상과 관계되는 권리나 이익을 양수한 자는 행정심판위원회의 허가를 받아 청구인의 지위를 승계할 수 있고, 위 위원회가 이를 허가하지 않으면 이의신청을 할 수 있다.

> **행정심판법 제16조(청구인의 지위 승계)** ⑤ 심판청구의 대상과 관계되는 권리나 이익을 양수한 자는 위원회의 허가를 받아 청구인의 지위를 승계할 수 있다.
> ⑧ 신청인은 위원회가 제5항의 지위 승계를 허가하지 아니하면 결정서 정본을 받은 날부터 7일 이내에 위원회에 이의신청을 할 수 있다.

| 정답 | ○

[20 변시]

655
☐☐☐

이의신청에 관한 설명 중 옳지 않은 것은? (다툼이 있는 경우 판례에 의함)

ㄱ. 「국가유공자 등 예우 및 지원에 관한 법률」은 국가유공자 등록신청을 거부한 경우 신청대상자가 이의신청을 제기할 수 있도록 규정하고 있는데, 행정청이 그 이의신청을 받아들이지 아니하는 내용의 결정을 한 경우 그 결정은 원결정과 별개로 항고소송의 대상이 되지 않는다.

국가유공자 등 예우 및 지원에 관한 법률상 이의신청을 받아들이지 아니하는 내용의 결정은 종전의 결정 내용을 그대로 유지하는 것에 불과한 점 등을 종합하면, 국가유공자법이 정한 이의신청을 받아들이지 아니하는 결정은 이의신청인의 권리 · 의무에 새로운 변동을 가져오는 공권력의 행사나 이에 준하는 행정작용이라고 할 수 없으므로 원결정과 별개로 항고소송의 대상이 되지는 않는다(대판 2016.7.27. 2015두45953). | 정답 | ○

ㄴ. 「국세기본법」의 관련규정들의 취지에 비추어 볼 때 동일 사항에 관하여 특별한 사유 없이 종전 처분에 대한 취소를 번복하고 다시 종전 처분을 되풀이할 수는 없는 것이 므로, 과세처분에 관한 이의신청 절차에서 과세관청이 과세처분을 직권으로 취소한 이상 그 후 특별한 사유 없이 이를 번복하고 종전 처분을 되풀이하는 것은 허용되지 않는다. [17 변시]

과세관청이 과세처분에 대한 이의신청절차에서 납세자의 이의신청 사유가 옳다고 인정하여 **과세처분을 직권으로 취소**한 경우, 납세자가 허위의 자료를 제출하는 등 부정한 방법에 기초하여 직권취소되었다는 등의 특별한 사유가 없는데도 이를 번복하고 종전과 동일한 과세처분을 하는 것은 위법하다(대판 2017.3.9. 2016두56790; 대판 2010.9.30. 2009두1020). | 정답 | O

ㄷ. 도로점용료 부과처분에 대한 「지방자치법」상의 이의신청은 행정심판과는 구별되는 제도이므로, 이의신청을 제기해야 할 사람이 처분청에 표제를 '행정심판청구서'로 한 서류를 제출한 경우 이를 처분에 대한 이의신청으로 볼 수 없다.

지방자치법상 이의신청은 행정청의 위법·부당한 처분에 대하여 행정기관이 심판하는 행정심판과는 구별되는 별개의 제도라 할 것이나, 이의신청과 행정심판은 모두 엄격한 형식을 요하지 않는 서면행위이므로, 이의신청을 제기해야 할 사람이 처분청에 표제를 '행정심판청구서'로 한 서류를 제출한 경우라 할지라도 서류의 내용에 이의신청 요건에 맞는 불복취지와 사유가 충분히 기재되어 있다면 표제에도 불구하고 이를 처분에 대한 이의신청으로 볼 수 있다(대판 2012.3.29. 2011두26886). | 정답 | X

ㄹ. 「감염병의 예방 및 관리에 관한 법률」상 예방접종 피해보상 거부처분에 대하여 법령의 규정 없이 제기한 이의신청은 행정심판으로 볼 수 없으므로, 그 거부처분에 대한 신청인의 이의신청에 대해 기각결정이 내려진 경우에는 그 기각결정을 새로운 거부처분으로 본다.

감염병예방법령은 예방접종 피해보상 기각결정에 대한 이의신청에 관하여 아무런 규정을 두고 있지 않으므로 피고가 원고의 이의신청에 대하여 스스로 다시 심사하였다고 하여 행정심판을 거친 경우에 대한 제소기간의 특례가 적용된다고 볼 수 없다. 원고가 제1차 거부통보에 대하여 이의신청 형식으로 불복하였고 제2차 거부통보의 결론이 제1차 거부통보와 같다고 하더라도, 피고는 원고의 이의신청에 따라 추가로 제출된 자료 등을 예방접종피해보상 전문위원회에서 새로 심의하도록 하여 그 의견을 들은 후 제2차 거부통보를 하였으므로, 제2차 거부통보는 실질적으로 새로운 처분에 해당하여 독립한 행정처분으로서 항고소송의 대상이 된다고 볼 수 있다(대판 2019.4.3. 2017두52764). | 정답 | O

ㅁ. 개별공시지가에 대하여 「부동산 가격공시에 관한 법률」에 따른 이의신청을 하여 그 결과 통지를 받은 후 다시 행정심판을 거친 경우 행정소송의 제소기간은 그 행정심판 재결서 정본을 송달받은 날부터 기산한다.

부동산 가격공시 및 감정평가에 관한 법률이 이의신청에 관하여 규정하고 있다고 하여 이를 행정심판법 3조 1항에서 행정심판의 제기를 배제하는 '다른 법률에 특별한 규정이 있는 경우'에 해당한다고 볼 수 없으므로, 개별공시지가에 대하여 이의가 있는 자는 곧바로 행정소송을 제기하거나 이의신청과 행정심판법에 따른 행정심판청구 중 어느 하나만을 거쳐 행정소송을 제기할 수 있을 뿐 아니라, 이의신청을 하여 그 결과 통지를 받은 후 다시 행정심판을 거쳐 행정소송을 제기할 수도 있다고 보아야 하고, 이 경우 행정소송의 제소기간은 그 행정심판 재결서 정본을 송달 받은 날부터 기산한다(대판 2010.1.28. 2008두19987). | 정답 | O

656

□□□ 「행정기본법」상 처분의 재심사에 관한 설명 중 옳은 것만을 모두 고른 것은?

ㄱ. 당사자는 제재처분이 행정심판, 행정소송 및 그 밖의 쟁송을 통하여 다툴 수 없게 된 경우라도 일정한 경우에는 해당 처분을 한 행정청에 처분을 취소·철회하거나 변경하여 줄 것을 신청할 수 있다.

당사자는 처분에 대하여 재심사를 청구할 수 있다. 다만, 제재처분 및 행정상 강제는 재심사 대상에서 제외된다.

> **행정기본법 제37조(처분의 재심사)** ① 당사자는 처분(제재처분 및 행정상 강제는 제외)이 행정심판, 행정소송 및 그 밖의 쟁송을 통하여 다툴 수 없게 된 경우(법원의 확정판결이 있는 경우는 제외)라도 다음 각 호의 어느 하나에 해당하는 경우에는 해당 처분을 한 행정청에 처분을 취소·철회하거나 변경하여 줄 것을 신청할 수 있다. 〈각 호 생략〉

| 정답 | X

ㄴ. 재심사 신청은 해당 처분의 절차, 행정심판, 행정소송 및 그 밖의 쟁송에서 당사자가 중대한 과실 없이 재심사 사유를 주장하지 못한 경우에만 할 수 있다.

> **행정기본법 제37조(처분의 재심사)** ② 제1항에 따른 신청은 해당 처분의 절차, 행정심판, 행정소송 및 그 밖의 쟁송에서 당사자가 중대한 과실 없이 제1항 각 호의 사유를 주장하지 못한 경우에만 할 수 있다.

| 정답 | O

ㄷ. 재심사의 신청은 당사자가 재심사 사유를 안 날부터 90일 이내에 하여야 하며, 처분이 있은 날부터 1년이 지나면 신청할 수 없다.

> **행정기본법 제37조(처분의 재심사)** ③ 제1항에 따른 신청은 당사자가 제1항 각 호의 사유를 안 날부터 60일 이내에 하여야 한다. 다만, 처분이 있은 날부터 5년이 지나면 신청할 수 없다.

| 정답 | X

ㄹ. 처분의 재심사 결과 중 처분을 유지하는 결과에 대해서는 행정심판, 행정소송 및 그 밖의 쟁송수단을 통하여 불복할 수 없다.

> **행정기본법 제37조(처분의 재심사)** ⑤ 제4항에 따른 처분의 재심사 결과 중 처분을 유지하는 결과에 대해서는 행정심판, 행정소송 및 그 밖의 쟁송수단을 통하여 불복할 수 없다.

| 정답 | O

ㅁ. 외국인의 난민인정에 관한 사항은 재심사의 대상이 되지 않는다.

> **행정기본법 제37조(처분의 재심사)** ⑧ 다음 각 호의 어느 하나에 해당하는 사항에 관하여는 이 조를 적용하지 아니한다.
>   4. 외국인의 출입국·난민인정·귀화·국적회복에 관한 사항

| 정답 | ○

[13 변시]

657
□□□

행정심판의 경우 행정처분의 직접상대방이 아닌 제3자는 처분이 있음을 곧 알 수 없는 처지이므로 위 제3자가 행정심판 청구기간 내에 처분이 있음을 알았거나 쉽게 알 수 있었다는 특별한 사정이 없는 한 '처분이 있었던 날부터 180일'의 심판청구기간의 적용을 배제할 정당한 사유가 있는 때에 해당한다.

행정처분의 상대방이 아닌 제3자는 일반적으로 처분이 있는 것을 바로 알 수 없는 처지에 있으므로 처분이 있은 날로부터 180일이 경과하더라도 특별한 사유가 없는 한 구 행정심판법 **18조 3항 단서 소정의 정당한 사유**가 있는 것으로 보아 심판청구가 가능하나, 그 제3자가 어떤 경위로든 행정처분이 있음을 알았거나 쉽게 알 수 있는 등 같은 법 18조 1항 소정의 심판청구기간 내에 심판청구가 가능하였다는 사정이 있는 경우에는 그 때로부터 60일 이내에 심판청구를 하여야 하고, 이 경우 제3자가 그 청구기간을 지키지 못하였음에 정당한 사유가 있는지 여부는 문제가 되지 아니한다(대판 2002.5.24. 2000두3641). | 정답 | ○

[16 변시]

658
□□□

A국립대학교 교원인 甲은 소속 대학교의 총장으로부터 해임처분을 받았다. 甲은 이에 불복하여 「교원지위향상을 위한 특별법」에 따라 교원소청심사위원회에 소청심사를 청구하였으나 동 청구는 기각되었다. 이에 甲은 교원소청심사위원회의 결정에 불복하여 취소소송을 제기하려고 한다. 이에 관한 설명 중 옳은 것(○)과 옳지 않은 것(×)을 올바르게 조합한 것은? (다툼이 있는 경우 판례에 의함)

ㄱ. 교원소청심사위원회의 결정은 행정심판의 재결의 성격을 가진다.

공무원의 소청심사제도는 공무원이 징계 처분 기타 그 의사에 반하는 불리한 처분이나 부작위에 대하여 이의를 제기하는 경우 이를 심사하고 결정하는 특별행정심판에 해당하며, 교원에 대한 징계처분과 관련하여서는 교원소청심사위원회가 관할한다. 따라서 **교원소청심사위원회의 결정은 행정심판의 재결의 성격**을 가진다.
| 정답 | ○

ㄴ. 甲이 소청심사결정의 취소를 구하는 소송을 제기하는 경우에는 교원소청심사위원회를 피고로 하여야 한다.

교원소청심사청구는 필요적 행정심판전치주의이면서 원처분주의에 해당한다. 따라서 해임처분의 위법을 주장하는 경우에는 총장을 피고로 해임처분을 대상으로 취소소송을 제기함이 원칙이나, 교원소청심사위원회 결정 자체에 대한 재결취소소송을 제기하는 경우 합의제 행정청인 교원소청심사위원회 자체가 피고적격을 갖는다.
| 정답 | ○

ㄷ. 소청심사결정의 취소를 구하는 소송에서는 원처분인 A국립대학교 총장의 해임처분의 하자를 주장할 수 없다.

원처분주의에 따라 원처분의 위법은 원처분취소소송에서 주장하고 재결의 위법은 재결취소소송에서 주장할 수 있으므로, 교원소청심사결정의 취소를 구하는 **재결취소소송에서는 재결자체의 고유한 위법만을 주장할 수 있다.** | 정답 | ○

[18 변시]

659
☐☐☐

甲은 국립대학교 교수로 재직하던 중 같은 대학 총장 乙로부터 감봉 3개월의 징계처분을 받았다. 甲은 A지방법원에 징계처분취소의 소를 제기하였으나, 위 법원은 교원소청심사위원회의 전심절차를 거치지 아니하였다는 이유로 이를 각하하였다. 이에 관한 설명 중 옳은 것을 모두 고른 것은? (다툼이 있는 경우 판례에 의함)

ㄱ. 「국가공무원법」 및 「교육공무원법」에 따르면, 甲은 징계처분에 관하여 취소소송을 제기하기에 앞서 교원소청심사를 필요적으로 거쳐야 하므로, 그 심사절차에 사법절차가 준용되지 않는다면 이는 헌법에 위반된다.

입법자가 행정심판을 전심절차가 아니라 종심절차로 규정함으로써 정식재판의 기회를 배제하거나, 어떤 행정심판을 필요적 전심절차로 규정하면서도 그 절차에 사법절차가 준용되지 않는다면 이는 헌법 107조 3항, 나아가 재판청구권을 보장하고 있는 헌법 27조에도 위반된다 할 것이다. 반면 어떤 행정심판절차에 사법절차가 준용되지 않는다 하더라도 임의적 전치제도로 규정함에 그치고 있다면 위 헌법조항에 위반된다 할 수 없다. 그러한 행정심판을 거치지 아니하고 곧바로 행정소송을 제기할 수 있는 선택권이 보장되어 있기 때문이다(헌재 2000.6.1. 98헌바8). | 정답 | ○

ㄴ. 교원에 대한 징계처분의 적법성을 판단함에 있어서는 교육의 자주성·전문성이 요구되므로 법원의 재판에 앞서 교육전문가들의 심사를 먼저 받아볼 필요가 있다.

헌법 31조 1항은 국민의 교육을 받을 권리를 규정하면서 이를 위하여 같은 조 4항에서 교육의 자주성·전문성·정치적 중립성 등을 보장하고 있다. 이처럼 교원의 신분과 관련되는 징계처분에 대한 적법성을 판단함에 있어서는 교육의 자주성·전문성이 요구되므로 법원의 재판에 앞서 교육전문가들의 심사를 먼저 받아볼 필요가 있다(헌재 2007.1.17. 2005헌바86, 표준판례 295). | 정답 | ○

ㄷ. 만약 甲이 징계처분의 취소를 구하는 소를 제기하기 전에 소청심사를 먼저 청구하여 교원소청심사위원회에서 감봉 2개월로 변경하는 결정을 하였다면, 甲은 감경되고 남은 원처분을 대상으로 취소소송을 제기하여야 한다.

행정심판법 47조 2항 불이익변경금지원칙에 따라 판례는 변경재결 또는 이행재결의 경우에도 일부 취소되고 남은 원처분이 소의 대상이 된다고 판시하여 원처분주의를 관철하고 있다. | 정답 | ○

ㄹ. 甲이 취소소송 제기 당시 교원소청심사위원회의 필요적 전심절차를 거치지 못하였다 하여도 사실심 변론종결시까지 그 전심절차를 거쳤다면 그 흠결의 하자는 치유된다.

행정심판의 전치요건은 행정소송 제기 이전에 반드시 갖추어야 하는 것은 아니며 사실심 변론종결 시까지 갖추면 되므로, 전치요건을 구비하면서도 행정소송의 신속한 진행을 동시에 꾀할 수 있다(헌재 2007.1.17. 2005헌바86, 표준판례 295). | 정답 | ○

ㅁ. 「행정소송법」상 인정되는 행정심판전치주의의 다양한 예외는 필요적 전심절차인 교원소청심사에는 적용되지 아니한다.

행정소송법 18조 2항 및 3항에서 규정한 행정심판 전치주의의 예외규정은 교원소청에 관한 법률에 특별한 규정이 없는 한 준용된다. | 정답 | X

[17 · 12 변시]

660
☐☐☐

시 · 도행정심판위원회의 재결에 불복하는 경우 청구인은 그 재결 및 같은 처분 또는 부작위에 대하여 중앙행정심판위원회에 재심을 청구할 수 있다.

행정심판법 제51조(행정심판 재청구의 금지) 심판청구에 대한 재결이 있으면 그 재결 및 같은 처분 또는 부작위에 대하여 다시 행정심판을 청구할 수 없다.

| 정답 | X

[17 · 12 변시]

661
☐☐☐

행정심판위원회는 처분 또는 부작위가 위법 · 부당하다고 상당히 의심되는 경우로서 처분 또는 부작위 때문에 당사자가 받을 우려가 있는 중대한 불이익이나 당사자에게 생길 급박한 위험을 막기 위하여 임시지위를 정하여야 할 필요가 있는 경우에는 당사자의 신청이 있는 경우에 한하여 임시처분을 결정할 수 있다.

행정심판법 제31조(임시처분) ① 위원회는 처분 또는 부작위가 위법 · 부당하다고 상당히 의심되는 경우로서 처분 또는 부작위 때문에 당사자가 받을 우려가 있는 중대한 불이익이나 당사자에게 생길 급박한 위험을 막기 위하여 임시지위를 정하여야 할 필요가 있는 경우에는 **직권으로 또는 당사자의 신청에 의하여** 임시처분을 결정할 수 있다.

| 정답 | X

662

피청구인을 경정하는 결정이 있으면 그 경정결정시에 새로운 피청구인에 대한 행정심판이 청구된 것으로 본다.

행정심판법 제17조(피청구인의 적격 및 경정) ② 청구인이 피청구인을 잘못 지정한 경우에는 위원회는 직권으로 또는 당사자의 신청에 의하여 결정으로써 피청구인을 경정(更正)할 수 있다.
④ 제2항에 따른 결정이 있으면 종전의 피청구인에 대한 심판청구는 취하되고 **종전의 피청구인에 대한 행정심판이 청구된 때**에 새로운 피청구인에 대한 행정심판이 청구된 것으로 본다.

| 정답 | X

663

심판청구의 대상과 관계되는 권한이 다른 행정청에 승계된 경우에는 권한을 승계한 행정청을 피청구인으로 하여야 한다.

행정심판법 제17조(피청구인의 적격 및 경정) ① 행정심판은 처분을 한 행정청(의무이행심판의 경우에는 청구인의 신청을 받은 행정청)을 피청구인으로 하여 청구하여야 한다. 다만, 심판청구의 대상과 관계되는 권한이 **다른 행정청에 승계된 경우에는 권한을 승계한 행정청을 피청구인으로 하여야** 한다.

| 정답 | O

664

「행정심판법」상 전자정보처리조직을 통해 제출된 전자문서는 그 문서를 접수한 공무원이 정보통신망을 통하여 전자정보처리조직에서 제공되는 접수번호를 부여하였을 때에 전자정보처리조직에 기록된 내용으로 접수된 것으로 본다.

행정심판법 제52조(전자정보처리조직을 통한 심판청구 등) ③ 제1항에 따라 제출된 전자문서는 그 문서를 제출한 사람이 정보통신망을 통하여 전자정보처리조직에서 제공하는 **접수번호를 확인하였을 때**에 전자정보처리조직에 기록된 내용으로 접수된 것으로 본다.

| 정답 | X

665

집행정지 신청은 행정심판을 청구한 후에는 할 수 없다.

> **행정심판법 제30조(집행정지)** ⑤ 집행정지 신청은 **심판청구와 동시에** 또는 심판청구에 대한 제7조제6항 또는 제8조제7항에 따른 **위원회나 소위원회의 의결이 있기 전까지**, 집행정지 결정의 취소신청은 심판청구에 대한 제7조제6항 또는 제8조제7항에 따른 위원회나 소위원회의 의결이 있기 전까지 신청의 취지와 원인을 적은 서면을 위원회에 제출하여야 한다. 다만, 심판청구서를 피청구인에게 제출한 경우로서 심판청구와 동시에 집행정지 신청을 할 때에는 심판청구서 사본과 접수증명서를 함께 제출하여야 한다.

| 정답 | X

666

행정심판위원회가 행정심판 청구 사건의 재결이 있을 때까지 처분의 집행을 정지한다고 결정하였는데 기각재결이 내려진 경우에는 재결서 정본이 청구인에게 송달된 때 재결의 효력이 발생하므로, 그때 집행정지결정의 효력이 소멸함과 동시에 처분의 효력이 부활한다.

행정심판위원회가 행정심판 청구 사건의 재결이 있을 때까지 처분의 집행을 정지한다고 결정한 경우에는, 재결서 정본이 청구인에게 송달된 때 재결의 효력이 발생하므로(행정심판법 48조 2항, 1항 참조) 그때 집행정지결정의 효력이 소멸함과 동시에 처분의 효력이 부활한다(대판 2022.2.11. 2021두40720). | 정답 | ○

667

다른 법률에 당해 처분에 대한 행정심판의 재결을 거치지 아니하면 취소소송을 제기할 수 없다는 규정이 있음에도 불구하고 「행정소송법」상 행정심판을 제기함이 없이 취소소송을 제기할 수 있는 사유에 해당하는 것을 모두 고른 것은?

> ㄱ. 동종사건에 관하여 이미 행정심판의 기각재결이 있은 때
> ㄴ. 처분의 집행 또는 절차의 속행으로 생길 중대한 손해를 예방하여야 할 긴급한 필요가 있는 때
> ㄷ. 법령의 규정에 의한 행정심판기관이 의결 또는 재결을 하지 못할 사유가 있는 때
> ㄹ. 서로 내용상 관련되는 처분 또는 같은 목적을 위하여 단계적으로 진행되는 처분 중 어느 하나가 이미 행정심판의 재결을 거친 때
> ㅁ. 행정청이 사실심의 변론종결 후 소송의 대상인 처분을 변경하여 당해 변경된 처분에 관하여 소를 제기하는 때
> ㅂ. 처분을 행한 행정청이 행정심판을 거칠 필요가 없다고 잘못 알린 때

행정소송법 제18조(행정심판과의 관계) ① 취소소송은 법령의 규정에 의하여 당해 처분에 대한 행정심판을 제기할 수 있는 경우에도 이를 거치지 아니하고 제기할 수 있다. 다만, 다른 법률에 당해 처분에 대한 행정심판의 재결을 거치지 아니하면 취소소송을 제기할 수 없다는 규정이 있는 때에는 그러하지 아니하다.

② 제1항 단서의 경우에도 다음 각호의 1에 해당하는 사유가 있는 때에는 행정심판의 재결을 거치지 아니하고 취소소송을 제기할 수 있다.

　　1. 행정심판청구가 있은 날로부터 60일이 지나도 재결이 없는 때
　　2. 처분의 집행 또는 절차의 속행으로 생길 중대한 손해를 예방하여야 할 긴급한 필요가 있는 때
　　3. 법령의 규정에 의한 행정심판기관이 의결 또는 재결을 하지 못할 사유가 있는 때
　　4. 그 밖의 정당한 사유가 있는 때

③ 제1항 단서의 경우에 다음 각호의 1에 해당하는 사유가 있는 때에는 행정심판을 제기함이 없이 취소소송을 제기할 수 있다.

　　1. 동종사건에 관하여 이미 행정심판의 기각재결이 있은 때
　　2. 서로 내용상 관련되는 처분 또는 같은 목적을 위하여 단계적으로 진행되는 처분 중 어느 하나가 이미 행정심판의 재결을 거친 때
　　3. 행정청이 사실심의 변론종결후 소송의 대상인 처분을 변경하여 당해 변경된 처분에 관하여 소를 제기하는 때
　　4. 처분을 행한 행정청이 행정심판을 거칠 필요가 없다고 잘못 알린 때

| 정답 | ㄱ, ㄹ, ㅁ, ㅂ

668
☐☐☐

행정심판전치주의가 적용되는 경우라도 처분의 집행 또는 절차의 속행으로 생길 중대한 손해를 예방하여야 할 필요가 있는 때에는 행정심판을 청구하지 않고 곧바로 행정소송을 제기할 수 있다.

행정소송법 18조 2항에 따라 재결을 거치지 않고 취소소송을 제기할 수 있으나, 행정심판청구는 제기해야 한다.

| 정답 | X

669
☐☐☐

행정청이 거부처분취소재결에 따른 처분을 하지 않는 때에는 청구인은 행정심판위원회에 간접강제를 신청할 수 있다.

2017년 행정심판법 개정으로 거부처분취소재결에 대한 재처분의무와 간접강제규정이 신설되었다.

행정심판법 제50조의2(위원회의 간접강제) ① 위원회는 피청구인이 제49조제2항(제49조제4항에서 준용하는 경우를 포함) 또는 제3항에 따른 처분을 하지 아니하면 청구인의 신청에 의하여 결정으로 상당한 기간을 정하고 피청구인이 그 기간 내에 이행하지 아니하는 경우에는 그 지연기간에 따라 일정한 배상을 하도록 명하거나 즉시 배상을 할 것을 명할 수 있다.

| 정답 | ○

670
□□□

심판청구기간을 고지하지 아니한 경우에는 처분이 있었던 날로부터 180일 이내에 심판청구를 할 수 있다.

> **행정심판법 제27조(심판청구의 기간)** ⑥ 행정청이 심판청구 기간을 알리지 아니한 경우에는 제3항(행정심판은 <u>처분이 있었던 날부터 180일</u>이 지나면 청구하지 못한다)에 규정된 기간에 <u>심판청구를 할 수 있다.</u>

| 정답 | ○

671
□□□

불특정다수인에 대하여 고시에 의한 행정처분을 하는 경우에는 고시가 있음을 현실적으로 알았는지 여부에 관계없이 고시의 효력이 발생한 날부터 180일 내라면 행정심판을 청구할 수 있다.

> 통상 **고시 또는 공고**에 의하여 행정처분을 하는 경우에는 그 처분의 상대방이 불특정 다수인이고, 그 처분의 효력이 불특정 다수인에게 일률적으로 똑같이 적용됨으로 인하여 고시일 또는 공고일에 그 행정처분이 있음을 알았던 것으로 의제하여 행정심판 청구기간을 기산하는 것이므로, 관리처분계획에 이해관계를 갖는 자는 고시가 있었다는 사실을 현실적으로 알았는지 여부에 관계없이 **고시가 효력을 발생하는 날**인 고시가 있은 후 5일이 경과한 날에 관리처분계획인가 처분이 있음을 알았다고 보아야 하고, 따라서 관리처분계획인가 처분에 대한 행정심판은 <u>그날로부터 60일 이내에 제기하여야 한다</u>(대판[전합] 1995.8.22. 94누5694)
> ➡ 구법은 안 날로부터 60일이지만, <u>현행법에 의하면 안 날로부터 90일 이내에 행정심판을 제기하여야 한다.</u>

| 정답 | X

672
□□□

피청구인 경정결정이 있으면 종전의 피청구인에 대한 심판청구는 취하되고 종전의 피청구인에 대한 행정심판이 청구된 때에 새로운 피청구인에 대한 행정심판이 청구된 것으로 본다.

> **행정심판법 제17조(피청구인의 적격 및 경정)** ① 행정심판은 처분을 한 행정청(의무이행심판의 경우에는 청구인의 신청을 받은 행정청)을 피청구인으로 하여 청구하여야 한다. 다만, 심판청구의 대상과 관계되는 권한이 다른 행정청에 승계된 경우에는 권한을 승계한 행정청을 피청구인으로 하여야 한다.
> ② 청구인이 피청구인을 잘못 지정한 경우에는 위원회는 직권으로 또는 당사자의 신청에 의하여 결정으로써 <u>피청구인을 경정(更正)</u>할 수 있다.
> ③ 위원회는 제2항에 따라 피청구인을 경정하는 결정을 하면 결정서 정본을 당사자(종전의 피청구인과 새로운 피청구인을 포함)에게 송달하여야 한다.
> ④ 제2항에 따른 결정이 있으면 <u>종전의 피청구인에 대한 심판청구는 취하되고 종전의 피청구인에 대한 행정심판이 청구된 때에 새로운 피청구인에 대한 행정심판이 청구된 것으로 본다.</u>

| 정답 | ○

673

☐☐☐

행정소송에서는 행정심판과는 달리 구두변론이 원칙이나, 행정심판에서도 당사자가 구술심리를 신청하면 행정심판위원회의 허가 여부 결정 없이도 구술심리가 허용된다.

행정소송사건의 심리절차에 관하여 행정소송법에 특별한 규정이 없는 경우에는 법원조직법과 민사소송법 및 민사집행법의 관련규정이 준용되는데(행정소송법 8조 2항), 행정소송법에 25조(행정심판기록의 제출명령) 및 26조(직권심리)를 제외하고는 특별한 규정이 없으므로 민사소송의 심리에 관한 일반원칙인 공개심리주의, 쌍방심리주의, 구술심리주의, 변론주의 등이 **행정소송**의 심리에도 적용된다(박균성, 「행정법강의」(제19판), 박영사, 2022, 878쪽). 현행법은 구술심리주의를 원칙으로 하면서 서면심리주의로써 그 결점을 보완하고 있다(앞의책, 879쪽).

한편, **행정심판**은 서면심리주의를 원칙으로 하면서 구술심리가 제한적인 범위 내에서 보장되고 있다고 할 수 있다(김남철, 행정법 강론(제6판), 박영사, 2020, 725쪽).

> **행정심판법 제40조(심리의 방식)** ① 행정심판의 심리는 구술심리나 서면심리로 한다. 다만, 당사자가 구술심리를 신청한 경우에는 서면심리만으로 결정할 수 있다고 인정되는 경우 외에는 구술심리를 하여야 한다.
> ② 위원회는 제1항 단서에 따라 구술심리 신청을 받으면 그 허가 여부를 결정하여 신청인에게 알려야 한다.

| 정답 | X

674

☐☐☐

「행정심판법」에는 「행정소송법」과는 달리 당사자의 합의에 의하여 성립하는 조정에 대한 규정이 존재한다.

> **행정심판법 제43조의2(조정)** ① 위원회는 당사자의 권리 및 권한의 범위에서 당사자의 동의를 받아 심판청구의 신속하고 공정한 해결을 위하여 조정을 할 수 있다. 다만, 그 조정이 공공복리에 적합하지 아니하거나 해당 처분의 성질에 반하는 경우에는 그러하지 아니하다.
> **행정소송규칙 제15조(조정권고)** ① 재판장은 신속하고 공정한 분쟁 해결과 국민의 권익 구제를 위하여 필요하다고 인정하는 경우에는 소송계속 중인 사건에 대하여 직권으로 소의 취하, 처분등의 취소 또는 변경, 그 밖에 다툼을 적정하게 해결하기 위해 필요한 사항을 서면으로 권고할 수 있다.

| 정답 | ○

675

☐☐☐

행정심판위원회는 취소심판의 청구가 이유가 있다고 인정하면 처분을 취소 또는 다른 처분으로 변경하거나 처분을 취소 또는 다른 처분으로 변경할 것을 피청구인에게 명한다.

2010년 1월 25일, '행정심판법' 전부개정으로 처분취소명령재결이 삭제되었다.

> **행정심판법 제43조(재결의 구분)** ③ 위원회는 취소심판의 청구가 이유가 있다고 인정하면 처분을 취소 또는 다른 처분으로 변경하거나 처분을 다른 처분으로 변경할 것을 피청구인에게 명한다.

| 정답 | X

676
☐☐☐

거부처분취소심판의 인용재결 기속력의 내용으로 재처분의무가 「행정심판법」에 규정되어 있다.

> **행정심판법 제49조(재결의 기속력 등)** ① 심판청구를 인용하는 재결은 피청구인과 그 밖의 관계 행정청을 기속(羈束)한다.
> ② 재결에 의하여 취소되거나 무효 또는 부존재로 확인되는 처분이 당사자의 신청을 거부하는 것을 내용으로 하는 경우에는 그 처분을 한 행정청은 재결의 취지에 따라 다시 이전의 신청에 대한 처분을 하여야 한다.

➜ 2017년 개정법 49조 2항 신설로 맞는 지문이 되었다. 거부처분에 대한 취소재결 뿐만 아니라 무효 등 확인재결의 경우에도 개정법에 따라 재처분의무가 인정된다. | 정답 | ○

677
☐☐☐

의무이행심판에도 사정재결은 인정되나, 청구기간의 제한은 적용되지 않는다.

사정재결은 취소심판과 의무이행심판에서 인정된다. **거부처분에 대한 의무이행심판은 청구기간의 제한이 있지만,** 부작위에 대한 의무이행심판에서는 청구기한의 제한이 없다. | 정답 | X

678
☐☐☐

재결은 피청구인 또는 위원회가 심판청구서를 받은 날부터 60일 이내에 하여야 한다. 다만, 부득이한 사정이 있는 경우에는 위원장이 직권으로 30일을 연장할 수 있다.

> **행정심판법 제45조(재결 기간)** ① 재결은 제23조에 따라 피청구인 또는 위원회가 심판청구서를 받은 날부터 60일 이내에 하여야 한다. 다만, 부득이한 사정이 있는 경우에는 위원장이 직권으로 30일을 연장할 수 있다.

| 정답 | ○

679
☐☐☐

행정심판을 청구하려는 자는 행정심판법 소정의 사항을 포함한 심판청구서를 서면으로 작성하여 피청구인이나 행정심판위원회에 제출하여야 하는데, 「행정심판법」 소정의 사항을 구분하여 기재하고 있지 않아 심판청구서로서의 형식을 갖추었다고 볼 수 없는 경우에도 그 내용이 행정심판을 청구하는 것이면 행정심판청구로 볼 수 있다.

행정소송의 전치요건인 행정심판청구는 엄격한 형식을 요하지 아니하는 서면행위로 해석되므로, 위법 부당한 행정처분으로 인하여 권리나 이익을 침해당한 자로부터 그 처분의 취소나 변경을 구하는 서면이 제출되었을 때에는 그 표제와 제출기관의 여하를 불문하고 이를 행정소송법 18조 소정의 행정심판청구로 보고, 불비된 사항이 보정가능한 때에는 보정을 명하고 보정이 불가능하거나 보정명령에 따르지 아니한 때에 비로소 부적법 각하를 하여야 할 것이며, 더욱이 심판청구인은 일반적으로 전문적 법률지식을 갖고 있지 못하여 제출된 서면의 취지가 불명확한 경우도 적지 않으나, 이러한 경우에도 행정청으로서는 그 서면을 가능한 한 제출자의 이익이 되도록 해석하고 처리하여야 한다(대판 2000.6.9. 98두2621, 표준판례 297). | 정답 | ○

제4장 | 행정소송

[22 국가7급, 21 지방7급]

680

☐☐☐

공법상 계약의 한쪽 당사자가 다른 당사자를 상대로 그 효력을 다투거나 그 이행을 청구하는 소송은 공법상의 법률관계에 관한 분쟁이므로 특별한 사정이 없는 한 공법상 당사자소송으로 제기하여야 한다.

공법상 당사자소송이란 행정청의 처분 등을 원인으로 하는 법률관계에 관한 소송 그 밖에 공법상의 법률관계에 관한 소송으로서 그 법률관계의 한쪽 당사자를 피고로 하는 소송을 말한다(행정소송법 3조 2호). 공법상 계약이란 공법적 효과의 발생을 목적으로 하여 대등한 당사자 사이의 의사표시의 합치로 성립하는 공법행위를 말한다. **공법상 계약의** 한쪽 당사자가 다른 당사자를 상대로 **효력을** 다투거나 **이행을 청구**하는 소송은 공법상의 법률관계에 관한 분쟁이므로 분쟁의 실질이 공법상 권리·의무의 존부·범위에 관한 다툼이 아니라 손해배상액의 구체적인 산정방법·금액에 국한되는 등의 특별한 사정이 없는 한 **공법상 당사자소송으로 제기하여야** 한다(대판 2021.2.4. 2019다277133).
행정소송규칙 19조 4호는 이러한 대법원 판례의 법리를 명문화하였다.　　　　　　　| 정답 | ○

[16 변시]

681

☐☐☐

공무원연금법령상 퇴직수당 등의 급여를 받으려고 하는 자는 우선 공무원연금관리공단에 급여지급을 신청하여 공단의 급여지급결정을 받아야 하고, 공단의 급여지급결정 없이 바로 당사자소송으로 급여의 지급을 구하는 것은 허용되지 아니한다.

구 공무원연금법에 의한 퇴직수당 등의 급여를 받을 권리는 법령의 규정에 의하여 직접 발생하는 것이 아니라 위와 같은 급여를 받으려고 하는 자가 소속하였던 기관장의 확인을 얻어 신청함에 따라 공무원연금관리공단이 그 지급결정을 함으로써 구체적인 권리가 발생한다. 여기서 공무원연금관리공단이 하는 급여지급결정의 의미는 단순히 급여수급 대상자를 확인·결정하는 것에 그치는 것이 아니라 구체적인 급여수급액을 확인·결정하는 것까지 포함한다. 따라서 구 공무원연금법령상 급여를 받으려고 하는 자는 우선 관계 법령에 따라 **공단에 급여지급을 신청하여 공무원연금관리공단이 이를 거부**하거나 일부 금액만 인정하는 급여지급결정을 하는 경우 그 결정을 대상으로 **항고소송을 제기**하는 등으로 구체적 권리를 인정받은 다음 비로소 당사자소송으로 그 급여의 지급을 구하여야 하고, 구체적인 권리가 발생하지 않은 상태에서 곧바로 공무원연금관리공단 등을 상대로 한 당사자소송으로 급여의 지급을 소구하는 것은 허용되지 않는다(대판 2010.5.27. 2008두5636).　　　　　　　| 정답 | ○

[16 변시]

682

☐☐☐

지방전문직공무원 채용계약 해지의 의사표시는 지방자치단체장의 처분에 해당하므로 지방자치단체를 상대로 당사자소송으로 해지 의사표시의 무효확인을 청구할 수 없다.

현행 실정법이 지방전문직공무원 채용계약 해지의 의사표시를 일반공무원에 대한 징계처분과는 달리 항고소송의 대상이 되는 처분 등의 성격을 가진 것으로 인정하지 아니하고, 지방전문직공무원규정 7조 각호의 1에 해당하는 사유가 있을 때 지방자치단체가 채용계약관계의 한쪽 당사자로서 대등한 지위에서 행하는 의사표시로 취급하고 있는 것으로 이해되므로, 지방전문직공무원채용계약 해지의 의사표시에 대하여는 대등한 당사자간의 소송형식인 공법상 당사자소송으로 그 의사표시의 무효확인을 청구할 수 있다(대판 1993.9.14. 92누4611, 표준판례 139).
행정소송규칙 19조 2호 바목은 이러한 대법원 판례의 법리를 명문화하였다.

| 정답 | X

[21-1]

683
□□□

시립무용단 단원의 위촉은 공법상의 계약이라고 할 것이고, 따라서 그 단원의 해촉에 대하여는 공법상의 당사자소송으로 그 무효확인을 청구할 수 있다.

지방자치법 9조 2항 5호 (라)목 및 (마)목 등의 규정에 의하면, 서울특별시립무용단원의 공연 등 활동은 지방문화 및 예술을 진흥시키고자 하는 서울특별시의 공공적 업무수행의 일환으로 이루어진다고 해석될 뿐 아니라, 단원으로 위촉되기 위하여는 일정한 능력요건과 자격요건을 요하고, 계속적인 재위촉이 사실상 보장되며, 공무원연금법에 따른 연금을 지급받고, 단원의 복무규율이 정해져 있으며, 정년제가 인정되고, 일정한 해촉사유가 있는 경우에만 해촉되는 등 서울특별시립무용단원이 가지는 지위가 공무원과 유사한 것이라면, **서울특별시립무용단 단원의 위촉은 공법상의 계약**이라고 할 것이고, 따라서 그 단원의 해촉에 대하여는 공법상의 당사자소송으로 그 무효확인을 청구할 수 있다(대판 1995.12.22.95누4636, 표준판례 138).
행정소송규칙 19조 2호 바목은 이러한 대법원 판례의 법리를 명문화하였다.

| 정답 | O

[24 · 17 · 16 · 14 변시]

684
□□□

국가의 부가가치세 환급세액 지급의무는 정의와 공평의 관념에서 수익자와 손실자 사이의 재산상태 조정을 위해 인정되는 부당이득 반환의무가 아니라 조세 정책적 관점에서 인정되는 공법상 의무이므로 국가에 대한 납세의무자의 부가가치세 환급세액 지급청구는 당사자소송에 의한다.

납세의무자에 대한 국가의 **부가가치세 환급세액 지급의무**는 그 납세의무자로부터 어느 과세기간에 과다하게 거래징수된 세액 상당을 국가가 실제로 납부받았는지와 관계없이 부가가치세법령의 규정에 의하여 직접 발생하는 것으로서, 그 법적 성질은 정의와 공평의 관념에서 수익자와 손실자 사이의 재산상태 조정을 위해 인정되는 **부당이득 반환의무가 아니라** 부가가치세법령에 의하여 그 존부나 범위가 구체적으로 확정되고 조세 정책적 관점에서 특별히 인정되는 공법상 의무라고 봄이 타당하다. 그렇다면 납세의무자에 대한 국가의 부가가치세 환급세액 지급의무에 대응하는 국가에 대한 납세의무자의 부가가치세 환급세액 지급청구는 민사소송이 아니라 행정소송법 3조 2호에 규정된 **당사자소송의 절차**에 따라야 한다(대판[전합] 2013.3.21. 2011다95564).
행정소송규칙 19조 2호 나목은 이러한 대법원 판례의 법리를 명문화하였다.

| 정답 | O

[20·17 변시]

685
□□□

당사자소송에 관련청구소송인 민사소송을 병합할 수 있지만, 민사소송에는 당사자소송을 병합할 수 없다.

행정소송사건의 경우도 다른 종류의 소송절차에 의하므로 통상의 민사사건과의 병합은 원칙적으로 허용되지 않는다. 다만 행정소송에서 민사상 관련사건을 병합하는 것은 예외적으로 허용된다.

| 정답 | O

686
□□□

명예퇴직한 법관이 미지급 명예퇴직수당액의 지급을 구하는 소송은 당사자소송에 해당하고, 이때 원고가 고의 또는 중대한 과실 없이 당사자소송으로 제기하여야 할 것을 항고소송으로 잘못 제기한 경우에, 당사자소송으로서의 소송요건을 결하고 있음이 명백하여 당사자소송으로 제기되었더라도 어차피 부적법하게 되는 경우가 아닌 이상, 법원으로서는 원고로 하여금 당사자소송으로 소 변경을 하도록 하여 심리 · 판단하여야 한다.

명예퇴직수당 지급대상자로 결정된 법관에 대하여 지급할 수당액은 명예퇴직수당규칙 4조 (별표 1)에 산정 기준이 정해져 있으므로, 위 법관은 위 규정에서 정한 정당한 산정 기준에 따라 산정된 명예퇴직수당액을 수령할 구체적인 권리를 가진다. 따라서 위 법관이 이미 수령한 수당액이 위 규정에서 정한 정당한 명예퇴직수당액에 미치지 못한다고 주장하며 차액의 지급을 신청함에 대하여 법원행정처장이 거부하는 의사를 표시했더라도, 그 의사표시는 명예퇴직수당액을 형성 · 확정하는 행정처분이 아니라 공법상의 법률관계의 한쪽 당사자로서 지급의무의 존부 및 범위에 관하여 자신의 의견을 밝힌 것에 불과하므로 행정처분으로 볼 수 없다. 결국 명예퇴직한 법관이 미지급 명예퇴직수당액에 대하여 가지는 권리는 명예퇴직수당 지급대상자 결정 절차를 거쳐 명예퇴직수당규칙에 의하여 확정된 공법상 법률관계에 관한 권리로서, 그 지급을 구하는 소송은 행정소송법의 당사자소송에 해당하며, 그 법률관계의 당사자인 국가를 상대로 제기하여야 한다. 원고가 고의 또는 중대한 과실 없이 당사자소송으로 제기하여야 할 것을 **항고소송으로 잘못 제기한 경우**에, 당사자소송으로서의 소송요건을 결하고 있음이 명백하여 당사자소송으로 제기되었더라도 어차피 부적법하게 되는 경우가 아닌 이상, 법원으로서는 원고가 **당사자소송으로 소 변경을 하도록 하여 심리 · 판단하여야** 한다 (대판 2016.5.24. 2013두14863). | 정답 | ○

687
□□□

명예퇴직한 법관이 이미 수령한 명예퇴직수당액이 관계 법령에서 정한 수당액에 미치지 못한다고 주장하며 차액의 지급을 신청한 것에 대하여 법원행정처장이 거부하는 의사를 표시한 경우 법원행정처장을 상대로 당사자소송을 제기하여야 한다.

명예퇴직수당은 명예퇴직수당 지급신청자 중에서 일정한 심사를 거쳐 피고 법원행정처장이 명예퇴직수당 지급대상자로 결정한 경우에 비로소 지급될 수 있지만, 명예퇴직수당 지급대상자로 결정된 법관에 대하여 지급할 수당액은 명예퇴직수당규칙(대법원규칙) 4조 [별표 1]에 산정 기준이 정해져 있으므로, 위 법관은 위 규정에서 정한 정당한 산정 기준에 따라 산정된 명예퇴직수당액을 수령할 구체적인 권리를 가진다. 따라서 위 법관이 이미 수령한 수당액이 위 규정에서 정한 정당한 명예퇴직수당액에 미치지 못한다고 주장하며 **차액의 지급을 신청함에 대하여 법원행정처장이 거부하는 의사를** 표시했더라도, 그 의사표시는 명예퇴직수당액을 형성 · 확정하는 행정처분이 아니라 공법상의 법률관계의 한쪽 당사자로서 지급의무의 존부 및 범위에 관하여 자신의 의견을 밝힌 것에 불과하므로 **행정처분으로 볼 수 없다**. 결국 명예퇴직한 법관이 미지급 명예퇴직수당액에 대하여 가지는 권리는 명예퇴직수당 지급대상자 결정 절차를 거쳐 명예퇴직수당규칙에 의하여 확정된 공법상 법률관계에 관한 권리로서, 그 지급을 구하는 소송은 행정소송법의 **당사자소송**에 해당하며, 그 법률관계의 당사자인 **국가를 상대로** 제기하여야 한다(대판 2016.5.24. 2013두14863). 행정소송규칙 19조 2호 마목은 이러한 대법원 판례의 법리를 명문화하였다. | 정답 | X

688
☐☐☐

「민주화운동관련자 명예회복 및 보상 등에 관한 법률」에 따라 보상금 등의 지급신청을 한 자가 '민주화운동관련자 명예회복 및 보상 심의위원회'의 보상금 등 지급에 관한 결정을 다투고자 하는 경우에는 곧바로 보상금 등의 지급을 구하는 소송을 당사자소송의 형식으로 제기할 수 있다.

민주화운동관련자 명예회복 및 보상 등에 관한 법률 2조 2호 각 목은 민주화운동과 관련한 피해 유형을 추상적으로 규정한 것에 불과하여 2조 1호에서 정의하고 있는 민주화운동의 내용을 함께 고려하더라도 그 규정들만으로는 바로 법상의 보상금 등의 지급 대상자가 확정된다고 볼 수 없고, '민주화운동관련자 명예회복 및 보상 심의위원회'에서 심의 · 결정을 받아야만 비로소 보상금 등의 지급 대상자로 확정될 수 있다. 따라서 그와 같은 **심의위원회의 결정**은 국민의 권리의무에 직접 영향을 미치는 **행정처분**에 해당하므로, 관련자 등으로서 보상금 등을 지급받고자 하는 신청에 대하여 심의위원회가 관련자 해당 요건의 전부 또는 일부를 인정하지 아니하여 보상금 등의 지급을 기각하는 결정을 한 경우에는 신청인은 심의위원회를 상대로 그 결정의 취소를 구하는 소송을 제기하여 보상금 등의 지급대상자가 될 수 있다.
민주화운동관련자 명예회복 및 보상 등에 관한 법률 17조는 보상금 등의 지급에 관한 소송의 형태를 규정하고 있지 않지만, 위 규정 전단에서 말하는 **보상금 등의 지급에 관한 소송은 '민주화운동관련자 명예회복 및 보상 심의위원회'의 보상금 등의 지급신청에 관하여 전부 또는 일부를 기각하는 결정에 대한 불복을 구하는 소송이므로 취소소송을 의미**한다고 보아야 하며, 후단에서 보상금 등의 지급신청을 한 날부터 90일을 경과한 때에는 그 결정을 거치지 않고 위 소송을 제기할 수 있도록 한 것은 관련자 등에 대한 신속한 권리구제를 위하여 위 기간 내에 보상금 등의 지급 여부 등에 대한 결정을 받지 못한 때에는 지급 거부 결정이 있는 것으로 보아 곧바로 법원에 심의위원회를 상대로 그에 대한 취소소송을 제기할 수 있다고 규정한 취지라고 해석될 뿐, 위 규정이 보상금 등의 지급에 관한 처분의 취소소송을 제한하거나 또는 심의위원회에 의하여 관련자 등으로 결정되지 아니한 신청인에게 국가를 상대로 보상금 등의 지급을 구하는 이행소송을 직접 제기할 수 있도록 허용하는 취지라고 풀이할 수는 없다(대판[전합] 2008.4.17. 2005두16185).
➜ **(구) 광주민주화운동 관련자 보상에 등에 관한 법률**에 따른 보상금지급청구소송은 **당사자소송**에 의한다는 판례와 비교하여 정리한다.
| 정답 | X

689
☐☐☐

「5.18민주화운동 관련자 보상 등에 관한 법률」은 광주민주화운동과 관련하여 생명 또는 신체에 관하여 피해를 입은 자 등에 대한 보상원칙을 선언하고 그 보상의 대상과 범위를 정한 다음 보상금 등의 지급을 위한 절차로서 보상심의위원회의 결정을 거치도록 규정하고 있는데 이는 보상금지급에 관한 소송을 제기하기 위한 전치요건에 불과하고, 위 법률에 따른 보상에 관한 권리는 동법이 특별히 인정하고 있는 공법상의 권리라고 하여야 할 것이므로 당사자소송에 의하여야 한다.

광주민주화운동 관련자 보상 등에 관한 법률 15조 본문의 규정에서 말하는 광주민주화운동 관련자 보상심의위원회의 결정을 거치는 것은 보상금 지급에 관한 소송을 제기하기 위한 전치요건에 불과하다고 할 것이므로 위 보상심의위원회의 결정은 취소소송의 대상이 되는 행정처분이라고 할 수 없다.
같은 법에 의거하여 관련자 및 유족들이 갖게 되는 보상 등에 관한 권리는 헌법 23조 3항에 따른 재산권침해에 대한 손실보상청구나 국가배상법에 따른 손해배상청구와는 그 성질을 달리하는 것으로서 법률이 특별히 인정하고 있는 **공법상의 권리**라고 하여야 할 것이므로 그에 관한 소송은 행정소송법 3조 2호 소정의 **당사자소송**에 의하여야 할 것이며 보상금 등의 지급에 관한 법률관계의 주체는 대한민국이다(대판 1992.12.24. 92누3335).
행정소송규칙 19조 2호 라목은 이러한 대법원 판례의 법리를 명문화하였다.
| 정답 | O

690

□□□

「행정소송법」상 취소소송에 관한 행정심판기록의 제출명령 규정은 당사자소송에 준용된다.

> **행정소송법 제25조(행정심판기록의 제출명령)** ① 법원은 당사자의 신청이 있는 때에는 결정으로써 재결을 행한 행정청에 대하여 행정심판에 관한 기록의 제출을 명할 수 있다.
> **제44조(준용규정)** ① 제14조 내지 제17조, 제22조, **제25조**, 제26조, 제30조제1항, 제32조 및 제33조의 규정은 당사자소송의 경우에 준용한다.

| 정답 | ○

691

□□□

공무원연금공단의 법령개정사실 및 퇴직연금수급자가 일부금액의 지급정지 대상자가 되었음을 통보한 사안에서 미지급퇴직연금의 지급을 구하는 소송은 당사자소송에 의한다.

공무원연금관리공단의 인정에 의하여 퇴직연금을 지급받아 오던 중 **공무원연금법령의 개정** 등으로 퇴직연금 중 일부 금액의 지급이 정지된 경우에는 당연히 개정된 법령에 따라 퇴직연금이 확정되는 것이지 구 공무원연금법 26조 1항에 정해진 **공무원연금관리공단의 퇴직연금 결정과 통지**에 의하여 비로소 그 금액이 확정되는 것이 아니므로, 공무원연금관리공단이 퇴직연금 중 일부 금액에 대하여 지급거부의 의사표시를 하였다고 하더라도 그 의사표시는 퇴직연금 청구권을 형성·확정하는 행정처분이 아니라 공법상의 법률관계의 한쪽 당사자로서 그 지급의무의 존부 및 범위에 관하여 나름대로의 사실상·법률상 의견을 밝힌 것에 불과하다고 할 것이어서, 이를 행정처분이라고 볼 수는 없고, 그리고 이러한 미지급 퇴직연금에 대한 지급청구권은 공법상 권리로서 그 지급을 구하는 소송은 공법상의 법률관계에 관한 소송인 **공법상 당사자소송**에 해당한다(대판 2004.12.24. 2003두15195). | 정답 | ○

692

□□□

甲지방자치단체의 장인 乙은 甲지방자치단체가 설립·운영하는 A고등학교에 영상음악 과목을 가르치는 산학겸임교사로 丙을 채용하는 계약을 체결하였다. 그런데 계약 기간중에 乙은 일방적으로 丙에게 위 계약을 해지하는 통보를 하였다. 이에 관한 설명 중 옳은 것을 모두 고른 것은?

ㄱ. 丙을 채용하는 계약은 공법상 계약에 해당하므로, 계약해지 의사표시가 무효임을 다투는 당사자소송의 피고적격은 乙에게 있다.

ㄷ. 乙의 계약해지 통보는 그 실질이 징계해고와 유사하므로 「행정절차법」에 의하여 사전통지를 하고, 그 근거와 이유를 제시하여야 한다.

판례는 갱신거절의 의사표시에 대하여 당사자소송(무효확인의 소; 처분x)으로 무효임을 확인하였다. 따라서 행정절차법상 처분규정은 적용되지 않는다.

[판례] 지방자치법 9조 2항 5호 (가)목의 규정에 의하면, 피고 경기도에 의하여 설립된 이 사건 학교의 활동은 지방자치단체인 피고 경기도의 사무로서 그 공공적 업무수행의 일환으로 이루어진다고 해석되고, 형식적으로는 피고 한국애니메이션학교장과 원고가 근로계약을 체결하였다 하더라도 위 근로계약은 공법상의 근무관계의 설정을 목적으로 하여 피고 경기도와 원고(丙) 사이에 대등한 지위에서 의사가 합치되어 성립하는 공법상 근로계약에 해당하므로, 그 갱신 거절의 무효확인을 구하는 소의 피고적격은 피고 경기도(甲)에 있다 (대판 2015.4.9. 2013두11499). | 정답 | ㄱ. X, ㄷ. X

ㄴ. 丙이 계약해지 의사표시의 무효확인을 당사자소송으로 청구한 경우, 당사자소송은 항고소송과 달리 확인소송의 보충성이 요구되므로 그 확인소송이 권리구제에 유효적 절한 수단이 될 때에 한하여 소의 이익이 있다. [22 변시]

과거의 법률관계라 할지라도 현재의 권리 또는 법률상 지위에 영향을 미치고 있고 현재의 권리 또는 법률상 지위에 대한 위험이나 불안을 제거하기 위하여 그 법률관계에 관한 확인판결을 받는 것이 유효 적절한 수단이라고 인정될 때에는 그 법률관계의 확인소송은 즉시확정의 이익이 있다고 보아야 할 것이나 … <u>이미 채용기간이 만료되어 소송 결과에 의해 법률상 그 직위가 회복되지 않는 이상 채용계약 해지의 의사표시의 무효확인만으로는 당해 소송에서 추구하는 권리구제의 기능이 있다고 할 수 없고, 침해된 급료지급청구권이나 사실상의 명예를 회복하는 수단은 바로 급료의 지급을 구하거나 명예훼손을 전제로 한 손해배상을 구하는 등의 이행청구소송으로 직접적인 권리구제방법이 있는 이상 무효확인소송은 적절한 권리구제수단이라 할 수 없어 확인소송의 또 다른 소송요건을 구비하지 못하고 있다</u> 할 것이다(대판 2008.6.12. 2006두16328).
→ 당사자소송인 무효확인소송에 확인의 이익(보충성)이 요구된다는 취지의 판례 | 정답 | ○

693
☐☐☐

주위적으로 관할 토지수용위원회를 상대로 수용재결의 취소를, 예비적으로 사업시행자를 상대로 보상금의 증액을 구하는 소송을 제기할 수 있다.

수용의 위법을 전제로 하는 수용재결의 취소소송과 수용의 적법을 전제로 하는 보상금의 증액은 양립불가능한 소송이므로 예비적 병합의 형태가 된다. | 정답 | ○

[21 변시]

694
☐☐☐

A행정청은 미성년자에게 주류를 판매하였다는 이유로 甲에게 영업정지처분에 갈음하는 과징금부과처분을 하였다. 甲은 이에 대하여 행정소송을 제기할 것을 고려하고 있다. 이에 관한 설명 중 옳지 않은 것은? (다툼이 있는 경우 판례에 의함)

ㄱ. 甲이 제기하는 무효확인과 취소청구의 소는 주위적·예비적 청구로서만 병합이 가능하고 선택적 청구로서의 병합이나 단순병합은 허용되지 아니한다.

<u>무효확인과 취소소송은 양립 불가능하므로 예비적 병합만 가능하고, 양립가능성을 전제하는 단순병합과 선택적 병합은 불허된다.</u>
[판례] 처분에 대한 무효확인과 취소청구는 서로 양립할 수 없는 청구로서 **주위적·예비적** 청구로서만 병합이 가능하고 선택적 청구로서의 병합이나 단순 병합은 허용되지 아니한다(대판 1999.8.20. 97누6889). | 정답 | ○

ㄴ. 甲이 만일 부과된 과징금을 납부한 후 과징금부과처분에 대하여 무효확인의 소를 제기하였다면, 甲은 부당이득반환청구의 소로써 직접 위법상태를 제거할 수 있으므로 甲이 제기한 무효확인의 소는 법률상 이익이 없다.   [22 변시]

판례는 무효확인소송의 보충성(확인의 이익)을 부정한다. 이와 달리 확인소송 형태의 당사자소송에서는 확인의 이익의 보충성을 요구한다.

[판례] 행정처분의 근거 법률에 의하여 보호되는 직접적이고 구체적인 이익이 있는 경우 행정소송법 35조에 규정된 '무효확인을 구할 법률상 이익'이 있다고 보아야 하고, 이와 별도로 **무효확인소송의 보충성**이 요구되는 것은 아니므로 처분의 무효를 전제로 한 이행소송 등과 같은 직접적인 구제수단이 있는지 여부를 따질 필요가 없다(대판[전합] 2008.3.20. 2007두6342). | 정답 | X

[21-3]

695
□□□

동일한 행정처분에 대한 무효확인의 소에 그 처분의 취소를 구하는 소를 추가적으로 병합한 경우, 주된 청구인 무효확인의 소가 적법한 취소소송 제소기간 내에 제기되었다면 추가적 청구도 적법하게 제기된 것이다.

하자 있는 행정처분을 놓고 이를 무효로 볼 것인지 아니면 단순히 취소할 수 있는 처분으로 볼 것인지는 동일한 사실관계를 토대로 한 법률적 평가의 문제에 불과하고, 행정처분의 무효확인을 구하는 소에는 특단의 사정이 없는 한 그 취소를 구하는 취지도 포함되어 있다고 보아야 하는 점 등에 비추어 볼 때, 동일한 행정처분에 대하여 무효확인의 소를 제기하였다가 그 후 그 처분의 취소를 구하는 소를 추가적으로 병합한 경우, 주된 청구인 무효확인의 소가 적법한 제소기간 내에 제기되었다면 추가로 병합된 취소청구의 소도 적법하게 제기된 것으로 봄이 상당하다(대판 2005.12.23. 2005두3554). | 정답 | ○

[20-1, 19-2]

696
□□□

형사본안사건에서 무죄가 선고되어 확정되면 「형사소송법」에 따라 검사가 압수물을 제출자나 소유자 기타 권리자에게 환부하여야 할 의무가 당연히 발생함에도 불구하고, 검사가 피압수자의 압수물 환부신청에 대하여 아무런 결정이나 통지도 하지 아니한다면 이는 「행정소송법」상의 부작위위법확인소송의 대상이 된다.

[1] 형사본안사건에서 무죄가 선고되어 확정되었다면 형사소송법 332조 규정에 따라 검사가 압수물을 제출자나 소유자 기타 권리자에게 환부하여야 할 의무가 당연히 발생한 것이고, 권리자의 환부신청에 대한 검사의 환부결정 등 어떤 처분에 의하여 비로소 환부의무가 발생하는 것은 아니므로 압수가 해제된 것으로 간주된 압수물에 대하여 피압수자나 기타 권리자가 민사소송으로 그 반환을 구함은 별론으로 하고 검사가 피압수자의 압수물 환부신청에 대하여 아무런 결정이나 통지도 하지 아니하고 있다고 하더라도 그와 같은 부작위는 현행 행정소송법상의 부작위위법확인소송의 대상이 되지 아니한다.
[2] 검사에게 압수물 환부를 이행하라는 청구는 행정청의 부작위에 대하여 일정한 처분을 하도록 하는 의무이행소송으로 현행 행정소송법상 허용되지 아니한다(대판 1995.3.10. 94누14018).
→ 환부하지 않는 경우 압수물의 환부를 결과제거청구소송을 당사자소송으로 제기하는 것을 상정할 수 있으나, 아직 실무에서 당사자소송으로 결과제거청구소송이 인정된 바는 없고, 따라서 민사소송으로 이행을 구하여야 할 것이다. | 정답 | X

697
☐☐☐

무효확인소송은 흠이 중대하고 명백한 행정처분에 의해 침해된 국민의 권익을 구제하기 위한 것이므로 법원은 행정소송법이 명시적으로 규정하지 아니한 사유를 들어 소가 부적법하다는 이유로 각하판결을 할 수는 없다.

무효확인소송도 행정소송법 8조 2항에 의해 민사소송법이 준용되므로, **행정소송법이 명시적으로 규정하지 아니한 권리보호필요성이 없거나, 중복제소금지원칙 또는 기판력에 저촉되면** 소송요건 흠결로 각하판결을 할 수 있다.

| 정답 | X

[14 변시, 21-3]

698
☐☐☐

부작위위법확인의 소는 부작위 상태가 계속되는 한 그 위법의 확인을 구할 이익이 있다고 보아야 하므로 원칙적으로 제소기간의 제한을 받지 않지만, 행정심판을 거친 경우에는 재결서의 정본을 송달받은 날부터 90일 이내에 부작위위법확인의 소를 제기하여야 한다.

부작위위법확인의 소는 부작위상태가 계속되는 한 그 위법의 확인을 구할 이익이 있다고 보아야 하므로 원칙적으로 제소기간의 제한을 받지 않는다. 그러나 행정소송법 38조 2항이 제소기간을 규정한 같은 법 20조를 부작위위법확인소송에 준용하고 있는 점에 비추어 보면, 행정심판 등 전심절차를 거친 경우에는 행정소송법 20조가 정한 제소기간 내에 부작위위법확인의 소를 제기하여야 한다(대판 2009.7.23. 2008두10560).

| 정답 | ○

[22 변시, 20-1]

699
☐☐☐

부작위위법확인소송에서는 사실심 변론종결시를 기준으로 부작위의 위법 여부를 판단하여야 하고, 사실심 변론종결 전에 거부처분이 이루어져 부작위 상태가 해소된 경우에는 소의 이익이 소멸하므로 원고가 거부처분 취소소송으로 소변경을 하지 않는 이상 법원은 소를 각하하여야 한다.

판례는 **위법판단의 기준시점**에 대하여 취소소송(무효확인소송)에서는 처분시로 보나 부작위위법확인소송에서는 판결시를 기준으로 하고 있다.
부작위위법확인의 소는 행정청이 국민의 법규상 또는 조리상의 권리에 기한 신청에 대하여 상당한 기간내에 그 신청을 인용하는 적극적 처분 또는 각하거나 기각하는 등의 소극적 처분을 하여야 할 법률상의 응답의무가 있음에도 불구하고 이를 하지 아니하는 경우, 판결(사실심의 구두변론 종결)시를 기준으로 그 부작위의 위법을 확인함으로써 행정청의 응답을 신속하게 하여 부작위 내지 무응답이라고 하는 소극적인 위법상태를 제거하는 것을 목적으로 하는 것이고, 나아가 당해 판결의 구속력에 의하여 행정청에게 처분 등을 하게 하고 다시 당해 처분 등에 대하여 불복이 있는 때에는 그 처분 등을 다투게 함으로써 최종적으로는 국민의 권리이익을 보호하려는 제도이므로, 소제기의 전후를 통하여 **판결시까지** 행정청이 그 신청에 대하여 적극 또는 소극의 처분을 함으로써 **부작위상태가 해소**된 때에는 소의 이익을 상실하게 되어 당해 소는 각하를 면할 수가 없는 것이다(대판 1990.9.25. 89누4758).

| 정답 | ○

700
☐☐☐

부작위위법확인소송에 대해서는 「행정소송법」상 처분변경으로 인한 소의 변경에 관한 규정이 준용된다.

부작위위법확인소송의 경우 행정소송법 21조(소의 종류의 변경)는 준용규정이 있으나(37조), 22조(처분변경으로 인한 소의 변경)는 준용규정이 없다.

> **행정소송법 제37조(소의 변경)** 제21조의 규정은 무효등 확인소송이나 부작위위법확인소송을 취소소송 또는 당사자소송으로 변경하는 경우에 준용한다.
> **제38조(준용규정)** ② 제9조, 제10조, 제13조 내지 제19조, 제20조, 제25조 내지 제27조, 제29조 내지 제31조, 제33조 및 제34조의 규정은 부작위위법확인소송의 경우에 준용한다.

| 정답 | X

701
☐☐☐

과징금부과처분에 대하여 무효확인의 소를 제기하면서 위 처분의 취소를 구하지 아니한다고 밝히지 아니하였다면, 무효확인의 소에는 그 처분이 당연무효가 아니라면 그 취소를 구하는 취지도 포함되어 있는 것으로 보아야 한다.

일반적으로 행정처분의 무효확인을 구하는 소에는 원고가 그 처분의 취소를 구하지 아니한다고 밝히지 아니한 이상 그 처분이 **만약 당연무효가 아니라면 그 취소를 구하는 취지도 포함**되어 있는 것으로 보아야 한다(대판 1994.12.23. 94누477).

> **행정소송규칙 제16조(무효확인소송에서 석명권의 행사)** 재판장은 무효확인소송이 법 제20조에 따른 기간 내에 제기된 경우에는 원고에게 처분등의 취소를 구하지 아니하는 취지인지를 명확히 하도록 촉구할 수 있다. 다만, 원고가 처분등의 취소를 구하지 아니함을 밝힌 경우에는 그러하지 아니하다.

| 정답 | ○

702
☐☐☐

어떠한 처분에 법령상 근거가 있는지, 행정절차법에서 정한 처분절차를 준수하였는지는 본안에서 당해 처분이 적법한가를 판단하는 단계에서 고려할 요소이지, 소송요건 심사단계에서 고려할 요소가 아니다.

행정청의 행위가 항고소송의 대상이 될 수 있는지는 추상적·일반적으로 결정할 수 없고, 구체적인 경우에 관련 법령의 내용과 취지, 그 행위의 주체·내용·형식·절차, 그 행위와 상대방 등 이해관계인이 입는 불이익 사이의 실질적 견련성, 법치행정의 원리와 그 행위에 관련된 행정청이나 이해관계인의 태도 등을 고려하여 개별적으로 결정하여야 한다. 또한 어떠한 처분에 **법령상 근거가 있는지**, 행정절차법에서 정한 **처분절차를 준수하였는지는 본안에서** 당해 처분이 적법한가를 판단하는 단계에서 **고려할 요소**이지, 소송요건 심사단계에서 고려할 요소가 아니다(대판 2020.1.16. 2019다264700). | 정답 | ○

703
□□□

한국마사회가 조교사 또는 기수의 면허를 부여하거나 취소할 경우 그것은 경마를 독점적으로 개최할 수 있는 지위에서 우수한 능력을 갖추었다고 인정되는 사람에게 경마에 관한 자격을 부여하거나 박탈하는 것인데 이는 일반 사법상 법률관계에서 이루어지는 단체 내부에서의 징계 내지 제재처분으로 봄이 상당하다.

한국마사회가 조교사 또는 기수의 면허를 부여하거나 취소하는 것은 경마를 독점적으로 개최할 수 있는 지위에서 우수한 능력을 갖추었다고 인정되는 사람에게 경마에서의 일정한 기능과 역할을 수행할 수 있는 자격을 부여하거나 이를 박탈하는 것에 지나지 아니하므로, 이는 국가 기타 행정기관으로부터 위탁받은 행정권한의 행사가 아니라 **일반 사법상의 법률관계**에서 이루어지는 단체 내부에서의 징계 내지 제재처분이다(대판 2008.1.31. 2005두8269, 표준판례 305).　　　　　　　　　　　　　　　　| 정답 | ○

704
□□□

행정소송의 대상이 되는 행정처분이란 행정청 또는 그 소속기관이나 법령에 의하여 행정권한의 위임 또는 위탁을 받은 공공단체 등이 국민의 권리·의무에 관계되는 사항에 관하여 직접 효력을 미치는 공권력의 발동으로서 하는 공법상의 행위를 말하며, 그것이 상대방의 권리를 제한하는 행위라 하더라도 행정청 또는 그 소속기관이나 권한을 위임받은 공공단체 등의 행위가 아닌 한 이를 행정처분이라고 할 수 없다.

행정소송의 대상이 되는 행정처분이라 함은 행정청 또는 그 소속기관이나 법령에 의하여 행정권한의 위임 또는 위탁을 받은 공공단체가 국민의 권리의무에 관계되는 사항에 관하여 직접효력을 미치는 공권력의 발동으로서 하는 공법상의 행위를 말하며, 그것이 상대방의 권리를 제한하는 행위라 하더라도 행정청 또는 그 소속기관이나 권한을 위임받은 공공단체의 행위가 아닌 한 이를 행정처분이라고 할 수는 없다(대결 1999.11.26. 99부3).　　　　　　　　　　　　　　　　| 정답 | ○

705
□□□

구 「기반시설부담금에 관한 법률」에 근거하여 이미 납부한 기반시설부담금의 환급신청에 대한 행정청의 환급거부는 항고소송의 대상인 행정처분에 해당하지 아니한다.

납부의무자가 적법하게 부과된 기반시설부담금을 납부한 후에 구 기반시설부담금에 관한 법률 8조 4항, 5항, 17조 1항에서 정한 환급사유가 발생한 경우에는 증명자료를 첨부하여 행정청에 환급신청을 할 수 있고(구 기반시설부담금에 관한 법률 시행령 15조 3항), 이에 대하여 행정청이 전부 또는 일부 환급을 거부하는 경우에, 납부의무자가 환급액에 관하여 불복이 있으면 환급 거부결정에 대하여 취소소송을 제기하여 권리구제를 받을 수 있게 하는 것이 행정소송법 및 기반시설부담금 환급 제도의 입법 취지에도 부합한다. 따라서 납부의무자의 환급신청에 대하여 행정청이 전부 또는 일부 환급을 거부하는 결정은 행정청이 공권력의 주체로서 행하는 구체적 사실에 관한 법집행으로서 납부의무자의 권리·의무에 직접 영향을 미치므로 항고소송의 대상인 처분에 해당한다고 보아야 한다. 행정청의 환급 거부대상이 기반시설부담금 그 자체가 아니라 그 납부지체로 발생한 지체가산금인 경우에도 달리 볼 것은 아니다. 정당한 환급액 내지 행정청의 환급의무의 범위는 취소소송의 본안에서 심리·판단할 사항이지, 소송요건 심사 단계에서 고려할 요소가 아니다(대판 2018.6.28. 2016두50990).　　　　　　　　　　　　　　　　| 정답 | X

➜ 이미 납세의무자의 환급청구권이 확정된 국세환급금에 대한 국세환급청구에 대한 거부를 거부처분으로 보지 않는 판례(대판[전합] 1989.6.15. 88누6436)와 구별해야 한다.

706

당연무효의 조세부과처분에 따라 납세자가 자진납부한 후 과오납금 환급청구를 하였는데 행정청이 이를 거부한 경우 그 거부행위는 취소소송의 대상인 처분에 해당한다.

당연무효의 과세처분에 의하여 오납된 세액에 대하여는 당초부터 오납세액에 대응하는 조세채무가 존재하지 아니하므로 오납액에 대한 납세자의 **국세환급금청구권은 성질상 부당이득반환청구권**이며 따라서 이는 세무서장의 국세환급금결정에 의하여 비로소 그 권리가 성립되거나 그 내용이 확정되는 것이 아니라 오납과 동시에 그 권리가 발생하고 그 청구범위도 구체적으로 확정되는 것이므로 세무서장이 오납세액에 대한 납세자의 **환급신청을 거절**하였다 하여도 이는 단순한 금전채무의 이행거절에 불과하여 이를 항고소송의 대상이 되는 **행정처분으로 볼 수는 없다**(대판 1987.9.22. 86누619). | 정답 | X

707

「공무원연금법」상 연금급여제한사유가 있음에도 수급자에게 퇴직연금이 잘못 지급된 경우에 과오급된 퇴직연금의 환수를 위한 공무원연금공단의 환수통지는 처분의 성질을 가지는 것이어서 항고소송으로 다투어야 한다.

공무원연금법 47조 각호 소정의 급여제한사유가 있음에도 불구하고 수급자에게 퇴직연금이 잘못 지급되었으면 이는 공무원연금법 31조 1항 3호의 '기타 급여가 과오급된 경우'에 해당하고, 이때 **과다하게 지급된 급여의 환수를 위한 행정청의 환수통지는** 당사자에게 새로운 의무를 과하거나 권익을 제한하는 것으로서 **행정처분**에 해당한다(대판 2009.5.14. 2007두16202). | 정답 | ○

708

국세청장의 납세병마개 제조자 지정고시는 특정인을 납세병마개제조자로 지정한다는 사실을 알리는 통지수단에 불과하므로 지정행위는 행정처분에 해당하지 않고 헌법소원을 제기해야 한다.

(1) 관보 등에의 고시의 방법으로 효력이 발생하도록 되어 있는 행정처분은 외부에 그 의사를 표시함으로써 효력이 불특정 다수인에 대하여 동시에 발생하고 제소기간 또한 일률적으로 진행하게 된다. 이 사건 국세청 고시 또한 이러한 성격을 갖는 것으로서 특정 사업자를 납세병마개 제조자로 지정하였다는 행정처분의 내용을 모든 병마개 제조자에게 알리는 **통지수단**에 불과하므로, 청구인은 이 사건 고시 자체를 다툴 것이 아니라 이 사건 고시를 통하여 국세청장이 행한 납세병마개 제조자의 지정행위라는 행정처분을 법적 쟁송의 대상으로 삼아야 한다. 따라서 청구인의 이 사건 국세청고시에 대한 헌법소원심판청구는 고시 그 자체가 아니라 고시의 실질적 내용을 이루는 국세청장의 위 납세병마개 제조자 지정처분에 대한 것으로 해석함이 타당하다.
(2) 국세청장의 지정행위는 공권력의 행사로서 헌법소원의 대상이 될 수 있다. 그러나 헌법소원심판은 다른 법률에 구제절차가 있는 경우에는 그 절차를 모두 거친 후에 청구를 해야 한다(헌법재판소법 68조 1항 단서). … 따라서 일반법규에서 경쟁자를 보호하는 규정을 별도로 두고 있지 않은 경우에도 기본권인 경쟁의 자유가 바로 행정청의 지정행위의 취소를 구할 법률상의 이익이 된다 할 것이다.
(3) 그러므로 청구인은 국세청장의 지정처분의 취소를 구하는 행정소송을 제기할 수 있고, 이러한 행정소송 절차는 청구인이 침해되었다고 주장하는 기본권을 효율적으로 구제할 수 있는 권리구제절차라 할 것이다. 따라서 그러한 구제절차를 거치지 아니하고 제기된 이 사건 국세청고시에 대한 헌법소원 심판청구는 보충성 요건이 결여되어 부적법하다(헌재 1998.4.30. 97헌마141). | 정답 | X

[13 변시, 19-1]

709
□□□

군의관은 행정청이라고 볼 수 없고, 신체등위판정 자체만으로는 권리의무가 정하여지는 것이 아니고 병역처분에 의하여 비로소 병역의무의 종류가 정하여지므로 군의관이 하는 신체등위판정은 행정처분이 아니다.

병역법상 신체등위판정은 행정청이라고 볼 수 없는 군의관이 하도록 되어 있으며, 그 자체만으로 바로 병역법상의 권리의무가 정하여지는 것이 아니라 그에 따라 지방병무청장이 병역처분을 함으로써 비로소 병역의무의 종류가 정하여지는 것이므로 항고소송의 대상이 되는 **행정처분이라 보기 어렵다**(대판 1993.8.27. 93누3356).
│ 정답 │ ○

[20-1]

710
□□□

「도로교통법」상 운전적성판정을 위한 운동능력측정검사 불합격처분은 그 자체가 청구인에게 직접 법률상의 불이익을 초래하는 행위로서 행정처분에 해당하므로 헌법소원의 대상이 되지 아니한다.

운전적성판정을 위하여 장애인에 대하여 실시하는 운동능력측정검사에서의 불합격처분은 그 자체가 청구인에게 직접 법률상의 불이익을 초래하는 행위로서 **행정처분**에 해당하여 그 취소를 구하는 행정소송을 제기하는 것이 가능하다고 할 것이므로 이 부분 심판청구는 헌법소원의 대상이 되지 않는 공권력 행사에 대한 청구로서 부적법하다(헌재 2005.3.31. 2003헌마746).
│ 정답 │ ○

[13 변시]

711
□□□

「도시 및 주거환경정비법」에 의한 주택재개발정비사업조합은 조합원에 대한 법률관계에서 적어도 특수한 존립목적을 부여받은 특수한 행정주체로서 국가의 감독하에 그 존립목적인 특정한 공공사무를 행하고 있다고 볼 수 있는 범위 내에서는 공법상의 권리의무관계에 서 있는 것이므로 분양신청 후에 정하여진 관리처분계획은 행정처분이다.

도시재개발법에 의한 재개발조합은 조합원에 대한 법률관계에서 적어도 특수한 존립목적을 부여받은 특수한 행정주체로서 국가의 감독하에 그 존립 목적인 특정한 공공사무를 행하고 있다고 볼 수 있는 범위 내에서는 공법상의 권리의무 관계에 서 있는 것이므로 분양신청 후에 정하여진 관리처분계획의 내용에 관하여 다툼이 있는 경우에는 그 **관리처분계획**은 토지 등의 소유자에게 구체적이고 결정적인 영향을 미치는 것으로서 **조합이 행한 처분에 해당**하므로 항고소송의 방법으로 그 무효확인이나 취소를 구할 수 있다(대판 2002.12.10. 2001두6333).
│ 정답 │ ○

[13 변시, 21-2]

712
□□□

지방의회 의장에 대한 불신임 의결은 지방의회의 내부적 결정에 불과하므로 행정처분이 아니다.

지방의회를 대표하고 의사를 정리하며 회의장 내의 질서를 유지하고 의회의 사무를 감독하며 위원회에 출석하여 발언할 수 있는 등의 직무권한을 가지는 지방의회 의장에 대한 **불신임의결**은 의장으로서의 권한을 박탈하는 행정처분의 일종으로서 항고소송의 대상이 된다(대판 1994.10.11. 94두23).
│ 정답 │ X

[13 변시]

713
□□□

한국자산관리공사의 공매통지는 공매의 요건이 아니라 공매사실 자체를 체납자에게 알려주는 데 불과한 것으로서, 통지받은 상대방의 법적 지위나 권리의무에 직접 영향을 주는 것이 아니라고 할 것이므로 행정처분이 아니다.

한국자산공사가 당해 부동산을 인터넷을 통하여 재공매(입찰)하기로 한 결정 자체는 내부적인 의사결정에 불과하여 항고소송의 대상이 되는 행정처분이라고 볼 수 없고, 또한 **한국자산공사가 공매통지**는 공매의 요건이 아니라 공매사실 자체를 체납자에게 알려주는 데 불과한 것으로서, 통지의 상대방의 법적 지위나 권리 · 의무에 직접 영향을 주는 것이 아니라고 할 것이므로 이것 **역시 행정처분에 해당한다고 할 수 없다**(대판 2007.7.27. 2006두8464). ㅣ정답ㅣ○

[20-1]

714
□□□

구 「표시 · 광고의 공정화에 관한 법률」 위반을 이유로 한 공정거래위원회의 경고의결은 당해 표시 · 광고의 위법을 확인만 하되 구체적인 조치까지는 명하지 않는 것으로서 구체적이고 직접적인 권리 · 의무에의 영향이 없으므로 항고소송의 대상인 처분이 아니다.

구 표시 · 광고의 공정화에 관한 법률 위반을 이유로 한 **공정거래위원회의 경고의결**은 당해 표시 · 광고의 위법을 확인하되 구체적인 조치까지는 명하지 않는 것으로 사업자가 장래 다시 표시 · 광고의 공정화에 관한 **법률 위반행위를 할 경우 과징금 부과 여부나 그 정도에 영향을 주는 고려사항이 되어 사업자의 자유와 권리를 제한하는 행정처분**에 해당한다(대판 2013.12.26. 2011두4930). ㅣ정답ㅣX

[20 변시]

715
□□□

금융감독원장으로부터 문책경고를 받은 금융기관의 임원이 일정기간 금융업종 임원선임의 자격제한을 받도록 관계법령에 규정되어 있는 경우, 그 문책경고는 그 상대방의 권리의무에 직접 영향을 미치는 행위이므로 행정처분에 해당한다.

금융기관의 임원에 대한 금융감독원장의 문책경고는 그 상대방에 대한 직업선택의 자유를 직접 제한하는 효과를 발생하게 하는 등 상대방의 권리의무에 직접 영향을 미치는 행위로서 항고소송의 대상이 되는 행정처분에 해당한다(대판 2005.2.17. 2003두14765). ㅣ정답ㅣ○

[23 변시]

716
□□□

지방자치단체의 장이 「공유재산 및 물품관리법」에 근거하여 기부채납 및 사용 · 수익허가 방식으로 민간투자사업을 추진함에 있어, 사업시행자를 지정하기 위한 전(前)단계에서 공모제안을 받아 일정한 심사를 거쳐 우선협상대상자를 선정하는 행위는 항고소송의 대상이 되는 처분에 해당하지 않는다.

단체장이 **공유재산법**에 따른 민간투자사업의 **우선협상대상자의 선정** 또는 그 **지위배제**는 항고소송의 대상인 **처분**이다. 우선협상대상자 지정은 협상을 거쳐 **공유재산의 사용 · 수익허가**를 우선적으로 부여받을 수 있는 **법적 지위를 설정**하는 행위이기 때문이다.
[판례] 지방자치단체의 장이 공유재산법에 근거하여 기부채납 및 사용 · 수익허가 방식으로 민간투자사업을 추진하는 과정에서 사업시행자를 지정하기 위한 전 단계에서 공모제안을 받아 일정한 심사를 거쳐 **우선협상**

대상자를 선정하는 행위와 이미 선정된 우선협상대상자를 그 **지위에서 배제하는 행위**는 민간투자사업의 세부내용에 관한 협상을 거쳐 공유재산법에 따른 공유재산의 사용·수익허가를 우선적으로 부여받을 수 있는 지위를 설정하거나 또는 이미 설정한 지위를 박탈하는 조치이므로 모두 항고소송의 대상이 되는 **행정처분으**로 보아야 한다(대판 2020.4.29. 2017두31064).　　　　　　　　　　　　　　　　　　　　　| 정답 | X

[23 변시]

717

□□□

자동차운수사업 양도·양수인가신청에 대하여 행정청이 내인가를 한 후, 본인가신청이 있음에도 내인가를 취소한 경우에 내인가 취소행위를 본인가신청의 거부로 볼 것은 아니다.

행정청이 **내인가 이후, 본인가신청**이 있음에도 **내인가를 취소**하는 것은 **본인가신청에 대한 거부처분으로** 본다. 내인가는 정식인가 전의 잠정적 인가에 불과하나, 본인가 신청 후 이러한 **내인가를 취소**함은 정식인가를 **거부**하는 의사표시로 해석되기 때문이다.

[판례] 자동차운송사업양도양수계약에 기한 양도양수인가신청에 대하여 피고 시장이 **내인가를 한 후** 위 내인가에 기한 **본인가신청**이 있었으나 자동차운송사업 양도양수인가신청서가 합의에 의한 정당한 신청서라고 할 수 없다는 이유로 위 **내인가를 취소**한 경우, 위 내인가의 법적 성질이 행정행위의 일종으로 볼 수 있든 아니든 그것이 행정청의 상대방에 대한 의사표시임이 분명하고, 피고가 위 **내인가를 취소**함으로써 다시 본인가에 대하여 따로이 인가 여부의 처분을 한다는 사정이 보이지 않는다면 위 내인가취소를 **인가신청을 거부하는 처분**으로 보아야 할 것이다(대판 1991.6.28. 90누4402, 표준판례 146).　　　　　　| 정답 | X

[23 변시]

718

□□□

甲이 A시 소재 임야에 4층 이하의 공동주택을 건축하기 위하여 A시 시장 乙에게 「민원처리에 관한 법률」상의 사전심사청구를 하였고, 乙이 이에 대해 사전심사결과(건축허가 내지 개발행위허가 불가) 통지를 하였다면, 甲은 이 통지를 항고소송으로 다툴 수 있다.

민원처리법상 사전심사청구에 따른 **사전심사결과 통보**는 항고소송의 대상인 **처분이 아니다.** 행정청은 사전심사결과에 **구속되지 않고** 사전심사와 달리 처분할 수 있으므로, 사전심사결과는 **국민의 권리의무**에 직접 **영향**을 미치는 확정적 의사표시로 볼 수 없기 때문이다.

> **민원처리법 제30조(사전심사의 청구 등)** ③ 행정기관의 장은 **사전심사 결과**를 민원인에게 문서로 통지하여야 하며, 가능한 것으로 통지한 민원의 내용에 대하여는 민원인이 나중에 **정식으로 민원을** 신청한 경우에도 동일하게 **결정**을 내릴 수 있도록 **노력하여야** 한다. 다만, 민원인의 귀책사유 또는 불가항력이나 그 밖의 정당한 사유로 이를 이행할 수 없는 경우에는 그러하지 아니하다.

'구 민원사무처리법'상 **사전심사청구제도**는 민원인이 대규모의 경제적 비용이 수반되는 민원사항에 대하여 간편한 절차로써 미리 행정청의 공적 견해를 받아볼 수 있도록 하여 민원행정의 **예측 가능성**을 확보하게 하는 데에 취지가 있다고 보이고, 민원인이 희망하는 특정한 견해의 표명까지 요구할 수 있는 권리를 부여한 것으로 보기는 어려운 점, 행정청은 사전심사결과 가능하다는 통보를 한 때에도 반드시 민원사항을 인용하는 처분을 해야 하는 것은 아닌 점, 행정청은 사전심사결과 불가능하다고 통보하였더라도 **사전심사결과에 구애되지 않고** 민원사항을 처리할 수 있으므로 불가능하다는 통보가 **민원인의 권리의무에 직접적 영향**을 미친다고 볼 수 **없고**, 통보로 인하여 민원인에게 어떠한 법적 불이익이 발생할 가능성도 없는 점 등 여러 사정을 종합해 보면, 구 민원사무처리법이 규정하는 **사전심사결과 통보**는 항고소송의 대상이 되는 **행정처분**에 해당하지 **아니**한다(대판 2014.4.24. 2013두7834).　　　　　　　　　　　　　　| 정답 | X

719
□□□

조달청이 계약상대자에 대하여 나라장터 종합쇼핑몰에서의 거래를 일정기간 정지하는 조치는, 비록 물품구매예약의 추가특수조건이라는 사법상 계약에 근거한 것이라고 하더라도 행정청인 조달청이 행하는 구체적 사실에 관한 법집행으로서의 공권력의 행사로서 그 상대방 회사의 권리·의무에 직접 영향을 미치므로 항고소송의 대상이 되는 행정처분에 해당한다.

조달청이 계약상대자에 대하여 나라장터 종합쇼핑몰에서의 거래를 일정기간 정지하는 조치는 전자조달의 이용 및 촉진에 관한 법률, 조달사업에 관한 법률 등에 의하여 보호되는 계약상대자의 직접적이고 구체적인 법률상 이익인 나라장터를 통하여 수요기관의 전자입찰에 참가하거나 나라장터 종합쇼핑몰에서 등록된 물품을 수요기관에 직접 판매할 수 있는 지위를 직접 제한하거나 침해하는 행위에 해당하는 점 등을 종합하면, 위 거래정지 조치는 비록 추가특수조건이라는 사법상 계약에 근거한 것이지만 **행정청인 조달청**이 행하는 구체적 사실에 관한 법집행으로서의 **공권력의 행사**로서 그 상대방인 甲 회사의 **권리·의무에 직접 영향**을 미치므로 항고소송의 대상이 되는 **행정처분**에 해당한다(대판 2018.11.29. 2015두52395, 표준판례 329).

| 정답 | ○

720
□□□

「교육공무원법」상 승진후보자 명부에 의한 승진심사 방식으로 행해지는 승진임용에서 승진후보자 명부에 포함되어 있던 후보자를 승진임용인사발령에서 제외하는 행위는 불이익처분으로서 항고소송의 대상인 처분에 해당한다.

교육공무원법상 승진후보자 명부에 의한 승진심사 방식으로 행해지는 승진임용에서 승진후보자 명부에 포함되어 있던 후보자를 승진임용인사발령에서 제외하는 행위는 불이익처분으로서 항고소송의 대상인 처분에 해당한다고 보아야 한다(대판 2018.3.27. 2015두47492).

| 정답 | ○

721
□□□

甲은 초등학교 교사로 임용된 후 교감으로 재직 중인 바, A교육감이 작성한 승진후보자 명부에 관내 초등학교 교장 승진예정인원인 14명 중 순위 10번으로 등재되어 있었다. 그 후 관내 초등학교 교장으로 14명이 승진임용되었으나 甲은 여기에 포함되지 못하였음을 이유로 교원소청심사를 청구하였다. 이에 관한 설명 중 옳지 않은 것은?

ㄱ. 교육공무원법령상 승진후보자 명부에 포함된 후보자는 임용권자로부터 정당한 심사를 받게 될 것에 관한 절차적 기대를 할 수 있다.

교육공무원법 29조의2 1항, 13조, 14조 1항, 2항, 교육공무원 승진규정 1조, 2조 1항 1호, 40조 1항, 교육공무원임용령 14조 1항, 16조 1항에 따르면 임용권자는 3배수의 범위 안에 들어간 후보자들을 대상으로 승진임용 여부를 심사하여야 하고, 이에 따라 승진후보자 명부에 포함된 후보자는 임용권자로부터 정당한 심사를 받게 될 것에 관한 절차적 기대를 하게 된다. 그런데 임용권자 등이 자의적인 이유로 승진후보자

명부에 포함된 후보자를 승진임용에서 제외하는 처분을 한 경우에, 이러한 승진임용제외처분을 항고소송의 대상이 되는 처분으로 보지 않는다면, 달리 이에 대하여는 불복하여 침해된 권리 또는 법률상 이익을 구제받을 방법이 없다. 따라서 교육공무원법상 승진후보자 명부에 의한 승진심사 방식으로 행해지는 승진임용에서 승진후보자 명부에 포함되어 있던 후보자를 승진임용인사발령에서 제외하는 행위는 불이익처분으로서 항고소송의 대상인 처분에 해당한다고 보아야 한다.

다만 교육부장관은 승진후보자 명부에 포함된 후보자들에 대하여 일정한 심사를 진행하여 임용제청 여부를 결정할 수 있고 승진후보자 명부에 포함된 특정 후보자를 반드시 임용제청을 하여야 하는 것은 아니며, 또한 교육부장관이 임용제청을 한 후보자라고 하더라도 임용권자인 대통령이 반드시 승진임용을 하여야 하는 것도 아니다. 이처럼 공무원 승진임용에 관해서는 임용권자에게 일반 국민에 대한 행정처분이나 공무원에 대한 징계처분에서와는 비교할 수 없을 정도의 광범위한 재량이 부여되어 있다. 따라서 승진후보자 명부에 포함된 후보자를 승진임용에서 제외하는 결정이 공무원의 자격을 정한 관련 법령 규정에 위반되지 아니하고 사회통념상 합리성을 갖춘 사유에 따른 것이라는 주장·증명이 있다면 쉽사리 위법하다고 판단하여서는 아니 된다(대판 2018.3.27. 2015두47492).

➡ 교육감이 교장승진후보자 명부를 작성했고 원고가 순위 10번으로 등재되었는데 대통령이 14명을 승진하면서 원고를 제외한 사안에서 대통령이 교장승진후보자 명부에 포함된 후보자였던 원고를 승진임용인사발령에서 제외한 행위는 항고소송의 대상이 되는 처분이라고 판시하였다. | 정답 | ○

[비교판례] 구 경찰공무원법 11조 2항, 13조 1항, 2항, 경찰공무원승진임용규정 36조 1항, 2항에 의하면, 경정 이하 계급에의 승진에 있어서는 승진심사와 함께 승진시험을 병행할 수 있고, 승진시험에 합격한 자는 시험승진후보자명부에 등재하여 그 등재순위에 따라 승진하도록 되어 있으며, 같은 규정 36조 3항에 의하면 시험승진후보자명부에 등재된 자가 승진임용되기 전에 감봉 이상의 징계처분을 받은 경우에는 임용권자 또는 임용제청권자가 위 징계처분을 받은 자를 시험승진후보자명부에서 삭제하도록 되어 있는바, 이처럼 시험승진후보자명부에 등재되어 있던 자가 그 명부에서 삭제됨으로써 승진임용의 대상에서 제외되었다 하더라도, 그와 같은 시험승진후보자명부에서의 삭제행위는 결국 그 명부에 등재된 자에 대한 승진 여부를 결정하기 위한 행정청 내부의 준비과정에 불과하고, 그 자체가 어떠한 권리나 의무를 설정하거나 법률상 이익에 직접적인 변동을 초래하는 별도의 행정처분이 된다고 할 수 없다(대판 1997.11.14. 97누7325).

722
□□□

행정청은 국가 또는 공공단체의 기관으로서 직접 대외적 구속력 있는 의사를 결정·표시할 수 있는 권한을 가진 기관을 말하므로, 토지수용위원회와 같은 합의제기관은 행정청이 될 수 없다.

행정관청이라 함은 국가의사를 결정하여 이를 자기의 이름으로 외부에 표시하는 권한을 가진 행정기관을 말한다. 행정청이라 함은 국가뿐만 아니라 지방자치단체의 의사를 결정하여 자신의 이름으로 외부에 표시할 수 있는 권한을 가진 행정기관을 말한다.

행정청의 예로는 독임제(獨任制) 행정청으로 장관, 처장, 청장 및 외국(外局)의 장(경찰서장, 소방서장 등), 지방자치단체의 장(특별시장, 광역시장, 도지사, 시장, 군수), 권한의 위임을 받은 행정기관이 있다. 합의제(合議制) 행정청으로 토지수용위원회, 중앙선거관리위원회, 감사원, 배상심의회, 노동위원회, 소청심사위원회, 금융통화위원회가 있다. 위원회 중 의사를 결정하여 그 결정된 의사를 자기의 이름으로 대외적으로 표시할 수 있는 권한을 가진 위원회만 행정청이다. 대외적인 표시권이 없이 심리권이나 의결권만 갖고 있는 위원회(예 : 공무원징계위원회)는 행정청이 아니다. | 정답 | X

723
☐☐☐

건축물대장의 작성은 건축물의 소유권을 제대로 행사하기 위한 전제조건으로서 건축물 소유자의 실체적 권리관계에 밀접하게 관련되어 있으므로, 건축물대장 소관청의 작성신청 반려행위는 국민의 권리관계에 영향을 미치는 것으로서 항고소송의 대상이 되는 처분이다.

구 건축법 29조 2항, 구 건축물대장의 기재 및 관리 등에 관한 규칙 1조, 5조 1항, 2항, 3항의 각 규정에 의하면, 구 건축법 18조의 규정에 의한 사용승인(다른 법령에 의하여 사용승인으로 의제되는 준공검사·준공인가 등을 포함)을 신청하는 자 또는 구 건축법 18조의 규정에 의한 사용승인을 얻어야 하는 자 외의 자는 건축물대장의 작성 신청권을 가지고 있고, 한편 **건축물대장**은 건축물에 대한 공법상의 규제, 지방세의 과세대상, 손실보상가액의 산정 등 건축행정의 기초자료로서 **공법상의 법률관계에 영향**을 미칠 뿐만 아니라, 건축물에 관한 소유권보존등기 또는 소유권이전등기를 신청하려면 이를 등기소에 제출하여야 하는 점 등을 종합해 보면, 건축물대장의 작성은 건축물의 소유권을 제대로 행사하기 위한 전제요건으로서 건축물 소유자의 실체적 권리관계에 밀접하게 관련되어 있으므로 **건축물대장 소관청의 작성신청 반려행위는** 국민의 권리관계에 영향을 미치는 것으로서 **항고소송의 대상이 되는 행정처분에 해당한다**(대판 2009.2.12. 2007두17359).

│ 정답 │ ○

724
☐☐☐

경찰서장 관리의 운전면허 행정처분처리대장에 기재되는 벌점의 배점은 그 자체만으로 아직 국민에 대하여 구체적으로 어떤 권리를 제한하거나 의무를 명하는 것이라고 할 수는 없지만, 자동차운전면허의 취소·정지처분의 기초가 되어 그 취소·정지처분 이전에 벌점의 배점을 다툴 필요가 있으므로 항고소송의 대상이 되는 처분이다.

도로교통법시행규칙 53조 1항이 정한 [별표 16]의 운전면허행정처분기준은 관할 행정청이 운전면허의 취소 및 운전면허의 효력정지 등의 사무처리를 함에 있어서 처리기준과 방법 등의 세부사항을 규정한 행정기관 내부의 처리지침에 불과한 것으로서 대외적으로 국민이나 법원을 기속하는 효력이 없으므로, 자동차운전면허취소처분의 적법 여부는 위 운전면허행정처분기준만에 의하여 판단할 것이 아니라 도로교통법의 규정 내용과 취지에 따라 판단되어야 하며, 위 운전면허행정처분기준의 하나로 삼고 있는 **벌점이란 자동차운전면허의 취소·정지처분의 기초자료**로 활용하기 위하여 법규 위반 또는 사고야기에 대하여 그 위반의 경중, 피해의 정도 등에 따라 배점되는 점수를 말하는 것으로서, 이러한 벌점의 누산에 따른 처분기준 역시 행정청 내의 사무처리에 관한 재량준칙에 지나지 아니할 뿐 법규적 효력을 가지는 것은 아니다(대판 1998.3.27. 97누20236).

│ 정답 │ X

[16 변시, 19-2]

725
☐☐☐

행정규칙에 의한 '불문경고조치'는 법률상의 징계처분은 아니지만, 이로 인하여 차후 다른 징계처분이나 경고를 받게 될 경우 징계감경사유로 사용될 수 있었던 표창공적의 사용가능성이 소멸되는 등의 효과가 있으면 항고소송의 대상이 되는 행정처분에 해당한다.

징계양정규정의 법규성을 긍정하는 것은 아니다. 징계양정규정이 행정규칙에 불과하더라도 내부적 구속력에 의하여 공무원의 권리·의무에 직접 영향을 미치기 때문에 처분성을 긍정한 것이다.
[판례] 행정규칙에 의한 '불문경고조치'가 비록 법률상의 징계처분은 아니지만 위 처분을 받지 아니하였다면 차후 다른 징계처분이나 경고를 받게 될 경우 징계감경사유로 사용될 수 있었던 표창공적의 사용가능성을 소멸시키는 효과와 1년 동안 인사기록카드에 등재됨으로써 그 동안은 장관표창이나 도지사표창 대상자에서 제외시키는 효과 등이 있다는 이유로 항고소송의 대상이 되는 행정처분에 해당한다(대판 2002.7.26. 2001두3532, 표준판례 306).

│ 정답 │ ○

726
☐☐☐

상표원부에 상표권자인 법인에 대한 청산종결등기가 되었음을 이유로 한 상표권의 말소등록은 상표권이 소멸하였음을 확인하는 사실적 · 확인적 행위에 지나지 않고 말소등록으로 비로소 상표권 소멸의 효력이 발생하는 것도 아니어서 항고소송의 대상인 처분이 아니다.

상표원부에 상표권자인 법인에 대한 청산종결등기가 되었음을 이유로 **상표권의 말소등록**이 이루어졌다고 해도 이는 상표권이 소멸하였음을 확인하는 **사실적 · 확인적 행위**에 지나지 않고, 말소등록으로 비로소 상표권 소멸의 효력이 발생하는 것이 아니어서, 상표권의 말소등록은 국민의 권리의무에 직접적으로 영향을 미치는 행위라고 할 수 없다.
한편 상표법 39조 3항의 위임에 따른 특허권 등의 등록령(이하 '등록령') 27조는 "말소한 등록의 회복을 신청하는 경우에 등록에 대한 이해관계가 있는 제3자가 있을 때에는 신청서에 그 승낙서나 그에 대항할 수 있는 재판의 등본을 첨부하여야 한다"고 규정하고 있는데, 상표권 설정등록이 말소된 경우에도 등록령 27조에 따른 회복등록의 신청이 가능하고, 회복신청이 거부된 경우에는 거부처분에 대한 항고소송이 가능하다. 이러한 점들을 종합하면, 상표권자인 법인에 대한 청산종결등기가 되었음을 이유로 한 상표권의 말소등록행위는 항고소송의 대상이 될 수 없다(대판 2015.10.29. 2014두2362). | 정답 | ○

727
☐☐☐

「부가가치세법」상 사업자등록은 단순한 사업사실의 신고로서, 사업자가 사업개시를 하고 있지 않는 경우와 폐업인 경우에 있어서 과세관청의 사업자등록 직권말소행위는 불복의 대상이 되는 행정처분에 해당하지 않는다.

부가가치세법상의 사업자등록은 과세관청으로 하여금 부가가치세의 납세의무자를 파악하고 그 과세자료를 확보하게 하려는 데 제도의 취지가 있는바, 이는 **단순한 사업사실의 신고**로서 사업자가 관할세무서장에게 소정의 사업자등록신청서를 제출함으로써 성립하는 것이고, 사업자등록증의 교부는 이와 같은 등록사실을 증명하는 증서의 교부행위에 불과한 것이다. 나아가 구 부가가치세법 5조 5항에 의한 과세관청의 사업자등록 직권말소행위도 폐업사실의 기재일 뿐 그에 의하여 사업자로서의 지위에 변동을 가져오는 것이 아니라는 점에서 항고소송의 대상이 되는 행정처분으로 볼 수 없다. 이러한 점에 비추어 볼 때, 과세관청이 사업자등록을 관리하는 과정에서 위장사업자의 사업명의를 직권으로 **실사업자의 명의로 정정**하는 행위 또한 당해 사업사실 중 주체에 관한 **정정기재**일 뿐 그에 의하여 사업자로서의 지위에 변동을 가져오는 것이 아니므로 항고소송의 대상이 되는 행정처분으로 볼 수 없다(대판 2011.1.27. 2008두2200). | 정답 | ○

728
☐☐☐

과세관청이 사업자등록을 관리하는 과정에서 위장사업자의 사업자명의를 직권으로 실사업자의 명의로 정정하는 행위는 사업자로서의 지위에 중대한 변동을 가져오는 것으로서 항고소송의 대상이 되는 행정처분으로 볼 수 있다.

부가가치세법상의 사업자등록은 과세관청으로 하여금 부가가치세의 납세의무자를 파악하고 그 과세자료를 확보하게 하려는 데 제도의 취지가 있는바, 이는 **단순한 사업사실의 신고**로서 사업자가 관할세무서장에게 소정의 사업자등록신청서를 제출함으로써 성립하는 것이고, 사업자등록증의 교부는 이와 같은 등록사실을 증명하는 증서의 교부행위에 불과한 것이다. 나아가 구 부가가치세법 5조 5항에 의한 **과세관청의 사업자등록 직권말소행위**도 폐업사실의 기재일 뿐 그에 의하여 사업자로서의 지위에 변동을 가져오는 것이 아니라는 점에서 항고소송의 대상이 되는 행정처분으로 볼 수 없다. 이러한 점에 비추어 볼 때, 과세관청이 사업자등록을 관리하는 과정에서 위장사업자의 사업자명의를 직권으로 **실사업자의 명의로 정정**하는 행위 또한 당해 사업사실 중 주체에 관한 **정정기재**일 뿐 그에 의하여 사업자로서의 지위에 변동을 가져오는 것이 아니므로 항고소송의 대상이 되는 행정처분으로 볼 수 없다(대판 2011.1.27. 2008두2200). | 정답 | X

729
☐☐☐

근로복지공단이 사업주에 대하여 하는 '개별 사업장의 사업종류 변경결정'만으로는 사업주의 권리·의무에 직접적인 변동이나 불이익이 발생한다고 볼 수 없고, 국민건강보험공단이 보험료 부과처분을 함으로써 비로소 사업주에게 현실적인 불이익이 발생하게 되므로, 위 사업종류 변경결정은 항고소송의 대상이 되는 처분에 해당하지 않는다.

근로복지공단의 **사업종류 변경결정**은 항고소송의 대상인 **처분**이다. 사업종류 변경결정은 **산재보험료율의 변동**을 초래하여 사업주의 **권리의무에 직접 영향**을 미치기 때문이다.
[판례] 사업종류별 산재보험료율은 고용노동부장관이 매년 정하여 고시하므로, 개별 사업장의 **사업종류가 구체적으로 결정**되면 그에 따라 해당 사업장에 적용할 **산재보험료율**이 자동적으로 정해진다. 고용산재보험료징수법의 사업종류 변경신고에 관한 규정들과 근로복지공단의 사실조사에 관한 규정들은 개별 사업장의 구체적인 특성을 고려하여 사업종류가 결정되고 그에 따라 산재보험료율이 결정되어야 함을 전제로 하고 있다. 따라서 **근로복지공단**이 개별 사업장의 **사업종류를 결정**하는 것은 **고용산재보험료징수법을 집행**하는 과정에서 이루어지는 행정작용이다. 이러한 사업종류 결정의 주체, 내용과 결정기준을 고려하면, 개별 사업장의 사업종류 결정은 구체적 사실에 관한 법집행으로서 공권력을 행사하는 **'확인적 행정행위'**라고 보아야 한다. 따라서 **근로복지공단이 사업주에 대하여 하는 '개별 사업장의 사업종류 변경결정'**은 행정청이 행하는 구체적 사실에 관한 법집행으로서의 공권력의 행사인 **'처분'**에 해당한다(대판 2020.4.9. 2019두61137, 표준판례 60). | 정답 | X

730
☐☐☐

방위사업법령 및 '국방전력발전업무훈령'에 따른 연구개발확인서 발급은 사업관리기관이 개발업체에서 해당 품목의 양산과 관련하여 수의계약의 방식으로 국방조달계약을 체결할 수 있는 지위가 있음을 인정해 주는 확인적 행정행위로서 처분에 해당한다.

국방전력발전업무훈령 113조의5 1항에 의한 **연구개발확인서 발급**은 개발업체가 '업체투자연구개발' 방식 또는 '정부·업체공동투자연구개발' 방식으로 전력지원체계 연구개발사업을 성공적으로 수행하여 군사용 적합판정을 받고 국방규격이 제·개정된 경우에 사업관리기관이 개발업체에게 해당 품목의 양산과 관련하여 경쟁입찰에 부치지 않고 수의계약의 방식으로 국방조달계약을 체결할 수 있는 지위(경쟁입찰의 예외사유)가 있음을 인정해 주는 **'확인적 행정행위'**로서 공권력의 행사인 **'처분'**에 해당하고, 연구개발확인서 **발급 거부**는 신청에 따른 처분 발급을 거부하는 **'거부처분'**에 해당한다(대판 2020.1.16. 2019다264700). | 정답 | ○

731
☐☐☐

구 「방송통신위원회의 설치 및 운영에 관한 법률」에 따라 방송통신심의위원회가 정보통신서비스제공자 甲에게 정보통신서비스이용자 乙의 게시글을 삭제할 것을 요구한 행위는 항고소송의 대상이 되지 않는다.

방송통신심의위원회는 대통령이 위촉하는 9인으로 구성되고 위원들은 국가공무원법상 결격사유가 없어야 하고 그 신분이 보장되며, 국가로부터 운영에 필요한 경비를 지급받을 수 있고 그 규칙이 제정·개정·폐지될 경우 관보에 게재·공표되는 등의 사정에 비추어 행정청에 해당하고, 인터넷 포털사이트 등에 대한 방송통신심의위원회의 게시물의 삭제 등의 **시정요구**는 단순히 비권력적 사실행위인 행정지도에 불과한 것이 아니라 의무의 부담을 명하거나 기타 법률상 효과를 발생하게 하는 것으로서 항고소송의 대상이 되는 **행정처분**에 해당한다(서울행법 2010.2.11. 2009구합35924). | 정답 | X

732
☐☐☐

재단법인 한국연구재단이 甲대학교 총장에게 연구개발비의 부당집행을 이유로 해당 연구팀장 乙에 대한 대학자체 징계를 요구한 행위는 항고소송의 대상이 되지 않는다.

재단법인 한국연구재단이 甲 대학교 총장에게 연구개발비의 부당집행을 이유로 '해양생물유래 고부가식품 · 향장 · 한약 기초소재 개발 인력양성사업에 대한 2단계 두뇌한국(BK)21 사업' 협약을 해지하고 연구팀장 乙에 대한 대학자체 징계 요구 등을 통보한 사안에서, 재단법인 한국연구재단이 甲 대학교 총장에게 乙에 대한 대학 자체징계를 요구한 것은 법률상 **구속력이 없는** 권유 또는 사실상의 통지로서 乙의 권리, 의무 등 법률상 지위에 직접적인 법률적 변동을 일으키지 않는 행위에 해당하므로, 항고소송의 대상인 행정처분에 해당하지 않는다(대판 2014.12.11. 2012두28704).　　　　　　　　　　　　　　　　│ 정답 │ ○

733
☐☐☐

甲이 국민권익위원회에 「부패방지 및 국민권익위원회의 설치와 운영에 관한 법률」에 따른 신고와 신분보장조치를 요구하였고, 국민권익위원회가 甲의 소속 기관장인 乙시 · 도선거관리위원회위원장에게 '甲에 대한 중징계요구를 취소하고 향후 신고로 인한 신분상 불이익처분 및 근부조건상의 차별을 하지 말 것'을 요구하는 내용의 조치요구를 한 행위는 항고소송의 대상이 되지 않는다.

甲이 국민권익위원회에 국민권익위원회법에 따른 신고와 신분보장조치를 요구하였고, 국민권익위원회가 **甲의 소속기관 장인 乙 시 · 도선거관리위원회 위원장**에게 '甲에 대한 중징계요구를 취소하고 향후 신고로 인한 신분상 불이익처분 및 근무조건상의 차별을 하지 말 것을 요구'하는 내용의 **조치요구**를 한 사안에서, 국가기관 일방의 조치요구에 불응한 상대방 국가기관에 국민권익위원회법상의 제재규정과 같은 중대한 불이익을 직접적으로 규정한 다른 법령의 사례를 찾아보기 어려운 점, 그럼에도 乙이 국민권익위원회의 조치요구를 다툴 별다른 방법이 없는 점 등에 비추어 보면, **처분성이 인정**되는 위 조치요구에 불복하고자 하는 乙로서는 조치요구의 취소를 구하는 항고소송을 제기하는 것이 **유효 · 적절한 수단**이므로 비록 乙이 국가기관이더라도 당사자능력 및 원고적격을 가진다고 보는 것이 타당하고, 乙이 위 조치요구 후 甲을 파면하였다고 하더라도 조치요구가 곧바로 실효된다고 할 수 없고 乙은 여전히 조치요구를 따라야 할 의무를 부담하므로 乙에게는 위 조치요구의 취소를 구할 법률상 이익도 있다(대판 2013.7.25. 2011두1214).　　│ 정답 │ X

734
☐☐☐

행정청의 거부행위가 항고소송의 대상인 처분이 되기 위해서는 신청인에게 그 신청에 따른 행정행위를 해 줄 것을 요구할 수 있는 법규상 · 조리상의 신청권이 있어야 하며, 이때의 신청권은 신청인이 그 신청에 따른 단순한 응답을 받을 권리를 넘어서 신청의 인용이라는 만족적 결과를 얻을 권리를 의미한다.

국민의 적극적 신청행위에 대하여 행정청이 그 신청에 따른 행위를 하지 않겠다고 거부한 행위가 항고소송의 대상이 되는 행정처분에 해당하는 것이라고 하려면, 그 신청한 행위가 공권력의 행사 또는 이에 준하는 행정작용이어야 하고, 그 거부행위가 신청인의 법률관계에 어떤 변동을 일으키는 것이어야 하며, 그 국민에게 그 행위발동을 요구할 법규상 또는 조리상의 신청권이 있어야 한다.
거부처분의 처분성을 인정하기 위한 전제요건이 되는 **신청권의 존부**는 구체적 사건에서 신청인이 누구인가를 고려하지 않고 관계 법규의 해석에 의하여 일반 국민에게 그러한 신청권을 인정하고 있는가를 살펴 추상적으로 결정되는 것이고, 신청인이 그 신청에 따른 **단순한 응답을 받을 권리**를 넘어서 신청의 인용이라는 만족적 결과를 얻을 권리를 의미하는 것은 아니므로, 국민이 어떤 신청을 한 경우에 그 신청의 근거가 된 조항의 해석상 행정발동에 대한 개인의 신청권을 인정하고 있다고 보이면 그 거부행위는 항고소송의 대상이

되는 처분으로 보아야 하고, 구체적으로 그 신청이 인용될 수 있는가 하는 점은 본안에서 판단하여야 할 사항이다(대판 2009.9.10. 2007두20638, 표준판례 315). | 정답 | X

[21-1]

735
☐☐☐

행정청이 국민의 신청에 대하여 한 거부행위가 행정처분이 되려면, 그 거부행위가 신청인의 법률관계에 어떤 변동을 일으키는 것이어야 하며, 여기에서 '신청인의 법률관계에 어떤 변동을 일으키는 것'이라는 의미는 신청인의 실체상의 권리관계에 직접적인 변동을 일으키는 것은 물론, 그렇지 않다 하더라도 신청인이 실체상의 권리자로서 권리를 행사함에 중대한 지장을 초래하는 것도 포함한다.

국민의 적극적 행위 신청에 대하여 행정청이 그 신청에 따른 행위를 하지 않겠다고 거부한 행위가 항고소송의 대상이 되는 행정처분에 해당하는 것이라고 하려면, 그 신청한 행위가 공권력의 행사 또는 이에 준하는 행정작용이어야 하고, 그 거부행위가 신청인의 법률관계에 어떤 변동을 일으키는 것이어야 하며, 그 국민에게 그 행위발동을 요구할 법규상 또는 조리상의 신청권이 있어야 하는바, 여기에서 '신청인의 법률관계에 어떤 변동을 일으키는 것'이라는 의미는 신청인의 실체상의 권리관계에 직접적인 변동을 일으키는 것은 물론, 그렇지 않다 하더라도 신청인이 실체상의 권리자로서 권리를 행사함에 중대한 지장을 초래하는 것도 포함한다(대판 2007.10.11. 2007두1316). | 정답 | ○

[22 변시, 23-3]

736
☐☐☐

신청을 거부하는 처분에 제소기간이 도과하여 불가쟁력이 발생한 이후, 신청인이 다시 동일한 내용의 새로운 신청을 하고 행정청이 이를 거부한 경우에도 신청인은 반복된 거부처분에 대하여 취소소송을 제기할 수 없다.

수익적 행정행위 신청에 대한 거부처분은 당사자의 신청에 대하여 관할 행정청이 거절하는 의사를 대외적으로 명백히 표시함으로써 성립되고, **거부처분이 있은 후 당사자가 다시 신청**을 한 경우에는 신청의 제목 여하에 불구하고 그 내용이 새로운 신청을 하는 취지라면 관할 행정청이 이를 다시 **거절**하는 것은 **새로운 거부처분**으로 봄이 원칙이다(대판 2019.4.3. 2017두52764). | 정답 | X

[20-1]

737
☐☐☐

대법원장의 예비판사임용거부는 항고소송의 대상이 되는 행정처분이므로 헌법소원의 대상이 아니다.

대법원은 1991. 2. 12. 선고 90누5825 검사임용거부처분취소 사건에서 검사 지원자 중 한정된 수의 임용대상자에 대한 임용결정만을 하는 경우 임용대상에서 제외된 자에 대하여 임용거부의 소극적 의사표시를 한 것으로 보아야 하고 이러한 검사임용거부처분은 항고소송의 대상이 된다고 판시한 바 있으므로, 대법원장의 청구인에 대한 2001. 2. 12.자 **예비판사임용거부**는 항고소송의 대상이 되는 **행정처분**에 해당된다고 판단되고, 실제로 청구인은 위 예비판사임용거부처분에 대하여 행정심판을 거쳐 2001. 5. 12. 서울행정법원에 행정소송을 제기한 상태이다. 따라서 이 사건은 법원의 재판관할하에 있는 사건으로서 헌법소원의 대상이 아니라 할 것이어서 부적법한 심판청구라고 할 것이다(헌재 2001.12.20. 2001헌마245). | 정답 | ○

「행정소송법」상 거부처분에 관한 설명 중 옳지 않은 것은?

ㄱ. 개발부담금을 부과할 때는 가능한 한 개발부담금 부과처분 후에 지출한 개발비용도 공제함이 마땅하므로, 이미 부과처분에 따라 납부한 개발부담금 중 부과처분 후 납부한 개발비용인 학교용지부담금에 해당하는 금액에 대하여는 조리상 그 취소나 변경 등 환급에 필요한 처분을 신청할 권리가 인정되므로, 그 환급신청 거절회신은 항고소송의 대상이 된다.

개발부담금을 부과할 때는 가능한 한 모든 개발비용을 공제함이 마땅하다. … 개발사업시행자가 납부한 개발부담금 중 부과처분 후에 납부한 학교용지부담금에 해당하는 금액에 대하여는 조리상 개발부담금 부과처분의 취소나 변경 등 개발부담금의 환급에 필요한 처분을 신청할 권리를 인정함이 타당하다. 결국 이 사건 거부행위 중 이 사건 부과처분 후에 납부된 학교용지부담금에 해당하는 개발부담금의 환급을 거절한 부분은 항고소송의 대상이 되는 행정처분에 해당한다(대판 2016.1.28. 2013두2938).　　｜정답｜ ○

ㄴ. 중요무형문화재 보유자의 추가인정 여부는 행정청의 재량에 속하고, 특정 개인에게 자신을 보유자로 인정해 달라는 법규상 또는 조리상 신청권이 있다고 할 수 없어, 중요무형문화인 경기민요 보유자 추가인정 신청에 대한 거부는 항고소송의 대상이 되지 않는다.

원고가 전수교육 조교로서 이 사건 조사를 받았다는 사정만으로는 원고에게 중요무형문화재 보유자의 추가인정에 관한 법규상 또는 조리상 신청권이 있다고 볼 수 없다(대판 2015.12.10. 2013두20585).　　｜정답｜ ○

ㄷ. 업무상 재해를 당한 甲의 요양급여 신청에 대하여 근로복지공단이 요양승인 처분을 하면서 사업주를 乙주식회사로 보아 요양승인 사실을 통지하자, 乙주식회사가 甲이 자신의 근로자가 아니라고 주장하면서 근로복지공단에 사업주 변경을 신청하였으나 이를 거부하는 통지를 받은 경우, 근로복지공단의 결정에 따라 산업재해보상보험의 가입자지위가 발생하는 것이 아니므로 乙주식회사에게 법규상 또는 조리상 사업주 변경 신청권이 인정되지 않아, 위 거부통지는 항고소송의 대상이 되지 않는다.

업무상 재해를 당한 甲의 요양급여 신청에 대하여 근로복지공단이 요양승인 처분을 하면서 사업주를 乙주식회사로 보아 요양승인 사실을 통지하자, 乙회사가 甲이 자신의 근로자가 아니라고 주장하면서 사업주 변경 신청을 하였으나 근로복지공단이 거부 통지를 한 사안에서, 관련 법령은 … 사업주 변경신청을 할 수 있도록 하는 규정을 두고 있지 않으므로 법규상 신청권이 인정된다고 볼 수 없고, 사업주 변경신청과 같은 내용의 조리상 신청권이 인정된다고 볼 수도 없으므로, 위 통지는 항고소송의 대상이 되는 행정처분이 되지 않는다고 한 사례(대판 2016.7.14. 2014두47426).　　｜정답｜ ○

739

□□□

거부처분이 실체적 하자가 아니라 절차상의 하자를 이유로 취소된 경우에는 처분청이 그 위법사유를 보완하여 종전의 신청에 대하여 다시 동일한 거부처분을 하더라도 행정소송법 제30조 제2항의 재처분에 해당하기 때문에 취소판결의 기속력에 반하지 않는다.

행정소송법 30조 2항의 규정에 의하면 행정청의 거부처분을 취소하는 판결이 확정된 경우에는 그 처분을 행한 행정청이 판결의 취지에 따라 이전의 신청에 대하여 재처분할 의무가 있다고 할 것이나, <u>그 취소사유가 행정처분의 절차, 방법의 위법으로 인한 것이라면 그 처분 행정청은 그 확정판결의 취지에 따라 그 **위법사유를 보완하여 다시 종전의 신청에 대한 거부처분을 할 수 있고**, 그러한 처분도 위 조항에 규정된 재처분에 해당한다</u>(대판 2005.1.14. 2003두13045). | 정답 | ○

[23 변시]

740

□□□

경원관계에서 신청한 처분을 받지 못한 사람은 신청에 대한 거부처분의 직접 상대방으로서 원칙적으로 자신에 대한 거부처분의 취소를 구할 원고적격은 있으나, 거부처분 취소판결이 확정되는 경우 판결의 직접적인 효과로 경원자에 대한 허가처분이 취소되거나 효력이 소멸되지는 않으므로, 특별한 사정이 없는 한 자신에 대한 거부처분의 취소를 구할 소의 이익은 없다.

인가·허가 등 수익적 행정처분을 신청한 여러 사람이 서로 **경원관계**에 있어서 한 사람에 대한 허가 등 처분이 다른 사람에 대한 불허가 등으로 귀결될 수밖에 없을 때 허가 등 처분을 받지 못한 사람은 신청에 대한 거부처분의 직접 상대방으로서 원칙적으로 자신에 대한 거부처분의 취소를 구할 원고적격이 있고, 취소판결이 확정되는 경우 판결의 직접적인 효과로 경원자에 대한 허가 등 처분이 취소되거나 효력이 소멸되는 것은 아니더라도 행정청은 취소판결의 기속력에 따라 판결에서 확인된 위법사유를 배제한 상태에서 취소판결의 원고와 경원자의 각 신청에 관하여 처분요건의 구비 여부와 우열을 다시 심사하여야 할 의무가 있으며, 재심사 결과 경원자에 대한 수익적 처분이 직권취소되고 취소판결의 원고에게 수익적 처분이 이루어질 가능성을 완전히 배제할 수는 없으므로, 특별한 사정이 없는 한 경원관계에서 허가 등 처분을 받지 못한 사람은 **자신에 대한 거부처분의 취소를 구할 소의 이익이 있다**(대판 2015.10.29. 2013두27517). | 정답 | X

741

□□□

행정청이 관련 법령에 근거하여 행한 공사중지명령의 상대방이 명령의 취소를 구한 소송에서 패소함으로써 그 명령이 적법한 것으로 이미 확정되었더라도, 이후 이러한 공사중지명령의 상대방은 그 명령의 해제신청을 거부한 처분의 취소를 구하는 소송에서 그 명령의 적법성을 다툴 수 있다.

<u>행정청이 관련 법령에 근거하여 행한 공사중지명령의 상대방이 명령의 취소를 구한 소송에서 패소함으로써 **그 명령이 적법한 것으로 이미 확정되었다면**, 이후 이러한 공사중지명령의 상대방은 그 명령의 해제신청을 거부한 처분의 취소를 구하는 소송에서 **그 명령의 적법성을 다툴 수 없다**</u>. 그와 같은 공사중지명령에 대하여 그 명령의 상대방이 해제를 구하기 위해서는 명령의 내용 자체로 또는 성질상으로 명령 이후에 원인사유가 해소되었음이 인정되어야 한다(대판 2014.11.27. 2014두37665). | 정답 | X

742 □□□

「폐기물관리법」에 따른 폐기물처러업 사업계획 부적정통보는 폐기물처리업 허가신청 자체를 제한하는 것은 아니어서 행정처분에 해당하지 않는다.

폐기물관리법 관계 법령의 규정에 의하면 폐기물처리업의 허가를 받기 위하여는 먼저 사업계획서를 제출하여 허가권자로부터 사업계획에 대한 적정통보를 받아야 하고, 그 <u>적정통보를 받은 자만이 일정기간 내에 시설, 장비, 기술능력, 자본금을 갖추어 허가신청을 할 수 있으므로, 결국 **부적정통보**는 허가신청 자체를 제한하는 등 개인의 권리 내지 법률상의 이익을 개별적이고 구체적으로 규제하고 있어 **행정처분에 해당한다**</u>(대판 1998.4.28. 97누21086, 표준판례 322).　　　　　　　　　　　　　　　　　　　　　　| 정답 | X

[14 국회8급]

743 □□□

법원은 행정청이 소송의 대상인 처분을 소가 제기된 후 변경한 때에는 원고의 신청에 의하여 결정으로 청구의 취지 또는 원인의 변경을 허가할 수 있다.

> **행정소송법 제22조(처분변경으로 인한 소의 변경)** ① 법원은 행정청이 소송의 대상인 처분을 소가 제기된 후 변경한 때에는 원고의 신청에 의하여 결정으로써 청구의 취지 또는 원인의 변경을 허가할 수 있다.

　　　　　　　　　　　　　　　　　　　　　　　　　　　　　　　　| 정답 | O

[14 국회8급]

744 □□□

재결 취소소송의 경우 재결 자체에 고유한 위법이 없더라도 원처분의 당부에 따라 기각 여부의 판결을 하여야 한다.

행정소송법 19조는 취소소송은 행정청의 원처분을 대상으로 하되(원처분주의), 다만 "재결 자체에 고유한 위법이 있음을 이유로 하는 경우"에 한하여 행정심판의 재결도 취소소송의 대상으로 삼을 수 있도록 규정하고 있으므로 재결취소소송의 경우 재결 자체에 고유한 위법이 있는지 여부를 심리할 것이고, **재결 자체에 고유한 위법이 없는 경우**에는 원처분의 당부와는 상관없이 당해 재결취소소송은 이를 **기각하여야 한다**(대판 1994.1.25. 93누16901).　　　　　　　　　　　　　　　　　　　　　　| 정답 | X

[10 국회9급]

745 □□□

'약제급여 · 비급여목록 및 급여상한금액표'와 같이 어떤 고시가 다른 집행행위의 매개 없이 그 자체로 직접 국민의 권리 · 의무나 권리관계를 규율하는 성격을 가지는 경우에는 행정처분에 해당한다.

보건복지부 고시인 약제급여 · 비급여목록 및 급여상한금액표(보건복지부 고시)는 다른 집행행위의 매개 없이 그 자체로서 국민건강보험가입자, 국민건강보험공단, 요양기관 등의 법률관계를 직접 규율하는 성격을 가지므로 항고소송의 대상이 되는 **행정처분에 해당**한다(대판 2006.9.22. 2005두2506, 표준판례 313).　　　　　　　　　　　　　| 정답 | O

746
☐☐☐

공정거래위원회의 고발조치나 고발의견은 「독점규제 및 공정거래에 관한 법률」 제71조에서 위 기관의 고발을 동 법률위반죄의 소추요건으로 규정하고 있으므로 항고소송의 대상이 되는 처분에 해당한다.

이른바 고발은 수사의 단서에 불과할 뿐 그 자체 국민의 권리의무에 어떤 영향을 미치는 것이 아니고, 특히 독점규제및공정거래에관한법률 71조는 공정거래위원회의 고발을 위 법률위반죄의 소추요건으로 규정하고 있어 공정거래위원회의 고발조치는 사직 당국에 대하여 형벌권 행사를 요구하는 행정기관 상호간의 행위에 불과하여 항고소송의 대상이 되는 행정처분이라 할 수 없으며, 더욱이 공정거래위원회의 고발 의결은 행정청 내부의 의사결정에 불과할 뿐 최종적인 처분은 아닌 것이므로 이 역시 **항고소송의 대상이 되는 행정처분이 되지 못한다**(대판 1995.5.12. 94누13794).　|정답|X

[24 변시]

747
☐☐☐

당초의 과징금 부과처분을 한 후 그 과징금 액수를 감액하는 처분을 한 경우, 감액처분은 당초처분과 별개인 독립의 과징금 부과처분이 아니라 그 실질은 당초 과징금의 일부취소라는 유리한 결과를 가져오는 처분에 불과하므로 독립한 항고소송의 대상이 되지 않는다.

행정청이 산업재해보상보험법에 의한 보험급여 수급자에 대하여 부당이득 징수결정을 한 후 징수결정의 하자를 이유로 징수금 액수를 감액하는 경우에 **감액처분**은 감액된 징수금 부분에 관해서만 법적 효과가 미치는 것으로서 당초 징수결정과 별개 독립의 징수금 결정처분이 아니라 그 실질은 **처음 징수결정의 변경**이고, 그에 의하여 징수금의 일부취소라는 징수의무자에게 유리한 **결과**를 가져오는 처분이므로 징수의무자에게는 그 취소를 구할 소의 이익이 없다. 이에 따라 감액처분으로도 아직 취소되지 않고 남아 있는 부분이 위법하다 하여 다투고자 하는 경우, 감액처분을 항고소송의 대상으로 할 수는 없고, 당초 징수결정 중 감액처분에 의하여 **취소되지 않고 남은 부분을 항고소송의 대상**으로 할 수 있을 뿐이며, 그 결과 제소기간의 준수 여부도 감액처분이 아닌 당초 처분을 기준으로 판단해야 한다(대판 2012.9.27. 2011두27247).　|정답|O

[24 · 22 변시, 19-3]

748
☐☐☐

영업정지처분을 영업자에게 유리하게 변경하는 처분을 한 경우 당초의 영업정지처분은 변경처분에 흡수되어 독립한 존재가치를 잃게 된다.

행정청이 식품위생법령에 따라 영업자에게 행정제재처분을 한 후 그 처분을 영업자에게 **유리하게 변경**하는 처분을 한 경우, 변경처분에 의하여 당초 처분은 소멸하는 것이 아니고 당초부터 유리하게 변경된 내용의 처분으로 존재하는 것이므로, 변경처분에 의하여 유리하게 변경된 내용의 행정제재가 위법하다 하여 그 취소를 구하는 경우 그 **취소소송의 대상은 변경된 내용의 당초 처분**이지 변경처분은 아니고, 제소기간의 준수 여부도 변경처분이 아닌 변경된 내용의 당초 처분을 기준으로 판단하여야 한다(대판 2007.4.27. 2004두9302).　|정답|X

749
☐☐☐
선행처분이 후행처분에 의하여 변경되지 아니한 범위 내에서 존속하고 후행처분은 선행처분의 내용 중 일부를 변경하는 범위 내에서 효력을 가지는 경우에, 선행처분에만 존재하는 취소사유를 이유로 후행처분의 취소를 청구할 수 있다.

선행처분이 후행처분에 의하여 변경되지 아니한 범위 내에서 존속하고 후행처분은 선행처분의 내용 중 일부를 변경하는 범위 내에서 효력을 가지는 경우에, 선행처분의 취소를 구하는 소를 제기한 후 후행처분의 취소를 구하는 청구를 추가하여 청구를 변경하였다면 후행처분에 관한 제소기간 준수 여부는 청구변경 당시를 기준으로 판단하여야 하나, 선행처분에만 존재하는 취소사유를 이유로 후행처분의 취소를 청구할 수는 없다(대판 2012.12.13. 2010두20782, 20799). | 정답 | X

750
☐☐☐
대학교원의 신규채용에 있어서 유일한 면접심사 대상자로 선정된 임용지원자에 대한 교원신규채용 중단조치는 임용지원자에 대한 신규임용을 사실상 거부하는 종국적인 조치로서 항고소송의 대상이 되는 처분 등에 해당한다.

임용지원자가 당해 대학의 교원임용규정 등에 정한 심사단계 중 중요한 대부분의 단계를 통과하여 다수의 **임용지원자 중 유일한 면접심사 대상자로 선정**되는 등으로 장차 나머지 일부의 심사단계를 거쳐 대학교원으로 임용될 것을 상당한 정도로 기대할 수 있는 지위에 이르렀다면, 그러한 임용지원자는 임용에 관한 법률상 이익을 가진 자로서 임용권자에 대하여 나머지 심사를 공정하게 진행하여 그 심사에서 통과되면 대학교원으로 **임용해 줄 것을 신청할 조리상의 권리가 있다**(대판 2004.6.11. 2001두7053, 표준판례 318). | 정답 | O

751
☐☐☐
일정한 법규위반 사실이 행정처분의 전제사실이 되는 한편 이와 동시에 형사법규의 위반 사실이 되는 때, 형사판결이 확정되지 않았음에도 이에 앞서 그 위반사실을 들어 행정처분을 할 수 있으므로, 교비횡령 유죄판결이 아직 확정되지 않은 상태에서 교비회계로 회복시키도록 시정명령을 한 것은 적법하다.

일정한 법규위반 사실이 행정처분의 전제사실이 되는 한편 이와 동시에 형사법규의 위반 사실이 되는 경우에 행정처분과 형벌은 각기 그 권력적 기초, 대상, 목적을 달리하고 있으므로 동일한 행위에 관하여 독립적으로 행정처분이나 형벌을 과하거나 이를 병과할 수 있는 것이고, 법규가 예외적으로 형사소추 선행 원칙을 규정하고 있지 아니한 이상 형사판결 확정에 앞서 일정한 위반사실을 들어 행정처분을 하였다고 하여 절차적 위반이 있다고 할 수 없다(대판 2017.6.15. 2015두39156). | 정답 | O

752
☐☐☐
국가공무원법상의 당연퇴직사유가 있어 행한 인사권자의 당연퇴직의 인사발령은 공무원의 신분을 상실시키는 형성적 행정행위로서 처분에 해당한다.

당연퇴직의 인사발령은 법률상 당연히 발생하는 퇴직사유를 공적으로 확인하여 알려주는 이른바 관념의 통지에 불과하여 행정처분이라고 할 수 없다(대판 1995.11.14. 95누2036, 표준판례 62). | 정답 | X

753
☐☐☐

구 「소득세법」 시행령에 따른 소득 귀속자에 대한 소득금액변동통지는 원천납세의무자인 소득 귀속자의 법률상 지위에 직접적인 법률적 변동을 가져오므로 행정처분이다.

구 소득세법 시행령(대통령령) 192조 1항 단서에 따른 소득의 귀속자에 대한 **소득금액변동통지는 원천납세의무자인 소득 귀속자**의 법률상 지위에 직접적인 법률적 변동을 가져오는 것이 아니므로, 항고소송의 대상이 되는 **행정처분이라고 볼 수 없다**(대판 2015.3.26. 2013두9267). | 정답 | X

754
☐☐☐

원천징수의무자에 대한 소득금액변동통지는 원천납세의무의 존부나 범위와 같은 원천납세의무자의 권리나 법률상 지위에 어떠한 영향을 준다고 할 수 없으므로 소득처분에 따른 소득의 귀속자는 법인에 대한 소득금액변동통지의 취소를 구할 법률상 이익이 없다.

원천징수의무자에 대한 소득금액변동통지는 원천납세의무의 존부나 범위와 같은 원천납세의무자의 권리나 법률상 지위에 어떠한 영향을 준다고 할 수 없으므로 소득처분에 따른 **소득의 귀속자**는 법인에 대한 소득금액변동통지의 취소를 구할 **법률상 이익이 없다**(대판 2015.3.26. 2013두9267). | 정답 | ○

755
☐☐☐

구 노동조합 및 노동관계조정법령에 토대한 법외노조 통보는 이미 법률에 의하여 법외노조가 된 것을 사후적으로 고지하거나 확인하는 행위이다.

법외노조 통보는 적법하게 설립되어 활동 중인 노동조합에 대하여 행정관청이 더 이상 노동조합법상 노동조합이 아님을 고권적으로 확정하는 행정처분으로서, 단순히 법률에 의하여 이미 법외노조가 된 것을 사후적으로 고지하거나 확인하는 행위가 아니라 그 통보로써 법외노조가 되도록 하는 형성적 행위이다. 즉 법상 노동조합에 결격사유가 발생한 경우, 이 사건 법률 규정에 의하여 곧바로 법외노조가 되는 것이 아니라, 이를 이유로 한 **법외노조 통보가 있을 때 비로소 법외노조가 된다**(대판[전합] 2020.9.3. 2016두32992, 표준판례 4). | 정답 | X

756
☐☐☐

A시장이 감사원으로부터 「감사원법」에 따라 A시 소속 공무원에 대한 징계 요구를 받게 된 경우, 감사원의 징계 요구는 '징계 요구, 징계절차 회부, 징계'의 단계로 이어지는 독립된 처분의 일종으로서 항고소송의 대상이 된다.

감사원법상 징계 요구는, 징계 요구를 받은 기관의 장이 요구받은 내용대로 처분하지 않더라도 불이익을 받는 규정도 없고, 징계 요구 내용대로 효과가 발생하는 것도 아니며, 징계 요구에 의하여 행정청이 일정한 행정처분을 하였을 때 비로소 이해관계인의 권리관계에 영향을 미칠 뿐, 징계 요구 자체만으로는 징계 요구 대상 공무원의 권리·의무에 직접적인 변동을 초래하지도 아니하므로, 행정청 사이의 내부적인 의사결정의 경로로서 '징계 요구, 징계 절차 회부, 징계'로 이어지는 과정에서의 중간처분에 불과하여, **감사원의 징계 요구와 재심의결정이 항고소송의 대상이 되는 행정처분이라고 할 수 없다**(대판 2016.12.27. 2014두5637, 표준판례 332). | 정답 | X

757
☐☐☐

구 「금융산업의 구조개선에 관한 법률」과 구 「상호저축은행법」에 의한 금융감독위원회는 부실금융기관에 대하여 파산을 신청할 수 있는 권한을 보유하고 있는데, 그 파산신청 자체는 국민의 권리·의무에 어떤 영향을 미치는 것이 아니므로 행정처분이라 할 수 없다.

구 금융산업의 구조개선에 관한 법률 16조 1항 및 구 상호저축은행법 24조의13에 의하여 금융감독위원회는 부실금융기관에 대하여 파산을 신청할 수 있는 권한을 보유하고 있는바, 위 파산신청은 그 성격이 법원에 대한 재판상 청구로서 그 자체가 국민의 권리·의무에 어떤 영향을 미치는 것이 아닐 뿐만 아니라, 위 파산신청으로 인하여 당해 부실금융기관이 파산절차 내에서 여러 가지 법률상 불이익을 입는다 할지라도 파산법원이 관할하는 파산절차 내에서 그 신청의 적법 여부 등을 다투어야 할 것이므로, 위와 같은 **금융감독위원회의 파산신청**은 행정소송법상 취소소송의 대상이 되는 **행정처분이라 할 수 없다**(대판 2006.7.28. 2004두13219).

| 정답 | ○

758
☐☐☐

감사원의 변상판정처분은 항고소송의 대상이 되는 행정처분이다.

감사원의 변상판정처분에 대하여서는 행정소송을 제기할 수 없고, 재결에 해당하는 재심의 판정에 대하여서만 감사원을 피고로 하여 행정소송을 제기할 수 있다(대판 1984.4.10. 84누91).
→ 감사원의 모든 재심의 판정이 재결주의가 적용되는 것은 아니다. 감사원의 변상판정에 대한 재심의 판정에 재결주의가 적용되어 원처분인 변상판정이 아닌 변상판정에 대한 재심의 판정이 항고소송의 대상이 된다.

| 정답 | X

759
☐☐☐

관할 지방병무청장이 병역의무 기피를 이유로 그 인적사항 등을 공개할 대상자를 1차로 결정하고 그에 이어 병무청장의 최종 공개결정이 있는 경우, 지방병무청장의 1차 공개결정은 병무청장의 최종 공개결정과는 별도로 항고소송의 대상이 된다.

외부에 표시되지 않은 행정기관 내부의 결정을 항고소송의 대상인 처분으로 보아야 할 필요성은 크지 않다. 관할지방병무청장이 **1차로 공개 대상자 결정**을 하고, 그에 따라 병무청장이 같은 내용으로 **최종적 공개결정**을 하였다면, 공개 대상자는 병무청장의 **최종적 공개결정만을 다투는 것으로 충분**하고, 관할 지방병무청장의 공개 대상자 결정을 별도로 다툴 소의 이익은 없어진다(대판 2019.6.27. 2018두49130, 표준판례 228).

| 정답 | X

760
☐☐☐

甲은 乙을 명예훼손 등 혐의로 고소하였다. 검사 丙은 乙에 대하여 불기소결정을 하였으나, 甲에게 그 결과를 통지하지 않았다. 甲은 대검찰청에 丙이 자신의 고소사건 처리를 태만히 하고 있으니 징계하여 달라는 진정서를 제출하였다. 이에 검찰총장은 丙이 직무를 태만히 하여 甲에게 「형사소송법」에 의한 처분결과를 통지하지 아니한 잘못이 있으나 그 정도가 중하지 않으므로 「검사징계법」상 징계사유에는 해당하지 않는다고 판단하였다. 그러나 장래에 동일한 잘못을 되풀이하지 않도록 엄중히 경고할 필요가 있다고 판단하여, 丙에 대하여 대검찰청 내부규정에 근거하여 경고조치를 하였다. 이에 관한 설명 중 옳지 않은 것을 모두 고른 것은? (다툼이 있는 경우 판례에 의함)

ㄱ. 丙의 불기소결정은 고소사건에 관하여 공권력의 행사인 공소제기를 거부하는 거부처분에 해당하므로, 甲은 취소소송을 제기하는 방식으로 불복할 수 있다.
ㄴ. 丙이 불기소결정을 하면서 甲에게 「형사소송법」에 의한 처분결과 통지를 하지 않음으로써 행정청의 의사가 외부에 표시되지 아니하여 아직 거부처분이 성립하였다고 볼 수 없으므로, 甲은 부작위위법확인소송을 제기하는 방식으로 불복할 수 있다.

행정소송법상 거부처분 취소소송의 대상인 '거부처분'이란 '행정청이 행하는 구체적 사실에 관한 법집행으로서의 공권력의 행사 또는 이에 준하는 행정작용', 즉 적극적 처분의 발급을 구하는 신청에 대하여 그에 따른 행위를 하지 않았다고 거부하는 행위를 말하고, 부작위위법확인소송의 대상인 '부작위'란 '행정청이 당사자의 신청에 대하여 상당한 기간 내에 일정한 처분을 하여야 할 법률상 의무가 있음에도 불구하고 이를 하지 아니하는 것'을 말한다(2조 1항 1호, 2호). 여기에서 '처분'이란 행정소송법상 항고소송의 대상이 되는 처분을 의미하는 것으로서, 행정소송법 2조의 처분의 개념 정의에는 해당한다고 하더라도 그 처분의 근거 법률에서 행정소송 이외의 다른 절차에 의하여 불복할 것을 예정하고 있는 처분은 항고소송의 대상이 될 수 없다. **검사의 불기소결정**에 대해서는 검찰청법에 의한 항고와 재항고, 형사소송법에 의한 재정신청에 의해서만 불복할 수 있는 것이므로, 이에 대해서는 행정소송법상 **항고소송을 제기할 수 없다**(대판 2018.9.28. 2017두47465). | 정답 | ㄱ. X, ㄴ. X

ㄷ. 대검찰청 내부규정에서 검찰총장의 경고조치를 받은 검사에 대하여 직무성과급 지급이나 승진·전보인사에서 불이익을 주도록 규정하고 있다면, 丙은 검찰총장의 경고조치에 대하여 취소소송을 제기하는 방식으로 불복할 수 있다.

검찰총장이 사무검사 및 사건평정을 기초로 대검찰청 자체감사규정 23조 3항, 검찰공무원의 범죄 및 비위 처리지침 4조 2항 2호 등에 근거하여 검사에 대하여 하는 '경고조치'는 일정한 서식에 따라 검사에게 개별 통지를 하고 이의신청을 할 수 있으며, 검사가 **검찰총장의 경고**를 받으면 **1년 이상 감찰관리 대상자**로 선정되어 특별관리를 받을 수 있고, 경고를 받은 사실이 인사자료로 활용되어 **복무평정, 직무성과금 지급, 승진·전보인사에서도 불이익**을 받게 될 가능성이 높아지며, 향후 다른 징계사유로 징계처분을 받게 될 경우에 징계양정에서 불이익을 받게 될 가능성이 높아지므로, 검사의 권리 의무에 영향을 미치는 행위로서 **항고소송의 대상이 되는 처분**이라고 보아야 한다(대판 2021.2.10. 2020두47564, 표준판례 308). | 정답 | ○

ㄹ. 丙의 직무상 의무 위반의 정도가 중하지 않아 「검사징계법」상 징계사유에 해당하지 않는데도 검찰총장이 대검찰청 내부규정에 근거하여 경고조치를 한 것은 법률유보원칙에 반하므로 허용될 수 없다.

검찰총장의 경고처분은 검사징계법에 따른 징계처분이 아니라 검찰청법 7조 1항, 12조 2항에 근거하여 검사에 대한 직무감독권을 행사하는 작용에 해당하므로, 검사의 직무상 의무 위반의 정도가 중하지 않아 검사징계법에 따른 '징계사유'에는 해당하지 않더라도 징계처분보다 낮은 수준의 감독조치로서 '경고처분'을 할수 있고, 법원은 그것이 직무감독권자에게 주어진 재량권을 일탈·남용한 것이라는 특별한 사정이 없는 한 이를 존중하는 것이 바람직하다(대판 2021.2.10. 2020두47564, 표준판례 308). | 정답 | X

761
☐☐☐

서울특별시 A구청장이 대형마트를 활성화하기 위한 구청의 방침을 정하고, 대규모점포를 개설등록하면 일체의 영업시간 제한이나 의무휴업일의 지정을 하지 않겠다고 甲에게 약속을 하였다. 이를 믿은 甲은 A구청장에게 대규모점포의 개설등록을 신청하여 개설등록이 되었다. 그런데 개설등록 이후 A구청장은 오전 0시부터 오전 8시까지 영업시간을 제한하고, 매월 둘째 주와 넷째 주 일요일을 의무휴업일로 지정하는 내용의 처분(이하 '제1차 처분')을 하였다. 제1차 처분에 대해 甲이 취소소송을 제기하였고 그 후 A구청장은 영업제한 시간을 오전 0시부터 오전 10시까지로 변경하되 의무휴업일은 종전과 동일하게 유지하는 내용으로 하는 처분(이하 '제2차 처분')을 하였다. 이에 관한 설명으로 옳지 않은 것은?

ㄱ. A구청장의 대규모점포를 개설등록하면 일체의 영업시간 제한이나 의무휴업일의 지정을 하지 않겠다고 甲에게 약속한 것은 강학상 확약에 해당한다.

해당 약속을 국장이나 과장이 했다면 단순한 공적견해표명이나, 처분권자인 A시장이 이러한 금지하명을 발령하지 않겠다는 구체적 약속은 강학상 확약에 해당하고, 이러한 강학상 확약의 법리는 신뢰보호원칙의 파생법리로 우선적으로 적용된다. | 정답 | ○

ㄴ. 기존의 행정처분을 변경하는 내용의 행정처분이 뒤따르는 경우, 후속처분의 내용이 종전처분의 유효를 전제로 내용 중 일부만을 추가·철회·변경하는 것이고 추가·철회·변경된 부분이 내용과 성질상 나머지 부분과 불가분적인 것이 아닌 경우에는, 종전처분이 항고소송의 대상이 된다.   [21-2]

기존의 행정처분을 변경하는 내용의 행정처분이 뒤따르는 경우, 후속처분이 종전처분을 완전히 대체하는 것이거나 주요 부분을 실질적으로 변경하는 내용인 경우에는 특별한 사정이 없는 한 종전처분은 효력을 상실하고 후속처분만이 항고소송의 대상이 되지만, 후속처분의 내용이 종전처분의 유효를 전제로 내용 중 일부만을 추가·철회·변경하는 것이고 추가·철회·변경된 부분이 내용과 성질상 나머지 부분과 불가분적인 것이 아닌 경우에는, 후속처분에도 불구하고 종전처분이 여전히 항고소송의 대상이 된다(대판[전합] 2015.11.19. 2015두295, 표준판례 326). | 정답 | ○

ㄷ. 제1차 영업시간 제한처분을 연장한 제2차 처분으로 인하여 추가된 영업시간 제한 부분은 그 성질상 종전 제1차 영업시간 제한처분의 유효를 전제로 그 일부를 추가한 것이며 제1차 처분과 가분적인 것이므로 제2차 처분으로 종전 처분인 제1차 처분이 소멸되었다고 볼 수 없다.

후속처분의 내용이 종전처분의 유효를 전제로 내용 중 일부만을 추가·철회·변경하는 것이고 추가·철회·변경된 부분이 내용과 성질상 나머지 부분과 불가분적인 것이 아닌 경우에는, 후속처분에도 불구하고 종전처분이 여전히 항고소송의 대상이 된다(대판[전합] 2015.11.19. 2015두295, 표준판례 326). | 정답 | ○

ㄹ. 일단 대형마트로 개설등록되었다면 특별한 사정이 없는 한, 그 개설등록된 형식에 따라 대규모점포를 일체로서 판단하여야 하고, 대규모점포를 구성하는 개별 점포의 실질이 위 대형마트의 요건에 부합하는지 여부를 다시 살필 것은 아니다.

대규모점포의 개설등록은 이른바 '수리를 요하는 신고'로서 행정처분에 해당하고 등록은 구체적 유형 구분에 따라 이루어지므로, 등록의 효력은 대규모점포가 구체적으로 어떠한 유형에 속하는지에 관하여도 미치는 점, 따라서 대규모점포가 대형마트로 개설등록되었다면 점포의 유형을 포함한 등록내용이 대규모점포를 개설하고자 하는 자의 신청 등에 따라 변경등록되지 않는 이상 대규모점포를 개설하고자 하는 자 등에 대한 구속력을 가지는 점 등에 비추어 보면, 구 유통산업발전법 12조의2 1항, 2항, 3항에 따라 영업시간 제한 등 규제 대상이 되는 대형마트에 해당하는지는, 일단 대형마트로 개설등록되었다면 특별한 사정이 없는 한, 개설등록된 형식에 따라 대규모점포를 일체로서 판단하여야 하고, 대규모점포를 구성하는 개별 점포의 실질이 대형마트의 요건에 부합하는지를 다시 살필 것은 아니다(대판[전합] 2015.11.19. 2015두295, 표준판례 326). | 정답 | ○

ㅁ. 영업시간 제한 등 처분의 대상인 대규모점포 중 개설자의 직영매장 이외에 개설자에게서 임차하여 운영하는 임대매장이 병존하는 경우, 임대매장의 임차인이 개설자와 별도로 처분 상대방이 되므로 임차인에게도 사전통지 및 의견청취절차를 거쳐야 한다.

영업시간 제한 등 처분의 대상인 대규모점포 중 개설자의 직영매장 이외에 개설자로부터 임차하여 운영하는 임대매장이 병존하는 경우에도, 전체 매장에 대하여 법령상 대규모점포 등의 유지·관리 책임을 지는 개설자만이 그 처분상대방이 되고, 임대매장의 임차인이 이와 별도로 처분 상대방이 되는 것은 아니라고 할 것이다. 이 사건 대규모점포 중 개설자가 직영하지 않는 임대매장이 존재하더라도 대규모점포에 대한 영업시간 제한 등 처분의 상대방은 오로지 대규모점포 개설자인 원고들이다. 따라서 위와 같은 절차도 원고들을 상대로 거치면 충분하고, 그 밖에 임차인들을 상대로 별도의 사전통지 등 절차를 거칠 필요가 없다(대판[전합] 2015.11.19. 2015두295, 표준판례 326). | 정답 | X

762
☐☐☐

무허가건물이 지장물 이전 및 철거와 관련한 협의계약을 체결할 당시까지 무허가건물관리대장에 등재되어 있었다가 그 이후 무허가건물관리대장에서 삭제되었다고 하여 이주대책에서 정한 원고의 법률상 지위에 어떠한 영향을 미친다고 볼 수 없다.

무허가건물이 지장물 이전 및 철거와 관련한 협의계약을 체결할 당시까지 무허가 건물관리대장에 등재되어 있다가 그 후 삭제되었다고 하더라도 이주대책에서 정한 무허가건물 소유자의 법률상 지위에 어떠한 영향도 미치지 않는다고 보아, 무허가건물관리대장 등재 삭제행위의 취소를 구하는 소는 부적법하다(대판 2009.3.12. 2008두11525). | 정답 | ○

763
□□□

「행정소송법」상 항고소송의 대상에 관한 설명 중 옳은 것(○)과 옳지 않은 것(×)을 올바르게 조합한 것은? (다툼이 있는 경우 판례에 의함)

ㄱ. 자동차운전면허대장에 일정한 사항을 등재하는 행위는 운전면허행정사무집행의 편의와 사실증명의 자료로 삼기 위한 것에 불과하고, 그 등재행위로 인하여 당해 운전면허 취득자에게 새로이 어떠한 권리가 부여되거나 변동 또는 상실되는 것은 아니므로, 소관청의 운전면허대장 등재행위는 항고소송의 대상이 되는 행정처분에 해당하지 아니한다.

자동차운전면허대장상 일정한 사항의 **등재행위는** 운전면허행정사무집행의 편의와 사실증명의 자료로 삼기 위한 것일 뿐 그 등재행위로 인하여 당해 운전면허 취득자에게 새로이 어떠한 권리가 부여되거나 변동 또는 상실되는 효력이 발생하는 것은 아니므로 이는 행정소송의 대상이 되는 독립한 행정처분으로 볼 수 없다(대판 1991.9.24. 91누1400).　　　　　　　　　　　　　　　　　　　　　　| 정답 | ○

ㄴ. 지목은 토지행정의 기초로서 공법상의 법률관계에 영향을 미치고, 토지소유자는 지목을 토대로 사용·수익·처분에 일정한 제한을 받게 되는 점 등을 고려하면, 소관청의 지목변경신청 반려행위는 국민의 권리관계에 영향을 미치는 것으로서 항고소송의 대상이 되는 행정처분에 해당한다.

지목은 토지소유권을 제대로 행사하기 위한 전제요건으로서 토지소유자의 실체적 권리관계에 밀접하게 관련되어 있으므로 지적공부 소관청의 **지목변경신청 반려행위는** 국민의 권리관계에 영향을 미치는 것으로서 항고소송의 대상이 되는 행정처분에 해당한다(대판[전합] 2004.4.22. 2003두9015, 표준판례 314).　　| 정답 | ○

ㄷ. 토지대장은 부동산등기부의 기초자료로서 토지대장에 기재된 일정한 사항을 변경하는 행위는 토지 소유권의 구체적 내용과 범위에 영향을 미치게 되므로, 소관청이 토지대장상의 소유자명의변경신청을 거부한 행위는 항고소송의 대상이 되는 행정처분에 해당한다.

토지대장에 기재된 일정사항을 변경하는 행위는, 그것이 **지목의 변경**이나 정정 등과 같이 토지소유권 행사의 전제요건으로서 **토지소유자의 실체적 권리관계에 영향**을 미치는 사항에 관한 것이 아닌 한 행정사무편의와 사실증명자료에 불과하여, 그 **소유자 명의가 변경**된다고 하여도 이로 인하여 당해 토지에 대한 실체상의 권리관계에 변동을 가져올 수 없고 토지 소유권이 지적공부의 기재만에 의하여 증명되는 것도 아니다. 따라서 소관청이 토지대장상의 소유자명의변경신청을 거부한 행위는 이를 항고소송의 대상이 되는 **행정처분이라고 할 수 없다**(대판 2012.1.12. 2010두12354).　　　　　　　　　　| 정답 | X

ㄹ. 토지대장은 토지에 대한 공법상의 규제, 개발부담금의 부과대상, 지방세의 과세대상, 공시지가의 산정, 손실보상가액의 산정 등 토지행정의 기초자료로서 공법상의 법률관계에 영향을 미치므로, 이러한 토지대장을 직권으로 말소한 행위는 국민의 권리관계에 영향을 미치는 것으로서 항고소송의 대상이 되는 행정처분에 해당한다.

토지대장은 토지에 대한 공법상의 규제, 개발부담금의 부과대상, 지방세의 과세대상, 공시지가의 산정, 손실보상가액의 산정 등 토지행정의 기초자료로서 공법상의 법률관계에 영향을 미칠 뿐만 아니라, 토지에 관한 소유권보존등기 또는 소유권이전등기를 신청하려면 이를 등기소에 제출해야 하는 점 등을 종합해 보면, 토지대장은 토지의 소유권을 제대로 행사하기 위한 전제요건으로서 토지 소유자의 실체적 권리관계에 밀접하게 관련되어 있으므로, 이러한 토지대장을 직권으로 말소한 행위는 국민의 권리관계에 영향을 미치는 것으로서 항고소송의 대상이 되는 행정처분에 해당한다(대판 2013.10.24. 2011두13286).　　　　|정답 | O

> ㅁ. 건축물대장의 용도는 건축물의 소유권을 제대로 행사하기 위한 전제요건으로서 건축물소유자의 실체적 권리관계에 밀접하게 관련되어 있으므로, 소관청이 건축물대장상의 용도변경신청을 거부한 행위는 국민의 권리관계에 영향을 미치는 것으로서 항고소송의 대상이 되는 행정처분에 해당한다.

건축물대장의 용도는 건축물의 소유권을 제대로 행사하기 위한 전제요건으로서 건축물 소유자의 실체적 권리관계에 밀접하게 관련되어 있으므로, 건축물대장 소관청의 용도변경신청 거부행위는 국민의 권리관계에 영향을 미치는 것으로서 항고소송의 대상이 되는 **행정처분에 해당한다**(대판 2009.1.30. 2007두7277).　　　　|정답 | O

[13 변시]

764

甲이 식품위생법에 근거하여 유흥주점의 영업허가를 신청한 경우 이에 관한 다음 설명 중 옳은 것을 모두 고른 것은? (다툼이 있는 경우 판례에 의함)

> ㄱ. 유흥주점의 영업허가는 이른바 일반적 금지의 해제이기 때문에 행정청에 폭넓은 재량이 인정된다.

식품위생법의 관계규정의 취지를 종합하여 볼 때, **식품위생법상의 유흥접객업허가**는 그 성질상 일반적 금지에 대한 해제에 불과하므로 허가권자는 허가신청이 법에서 정한 요건을 구비한 때에는 이를 반드시 허가하여야 할 것이고, 허가제한 사유에 관한 같은 법 24조 1항 4호 소정의 공익상 허가를 제한할 필요의 유무를 판단함에 있어서도 허가를 제한하여 달성하려는 공익과 이로 인하여 받게 되는 상대방의 불이익을 교량하여 신중하게 재량권을 행사하여야 할 것이다(대판 1992.10.23. 91누10183).　　　　|정답 | X

> ㄴ. 기존에 허가받은 유흥주점업자는 통상적으로 그대로 영업허가에 대하여 취소소송을 제기할 법률상 이익이 없다.

판례는 일반적으로 **기존업자가 허가를 받아 영업하는 경우**에 그 기존업자가 그 허가로 인하여 얻는 이익은 **반사적 이익 내지 사실상 이익에 불과**한 것으로 보아 원고적격을 부정하는 경향이 있다. 다만, 이런 경우에도 거리제한 규정이 있는 경우처럼 허가 요건 규정이 공익뿐만 아니라 기존업자의 사익도 마찬가지로 보호하고 있다고 해석되는 경우에는 제3자에 대한 허가를 다툴 원고적격을 가진다고 할 것이다. 위 사례의 경우 유흥주점은 강학상 허가에 해당하고, 관계규정에서 별도의 사익 보호 규정도 존재하지 않으므로 기존의 유흥주점허가를 받은 자에게 제3자인 롤에 대한 허가를 다툴 원고적격이 인정되지는 않는다.　　　　|정답 | O

ㄷ. 영업허가 후 甲의 유흥주점의 위생상태가 악화되어 영업정지처분을 했음에도 甲이 영업을 계속하고 있는 경우에는 관할 행정청이 대집행을 할 수 있다.

대집행은 대체적 작위의무의 위반이 있는 경우에 사용되는 의무이행확보수단이다. 사례에서 **甲은 영업 정지라는 비대체적인 부작위 의무를 위반**한 경우이므로 이를 이유로 대집행 할 수 없다.
행정대집행법 2조는 '행정청의 명령에 의한 행위로서 타인이 대신하여 행할 수 있는 행위를 의무자가 이행하지 아니하는 경우'에 대집행할 수 있도록 규정하고 있는데, 이 사건 용도위반 부분을 장례식장으로 사용하는 것이 관계 법령에 위반한 것이라는 이유로 장례식장의 사용을 중지할 것과 이를 불이행할 경우 행정대집행법에 의하여 대집행하겠다는 내용의 이 사건 처분은, <u>이 사건 처분에 따른 **장례식장 사용중지 의무**가 원고 이외의 '타인이 대신'할 수도 없고, 타인이 대신하여 '행할 수 있는 행위'라고도 할 수 없는 비대체적 부작위 의무에 대한 것이므로 그 자체로 위법함이 명백하다</u>(대판 2005.9.28. 2005두7464). | 정답 | X

765
□□□

다음 고시에 관한 설명 중 옳은 것(○)과 옳지 않은 것(×)을 올바르게 조합한 것은? (다툼이 있는 경우 판례에 의함)

여성가족부 고시 제2014-21호

「청소년보호법」 제7조 제1항의 규정에 의거 방송통신심의위원회가 결정한 청소년유해매체물을 같은 법 제21조 제2항에 의거 다음과 같이 고시합니다.

2014년 9월 22일
여성가족부장관

1. 청소년유해매체물 목록 : 아래 목록표와 같음
2. 의무사항
   ○ 다음 목록의 청소년 유해 정보물을 제공하는 사업자는 「청소년보호법」상 청소년유해표시 의무(법 제13조)를 이행하여야 하며, 누구든지 영리를 목적으로 동 매체물을 청소년을 대상으로 판매ㆍ대여ㆍ배포하거나 시청ㆍ관람ㆍ이용에 제공하여서는 아니 됨(법 제16조)
3. 벌칙내용
   ○ 청소년유해표시 의무(법 제13조)위반 : 2년 이하의 징역 또는 1천만원 이하의 벌금(법 제59조 제1호)
   ○ 판매 금지 등의 의무(법 제16조)위반 : 3년 이하의 징역 또는 2천만원 이하의 벌금(법 제58조 제1호)

청소년유해매체물(전기통신정보) 목록표

[인터넷]

일련 번호	제목	정보 위치	정보 제공자	심의 결정 기관	심의 번호	결정 연월일	결정 사유	고시의 효력 발생일
2014- 366	www. gay. com ('게이 닷컴')	인터넷	㈜ GD커 뮤니케 이션	방송 통신 심의 위원회	89412 7	2014. 9. 15.	청소년 유해 매체물	2014. 9. 29.
⋮	⋮	⋮	⋮	⋮	⋮	⋮	⋮	⋮

* 위 고시는 가상(假想)으로 구성한 것임

위 고시가 있은 후 ㈜ GD커뮤니케이션은 자신이 운영하는 동성애자 커뮤니티 '게이닷컴'에는 청소년유해매체물로 지정될 만한 내용이 전혀 포함되어 있지 않음에도, 여성가족부장관이 자신에게 통지하지 않은 채 고시하였다며 2014. 12. 31. 무효확인을 구하는 항고소송을 제기하였다.

ㄱ. 위 고시일부터 90일이 지난 시점에서 소송을 제기하였으므로 ㈜ GD커뮤니케이션이 제기한 소송은 제소기간을 도과한 부적법한 소로서 각하되어야 한다.

무효확인소송은 제소기간이 적용되지 않는다(행정소송법 38조 1항). | 정답 | X

ㄴ. 여성가족부장관은 ㈜ GD커뮤니케이션에게 반드시 통지를 하여야 하고, 그 통지를 결한 처분은 무효사유에 해당한다.

정보통신윤리위원회가 특정 인터넷 웹사이트를 청소년유해매체물로 결정하고 청소년보호위원회가 효력발생시기를 명시하여 고시함으로써 그 명시된 시점에 효력이 발생하였다고 봄이 상당하고, 정보통신윤리위원회와 청소년보호위원회가 위 처분이 있었음을 **위 웹사이트 운영자에게 제대로 통지하지 아니하였다고 하여 그 효력 자체가 발생하지 아니한 것으로 볼 수는 없다**(대판 2007.6.14. 2004두619, 표준판례 304). | 정답 | X

ㄷ. 만일 ㈜ GD커뮤니케이션이 위 고시에 대한 취소소송을 제기한다면, 제소기간의 기산일은 2014년 9월 29일이다.

통상 **고시 또는 공고에 의하여 행정처분을 하는 경우**에는 그 처분의 상대방이 **불특정 다수인이고 그 처분의 효력이 불특정 다수인에게 일률적으로 적용되는 것**이므로, 그 행정처분에 이해관계를 갖는 자가 고시 또는 공고가 있었다는 사실을 **현실적으로 알았는지 여부에 관계없이 고시가 효력을 발생하는 날 행정처분이 있음을 알았다고 보아야** 한다(대판 2007.6.14. 2004두619, 표준판례 304). | 정답 | ○

ㄹ. 청소년유해매체물 결정·고시는 일반 불특정 다수인을 상대방으로 하여 일률적으로 표시의무, 포장의무, 청소년에 대한 판매·대여 등의 금지의무 등 각종 의무를 발생시키는 행정처분의 성격을 갖는다.

구 청소년보호법에 따른 청소년유해매체물 결정 및 고시처분은 당해 유해매체물의 소유자 등 특정인만을 대상으로 한 행정처분이 아니라 일반 **불특정 다수인을 상대방으로 하여 일률적으로 표시의무, 포장의무, 청소년에 대한 판매·대여 등의 금지의무 등 각종 의무를 발생시키는 행정처분**이다(대판 2007.6.14. 2004두619, 표준판례 304).

| 정답 | ○

[13 변시]

766
☐☐☐

행정심판청구가 부적법하지 않음에도 각하한 재결은 심판청구인의 실체심리를 받을 권리를 박탈한 것으로서 재결에 고유한 하자가 있는 경우에 해당하여 재결 자체가 취소소송의 대상이 된다.

행정소송법 19조에 의하면 행정심판에 대한 재결에 대하여도 그 재결 자체에 고유한 위법이 있음을 이유로 하는 경우에는 항고소송을 제기하여 그 취소를 구할 수 있고, 여기에서 말하는 '재결 자체에 고유한 위법'이란 그 재결자체에 주체, 절차, 형식 또는 내용상의 위법이 있는 경우를 의미하는데, 행정심판청구가 **부적법하지 않음에도 각하한 재결**은 심판청구인의 실체심리를 받을 권리를 박탈한 것으로서 **원처분에 없는 고유한 하자가 있는 경우에 해당**하고, 따라서 위 재결은 취소소송의 대상이 된다(대판 2001.7.27. 99두2970).

| 정답 | ○

[13 변시]

767
☐☐☐

의약품제조품목허가처분에 대하여 원처분의 상대방이 아닌 제3자가 행정심판을 청구하여 재결청이 원처분을 취소하는 형성재결을 한 경우에 그 원처분의 상대방은 그 재결에 대하여 항고소송을 제기할 수밖에 없는데, 이 경우 위 재결은 원처분과 내용을 달리하는 것이어서 재결의 취소를 구하는 것은 원처분에 없는 재결 고유의 위법을 주장하는 것이 된다.

이른바 복효적 행정행위, 특히 제3자효를 수반하는 행정행위에 대한 행정심판청구에 있어서 그 청구를 **인용하는 내용의 재결로 인하여 비로소 권리이익을 침해받게 되는 자**는 그 인용재결에 대하여 다툴 필요가 있고, 그 인용재결은 원처분과 내용을 달리하는 것이므로 그 인용재결의 취소를 구하는 것은 원처분에는 없는 재결에 고유한 하자를 주장하는 셈이어서 당연히 항고소송의 대상이 된다.
당해 재결과 같이 그 인용재결청인 문화체육부장관 스스로가 직접 당해 사업계획승인처분을 취소하는 형성적 재결을 한 경우에는 그 재결 외에 그에 따른 행정청의 별도의 처분이 있지 않기 때문에 재결 자체를 쟁송의 대상으로 할 수밖에 없다(대판 1997.12.23. 96누10911, 표준판례 333).

| 정답 | ○

768
□□□

행정청이 골프장 사업계획승인을 얻은 자의 사업시설 착공계획서를 수리한 것에 불복하여 인근 주민들이 그 수리처분의 취소를 구하는 행정심판을 청구한 것에 대하여, 재결청이 처분성의 결여를 이유로 위 취소심판청구를 부적법 각하하여야 함에도 불구하고 이를 각하하지 않고 심판청구를 인용하여 취소재결을 하였다면 재결 자체에 고유한 하자가 있는 것이다.

행정청이 골프장 사업계획승인을 얻은 자의 사업시설 착공계획서를 수리한 것에 대하여 인근 주민들이 그 수리처분의 취소를 구하는 행정심판을 청구하자 재결청이 그 청구를 인용하여 수리처분을 취소하는 <u>형성적 재결</u>을 한 경우, 그 수리처분 취소 심판청구는 **행정심판의 대상이 되지 아니하여 부적법 각하**하여야 함에도 <u>위 재결은 그 청구를 인용하여 수리처분을 취소하였으므로</u> **재결 자체에 고유한 하자가 있다**(대판 2001.5.29. 99두10292).　　　　　　　　　　　　　　　　　　　　　　　　　　　　　　　　　| 정답 | ○

769
□□□

재결 자체에 고유한 위법에는 재결 자체의 주체, 절차, 형식상의 위법뿐만 아니라 재결 자체의 내용상의 위법도 포함된다.

재결 자체의 고유한 위법이란 원처분에는 없는 그 재결 자체의 주체, **내용**, 형식 그리고 절차상의 위법이 있는 경우를 말한다.　　　　　　　　　　　　　　　　　　　　　　　　　　　　| 정답 | ○

770
□□□

재결은 그 자체에 고유한 위법이 있는 경우에만 취소소송의 대상이 되므로, 재결취소소송의 경우에는 재결 자체에 고유한 위법이 있는지 여부를 심리할 것이고 심리 후 재결 자체에 고유한 위법이 없다면 각하할 것이 아니라 기각판결을 해야 한다.

재결은 재결에 고유한 위법이 있는 경우에만 소송의 대상이 된다. <u>재결에 고유한 위법이 없음에도 소송을 제기한 경우 법원이 어떤 판결을 내려야 하는지에 대하여, 행정소송법 19조 단서를 소극적 소송요건으로 이해하는 각하설이 있으나, <u>통설 · 판례는 본안판단사항으로 보는 기각설</u>이다.　　　　　　　| 정답 | ○

771
□□□

국토교통부 산하 A시설공단은 「공공기관의 운영에 관한 법률」의 적용을 받는 법인격 있는 공기업이다. A시설공단은 시설물 설치를 위한 지반공사를 위해 「국가를 당사자로 하는 계약에 관한 법률」이 정하는 바에 따라 甲건설회사와 공사도급계약을 체결하였다. 그런데 甲건설회사가 공사를 하는 과정에서 규격에 미달하는 저급한 자재를 사용하여 지반이 침하하는 사고가 발생하였고, A시설공단은 계약의 부실 이행을 이유로 「공공기관의 운영에 관한 법률」 제39조 제2항에 따라 甲건설회사에 대해 3개월간 입찰참가자격을 제한한다는 통보를 하였다. 이에 관한 설명 중 옳지 않은 것은?

ㄱ. A시설공단과 甲건설회사 간의 공사도급계약은 사법상(私法上) 계약이며, 그 내용에 관한 분쟁의 해결은 민사소송에 의한다.

지방재정법에 의하여 준용되는 국가계약법에 따라 지방자치단체가 당사자가 되는 이른바 공공계약은 사경제의 주체로서 상대방과 대등한 위치에서 체결하는 **사법상의 계약**으로서 그 본질적인 내용은 사인 간의 계약과 다를 바가 없으므로, 그에 관한 법령에 특별한 정함이 있는 경우를 제외하고는 사적자치와 계약자유의 원칙 등 사법의 원리가 그대로 적용된다 할 것이다(대판 2001.12.11. 2001다33604). | 정답 | ○

ㄴ. 甲건설회사가 위 입찰참가자격 제한조치에 대해 취소소송을 제기하는 경우 피고는 국토교통부장관이 아니라 A시설공단으로 하여야 한다.

A시설공단은 공공기관의 운영에 관한 법률의 적용을 받는 법인격 있는 공기업이므로 강학상 협의의 공공단체에 해당하고 법령상 위임·위탁받은 사무를 처리함에는 공무수탁사인의 지위를 갖는다. 이러한 <u>공공단체 또는 공무수탁사인</u>은 특정한 행정목적을 수행함에 있어서 필요한 한도 내에서 행정주체의 지위에 서게 되며 대외적 처분을 행함에는 그 자체가 행정청이 되는 이중적 지위를 갖는다. 따라서 甲건설회사가 제기한 **취소소송의 피고는 A시설공단 자체가** 된다. | 정답 | ○

ㄷ. 입찰참가자격 제한조치에 대한 취소소송의 계속 중 피고는 甲건설회사가 부실공사를 무마하기 위해 관계 공무원에게 뇌물을 공여한 사실이 있음을 처분사유로 추가할 수 없다. [20-2]

<u>입찰참가자격을 제한시킨 당초의 처분 사유</u>인 정당한 이유 없이 **계약을 이행하지 않은 사실**과 항고소송에서 새로 주장한 계약의 이행과 관련하여 **관계 공무원에게 뇌물을 준 사실**은 기본적 사실관계의 동일성이 없다 (대판 1999.3.9. 98두18565). | 정답 | ○

ㄹ. 甲건설회사가 입찰참가자격 제한조치의 취소를 구하는 소송에서 처분의 근거조항인 「공공기관의 운영에 관한 법률」 제39조 제2항에 대하여 위헌제청신청을 하였으나 수소법원이 그 신청을 기각한 경우, 甲건설회사는 그 기각결정에 대해 항고할 수 있다.

<u>헌법재판소법 68조 2항</u>은 **법률의 위헌여부심판의 제청신청이 기각**된 때에는 그 신청을 한 당사자는 헌법재판소에 헌법소원심판을 청구할 수 있으나 다만 이 경우 그 당사자는 당해 사건의 소송절차에서 동일한 사유를 이유로 **다시 위헌여부심판의 제청을 신청할 수 없다**고 규정하고 있는바, 이 때 당해 사건의 소송절차란 당해 사건의 상소심 소송절차를 포함한다 할 것이다(헌재 2007.7.26. 2006헌바40). 따라서 **甲건설회사는 헌법 재판소법 68조 2항의 위헌심사형 헌법소원을 신청해야** 하고, 항고법원에서 위헌심판제청 여부를 다툴 수 없게 된다. | 정답 | X

772
□□□

甲은 「산업집적활성화 및 공장설립에 관한 법률」(이하 '법'이라 함)에 따라 산업단지관리공단과 A시 소재 산업단지 입주계약을 체결하였으나, 이후 산업단지관리공단은 甲의 계약위반을 이유로 입주계약을 해지하였다. 이에 관한 설명 중 옳은 것은?

> ❑ **참 고**
>
> **법(현행법을 사례에 맞게 단순화하였음)**
> **제42조(입주계약의 해지 등)** ① 산업단지관리공단은 입주기업체가 입주계약을 위반한 경우에는 그 입주계약을 해지할 수 있다.
> **제43조(입주계약 해지 후의 재산처분 등)** ① 제42조제1항에 따라 입주계약이 해지된 자는 그가 소유하는 산업용지 및 공장등을 산업통상자원부령으로 정하는 기간에 처분하여야 한다.
> **제55조(과태료)** ① 시장·군수·구청장은 제43조제1항에 따른 기간에 산업용지 또는 공장등을 양도하지 아니한 자에게는 500만원 이하의 과태료를 부과한다.

ㄱ. 甲이 산업단지관리공단을 상대로 입주계약의 해지를 다투려면 당사자소송에 의하여야 한다.

구 산업집적활성화 및 공장설립에 관한 법률 42조 1항, 43조, 55조 등의 규정들에서 알 수 있는 산업단지관리공단의 지위, 입주계약 및 변경계약의 효과, 입주계약 및 변경계약 체결 의무와 그 의무를 불이행한 경우의 형사적 내지 행정적 제재, 입주계약해지의 절차, 해지통보에 수반되는 법적 의무 및 그 의무를 불이행한 경우의 형사적 내지 행정적 제재 등을 종합적으로 고려하면, **입주변경계약 취소는** 행정청인 관리권자로부터 관리업무를 위탁받은 산업단지관리공단이 우월적 지위에서 입주기업체들에게 일정한 법률상 효과를 발생하게 하는 것으로서 **항고소송의 대상이 되는 행정처분에** 해당한다(대판 2017.6.15. 2014두46843, 표준판례 330). | 정답 | X

ㄴ. 산업단지관리공단이 甲에 대하여 입주계약을 해지하는 경우, 법에 특별한 규정이 없다면 「행정절차법」의 적용을 받지 않는다.

입주계약 해지는 항고소송의 대상이 되는 처분에 해당하므로 행정절차법이 적용된다.

> **행정절차법 제3조(적용 범위)** ① 처분, 신고, 확약, 위반사실 등의 공표, 행정계획, 행정상 입법예고, 행정예고 및 행정지도의 절차(이하 "행정절차")에 관하여 다른 법률에 특별한 규정이 있는 경우를 제외하고는 이 법에서 정하는 바에 따른다.

| 정답 | X

ㄷ. 산업단지관리공단이 甲에 대하여 입주계약을 해지하는 경우, 해지하여야 할 공익상의 필요와 해지로 인한 甲의 기득권, 신뢰보호 및 법률생활 안정의 침해 등 불이익에 대한 이익형량이 요구된다.

일정한 행정처분으로 국민이 일정한 이익과 권리를 취득하였을 경우에 종전 행정처분에 하자가 있음을 전제로 직권으로 이를 취소하는 행정처분은 이미 취득한 국민의 기존 이익과 권리를 박탈하는 별개의 행정처분으로, 취소될 행정처분에 하자가 있어야 하고, 나아가 행정처분에 하자가 있다고 하더라도 취소해야 할 공익상 필요와 취소로 당사자가 입게 될 기득권과 신뢰보호 및 법률생활 안정의 침해 등 불이익을 비교·교량한 후 공익상 필요가 당사자가 입을 불이익을 정당화할 만큼 강한 경우에 한하여 취소할 수 있는 것이며, 하자나 취소해야 할 필요성에 관한 증명책임은 기존 이익과 권리를 침해하는 처분을 한 행정청에 있다. 이러한 신뢰보호와 이익형량의 취지는 산업집적법에 따른 입주계약 또는 변경계약을 취소하는 경우에도 마찬가지로 적용될 수 있다(대판 2017.6.15. 2014두46843).　｜정답｜○

ㄹ. 甲이 입주계약의 해지에 대하여 행정소송으로 다투고 있는 중에는 산업단지관리공단은 입주계약의 해지를 직권으로 취소할 수 없다.

소멸시효는 객관적으로 권리가 발생하여 그 권리를 행사할 수 있는 때로부터 진행하고 그 권리를 행사할 수 없는 동안만은 진행하지 아니하는데, 여기서 권리를 행사할 수 없는 경우라 함은 그 권리행사에 법률상의 장애사유가 있는 경우를 말하는데, 변상금 부과처분에 대한 **취소소송이 진행중**이라도 그 부과권자로서는 **위법한 처분을 스스로 취소**하고 그 하자를 보완하여 다시 적법한 부과처분을 할 수도 있는 것이어서 그 권리행사에 법률상의 장애사유가 있는 경우에 해당한다고 할 수 없으므로, 그 처분에 대한 취소소송이 진행되는 동안에도 그 부과권의 소멸시효가 진행된다(대판 2006.2.10. 2003두5686).　｜정답｜X

ㅁ. 甲이 일정기간 산업용지를 양도하지 않자 관할 A시장이 甲에게 과태료를 부과한 경우, 甲은 과태료부과처분 취소소송을 통해 다툴 수 있다.

과태료가 행정청에 의해 부과되는 경우 **과태료 부과행위는 행정행위이나, 질서위반행위규제법에 따르면** 행정청의 과태료 부과에 이의가 제기된 경우 과태료 부과처분은 효력을 상실하고, 이의제기를 받은 행정청은 관할법원에 통보하여 관할법원이 과태료를 결정하도록 하고 있다. 따라서 **과태료 부과처분은 행정쟁송으로 다툴 수 없다.**
[판례] 질서위반행위규제법 20조 1항, 2항, 21조 1항, 25조, 36조 1항, 38조 1항은 행정청의 과태료 부과에 불복하는 당사자는 과태료 부과 통지를 받은 날부터 60일 이내에 해당 행정청에 서면으로 이의제기를 할 수 있고, 이의제기가 있는 경우에는 그 과태료 부과처분은 효력을 상실하며, 이의제기를 받은 행정청은 이의제기를 받은 날부터 14일 이내에 이에 대한 의견 및 증빙서류를 첨부하여 관할 법원에 통보하여야 하고, 그 통보를 받은 관할 법원은 이유를 붙인 결정으로써 과태료 재판을 하며, 당사자와 검사는 과태료 재판에 대하여 즉시항고를 할 수 있다고 규정하고 있다. 또 질서위반행위규제법 5조는 '과태료의 부과 · 징수, 재판 및 집행 등의 절차에 관한 다른 법률의 규정 중 이 법의 규정에 저촉되는 것은 이 법으로 정하는 바에 따른다'고 규정하고 있다. 위와 같은 규정을 종합하여 보면, 수도조례 및 하수도사용조례에 기한 과태료의 부과 여부 및 그 당부는 최종적으로 질서위반행위규제법에 의한 절차에 의하여 판단되어야 한다고 할 것이므로, 그 과태료 부과처분은 행정청을 피고로 하는 행정소송의 대상이 되는 행정처분이라고 볼 수 없다(대판 2012.10.11. 2011두19369).　｜정답｜X

[13 변시]

773
☐☐☐

공무원인 원고에 대한 감봉 1월의 징계처분을 관할 소청심사위원회가 견책으로 변경하는 소청결정을 내린 경우, 원고가 위 소청결정 중 견책에 처한 조치는 재량권의 일탈 · 남용이 있어 위법하다는 사유를 들어 다툰다면 이는 위 소청결정 자체에 고유한 위법이 있는 경우에 해당한다.

소청위의 기각결정은 원처분 확정에 불과하여 상대방에게 새로운 불이익이 없으므로, 이러한 기각결정에 사실오인이나 재량권 일탈 · 남용의 위법이 있다는 주장은 **원처분의 위법성 주장**으로 해석된다.
[판례] 항고소송은 원칙적으로 당해 처분을 대상으로 하나, 당해 처분에 대한 재결 자체에 고유한 주체, 절차, 형식 또는 내용상의 위법이 있는 경우에 한하여 그 재결을 대상으로 할 수 있다고 해석되므로, 징계혐의자에 대한 **감봉 1월의 징계처분을 견책으로 변경한 소청결정 중 그를 견책에 처한 조치는 재량권의 남용 또는 일탈로서 위법하다는 사유는 소청결정 자체에 고유한 위법을 주장하는 것으로 볼 수 없어 소청결정의 취소사유가 될 수 없다**(대판 1993.8.24. 93누5673).　｜정답｜X

774
☐☐☐

관할 행정청이 A에 대하여 A 소유 건물의 4, 5층에 객실을 설비할 수 있도록 숙박업구조 변경허가를 하였는데 그곳으로부터 700m 정도의 거리에서 여관을 경영하는 甲이 주거안 녕과 생활환경 침해를 이유로 A에 대한 숙박업구조변경허가처분의 무효확인소송을 제기한 경우, 무효확인을 구할 소익이 있다.

이 사건 건물의 4, 5층 일부에 객실을 설비할 수 있도록 숙박업구조변경허가를 함으로써 그곳으로부터 50 미터 내지 700미터 정도의 거리에서 여관을 경영하는 원고들이 받게 될 불이익은 간접적이거나 사실적, 경제적인 불이익에 지나지 아니하므로 그것만으로는 원고들에게 위 숙박업구조변경허가처분의 무효확인 또는 취소를 구할 소익이 있다고 할 수 없다(대판 1990.8.14. 89누7900).

775
☐☐☐

취소판결을 받더라도 해당 처분으로 발생한 위법상태를 원상으로 회복시킬 수 없는 경우 에는 그 취소를 구할 소의 이익이 인정되지 않는 것이 원칙이나, 그 취소로써 회복할 수 있는 다른 이익이 남아 있거나 또는 불분명한 법률문제의 해명이 필요한 경우에는 예외 적으로 소의 이익을 인정할 수 있다.

행정처분의 무효확인 또는 취소를 구하는 소에서, 비록 행정처분의 위법을 이유로 무효확인 또는 취소 판결 을 받더라도 그 처분으로 발생한 **위법상태를 원상으로 회복시킬 수 없는 경우**에는 원칙적으로 무효확인 또 는 취소를 구할 **법률상 이익이 없다.** 다만 원상회복이 불가능하더라도 무효확인 또는 취소로써 **회복할 수 있는 다른 권리나 이익이 남아 있거나,** 동일한 소송 당사자 사이에서 동일한 사유로 위법한 처분이 반복될 위험이 있어 행정처분의 위법성 확인 또는 **불분명한 법률문제에 대한 해명이 필요**하다고 판단되는 경우 등 에는 행정의 적법성 확보와 그에 대한 사법통제, 국민의 권리구제 확대 등의 측면에서 예외적으로 처분의 취소를 구할 소의 이익을 인정할 수 있다(대판 2020.2.27. 2018두67152). | 정답 | ○

776
☐☐☐

제재적 행정처분이 그 처분에서 정한 제재기간의 경과로 인하여 그 효과가 소멸되었으 나, 부령인 시행규칙의 형식으로 정한 처분기준에서 제재적 행정처분(이하 '선행처분')을 받은 것을 가중사유나 전제요건으로 삼아 장래의 제재적 행정처분(이하 '후행처분')을 하 도록 정하고 있는 경우, 위 시행규칙이 정한 바에 따라 선행처분을 가중사유 또는 전제요 건으로 하는 후행처분을 받을 우려가 현실적으로 존재하는 경우에도 선행처분을 받은 상 대방은 그 처분에서 정한 제재기간이 경과한 선행처분의 취소를 구할 법률상 이익이 없 다.

국민의 재판청구권을 보장한 헌법 27조 1항의 취지와 행정처분으로 인한 권익침해를 효과적으로 구제하려 는 행정소송법의 목적 등에 비추어 행정처분의 존재로 인하여 국민의 권익이 실제로 침해되고 있는 경우는 물론이고 권익침해의 구체적 · 현실적 위험이 있는 경우에도 이를 구제하는 소송이 허용되어야 한다는 요청 을 고려하면, 규칙이 정한 바에 따라 선행처분을 **가중사유 또는 전제요건으로** 하는 후행처분을 받을 우려가 현실적으로 존재하는 경우에는, 선행처분을 받은 상대방은 비록 그 처분에서 정한 제재기간이 경과하였다 하더라도 그 처분의 취소소송을 통하여 그러한 불이익을 제거할 권리보호의 필요성이 충분히 인정된다고 할 것이므로, 선행처분의 취소를 구할 **법률상 이익이 있다고 보아야 한다**(대판[전합] 2006.6.22. 2003두1684, 표준판례 347). | 정답 | X

777
□□□

공장등록이 취소된 후 그 공장시설물이 철거되었다 하더라도 대도시 안의 공장을 지방으로 이전할 경우 「조세특례제한법」상의 세액공제 및 소득세 등의 감면혜택이 있는 때 그 공장등록취소처분에 대하여 취소소송을 제기하는 경우 협의의 소익이 인정된다.

[1] 일반적으로 공장등록이 취소된 후 그 공장 시설물이 어떠한 경위로든 철거되어 다시 복구 등을 통하여 공장을 운영할 수 없는 상태라면 이는 공장등록의 대상이 되지 아니하므로 외형상 공장등록취소행위가 잔존하고 있다고 하여도 그 처분의 취소를 구할 법률상의 이익이 없다 할 것이나, 위와 같은 경우에도 유효한 공장등록으로 인하여 공장등록에 관한 당해 법률이나 다른 법률에 의하여 보호되는 직접적 · 구체적 이익이 있다면, 당사자로서는 공장건물의 멸실 여부에 불구하고 그 공장등록취소처분의 취소를 구할 법률상의 이익이 있다.
[2] 공장등록이 취소된 후 그 공장시설물이 철거되었다 하더라도 대도시 안의 공장을 지방으로 이전할 경우 조세특례제한법상의 세액공제 및 소득세 등의 감면혜택이 있고, 공업배치및공장설립에관한법률상의 간이한 이전절차 및 우선 입주의 혜택이 있는 경우, 그 공장등록취소처분의 취소를 구할 법률상의 이익이 있다(대판 2002.1.11. 2000두3306). | 정답 | ○

778
□□□

해임처분 무효확인 또는 취소소송 계속 중 해당 공무원의 임기가 만료되어 해임처분의 무효확인 또는 취소로 지위를 회복할 수 없는 경우 그 무효확인 또는 취소로 해임처분일부터 임기만료일까지 기간에 대한 보수지급을 구할 수 있더라도 해임처분의 무효확인 또는 취소를 구할 법률상 이익이 없다.

해임처분 무효확인 또는 취소소송 계속 중 **임기가 만료**되어 해임처분의 무효확인 또는 취소로 지위를 회복할 수는 없다고 할지라도, 그 무효확인 또는 취소로 해임처분일부터 임기만료일까지 기간에 대한 보수 지급을 구할 수 있는 경우에는 해임처분의 무효확인 또는 취소를 구할 **법률상 이익이 있다**. 해임권자와 보수지급 의무자가 다른 경우에도 마찬가지이다(대판 2012.2.23. 2011두5001). | 정답 | X

779
□□□

외국인 甲, 乙, 丙, 丁에 관한 설명 중 옳지 않은 것은?

> ○ 甲은 국내체류자격을 받아 체류하다가 당초의 체류자격과 다른 체류자격으로 변경허가를 신청하였다.
> ○ 乙은 대한민국에 난민신청을 하였다.
> ○ 丙은 대한민국에 입국한 적이 없는 사람으로, 대한민국에 입국하기 위하여 사증발급을 신청하였다. 丙의 국적국 법령상 외국인은 출입국 관련 결정에 불복하지 못한다.
> ○ 丁은 위명(偽名)인 A 명의의 여권으로 대한민국에 입국하였다.

ㄱ. 丙이 사증발급을 거부당한 경우, 「출입국관리법」의 해석상 丙에게는 사증발급 거부처분의 취소를 구할 법률상 이익이 인정되지 않는다.

사증발급 거부처분을 다투는 외국인은, 아직 대한민국에 입국하지 않은 상태에서 대한민국에 입국하게 해달라고 주장하는 것으로, 대한민국과의 실질적 관련성 내지 대한민국에서 법적으로 보호가치 있는 이해관계를 형성한 경우는 아니어서, 해당 처분의 취소를 구할 법률상 이익을 인정하여야 할 법정책적 필요성도 크지 않다. 반면, 국적법상 귀화불허가처분이나 출입국관리법상 체류자격변경 불허가처분, 강제퇴거명령 등을 다투는 외국인은 대한민국에 적법하게 입국하여 상당한 기간을 체류한 사람이므로, 이미 대한민국과의 실질적 관련성 내지 대한민국에서 법적으로 보호가치 있는 이해관계를 형성한 경우이어서, 해당 처분의 취소를 구할 법률상 이익이 인정된다고 보아야 한다.

나아가 중화인민공화국(이하 '중국') 출입국관리법 36조 등은 외국인이 사증발급 거부 등 출입국 관련 제반 결정에 대하여 불복하지 못하도록 명문의 규정을 두고 있으므로, 국제법의 상호주의원칙상 대한민국이 중국 국적자에게 우리 출입국관리 행정청의 사증발급 거부에 대하여 행정소송 제기를 허용할 책무를 부담한다고 볼 수는 없다.

이와 같은 사증발급의 법적 성질, 출입국관리법의 입법 목적, 사증발급 신청인의 대한민국과의 실질적 관련성, 상호주의원칙 등을 고려하면, 우리 출입국관리법의 해석상 외국인에게는 사증발급 거부처분의 취소를 구할 법률상 이익이 인정되지 않는다고 봄이 타당하다(대판 2018.5.15. 2014두42506). | 정답 | ○

ㄴ. 丁이 A 명의로 난민신청을 하였으나 법무부장관이 A 명의를 사용한 丁을 직접 면담하여 조사한 후 丁에 대하여 난민불인정 처분을 하였다면, 丁에게는 처분의 취소를 구할 법률상 이익이 인정된다.

미얀마 국적의 甲이 위명(偽名)인 '乙' 명의의 여권으로 대한민국에 입국한 뒤 乙 명의로 난민 신청을 하였으나 법무부장관이 乙 명의를 사용한 甲을 직접 면담하여 조사한 후 甲에 대하여 난민불인정 처분을 한 사안에서, 처분의 상대방은 허무인이 아니라 '乙'이라는 위명을 사용한 甲이라는 이유로, 甲이 처분의 취소를 구할 법률상 이익이 있다(대판 2017.3.9. 2013두16852). | 정답 | ○

[17 변시]

780

□□□ 위법한 건축허가에 대해 취소소송으로 다투는 도중에 건축공사가 완료된 경우 그 취소를 구할 소의 이익이 인정된다.

위법한 행정처분의 취소를 구하는 소는 위법한 처분에 의하여 발생한 위법상태를 배제하여 원상으로 회복시키고 그 처분으로 침해되거나 방해받은 권리와 이익을 보호 구제하고자 하는 소송이므로 비록 그 위법한 처분을 취소한다 하더라도 원상회복이 불가능한 경우에는 그 취소를 구할 이익이 없다(대판 1992.4.24. 91누11131). | 정답 | X

[17 변시, 22-3]

781

□□□ 현역입영대상자가 현역병입영통지처분을 받고 현실적으로 입영을 하였다고 하더라도, 입영 이후의 법률관계에 영향을 미치고 있는 현역병입영통지처분의 취소를 구할 소의 이익이 있다.

병역법 2조 1항 3호에 의하면 '입영'이란 병역의무자가 징집·소집 또는 지원에 의하여 군부대에 들어가는 것이고, 같은 법 18조 1항에 의하면 현역은 입영한 날부터 군부대에서 복무하도록 되어 있으므로 현역병입영통지처분에 따라 현실적으로 입영을 한 경우에는 그 처분의 집행은 종료되지만, 한편, 입영으로 그 처분의 목적이 달성되어 실효되었다는 이유로 다툴 수 없도록 한다면, 병역법상 현역입영대상자로서는 현역병입영통지처분이 위법하다 하더라도 법원에 의하여 그 처분의 집행이 정지되지 아니하는 이상 현실적으로 입영을 할 수밖에 없으므로 현역병입영통지처분에 대하여는 불복을 사실상 원천적으로 봉쇄하는 것이 되고, 또한 현역입영대상자가 입영하여 현역으로 복무하는 과정에서 현역병입영통지처분 외에는 별도의 다른 처분이 없으므로 입영한 이후에는 불복할 아무런 처분마저 없게 되는 결과가 되며, 나아가 입영하여 현역으로 복무하는 자에 대한 병적을 당해

군 참모총장이 관리한다는 것은 입영 및 복무의 근거가 된 현역병입영통지처분이 적법함을 전제로 하는 것으로서 그 처분이 위법한 경우까지를 포함하는 의미는 아니라고 할 것이므로, **현역입영대상자로서는 현실적으로 입영을 하였다고 하더라도, 입영 이후의 법률관계에 영향을 미치고 있는 현역병입영통지처분 등을 한 관할 지방병무청장을 상대로 위법을 주장하여 그 취소를 구할 소송상의 이익이 있다**(대판 2003.12.26. 2003두1875).

| 정답 | ○

[17 변시]

782
☐☐☐

고등학교 졸업은 단지 대학입학자격이나 학력인정으로서의 의미만 있으므로, 고등학교 퇴학처분을 받은 후 고등학교 졸업학력 검정고시에 합격하였다면 고등학교 퇴학처분을 받은 자로서는 퇴학처분의 취소를 구할 소의 이익이 없다.

고등학교졸업이 대학입학자격이나 학력인정으로서의 의미밖에 없다고 할 수 없으므로 고등학교졸업학력검정고시에 합격하였다 하여 고등학교 학생으로서의 신분과 명예가 회복될 수 없는 것이니 퇴학처분을 받은 자로서는 퇴학처분의 위법을 주장하여 그 취소를 구할 소송상의 이익이 있다(대판 1992.7.14. 91누4737).

| 정답 | X

[19-3]

783
☐☐☐

공익근무요원 소집해제신청을 거부당한 자가 계속하여 공익근무요원으로 복무한 후 복무기간 만료를 이유로 소집해제처분을 받은 때 그 거부처분의 취소소송을 제기하는 경우 협의의 소익이 인정되지 않는다.

[1] 위법한 행정처분의 취소를 구하는 소는 위법한 처분에 의하여 발생한 위법상태를 배제하여 원상으로 회복시키고, 그 처분으로 침해되거나 방해받은 권리와 이익을 보호·구제하고자 하는 소송이므로, 처분 후의 사정에 의하여 권리와 이익의 침해 등이 해소된 경우에는 그 처분의 취소를 구할 소의 이익이 없다 할 것이고, 설령 그 처분이 위법함을 이유로 손해배상청구를 할 예정이라고 하더라도 달리 볼 것이 아니다.
[2] 공익근무요원 소집해제신청을 거부한 후에 원고가 계속하여 공익근무요원으로 복무함에 따라 복무기간 만료를 이유로 소집해제처분을 한 경우, 원고가 입게 되는 권리와 이익의 침해는 소집해제처분으로 해소되었으므로 위 거부처분의 취소를 구할 소의 이익이 없다(대판 2005.5.13. 2004두436).

| 정답 | ○

784
☐☐☐

환경부장관이 생태·자연도 1등급으로 지정되었던 지역을 2등급 또는 3등급으로 변경하는 내용의 생태·자연도 수정·보완을 고시하자, 인근 주민이 생태·자연도 등급변경처분의 무효확인을 청구한 경우, 인근 주민은 무효 확인을 구할 원고적격이 있다.

환경부장관이 생태·자연도 1등급으로 지정되었던 지역을 2등급 또는 3등급으로 변경하는 내용의 생태·자연도 수정·보완을 고시하자, 인근 주민 甲이 생태·자연도 등급변경처분의 무효 확인을 청구한 사안에서, 생태·자연도의 작성 및 등급변경의 근거가 되는 구 자연환경보전법 34조 1항 및 그 시행령 27조 1항, 2항에 의하면, **생태·자연도는 토지이용 및 개발계획의 수립이나 시행에 활용하여 자연환경을 체계적으로 보전·관리하기 위한 것일 뿐, 1등급 권역의 인근 주민들이 가지는 생활상 이익을 직접적이고 구체적으로 보호하기 위한 것이 아님이 명백**하고, 1등급 권역의 인근 주민들이 가지는 이익은 환경보호라는 공공의 이익이 달성됨에 따라 **반사적으로 얻게 되는 이익에 불과**하므로, 인근 주민에 불과한 甲은 생태·자연도 등급권역을 1등급에서 일부는 2등급으로, 일부는 3등급으로 변경한 결정의 무효 확인을 구할 원고적격이 없다 (대판 2014.2.21. 2011두29052).

| 정답 | X

785

□□□

한정면허를 받은 시외버스운송사업자는 일반면허를 받은 시외버스운송사업자에 대한 사업계획변경 인가처분으로 수익감소가 예상되는 경우라 하더라도, 일반면허 시외버스운송사업자에 대한 사업계획변경 인가처분의 취소를 구할 법률상의 이익이 인정되지 않는다.

한정면허를 받은 시외버스운송사업자라고 하더라도 다 같이 운행계통을 정하고 여객을 운송하는 노선여객자동차운송사업을 한다는 점에서 일반면허를 받은 시외버스운송사업자와 본질적인 차이가 없으므로, 일반면허를 받은 **시외버스운송사업자**에 대한 사업계획변경 인가처분으로 인하여 기존에 한정면허를 받은 시외버스운송사업자의 **노선 및 운행계통**과 일반면허를 받은 시외버스운송사업자의 그것이 **일부 중복**되게 되고 기존업자의 수익감소가 예상된다면, **기존의 한정면허**를 받은 시외버스운송사업자와 일반면허를 받은 시외버스운송사업자는 **경업관계**에 있는 것으로 보는 것이 타당하고, 따라서 **기존의 한정면허**를 받은 시외버스운송사업자는 **일반면허** 시외버스운송사업자에 대한 **사업계획변경인가처분**의 취소를 구할 **법률상의 이익**이 있다(대판 2018.4.26. 2015두53824).　　　　　　　| 정답 | X

786

□□□

지방법무사회가 법무사의 사무원 채용승인 신청을 거부하거나 채용승인을 얻어 채용 중인 사람에 대한 채용승인을 취소하는 것은 처분에 해당하고, 이러한 처분에 대해서는 처분 상대방인 법무사뿐 아니라 그 때문에 사무원이 될 수 없게 된 사람도 이를 다툴 원고적격이 인정된다.

법무사의 사무원 채용승인 신청에 대하여 소속 **지방법무사회**가 '**채용승인을 거부**'하는 조치 또는 일단 채용승인을 하였으나 법무사규칙 37조 6항을 근거로 '**채용승인을 취소**'하는 조치는 공법인인 지방법무사회가 행하는 구체적 사실에 관한 법집행으로서 공권력의 행사 또는 그 거부에 해당하므로 항고소송의 대상인 '**처분**'이라고 보아야 한다.

지방법무사회가 법무사의 사무원 채용승인 신청을 거부하거나 채용승인을 얻어 채용 중인 사람에 대한 채용승인을 취소하면, 상대방인 법무사로서도 그 사람을 사무원으로 채용할 수 없게 되는 불이익을 입게 될 뿐만 아니라, 그 사람도 법무사 사무원으로 채용되어 근무할 수 없게 되는 불이익을 입게 된다. 법무사규칙 37조 4항이 **이의신청 절차**를 규정한 것은 채용승인을 신청한 법무사뿐만 아니라 사무원이 되려는 사람의 이익도 보호하려는 취지로 볼 수 있다. 따라서 지방법무사회의 사무원 채용승인 거부처분 또는 채용승인 취소처분에 대해서는 처분 상대방인 법무사뿐만 아니라 그 때문에 **사무원이 될 수 없게 된 사람**도 이를 다툴 **원고적격**이 인정되어야 한다(대판 2020.4.9. 2015다34444).　　　　　　　| 정답 | ○

787

□□□

교육부장관이 사학분쟁조정위원회의 심의를 거쳐 학교법인의 이사와 임시이사를 선임한 데 대하여 그 대학교의 교수협의회와 총학생회는 이사선임처분을 다툴 법률상 이익을 가지지만, 직원으로 구성된 노동조합은 법률상 이익을 가지지 않는다.

교육부장관이 사학분쟁조정위원회의 심의를 거쳐 甲 대학교를 설치·운영하는 乙 학교법인의 이사 8인과 임시이사 1인을 선임한 데 대하여 甲 대학교 교수협의회와 총학생회 등이 이사선임처분의 취소를 구하는 소송을 제기한 사안에서, 甲 대학교 **교수협의회와 총학생회**는 이사선임처분을 다툴 법률상 이익을 가지지만, 고등교육법령은 교육받을 권리나 학문의 자유를 실현하는 수단으로서 학생회와 교수회와는 달리 학교의 직

원으로 구성된 노동조합의 성립을 예정하고 있지 아니하고, 노동조합은 근로자가 주체가 되어 자주적으로 단결하여 근로조건의 유지·개선 기타 근로자의 경제적·사회적 지위의 향상을 도모하기 위하여 조직된 단체인 점 등을 고려할 때, 학교의 직원으로 구성된 노동조합이 교육받을 권리나 학문의 자유를 실현하는 수단으로서 직접 기능한다고 볼 수는 없으므로, 개방이사에 관한 구 사립학교법과 구 사립학교법 시행령 및 乙 법인 정관 규정이 학교직원들로 구성된 **전국대학노동조합 乙 대학교지부**의 법률상 이익까지 보호하고 있는 것으로 해석할 수는 없다(대판 2015.7.23. 2012두19496). 　| 정답 | ○

[11 경행특채]

788
□□□

개발제한구역 중 일부 취락을 개발제한구역에서 해제하는 내용의 도시관리계획변경결정에 대하여 개발제한구역 해제 대상에서 누락된 토지의 소유자는 위 결정의 취소를 구할 법률상 이익이 없다.

원고 소유의 토지가 속한 취락 부분이 개발제한구역으로 지정되어 있다가 원고 소유 토지를 제외한 나머지 취락지역을 개발제한구역에서 해제하기로 하는 도시관리계획변경 결정이 이루어지자, 원고가 그 도시관리계획변경 결정이 위법하다며 취소를 구하는 사안에서, 원고 소유 토지는 도시관리계획변경 결정 전후를 통하여 개발제한구역으로 지정된 상태에 있으므로 이 사건 도시관리계획변경 결정으로 인하여 그 소유자인 원고가 위 토지를 사용·수익·처분하는 데 **새로운 공법상의 제한을 받거나 종전과 비교하여 더 불이익한 지위에 있게 되는 것은 아니고**, 원고의 청구취지와 같이 이 사건 도시관리계획변경 결정 중 원고 소유 토지가 속한 취락부분이 취소된다 하더라도 그 결과 이사건 도시관리계획변경 결정으로 개발제한구역에서 해제된 제3자소유의 토지들이 종전과 같이 개발제한구역으로 남게 되는 결과가 될 뿐, 원고 소유의 이 사건 토지가 개발제한구역에서 해제되는 것도 아니므로, 원고에게는 제3자 소유의 토지에 관한 이 사건 도시관리계획변경결정의 취소를 구할 직접적이고 구체적인 이익이 있다고 할 수 없다(대판 2008.7.10. 2007두10242). 　| 정답 | ○

[22-2]

789
□□□

甲에 대한 처분의 취소를 구할 법률상 이익이 그 처분의 당사자가 아닌 제3자 乙에게 인정되는 경우를 모두 고른 것은? (다툼이 있는 경우 판례에 의함)

ㄱ. 면허처분의 근거가 되는 법률이 해당 업자들 사이의 과당경쟁으로 인한 경영의 불합리를 방지하는 것도 목적으로 하고 있는 경우, 甲에 대한 사업면허변경처분이 종전보다 甲에게 불리하게 이루어졌는데 경업자 乙은 당해 변경처분의 취소를 구하고자 하는 경우 소이익이 인정된다.

일반적으로 면허나 인허가 등의 수익적 행정처분의 근거가 되는 법률이 해당 업자들 사이의 과당경쟁으로 인한 경영의 불합리를 방지하는 것도 목적으로 하고 있는 경우, 다른 업자에 대한 면허나 인허가 등의 수익적 행정처분에 대하여 미리 같은 종류의 면허나 인허가 등의 수익적 행정처분을 받아 영업을 하고 있는 기존의 업자는 경업자에 대하여 이루어진 면허나 인허가 등 행정처분의 상대방이 아니라고 하더라도 당해 행정처분의 무효확인 또는 취소를 구할 이익이 있다. 그러나 **경업자에 대한 행정처분**이 경업자에게 **불리한 내용**이라면 그와 경쟁관계에 있는 **기존의 업자**에게는 특별한 사정이 없는 한 **유리할 것**이므로 **기존의 업자가 그 행정처분의 무효확인 또는 취소를 구할 이익은 없다**(대판 2020.4.9. 2019두49953). 　| 정답 | X

ㄴ. 甲 교통주식회사는 노사 간의 임금협정을 통하여 운전기사의 합승행위 등으로 회사에 대하여 과징금이 부과되면 당해 운전기사에 대한 상여금지급시 그 금액상당을 공제하기로 하였다. 운전기사 乙의 합승행위를 이유로 甲회사에 과징금이 부과되어 乙의 상여금지급이 제한되자, 乙은 과징금부과처분의 취소를 구하고자 하는 경우 소이익이 인정된다.

회사의 노사 간에 임금협정을 체결함에 있어 운전기사의 합승행위 등으로 회사에 대하여 과징금이 부과되면 당해 운전기사에 대한 상여금지급시 그 금액상당을 공제하기로 함으로써 과징금의 부담을 당해 운전기사에게 전가하도록 규정하고 있고 이에 따라 당해 운전기사의 합승행위를 이유로 회사에 대하여 한 **과징금부과처분**으로 말미암아 당해 **운전기사의 상여금지급이 제한**되었다고 하더라도, 과징금부과처분의 **직접 당사자 아닌 당해 운전기사**로서는 그 **처분의 취소를 구할** 직접적이고 **구체적인 이익**이 있다고 볼 수 **없다**(대판 1994.4.12. 93누24247). | 정답 | X

[21-3, 20-1]

790
☐☐☐

행정심판과 취소소송이 동시에 제기되어 행정심판에서 먼저 인용재결이 있었다면, 재결로 인해 대상 처분은 소급하여 효력을 잃게 되므로 처분의 취소를 구하는 소는 소익이 없으므로 각하해야 한다.

행정처분에 대하여 그 취소를 구하는 행정심판을 제기하는 한편, 그 처분의 집행으로 생길 중대한 손해를 예방하여야 할 긴급한 필요가 있는 때에 해당한다 하여 행정소송법 18조 2항 2호에 의하여 행정심판의 재결을 거치지 아니하고 그 처분의 취소를 구하는 소를 제기하였는데, 판결선고 이전에 그 행정심판절차에서 '처분청의 당해 처분을 취소한다'는 형성적 재결이 이루어졌다면, 그 취소의 재결로써 당해 처분은 **소급하여 그 효력을 잃게** 되므로 더 이상 당해 처분의 효력을 다툴 법률상의 이익이 없게 된다(대판 1997.5.30. 96누18632). | 정답 | O

[22-3]

791
☐☐☐

주택재건축사업조합이 새로이 조합설립인가처분을 받는 것과 동일한 요건과 절차를 거쳐 조합설립변경인가처분을 받는 경우 당초 조합설립인가처분의 유효를 전제로 당해 주택재건축사업조합이 사업시행계획의 수립, 관리처분계획의 수립과 같은 후속 행위를 하였다면, 당초 조합설립인가처분은 변경인가처분에 흡수되어 소멸되므로 당초 처분을 다툴 소의 이익이 인정되지 아니한다.

주택재건축사업조합이 새로 조합설립인가처분을 받는 것과 동일한 요건과 절차를 거쳐 조합설립변경인가처분을 받는 경우 당초 조합설립인가처분의 유효를 전제로 당해 주택재건축사업조합이 매도청구권 행사, 시공자 선정에 관한 총회 결의, 사업시행계획의 수립, 관리처분계획의 수립 등과 같은 후속 행위를 하였다면 당초 조합설립인가처분이 무효로 확인되거나 취소될 경우 그것이 유효하게 존재하는 것을 전제로 이루어진 위와 같은 후속 행위 역시 소급하여 효력을 상실하게 되므로, 특별한 사정이 없으면 위와 같은 형태의 조합설립변경인가가 있다고 하여 당초 조합설립인가처분의 무효확인을 구할 소의 이익이 소멸된다고 볼 수는 없다(대판 2012.10.25. 2010두25107, 표준판례 350). | 정답 | X

792
☐☐☐

도시개발사업의 공사 등이 완료되고 원상회복이 사회통념상 불가능하게 된 경우 도시개발사업의 시행에 따른 도시계획변경 결정 처분과 도시개발구역 지정처분 및 도시개발사업실시계획 인가처분의 취소를 구하는 경우 각 처분의 취소를 구할 법률상 이익은 소멸하였다.

도시개발사업의 시행에 따른 도시계획변경결정처분과 도시개발구역지정처분 및 도시개발사업실시계획 인가처분은 각 처분 자체로 그 처분의 목적이 종료되는 것이 아니고 위 각 처분이 유효하게 존재하는 것을 전제로 하여 **당해 도시개발사업에 따른 일련의 절차 및 처분**이 행해지기 때문에, 도시개발사업의 공사 등이 완료되고 원상회복이 사회통념상 불가능하게 되었더라도 위 각 처분의 취소를 구할 법률상 이익은 소멸한다고 할 수 없다(대판 2005.9.9. 2003두5402,5419). | 정답 | X

793
☐☐☐

금융위원회가 「공인회계사법」의 해석을 잘못하여 甲 회계법인에 대하여 업무정지처분을 하였는데 甲 회계법인이 이를 다투지 않는 동안 업무정지기간이 이미 도과하였더라도 향후 동일한 사유로 위법한 처분을 다른 회계법인에 반복할 위험이 인정된다면 甲 회계법인은 위 업무정지처분의 취소를 구할 소의 이익이 있다.

행정처분의 무효 확인 또는 취소를 구하는 소가 제소 당시에는 소의 이익이 있어 적법하였는데, 소송계속 중 해당 행정처분이 기간의 경과 등으로 그 효과가 소멸한 때에 처분이 취소되어도 원상회복이 불가능하다고 보이는 경우라도, 무효 확인 또는 취소로써 회복할 수 있는 다른 권리나 이익이 남아 있거나 또는 그 행정처분과 동일한 사유로 위법한 처분이 반복될 위험성이 있어 행정처분의 위법성 확인 내지 불명확한 법률문제에 대한 해명이 필요한 경우에는 행정의 적법성 확보와 그에 대한 사법통제, 국민의 권리구제 확대 등의 측면에서 예외적으로 그 처분의 취소를 구할 소의 이익을 인정할 수 있다. 여기에서 '그 행정처분과 동일한 사유로 위법한 처분이 반복될 위험성이 있는 경우'란 불분명한 법률문제에 대한 해명이 필요한 상황에 대한 대표적인 예시일 뿐이며, 반드시 '해당 사건의 동일한 소송 당사자 사이에서' 반복될 위험이 있는 경우만을 의미하는 것은 아니다(대판 2020.12.24. 2020두30450). | 정답 | ○

794
☐☐☐

공정거래위원회가 부당한 공동행위를 한 사업자에게 과징금 부과처분을 선행처분으로 한 뒤 다시 자진신고 등을 이유로 후행처분으로서 과징금 감면처분을 한 경우 선행처분에 대하여 취소소송을 제기하는 경우 협의의 소익이 인정되지 않는다.

공정거래위원회가 부당한 공동행위를 행한 사업자로서 구 독점규제 및 공정거래에 관한 법률 22조의2에서 정한 자진신고자나 조사협조자에 대하여 과징금 부과처분(이하 '선행처분')을 한 뒤, 독점규제 및 공정거래에 관한 법률 시행령 35조 3항에 따라 다시 자진신고자 등에 대한 사건을 분리하여 자진신고 등을 이유로 한 과징금 감면처분(이하 '후행처분')을 하였다면, 후행처분은 자진신고 감면까지 포함하여 처분 상대방이 실제로 납부하여야 할 최종적인 과징금액을 결정하는 종국적 처분이고, 선행처분은 이러한 종국적 처분을 예정하고 있는 일종의 잠정적 처분으로서 후행처분이 있을 경우 선행처분은 후행처분에 흡수되어 소멸한다. 따라서 위와 같은 경우에 선행처분의 취소를 구하는 소는 이미 효력을 잃은 처분의 취소를 구하는 것으로 부적법하다(대판 2015.2.12. 2013두987, 표준판례 46, 327). | 정답 | ○

795
☐☐☐

건축물에 대한 사용검사처분이 취소되면 사용검사 전의 상태로 돌아가 건축물을 사용할 수 없게 되므로 구「주택법」상 입주자나 입주예정자가 사용검사처분의 무효확인 또는 취소를 구할 법률상 이익이 있다.

구 주택법상 **입주자나 입주예정자가** 사용검사처분의 무효확인 또는 취소를 구할 법률상 이익이 없다. 건물의 사용검사처분은 건축허가를 받아 건축된 건물이 건축허가 사항대로 건축행정 목적에 적합한지 여부를 확인하고 사용검사필증을 교부하여 줌으로써 허가받은 사람으로 하여금 건축한 건물을 사용·수익할 수 있게 하는 법률효과를 발생시키는 것이다. 또한 건축물에 대한 **사용검사처분의 무효확인**을 받거나 처분이 취소된다고 하더라도 사용검사 전의 상태로 돌아가 건축물을 사용할 수 없게 되는 것에 그칠 뿐 곧바로 건축물의 하자 상태 등이 제거되거나 보완되는 것도 아니다(대판 2015.1.29. 2013두24976). |정답| X

[19-1]

796
☐☐☐

거부처분이 재결에서 취소된 경우 재결에 따른 후속처분이 아니라 그 재결의 취소를 구하는 것은 실효적이고 직접적인 권리구제수단이 될 수 없어 분쟁해결의 유효적절한 수단이라고 할 수 없으므로 법률상 이익이 없다.

행정청이 한 처분 등의 취소를 구하는 소송은 처분에 의하여 발생한 위법 상태를 배제하여 원래 상태로 회복시키고 처분으로 침해된 권리나 이익을 구제하고자 하는 것이다. 따라서 해당 처분 등의 취소를 구하는 것보다 실효적이고 직접적인 구제수단이 있음에도 처분 등의 취소를 구하는 것은 특별한 사정이 없는 한 분쟁해결의 유효적절한 수단이라고 할 수 없어 법률상 이익이 있다고 할 수 없다.
그런데 당사자의 신청을 받아들이지 않은 거부처분이 재결에서 취소된 경우에 행정청은 종전 거부처분 또는 재결 후에 발생한 새로운 사유를 내세워 다시 거부처분을 할 수 있다. 그 재결의 취지에 따라 이전의 신청에 대하여 다시 어떠한 처분을 하여야 할지는 처분을 할 때의 법령과 사실을 기준으로 판단하여야 하기 때문이다. 또한 행정청이 재결에 따라 이전의 신청을 받아들이는 후속처분을 하였더라도 후속처분이 위법한 경우에는 재결에 대한 취소소송을 제기하지 않고도 곧바로 후속처분에 대한 항고소송을 제기하여 다툴 수 있다. 나아가 거부처분을 취소하는 재결이 있더라도 그에 따른 후속처분이 있기까지는 제3자의 권리나 이익에 변동이 있다고 볼 수 없고 후속처분 시에 비로소 제3자의 권리나 이익에 변동이 발생하며, 재결에 대한 항고소송을 제기하여 재결을 취소하는 판결이 확정되더라도 그와 별도로 후속처분이 취소되지 않는 이상 후속처분으로 인한 제3자의 권리나 이익에 대한 침해 상태는 여전히 유지된다. 이러한 점들을 종합하면, 거부처분이 재결에서 취소된 경우 재결에 따른 후속처분이 아니라 그 재결의 취소를 구하는 것은 실효적이고 직접적인 권리구제수단이 될 수 없어 분쟁해결의 유효적절한 수단이라고 할 수 없으므로 법률상 이익이 없다(대판 2017.10.31. 2015두45045). |정답| ○

[21 국가9급]

797
☐☐☐

소방청장이 처분성이 인정되는 국민권익위원회의 조치요구에 불복하여 조치요구의 취소를 구하는 경우 항고소송의 원고적격이 인정된다.

부패방지 및 국민권익위원회의 설치와 운영에 관한 법률은 소방청장에게 국민권익위원회의 조치요구에 따라야 할 의무를 부담시키는 외에 별도로 그 의무를 이행하지 않을 경우 **과태료**나 **형사처벌**까지 정하고 있으므로 위와 같은 조치요구에 불복하고자 하는 '소속기관 등의 장'에게는 조치요구를 다툴 수 있는 소송상의 지위를 인정할 필요가 있는 점에 비추어, 처분성이 인정되는 국민권익위원회의 조치요구에 불복하고자 하는 **소방청장**으로서는 조치요구의 취소를 구하는 **항고소송을 제기하는** 것이 **유효·적절한 수단으로 볼 수 있으**므로 소방청장은 **예외적으로 당사자능력과 원고적격을** 가진다(대판 2018.8.1. 2014두35379). |정답| ○

798
☐☐☐

개발제한구역 안에서 공장설립을 승인한 처분이 위법하다는 이유로 쟁송취소되었으나 그 승인처분에 기초한 공장건축허가처분이 잔존하는 때 인근 주민이 그 공장건축허가처분에 대하여 취소소송을 제기하는 경우 협의의 소익이 인정된다.

공장설립승인처분이 있고 난 뒤에 또는 그와 동시에 공장건축허가처분을 하는 것이 허용되므로, 공장설립승인처분이 취소된 경우에는 그 승인처분을 기초로 한 공장건축허가처분 역시 취소되어야 하고, 공장설립승인처분에 근거하여 토지의 형질변경이 이루어진 경우에는 원상회복을 해야 함이 원칙이다. 따라서 개발제한구역 안에서의 공장설립을 승인한 처분이 위법하다는 이유로 쟁송취소되었다고 하더라도 그 승인처분에 기초한 공장건축허가처분이 잔존하는 이상, 공장설립승인처분이 취소되었다는 사정만으로 인근 주민들의 환경상 이익이 침해되는 상태나 침해될 위험이 종료되었다거나 이를 시정할 수 있는 단계가 지나버렸다고 단정할 수는 없고, 인근 주민들은 여전히 공장건축허가처분의 취소를 구할 법률상 이익이 있다(대판 2018.7.12. 2015두3485). | 정답 | ○

799
☐☐☐

당사자소송에서 원고가 피고를 잘못 지정한 것으로 보이는 경우, 피고경정은 원고의 신청에 의하여야 하므로 법원으로서는 원고의 피고경정신청이 없는 경우 소를 각하하면 족하고 석명권을 행사하여 원고로 하여금 정당한 피고로 경정하게 할 필요는 없다.

행정소송법 소정의 당사자소송에 있어서 원고가 피고를 잘못 지정한 때에는 법원은 원고의 신청에 의하여 결정으로서 피고의 경정을 허가할 수 있는 것이므로(행정소송법 44조 1항, 14조), 원고가 피고를 잘못 지정한 것으로 보이는 경우 법원으로서는 **마땅히 석명권을 행사하여** 원고로 하여금 정당한 피고로 경정하게 하여 소송을 진행케 하여야 할 것이지, 그러한 조치를 취하지 아니한 채 피고의 지정이 잘못되었다는 이유로 막바로 소를 각하할 것은 아니다(대판 2004.7.8. 2002두7852). | 정답 | X

800
☐☐☐

다음 사례에 관한 설명 중 옳은 것은? (단, 담배소매인지정처분의 법적 성격은 강학상 '특허'임을 전제로 하며, 다툼이 있는 경우 판례에 의함)

○ 甲은 건물 1층에서 담배소매인 지정을 받아 담배소매업을 하고 있었는데, 관할 구청장 A는 법령상의 거리제한 규정을 위반하여 그 영업소에서 30미터 떨어진 인접 아파트 상가에서 乙이 담배소매업을 할 수 있도록 담배소매인 신규지정처분을 하였다.
○ 丙과 丁은 같은 상가의 1층과 2층에서 각각 담배소매업을 하고자 관할 구청장 B에게 담배소매인 지정신청을 하였으나, B는 丁에게만 담배소매인지정처분을 하였다.

ㄱ. 甲은 乙에게 발령된 담배소매인 신규지정처분에 대한 취소소송을 제기하면서 그 신규지정처분의 위법을 이유로 하는 손해배상청구소송을 그 취소소송에 병합하여 제기할 수 있다.

> **행정소송법 제10조(관련청구소송의 이송 및 병합)** ② 취소소송에는 사실심의 변론종결시까지 관련청구소송을 병합하거나 피고외의 자를 상대로 한 관련청구소송을 취소소송이 계속된 법원에 병합하여 제기할 수 있다.

| 정답 | O

ㄴ. 甲이 자신에 대한 담배소매인지정처분을 통하여 기존에 누렸던 이익은 乙 등 제3자에 대한 신규지정처분이 발령되지 않음으로 인한 사실상의 이익에 해당한다.

담배 일반소매인의 지정기준으로서 **일반소매인의 영업소 간에 일정한 거리제한을 두고 있는** 것은 담배유통구조의 확립을 통하여 국민의 건강과 관련되고 국가 등의 주요 세원이 되는 담배산업 전반의 건전한 발전 도모 및 국민경제에의 이바지라는 **공익목적을 달성하고자 함과 동시에 일반소매인 간의 과당경쟁으로 인한 불합리한 경영을 방지함으로써 일반소매인의 경영상 이익을 보호하는 데에도** 그 목적이 있다고 보이므로, **일반소매인으로 지정되어 영업을 하고 있는 기존업자의 신규 일반소매인에 대한 이익은 단순한 사실상의 반사적 이익이 아니라 법률상 보호되는 이익이라고 해석함**이 상당하다(대판 2008.3.27. 2007두23811).

| 정답 | X

ㄷ. 丙이 자신에 대한 담배소매인 지정거부를 취소소송으로 다투면서 집행정지를 신청한다면 법원은 이를 인용하게 될 것이다.

신청에 대한 거부처분의 효력을 정지하더라도 거부처분이 없었던 것과 같은 상태 즉 거부처분이 있기 전의 신청시의 상태로 되돌아가는 데에 불과하고 행정청에게 신청에 따른 처분을 하여야 할 의무가 생기는 것이 아니므로, **거부처분의 효력정지는** 그 거부처분으로 인하여 신청인에게 생길 손해를 방지하는 데에 아무런 소용이 없어 그 효력정지를 구할 이익이 없다(대결 1992.2.13. 91두47).

| 정답 | X

ㄹ. 丁에 대한 담배소매인지정처분을 대상으로 丙이 제기한 취소소송에서 丁이 「행정소송법」상 소송참가를 하였으나 본안에서 丙이 승소판결을 받아 확정되었다면, 丁은 「행정소송법」 제31조에 의한 재심을 통해 이를 다툴 수 있다.

> **행정소송법 제31조(제3자에 의한 재심청구)** ① 처분등을 취소하는 판결에 의하여 권리 또는 이익의 침해를 받은 제3자는 자기에게 책임없는 사유로 소송에 참가하지 못함으로써 판결의 결과에 영향을 미칠 공격 또는 방어방법을 제출하지 못한 때에는 이를 이유로 확정된 종국판결에 대하여 재심의 청구를 할 수 있다.

| 정답 | X

ㅁ. 제3자에 의한 재심청구는 제3자가 확정판결이 있음을 안 날로부터 30일 이내, 판결이 확정된 날로부터 1년 이내에 제기하여야 한다.

> **행정소송법 제31조(제3자에 의한 재심청구)** ② 제1항의 규정에 의한 청구는 확정판결이 있음을 안 날로부터 30일 이내, 판결이 확정된 날로부터 1년 이내에 제기하여야 한다.
> ③ 제2항의 규정에 의한 기간은 불변기간으로 한다.

| 정답 | O

ㅂ. 丙이 丁에 대한 담배소매인지정처분 취소심판을 제기하여 취소재결을 받은 후 B가 丁에게 담배소매인지정처분의 취소를 통지하였다면, 丁은 취소소송을 제기할 경우 취소재결이 아니라 B가 행한 담배소매인 지정취소처분을 소의 대상으로 하여야 한다.

행정심판법 32조 3항에 의하면 재결청은 취소심판의 청구가 이유 있다고 인정할 때에는 처분을 취소·변경하거나 처분청에게 취소·변경할 것을 명한다고 규정하고 있으므로, 행정심판 재결의 내용이 처분청에게 처분의 취소를 명하는 것이 아니라 **재결청이 스스로 처분을 취소하는 것일 때에는 그 재결의 형성력에 의하여 당해 처분은 별도의 행정처분을 기다릴 것 없이 당연히 취소되어 소멸**되는 것이다. 당해 **의약품제조품목허가처분취소재결**은 보건복지부장관이 재결청의 지위에서 스스로 제약회사에 대한 위 의약품제조품목허가처분을 취소한 이른바 **형성재결**임이 명백하므로, 위 회사에 대한 의약품제조품목허가처분은 **당해 취소재결에 의하여 당연히 취소·소멸되었고, 그 이후에 다시 위 허가처분을 취소한 당해 처분은** 당해 취소재결의 당사자가 아니어서 그 재결이 있었음을 모르고 있는 위 회사에게 위 허가처분이 취소·소멸되었음을 확인하여 알려주는 의미의 **사실 또는 관념의 통지에 불과할 뿐 위 허가처분을 취소·소멸시키는 새로운 형성적 행위가 아니므로 항고소송의 대상이 되는 처분이라고 할 수 없다**(대판 1998.4.24. 97누17131, 표준판례 300).

| 정답 | X

[14 변시]

801
☐☐☐

개별법령에 합의제 행정청의 장을 피고로 한다는 명문규정이 없는 한 합의제 행정청 명의로 한 행정처분의 취소소송의 피고적격자는 합의제 행정청의 장이 아닌 당해 합의제 행정청이다.

합의제 행정청이 처분청인 경우에는 원칙적으로 합의제 행정청이 피고가 된다. 다만, 노동위원회법은 중앙노동위원회의 처분에 대한 피고의 예외를 인정한다.

> **노동위원회법 제27조(중앙노동위원회의 처분에 대한 소송)** ① 중앙노동위원회의 처분에 대한 소송은 중앙노동위원회 위원장을 피고(被告)로 하여 처분의 송달을 받은 날부터 15일 이내에 제기하여야 한다.

| 정답 | ○

[14 변시]

802
☐☐☐

행정처분을 행할 적법한 권한 있는 상급행정청으로부터 내부위임을 받은 데 불과한 하급행정청이 권한 없이 자기의 명의로 행정처분을 한 경우 그 취소소송에서는 실제로 그 처분을 행한 하급행정청이 아니라 그 처분을 행할 적법한 권한 있는 상급행정청을 피고로 하여야 한다.

행정처분의 취소 또는 무효확인을 구하는 행정소송은 다른 법률에 특별한 규정이 없는 한 그 처분을 행한 행정청을 피고로 하여야 하며, 행정처분을 행할 적법한 권한 있는 상급행정청으로부터 **내부위임**을 받은 데 불과한 하급행정청이 권한 없이 행정처분을 한 경우에도 **실제로 그 처분을 행한 하급행정청을 피고로 하여야 할 것이지 그 처분을 행할 적법한 권한 있는 상급행정청을 피고로 할 것은 아니다**(대판 1994.8.12. 94누2763).

| 정답 | X

803
☐☐☐

관할청인 농림축산식품부장관으로부터 농지보전부담금 수납업무의 대행을 위탁받은 한국농어촌공사가 농지보전부담금 납부통지서에 관할청의 대행자임을 기재하고 납부통지서를 보낸 경우 농지보전부담금 부과처분에 대한 취소소송의 피고는 관할청이 된다.

항고소송은 다른 법률에 특별한 규정이 없는 한 원칙적으로 소송의 대상인 행정처분을 외부적으로 행한 행정청을 피고로 하여야 하고(행정소송법 13조 1항 본문), 다만 대리기관이 **대리관계를 표시**하고 피대리 행정청을 대리하여 행정처분을 한 때에는 **피대리 행정청이 피고로 되어야 한다**. ... 한국농어촌공사가 '피고 농림축산식품부장관의 대행자' 지위에서 위와 같은 납부통지를 하였음을 분명하게 밝힌 이상, 피고 농림축산식품부장관이 이 사건 농지보전부담금 부과처분을 외부적으로 자신의 명의로 행한 행정청으로서 항고소송의 피고가 되어야 하고, 단순한 대행자에 불과한 피고 한국농어촌공사를 피고로 삼을 수는 없다(대판 2018.10.25. 2018두43095).　　　　　　　　　　　　　　　　　　　　　　　　　　　　　│정답│○

804
☐☐☐

수용재결에 불복하여 취소소송을 제기하는 때에는 이의신청을 거친 경우에도 수용재결을 한 중앙토지수용위원회 또는 지방토지수용위원회를 피고로 하여 수용재결의 취소를 구하여야 하고, 다만 이의신청에 대한 재결 자체에 고유한 위법이 있음을 이유로 하는 경우에만 그 이의재결을 한 중앙토지수용위원회를 피고로 하여 이의재결의 취소를 구할 수 있다.

공익사업을 위한 토지 등의 취득 및 보상에 관한 법률 85조 1항 전문의 문언 내용과 같은 법 83조, 85조가 중앙토지수용위원회에 대한 이의신청을 임의적 절차로 규정하고 있는 점, 행정소송법 19조 단서가 행정심판에 대한 재결은 재결 자체에 고유한 위법이 있음을 이유로 하는 경우에 한하여 취소소송의 대상으로 삼을 수 있도록 규정하고 있는 점 등을 종합하여 보면, **수용재결에 불복하여 취소소송을 제기**하는 때에는 이의신청을 거친 경우에도 수용재결을 한 중앙토지수용위원회 또는 지방토지수용위원회를 피고로 하여 수용재결의 취소를 구하여야 하고, 다만 이의신청에 대한 재결 자체에 고유한 위법이 있음을 이유로 하는 경우에는 그 이의재결을 한 중앙토지수용위원회를 피고로 하여 이의재결의 취소를 구할 수 있다고 보아야 한다(대판 2010.1.28. 2008두1504).　　　　　　　　　　　　　　　　　　　　　　│정답│○

805
☐☐☐

납세의무부존재확인의 소는 공법상의 법률관계 그 자체를 다투는 소송으로서 당사자소송이라 할 것이므로 과세관청이 아니라 그 법률관계의 한쪽 당사자인 국가·공공단체 그 밖의 권리주체가 피고적격을 가진다.

납세의무부존재확인의 소는 공법상의 법률관계 그 자체를 다투는 소송으로서 **당사자소송**이라 할 것이므로 행정소송법 3조 2호, 39조에 의하여 그 법률관계의 한쪽 당사자인 국가·공공단체 그 밖의 권리주체가 피고적격을 가진다(대판 2000.9.8. 99두2765).
행정소송규칙 19조 2호 가목은 이러한 대법원 판례의 법리를 명문화하였다.　　　　　　　│정답│○

806
□□□

원고가 피고를 잘못 지정한 경우 피고경정은 취소소송과 당사자소송 모두에서 사실심 변론종결에 이르기까지 허용된다.

행정소송법 14조에 의한 **피고경정은 사실심 변론종결에 이르기까지 허용**되는 것으로 해석하여야 할 것이고, 굳이 제1심 단계에서만 허용되는 것으로 해석할 근거는 없다(대결 2006.2.23. 2005부4).

➜ 행정소송법 44조 1항에 따라, 취소소송에 있어서 피고경정에 관하여 규정한 행정소송법 14조는 **당사자소송에서도 준용**되고 있다. 또한, 행정소송규칙 6조에 따르면, 피고경정은 사실심 변론을 종결할 때까지 할 수 있으며, 같은 규칙 20조에 따라 당사자소송에 6조가 준용된다.　　　　│ 정답 │ ○

807
□□□

합의제행정기관이 한 처분에 대하여는 그 기관 자체가 피고가 되는 것이 원칙이므로 중앙노동위원회의 처분에 대한 소는 중앙노동위원회를 피고로 하여야 한다.

노동위원회법 제27조(중앙노동위원회의 처분에 대한 소) ① 중앙노동위원회의 처분에 대한 소는 중앙노동위원회위원장을 피고(被告)로 하여 처분의 통지를 받은 날부터 15일 이내에 이를 제기하여야 한다.

│ 정답 │ X

808
□□□

당사자소송의 원고가 피고를 잘못 지정하여 피고경정신청을 한 경우 법원은 결정으로써 피고의 경정을 허가할 수 있다.

행정소송법 제14조(피고경정) ① 원고가 피고를 잘못 지정한 때에는 법원은 원고의 신청에 의하여 결정으로써 피고의 경정을 허가할 수 있다.
제44조(준용규정) ① 제14조 내지 제17조, 제22조, 제25조, 제26조, 제30조제1항, 제32조 및 제33조의 규정은 당사자소송의 경우에 준용한다.

│ 정답 │ ○

809
□□□

「행정소송법」은 취소소송에서 원고가 피고를 잘못 지정한 경우 피고가 본안에서 변론을 한 이후에는 피고의 동의를 얻어야 피고경정이 가능하다고 규정하고 있다.

행정소송법에는 민사소송법 260조 1항 단서와 같은 규정이 없다.

민사소송법 제260조(피고의 경정) ① 원고가 피고를 잘못 지정한 것이 분명한 경우에는 제1심 법원은 변론을 종결할 때까지 원고의 신청에 따라 결정으로 피고를 경정하도록 허가할 수 있다. 다만, 피고가 본안에 관하여 준비서면을 제출하거나, 변론준비기일에서 진술하거나 변론을 한 뒤에는 그의 동의를 받아야 한다.

│ 정답 │ X

810
□□□

피고경정으로 인한 피고의 변경은 당사자의 동일성을 바꾸는 것이므로 피고를 경정하는 경우 제소기간의 준수 여부는 피고를 경정한 때를 기준으로 한다.

> **행정소송법 제14조(피고경정)** ① 원고가 피고를 잘못 지정한 때에는 법원은 원고의 신청에 의하여 결정으로써 피고의 경정을 허가할 수 있다.
> ④ 제1항의 규정에 의한 결정이 있은 때에는 새로운 피고에 대한 소송은 처음에 소를 제기한 때에 제기된 것으로 본다.

| 정답 | X

811
□□□

지방의회의원에 대한 징계의결 취소소송과 지방의회 의장선임의결의 무효확인을 구하는 소송의 피고는 모두 지방의회 의장이다.

지방의회 의원에 대한 징계의결이나, 지방의회 의장선거 등의 행정처분은 지방의회가 의결기관이자 집행기관이 되는 것이므로 이들 처분에 대한 항고소송의 피고는 지방의회가 된다. | 정답 | X

812
□□□

A교도소장은 그 교도소에 복역 중인 甲에게 송부되어 온 티셔츠에 대하여 이를 甲에게 교부하지 아니한 채 휴대를 불허하였다.

ㄱ. A교도소장의 휴대불허행위는 이른바 특별권력관계 내부에서의 행위라 하더라도 그에 대한 사법 심사는 가능하다.

동장과 구청장과의 관계는 이른바 행정상의 특별권력관계에 해당되며 이러한 **특별권력관계**에 있어서도 위법 부당한 특별권력의 발동으로 말미암아 권력을 침해당한 자는 행정소송법 1조의 규정에 따라 그 위법 또는 부당한 처분의 취소를 구할 수 있다(대판 1982.7.27. 80누86). | 정답 | ○

ㄴ. A교도소장의 휴대불허행위는 이른바 권력적 사실행위에 해당한다.

권력적 사실행위란 행정청이 행정목적의 달성을 위하여 국민의 신체·재산 등에 직접 물리력을 행사하여 필요한 상태를 실현하는 행정작용이다. **교도소장의 티셔츠 휴대불허행위** 역시 행정행위는 아니지만 교도행정의 목적을 달성하기 위하여 재소자에 사실상 강제력을 행사하는 것으로서 이는 **권력적 사실행위**이다. | 정답 | ○

ㄷ. A교도소장의 휴대불허행위는 교도소의 질서유지라는 정당한 목적 달성에 적합한 수단이므로 이를 통해 甲의 기본권이 제한된다고 하더라도 보다 경미한 다른 수단이 없고 교도소의 질서유지라는 공익이 甲의 사익보다 우월한 경우라면 반드시 법률에 근거가 있어야 하는 것은 아니다.

수형자나 피보호감호자를 교도소나 보호감호소에 수용함에 있어서 신체의 자유를 제한하는 외에 교화목적의 달성과 교정질서의 유지를 위하여 피구금자의 신체활동과 관련된 그 밖의 자유에 대하여 제한을 가하는 것도 수용조치에 부수되는 제한으로서 허용된다고 할 것이나, 그 제한은 위 목적 달성을 위하여 꼭 필요한 경우에 합리적인 범위 내에서만 허용되는 것이고, 그 제한이 필요하고 합리적인가의 여부는 제한의 필요성의 정도와 제한되는 권리 내지 자유의 내용, 이에 가해진 구체적 제한의 형태와의 비교 · 교량에 의하여 결정된다고 할 것이며, **법률의 구체적 위임에 의하지 아니한 행형법시행령이나 계호근무준칙 등의 규정은 위와 같은 위법성 판단을 함에 있어서 참고자료가 될 수는 있겠으나 그 자체로써 수형자 또는 피보호감호자의 권리 내지 자유를 제한하는 근거가 되거나 그 제한조치의 위법 여부를 판단하는 법적 기준이 될 수는 없다** (대판 2003.7.25. 2001다60392). | 정답 | X

ㄹ. A교도소장의 휴대불허행위가 있은 후 甲이 다른 교도소로 이송됨으로써 A교도소장의 관리 하에 있지 않은 경우라 하더라도, 위 휴대불허행위의 취소를 구할 법률상 이익이 반드시 부정된다고 볼 수는 없다.

재소자가 교도소에 수감되었다가 형의 집행이 종료되어 출소한 경우에는 기본권침해의 가능성이 이미 소멸하였기 때문에 의복과 관련한 교도소장의 처분에 대한 취소를 구할 권리보호의 이익이 존재하지 않는다고 할 것이지만, 아직 잔여형기가 남아 있는 재소자가 의복과 관련한 영치물사용신청을 한 것에 대하여 교도소장이 불허처분을 한 경우에는 기본권침해의 가능성이 소멸하였다고 보기 어려우므로, **불허처분 후 재소자가 다른 교도소로 이송됨으로써 불허처분을 한 교도소장의 관리하에 있지 않더라도 위 불허처분의 취소를 구할 법률상 이익이 있다**(부산고법 2007.6.1. 2007누191). | 정답 | ○

[23-1, 20-3]

813
☐☐☐

교도소장이 수형자를 '접견내용녹음 · 녹화 및 접견시 교도관 참여대상자'로 지정한 행위는 계속성이 있는 공권력적 사실행위로서 항고소송의 대상이 되는 행정처분이다.

원심은, ① 피고가 위와 같은 지정행위를 함으로써 원고의 접견 시마다 사생활의 비밀 등 권리에 제한을 가하는 교도관의 참여, 접견내용의 청취 · 기록 · 녹음 · 녹화가 이루어졌으므로 이는 피고가 그 우월적 지위에서 수형자인 원고에게 일방적으로 강제하는 성격을 가진 공권력적 사실행위의 성격을 갖고 있는 점, ② 위 지정행위는 그 효과가 일회적인 것이 아니라 이 사건 제1심판결이 선고된 이후인 2013. 2. 13.까지 오랜 기간 동안 지속되어 왔으며, 원고로 하여금 이를 수인할 것을 강제하는 성격도 아울러 가지고 있는 점, ③ 위와 같이 계속성을 갖는 공권력적 사실행위를 취소할 경우 장래에 이루어질지도 모르는 기본권의 침해로부터 수형자들의 기본적 권리를 구제할 실익이 있는 것으로 보이는 점 등을 종합하면, 위와 같은 지정행위는 수형자의 구체적 권리의무에 직접적 변동을 초래하는 행정청의 공법상 행위로서 항고소송의 대상이 되는 '처분'에 해당한다(대판 2014.2.13. 2013두20899). | 정답 | ○

814
☐☐☐

특정인에 대한 행정처분을 주소불명 등의 이유로 송달할 수 없어 관보·공보·게시판·일간신문 등에 공고한 경우에는, 공고가 효력을 발생하는 날에 상대방이 그 행정처분이 있음을 알았다고 보아야 한다.

특정인에 대한 주소불명에 의한 고시·공고의 경우 '처분이 있음을 안 날'은 상대방이 **현실적으로 안 날**이 된다. 이와 달리 **불특정·다수인**에 대한 고시·공고는 **고시의 효력발생일**을 처분이 있음을 **안 날**로 본다.
[판례] 행정소송법 20조 1항 소정의 제소기간 기산점인 '처분이 있음을 안 날'이라 함은 당사자가 통지·공고 기타의 방법에 의하여 당해 처분이 있었다는 사실을 현실적으로 안 날을 의미하는바, **특정인에 대한 행정처분을 주소불명** 등의 이유로 송달할 수 없어 관보·공보·게시판·일간신문 등에 **공고한 경우**에는 공고가 효력을 발생하는 날에 상대방이 그 행정처분이 있음을 알았다고 볼 수는 없고, 상대방이 당해 처분이 있었다는 사실을 **현실적으로 안 날**에 그 처분이 있음을 알았다고 보아야 한다(대판 2006.4.28. 2005두14851).

| 정답 | X

815
☐☐☐

처분이 있음을 안 날부터 90일을 넘겨 취소심판을 청구하였다가 부적법하여 각하재결이 있은 후 재결서를 송달받은 날부터 90일 이내에 원래의 처분에 대하여 취소소송을 제기하였다면 취소소송의 제소기간을 준수한 것으로 볼 수 있다.

행정처분이 있음을 알고 처분에 대하여 곧바로 취소소송을 제기하는 방법을 선택한 때에는 처분이 있음을 안 날부터 90일 이내에 취소소송을 제기하여야 하고, 행정심판을 청구하는 방법을 선택한 때에는 처분이 있음을 안 날부터 90일 이내에 행정심판을 청구하고 행정심판의 재결서를 송달받은 날부터 90일 이내에 취소소송을 제기하여야 한다. 따라서 <u>처분이 있음을 안 날부터 90일 이내에 행정심판을 청구하지도 않고 취소소송을 제기하지도 않은 경우</u>에는 그 후 제기된 취소소송은 제소기간을 경과한 것으로서 부적법하고, <u>처분이 있음을 안 날부터 90일을 넘겨 청구한 부적법한 행정심판청구에 대한 재결이 있은 후 재결서를 송달받은 날부터 90일 이내에 원래의 처분에 대하여 취소소송을 제기하였다고 하여 취소소송이 다시 제소기간을 준수한 것으로 되는 것은 아니다</u>(대판 2011.11.24. 2011두18786).

| 정답 | X

816
☐☐☐

행정청이 「산업재해보상보험법」에 의한 보험급여 수급자에 대하여 부당이득 징수결정을 한 후 그 하자를 이유로 징수금 액수를 감액하는 경우, 제소기간이 지나 불가쟁력이 발생한 이후에 행정심판청구를 할 수 있다고 잘못 알렸다고 하더라도 잘못된 안내에 따라 청구된 행정심판 재결서 정본을 송달받은 날부터 다시 취소소송의 제소기간이 기산되는 것은 아니다.

행정소송법 20조 1항은 '취소소송은 처분 등이 있음을 안 날부터 90일 이내에 제기하여야 하나 행정청이 행정심판청구를 할 수 있다고 잘못 알린 경우에 행정심판청구가 있은 때의 기간은 재결서의 정본을 송달받은 날부터 기산한다'고 규정하고 있는데, 위 규정의 취지는 불가쟁력이 발생하지 않아 적법하게 불복청구를 할 수 있었던 처분 상대방에 대하여 행정청이 법령상 행정심판청구가 허용되지 않음에도 행정심판청구를 할 수 있다고 잘못 알린 경우에, 잘못된 안내를 신뢰하여 부적법한 행정심판을 거치느라 본래 제소기간 내에 취소소송을 제기하지 못한 자를 구제하려는 데에 있다. 이와 달리 <u>이미 제소기간이 지남으로써 불가쟁력이 발생하여 불복청구를 할 수 없었던 경우</u>라면 그 이후에 행정청이 행정심판청구를 할 수 있다고 잘못 알렸다고 하더라도 그 때문에 처분 상대방이 <u>적법한 제소기간 내에 취소소송을 제기할 수 있는 기회를 상실하게 된 것은 아니므로</u> 이러한 경우에 잘못된 안내에 따라 청구된 행정심판 재결서 정본을 송달받은 날부터 다시

<u>취소소송의 제소기간이 기산되는 것은 아니다. 불가쟁력이 발생하여 더 이상 불복청구를 할 수 없는 처분에 대하여 행정청의 잘못된 안내가 있었다고 하여 처분 상대방의 불복청구 권리가 새로이 생겨나거나 부활한다고 볼 수는 없기 때문이다</u>(대판 2012.9.27. 2011두27247).　　　　　|정답| ○

[23-2]

817
☐☐☐

행정심판 제기기간에 관하여 행정청으로부터 법정 심판청구기간보다 긴 기간으로 잘못 통지받은 경우에 이에 대한 신뢰이익은 행정소송을 제기한 경우에까지 확대되므로, 그 기간 내에 행정소송을 제기하였다면 「행정소송법」상 법정 제소기간을 도과하였더라도 적법한 소의 제기로 볼 수 있다.

행정처분시나 그 이후 행정청으로부터 행정심판 제기기간에 관하여 **법정 심판청구기간보다 긴 기간으로 잘못 통지받은 경우에 보호할 신뢰 이익은** 그 통지받은 기간 내에 **행정심판을 제기한 경우에 한하는 것이지** 행정소송을 제기한 경우에까지 확대된다고 할 수 없으므로, 당사자가 행정처분시나 그 이후 행정청으로부터 행정심판 제기기간에 관하여 법정 심판청구기간보다 긴 기간으로 잘못 통지받아 행정소송법상 법정 제소기간을 도과하였다고 하더라도, 그것이 당사자가 책임질 수 없는 사유로 인한 것이라고 할 수는 없다(대판 2001.5.8. 2000두6916).　　　　　|정답| X

[23-2]

818
☐☐☐

취소소송은 처분 등이 있음을 안 날부터 90일 이내에 제기하여야 하고, 처분 등이 있은 날부터 1년을 경과하면 제기하지 못하며, 청구취지를 변경하여 구 소가 취하되고 새로운 소가 제기된 것으로 변경되었을 때에 새로운 소에 대한 제소기간의 준수 등은 당사자에게 유리하게 구 소가 제기된 때를 기준으로 하여야 한다.

행정소송법상 취소소송은 처분 등이 있음을 안 날부터 90일 이내에 제기하여야 하고, 처분 등이 있은 날부터 1년을 경과하면 제기하지 못한다(행정소송법 20조 1항, 2항). 한편 **청구취지를 교환적으로 변경**하여 종전의 소가 취하되고 새로운 소가 제기된 것으로 보게 되는 경우에 새로운 소에 대한 **제소기간의 준수** 등은 원칙적으로 **소의 변경이 있은 때를** 기준으로 하여 판단된다(대판 2013.7.11. 2011두27544).　　|정답| X

[13 변시, 19-3]

819
☐☐☐

취소청구의 추가적 병합이 있는 경우 제소기간은 청구취지의 추가·변경이 있은 때를 기준으로 하고 최초의 취소소송이 제기된 때를 기준으로 하는 것이 아니다.

이 사건 공익근무요원복무중단처분, 현역병입영대상편입처분 및 현역병입영통지처분은 보충역편입처분취소처분을 전제로 한 것이기는 하나 각각 단계적으로 별개의 법률효과를 발생시키는 독립된 행정처분으로서 하나의 소송물로 평가할 수 없고, 보충역편입처분취소처분의 효력을 다투는 소에 공익근무요원복무중단처분, 현역병입영대상편입처분 및 현역병입영통지처분을 다투는 소도 포함되어 있다고 볼 수는 없다고 할 것이므로, 공익근무요원복무중단처분, 현역병입영대상편입처분 및 현역병입영통지처분의 취소를 구하는 소의 제소기간의 준수 여부는 각 그 청구취지의 추가·변경신청이 있은 때를 기준으로 개별적으로 살펴야 할 것이지, 최초에 보충역편입처분취소처분의 취소를 구하는 소가 제기된 때를 기준으로 할 것은 아니라고 할 것이다(대판 2004.12.10. 2003두12257).

→ 반면에 하자 있는 행정처분을 놓고 이를 무효로 볼 것인지 아니면 단순히 취소할 수 있는 처분으로 볼 것인지는 동일한 사실관계를 토대로 한 법률적 평가의 문제에 불과하고, 행정처분의 무효확인을 구하는 소에는 특단의 사정이 없는 한 그 취소를 구하는 취지도 포함되어 있다고 보아야 하는 점 등에 비추어 볼 때, 동일한 행정처분에 대하여 <u>무효확인의 소를 제기하였다가 그 후 그 처분의 취소를 구하는 소를</u>

추가적으로 병합한 경우, 주된 청구인 무효확인의 소가 적법한 제소기간 내에 제기되었다면 추가로 병합된 취소청구의 소도 적법하게 제기된 것으로 본다는 것이 판례이다(대판 2005.12.23. 2005두3554).

| 정답 | ○

[23-2, 21-3]

820

□□□

행정심판에서 처분에 대한 변경명령재결이 있은 후 처분청이 변경처분을 한 경우, 변경된 내용의 당초 처분에 대해 취소소송을 제기하려는 자는 행정심판재결서 정본을 송달받은 날부터 90일 이내에 취소소송을 제기하여야 한다.

이 사건 후속 변경처분에 의하여 유리하게 변경된 내용의 행정제재인 과징금부과가 위법하다 하여 그 취소를 구하는 이 사건 소송에 있어서 위 청구취지는 이 사건 후속 변경처분에 의하여 당초부터 유리하게 변경되어 존속하는 2002. 12. 26.자 과징금부과처분의 취소를 구하고 있는 것으로 보아야 할 것이고, 일부기각(일부인용)의 이행재결에 따른 후속 변경처분에 의하여 **변경된 내용의 당초처분의 취소**를 구하는 이 사건 소 또한 **행정심판재결서 정본을 송달받은 날로부터 90일 이내 제기**되어야 하는데 원고가 위 재결서의 정본을 송달받은 날로부터 90일이 경과하여 이 사건 소를 제기하였다는 이유로 이 사건 소가 부적법하다고 판단한 원심판결은 정당하다(대판 2007.4.27. 2004두9302).

| 정답 | ○

[23 변시]

821

□□□

제소기간이 도과한 후에 소를 제기한 경우에 있어서 피고 행정청이 이를 다투지 않고 변론에 응하더라도 제소기간에 대한 요건의 흠결은 치유되지 않는다.

제소기간 등의 소송요건은 '항변사항'이 아닌, 법원의 '**직권조사사항**'이다. 항변사항은 당사자가 이의(항변)을 해야 비로소 조사하지만, 직권조사사항은 당사자의 이의(항변)과 무관하게 법원이 직권으로 조사한다. 따라서 피고 행정청이 **제소기간 등 소송요건 흠결을 다투지 않아도** 소송요건의 하자가 **치유되지 않는다**.

[판례] 취소소송은 행정소송법 20조 1항 단서에 규정된 경우를 제외하고는 취소 등의 원인이 있음을 안 날로부터 90일 이내에 제기하여야 하고(행정소송법 20조 1항 본문), 제소기간의 준수 여부는 소송요건으로서 법원의 직권조사사항이다(대판 2013.3.14. 2010두2623).

| 정답 | ○

[14 국회8급]

822

□□□

행정처분의 상대방에게 행정심판 전치주의가 적용되는 경우라도, 제3자가 제기하는 행정소송의 경우 제3자는 행정처분의 존재를 알지 못하고 행정심판의 대한 고지도 받지 못하게 되므로 행정심판 전치주의가 적용되지 않는다.

제3자가 제기하는 행정소송의 경우에도 행정심판 전치주의는 준수하여야 한다.

| 정답 | X

[20 변시]

823

□□□

관련청구소송의 이송은 그 소송이 계속되어 있는 법원이 당해 소송을 취소소송이 계속되어 있는 법원에 이송하는 것이 상당하다고 인정하는 때에 당사자의 신청 또는 직권에 의하여 할 수 있다.

> **행정소송법 제10조(관련청구소송의 이송 및 병합)** ① 취소소송과 다음 각호의 1에 해당하는 소송(이하 "관련청구소송")이 각각 다른 법원에 계속되고 있는 경우에 관련청구소송이 계속된 법원이 상당하다고 인정하는 때에는 당사자의 <u>신청 또는 직권에 의하여 이를 취소소송이 계속된 법원으로 이송할 수 있다.</u>
> 1. 당해 처분등과 관련되는 손해배상·부당이득반환·원상회복등 청구소송
> 2. 당해 처분등과 관련되는 취소소송
> ② 취소소송에는 사실심의 변론종결시까지 관련청구소송을 병합하거나 피고외의 자를 상대로 한 관련청구소송을 취소소송이 계속된 법원에 병합하여 제기할 수 있다.

| 정답 | ○

[20 변시]

824
☐☐☐

관련청구소송의 병합은 본래의 항고소송이 적법할 것을 요건으로 하는 것이어서 본래의 항고소송이 부적법하여 각하되면 그에 병합된 관련청구도 소송요건을 흠결한 부적합한 것으로 각하되어야 한다.

행정소송법 38조, 10조에 의한 관련청구소송의 병합은 본래의 항고소송이 적법할 것을 요건으로 하는 것이어서 **본래의 항고소송이 부적법하여 각하되면 그에 병합된 관련청구도 소송요건을 흠결한 부적합한 것으로 각하되어야 한다**(대판 2001.11.17. 2000두697).

| 정답 | ○

[19-2]

825
☐☐☐

행정청의 소송참가는 당사자소송에서도 허용된다.

> **행정소송법 제44조(준용규정)** ① 제14조 내지 제17조, 제22조, 제25조, 제26조, 제30조제1항, 제32조 및 제33조의 규정은 당사자소송의 경우에 준용한다.
> **제17조(행정청의 소송참가)** ① 법원은 다른 행정청을 소송에 참가시킬 필요가 있다고 인정할 때에는 당사자 또는 당해 행정청의 신청 또는 직권에 의하여 결정으로써 그 행정청을 소송에 참가시킬 수 있다.

| 정답 | ○

[19-2]

826
☐☐☐

소송참가할 수 있는 행정청이 자기에게 책임없는 사유로 소송에 참가하지 못함으로써 판결의 결과에 영향을 미칠 공격방어방법을 제출하지 못한 때에는 이를 이유로 확정된 종국판결에 대하여 재심을 청구할 수 있다.

제3자의 재심청구는 인정하지만 행정청의 재심청구는 인정하지 않고 있다.

> **행정소송법 제31조(제3자에 의한 재심청구)** ① 처분등을 취소하는 판결에 의하여 권리 또는 이익의 침해를 받은 제3자는 자기에게 책임없는 사유로 소송에 참가하지 못함으로써 판결의 결과에 영향을 미칠 공격 또는 방어방법을 제출하지 못한 때에는 이를 이유로 확정된 종국판결에 대하여 재심의 청구를 할 수 있다.

| 정답 | X

827

☐☐☐

참가신청을 한 행정청은 그 신청을 각하한 결정에 대하여 즉시항고할 수 있다.

행정소송법 16조 3항은 제3자의 소송참가 신청에 대하여 각하한 결정에 대하여는 제3자가 즉시 항고할 수 있다고 규정하고 있으나, 행정청의 소송참가를 규정한 17조에서는 즉시항고에 대한 규정이 없다. 즉시항고는 명문의 규정이 있는 경우에 인정된다. |정답|X

828

☐☐☐

공무원에 대한 징계·면직 기타 본인의 의사에 반하는 불이익처분에 있어서 그 처분청이 대통령인 때에는 법무부장관을 피고로 하여야 한다.

> **국가공무원법 제16조(행정소송과의 관계)** ① 제75조에 따른 처분, 그 밖에 본인의 의사에 반한 불리한 처분이나 부작위(不作爲)에 관한 행정소송은 소청심사위원회의 심사·결정을 거치지 아니하면 제기할 수 없다.
> ② 제1항에 따른 행정소송을 제기할 때에는 대통령의 처분 또는 부작위의 경우에는 소속 장관(대통령령으로 정하는 기관의 장을 포함)을, 중앙선거관리위원회위원장의 처분 또는 부작위의 경우에는 중앙선거관리위원회사무총장을 각각 피고로 한다.

|정답|X

829

☐☐☐

국회의장이 행한 처분에 대한 불복의 소는 국회의장을 피고로 한다.

국회의장이 한 처분에 대한 행정소송의 피고는 **국회사무총장이다**(국회사무처법 4조 3항). |정답|X

830

☐☐☐

행정처분의 효력정지를 구하는 신청사건에 있어서는 행정처분 자체의 적법 여부는 궁극적으로 본안판결에서 심리를 거쳐 판단할 성질의 것이므로 원칙적으로는 판단할 것이 아니고, 그 행정처분의 효력을 정지할 것인가에 대한 행정소송법상 집행정지에 관한 규정에서 정한 요건의 존부만이 판단의 대상이 되나, 본안소송에서의 처분의 취소가능성이 없음에도 불구하고 처분의 효력정지를 인정한다는 것은 제도의 취지에 반하므로, 효력정지사건 자체에 의하여도 신청인의 본안청구가 이유 없음이 명백할 때에는 행정처분의 효력정지를 명할 수 없다.

행정처분의 효력정지나 집행정지를 구하는 신청사건에 있어서는 **행정처분 자체의 적법** 여부는 궁극적으로 본안재판에서 심리를 거쳐 판단할 성질의 것이므로 원칙적으로 판단할 것이 아니고, 그 행정처분의 효력이나 집행을 정지할 것인가에 관한 행정소송법 23조 2항 소정의 요건의 존부만이 판단의대상이 된다고 할 것이지만, 나아가 집행정지는 행정처분의 집행부정지원칙의 예외로서 인정되는 것이고 또 본안에서 원고가 승소할 수 있는 가능성을 전제로 한 권리보호수단이라는 점에 비추어 보면 집행정지사건 자체에 의하여도 신청인의 **본안청구가 적법**한 것이어야 한다는 것을 **집행정지의 요건에 포함**시켜야 할 것이다(대판 1995.2.28. 94두36). 행정처분의 집행정지를 구하는 사건 자체에 의하여도 신청인의 **본안청구가 이유 없음이 명백할 때**에는 행정처분의 집행정지를 명할 수 없다(대판 1997.4.28. 96두75). |정답|○

831
☐☐☐

행정처분의 무효란 행정처분이 처음부터 아무런 효력도 발생하지 아니한다는 의미이므로 무효등확인소송에서는 집행정지가 인정되지 아니한다.

> **행정소송법 제38조(준용규정)** ① 제9조, 제10조, 제13조 내지 제17조, 제19조, 제22조 내지 제26조, 제29조 내지 제31조 및 제33조의 규정은 무효등 확인소송의 경우에 준용한다.
> **제23조(집행정지)** ② 취소소송이 제기된 경우에 처분등이나 그 집행 또는 절차의 속행으로 인하여 생길 회복하기 어려운 손해를 예방하기 위하여 긴급한 필요가 있다고 인정할 때에는 본안이 계속되고 있는 법원은 당사자의 신청 또는 직권에 의하여 처분등의 효력이나 그 집행 또는 절차의 속행의 전부 또는 일부의 정지(이하 "執行停止")를 결정할 수 있다. 다만, 처분의 효력정지는 처분등의 집행 또는 절차의 속행을 정지함으로써 목적을 달성할 수 있는 경우에는 허용되지 아니한다.

| 정답 | X

832
☐☐☐

처분의 효력을 정지하는 집행정지결정이 이루어지면 결정 주문에서 정한 정지기간 중에는 처분이 없었던 원래의 상태와 같은 상태가 되며 처분청이 처분을 실현하기 위한 조치를 할 수 없다.

행정소송법 23조에 따른 집행정지결정이 있으면 결정 주문에서 정한 정지기간 중에는 처분을 실현하기 위한 조치를 할 수 없다. 특히 처분의 효력을 정지하는 집행정지결정이 있으면 결정 주문에서 정한 정지기간 중에는 처분이 없었던 원래의 상태와 같은 상태가 된다(대판 2020.9.3. 2020두34070).

| 정답 | ○

833
☐☐☐

집행정지결정의 효력은 결정주문에서 정한 기간까지 존속하다가 그 기간의 만료와 동시에 당연히 소멸한다.

집행정지결정의 효력은 결정 주문에서 정한 기간까지 존속하다가 그 기간이 만료되면 장래에 향하여 소멸한다(대판 2020.9.3. 2020두34070).

| 정답 | ○

834
☐☐☐

본안 확정판결로 제재처분이 적법하다는 점이 확인되었다면 제재처분의 상대방이 잠정적 집행정지를 통해 집행정지가 이루어지지 않은 경우와 비교하여 제재를 덜 받게 되는 결과가 초래되도록 해서는 안 된다.

제재처분에 대한 행정쟁송절차에서 처분에 대해 집행정지결정이 이루어졌더라도 본안에서 해당 처분이 최종적으로 적법한 것으로 확정되어 집행정지결정이 실효되고 제재처분을 다시 집행할 수 있게 되면, 처분청으로서는 당초 집행정지결정이 없었던 경우와 동등한 수준으로 해당 제재처분이 집행되도록 필요한 조치를 취하여야 한다. 집행정지는 행정쟁송절차에서 실효적 권리구제를 확보하기 위한 잠정적 조치일 뿐이므로, 본안 확정판결로 해당 제재처분이 적법하다는 점이 확인되었다면 제재처분의 상대방이 잠정적 집행정지를 통해 집행정지가 이루어지지 않은 경우와 비교하여 제재를 덜 받게 되는 결과가 초래되도록 해서는 안 된다(대판 2020.9.3. 2020두34070).

| 정답 | ○

835
□□□

항고소송을 제기한 원고가 본안소송에서 패소확정판결을 받은 경우에는 집행정지결정의 효력이 소급적으로 소멸한다.

집행정지결정은 처분의 집행으로 회복하기 어려운 손해를 예방하기 위하여 긴급한 필요가 있고 달리 공공복리에 중대한 영향을 미치지 않을 것을 요건으로 하여 본안판결이 있을 때까지 해당 처분의 집행을 잠정적으로 정지함으로써 위와 같은 손해를 예방하는 데 취지가 있으므로, 항고소송을 제기한 원고가 본안소송에서 패소확정판결을 받았더라도 집행정지결정의 효력이 소급하여 소멸하지 않는다(대판 2020.9.3. 2020두34070).

| 정답 | X

836
□□□

처분상대방이 집행정지결정을 받지 못했으나 본안소송에서 해당 제재처분이 위법함이 확인되어 취소하는 판결이 확정되면, 처분청은 그 제재처분으로 처분상대방에게 초래된 불이익한 결과를 제거하기 위하여 필요한 조치를 취하여야 한다.

처분상대방이 집행정지결정을 받지 못했으나 본안소송에서 해당 제재처분이 위법하다는 것이 확인되어 취소하는 판결이 확정되면, 처분청은 그 제재처분으로 처분상대방에게 초래된 불이익한 결과를 제거하기 위하여 필요한 조치를 취하여야 한다(대판 2020.9.3. 2020두34070).

| 정답 | ○

837
□□□

집행정지결정을 한 후에라도 본안소송이 취하되어 소송이 계속되지 않게 되면 이에 따라 집행정지결정의 효력은 당연히 소멸되는 것이고 별도의 취소조치가 필요한 것은 아니다.

행정처분의 집행정지는 행정처분집행 부정지의 원칙에 대한 예외로서 인정되는 일시적인 응급처분이라 할 것이므로 집행정지결정을 하려면 이에 대한 본안소송이 법원에 제기되어 계속중임을 요건으로 하는 것이므로 집행정지결정을 한 후에라도 본안소송이 취하되어 소송이 계속하지 아니한 것으로 되면 집행정지결정은 당연히 그 효력이 소멸되는 것이고 별도의 취소조치를 필요로 하는 것이 아니다(대판 1975.11.11. 75누97).

| 정답 | ○

838
□□□

집행정지결정 또는 기각결정에 대하여는 즉시항고를 할 수 있고, 집행정지결정에 대한 즉시항고에는 결정의 집행을 정지하는 효력이 없다.

행정소송법 제23조(집행정지) ⑤ 제2항의 규정에 의한 집행정지의 결정 또는 기각의 결정에 대하여는 즉시항고할 수 있다. 이 경우 집행정지의 결정에 대한 즉시항고에는 결정의 집행을 정지하는 효력이 없다.

| 정답 | ○

839
☐☐☐

집행정지결정의 취소사유는 특별한 사정이 없는 한 집행정지결정이 확정된 이후에 발생한 것이어야 한다.

행정소송법 24조 1항에서 규정하고 있는 집행정지 결정의 취소사유는 특별한 사정이 없는 한 집행정지 결정이 확정된 이후에 발생한 것이어야 하고, 그 중 '집행정지가 공공복리에 중대한 영향을 미치는 때라 함은 일반적·추상적인 공익에 대한 침해의 가능성이 아니라 당해 집행정지 결정과 관련된 구체적·개별적인 공익에 중대한 해를 입힐 개연성을 말하는 것이다(대결 2005.7.15. 2005무16).

> **행정소송법 제24조(집행정지의 취소)** ① 집행정지의 결정이 확정된 후 집행정지가 공공복리에 중대한 영향을 미치거나 그 정지사유가 없어진 때에는 당사자의 신청 또는 직권에 의하여 결정으로써 집행정지의 결정을 취소할 수 있다.

| 정답 | ○

840
☐☐☐

집행정지의 소극적 요건으로서 '공공복리에 중대한 영향을 미칠 우려가 없을 것'이라고 할 때의 공공복리는 그 처분의 집행과 관련된 구체적·개별적인 공익을 말하고, 피신청인인 행정청이 공공복리에 중대한 영향을 미칠 우려가 있다는 점을 주장·소명하여야 한다.

행정소송법 23조 3항에서 집행정지의 요건으로 규정하고 있는 '공공복리에 중대한 영향을 미칠 우려'가 없을 것이라고 할 때의 '공공복리'는 그 처분의 집행과 관련된 구체적이고도 개별적인 공익을 말하는 것으로서 이러한 **집행정지의 소극적 요건에 대한 주장·소명책임은 행정청**에게 있다(대결 1999.12.20. 99무42).

| 정답 | ○

841
☐☐☐

법원이 집행정지결정을 하면서 그 주문에서 당해 법원에 계속 중인 본안소송의 판결선고 시까지 효력을 정지한 경우, 원고패소판결이 선고되면 그 본안판결의 선고시에 집행정지결정의 효력은 별도의 취소조치 없이 소멸하고 처분의 효력이 부활한다.

행정소송법 23조에 의한 집행정지결정의 효력은 결정주문에서 정한 시기까지 존속하였다가 그 시기의 도래와 동시에 당연히 실효하는 것이므로, **일정기간 동안 업무를 정지할 것을 명한 행정청의 업무정지처분에 대하여 법원이 집행정지결정을 하면서 주문에서 당해 법원에 계속중인 본안소송의 판결선고시까지 처분의 효력을 정지한다고 선언하였을 경우에는 당초 처분에서 정한 업무정지기간의 진행은 그때까지 저지되다가 본안소송의 판결선고에 의하여 위 정지결정의 효력이 소멸함과 동시에 당초 처분의 효력이 당연히 부활되어** 그 처분에서 정하였던 정지기간(정지결정 당시 이미 일부 진행되었다면 나머지 기간)은 이때부터 다시 진행한다(대판 2005.6.10. 2005두1190).

| 정답 | ○

842
☐☐☐

외국인 甲은 방문취업 체류자격(H-2)으로 대한민국에 입국한 후, 재외동포 체류자격 (F-4)으로 체류자격을 변경하여 체류하던 중 직업안정법위반죄로 징역 1년에 집행유예 2년을 선고받아 그 판결이 확정되었다. 이에 관한 지방출입국·외국인관서의 장은 甲에 대하여 강제퇴거명령 및 「출입국관리법」 제63조 제1항에 정한 보호명령을 하였다. 이에 관한 설명 중 옳은 것을 모두 고른 것은?

> ❏ 참 고
> **출입국관리법 제63조(강제퇴거명령을 받은 사람의 보호 및 보호해제)** ① 지방출입국·외국인 관서의 장은 강제퇴거명령을 받은 사람을 여권 미소지 또는 교통편 미확보 등의 사유로 즉시 대한민국 밖으로 송환할 수 없으면 송환할 수 있을 때까지 그를 보호시설에 보호할 수 있다.

ㄱ. 甲이 즉시 국외로 강제퇴거되지 않기 위해서 강제퇴거명령에 대하여 항고소송과 함께 집행정지신청을 한 경우, 그 본안소송인 항고소송이 부적법 각하되어 그 판결이 확정되면 집행정지신청도 부적법하게 된다. [23 변시]

행정처분의 효력정지나 집행정지를 구하는 신청사건에서는 행정처분 자체의 적법 여부는 원칙적으로 판단의 대상이 아니고, 그 행정처분의 효력이나 집행을 정지할 것인가에 관한 행정소송법 23조 2항에서 정한 요건의 존부만이 판단의 대상이 되는 것이다. 다만, 집행정지는 행정처분의 집행부정지원칙의 예외로서 인정되는 것이고, 또 본안에서 원고가 승소할 수 있는 가능성을 전제로 한 권리보호수단이라는 점에 비추어 보면, 집행정지사건 자체에 의하여도 신청인의 본안청구가 적법한 것이어야 한다는 것을 집행정지의 요건에 포함시키는 것이 옳다(대결 2010.11.26. 2010무137). | 정답 | ○

ㄴ. 甲에 대한 위 보호명령은 강제퇴거명령을 받은 자를 즉시 대한민국 밖으로 송환할 수 없는 경우에 송환할 수 있을 때까지 일시적으로 보호하는 것을 목적으로 하는 처분으로서 강제퇴거명령을 전제로 하는 것이므로, 법원으로부터 강제퇴거명령에 대하여 집행정지결정을 받으면 그 성질상 당연히 보호명령의 집행도 정지된다.

출입국관리법 63조 1항, 같은법시행령 78조 1항에 기한 보호명령은 강제퇴거명령을 받은 자를 즉시 대한민국 밖으로 송환할 수 없는 경우에 송환할 수 있을 때까지 일시적으로 보호하는 것을 목적으로 하는 처분이므로, 강제퇴거명령을 전제로 하는 것이나, 그렇다고 하여 강제퇴거명령의 집행이 정지되면 그 성질상 당연히 보호명령의 집행도 정지되어야 한다고 볼 수는 없다(대결 1997.1.20. 96두31). | 정답 | X

[16 변시]

843
☐☐☐

甲은 공동주택 및 근린생활시설을 건축하는 내용의 주택건설사업계획승인신청을 하였으나 행정청 乙은 거부처분을 하였다. 이에 甲이 거부처분취소소송을 제기하여 승소판결을 받았고, 그 판결은 확정되었다. 이에 관한 설명 중 옳지 않은 것은?

ㄱ. 乙이 판결의 취지에 따른 재처분의무를 이행하지 않는 경우 甲은 제1심 수소법원에 간접강제를 신청할 수 있다.

행정소송법 제34조(거부처분취소판결의 간접강제) ① 행정청이 제30조제2항의 규정에 의한 처분을 하지 아니하는 때에는 제1심수소법원은 당사자의 신청에 의하여 결정으로써 상당한 기간을 정하고 행정청이 그 기간내에 이행하지 아니하는 때에는 그 지연기간에 따라 일정한 배상을 할 것을 명하거나 즉시 손해배상을 할 것을 명할 수 있다.

| 정답 | ○

ㄴ. 乙이 재처분을 하더라도 그것이 거부처분에 대한 취소의 확정판결의 기속력에 위반되는 경우 甲은 간접강제를 신청할 수 있다.

거부처분에 대한 취소의 확정판결이 있음에도 행정청이 아무런 재처분을 하지 아니하거나, 재처분을 하였다 하더라도 그것이 종전 거부처분에 대한 취소의 **확정판결의 기속력에 반하는 등으로 당연무효라면** 이는 아무런 재처분을 하지 아니한 때와 마찬가지라 할 것이므로 이러한 경우에는 행정소송법 30조 2항, 34조 1항 등에 **의한 간접강제신청에 필요한 요건을 갖춘 것**으로 보아야 한다(대결 2002.12.11. 2002무22).

| 정답 | ○

ㄷ. 乙이 재처분의무를 이행하지 않아 간접강제결정이 행하여진 경우 간접강제결정에서 정한 의무이행기한이 경과한 후라도 乙이 판결의 취지에 따른 재처분의무를 이행하면 더 이상 배상금의 추심은 허용되지 않는다.

행정소송법 34조 소정의 간접강제결정에 기한 배상금은 확정판결의 취지에 따른 재처분의 지연에 대한 제재나 손해배상이 아니고 재처분의 이행에 관한 심리적 강제수단에 불과한 것으로 보아야 하므로, **간접강제결정에서 정한 의무이행기한이 경과한 후에라도 확정판결의 취지에 따른 재처분이 행하여지면** 배상금을 추심함으로써 심리적 강제를 꾀한다는 당초의 목적이 소멸하여 처분상대방이 더 이상 배상금을 추심하는 것이 허용되지 않는다(대판 2010.12.23. 2009다37725).

| 정답 | ○

ㄹ. 위 취소소송 계속 중에 관련 법령이 개정되었고, 개정 법령에 이미 주택건설사업계획 승인을 신청 중인 사안에 대해서는 종전 규정에 따른다는 경과규정이 있음에도 거부처분취소판결이 확정된 후 乙이 개정 법령을 적용하여 다시 거부처분을 한 경우, 甲은 간접강제를 신청할 수 있다.

사안의 경우 경과규정에 따라 종전 규정에 따른 재처분을 하여야 함에도 불구하고 개정 법령을 적용하여 새로운 거부처분을 한 것은 확정된 종전 거부처분 취소판결의 **기속력에 저촉되어 당연무효**이고, 재처분을 하였다 하더라도 그것이 종전 거부처분에 대한 취소의 확정판결의 기속력에 반하는 등으로 당연무효라면 이는 아무런 재처분을 하지 아니한 때와 마찬가지라 할 것이므로 이러한 경우에는 행정소송법 30조 2항, 34조 1항 등에 의한 **간접강제신청에 필요한 요건을 갖춘 것**으로 보아야 한다는 것이 판례의 견해이다(대결 2002.12.11. 2002무22).

| 정답 | ○

844

☐☐☐

시내버스 운수사업자 甲이 유류사용량을 실제보다 부풀려 유가보조금을 과다지급 받은 데 대하여 관할 시장 乙이 「여객자동차운수사업법」 제51조 제3항에 따라 부정수급기간 동안 지급된 유가보조금 전액을 회수하는 처분을 하자, 甲은 회수처분의 취소를 구하는 소송을 제기하였다. 이에 관한 설명 중 옳은 것을 모두 고른 것은?

ㄱ. 乙이 회수처분의 근거법률을 적용함에 있어 그 법률관계나 사실관계에 대하여 그 법률의 규정을 적용할 수 없다는 법리가 명백히 밝혀지지 아니하여 그 해석에 다툼의 여지가 있었다면, 乙이 이를 잘못 해석하여 행정처분을 하였더라도 이는 그 처분 요건사실을 오인한 것에 불과하여 그 하자가 명백하다고 할 수 없다.

행정처분이 당연무효라고 하기 위하여는 처분에 위법사유가 있다는 것만으로는 부족하고 하자가 법규의 중요한 부분을 위반한 중대한 것으로서 객관적으로 명백한 것이어야 하며, 하자의 중대·명백 여부를 판별함에 있어서는 법규의 목적, 의미, 기능 등을 목적론적으로 고찰함과 동시에 구체적 사안 자체의 특수성에 관하여도 합리적으로 고찰하여야 한다. 그리고 행정청이 어느 법률관계나 사실관계에 대하여 어느 법률의 규정을 적용하여 행정처분을 한 경우에 그 법률관계나 사실관계에 대하여는 그 법률의 규정을 적용할 수 없다는 법리가 명백히 밝혀져 그 해석에 다툼의 여지가 없음에도 불구하고 행정청이 위 규정을 적용하여 처분을 한 때에는 그 하자가 중대하고도 명백하다고 할 것이나, 그 법률관계나 사실관계에 대하여 그 법률의 규정을 적용할 수 없다는 **법리가 명백히 밝혀지지 아니하여 그 해석에 다툼의 여지가 있는 때에는 행정관청이 이를 잘못 해석하여 행정처분을 하였더라도 이는 그 처분의 요건사실을 오인한 것에 불과하여 그 하자가 명백하다고 할 수 없다**(대판 2011.4.14. 2010두14282). | 정답 | ○

ㄴ. 甲이 위 회수처분에 대해 행정심판을 거쳐 취소소송을 제기한 경우, 행정심판절차에서 주장하지 아니한 공격방어방법을 취소소송 절차에서 주장할 수 있으며, 법원은 이를 심리하여 처분의 적법 여부를 판단할 수 있다.

항고소송에 있어서 원고는 전심절차에서 주장하지 아니한 공격방어방법을 주장할 수 있고 법원은 이를 심리하여 행정처분의 적법여부를 판단할 수 있다(대판 1990.11.27. 90누4938). | 정답 | ○

ㄷ. 甲의 취소청구를 기각하는 판결이 확정된 후 甲이 다시 위 회수처분에 대해 무효확인소송을 제기한 경우, 그 기각판결의 기판력은 무효확인소송에도 미친다.

과세처분의 취소소송에서 청구가 기각된 확정판결의 기판력은 다시 그 과세처분의 무효확인을 구하는 소송에도 미친다(대판 1993.4.27. 92누9777). | 정답 | ○

ㄹ. 만약 乙이 甲의 취소소송 제기 전에 보조금 회수액을 감액하는 감액처분을 하였고, 甲이 감액처분으로도 아직 취소되지 않고 남은 부분에 대해 불복하여 취소소송을 제기하는 경우, 제소기간의 준수여부는 당초 처분이 아닌 감액처분을 기준으로 판단하여야 한다.

과징금 부과처분에서 행정청이 납부의무자에 대하여 부과처분을 한 후 그 부과처분의 하자를 이유로 과징금의 액수를 감액하는 경우에 그 감액처분은 감액된 과징금 부분에 관하여만 법적 효과가 미치는 것으로서 처음의 부과처분과 별개 독립의 과징금 부과처분이 아니라 그 실질은 당초 부과처분의 변경이고, 그에 의하

여 과징금의 일부취소라는 납부의무자에게 유리한 결과를 가져오는 처분이므로 처음의 부과처분이 전부 실효되는 것은 아니며, <u>그 감액처분으로도 아직 취소되지 않고 남아 있는 부분이 위법하다고 하여 다투는 경우 항고소송의 대상은 처음의 부과처분 중 감액처분에 의하여 취소되지 않고 남은 부분이고 감액처분이 항고소송의 대상이 되는 것은 아니다</u>(대판 2008.2.15. 2006두3957, 표준판례 324).　　　　| 정답 | X

845
☐☐☐

미결수용 중 안양교도소에서 진주교도소로 이송된 피고인이 그 이송처분의 취소를 구하는 행정소송을 제기하고 이송처분의 효력정지를 신청할 수 있다.

<u>미결수용중 다른 교도소로 이송된 피고인이 그 이송처분의 취소를 구하는 행정소송을 제기하고 아울러 그 효력정지를 구하는 신청을 제기한 데 대하여 법원에서 위 이송처분의 효력정지신청을 인용하는 결정을 하였고 이에 따라 신청인이 다시 이송되어 현재 위 이송처분이 있기 전과 같은 교도소에 수용중이라 하여도 이는 법원의 효력정지 결정에 의한 것이어서 그로 인하여 효력정지신청이 그 신청의 이익이 없는 부적법한 것으로 되는 것은 아니다</u>(대결 1992.8.7. 92두30).　　　　| 정답 | ○

[20-3]

846
☐☐☐

보조금 교부결정 취소처분에 대하여 법원이 효력정지 결정을 한 후 보조금을 교부하였으나 본안에서 취소처분이 적법하다는 원고청구기각결정이 선고되어 확정된 경우 특별한 사정이 없는 한 행정청은 효력 정지기간 중에 교부된 보조금에 대하여 반환명령을 하여야 한다.

행정소송법 23조에 의한 효력정지결정의 효력은 결정주문에서 정한 시기까지 존속하고 그 시기의 도래와 동시에 효력이 당연히 소멸하므로, 보조금 교부결정의 일부를 취소한 행정청의 처분에 대하여 법원이 효력정지결정을 하면서 주문에서 그 법원에 계속 중인 본안소송의 판결 선고 시까지 처분의 효력을 정지한다고 선언하였을 경우, 본안소송의 판결 선고에 의하여 정지결정의 효력은 소멸하고 이와 동시에 당초의 보조금 교부결정 취소처분의 효력이 당연히 되살아난다.

따라서 효력정지결정의 효력이 소멸하여 보조금 교부결정 취소처분의 효력이 되살아난 경우, 특별한 사정이 없는 한 행정청으로서는 구 보조금법 31조 1항에 따라 <u>취소처분에 의하여 취소된 부분의 보조사업에 대하여 효력정지기간 동안 교부된 보조금의 반환을 명하여야 한다</u>(대판 2017.7.11. 2013두25498).
　　　　| 정답 | ○

[20-3]

847
☐☐☐

영업정지처분이 그 효력정지결정으로 효력이 정지되어 있을 동안에 영업정지기간이 경과되면 원칙적으로 그 처분의 취소를 구할 소송상 이익이 소멸한다.

영업정지처분에 대하여 그 효력정지결정이 있으면 그 처분의 집행자체 또는 그 효력발생이 정지되고 그 효력정지결정이 취소되거나 실효되면 그때부터 다시 영업정지기간이 진행되는 것이므로 <u>영업정지처분이 그 효력정지결정으로 효력이 정지되어 있을 동안에 영업정지기간이 경과되었다고 하여도 그 처분의 취소를 구할 소송상 이익이 있다</u>(대판 1982.6.22. 81누375).　　　　| 정답 | X

848
□□□

甲은 관할 행정청 乙로부터 2009. 8. 3.을 납부기한으로 하는 과징금부과처분을 같은 해 6. 1. 고지받았으나, 이에 불복하여 과징금부과처분 취소소송을 제기하고 동시에 과징금 부과처분에 대한 집행정지도 신청하였다. 법원은 2009. 7. 2. 위 본안소송에 대한 판결선 고시까지 과징금부과처분의 집행을 정지한다는 결정을 내렸으나 甲이 2011. 6. 21. 결국 본안소송에서 패소하였다. 이에 甲이 2011. 6. 27. 당초 고지된 과징금을 납부하자 乙은 2009. 8. 3.의 납부기한을 도과하였으므로 그때부터 2011. 6. 27.까지의 체납에 따른 가 산금도 납부하라는 징수처분을 하였다.

ㄱ. 집행정지결정은 단지 징수권자가 징수집행을 하지 못하게 할 뿐 납부기간의 진행을 막을 수는 없으므로 甲은 마땅히 가산금을 납부하여야 한다.

일정한 납부기한을 정한 과징금부과처분에 대하여 법원이 소명자료를 검토한끝에 '회복하기 어려운 손해'를 예방하기 위하여 긴급한 필요가 있고 달리 공공복리에 중대한 영향을 미치지 아니한다는 이유로 그에 대한 **집행정지결정을 하였다면** 행정청에 의하여 과징금부과처분이 집행되거나 행정청·관계 행정청 또는 제3자 에 의하여 과징금부과처분의 실현을 위한 조치가 행하여져서는 아니되며, 따라서 부수적인 결과인 **가산금 등은 발생되지 아니한다고** 보아야 할 것이다(대판 2003.7.11. 2002다48023). | 정답 | X

ㄴ. 본안소송에서 乙이 한 당초의 과징금부과처분이 적법하다고 판결이 내려진 이상 과 징금부과처분에 기초하여 기간도과를 이유로 부과된 가산금징수처분에 중대하고 명 백한 하자가 있다고 볼 수는 없다. 따라서 甲은 乙의 가산금징수처분에 대하여 취소 소송으로 다툴 수 있음은 별론으로 하고 가산금을 일단 납부하여야 한다.

이러한 법리를 원심이 적법하게 확정한 사실관계에 비추어 보면, 원고는 1999. 5. 27 같은 해 8. 3.까지를 납부기한으로 한 이 사건 과징금부과처분을 받고, 같은 해 5. 31. 이를 고지받았으나 서울고등법원으로부터 1999. 7. 2. 이 사건 과징금부과처분에 대하여 본안소송의 판결선고시까지 집행을 정지한다는 내용의 집행 정지결정을 받았으므로 **과징금의 납부기간은 더 이상 진행하지 아니하고,** 본안소송에서 패소한 2001. 6. 21.이 사건 집행정지결정의 효력이 상실되어 그 때부터 이 사건 과징금부과처분에서 정한 기간 중 이미 진 행된 기간을 제외한 그 나머지 기간이 다시 진행하므로 같은 해 6. 26.에 한 이사건 과징금의 납부는 납부기 한 내에 납부한 것이 되어 가산금이 발생하지 아니하였으므로 가산금이 발생하였음을 전제로 한 이 사건 징수처분은 그 하자가 중대하고도 명백한 것이어서 무효라 할 것이다(대판 2003.7.11. 2002다48023).
                                                                | 정답 | X

ㄷ. 집행정지결정이 있으면 납부기간의 진행도 중단되기는 하지만 이 본안소송에서 패소 하면 집행정지결정이 실효되므로 납부기간 중단의 효력도 소급하여 상실되어 甲이 가산금납부의무를 면할 수는 없다.

이러한 법리를 원심이 적법하게 확정한 사실관계에 비추어 보면, 원고는 1999. 5. 27 같은 해 8. 3.까지를 납부기한으로 한 이 사건 과징금부과처분을 받고, 같은 해 5. 31. 이를 고지받았으나 서울고등법원으로부터

1999. 7 . 2. 이 사건 과징금부과처분에 대하여 본안소송의 판결선고시까지 집행을 정지한다는 내용의 집행정지결정을 받았으므로 과징금의 납부기간은 더 이상 진행하지 아니하고, **본안소송에서 패소한 2001. 6. 21.**이 사건 집행정지결정의 효력이 상실되어 **그 때부터** 이 사건 과징금부과처분에서 정한 기간 중 **이미 진행된 기간을 제외한 그 나머지 기간이 다시 진행**하므로 같은 해 6. 26.에 한 이사건 과징금의 납부는 납부기한 내에 납부한 것이 되어 가산금이 발생하지 아니하였으므로 가산금이 발생하였음을 전제로 한 이 사건 징수처분은 그 하자가 중대하고도 명백한 것이어서 무효라 할 것이다(대판 2003.7.11. 2002다48023).

| 정답 | X

ㄹ. 甲의 집행정지신청이 받아들여지지 않았다 하더라도 과징금부과처분에 대한 취소소송이 진행되고 있는 동안에는 甲은 과징금을 납부할 의무가 없고, 따라서 과징금체납에 따른 가산금의 납부의무도 없다.

행정소송법 제23조(집행정지) ① 취소소송의 제기는 처분등의 효력이나 그 집행 또는 절차의 속행에 영향을 주지 아니한다.

| 정답 | X

ㅁ. 집행정지결정으로 납부기간의 진행도 함께 중단되므로 본안소송에서 패소한 때부터 이미 진행된 기간을 제외한 나머지 기간이 다시 진행되어 甲의 납부는 납부기한 내에 납부한 것이 되고 가산금납부의무는 없다.

| 정답 | O

주장책임과 입증책임

[22-1]

849
☐☐☐

행정소송에 있어서 특단의 사정이 있는 경우를 제외하면 당해 행정처분의 적법성에 관하여는 당해 처분청이 이를 주장·입증하여야 할 것이나 행정소송에 있어서 직권주의가 가미되어 있다고 하여도 여전히 변론주의를 기본 구조로 하는 이상 행정처분의 위법을 들어 그 취소를 청구함에 있어서는 직권조사사항을 제외하고는 그 취소를 구하는 자가 위법사유에 해당하는 구체적인 사실을 먼저 주장하여야 한다.

행정소송에 있어서 특단의 사정이 있는 경우를 제외하면 당해 행정처분의 적법성에 관하여는 당해 처분청이 이를 주장·입증하여야 할 것이나 행정소송에 있어서 직권주의가 가미되어 있다고 하여도 여전히 변론주의를 기본 구조로 하는 이상 행정처분의 위법을 들어 그 취소를 청구함에 있어서는 직권조사사항을 제외하고는 그 취소를 구하는 자가 위법사유에 해당하는 구체적인 사실을 먼저 주장하여야 한다(대판 2000.3.23. 98두2768).

| 정답 | O

850
□□□

「보훈보상대상자 지원에 관한 법률」에 따른 보상을 받음에 있어 교육훈련 또는 직무수행과 부상·질병 사이의 인과관계에 대한 증명책임은 보상 신청인에 있다.

군인 등이 복무 중 자살로 사망한 경우에도 보훈보상법 2조 1항의 '직무수행이나 교육훈련 중 사망'에 해당하는지 여부는 직무수행 또는 교육훈련과 사망 사이에 상당인과관계가 있는지 여부에 따라 판단하여야 하고, 직무수행 또는 교육훈련과 사망 사이에 상당인과관계가 인정되는데도 그 사망이 자살로 인한 것이라는 이유만으로, 또는 자유로운 의지가 완전히 배제된 상태에서의 자살이 아니라는 이유로 보훈보상자에서 제외되어서는 안 된다.
또한 직무수행과 자살로 인한 사망 사이의 상당인과관계는 이를 주장하는 측에서 증명하여야 하지만, 반드시 의학적·자연과학적으로 명백히 증명되어야 하는 것이 아니며 규범적 관점에서 상당인과관계가 인정되는 경우에는 증명이 된 것으로 보아야 한다(대판 2020.2.13. 2017두47885).　　　　　　　　　　| 정답 | O

851
□□□

산업단지 입주계약을 취소하는 경우 취소의 필요성에 대한 증명책임은 행정청에 있다.

일정한 행정처분으로 국민이 일정한 이익과 권리를 취득하였을 경우에 종전 행정처분에 하자가 있음을 전제로 직권으로 이를 취소하는 행정처분은 이미 취득한 국민의 기존 이익과 권리를 박탈하는 별개의 행정처분으로, 취소될 행정처분에 하자가 있어야 하고, 나아가 행정처분에 하자가 있다고 하더라도 취소해야 할 공익상 필요와 취소로 당사자가 입게 될 기득권과 신뢰보호 및 법률생활 안정의 침해 등 불이익을 비교·교량한 후 공익상 필요가 당사자가 입을 불이익을 정당화할 만큼 강한 경우에 한하여 취소할 수 있는 것이며, 하자나 취소해야 할 필요성에 관한 **증명책임**은 기존 이익과 권리를 침해하는 처분을 한 **행정청**에 있다. 이러한 신뢰보호와 이익형량의 취지는 구 산업집적활성화 및 공장설립에 관한 법률에 따른 입주계약 또는 변경계약을 취소하는 경우에도 마찬가지로 적용될 수 있다(대판 2017.6.15. 2014두46843).　　　　　　| 정답 | O

852
□□□

「출입국관리법」상 결혼이민 체류자격을 신청한 외국인에 대하여 행정청이 그 요건인 '자신에게 책임이 없는 사유로 정상적인 혼인관계를 유지할 수 없는 사람'에 해당하지 않는다는 이유로 거부처분을 하는 경우, 거부처분취소소송에서 체류자격 신청요건에 대한 증명책임은 체류자격 신청인에 있다.

결혼이민[F-6 (다)목] 체류자격을 신청한 외국인에 대하여 행정청이 그 요건을 충족하지 못하였다는 이유로 거부처분을 하는 경우에는 '그 요건을 갖추지 못하였다는 판단', 다시 말해 '혼인파탄의 주된 귀책사유가 국민인 배우자에게 있지 않다는 판단' 자체가 처분사유가 된다. 부부가 혼인파탄에 이르게 된 여러 사정들은 그와 같은 판단의 근거가 되는 기초 사실 내지 평가요소에 해당한다. 결혼이민[F-6 (다)목] 체류자격 거부처분 취소소송에서 원고와 피고 행정청은 각자 자신에게 유리한 평가요소들을 적극적으로 주장·증명하여야 하며, 수소법원은 증명된 평가요소들을 종합하여 혼인파탄의 주된 귀책사유가 누구에게 있는지를 판단하여야 한다. 수소법원이 '혼인파탄의 주된 귀책사유가 국민인 배우자에게 있다'고 판단하게 되는 경우에는, 해당 결혼이민[F-6 (다)목] 체류자격 거부처분은 위법하여 취소되어야 하므로, 이러한 의미에서 결혼이민[F-6 (다)목] 체류자격 거부처분 취소소송에서도 그 처분사유에 관한 **증명책임**은 피고 **행정청**에 있다. 일반적으로 혼인파탄의 귀책사유에 관한 사정들이 혼인관계 당사자의 지배영역에 있는 것이어서 피고 행정청이 구체적으로 파악하기 곤란한 반면, 혼인관계의 당사자인 원고는 상대적으로 쉽게 증명할 수 있는 측면이 있음을 고려하더라도 달리 볼 것은 아니다(대판 2019.7.4. 2018두66869).　　　　| 정답 | X

853
□□□

징계사유인 성희롱 관련 형사재판에서 성희롱 행위가 있었다는 점을 합리적 의심을 배제할 정도로 확신하기 어렵다는 이유로 공소사실에 관하여 무죄가 선고되었다고 하여 그러한 사정만으로 행정소송에서 징계사유의 존재를 부정할 것은 아니다.

성희롱을 사유로 한 징계처분의 당부를 다투는 행정소송에서 **징계사유에 대한 증명책임**은 그 처분의 적법성을 주장하는 **피고에게** 있다. 다만 민사소송이나 행정소송에서 사실의 증명은 추호의 의혹도 없어야 한다는 자연과학적 증명이 아니고, 특별한 사정이 없는 한 경험칙에 비추어 모든 증거를 종합적으로 검토하여 볼 때 어떤 사실이 있었다는 점을 시인할 수 있는 고도의 개연성을 증명하는 것이면 충분하다. 민사책임과 형사책임은 지도이념과 증명책임, 증명의 정도 등에서 서로 다른 원리가 적용되므로, **징계사유인 성희롱 관련 형사재판에서 성희롱** 행위가 있었다는 점을 **합리적 의심을 배제**할 정도로 확신하기 **어렵다는 이유로** 공소사실에 관하여 **무죄가 선고되었다고 하여 그러한 사정만으로** 행정소송에서 **징계사유의 존재를 부정할 것은 아니다**(대판 2018.4.12. 2017두74702). | 정답 | ○

854
□□□

관련청구소송이 취소소송과 병합되기 위해서는 그 청구의 내용 또는 발생원인이 취소소송의 대상인 처분등과 법률상 또는 사실상 공통되거나, 그 처분의 효력이나 존부가 선결문제로 되는 등의 관계에 있어야 하는 것이 원칙이다.

행정소송법 10조 1항 1호는 행정소송에 병합될 수 있는 관련청구에 관하여 '당해 처분 등과 관련되는 손해배상·부당이득반환·원상회복 등의 청구'라고 규정함으로써 그 병합요건으로 본래의 행정소송과의 관련성을 요구하고 있는바, 손해배상청구 등의 민사소송이 행정소송에 관련청구로 병합되기 위해서는 그 청구의 내용 또는 발생원인이 행정소송의 대상인 처분 등과 법률상 또는 사실상 공통되거나, 그 처분의 효력이나 존부 유무가 선결문제로 되는 등의 관계에 있어야 함이 원칙이다(대판 2000.10.27. 99두561). | 정답 | ○

855
□□□

처분 등이나 부작위가 위법하다는 현저한 의심이 있는 경우로서 임시의 지위를 정하여야 할 긴급한 필요가 있는 때에는 본안이 계속되고 있는 법원은 당사자의 신청에 따라 결정으로써 가처분을 할 수 있다.

행정소송법상 임시처분(가처분) 규정이 미비되어 있고, 민사집행법 300조 준용과 관련하여 판례는 부정설을 취하고 있다.
[판례] 민사소송법상의 보전처분은 민사판결절차에 의하여 보호받을 수 있는 권리에 관한 것이므로, 민사소송법상의 가처분으로써 행정청의 어떠한 행정행위의 금지를 구하는 것은 허용될 수 없다 할 것이다(대결 1992.7.6. 92마54). | 정답 | X

856
□□□

당사자소송을 본안으로 하는 가처분에 대하여는 「행정소송법」상 집행정지에 관한 규정이 준용되지 않고, 「민사집행법」상 가처분에 관한 규정이 준용되어야 한다.

항고소송에서는 행정소송법의 집행정지를 민사집행법상의 가처분을 배제하는 특별규정으로 볼 수 있으므로 가처분이 인정되지 않는다. 반면에 당사자소송에서는 집행정지 등 가구제에 대한 규정이 없으므로 행정소송법 8조 2항에 의하여 민사집행법상의 가처분을 준용할 수 있다.

[판례] 당사자소송에 대하여는 행정소송법 23조 2항의 집행정지에 관한 규정이 준용되지 아니하므로(행정소송법 44조 1항 참조), 이를 본안으로 하는 가처분에 대하여는 행정소송법 8조 2항에 따라 민사집행법상 가처분에 관한 규정이 준용되어야 한다(대결 2015.8.21. 2015무26). |정답| ○

857
□□□

甲은 2013. 3. 6. 산림 내에서의 토석채취허가신청을 하였는데 허가권자인 A는 2013. 4. 1. 인근 주민들의 동의서를 제출하지 않았다는 사유로 이를 반려하였다. 이에 甲은 2013. 5. 1. 인근주민들의 동의서를 받지 못한 것은 사실이나 위 사유는 적법한 반려사유가 아니라는 이유로 서울행정법원에 위 반려처분의 취소를 구하는 소를 제기하였고, 서울행정법원은 2013. 9. 6. 변론을 종결하고 2013. 9. 20. 위 반려처분을 취소하는 판결을 선고하였으며, 그 후 위 판결은 확정되었다. 위 사례와 관련된 설명 중 옳은 것을 모두 고른 것은?

ㄱ. 행정소송에서 쟁송의 대상이 되는 행정처분의 존부는 소송요건으로서 직권조사사항이고, 자백의 대상이 될 수 없는 것이므로, 당사자들이 위 반려처분의 존재를 다투지 아니한다 하더라도 그 존부에 관하여 의심이 있는 경우에는 수소법원은 이를 직권으로 밝혀보아야 한다.

행정소송에서 쟁송의 대상이 되는 행정처분의 존부는 **소송요건으로서 직권조사사항**이고, 자백의 대상이 될 수 없는 것으로, 설사 그 존재를 당사자들이 다투지 아니한다 하더라도 그 존부에 관하여 의심이 있는 경우에는 이를 직권으로 밝혀 보아야 한다(대판 2001.11.09. 98두892). |정답| ○

ㄴ. 행정소송은 민사소송과 달리 공법상 권리관계를 다루는 소송이어서 원칙적으로 변론주의가 적용되지 않으므로, 수소법원은 인근 주민들의 동의서를 제출하지 않았다는 사실에 대하여 당사자 사이에 다툼이 없더라도 증거를 조사하여 그 사실을 확정해야 한다.

행정소송에도 당사자주의·변론주의가 원칙이고, 직권주의는 보충적으로 가미되어 있다.

> **행정소송법 제26조(직권심리)** 법원은 필요하다고 인정할 때에는 직권으로 증거조사를 할 수 있고, 당사자가 주장하지 아니한 사실에 대하여도 판단할 수 있다.

|정답| X

ㄷ. A가 소송 계속 중에 '토석채취를 하게 되면 자연경관이 심히 훼손되고 토석운반차량의 통행시 일어나는 소음, 먼지의 발생, 토석채취장에서 흘러내리는 토사가 부근의 농경지를 매몰할 우려가 있는 등 공익에 미치는 영향이 지대하기 때문에 위 반려처분이 적법하다'는 사유를 새로이 처분사유로 추가하는 것은 당초의 처분사유와 기본적 사실관계의 동일성이 없는 별개의 처분사유를 주장하는 것이므로 허용되지 아니한다.

원고의 이 사건 토석채취허가신청에 대하여 피고는 <u>인근주민들의 동의서를 제출하지 아니하였음</u>을 이유로 이를 반려하였음이 분명하고 피고가 이 사건 소송에서 위 반려사유로 새로이 추가하는 처분사유는 이 사건 허가신청지역은 전남 나주군 문평면에 소재한 백용산의 일부로서 토석채취를 하게 되면 자연경관이 심히 훼손되고 암반의 발파시 생기는 소음, 토석운반차량의 통행시 일어나는 소음, 먼지의 발생, 토석채취장에서 흘러 내리는 토사가 부근의 농경지를 매몰할 우려가 있는 등 <u>공익에 미치는 영향이 지대</u>하고 이는 산림내 <u>토석채취사무취급요령 11조</u> 소정의 제한사유에도 해당되기 때문에 위 반려처분이 적법하다는 것인 바, 이는 피고가 당초 위 반려처분의 근거로 삼은 사유와는 <u>그 기본적 사실관계에 있어서 동일성이 인정되지 아니하는 별개의 사유</u>라고 할 것이므로 피고는 이와 같은 사유를 이사건 반려처분의 근거로 추가할 수 없다고 보아야 할 것이다(대판 1992.8.18. 91누3659). | 정답 | O

ㄹ. A는 위 확정 판결의 취지에 따라 이전의 신청에 대하여 재처분할 의무가 있으므로, 위 소송의 변론종결 이후에 발생한 새로운 사유를 내세워 다시 이전의 신청에 대하여 거부처분을 할 수 없고 토석채취허가를 해야 한다.

행정소송법 30조 2항에 의하면, 행정청의 거부처분을 취소하는 판결이 확정된 경우에는 그 처분을 행한 행정청은 판결의 취지에 따라 이전의 신청에 대하여 재처분할 의무가 있고, <u>이 경우 확정판결의 당사자인 처분 행정청은 그 행정소송의 사실심 변론종결 이후 발생한 새로운 사유를 내세워 다시 이전의 신청에 대하여 거부처분을 할 수 있으며, 그러한 처분도 이 조항에 규정된 재처분에 해당한다</u>(대판 1999.12.28. 98두1895). | 정답 | X

처분사유의 추가 · 변경

[20-2]

858
☐☐☐

변상금부과처분을 하면서, 당초에는 「도로법」 제94조를 근거로 하였다가, 나중에 국유부분에 대해서는 「국유재산법」 제51조와 시행령으로, 시유부분에 대해서는 「공유재산 및 물품관리법」 제81조와 시행령으로 변경한 경우, 당초의 처분사유와 기본적인 사실관계에 있어서 동일성이 인정된다.

행정청이 점용허가를 받지 않고 도로를 점용한 사람에 대하여 **도로법** 94조에 의한 변상금 부과처분을 하였다가 처분에 대한 취소소송이 제기된 후 해당 도로가 도로법의 적용을 받는 도로에 해당하지 않을 경우를 대비하여 **처분의 근거 법령을** <u>도로의 소유자가 국가인 부분은 **구 국유재산법** 51조와 그 시행령 등</u>으로, <u>소유자가 서울특별시 종로구인 부분은 **구 공유재산법** 81조와 그 시행령 등</u>으로 변경하여 주장한 사안에서, 도로법과 구 국유재산법령 및 구 공유재산법령의 해당 규정은 별개 법령에 규정되어 입법 취지가 다르고, 해당 규정내용을 비교하여 보면 변상금의 징수목적, 산정 기준금액, 징수 재량 유무, 징수절차 등이 서로 달라 위와 같이 근거 법령을 변경하는 것은 종전 도로법 94조에 의한 변상금 부과처분과 **동일성을 인정할 수 없는** 별개의 처분을 하는 것과 다름 없어 허용될 수 없다(대판 2011.5.26. 2010두28106). | 정답 | X

859
☐☐☐

법무부장관이 '품행미단정'을 근거로 한 귀화불허결정의 취소소송 중 '불법 체류 전력'을 처분 근거로 추가한 경우, 불허가처분의 처분사유 자체가 아니라 그 근거가 되는 기초사실 내지 평가요소에 해당하므로 처분의 근거로 추가할 수 있다.

외국인 甲이 법무부장관에게 귀화신청을 하였으나 법무부장관이 심사를 거쳐 **'품행 미단정'을 불허사유로** 국적법상의 요건을 갖추지 못하였다며 신청을 받아들이지 않는 처분을 하였는데, 법무부장관이 甲을 '품행 미단정'이라고 판단한 이유에 대하여 제1심 변론절차에서 자동차관리법위반죄로 기소유예를 받은 전력 등을 고려하였다고 주장하였다가 원심 변론절차에서 불법 체류한 전력이 있다는 추가적인 사정까지 고려하였다고 주장한 사안에서, 법무부장관이 처분 당시 甲의 전력 등을 고려하여 甲이 구 국적법 5조 3호의 '품행단정' 요건을 갖추지 못하였다고 판단하여 처분을 하였고, 그 처분서에 처분사유로 '품행 미단정'이라고 기재하였으므로, '품행 미단정'이라는 판단 결과를 위 처분의 처분사유로 보아야 하는데, 법무부장관이 원심에서 추가로 제시한 **불법 체류 전력 등의 제반 사정은 불허가처분의 처분사유 자체가 아니라 그 근거가 되는 기초사실 내지 평가요소에 지나지 않으므로**, 법무부장관이 이러한 사정을 추가로 주장할 수 있다(대판 2018.12.13. 2016두31616).

| 정답 | ○

860
☐☐☐

토지가 건축법상 도로에 해당함을 처분근거로 한 건축불허가처분 취소소송 중 구청장이 '위 토지가 인근 주민들의 통행에 제공된 사실상의 도로인데, 주택을 건축하여 주민들의 통행을 막는 것은 사회공동체와 인근 주민들의 이익에 반하므로 주택 건축을 허용할 수 없다'는 주장을 추가하는 것은 인정되지 않는다.

甲이 '사실상의 도로'로서 인근 주민들의 통행로로 이용되고 있는 토지를 매수한 다음 2층 규모의 주택을 신축하겠다는 내용의 건축신고서를 제출하였으나, 구청장이 '위 토지가 **건축법상 도로**에 해당하여 **건축을 허용할 수 없다**'는 사유로 **건축신고수리 거부처분**을 하자 甲이 처분에 대한 취소를 구하는 소송을 제기하였는데, 1심법원이 위 토지가 건축법상 도로에 해당하지 않는다는 이유로 甲의 청구를 인용하는 판결을 선고하자 구청장이 항소하여 '위 토지가 인근 주민들의 통행에 제공된 **사실상의 도로**인데, 주택을 건축하여 주민들의 **통행을 막는** 것은 사회공동체와 인근 주민들의 이익에 반하므로 甲의 **주택 건축을 허용할 수 없다**'는 주장을 추가한 사안에서, 당초 처분사유와 구청장이 원심에서 추가로 주장한 처분사유는 위 토지상의 사실상 도로의 법적 성질에 관한 평가를 다소 달리하는 것일 뿐, 모두 토지의 이용현황이 '도로'이므로 거기에 주택을 신축하는 것은 허용될 수 없다는 것이므로 **기본적 사실관계의 동일성**이 인정되고, 위 토지에 건물이 신축됨으로써 인근 주민들의 통행을 막지 않도록 하여야 할 **중대한 공익상 필요**가 인정되고 이러한 공익적 요청이 甲의 **재산권 행사보다 훨씬 중요**하므로, 구청장이 원심에서 추가한 처분사유는 정당하여 결과적으로 위 **처분이 적법**한 것으로 볼 여지가 있음에도 이와 달리 본 원심판단에 법리를 오해한 잘못이 있다(대판 2019.10.31. 2017두74320).

| 정답 | X

861
☐☐☐

행정청은 기본적 사실관계의 동일성이 있다고 인정되는 한도 내에서만 다른 처분사유를 추가, 변경할 수 있다고 할 것이나 이는 사실심 변론종결시까지만 허용되며, 상고심에서는 처분사유를 추가할 수 없다.

행정청은 **기본적 사실관계의 동일성**이 있다고 인정되는 한도 내에서만 다른 **처분사유를 추가, 변경할 수 있다**고 할 것이나 이는 **사실심 변론종결시까지만** 허용된다(대판 1999.8.20. 98두17043).

> **행정소송규칙 제9조(처분사유의 추가·변경)** 행정청은 <u>사실심 변론을 종결할 때까지</u> 당초의 처분사유와 기본적 사실관계가 동일한 범위 내에서 <u>처분사유를 추가 또는 변경할 수 있다.</u>

| 정답 | O

[21-3]

862
□□□

행정처분 무효확인소송에서 원고의 청구가 이유있다고 인정하는 경우에도 처분의 무효를 확인하는 것이 현저히 공공복리에 적합하지 아니하다고 인정하는 때에는 법원은 원고의 청구를 기각할 수 있다.

<u>당연무효의 행정처분을 소송목적물로 하는 행정소송에서는 존치시킬 효력이 있는 행정행위가 없기 때문에</u> 행정소송법 28조 소정의 <u>사정판결을 할 수 없다</u>(대판 1996.3.22. 95누5509). | 정답 | X

[16 변시]

863
□□□

취소소송에 대한 다음과 같은 판결주문이 있다. 이러한 판결에 관한 설명 중 옳은 것을 모두 고른 것은?

> 1. 원고의 청구를 기각한다.
> 2. 다만, 피고가 2015. 3. 3. 원고에 대하여 한 ○○처분은 위법하다.
> 3. 소송비용은 (   )의 부담으로 한다.

ㄱ. 위 판결은 취소소송에서만 허용되고 무효등확인소송에는 허용되지 않는다.

설문의 판결주문은 사정판결의 주문에 해당한다. 즉, 원고의 청구가 이유 있다고 인정되는 경우(처분이 위법한 것으로 인정되는 경우)에도 공공복리를 위하여 원고의 청구를 기각하는 판결로서 <u>이러한 사정판결은 무효확인소송에는 인정되지 않는다.</u> 당연무효의 행정처분을 소송목적물로 하는 행정소송에서는 존치시킬 효력이 있는 행정행위가 없기 때문에 행정소송법 28조 소정의 사정판결을 할 수 없다(대판 1996.3.22. 95누5509). | 정답 | O

ㄴ. 원고는 피고 행정청이 속하는 국가 또는 공공단체를 상대로 손해배상의 청구를 당해 취소소송이 계속된 법원에 병합하여 제기할 수 있다.

> **행정소송법 제28조(사정판결)** ③ 원고는 피고인 행정청이 속하는 국가 또는 공공단체를 상대로 손해배상, 제해시설의 설치 그 밖에 적당한 구제방법의 청구를 당해 <u>취소소송등이 계속된 법원에 병합하여 제기할 수 있다.</u>

| 정답 | O

ㄷ. 소송비용은 패소자 부담이 원칙이므로 판결주문 3.의 (   )에 들어가는 것은 원고이다.

> **행정소송법 제32조(소송비용의 부담)** 취소청구가 제28조의 규정에 의하여 기각되거나 행정청이 처분등을 취소 또는 변경함으로 인하여 청구가 각하 또는 기각된 경우에는 소송비용은 피고의 부담으로 한다.

| 정답 | X

ㄹ. 위 판결주문에서 ○○처분의 위법 여부의 판단은 처분시를 기준으로 하지만, 청구기각판결을 하여야 할 공공복리 적합성의 판단시점은 변론종결시이다.

사정판결의 경우 처분 등의 위법성은 처분시를 기준으로 판단하고, 공공복리를 위한 사정판결의 필요성은 변론종결시(판결시)를 기준으로 판단하여야 한다(대판 1970.3.24. 69누29).

> **행정소송규칙 제14조(사정판결)** 법원이 법 제28조제1항에 따른 판결을 할 때 그 처분등을 취소하는 것이 현저히 공공복리에 적합하지 아니한지 여부는 사실심 변론을 종결할 때를 기준으로 판단한다.

| 정답 | O

ㅁ. 위 판결은 기각판결의 일종이므로 원고는 상소할 수 있지만, 피고는 상소할 수 없다.

사정판결에 대하여는 원고와 피고 모두가 상소할 수 있다. 사정판결은 처분의 위법성을 주문에서 확인하여 향후 손해배상 등이 문제되므로 피고는 사정판결에 불복하여 다툴 이익이 있다.　| 정답 | X

[22 변시]

864
☐☐☐

처분의 위법 여부는 처분 당시의 법령과 사실 상태를 기준으로 판단하여야 하므로, 법원은 처분 당시에 행정청이 알고 있었던 자료만을 기초로 처분 당시 존재하였던 객관적 사실을 확정하여 처분의 위법 여부를 판단하여야 한다.

행정처분의 위법 여부를 판단하는 기준 시점에 대하여 판결시가 아니라 처분시라고 하는 의미는 행정처분이 있을 때의 법령과 사실상태를 기준으로 하여 위법 여부를 판단할 것이며 처분 후 법령의 개폐나 사실상태의 변동에 영향을 받지 않는다는 뜻이지 **처분 당시 존재하였던 자료나 행정청에 제출되었던 자료만으로 위법 여부를 판단한다는 의미는 아니므로** 처분 당시의 사실상태 등에 대한 입증은 사실심 변론종결 당시까지 할 수 있고, 법원은 행정처분 당시 행정청이 알고 있었던 자료뿐만 아니라 사실심 변론종결 당시까지 제출된 모든 자료를 종합하여 처분 당시 존재하였던 객관적 사실을 확정하고 그 사실에 기초하여 처분의 위법 여부를 판단할 수 있다(대판 1995.11.10. 95누8461).　| 정답 | X

[22 국회8급]

865
☐☐☐

위반행위에 대한 시정조치의 취소판결이 확정되었다면 그 행정처분은 처분시에 소급하여 효력을 잃은 것으로 본다.

행정처분의 **위법 여부는 행정처분**이 있을 때의 **법령과 사실 상태**를 기준으로 판단하여야 하며, 법원은 **행정처분 당시** 행정청이 **알고 있었던 자료**뿐만 아니라 **사실심 변론종결 당시까지 제출된 모든 자료**를 종합하여 처분 당시 존재하였던 객관적 사실을 확정하고 그 사실에 기초하여 처분의 위법 여부를 판단할 수 있다. 행정청으로부터 행정처분을 받았으나 나중에 그 행정처분이 **행정쟁송절차**에서 **취소되었다면**, 그 행정처분은 처분 시에 **소급하여 효력을 잃게** 된다(대판 2019.7.25. 2017두55077). | 정답 | ○

[22 국회8급]

866

□□□

시정조치에 대한 취소판결의 확정으로 해당 위반행위가 위반 횟수 가중을 위한 횟수 산정에서 제외되더라도 그 사유가 과징금부과처분에 영향을 미치지 아니하여 처분의 정당성이 인정되는 경우에는 그 처분을 위법하다고 할 수 없다.

공정거래위원회는 독점규제 및 공정거래에 관한 법령상의 과징금 상한의 범위 내에서 **과징금 부과 여부** 및 **과징금 액수**를 정할 **재량**을 가지고 있다. 또한 재량준칙인 '구 과징금 고시' Ⅳ. 2. 나. (1)항은 위반 횟수와 벌점 누산점수에 따른 과징금 가중비율의 상한만을 규정하고 있다. 따라서 법 위반행위 자체가 존재하지 않아 위반행위에 대한 **시정조치**에 대하여 **취소판결이 확정**된 경우에 위반 횟수 가중을 위한 **횟수 산정에서 제외**하더라도, 그 사유가 **과징금 부과처분**에 영향을 미치지 아니하여 **처분의 정당성**이 인정되는 경우에는 그 **처분을 위법**하다고 할 수 **없다**(대판 2019.7.25. 2017두55077). | 정답 | ○

867

□□□

재량이 인정되는 과징금부과처분이 재량권을 일탈한 경우, 법원으로서는 재량권의 일탈 여부만 판단할 수 있을 뿐이지, 법원이 적정하다고 인정하는 부분을 초과한 부분만 취소할 수는 없다.

처분을 할 것인지 여부와 처분의 정도에 관하여 **재량이 인정되는 과징금 납부명령**에 대하여 그 명령이 재량권을 일탈하였을 경우, 법원으로서는 **재량권의 일탈 여부만 판단**할 수 있을 뿐이지 재량권의 범위 내에서 어느 정도가 적정한 것인지에 관하여는 판단할 수 없어 그 **전부를 취소**할 수밖에 없고, 법원이 적정하다고 인정하는 부분을 **초과한 부분만 취소할 수는 없다**(대판 2009.6.23. 2007두18062). | 정답 | ○

868

□□□

자동차운전면허를 취소 또는 정지하는 경우 복수의 운전면허를 서로 별개의 것으로 취급하는 것이 원칙이고, 다만 취소사유가 특정의 면허에 관한 것이 아니고 다른 면허와 공통된 것이거나 운전면허를 받은 사람에 관한 것인 경우에는 관련 운전면허 모두를 취소할 수 있다.

한 사람이 여러 종류의 자동차운전면허를 취득하는 경우뿐 아니라 이를 취소 또는 정지하는 경우에도 서로 별개의 것으로 취급하는 것이 원칙이고, 다만 취소사유가 특정 면허에 관한 것이 아니고 다른 면허와 공통된 것이거나 운전면허를 받은 사람에 관한 것일 경우에는 여러 면허를 전부 취소할 수도 있다. 제1종 대형, 제1종 보통 자동차운전면허를 가지고 있는 甲이 배기량 400cc의 오토바이를 절취하였다는 이유로 지방경찰청장이 도로교통법 93조 1항 12호에 따라 甲의 제1종 대형, 제1종 보통 자동차운전면허를 모두 취소한 사안에서, 도로교통법 93조 1항 12호, 도로교통법 시행규칙 91조 1항 [별표 28] 규정에 따르면 그 취소사유가 훔치거나 빼앗은 해당 자동차 등을 운전할 수 있는 특정 면허에 관한 것이며, 제2종 소형 면허 이외의 다른 운전면허를 가지고는 위 오토바이를 운전할 수 없어 취소사유가 다른 면허와 공통된 것도 아니므로, 甲이 위 오토바이를 훔친 것은 제1종 대형면허나 보통면허와는 아무런 관련이 없어 위 오토바이를 훔쳤다는 사유만으로 제1종 대형면허나 보통면허를 취소할 수 없다(대판 2012.5.24. 2012두1891, 표준판례 41). | 정답 | ○

869
□□□

A학교법인이 운영하는 사립 B대학교의 교수 甲은 B대학교 내부규칙 제5조 위반('처분사유 1') 및 같은 규칙 제6조 위반('처분사유 2')을 이유로 B대학교 총장으로부터 그 의사에 반하는 불리한 처분을 통지받았다. 이에 甲은 B대학교 총장을 피청구인으로 하여 교원소청심사위원회(이하 '위원회'라 한다)에 소청심사청구를 하였고, 위원회는 위 내부규칙 제5조 및 제6조가 모두 위법하다고 보아 처분사유 자체가 인정되지 않는다는 이유로 위 처분을 취소하는 결정을 하였다. 이에 A학교법인은 위원회의 위 취소결정에 대해 취소소송을 제기하였고, 법원은 심리 결과 위 내부규칙 제5조는 위법하지만 제6조는 적법하다고 판단하였다. 이에 관한 설명으로 옳은 것만을 모두 고른 것은?

ㄱ. 만약 법원이 심리한 결과 '처분사유 1'은 인정되지 않지만 '처분사유 2'는 인정된다고 판단한 경우, 법원으로서는 위원회 결정의 결론이 타당하다고 하더라도 위원회의 결정을 취소하여야 한다.

교원소청심사위원회(이하 '위원회')의 결정은 처분청에 대하여 기속력을 가지고 이는 그 결정의 주문에 포함된 사항뿐 아니라 그 전제가 된 요건사실의 인정과 판단, 즉 처분 등의 구체적 위법사유에 관한 판단에까지 미친다. 따라서 위원회가 사립학교 교원의 소청심사청구를 인용하여 징계처분을 취소한 데 대하여 행정소송이 제기되지 아니하거나 그에 대하여 학교법인 등이 제기한 행정소송에서 법원이 위원회 결정의 취소를 구하는 청구를 기각하여 위원회 결정이 그대로 확정되면, 위원회 결정의 주문과 그 전제가 되는 이유에 관한 판단만이 학교법인 등 처분청을 기속하게 되고, 설령 판결 이유에서 위원회의 결정과 달리 판단된 부분이 있더라도 이는 기속력을 가질 수 없다. 그러므로 사립학교 교원이 어떠한 징계처분을 받아 위원회에 소청심사청구를 하였고, 이에 대하여 위원회가 그 징계사유 자체가 인정되지 않는다는 이유로 징계양정의 당부에 대해서는 나아가 판단하지 않은 채 징계처분을 취소하는 결정을 한 경우, 그에 대하여 학교법인 등이 제기한 행정소송 절차에서 심리한 결과 징계사유 중 일부 사유는 인정된다고 판단이 되면 법원으로서는 위원회의 결정을 취소하여야 한다. 이는 설령 인정된 징계사유를 기준으로 볼 때 당초의 징계양정이 과중한 것이어서 그 징계처분을 취소한 위원회 결정이 결론에 있어서는 타당하다고 하더라도 마찬가지이다. 위와 같이 행정소송에 있어 확정판결의 기속력은 처분 등을 취소하는 경우에 그 피고인 행정청에 대해서만 미치는 것이므로, 법원이 위원회 결정의 결론이 타당하다고 하여 학교법인 등의 청구를 기각하게 되면 결국 행정소송의 대상이 된 위원회 결정이 유효한 것으로 확정되어 학교법인 등도 이에 기속되므로, 위원회 결정의 잘못은 바로잡을 길이 없게 되고 학교법인 등도 해당 교원에 대한 적절한 재징계를 할 수 없게 되기 때문이다(대판 2013.7.25. 2012두12297). | 정답 | ○

870
□□□

거부처분 후 법령이 개정·시행된 경우에 거부처분 취소의 확정판결을 받은 행정청이 개정법령상의 새로운 사유를 내세워 다시 거부처분을 하는 것은 행정소송법상의 재처분의무에 반한다.

행정처분의 적법 여부는 그 행정처분이 행하여 진 때의 법령과 사실을 기준으로 하여 판단하는 것이므로 거부처분 후에 법령이 개정·시행된 경우에는 개정된 법령 및 허가기준을 새로운 사유로 들어 다시 이전의 신청에 대한 거부처분을 할 수 있으며 그러한 처분도 행정소송법 30조 2항에 규정된 재처분에 해당된다(대판 1998.1.7. 97두22). | 정답 | X

871
☐☐☐

새로운 처분의 처분사유가 종전 처분의 처분사유와 기본적 사실관계에서 동일하지 않은 다른 사유에 해당하더라도, 처분사유가 종전 처분 당시 이미 존재하고 있었고 당사자가 이를 알고 있었다면 이를 내세워 새로이 처분을 하는 것은 확정판결의 기속력에 저촉된다.

기속력의 객관적 범위는 판결주문과 그 전제가 되는 구체적 위법사유로서, 판례는 기본적 사실관계 동일성을 기준으로 판단하므로, 기본적 사실관계 동일성이 없는 새로운 사유로 새로운 처분을 하는 것은 기속력에 반하지 않는다. 이때 기본적 사실관계 동일성을 판단하는 데는 당사자가 이를 알고 있었는지 여부, 즉 **주관적 사유**는 고려되지 않는다.

[판례] 취소판결의 기속력은 주문 및 전제가 되는 구체적 위법사유에 관한 판단에도 미치나, 종전처분과 다른 사유를 들어서 새로이 처분을 하는 것은 기속력에 저촉되지 않는다. 이때 동일사유인지 여부는 확정판결에서 위법판단된 종전 처분사유와 기본적 사실관계가 동일한지로 판단된다. 또한 처분의 위법 여부는 처분시의 법령·사실을 기준으로 판단하므로, 처분청은 종전 처분 후에 발생한 새로운 사유로 다시 처분을 할 수 있고, 새로운 처분사유가 종전 처분사유와 기본적 사실관계에서 동일하지 않은 이상, 처분사유가 종전 처분당시 이미 존재했고 **당사자가 이를 알았더라도** 확정판결의 기속력에 저촉되지 않는다(대판 2016.3.24. 2015두48235). | 정답 | X

872
☐☐☐

취소소송에서 청구를 기각하는 확정판결에 대해서는 기속력이 인정되지 않으므로 행정청은 취소소송에서 승소한 경우에도 계쟁처분을 직권취소할 수 있다.

기속력은 행정청과 관계행정청에게 확정판결의 취지에 따라 행동하여야 할 의무를 지우는 효력을 말하는데, 취소판결이 확정된 경우만 인정되고 기각판결의 경우에는 인정되지 않는다(행정소송법 30조). | 정답 | ○

873
☐☐☐

甲회사는 서해 일대 항로에서 「해운법」에 따라 해상여객운송사업을 하고 있고, 乙회사는 유사항로에서 「유선 및 도선사업법」에 따라 도선사업면허를 받아 선박을 운항 중이다. 乙은 기존 선박이 노후화되자 선박을 교체하고 정원을 증가하는 내용으로 면허변경처분(이하 '1차 처분')을 받았다. 이에 甲은 1차 처분이 자신의 영업권을 침해한다고 주장하며 취소소송을 제기하여 승소하였다. 그러자 乙은 신규 선박의 정원을 1차 처분 이전보다 감축하는 내용으로 다시 도선사업면허의 변경을 신청하여 이에 대한 변경처분(이하 '2차 처분')을 받았다. 이 사안에 관한 설명 중 옳은 것(○)과 옳지 않은 것(×)을 올바르게 조합한 것은?

ㄱ. 경업자 관계에 있는 甲은 1차 처분이 있기 전의 정원보다 적은 인원으로 감축하는 내용의 2차 처분에 대해서도 취소를 구할 소의 이익이 있다.

일반적으로 면허나 인·허가 등의 수익적 행정처분의 근거가 되는 법률이 해당 업자들 사이의 과당경쟁으로 인한 경영의 불합리를 방지하는 것도 그 목적으로 하고 있는 경우, 다른 업자에 대한 면허나 인·허가 등의 수익적 행정처분에 대하여 미리 같은 종류의 면허나 인·허가 등의 수익적 행정처분을 받아 영업을 하고 있는 기존의 업자는 경업자에 대하여 이루어진 면허나 인·허가 등 행정처분의 상대방이 아니라고 하더라도 당해 행정처분의 무효확인 또는 취소를 구할 이익이 있다(대판 2018.4.26. 2015두53824 등 참조). 그러나 경업자에 대한 행정처분이 경업자에게 불리한 내용이라면 그와 경쟁관계에 있는 기존의 업자에게는 특별한 사정이 없는 한 유리할 것이므로 기존의 업자가 그 행정처분의 무효확인 또는 취소를 구할 이익은 없다(대판 2020.4.9. 2019두49953).
| 정답 | X

ㄴ. 법원이 1차 처분을 취소하면 피고는 취소판결의 기속력에 따라 위법한 결과를 제거하기 위하여 「유선 및 도선 사업법」에 따라 乙에게 운항중단 등의 조치를 취하여야 한다.

'1차 변경처분 중 2차 변경처분에 의하여 취소되지 않고 남아 있는 부분'을 취소하는 부분이 확정되면 이 사건 항로에서 ◎◎◎호를 도선으로서 운항할 법적 근거가 사라진다. 따라서 ◎◎◎호의 정원 부분만을 규율하는 2차 변경처분은 그 기초를 상실하여 실효되는 것이라고 보아야 한다. 어떤 행정처분을 위법하다고 판단하여 **취소하는 판결이 확정**되면 행정청은 **취소판결의 기속력**에 따라 그 판결에서 확인된 위법사유를 배제한 상태에서 다시 처분을 하거나 그 밖에 **위법한 결과를 제거하는 조치를 할 의무가 있다**(행정소송법 30조, 대판 2015.10.29. 2013두27517 등 참조). 따라서 피고는 취소판결의 기속력에 따라 위법한 결과를 제거하기 위하여 유선 및 도선사업법 9조 1항에 의하여 세종해운에 대하여 이 사건 항로에서 ◎◎◎호의 **운항을 중단할 것을 명령**하는 등의 **필요한 조치를 취하여야** 한다(대판 2020.4.9. 2019두49953).
| 정답 | ○

[20 변시]

874
☐☐☐

간접강제결정은 처분청이 '판결의 취지'에 따라 재처분을 하지 않는 경우에 할 수 있는 것으로, 원심판결의 이유가 위법하지만 결론이 정당하다는 이유로 상고기각판결이 선고되어 원심판결이 확정된 경우라면, 이때 '판결의 취지'는 원심판결의 이유와 원심판결의 결론을 의미한다.

원심판결의 이유는 위법하지만 결론이 정당하다는 이유로 상고기각판결이 선고되어 원심판결이 확정된 경우 행정소송법 30조 2항에서 규정하고 있는 '판결의 취지'는 상고심판결의 이유와 원심판결의 결론을 의미한다(대판 2004.1.15. 2002두2444).
| 정답 | X

[20 변시]

875
☐☐☐

거부처분 무효확인판결이 확정되었음에도 처분청이 재처분을 하지 않는 경우 간접강제가 허용된다.

행정소송법 38조 1항이 무효확인 판결에 관하여 취소판결에 관한 규정을 준용함에 있어서 같은 법 30조 2항을 준용한다고 규정하면서도 같은 법 34조는 이를 준용한다는 규정을 두지 않고 있으므로, 행정처분에 대하여 무효확인 판결이 내려진 경우에는 그 행정처분이 거부처분인 경우에도 행정청에 판결의 취지에 따른 재처분의무가 인정될 뿐 그에 대하여 간접강제까지 허용되는 것은 아니라고 할 것이다(대결 1998.12.24. 98무37).
| 정답 | X

876
☐☐☐

행정소송법 제34조의 간접강제와 관련하여 행정청이 제30조 제2항의 규정에 의한 처분을 하지 아니하는 때에 당사자의 신청에 의하여 결정으로써 상당한 기간을 정하고 행정청이 그 기간내에 이행하지 아니하는 때에는 그 지연기간에 따라 일정한 배상을 할 것을 명하거나 즉시 손해배상을 할 것을 명할 수 있는 법원은 사실심변론종결시의 제2심 법원이 된다.

제2심 법원이 아니라 제1심 수소법원이다.

> **행정소송법 제34조(거부처분취소판결의 간접강제)** ① 행정청이 제30조제2항의 규정에 의한 처분을 하지 아니하는 때에는 <u>제1심수소법원은</u> 당사자의 신청에 의하여 결정으로써 상당한 기간을 정하고 행정청이 그 기간내에 이행하지 아니하는 때에는 그 지연기간에 따라 일정한 배상을 할 것을 명하거나 즉시 손해배상을 할 것을 명할 수 있다.

| 정답 | X

[20 변시]

877
☐☐☐

간접강제결정은 피고 또는 참가인이었던 행정청에 효력을 미치며 그 행정청이 소속하는 국가 또는 공공단체에 효력을 미치는 것은 아니다.

> **행정소송법 제34조(거부처분취소판결의 간접강제)** ① 행정청이 제30조제2항의 규정에 의한 처분을 하지 아니하는 때에는 제1심수소법원은 당사자의 신청에 의하여 결정으로써 상당한 기간을 정하고 행정청이 그 기간내에 이행하지 아니 하는 때에는 그 지연기간에 따라 일정한 배상을 할 것을 명하거나 즉시 손해배상을 할 것을 명할 수 있다.
> ② <u>제33조</u>와 민사집행법 제262조의 규정은 <u>제1항의 경우</u>에 준용한다.
> **제33조(소송비용에 관한 재판의 효력)** 소송비용에 관한 재판이 확정된 때에는 <u>피고 또는 참가인이었던 행정청이 소속하는 국가 또는 공공단체에 그 효력을 미친다.</u>

| 정답 | X

[20 변시, 21-1]

878
☐☐☐

간접강제결정에서 정한 의무이행기한이 경과하였다면 그 이후 확정판결의 취지에 따른 재처분의 이행이 있더라도 처분상대방은 간접강제결정에 기한 배상금을 추심할 수 있다.

특별한 사정이 없는 한 <u>간접강제결정에서 정한 의무이행기한이 경과한 후에라도 확정판결의 취지에 따른 재처분의 이행이 있으면 배상금을 추심함으로써 심리적 강제를 꾀할 목적이 상실되어 처분상대방이 더 이상 배상금을 추심하는 것은 허용되지 않는다</u>(대판 2004.1.15. 2002두2444).

| 정답 | X

879

취소판결의 기속력은 그 성질상 항고소송에서만 인정되므로 당사자소송에는 기속력에 관한 내용이 준용되지 않는다.

> **행정소송법 제44조(준용규정)** ① 제14조 내지 제17조, 제22조, 제25조, 제26조, 제30조제1항, 제32조 및 제33조의 규정은 당사자소송의 경우에 준용한다.
> **제30조(취소판결등의 기속력)** ① 처분등을 취소하는 확정판결은 그 사건에 관하여 당사자인 행정청과 그 밖의 관계행정청을 기속한다.

| 정답 | X

880

사정판결을 하는 경우 법원은 주문에 그 처분이 위법함을 명시하여야 하는데 그 위법성에 대하여 기판력이 발생한다.

사정판결의 주문에는 처분의 위법성이 명시되므로, 주문에 포함된 사항인 처분의 위법성에 기판력이 발생한다.

| 정답 | ○

881

항고소송에서 처분등이 있은 뒤에 처분청이 없게 되고 그 처분등에 관계되는 권한을 승계한 행정청이 없게 된 때에는 그 처분등에 관한 사무가 귀속되는 국가 또는 공공단체를 피고로 한다.

원고가 사망하거나 소송물인 권리관계의 성질상 이를 승계할 자가 없는 경우에는 소송은 종료된다. 하지만, 행정청이 없게 된 때에는 그 처분 등에 관한 사무가 귀속되는 국가 또는 공공단체를 피고로 한다(행정소송법 13조 2항).

| 정답 | ○

882

유흥접객영업허가의 취소처분으로 5,000여만 원의 시설비를 회수하지 못하게 된다면 생계까지 위협 받을 수 있다는 등의 사정이 집행정지를 인정하기 위한 회복하기 어려운 손해가 생길우려가 있는 경우에 해당하지 아니한다.

재항고인이 이 사건 영업을 위하여 거의 전재산인 금 1억 5천만 원을 투자하고 영업을 하여 온 까닭에 그 영업허가취소처분의 효력이 정지되지 않는다면 위 업소경영에 절대적인 타격을 입게 되고 그로 인하여 재항고인은 물론 그 가족 및 종업원들의 **생계까지 위협받게 되는 결과**가 초래될 수 있다는 등의 사정은 이 사건 처분의 존속으로 재항고인에게 금전으로 보상할 수 없는 손해가 생길 우려가 있는 경우에 해당한다고 볼 수 없다(대판 1995.11.23. 95두53).

| 정답 | ○

883
□□□

외부자금의 신규 차입이 사실상 중단된 상태에서 고액의 과징금 납부로 인하여 사업자가 중대한 경영상의 위기를 맞게 될 것으로 보이는 경우도 회복하기 어려운 손해에 해당한다.

사업여건의 악화 및 막대한 부채비율로 인하여 외부자금의 신규차입이 사실상 중단된 상황에서 285억 원 규모의 과징금을 납부하기 위하여 무리하게 외부자금을 신규차입하게 되면 주거래은행과의 재무구조개선약정을 지키지 못하게 되어 <u>사업자가</u> **중대한 경영상의 위기를 맞게 될 것으로 보이는 경우**, 그 과징금납부명령의 처분으로 인한 손해는 효력정지 내지 집행정지의 적극적 요건인 '회복하기 어려운 손해'에 해당한다(대결 2001.10.10. 2001무29). ┃정답┃ ○

884
□□□

집행정지의 소극적 요건으로서 '공공복리에 중대한 영향을 미칠 우려가 없을 것'이라고 할 때의 공공복리는 그 처분의 집행과 관련된 구체적·개별적인 공익을 말하고, 피신청인인 행정청이 공공복리에 중대한 영향을 미칠 우려가 있다는 점을 주장·소명하여야 한다.

행정소송법 23조 3항에서 집행정지의 요건으로 규정하고 있는 '공공복리에 중대한 영향을 미칠 우려가 없을 것이라고 할 때의 **'공공복리'**는 그 처분의 집행과 관련된 **구체적이고도 개별적인 공익**을 말하는 것으로서 이러한 집행정지의 소극적 요건에 대한 주장·소명책임은 행정청에게 있다(대결 1999.12.20. 99무42). ┃정답┃ ○

885
□□□

집행정지 요건인 '회복하기 어려운 손해'라 함은 금전배상이 불가능한 경우와 사회통념상 원상회복이나 금전배상이 가능하더라도 금전배상만으로 수인할 수 없거나 수인하기 어려운 유·무형의 손해를 의미하고 손해의 규모가 현저하게 큰 것임을 요한다.

행정처분집행정지 요건으로서의 회복할 수 없는 손해는 금전보상만으로 수인 또는 허용할 수 없거나 하기 어려운 유형·무형의 손해로서 당해 행정처분과의 사이에 상당인과관계가 있는 것을 말하고 그 **손해는 반드시 현저하게 큰 것임을 요하지 않으나**, 수인성과의 관계에서 볼 때 **적은 손해는 포함되지 않는다**(대결 1974.12.23. 74그4). ┃정답┃ X

886
□□□

행정처분의 효력 정지나 집행정지를 구하는 신청사건에 있어서는 행정소송법 제23조 제2항·제3항 소정의 요건의 존부만이 판단의 대상이 되는 것이고, 행정처분 자체의 적법 여부는 궁극적으로 본안재판에서 심리를 거쳐 판단할 성질의 것이어서 신청사건에서는 판단의 대상이 되는 것은 아니다.

행정처분의 효력정지나 집행정지를 구하는 신청사건에 있어서는 **행정처분 자체의 적법여부는** 궁극적으로 **본안재판에서 심리를 거쳐 판단할 성질의 것**이므로 원칙적으로 판단할 것이 아니고, 그 행정처분의 효력이나 집행을 정지할 것인가에 관한 <u>행정소송법 23조 2항 소정의 요건의 존부만이 판단의 대상이 된다</u>고 할 것이지만, 나아가 집행정지는 행정처분의 집행부정지원칙의 예외로서 인정되는 것이고 또 본안에서 원고가 승소할 수 있는 가능성을 전제로 한 권리보호수단이라는 점에 비추어 보면 <u>집행정지사건 자체에 의하여도 신청인의 본안청구가 적법한 것이어야 한다</u>는 것을 집행정지의 요건에 포함시켜야 한다(대결 1999.11.26. 99부3). ┃정답┃ ○

887
☐☐☐

「행정소송법」제26조에서 취소소송의 직권심리를 규정하고 있다고 하더라도 실기한 공격 또는 방어의 방법의 각하에 관한 「민사소송법」제149조는 취소소송에 준용된다고 할 것이다.

행정소송에 관하여 행정소송법에 특별한 규정이 없는 사항에 대하여는 민사소송법의 규정이 준용되므로(행정소송법 8조 2항), 원칙적으로 변론주의가 지배하는 행정소송에서도 직권조사사항에 관한 것이 아닌 이상 실기한 공격 또는 방어의 방법의 각하에 관한 민사소송법 149조 1항이 준용된다고 할 것이고, 행정소송법 26조가 있다고 하여 달리 볼 것은 아니다(대판 2003.4.25. 2003두988).

> **행정소송법 제26조(직권심리)** 법원은 필요하다고 인정할 때에는 직권으로 증거조사를 할 수 있고, 당사자가 주장하지 아니한 사실에 대하여도 판단할 수 있다.

| 정답 | ○

888
☐☐☐

「행정소송법」상 취소소송의 심리에 관한 설명 중 옳은 것을 모두 고른 것은?

ㄱ. 당사자가 제출한 소송자료에 의하여 법원이 처분의 적법 여부에 관한 합리적인 의심을 품을 수 있음에도 단지 구체적 사실에 관한 주장을 하지 아니하였다는 이유만으로 당사자에게 석명 또는 직권에 의한 심리·판단을 하지 아니하는 것은 허용될 수 없다.

[18 변시]

행정소송에서 기록상 자료가 나타나 있다면 당사자가 주장하지 않았더라도 판단할 수 있고, 당사자가 제출한 소송자료에 의하여 법원이 처분의 적법 여부에 관한 합리적인 의심을 품을 수 있음에도 단지 구체적 사실에 관한 주장을 하지 아니하였다는 이유만으로 당사자에게 석명을 하거나 직권으로 심리·판단하지 아니함으로써 구체적 타당성이 없는 판결을 하는 것은 행정소송법 26조의 규정과 행정소송의 특수성에 반하므로 허용될 수 없다(대판 2010.2.11. 2009두18035). | 정답 | ○

ㄴ. 행정소송의 경우 직권심리주의에 따라 변론주의가 완화되므로 행정의 적법성 보장과 국민의 권리보호를 위하여 당사자가 주장하지 않은 법률효과에 관한 요건사실이나 공격방어방법이라도 이를 시사하고 그 제출을 권유하는 것이 민사소송과 달리 허용된다.

[22-1]

법원의 석명권 행사는 당사자의 주장에 모순된 점이 있거나 불완전·불명료한 점이 있을 때에 이를 지적하여 정정·보충할 수 있는 기회를 주고, 계쟁 사실에 대한 증거의 제출을 촉구하는 것을 그 내용으로 하는 것으로, 당사자가 주장하지도 아니한 법률효과에 관한 요건사실이나 독립된 공격방어방법을 시사하여 그 제출을 권유함과 같은 행위를 하는 것은 변론주의의 원칙에 위배되는 것으로 석명권 행사의 한계를 일탈하는 것이 된다(대판 2001.1.16. 99두8107). | 정답 | X

ㄷ. 항고소송의 경우 피고가 당해 처분의 적법성에 관하여 합리적으로 수긍할 수 있는 일응의 입증을 하였다면 이와 상반되는 주장과 입증의 책임은 원고에게 돌아간다.

민사소송법의 규정이 준용되는 행정소송에 있어서 입증책임은 원칙적으로 민사소송의 일반원칙에 따라 당사자간에 분배되고 항고소송의 경우에는 그 특성에 따라 당해 처분의 적법을 주장하는 피고에게 그 적법사유에 대한 입증책임이 있다 할 것인바 피고가 주장하는 당해 처분의 적법성이 합리적으로 수긍할 수 있는 일응의 입증이 있는 경우에는 그 처분은 정당하다 할 것이며 이와 상반되는 주장과 입증은 그 상대방인 원고에게 그 책임이 돌아간다고 할 것이다(대판 1984.7.24. 84누124). | 정답 | ○

[18 변시]

889
□□□

행정소송과 헌법소송에 관한 설명 중 옳은 것(○)과 옳지 않은 것(×)을 올바르게 조합한 것은?

ㄱ. 중앙선거관리위원회가 甲정당이 법정시·도당수 요건을 구비하지 못하게 되었다는 이유로 「정당법」 제44조 제1항 제1호에 따라 정당등록을 취소한 경우 법정 요건의 불비로 위 규정에 의하여 곧바로 등록취소의 효력이 생기는 것이고 중앙선거관리위원회의 등록취소는 사실행위에 불과하여 처분성이 인정되지 아니하므로, 그 취소를 구하는 甲정당의 행정소송 제기는 부적법하다.

정당법 소정의 등록취소사유에 해당하는 경우 중앙선거관리위원회의 등록취소에 의하여 비로소 소멸하게 된다. 그렇다면 이 사건 등록취소규정에 의하여 곧바로 기본권이 침해되는 것이 아니라, 위 규정 소정의 등록취소사유에 해당되는지 여부에 대한 중앙선거관리위원회의 심사 및 그에 이은 등록취소라는 집행행위에 의하여 비로소 정당이 소멸하게 된다고 할 것이다. 그리고 중앙선거관리위원회의 이 사건 사회당에 대한 등록취소처분이 행정소송의 대상이 됨은 명백하다고 할 것이고, 그 정당 등록취소처분의 취소소송절차에서 위 규정에 대한 위헌 여부의 제청을 구할 수 있는 것이며 그 외 달리 그러한 절차경유가 곤란하거나 부당하다고 볼 사정 또는 그러한 절차의 경유가 실효성이 없다고 볼 사정은 찾아보기 어렵다(헌재 2006.4.27. 2004헌마562). | 정답 | X

ㄴ. 기혼자인 변호사 乙이 다른 여성과 사실혼 관계를 지속하여 변호사로서 품위를 손상하였다는 이유로 대한변호사협회 징계위원회로부터 징계결정을 받자 법무부 변호사 징계위원회에 이의신청을 하였으나 기각되었고, 대법원도 乙의 재항고를 기각하는 결정을 하였더라도, 이는 법원의 판결이 있는 경우가 아니므로, 위 징계결정의 취소를 구하는 乙의 헌법소원심판청구는 적법하다.

법원의 재판을 거쳐 확정된 원행정처분에 대한 헌법소원심판은 당해 행정처분을 심판의 대상으로 삼았던 법원의 재판이 예외적으로 헌법소원의 심판대상이 되어 그 재판 자체가 취소되는 경우에 한하여 청구할 수 있는 것이고, 이 사건 징계처분과 서울변호사협회장의 징계개시신청의 취소를 구하는 이 사건 심판청구는 대법원의 재판에 의하여 이미 확정된 **원행정처분(대법원의 재항고기각)**에 대한 것으로서 대법원의 재판이 예외적으로 취소되는 경우에 해당하지 아니하므로 헌법소원의 심판대상이 되지 아니한다(헌재 1999.5.27. 98헌마357). | 정답 | X

ㄷ. 丙이 과세처분의 취소를 구하는 행정소송을 제기하였다가 그 청구를 기각한 판결이 확정되어 법원의 소송절차에 의하여서는 더 이상 이를 다툴 수 없게 된 경우 당해 과세처분만의 취소를 구하는 丙의 헌법소원심판청구는 법원의 확정판결의 기판력으로 인하여 부적법하다.

원행정처분에 대하여 법원에 행정소송을 제기하여 패소판결을 받고 그 판결이 확정된 경우에는 당사자는 그 판결의 기판력에 의한 기속을 받게 되므로, 별도의 절차에 의하여 위 판결의 기판력이 제거되지 아니하는 한, 행정처분의 위법성을 주장하는 것은 확정판결의 기판력에 어긋나므로 <u>원행정처분은 헌법소원심판의 대상이 되지 아니한다</u>(헌재 1998.5.28. 91헌마98).　　　　　　　　　　　　　　| 정답 | ○

ㄹ. 수형자 丁이 교도관의 면회제한조치에 대하여 국가인권위원회에 시정을 구하는 진정을 제기하였다가 기각결정을 받은 경우 그 기각결정의 행정처분성을 인정하기 어려우므로, 丁이 이를 행정심판과 행정소송으로 다투지 아니하고 곧바로 그 취소를 구하는 헌법소원심판청구를 하였더라도 丁의 헌법소원심판청구는 적법하다.

국가인권위원회는 법률상의 독립된 국가기관이고, 피해자인 진정인에게는 국가인권위원회법이 정하고 있는 구제조치를 신청할 법률상 신청권이 있는데 인권위가 진정을 각하 및 기각결정을 할 경우 피해자인 진정인으로서는 자신의 인권침해 또는 차별행위 시정과 그에 따른 구제조치를 받을 권리를 박탈당하게 되므로, 진정에 대한 국가인권위원회의 각하 및 기각결정은 피해자인 진정인의 권리행사에 중대한 지장을 초래하는 것으로서 항고소송의 대상이 되는 행정처분에 해당하므로, 그에 대한 다툼은 우선 행정심판이나 행정소송에 의하여야 할 것이다. 따라서 이 사건 심판청구는 행정심판이나 행정소송 등의 사전 구제절차를 모두 거친 후 청구된 것이 아니므로 보충성 요건을 충족하지 못하였다(헌재 2015.3.26. 2013헌마214).　| 정답 | X

[18 변시]

890
□□□

甲은 공유수면에 주차장 부지 조성을 목적으로, 관할 시장으로부터 허가 기간을 3년으로 하는 공유수면 점용·사용허가를 받아 이를 매립하여 주차장 부지를 조성하였다. 이후 甲이 기간만료 전에 연장신청을 하였으나, 관할 시장은 아무런 응답을 하지 않다가 기간만료 후에 甲에 대해 공유수면 점용·사용허가 기간이 만료되었음을 이유로 원상회복명령을 하였다. 이에 관한 설명 중 옳지 않은 것은?

ㄱ. 甲이 받은 공유수면 점용·사용허가 기간이 그 사업의 성질상 부당하게 짧다고 인정되면 허가는 기간만료로 당연히 실효되는 것이 아니다.

허가에 붙은 기한이 그 허가된 사업의 성질상 부당하게 짧은 경우에는 이를 그 허가 자체의 존속기간이 아니라 그 허가조건의 존속기간으로 보아 그 기한이 도래함으로써 그 조건의 개정을 고려한다는 뜻으로 해석할 수 있다(대판 2005.11.10. 2004다7873).　　　　　　　　　　　　　　　　| 정답 | ○

ㄴ. 공유수면 점용·사용허가로 인하여 인접한 토지를 적정하게 이용할 수 없게 되는 등의 피해를 받을 우려가 있는 인접 토지 소유자 등은 공유수면 점용·사용허가 처분의 취소소송 또는 무효등확인소송의 원고적격이 인정된다.

공유수면 점용·사용허가로 인하여 인접한 토지를 적정하게 이용할 수 없게 되는 등의 피해를 받을 우려가 있는 인접 토지 소유자 등은 공유수면 점용·사용허가처분의 취소 또는 무효확인을 구할 원고적격이 인정된다(대판 2014.9.4. 2014두2164).　　　　　　　　　　　　　　　　　　　　　│정답│ ○

ㄷ. 甲이 원상회복명령에 대해 이의제기를 하지 않아서 불가쟁력이 발생한 이후에도 관할 시장은 이 명령에 하자가 있음을 이유로 직권으로 효력을 소멸시킬 수 있다.

행정행위의 불가쟁력과 불가변력을 무관계하므로, 행정행위가 쟁송기간이 도과되어 불가쟁력이 발생한 경우에도 성질상 불가변력이 발생하는 경우가 아니라면, 처분청 등은 불가쟁력이 발생한 행정행위를 직권취소할 수 있다.　　　　　　　　　　　　　　　　　　　　　　　　　　　　│정답│ ○

[19·14 변시]

891

□□□

헌법재판소는, 국가인권위원회가 법률상의 독립된 국가기관이고, 피해자인 진정인에게는 「국가인권위원회법」이 정하고 있는 구제조치를 신청할 법률상 신청권이 있어 그 진정이 각하 및 기각결정된 경우 피해자인 진정인으로서는 자신의 인격권 등을 침해하는 인권침해 또는 차별행위 등이 시정되고 그에 따른 구제조치를 받을 권리를 박탈당하게 되므로, 국가인권위원회에의 진정에 대한 각하 및 기각결정은 항고소송의 대상이 되는 행정처분에 해당하므로 그에 대한 다툼은 우선 행정심판이나 행정소송에 의하여야 한다고 하였다.

국가인권위원회는 법률상의 독립된 국가기관이고, 피해자인 진정인에게는 국가인권위원회법이 정하고 있는 구제조치를 신청할 법률상 신청권이 있는데 국가인권위원회가 진정을 각하 및 기각결정을 할 경우 피해자인 진정인으로서는 자신의 인격권 등을 침해하는 인권침해 또는 차별행위 등이 시정되고 그에 따른 구제조치를 받을 권리를 박탈당하게 되므로, 진정에 대한 국가인권위원회의 각하 및 기각결정은 피해자인 진정인의 권리행사에 중대한 지장을 초래하는 것으로서 항고소송의 대상이 되는 행정처분에 해당한다(헌재 2015.3.26. 2013헌마214).　　　　　　　　　　　　　　　　　　　　　│정답│ ○

[19-3]

892

□□□

다른 법률에 당해 처분에 대한 행정심판의 재결을 거치지 아니하면 취소소송을 제기할 수 없다는 규정이 있는 경우, 행정심판의 재결을 거치지 아니하더라도 무효확인소송을 제기하는 것은 허용된다.

개별법에서 필요적 전치주의를 취하고 있더라도 취소소송에서는 심판전치가 소송요건이 되지만 무효확인소송에서는 필요적 전치가 소송요건이 아니다. 행정소송법 38조 1항이 20조를 준용하고 있지 않기 때문이다.　　　　　　　　　　　　　　　　　　　　　　　　　　│정답│ ○

893
☐☐☐

구 「소방공무원법」상 지방소방공무원이 자신이 소속된 지방자치단체를 상대로 법령의 규정에 의하여 직접 그 존부나 범위가 정해진 초과근무수당의 지급을 청구하는 경우 「행정소송법」상 당사자소송으로 다투어야 한다.

지방자치단체와 그 소속 경력직 공무원인 지방소방공무원 사이의 관계, 즉 **지방소방공무원의 근무관계**는 사법상의 근로계약관계가 아닌 공법상의 근무관계에 해당하고, 그 근무관계의 주요한 내용 중 하나인 지방소방공무원의 보수에 관한 법률관계는 공법상의 법률관계라고 보아야 한다. 나아가 지방공무원법 44조 4항, 45조 1항이 지방공무원의 보수에 관하여 이른바 근무조건 법정주의 채택하고 있고, 지방공무원 수당 등에 관한 규정 15조 내지 17조가 초과근무수당의 지급 대상, 시간당 지급 액수, 근무시간의 한도, 근무시간의 산정 방식에 관하여 구체적이고 직접적인 규정을 두고 있는 등 관계 법령의 내용, 형식 및 체제 등을 종합하여 보면, 지방소방공무원의 초과근무수당 지급청구권은 법령의 규정에 의하여 직접 그 존부나 범위가 정하여지고 법령에 규정된 수당의 지급요건에 해당하는 경우에는 곧바로 발생한다고 할 것이므로, 지방소방공무원이 자신이 소속된 지방자치단체를 상대로 **초과근무수당의 지급**을 구하는 청구에 관한 소송은 행정소송법 3조 2호에 규정된 **당사자소송**의 절차에 따라야 한다(대판 2013.3.28. 2012다102629).
행정소송규칙 19조 2호 마목은 이러한 대법원 판례의 법리를 명문화하였다.　　　　　　　　| 정답 | ○

894
☐☐☐

취소소송의 규정 중 피고경정, 공동소송, 제3자의 소송참가, 행정청의 소송참가에 관한 규정은 당사자소송에 준용된다.

취소소송의 규정 중 피고경정(14조), 공동소송(15조), 제3자의 소송참가(16조), 행정청의 소송참가(17조)에 관한 규정은 당사자소송에 준용된다(행정소송법 44조 1항).

> **행정소송법 제44조(준용규정)** ① 제14조 내지 제17조, 제22조, 제25조, 제26조, 제30조제1항, 제32조 및 제33조의 규정은 당사자소송의 경우에 준용한다.

| 정답 | ○

제4편

개별 행정작용법

제1장 | 행정조직법

[14 변시]

895

☐☐☐ 도지사로부터 대리권을 수여받은 시장이 대리관계를 밝히지 않고 자신의 명의로 행정처분을 한 경우에도 항고소송의 피고는 도지사가 되어야 하는 것이 원칙이다.

행정처분의 취소 또는 무효확인을 구하는 행정소송은 다른 법률에 특별한 규정이 없는 한 소송의 대상인 행정처분 등을 외부적으로 그의 명의로 행한 행정청을 피고로 하여야 하는 것으로서 그 행정처분을 하게 된 연유가 상급행정청이나 타행정청의 지시나 통보에 의한 것이라 하여 다르지 않다고 할 것이며, 권한의 위임이나 위탁을 받아 수임행정청이 정당한 권한에 기하여 그 명의로 한 처분에 대하여는 말할 것도 없고, 내부위임이나 대리권을 수여받은 데 불과하여 원행정청 명의나 대리관계를 밝히지 아니하고는 그의 명의로 처분 등을 할 권한이 없는 행정청이 권한 없이 그의 명의로 한 처분에 대하여도 **처분명의자인 행정청이 피고**가 되어야 할 것이다(대판 1995.12.22. 95누14688). | 정답 | X

[14 변시]

896

☐☐☐ 광역시장의 권한을 사실상 행사하도록 내부위임 받은 구청장은 광역시장의 이름으로 권한을 행사하여야 한다.

행정권한의 위임은 행정관청이 법률에 따라 특정한 권한을 다른 행정관청에 이전하여 수임관청의 권한으로 행사하도록 하는 것이어서 권한의 법적인 귀속을 변경하는 것이므로 법률이 위임을 허용하고 있는 경우에 한하여 인정된다 할 것이고, 이에 반하여 행정권한의 내부위임은 법률이 위임을 허용하고 있지 아니한 경우에도 행정관청의 내부적인 사무처리의 편의를 도모하기 위하여 그의 보조기관 또는 하급행정관청으로 하여금 그의 권한을 사실상 행사하게 하는 것이므로, 권한위임의 경우에는 수임관청이 자기의 이름으로 그 권한 행사를 할 수 있지만 **내부위임의 경우에는 수임관청은 위임관청의 이름으로만 그 권한을 행사 할 수 있을 뿐** 자기의 이름으로는 그 권한을 행사할 수 없다(대판 1995.11.28. 94누6475). | 정답 | ○

[14 변시]

897

☐☐☐ 내부위임에 따라 수임관청이 위임관청의 이름으로 처분을 한 경우 그 처분의 취소나 무효확인을 구하는 소송의 피고는 위임관청으로 삼아야 한다.

내부위임의 경우에는 위임청의 명의로 처분을 하고, 이때 피고적격은 위임청이 되는 것이 원칙이다. | 정답 | ○

[14 변시]

898

☐☐☐ 행정관청 내부의 사무처리규정인 전결규정을 위반하여 원래의 전결권자가 아닌 보조기관 등이 처분권자인 행정관청의 이름으로 행정처분을 하였다면, 그 처분은 권한 없는 자에 의하여 행하여진 것으로서 무효이다.

전결과 같은 행정권한의 내부위임은 법령상 처분권자인 행정관청이 내부적인 사무처리의 편의를 도모하기 위하여 그의 보조기관 또는 하급 행정관청으로 하여금 그의 권한을 사실상 행사하게 하는 것으로서 법률이

위임을 허용하지 않는 경우에도 인정되는 것이므로, 설사 행정관청 내부의 사무처리규정에 불과한 전결규정에 위반하여 원래의 **전결권자 아닌 보조기관 등이 처분권자인 행정관청의 이름으로 행정처분을 하였다고** 하더라도 그 처분이 권한 없는 자에 의하여 행하여진 무효의 처분이라고는 할 수 없다(대판 1998.2.27. 97누1105).　　　　　　　　　　　　　　　　　　　　　　　　　　　　　| 정답 | X

[17 변시]

899
□□□

甲은 건축물을 건축하기 위하여 관할 시장인 乙에게 건축허가 신청을 하였다. 乙은 상당한 기간 내에 건축불허가처분을 하면서 그 처분사유로 「건축법」상의 건축불허가 사유뿐만 아니라 「화재예방, 소방시설 설치·유지 및 안전관리에 관한 법률」 제7조 제1항에 따른 소방서장의 건축부동의 사유를 들고 있다.

> ※ **화재예방, 소방시설 설치·유지 및 안전관리에 관한 법률**
> **제7조(건축허가등의 동의)** ① 건축물 등의 신축·증축·개축·재축(再築)·이전·용도변경 또는 대수선(大修繕)의 허가·협의 및 사용승인(이하 "건축허가등"이라 한다)의 권한이 있는 행정기관은 건축허가등을 할 때 미리 그 건축물 등의 시공지(施工地) 또는 소재지를 관할하는 소방본부장이나 소방서장의 동의를 받아야 한다.
> 〈이하 생략〉

ㄱ. 만약 甲의 건축허가 신청 후 乙의 처분 이전에 「화재예방, 소방시설 설치·유지 및 안전관리에 관한 법률」이 개정되어 제7조 제1항이 신설·적용된 경우라면, 소방서장의 건축부동의는 건축불허가 사유가 될 수 없다.

허가 등의 행정처분은 원칙적으로 처분시의 법령과 허가기준에 의하여 처리되어야 하고 허가신청 당시의 기준에 따라야 하는 것은 아니며, **비록 허가신청 후 허가기준이 변경되었다 하더라도 그 허가관청이 허가신청을 수리하고도 정당한 이유 없이 그 처리를 늦추어 그 사이에 허가기준이 변경된 것이 아닌 이상 변경된 허가기준에 따라서 처분을 하여야 한다**(대판 2006.8.25. 2004두2974).　　　　　　| 정답 | X

ㄴ. 소방서장의 건축부동의는 취소소송의 대상이 되는 처분이 아니다.　　　　[21-2]

소방서장의 건축부동의는 행정부의 내부적 행위에 불과하여 국민의 권리의무에 직접 영향을 미치는 행정처분으로 볼 수 없으므로, 별도의 쟁송대상이 되지 않는다.
[판례] 건축허가권자가 건축불허가처분을 하면서 그 처분사유로 건축불허가 사유뿐만 아니라 구 소방법 8조 1항에 따른 소방서장의 건축부동의 사유를 들고 있다고 하여 그 건축불허가처분 외에 별개로 건축부동의처분이 존재하는 것이 아니므로, 그 건축불허가처분을 받은 사람은 그 건축불허가처분에 관한 쟁송에서 건축법상의 건축불허가 사유뿐만 아니라 소방서장의 부동의 사유에 관하여도 다툴 수 있다(대판 2004.10.15. 2003두6573).　　　　　　　　　　　　　　　　　　　　　　　| 정답 | O

ㄷ. 甲은 건축불허가처분에 관한 쟁송에서 「건축법」상의 건축불허가 사유뿐만 아니라 소방서장의 건축부동의 사유에 관하여도 다툴 수 있다.　　　　[21-2]

건축허가권자가 건축불허가처분을 하면서 그 처분사유로 건축불허가 사유뿐만 아니라 구 소방법 8조 1항에 따른 소방서장의 건축부동의 사유를 들고 있다고 하여 그 건축불허가처분 외에 별개로 건축부동의처분이 존재하는 것이 아니므로, 그 건축불허가처분을 받은 사람은 그 **건축불허가처분에 관한 쟁송에서 건축법상의 건축불허가 사유뿐만 아니라 소방서장의 부동의 사유에 관하여도 다툴 수 있다**(대판 2004.10.15. 2003두6573).　　　　　　　　　　　　　　　　　　　　　　　　　　　　　| 정답 | O

900

권한의 위임은 법률이 위임을 허용하고 있는 경우에 한하여 인정된다.

위임은 법령상의 권한을 다른 기관에 이전하여 권한의 법적 귀속을 변경하는 것이기 때문에 반드시 법적 근거를 요한다.

| 정답 | ○

901

권한의 위임 및 재위임에 관하여 규정하고 있는 정부조직법 제6조 제1항의 규정은 개별적인 권한 위임의 법률상 근거가 될 수 없다.

정부조직법 5조 1항(현 6조)은 법문상 권한의 위임 및 재위임의 근거규정임이 명백하고, 권한위임, 재위임에 관한 위 규정마저 권한위임 등에 관한 대강을 정한 것에 불과할 뿐 권한위임의 근거규정이 아니라고 할 수는 없으므로 충청남도지사가 자기의 수임권한을 위임기관인 동력자원부장관의 승인을 얻은 후 충청남도의 사무시, 군위임규칙에 따라 군수에게 재위임하였다면 이는 위 조항 후문 및 행정권한의위임및위탁에관한규정 4조에 근거를 둔 것으로서 적법한 권한의 재위임에 해당하는 것이다(대판 1990.2.27. 89누5287). | 정답 | X

[17 · 13변시]

902

내부위임을 받은 기관이 위임한 기관의 이름이 아닌 자신의 이름으로 행정처분을 한 경우, 그 행정처분은 무효이다.

체납취득세에 대한 압류처분권한은 도지사로부터 시장에게 권한위임된 것이고 시장으로부터 **압류처분권한을 내부위임받은 데 불과한 구청장**으로서는 시장 명의로 압류처분을 대행처리할 수 있을 뿐이고 자신의 명의로 이를 할 수 없다 할 것이므로 **구청장이 자신의 명의로 한 압류처분은 권한 없는 자에 의하여 행하여진 위법무효의 처분**이다(대판 1993.5.27. 93누6621). | 정답 | ○

903

행정권한의 행사에 관한 설명 중 옳은 것은? (다툼이 있는 경우 판례에 의함)

ㄱ. 위임 및 위탁기관은 수임 및 수탁기관의 수임 및 수탁사무 처리에 대하여 지휘·감독하고, 그 처리가 위법하거나 부당하다고 인정될 때에는 이를 취소하거나 정지시킬 수 없다.

행정위임위탁규정 제6조(지휘·감독) 위임 및 위탁기관은 수임 및 수탁기관의 수임 및 수탁사무 처리에 대하여 지휘·감독하고, 그 처리가 위법하거나 부당하다고 인정될 때에는 이를 취소하거나 정지시킬 수 있다.

| 정답 | X

ㄴ. 민간위탁을 한 행정기관의 장은 사무처리결과에 대하여 감사를 하여야 하며, 위법·부당한 사항이 있는 경우에는 적절한 조치를 취할 수 있고, 관계 임직원의 문책을 요구할 수 있다.

> **행정위임위탁규정 제16조(처리 상황의 감사)** ① 위탁기관의 장은 민간위탁사무의 처리 결과에 대하여 매년 1회 이상 감사를 하여야 한다.
> ② 위탁기관의 장은 제1항에 따른 감사 결과 민간위탁사무의 처리가 위법하거나 부당하다고 인정될 때에는 민간수탁기관에 대하여 <u>적절한 시정조치</u>를 할 수 있고, 관계 임원과 직원에 대해서는 문책을 요구할 수 있다.

|정답|○

ㄷ. 행정권한의 재위임과 관련하여「정부조직법」과 이에 기한「행정권한의 위임 및 위탁에 관한 규정」의 관련조항이 재위임에 관한 일반적인 근거규정이 될 수 없다.

판례는 정부조직법 6조 1항과 행정권한위임위탁규정 4조를 재위임에 관한 일반적인 근거규정으로 긍정한다.

|정답|X

ㄹ. 국가사무가 시·도지사에게 기관위임된 경우에 시·도지사가 이를 구청장 등에게 재위임하기 위해서는 시·도 조례에 의하여야 한다.

<u>국가사무로서 지방자치단체의 장에게 위임된 이른바 기관위임사무에 해당하므로 시·도지사가 지방자치단체의 **조례**에 의하여 이를 구청장 등에게 재위임할 수는 없고 행정권한의위임및위탁에관한규정 4조에 의하여 위임기관의 장의 승인을 얻은 후 지방자치단체의 장이 제정한 **규칙**이 정하는 바에 따라 재위임하는 것만이 가능하다</u>(대판[전합] 1995.7.11. 94누4615).

|정답|X

[11 국회8급]

904
☐☐☐

기관위임사무는 조례에 의하여 재위임할 수 없고,「행정권한의 위임 및 위탁에 관한규정」제4조에 의하여 위임기관의 장의 승인을 얻은 후 지방자치단체의 장이 제정한 규칙이 정하는 바에 따라 재위임하는 것만이 가능하다.

관리처분계획의 인가 등에 관한 사무는 국가사무로서 지방자치단체의 장에게 위임된 이른바 기관위임사무에 해당하므로, 시·도지사가 지방자치단체의 **조례에 의하여 이를 구청장 등에게 재위임할 수는 없고**, 행정권한의 위임 및 위탁에 관한 규정 4조에 의하여 위임기관의 장의 승인을 얻은 후 지방자치단체의 장이 제정한 규칙이 정하는 바에 따라 재위임하는 것만이 가능하다(대판[전합] 1995.8.22. 94누5694).

|정답|○

905
☐☐☐

국가가 스스로 행하여야 할 사무를 지방자치단체 또는 그 기관에 위임하여 수행하는 경우에, 그 소요되는 경비는 국가가 그 전부를 당해 지방자치단체에 교부하여야 한다.

> **지방재정법 제21조(부담금과 교부금)** ② <u>국가가 스스로 하여야 할 사무를 지방자치단체나 그 기관에 위임하여 수행하는 경우 그 경비는 국가가 전부를 그 지방자치단체에 교부하여야 한다.</u>

|정답|○

906

☐☐☐

A도지사에게 기관위임된 영업허가에 관한 사무가 A도 조례에 의하여 B군수에게 재위임되었고, 이에 근거하여 B군수가 甲에게 영업허가를 취소하는 처분을 하고 2019년 1월 15일 이를 甲에게 통지하였다. 甲은 영업허가 취소처분에 대해 같은 해 5월 15일 무효확인소송을 제기하였는 바, 이에 관한 설명 중 옳은 것은?

ㄱ. 甲이 이미 2019년 3월 15일에 위 영업허가 취소처분을 이유로 국가배상청구소송을 제기하고 있다면, 법원은 직권으로 甲의 무효확인소송을 국가배상청구소송이 계속된 법원으로 이송할 수 있다.

행정소송법 38조 1항은 10조를 준용하고 있으므로 국가배상청구소송을 무효확인소송이 계속된 법원으로 이송할 수 있다. 반대로 무효확인소송을 국가배상청구소송이 계속된 법원으로 이송할 수 있는 근거는 없다.

> **행정소송법 제10조(관련청구소송의 이송 및 병합)** ① 취소소송과 다음 각호의 1에 해당하는 소송 (이하 "關聯請求訴訟")이 각각 다른 법원에 계속되고 있는 경우에 관련청구소송이 계속된 법원이 상당하다고 인정하는 때에는 당사자의 신청 또는 직권에 의하여 이를 취소소송이 계속된 법원으로 이송할 수 있다.
> 1. 당해 처분등과 관련되는 손해배상·부당이득반환·원상회복등 청구소송

| 정답 | X

ㄴ. 甲은 무효확인소송의 계속 중 추가적으로 위 영업허가 취소처분의 취소를 구하는 소를 예비적으로 병합하여 제기할 수 있다.

하자 있는 행정처분을 놓고 이를 무효로 볼 것인지 아니면 단순히 취소할 수 있는 처분으로 볼 것인지는 동일한 사실관계를 토대로 한 법률적 평가의 문제에 불과하고, 행정처분의 무효확인을 구하는 소에는 특단의 사정이 없는 한 그 취소를 구하는 취지도 포함되어 있다고 보아야 하는 점 등에 비추어 볼 때, 동일한 행정처분에 대하여 무효확인의 소를 제기하였다가 그 후 그 처분의 취소를 구하는 소를 추가적으로 병합한 경우, 주된 청구인 무효확인의 소가 적법한 제소기간 내에 제기되었다면 추가로 병합된 취소청구의 소도 적법하게 제기된 것으로 봄이 상당하다(대판 2005.12.23. 2005두3554).

→ 설문은 제소기간이 경과한 경우이므로 추가적 병합이 허용되지 않는다. | 정답 | X

907

아래 규정에 관한 설명 중 옳지 않은 것은?

> **택지개발촉진법 제3조(택지개발지구의 지정 등)** ④ 지정권자가 제1항 또는 제3항에 따라 택지개발지구를 지정하려는 경우에는 미리 관계 중앙행정기관의 장과 협의하고 해당 시장·군수 또는 자치구의 구청장의 의견을 들은 후 「주거기본법」 제9조에 따른 시·도 주거정책심의위원회의 심의를 거쳐야 한다.

ㄱ. 「택지개발촉진법」에 있어서 관계 중앙행정기관의 장과의 협의는 '자문'을 구하라는 것이지 그 의견을 따라 처분하라는 의미는 아니다.

ㄴ. 「택지개발촉진법」에 있어서 관계 중앙행정기관의 장과의 협의를 거치지 않고 처분을 한 경우 그 하자는 당연무효사유가 아니라 취소사유에 해당한다.

법령에서 사업승인 이전에 관계행정기관의 협의를 거친다는 의미가 '자문'인 경우, 협의의견은 원칙적으로 주무행정청에 구속력이 없고, 이러한 협의를 거치지 않은 승인처분은 취소사유에 불과하고 당연무효인 것은 아니다. 이와 달리 협의의 의미가 '동의'인 경우에는 주무행정청의 구속력이 있고, 동의 없는 처분은 무권한 자의 처분으로 당연무효가 된다.

[판례] 구 택지개발촉진법 3조에서 건설부장관이 택지개발예정지구를 지정함에 있어 미리 관계중앙행정기관의 장과 협의를 하라고 규정한 의미는 그의 **자문**을 구하라는 것이지 그 의견을 따라 처분을 하라는 의미는 아니라 할 것이므로 이러한 협의를 거치지 아니하였다고 하더라도 이는 위 지정처분을 **취소할 수 있는 원인**이 되는 하자 정도에 불과하고 위 지정처분이 당연무효가 되는 하자에 해당하는 것은 아니다(대판 2000.10.13. 99두653).

|정답| ㄱ. ○, ㄴ. ○

[19-2]

908
☐☐☐

지방자치권도 헌법에 의해 직접 보장되는 권리이므로 국회의 입법에 의하여 지방자치권이 침해되었는지 여부를 심사함에 있어서는 지방자치권의 본질적 내용이 침해되었는지 여부만을 심사하여서는 안 되고, 과잉금지원칙이나 평등원칙 등도 함께 적용하여야 한다.

지방자치권도 헌법에 의해 보장되기는 하지만, 기본권과는 달리 제도적으로 보장된 권한에 불과하여 입법자는 지방자치권의 본질적 내용을 침해하지 않는 범위 내에서 그 내용을 자유롭게 형성할 수 있다. 그리하여 입법이 기본권을 침해하는지 여부에 대한 심사는 원칙적으로 과잉금지원칙이나 평등원칙 위배 여부를 심사하지만, 입법이 지방자치권을 침해하는지 여부에 대한 심사는 제도자체의 폐지 여부나 본질적 내용에 대한 침해 여부를 심사하면 족하다.

[판례] 지방자치제도는 제도적 보장의 하나로서, 「제도적 보장은 객관적 제도를 헌법에 규정하여 당해 제도의 본질을 유지하려는 것으로서, 헌법제정권자가 특히 중요하고도 가치가 있다고 인정되고 헌법적으로 보장할 필요가 있다고 생각하는 국가제도를 헌법에 규정함으로써 장래의 법발전, 법형성의 방침과 범주를 미리 규율하려는 데 있다. 다시 말하면 이러한 제도적 보장은 주관적 권리가 아닌 객관적 법규범이라는 점에서 기본권과 구별되기는 하지만 헌법에 의하여 일정한 제도가 보장되면 입법자는 그 제도를 설정하고 유지할 입법의무를 지게 될 뿐만 아니라 헌법에 규정되어 있기 때문에 법률로써 이를 폐지할 수 없고, 비록 내용을 제한한다고 하더라도 그 본질적 내용을 침해할 수는 없다. 그러나 기본권의 보장은 … '최대한 보장의 원칙'이 적용되는 것임에 반하여, 제도적 보장은 기본권 보장의 경우와는 달리 그 본질적 내용을 침해하지 아니하는 범위 안에서 입법자에게 제도의 구체적인 내용과 형태의 형성권을 폭넓게 인정한다는 의미에서 '최소한 보장의 원칙'이 적용」된다(헌재 2006.2.23. 2005헌마403).

헌법은 117조와 118조에서 '지방자치단체의 자치'를 제도적으로 보장하고 있는바, 그 보장의 본질적 내용은 자치단체의 보장, 자치기능의 보장 및 자치사무의 보장이다. 이와 같이 헌법상 제도적으로 보장된 자치권 가운데에는 자치사무의 수행에 있어 다른 행정주체(특히 중앙행정기관)로부터 합목적성에 관하여 명령·지시를 받지 않는 권한도 포함된다고 볼 수 있다.

다만, 이러한 헌법상의 자치권의 범위는 법령에 의하여 형성되고 제한된다. 헌법도 117조 1항 후단에서 '법령의 범위 안에서 자치에 관한 규정을 제정할 수 있다'고 하였고, 118조 2항에서는 '지방자치단체의 조직과 운영에 관한 사항은 법률로 정한다'고 규정하고 있다. 그러나 지방자치단체의 자치권은 헌법상 보장을 받고 있으므로 비록 법령에 의하여 이를 제한하는 것이 가능하다고 하더라도 그 제한이 불합리하여 자치권의 본질을 훼손하는 정도에 이른다면 이는 헌법에 위반된다고 보아야 할 것이다(헌재 2009.5.28. 2006헌라6).

| 정답 | X

[20-3]

909
☐☐☐

헌법재판소는 일정한 지역 내의 시·군을 폐지하고 지방자치단체의 중층구조를 단층화하는 것은 헌법상 지방자치제도의 보장을 침해하는 것이라고 하였다.

헌법 117조 2항은 지방자치단체의 종류를 법률로 정하도록 규정하고 있을 뿐 지방자치단체의 종류 및 구조를 명시하고 있지 않으므로 이에 관한 사항은 기본적으로 입법자에게 위임된 것으로 볼 수 있다. 헌법상 지방자치제도보장의 핵심영역 내지 본질적 부분이 특정 지방자치단체의 존속을 보장하는 것이 아니며 지방자치단체에 의한 자치행정을 일반적으로 보장하는 것이므로, 현행법에 따른 지방자치단체의 중층구조 또는 지방자치단체로서 특별시·광역시 및 도와 함께 시·군 및 구를 계속하여 존속하도록 할지 여부는 결국

입법자의 **입법형성권**의 범위에 들어가는 것으로 보아야 한다. 같은 이유로 일정구역에 한하여 당해 지역 내의 지방자치단체인 시·군을 모두 폐지하여 중층구조를 **단층화**하는 것 역시 입법자의 선택범위에 들어가는 것이다(헌재 2006.4.27. 2005헌마1190).　　　　　| 정답 | X

[20-3]

910
☐☐☐

「지방자치법」은 공유수면 매립으로 인한 토지의 귀속과 관련한 분쟁에 대해 헌법재판소의 권한쟁의심판사항으로 규정하고 있다.

> **지방자치법 제5조(지방자치단체의 명칭과 구역)** ④ 제1항 및 제2항에도 불구하고 다음 각 호의 지역이 속할 지방자치단체는 제5항부터 제8항까지의 규정에 따라 행정안전부장관이 결정한다.
>   1. 「공유수면 관리 및 매립에 관한 법률」에 따른 매립지
> ⑨ 관계 지방자치단체의 장은 제4항부터 제7항까지의 규정에 따른 행정안전부장관의 결정에 이의가 있으면 그 결과를 통보받은 날부터 15일 이내에 대법원에 소송을 제기할 수 있다.

| 정답 | X

[20-3]

911
☐☐☐

대법원은 새만금 방조제 내의 매립지의 귀속과 관련하여 종래 지형도상 해상경계선을 기준으로 삼아왔던 행정관행의 관습법적 효력이 지방자치법 개정으로 변경되거나 제한되었다고 하였다.

2009. 4. 1. 법률 9577호로 지방자치법이 개정되기 전까지 종래 매립지 등 관할 결정의 준칙으로 적용되어 온 지형도상 해상경계선 기준이 가지던 **관습법적 효력**은 위 지방자치법의 개정에 의하여 변경 내지 제한되었다고 보는 것이 타당하고, 안전행정부장관은 매립지가 속할 지방자치단체를 정할 때에 상당한 형성의 자유를 가지게 되었다. 다만 그 관할 결정은 계획재량적 성격을 지니는 점에 비추어 위와 같은 형성의 자유는 무제한의 재량이 허용되는 것이 아니라 여러 가지 공익과 사익 및 관련 지방자치단체의 이익을 종합적으로 고려하여 비교·교량해야 하는 제한이 있다(대판 2013.11.14. 2010추73).　　| 정답 | O

[20-3]

912
☐☐☐

대법원은 구 「수산업법」상 조업구역의 경계는 종전의 지형도상 해상경계선을 기준으로 할 수 없으므로, 해상경계선을 넘어서 조업한 행위가 구 「수산업법」상 조업구역에 관한 규정을 위반한 것이라고 볼 수 없다고 하였다.

국토지리정보원이 발행한 국가기본도(지형도) 중 1948. 8. 15.에 가장 근접한 1973년 지형도상의 해상경계선이 이 사건 허가 조업구역의 경계선인 '경상남도와 전라남도의 도 경계선(해상경계선)'이 되고 피고인들은 직접 또는 그 사용인이 모두 위 해양경계선을 넘어가 조업을 하였으므로 이 사건 공소사실이 모두 유죄로 인정된다.
[판례] 구 수산업법령상 규정을 종합하면, 기선권현망어업의 조업구역의 경계가 되는 '경상남도와 전라남도의 도 경계선'은 지방자치법 4조 1항에 따라 결정되는 경상남도와 전라남도의 관할구역의 경계선을 의미한다. 한편 지방자치법 4조 1항은 지방자치단체의 관할구역 경계를 결정할 때 '종전'에 의하도록 하고 있고, 지방자치법 4조 1항 등의 개정 연혁에 비추어 보면 '**종전**'이라는 기준은 최초로 제정된 법률조항까지 순차 거슬러 올라가게 되므로, 1948. 8. 15. 당시 존재하던 관할구역의 경계가 원천적인 기준이 되며, 공유수면에 대한 지방자치단체의 관할구역 경계 역시 같은 기준에 따라 1948. 8. 15. 당시 존재하던 경계가 먼저 확인되어야 하는데, 이는 결국 당시 해상경계선의 존재와 형태를 확인하는 사실인정의 문제이다(대판 2015.6.11. 2013도14334).　　　　　| 정답 | X

913
□□□

지방자치단체의 명칭과 구역은 종전과 같이 하고, 명칭과 구역을 바꾸거나 지방자치단체를 폐지하거나 설치하거나 나누거나 합칠 때에는 법률로 정한다. 다만, 지방자치단체의 관할구역 경계변경과 한자 명칭의 변경은 대통령령으로 정한다.

> **지방자치법 제5조(지방자치단체의 명칭과 구역)** ① 지방자치단체의 명칭과 구역은 종전과 같이 하고, 명칭과 구역을 바꾸거나 지방자치단체를 폐지하거나 설치하거나 나누거나 합칠 때에는 법률로 정한다.
> ② 제1항에도 불구하고 지방자치단체의 구역변경 중 관할 구역 경계변경(이하 "경계변경")과 지방자치단체의 한자 명칭의 변경은 대통령령으로 정한다. 이 경우 경계변경의 절차는 제6조에서 정한 절차에 따른다.

| 정답 | ○

914
□□□

지방자치단체를 폐지하거나 설치하거나 나누거나 합칠 때 또는 그 명칭이나 구역을 변경할 때에는 관계 지방자치단체의 의회의 의견을 들어야 한다. 다만, 「주민투표법」 제8조에 따라 주민투표를 한 경우에는 그러하지 아니하다.

> **지방자치법 제5조(지방자치단체의 명칭과 구역)** ③ 다음 각 호의 어느 하나에 해당할 때에는 관계 지방의회의 의견을 들어야 한다. 다만, 「주민투표법」 제8조에 따라 주민투표를 한 경우에는 그러하지 아니하다.
> 1. 지방자치단체를 폐지하거나 설치하거나 나누거나 합칠 때
> 2. 지방자치단체의 구역을 변경할 때(경계변경을 할 때는 제외)
> 3. 지방자치단체의 명칭을 변경할 때(한자 명칭을 변경할 때를 포함)

| 정답 | ○

915
□□□

다음 중 옳지 않은 것은? (다툼이 있는 경우 판례에 따름)

> ㄱ. 매립지가 속할 지방자치단체는 행정안전부장관이 결정한다.
> ㄴ. 매립공사가 완료되지 않은 토지에 대하여는 귀속 지방자치단체를 결정할 수 없다.
> ㄷ. 매립지가 속할 지방자치단체를 결정할 때 반드시 관계 지방의회의 의견청취 절차를 거쳐야 하는 것은 아니다.
> ㄹ. 매립지가 속할 지방자치단체를 정하는 결정에 대하여 대법원에 소송을 제기할 수 있는 주체는 관계 지방자치단체의 장일 뿐 지방자치단체가 아니다.
> ㅁ. 「지방자치법」이 지방자치단체의 관할 구역 경계변경을 대통령령으로 정하도록 규정한 취지에 비추어볼 때, 매립지가 속할 지방자치단체를 정하는 결정을 함에 있어 상당한 형성의 자유가 인정된다거나, 그 결정이 계획재량적 성격을 지니는 것으로 볼 수는 없다.

지방자치법은 ㉠ 공유수면 관리 및 매립에 관한 법률에 따른 매립지가 속할 지방자치단체는 행정안전부장관이 결정한다고 규정하면서(5조 4항), 관계 지방자치단체의 장은 그 결정에 이의가 있으면 결과를 통보받은 날로부터 15일 이내에 대법원에 소송을 제기할 수 있다고 규정하고 있다(5조 9항). 따라서 매립지가 속할 지방자치단체를 정하는 결정에 대하여 ㉢ 대법원에 소송을 제기할 수 있는 주체는 관계 지방자치단체의 장일 뿐 지방자치단체가 아니다.

지방자치법 5조 2항, 3항, 8항에 따르면, 행정안전부장관은 공유수면 관리 및 매립에 관한 법률에 따른 매립지가 속할 지방자치단체를 지방자치법 5조 5항부터 8항까지의 규정 및 절차에 따라 결정하면 되고, ㉣ 관계 지방의회의 의견청취 절차를 반드시 거칠 필요는 없다.

관련법에 따르면 행정안전부장관은 매립공사가 완료된 토지에 대해서만 준공검사 전에 그 귀속 지방자치단체를 결정할 수 있고, 매립이 예정되어 있기는 하지만 ㉡ 매립공사가 완료되지 않은 토지에 대해서는 귀속 지방자치단체를 결정할 수 없다고 보아야 한다.

㉤ 행정안전부장관은 매립지가 속할 지방자치단체를 정할 때에 상당한 형성의 자유를 가지게 되었다. 다만 그 관할 결정은 계획재량적 성격을 지니는 점에 비추어 위와 같은 형성의 자유는 무제한의 재량이 허용되는 것이 아니라 여러 가지 공익과 사익 및 관련 지방자치단체의 이익을 종합적으로 고려하여 비교·교량해야 하는 제한이 있다. 따라서 행정안전부장관이 위와 같은 이익형량을 전혀 행하지 않거나 이익형량의 고려 대상에 마땅히 포함시켜야 할 사항을 누락한 경우 또는 이익형량을 하였으나 정당성·객관성이 결여된 경우에는 그 매립지가 속할 지방자치단체 결정은 재량권을 일탈·남용한 것으로서 위법하다고 보아야 한다(대판 2013.11.14. 2010추73).　　　　　　　　　　　　　　　　　　　　　| 정답 | ㅁ

[11 국가7급]

916
□□□

외국인에게도 일정요건 하에서 지방자치단체의 의회의원 및 장의 선거권이 인정된다.

18세 이상으로서 37조 1항에 따른 선거인명부 작성기준일 현재 출입국관리법 10조(체류자격)에 따른 **영주의 체류자격 취득 후 3년이 경과한 외국인**으로서 같은 법 34조(외국인등록표 등의 작성 및 관리)에 따라 해당 지방자치단체의 외국인등록대장에 올라 있는 사람은 그 구역에서 선거하는 지방자치단체의 의회의원 및 장의 선거권이 있다(공직선거법 15조 2항 3호).　　　　　　　　　　　　　| 정답 | ○

[19-3]

917
□□□

지방자치단체의 폐치·분합 또는 구역변경, 주요시설의 설치 등 국가정책의 수립에 관하여 주민의 의견을 듣기 위하여 필요한 경우에 실시하는 주민투표의 경우에 해당 지방자치단체장은 독자적으로 주민투표를 실시할 수 없다.

주민투표법 8조에 의한 국가정책에 관한 투표는 지방자치단체장이 독자적으로 실시하는 것이 아니다.

> **주민투표법 제8조(국가정책에 관한 주민투표)**) ① 중앙행정기관의 장은 지방자치단체를 폐지하거나 설치하거나 나누거나 합치는 경우 또는 지방자치단체의 구역을 변경하거나 주요시설을 설치하는 등 국가정책의 수립에 관하여 주민의 의견을 듣기 위하여 필요하다고 인정하는 때에는 주민투표의 실시구역을 정하여 관계 지방자치단체의 장에게 주민투표의 실시를 요구할 수 있다. 이 경우 중앙행정기관의 장은 미리 행정안전부장관과 협의하여야 한다.
> ② 지방자치단체의 장은 제1항의 규정에 의하여 주민투표의 실시를 요구받은 때에는 지체없이 이를 공표하여야 하며, 공표일부터 30일 이내에 그 지방의회의 의견을 들어야 한다.

| 정답 | ○

918

☐☐☐ 주민투표는 특정한 사항에 대하여 찬성 또는 반대의 의사표시를 하는 형태로 실시하여야 하고, 두 가지 사항 중 하나를 선택하는 형식으로 실시할 수 없다.

> **주민투표법 제15조(주민투표의 형식)** 주민투표는 특정한 사항에 대하여 찬성 또는 반대의 의사표시를 하거나 두 가지 사항중 하나를 선택하는 형식으로 실시하여야 한다.

| 정답 | X

919

☐☐☐ 지방자치단체장은 어떠한 사항이나 모두 주민투표에 부칠 수 있는 것은 아니고 지방자치단체의 주요 결정 사항 등에 한하여 부칠 수 있도록 한정되어 있으나, 주민투표대상에 해당하더라도 주민투표에 부칠지 여부는 지방자치단체장의 재량에 속한다.

주민투표법 7조는 주민투표의 대상을 한정하고 있으며, 문언상 주민투표에 부칠지 여부는 지방자치단체장에게 재량권이 인정된다.

> **주민투표법 제7조(주민투표의 대상)** ① 주민에게 과도한 부담을 주거나 중대한 영향을 미치는 지방자치단체의 주요결정사항은 주민투표에 부칠 수 있다.
> ② 제1항에도 불구하고 다음 각 호의 어느 하나에 해당하는 사항은 주민투표에 부칠 수 없다. 〈각 호 생략〉

지방자치법은 지방의회와 지방자치단체의 장에게 독자적 권한을 부여하고 상호 견제와 균형을 이루도록 하고 있으므로, 법률에 특별한 규정이 없는 한 조례로써 견제의 범위를 넘어서 고유권한을 침해하는 규정을 둘 수 없다 할 것인바, 위 지방자치법 13조의2(현행 14조) 1항에 의하면, 주민투표의 대상이 되는 사항이라 하더라도 주민투표의 시행 여부는 지방자치단체의 장의 임의적 재량에 맡겨져 있음이 분명하므로, 지방자치단체의 장의 재량으로서 투표실시 여부를 결정할 수 있도록 한 법규정에 반하여 지방의회가 조례로 정한 특정한 사항에 관하여는 일정한 기간 내에 반드시 투표를 실시하도록 규정한 조례안은 지방자치단체의 장의 고유권한을 침해하는 규정이다(대판 2002.4.26. 2002추23).　　　　| 정답 | ○

920

☐☐☐ 주민투표의 효력에 이의가 있는 주민투표권자는 소청을 거쳐 관할 선거관리위원회위원장을 피고로 하여 소송을 제기할 수 있으나, 국가정책사항에 관한 주민투표에 대해서는 주민투표소송을 제기할 수 없다.

주민투표법 25조는 주민투표의 효력에 관하여 이의가 있는 자는 소청을 거쳐서 소송을 제기할 수 있도록 규정하고 있으나, 주민투표법 8조 4항이 국가정책에 관한 주민투표는 25조의 규정을 적용하지 아니한다고 규정하고 있다.

> **주민투표법 제8조(국가정책에 관한 주민투표)** ① 중앙행정기관의 장은 … 국가정책의 수립에 관하여 주민의 의견을 듣기 위하여 필요하다고 인정하는 때에는 주민투표의 실시구역을 정하여 관계 지방자치단체의 장에게 주민투표의 실시를 요구할 수 있다. 이 경우 중앙행정기관의 장은 미리 행정안전부장관과 협의하여야 한다.
> ④ 제1항의 규정에 의한 주민투표에 관하여는 … 제25조 및 제26조의 규정을 적용하지 아니한다.
> **제25조(주민투표소송 등)** ① 주민투표의 효력에 관하여 이의가 있는 주민투표권자는 … 시·군·구의 경우에는 시·도선거관리위원회에, 시·도의 경우에는 중앙선거관리위원회에 소청할 수 있다.
> ② 소청인은 제1항에 따른 소청에 대한 결정에 불복하려는 경우 … 시·도의 경우에는 대법원에, 시·군·구의 경우에는 관할 고등법원에 소를 제기할 수 있다.

| 정답 | ○

[19-3]

921
□□□

혁신도시의 입지선정업무는 국가사무가 지방자치단체의 장에게 위임된 기관위임사무에 해당하므로 주민투표의 대상이 되지 아니하며, 미군부대이전에 관한 사항은 지방자치단체장의 권한에 속하는 사항이 아니므로 역시 주민투표의 대상이 될 수 없다.

국가의 권한 또는 사무에 속하는 사항은 주민투표의 대상에서 제외된다(주민투표법 7조 2항 2호). 혁신도시의 입지선정업무는 국가사무가 지방자치단체장에게 기관위임된 것으로 주민투표의 대상이 아니다. 미군부대이전은 지방자치단체의 장의 권한에 의하여 결정할 수 있는 사항이 아니므로 주민투표의 대상이 될 수 없다.
[판례] 지방자치법 13조의2 1항은 "지방자치단체의 장은 지방자치단체의 폐치·분합 또는 주민에게 과도한 부담을 주거나 중대한 영향을 미치는 지방자치단체의 주요 결정사항 등에 대하여 주민투표에 붙일 수 있다"고, 2항은 "주민투표의 대상·발의자·발의요건·기타 투표절차 등에 관하여는 따로 법률로 정한다"고 각 규정하고 있다. 위 규정에 의하면, 지방자치단체의 장은 어떠한 사항이나 모두 주민투표에 붙일 수 있는 것은 아니고, 지방자치단체의 폐치·분합 또는 주민에게 과도한 부담을 주거나 중대한 영향을 미치는 지방자치단체의 주요 결정사항 등에 한하여 주민투표를 붙일 수 있도록 하여 그 대상을 한정하고 있음을 알 수 있다. 위 규정의 취지는 지방자치단체의 장이 권한을 가지고 결정할 수 있는 사항에 대하여 주민투표에 붙여 주민의 의사를 물어 행정에 반영하려는 데에 있다 할 것이다. 그런데 이 사건 조례안에 의한 주민투표의 대상인 미군부대이전은 원고가 그 권한에 의하여 결정할 수 있는 사항이 아님이 명백하므로 위 규정에 의한 주민투표의 대상이 될 수 없다 할 것이다(대판 2002.4.26. 2002추23).
[하급심] 공공기관의 지방이전사업은 정부가 국가균형발전특별법 18조의 규정에 의하여 실시하는 사무로서 국가사무에 해당하고, 지방으로 이전하는 공공기관이 들어설 지방혁신도시를 건설하는 사업 역시 사업비용을 국가가 부담한다는 점에서 국가사무에 해당한다. 나아가 지방혁신도시 입지선정업무에 관하여 보면, 정부가 입지선정의 원칙 및 구체적인 평가기준을 제시하면 시·도지사는 그 평가기준에 따라 후보지를 평가하고 평가결과를 정부에 보고하여 정부와 협의하에 입지를 선정하여야 하고, 시·도지사가 혁신도시 입지선정과 관련하여 필요한 세부사항을 정하고자 할 때에는 건설교통부에서 제시한 혁신도시 입지선정지침 범위 내에서 정하여야 하는 점, 입지선정을 협의할 입지선정위원회의 구성에 정부가 관여하고 있는 점 등에 비추어, 혁신도시의 입지선정업무는 국가사무인 혁신도시 건설업무의 일부를 지방자치단체의 장에게 위임한 기관위임사무에 해당한다고 보아야 한다. 따라서 지방혁신도시 건설안의 채택에 관한 사안은 주민투표법 7조에 의하여 주민투표의 대상이 되는 자치사무에 해당하지 아니한다(광주지법 2006.7.6. 2005구합4441).

| 정답 | ○

922
□□□

주민은 지방자치단체의 조례를 제정하거나 개정하거나 폐지할 것을 해당 지방자치단체의 장에게 청구할 수 있다.

주민조례발안법 제2조(주민조례청구권자) 18세 이상의 주민으로서 다음 각 호의 어느 하나에 해당하는 사람(「공직선거법」 제18조에 따른 선거권이 없는 사람은 제외)은 해당 **지방자치단체의 의회에** 조례를 제정하거나 개정 또는 폐지할 것을 청구할 수 있다. 〈각 호 생략〉

| 정답 | X

923
□□□

지방의회의 조례제정권이 미치는 모든 조례규정사항이 조례제정·개폐의 청구대상이 되나, 법령을 위반하는 사항, 지방세·사용료·수수료·부담금의 부과·징수 또는 감면에 관한 사항, 행정기구를 설치하거나 변경하는 것에 관한 사항이나 공공시설의 설치를 반대하는 사항은 제외된다.

지방자치법 제19조(조례의 제정과 개정·폐지 청구) ② 조례의 제정·개정 또는 폐지 청구의 청구권자·청구대상·청구요건 및 절차 등에 관한 사항은 따로 법률로 정한다.
주민조례발안법 제4조(주민조례청구 제외 대상) 다음 각 호의 사항은 주민조례청구 대상에서 제외한다.
1. 법령을 위반하는 사항
2. 지방세·사용료·수수료·부담금을 부과·징수 또는 감면하는 사항
3. 행정기구를 설치하거나 변경하는 사항
4. 공공시설의 설치를 반대하는 사항

| 정답 | ○

924
□□□

19세 이상 주민으로서 「출입국관리법」 제10조에 따른 영주(永住)할 수 있는 체류자격 취득일 후 3년이 지난 외국인으로서 해당 지방자치단체의 외국인등록대장에 올라 있는 사람은 조례로 정하는 청구권자 수 이상의 연대 서명으로 해당 지방자치단체의 장에게 조례를 제정하거나 개정 또는 폐지할 것을 청구할 수 있다.

지방자치법 개정으로 청구권자의 연령이 19세에서 18세로 하향되었으며, 피청구인이 지방자치단체의 장에서 지방의회로 변경되었다. 출제 당시에는 구 지방자치법 15조에 의하여 옳은 선지로 출제되었다.

주민조례발안법 제2조(주민조례청구권자) 18세 이상의 주민으로서 다음 각 호의 어느 하나에 해당하는 사람(「공직선거법」 제18조에 따른 선거권이 없는 사람은 제외. 이하 "청구권자")은 해당 지방자치단체의 의회(이하 "지방의회")에 조례를 제정하거나 개정 또는 폐지할 것을 청구(이하 "주민조례청구")할 수 있다.
 1. 해당 지방자치단체의 관할 구역에 주민등록이 되어 있는 사람
 2. 「출입국관리법」 제10조에 따른 영주(永住)할 수 있는 체류자격 취득일 후 3년이 지난 외국인으로서 같은 법 제34조에 따라 해당 지방자치단체의 외국인등록대장에 올라 있는 사람
제5조(주민조례청구 요건) ① 청구권자가 주민조례청구를 하려는 경우에는 다음 각 호의 구분에 따른 기준 이내에서 해당 지방자치단체의 조례로 정하는 청구권자 수 이상이 연대 서명하여야 한다. 〈각 호 생략〉

| 정답 | X

925

주민감사청구의 대상은 그 지방자치단체와 그 장의 권한에 속하는 사무로서 그 처리가 법령에 위반되거나 공익을 현저히 해친다고 인정되는 사항으로 자치사무와 단체위임사무만을 의미한다.

주민감사청구의 대상이 되는 사무는 지방자치단체와 지방자치단체의 장의 권한에 속하는 모든 사무이다. 따라서 자치사무와 단체위임사무뿐만 아니라 기관위임사무도 주민감사 청구의 대상이 된다(박균성, 김유향, 단권화 핵심강의 행정법, 전면개정판, 771쪽).

지방자치법 제21조(주민의 감사 청구) ① 지방자치단체의 18세 이상의 주민으로서 다음 각 호의 어느 하나에 해당하는 사람(「공직선거법」 제18조에 따른 선거권이 없는 사람은 제외. 이하 "18세 이상의 주민")은 시·도는 300명, 제198조에 따른 인구 50만 이상 대도시는 200명, 그 밖의 시·군 및 자치구는 150명 이내에서 그 지방자치단체의 조례로 정하는 수 이상의 18세 이상의 주민이 연대 서명하여 그 지방자치단체와 그 장의 권한에 속하는 사무의 처리가 법령에 위반되거나 공익을 현저히 해친다고 인정되면 시·도의 경우에는 주무부장관에게, 시·군 및 자치구의 경우에는 시·도지사에게 감사를 청구할 수 있다.

| 정답 | X

926

주민소송의 대상으로서 '공금의 지출에 관한 사항'이라 함은 지출원인행위에 한정되고, 특별한 사정이 없는 한 이러한 지출원인행위 등에 선행하여 그러한 지출원인행위를 수반하게 하는 당해 지방자치단체의 장 및 직원, 지방의회 의원의 결정 등과 같은 행위는 포함되지 않는다.

구 지방자치법 13조의5 1항에 규정된 주민소송의 대상으로서 '공금의 지출에 관한 사항'이란 지출원인행위 즉, 지방자치단체의 지출원인이 되는 계약 그 밖의 행위로서 당해 행위에 의하여 지방자치단체가 지출의무를 부담하는 예산집행의 최초 행위와 그에 따른 지급명령 및 지출 등에 한정되고, 특별한 사정이 없는 한 이러한 지출원인행위 등에 선행하여 그러한 지출원인행위를 수반하게 하는 당해 지방자치단체의 장 및 직원, 지방의회 의원의 결정 등과 같은 행위는 포함되지 않는다고 보아야 한다(대판 2011.12.22. 2009두14309).

| 정답 | O

927
☐☐☐

주민소송의 대상은 주민감사를 청구한 사항과 관련이 있는 것만으로는 불충분하고, 주민감사를 청구한 사항과 동일하여야 한다.

주민감사청구가 '지방자치단체와 그 장의 권한에 속하는 사무의 처리'를 대상으로 하는 데 반하여, 주민소송은 '그 감사청구한 사항과 관련이 있는 위법한 행위나 업무를 게을리한 사실'에 대하여 제기할 수 있는 것이므로, **주민소송의 대상은 주민감사를 청구한 사항과 관련이 있는 것으로 충분하고, 주민감사를 청구한 사항과 반드시 동일할 필요는 없다.** 주민감사를 청구한 사항과 관련성이 있는지는 주민감사청구사항의 기초인 사회적 사실관계와 기본적인 점에서 동일한지에 따라 결정되는 것이며 그로부터 파생되거나 후속하여 발생하는 행위나 사실은 주민감사청구사항과 관련이 있다고 보아야 한다(대판 2020.7.29. 2017두63467).

| 정답 | X

928
☐☐☐

A시장이 도시개발에 따른 교통난을 해소하기 위해 도로확장공사계획을 수립하고, 건설회사와 공사도급계약을 체결하여 공정을 마무리하였으나 해당 도로가 「군용항공기법」에 반하여 비행안전구역에 개설되었다는 이유로 개통이 취소되자 주민 甲 등이 주민소송을 제기하는 경우에 공금의 지출은 도로확장공사계획에 기초한 것이므로, 甲 등은 도로확장공사계획을 대상으로 하여 주민소송을 제기하여야 한다.

지출원인행위인 공사도급계약 체결에 대한 선행행위인 도로확장계획 등에 일부 위법사유가 존재하더라도 현저하게 합리성을 결하여 지출원인행위인 공사도급계약 체결에 지나칠 수 없는 하자가 있다고 보기 어렵고, 공사도급계약 체결 단계에서 선행행위를 다시 심사하여 이를 시정해야 할 회계관계 법규상 의무를 위반하여 그대로 지출원인행위 등으로 나아간 경우에 해당한다고 보기 어렵다는 이유로, 乙 등의 청구를 배척한 원심의 결론을 정당하다(대판 2011.12.22. 2009두14309).

→ 사안에서 지출원인행위는 공사도급계약이지 그 선행행위인 도로확장공사계획이 아니므로 주민소송의 대상이 아니라는 논지이다.

| 정답 | X

929
☐☐☐

재무회계와 관련이 없는 행위라도 그것이 지방자치단체의 재정에 어떤 영향을 미친다면, 주민소송의 대상이 되는 '재산의 관리·처분에 관한 사항' 또는 '공금의 부과·징수를 게을리한 사항'에 해당한다.

주민소송 제도는 주민으로 하여금 지방자치단체의 위법한 재무회계행위의 방지 또는 시정을 구할 수 있도록 함으로써 지방재무회계에 관한 행정의 적법성을 확보하려는 데 목적이 있다. 그러므로 지방자치법 17조 1항, 2항 2호, 3호 등에 따라 주민소송의 대상이 되는 '재산의 관리·처분에 관한 사항'이나 '공금의 부과·징수를 게을리한 사항'이란 지방자치단체의 소유에 속하는 재산의 가치를 유지·보전 또는 실현함을 직접 목적으로 하는 행위 또는 그와 관련된 공금의 부과·징수를 게을리한 행위를 말하고, 그 밖에 **재무회계와 관련이 없는** 행위는 그것이 지방자치단체의 재정에 어떤 영향을 미친다고 하더라도, **주민소송의 대상이 되는 '재산의 관리·처분에 관한 사항' 또는 '공금의 부과·징수를 게을리한 사항'에 해당하지 않는다**(대판 2015.9.10. 2013두16746).

| 정답 | X

930
□□□

이행강제금은 단순히 금전적 수입을 목적으로 하는 것이 아니라 행정법규 위반에 대한 제재적 수단으로서의 성격을 가지는 것이므로, 이행강제금의 부과·징수를 게을리한 행위를 주민소송의 대상이 되는 공급의 부과·징수를 게을리한 사항에 해당한다고 볼 수 없다.

이행강제금은 지방자치단체의 재정수입을 구성하는 재원 중 하나로서 '지방세외수입금의 징수 등에 관한 법률'에서 이행강제금의 효율적인 징수 등에 필요한 사항을 특별히 규정하는 등 그 부과·징수를 재무회계 관점에서도 규율하고 있으므로, <u>이행강제금의 부과·징수를 게을리한 행위는 주민소송의 대상이 되는 공급의 부과·징수를 게을리한 사항에 해당한다</u>(대판 2015.9.10. 2013두16746). | 정답 | X

931
□□□

주민소송은 원칙적으로 지방자치단체의 재무회계에 관한 사항의 처리를 직접 목적으로 하는 행위에 대하여 제기할 수 있으므로, 도로 등 공물이나 공공용물을 특정 사인이 배타적으로 사용하도록 하는 점용허가가 도로 등의 본래 기능 및 목적과 무관하게 그 사용가치를 실현·활용하기 위한 것으로 평가되는 경우에는 주민소송의 대상이 될 수 없다.

주민소송 제도는 지방자치단체 주민이 지방자치단체의 위법한 재무회계행위의 방지 또는 시정을 구하거나 그로 인한 손해의 회복 청구를 요구할 수 있도록 함으로써 지방자치단체의 재무행정의 적법성과 지방재정의 건전하고 적정한 운영을 확보하려는 데 목적이 있다. 그러므로 주민소송은 원칙적으로 지방자치단체의 재무회계에 관한 사항의 처리를 직접목적으로 하는 행위에 대하여 제기할 수 있고, 지방자치법 17조 1항에서 주민소송의 대상으로 규정한 '재산의 취득·관리·처분에 관한 사항'에 해당하는지도 그 기준에 의하여 판단하여야 한다. 특히 <u>도로 등 공물이나 공공용물을 특정 사인이 배타적으로 사용하도록 하는 점용허가가 도로 등의 본래 기능 및 목적과 무관하게 그 사용가치를 실현·활용하기 위한 것으로 평가되는 경우에는 주민소송의 대상이 되는 재산의 관리·처분에 해당한다</u>(대판 2016.5.27. 2014두8490). | 정답 | X

932
□□□

주민소송은 지방자치단체의 적법성 통제를 목적으로 하는 객관소송이다.

주민소송은 주민감사청구를 전제로 한다. 즉, 주민의 감사청구를 실질화한다는 점에서 그 기능적 의의가 있다. 따라서 <u>주민소송은 지방자치단체의 적법성 통제를 목적으로 하는 객관소송의 성질을 갖는다.</u> | 정답 | ○

933
□□□

주민감사청구가 「지방자치법」에서 정한 적법요건을 모두 갖추었음에도, 감사기관이 해당 주민감사청구가 부적법하다고 오인하여 더 나아가 구체적인 조사·판단을 하지 않은 채 각하하는 결정을 한 경우에는 감사청구한 주민은 위법한 각하결정 자체를 별도의 항고소송으로 다툴 필요 없이 주민소송을 제기할 수 있다.

지방자치법 17조 1항 2호에 정한 '감사결과'에는 감사기관이 주민감사청구를 수리하여 일정한 조사를 거친 후 주민감사청구사항의 실체에 관하여 본안판단을 하는 내용의 결정을 하는 경우뿐만 아니라, 감사기관이 주민감사청구가 부적법하다고 오인하여 위법한 각하결정을 하는 경우까지 포함한다. <u>주민감사청구가 지방자치법에서 정한 적법요건을 모두 갖추었음에도, 감사기관이 해당 주민감사청구가 부적법하다고 오인하여 더 나아가 구체적인 조사·판단을 하지 않은 채 각하하는 결정을 한 경우에는, 감사청구한 주민은 위법한 각하결정 자체를 별도의 항고소송으로 다툴 필요 없이, 지방자치법이 규정한 다음 단계의 권리구제절차인 주민소송을 제기할 수 있다</u>(대판 2020.6.25. 2018두67251). | 정답 | ○

934
☐☐☐

주민감사청구를 제기한 모든 사항에 대해서 불복사유가 있는 경우 주민소송을 제기할 수 있다.

주민감사청구한 모든 사항이 아니라, 지방자치단체의 재정사항에 한정된다.

> **지방자치법 제22조(주민소송)** ① 제21조제1항에 따라 공금의 지출에 관한 사항, 재산의 취득·관리·처분에 관한 사항, 해당 지방자치단체를 당사자로 하는 매매·임차·도급 계약이나 그 밖의 계약의 체결·이행에 관한 사항 또는 지방세·사용료·수수료·과태료 등 공금의 부과·징수를 게을리한 사항을 감사 청구한 주민은 다음 각 호의 어느 하나에 해당하는 경우에 그 감사 청구한 사항과 관련이 있는 위법한 행위나 업무를 게을리한 사실에 대하여 해당 지방자치단체의 장(해당 사항의 사무처리에 관한 권한을 소속 기관의 장에게 위임한 경우에는 그 소속 기관의 장)을 상대방으로 하여 소송을 제기할 수 있다.

| 정답 | X

935
☐☐☐

공금의 부과·징수의 해태와 관련이 있는 위법한 행위나 업무를 게을리한 사실도 주민소송의 대상이 된다.

주민소송은 지방자치단체의 재정사항(공금의 지출에 관한 사항, 재산의 취득 관리·처분에 관한 사항, 해당 지방자치단체를 당사자로 하는 매매·임차·도급·계약이나 그 밖의 계약의 체결·이행에 관한 사항 또는 지방세·사용료·수수료·과태료 등 공금의 부과·징수를 게을리한 사항)을 감사청구한 주민이 일정한 경우에 그 감사청구한 사항과 관련이 있는 위법한 행위나 업무를 게을리한 사실에 대하여 해당 지방자치단체의 장을 상대방으로 하여 제기하는 소송이다(지방자치법 22조 1항).

| 정답 | ○

936
☐☐☐

주민소송의 계속 중에 소송을 제기한 주민이 사망하더라도 소송절차는 중단되지 아니한다.

> **지방자치법 제22조(주민소송)** ⑥ 소송의 계속(繫屬) 중에 소송을 제기한 주민이 사망하거나 제16조에 따른 주민의 자격을 잃으면 소송절차는 중단된다. 소송대리인이 있는 경우에도 또한 같다.

| 정답 | X

937
☐☐☐

주민소송에 대하여 부당이득반환청구를 명하는 판결에도 불구하고 기한 내에 해당 당사자가 부당이득반환금을 지불하지 아니하는 때에는 지방자치단체의 장은 지방세 체납처분의 예에 따라 이를 징수할 수 있다.

지방자치단체의 장은 손해배상청구나 부당이득반환청구를 명하는 판결이 확정된 날부터 60일 이내를 기한으로 하여 당사자에게 그 판결에 따라 결정된 손해배상금이나 부당이득반환금의 지불을 청구하여야 한다(지방자치법 23조 1항). 지방자치단체는 지불청구를 받은 자가 기한 내에 손해배상금이나 부당이득반환금을 지불하지 아니하면 손해배상·부당이득반환의 청구를 목적으로 하는 소송을 제기하여야 한다(2항).

| 정답 | X

938
□□□

甲교회가 지구단위계획구역으로 지정되어 있던 토지 중 일부를 매수한 후 교회 건물을 신축하는 과정에서 乙구(區) 소유 국지도로 지하에 지하주차장 진입 통로를 건설하고 지하공간에 건축되는 예배당 시설 부지의 일부로 사용할 목적으로 乙구청장에게 위 도로 지하 부분에 대한 도로점용허가를 신청하였다. 乙구청장이 위 도로 중 일부 도로 지하 부분을 甲교회가 점용할 수 있도록 하는 내용의 도로점용허가처분을 하자, 甲교회는 위 도로 지하 부분을 포함한 신축 교회 건물 지하에 예배당 등의 시설을 설치하였다. 이에 관한 설명은 옳지 않은 것은?

ㄱ. 주민소송에서 처분의 위법성은 「행정소송법」상 항고소송에서와 마찬가지로 객관적 법질서를 구성하는 모든 법규범에 위반되는지 여부를 기준으로 판단하여야 하는 것이지, 해당 처분으로 인하여 지방자치단체의 재정에 손실이 발생하였는지만을 기준으로 판단할 것은 아니다. [23-3, 23-2]

주민소송에서 다툼의 대상이 된 **처분의 위법성**은 행정소송법상 **항고소송에서와 마찬가지로** 헌법, 법률, 그 하위의 법규명령, 법의 일반원칙 등 객관적 법질서를 구성하는 **모든 법규범에 위반**되는지 여부를 기준으로 판단하여야 하는 것이지, 해당 처분으로 지방자치단체의 재정에 손실이 발생하였는지만을 기준으로 판단할 것은 아니다(대판 2019.10.17. 2018두104). | 정답 | ○

ㄴ. 위 도로의 점용에 관해서는 공유재산 및 물품 관리법령이 도로법령의 규정들에 우선하여 적용된다.

공유재산법은 공유재산 및 물품의 취득, 관리 · 처분에 대한 사항 일반을 규율하는 일반법의 성격을 지니는 반면, 도로법은 일반 공중의 교통에 제공되는 시설이라는 도로의 기능적 특성을 고려하여 그 소유관계를 불문하고 특수한 공법적 규율을 하는 법률로서 도로가 공유재산에 해당하는 경우 공유재산법보다 우선적으로 적용되는 특별법에 해당한다(대판 2019.10.17. 2018두104). | 정답 | X

939
□□□

甲은 A광역시 B구 구청장으로부터 B구 소유의 도로인 ○○길 지하 일부에 대한 도로점용허가(이하 '이 사건 처분')를 받은 다음, 종교시설 건물을 신축하였다. A광역시 B구에 거주하는 일부 주민들이 이 사건 처분을 「지방자치법」상 주민소송으로 다투려 한다. 이에 관한 설명으로 옳은 것은?

ㄱ. 「지방자치법」상 주민소송에서 당사자는 법원의 허가를 받지 아니하고는 소를 취하할 수 없다.

주민소송에서 당사자의 **법원 허가 없이 소 취하** · 화해 · 청구포기를 할 수 없다. 주민소송은 **객관소송이므로**, 소의 개시 · 진행 · 종료를 소송의 당사자가 결정하는 당사자주의가 그대로 관철되지 않기 때문이다.

지방자치법 제22조(주민소송) ⑭ 제2항에 따른 소송에서 당사자는 **법원의 허가를 받지 아니하고는 소의 취하**, 소송의 화해 또는 청구의 포기를 할 수 없다.

| 정답 | ○

ㄴ. 이 사건 처분의 취소를 구하는 주민소송에 대해서는 「행정소송법」에서 정한 취소소송의 제소기간이 적용된다. [22 변시]

주민소송에는 행정소송법 20조 1항 취소소송의 제소기간 규정이 적용되지 않는다. 주민소송은 객관소송에 해당하므로 주관소송인 취소소송의 제소기간이 적용되지 않는 것이다. 따라서 처분이 불가쟁력이 발생한 경우에도 주민소송은 허용된다.

[판례] 원심은 주민감사청구 및 이를 전제로 한 주민소송에 대해서는 행정소송법 20조 1항에서 정한 일반 취소소송의 제소기간이 적용되지 않는다고 판단하였다. 이러한 원심 판단은 관련 법률의 규정에 따른 것으로서 정당하고, 거기에 상고이유 주장과 같이 주민감사청구 및 주민소송의 제소기간에 관한 법리를 오해하는 등의 잘못이 없다(대판 2019.10.17. 2018두104). | 정답 | X

ㄷ. 이 사건 처분의 취소를 구하는 주민소송에서 처분을 취소하는 판결이 확정되면, 구청장은 취소판결의 기속력에 따라 위법한 결과를 제거하는 조치의 일환으로서 甲에 대하여 이 사건 도로의 점용을 중지하고 원상회복할 것을 명령하는 것이 가능하게 된다.

주민소송에서 취소판결이 확정되는 경우 행정소송법이 준용되므로 행정소송법 30조 1항의 기속력이 발생한다. 따라서 구청장은 도로점용허가 취소판결의 기속력에 따라 위법한 결과제거의무로서 도로점용중지 및 원상회복을 명하는 것이 가능하다.

> 지방자치법 제22조(주민소송) ⑱ 제1항에 따른 소송에 관하여 이 법에 규정된 것 외에는 「행정소송법」에 따른다.

이 사건 주민소송에서 이 사건 도로점용허가를 취소판결이 확정되면, 피고 서초구청장은 취소판결의 기속력에 따라 위법한 결과를 제거하는 조치의 일환으로서 피고 보조참가인 ○○의교회에 대하여 도로법 73조, 96조, 100조 등에 의하여 이 사건 도로의 점용을 중지하고 원상회복할 것을 명령하고, 이를 이행하지 않을 경우 행정대집행이나 이행강제금 부과 조치를 하는 등 이 사건 도로점용허가로 인한 위법상태를 제거하는 것이 가능하게 된다(대판 2019.10.17. 2018두104). | 정답 | ○

940
□□□

주민소환은 대표자에 대한 신임을 묻는 것으로서 그 속성은 재선거와 다를 바 없으므로 선거와 마찬가지로 그 사유를 묻지 않는 것이 제도의 취지에 부합하므로 주민소환의 청구사유에는 제한이 없다.

주민소환은 대표자에 대한 신임을 묻는 것으로서 그 속성은 재선거와 다를 바 없으므로 선거와 마찬가지로 그 사유를 묻지 않는 것이 제도의 취지에 부합한다. 또한, 주민소환제는 역사적으로도 위법·탈법행위에 대한 규제보다 비민주적·독선적행위에 대한 광범위한 통제의 필요성이 강조되어 왔으므로 주민소환의 청구사유에 제한을 둘 필요가 없다(헌재 2011.3.31. 2008헌마355). | 정답 | ○

[14 변시]

941
□□□

지방자치법에 의하면 지방자치단체의 주민은 그 지방자치단체의 장 및 비례대표 지방의 회의원을 포함한 지방의회의원에 대해 소환할 권리를 가진다.

지방자치법 제25조(주민소환) ① 주민은 그 지방자치단체의 장 및 지방의회의원(비례대표 지방의 회의원은 제외)을 소환할 권리를 가진다.

| 정답 | X

942
□□□

임기개시일부터 1년이 경과하지 아니하였거나 또는 임기만료일부터 1년 미만이 남아 있 는 지방자치단체의 장에 대해선 주민소환투표의 실시를 청구할 수 없다.

선출직 지방공직자의 임기개시일부터 1년이 경과하지 아니한 때, 선출직 지방공직자의 임기만료일부터 1년 미만일 때, 해당 선출직 지방공직자에 대한 주민소환투표를 실시한 날부터 1년 이내인 때에는 주민소환투표 청구를 할 수 없다(주민소환법 8조). | 정답 | ○

[22-2]

943
□□□

지방의회의 의장은 지방의회 사무직원을 지휘·감독하고 법령과 조례·의회규칙으로 정 하는 바에 따라 그 임면·교육·훈련·복무·징계 등에 관한 사항을 처리한다.

지방자치법 제103조(사무직원의 정원과 임면 등) ② 지방의회의 의장은 지방의회 사무직원을 지휘· 감독하고 법령과 조례·의회규칙으로 정하는 바에 따라 그 임면·교육·훈련·복무·징계 등에 관 한 사항을 처리한다.

| 정답 | ○

[22-2]

944
□□□

지방자치단체의 의회와 집행기관에 관한 「지방자치법」의 규정에도 불구하고 따로 법률 로 정하는 바에 따라 지방자치단체의 장의 선임방법을 포함한 지방자치단체의 기관구성 형태를 달리 할 수 있다.

지방자치법 제4조(지방자치단체의 기관구성 형태의 특례) ① 지방자치단체의 의회와 집행기관에 관한 이 법의 규정에도 불구하고 따로 법률로 정하는 바에 따라 지방자치단체의 장의 선임방법을 포함한 지방자치단체의 기관구성 형태를 달리 할 수 있다.

| 정답 | ○

945

지방자치단체의 장은 지방의회가 성립되지 아니한 때와 지방의회의 의결사항 중 주민의 생명과 재산보호를 위하여 긴급하게 필요한 사항으로서 지방의회를 소집할 시간적 여유가 없거나 지방의회에서 의결이 지체되어 의결되지 아니할 때에는 선결처분을 할 수 있다.

지방자치법 제122조(지방자치단체의 장의 선결처분) ① 지방자치단체의 장은 지방의회가 지방의회 의원이 구속되는 등의 사유로 제73조에 따른 의결정족수에 미달될 때와 지방의회의 의결사항 중 주민의 생명과 재산 보호를 위하여 긴급하게 필요한 사항으로서 지방의회를 소집할 시간적 여유가 없거나 지방의회에서 의결이 지체되어 의결되지 아니할 때에는 **선결처분(先決處分)**을 할 수 있다.

| 정답 | ○

946

지방자치단체의 장이 선결처분을 할 경우에는 지체 없이 지방 의회에 보고하여 승인을 받아야 하며, 승인을 받지 못한 경우 그 선결처분은 그때부터 효력을 상실한다.

지방자치법 제122조(지방자치단체의 장의 선결처분) ② 제1항에 따른 선결처분은 지체 없이 지방의 회에 보고하여 승인을 받아야 한다.
③ 지방의회에서 제2항의 승인을 받지 못하면 그 선결처분은 **그때부터** 효력을 상실한다.

| 정답 | ○

947

지방자치단체는 그 소관 사무의 일부를 독립하여 수행할 필요가 있으면 법령으로 결정하는 바에 따라 합의제 행정기관을 설치할 수 있지만, 이를 지방자치단체의 조례로 정할 수는 없다.

지방자치법 제129조(합의제행정기관) ① 지방자치단체는 소관 사무의 일부를 독립하여 수행할 필요가 있으면 **법령**이나 그 지방자치단체의 **조례로 정하는 바에** 따라 합의제행정기관을 설치할 수 있다.

| 정답 | X

948

조례안 규정에서 민간위탁적격자 심사위원회의 위원 중 2명을 시의원 중에서 위촉하도록 정한 것은 법령상 근거 없는 새로운 견제장치에 해당한다고 볼 수 없다.

지방자치단체는 그 소관 사무의 일부를 독립하여 수행할 필요가 있을 때 합의제 행정기관을 설치할 수 있고 (지방자치법 116조 1항), 합의제 행정기관의 설치·운영에 관하여 필요한 사항은 조례로 정할 수 있다(지방자치법 116조 2항). 이와 같이 지방자치법에서 합의제 행정기관의 설치·운영에 관하여 필요한 사항을 조례로 정하도록 위임한 취지는 각 지방자치단체의 특수성을 고려하여 그 실정에 맞게 합의제 행정기관을 조직하도록 한 것이어서, 해당 지방자치단체가 합의제 행정기관의 일종인 **민간위탁적격자심사위원회**의 공평한 구성 및 운영에 대한 적절한 통제를 위하여 민간위탁적격자심사위원회 위원의 정수 및 위원의 구성비를 어떻게 정할 것인지는 해당 지방의회가 조례로써 정할 수 있는 입법재량에 속하는 문제로서 조례제정권의 범위 내라고 보는 것이 타당하다(대판 2012.11.29. 2011추87).

| 정답 | ○

949
☐☐☐

법령상 지방자치단체의 장이 처리하도록 하고 있는 사무가 자치사무인지 아니면 기관위임사무인지를 판단하기 위해서는 그에 관한 법령의 규정 형식과 취지를 우선 고려하여야 하지만, 그 밖에 그 사무의 성질이 전국적으로 통일적인 처리가 요구되는 사무인지, 그에 관한 경비부담과 최종적인 책임귀속의 주체가 누구인지 등도 함께 고려하여야 한다.

법령상 지방자치단체의 장이 처리하도록 하고 있는 사무가 **자치사무인지 아니면 기관위임사무인지**를 판단하기 위해서는 그에 관한 **법령의 규정 형식과 취지를 우선** 고려하여야 하지만, 그 밖에 그 **사무의 성질이** 전국적으로 통일적인 처리가 요구되는 사무인지, 그에 관한 **경비부담과 최종적인 책임귀속의 주체가** 누구인지 등도 함께 고려하여야 한다(대판 2013.5.23. 2011추56). |정답| ○

950
☐☐☐

자치사무는 국가의 적법성통제와 합목적성 통제의 대상이 된다.

자치사무는 국가의 적법성 통제, 즉 법규 감독 하에 놓이며, **합목적성 통제의 대상은 아니다.** 지방자치법 역시 "자치사무에 관한 명령이나 처분에 대한 주무부장관 또는 시·도지사의 시정명령, 취소 또는 정지는 법령을 위반한 것에 한정한다"고 규정하고 있다(188조 5항). |정답| X

951
☐☐☐

지방자치단체 사무의 민간위탁에 관하여 지방의회의 사전 동의를 받도록 하는 조례안은 지방자치단체장의 집행권한을 본질적으로 침해하는 것이다.

'서울특별시 중구 사무의 민간위탁에 관한 조례안' 4조 3항 등이 **지방자치단체 사무의 민간위탁에 관하여 지방의회의 사전 동의를** 받도록 한 것과 지방자치단체장이 동일 수탁자에게 위탁사무를 재위탁하거나 기간 연장 등 기존 위탁계약의 중요한 사항을 변경하고자 할 때 지방의회의 동의를 받도록 한 것은, 지방자치단체장의 집행권한을 본질적으로 침해하는 것으로 볼 수 없다(대판 2011.2.10. 2010추11). |정답| X

952
☐☐☐

단체위임사무에 관하여 국가는 합목적성 통제를 할 수 있다.

단체위임사무에 대해서는 국가나 광역지방자치단체가 광범위한 감독권을 갖는다(지방자치법 185조, 188조). |정답| ○

953
☐☐☐

공립·사립학교의 장이 행하는 학생생활기록부 작성에 관한 교육감의 지도·감독 사무는 국가사무로서 교육감에 위임된 기관위임사무이다.

전국적으로 통일적 처리를 요하는 학교생활기록의 작성에 관한 사무에 대한 감독관청의 지도·감독 사무도 국민 전체의 이익을 위하여 통일적으로 처리되어야 할 성격의 사무라고 보아야 하므로, 공립·사립학교의 장이 행하는 학교생활기록부 작성에 관한 교육감의 지도·감독 사무는 국가사무로서 교육감에 위임된 사무이다(대판 2014.2.27. 2012추183). |정답| ○

954
☐☐☐

사립 초등학교·중학교·고등학교 및 이에 준하는 각종학교를 설치·경영하는 학교법인의 임시이사 선임에 관한 교육감의 권한은 국가사무라고 보는 것이 타당하다.

지방자치법, 지방교육자치에 관한 법률 및 사립학교법의 관련 규정들의 형식과 취지, 임시이사 선임제도의 내용과 성질 등을 앞에서 본 법리에 비추어 살펴보면, <u>사립 초등학교·중학교·고등학교 및 이에 준하는 각종 학교를 설치·경영하는 학교법인의 임시이사 선임에 관한 교육감의 권한은 자치사무라고 보는 것이 타당하다</u>(대판 2020.9.3. 2019두58650).　　　　　　　　　　　　　　　| 정답 | X

955
☐☐☐

지방자치단체의 장에게 위임된 국가사무인 기관위임사무에 대하여 개별법령에서 그에 관한 일정한 사항을 조례로 정하도록 하는 것은 기관위임사무의 성질상 허용될 수 없다.

조례는 지방자치단체의 사무에 관하여는 법령의 위임이 없어도 제정될 수 있다. 그러나, <u>기관위임사무는 국가사무이므로 법령의 위임이 있는 경우에 한하여 조례가 제정될 수 있다</u>(판례).　　　　　| 정답 | X

956
☐☐☐

국가사무의 경우에는 법령의 위임이 있어야 군의회가 조례를 제정할 수 있으며, 이때의 위임은 포괄적 위임으로도 족하다.

기관위임사무에 있어서도 그에 관한 개별 법령에서 일정한 사항을 조례로 정하도록 위임하고 있는 경우에는 지방자치단체의 자치조례 제정권과 무관하게 이른바 위임조례를 정할 수 있다고 하겠으나 … 이 때에도 그 위임법령에서 위임된 사항에 관하여 위임의 취지에 따라 정하여진 경우에 한하여 위임조례로서의 효력만을 인정할 수 있을 따름이라고 할 것이다(대판 1999.9.17. 99추30).　　　　　　| 정답 | X

957
☐☐☐

조례에 대한 항고소송에서는 조례의 의결기관인 지방의회가 피고적격을 가진다.

조례가 집행행위의 개입 없이도 그 자체로서 직접 국민의 구체적인 권리의무나 법적 이익에 영향을 미치는 등의 법률상 효과를 발생하는 경우 그 조례는 항고소송의 대상이 되는 행정처분에 해당하고, 이러한 **조례에 대한 무효확인소송을 제기함**에 있어서 행정소송법 38조 1항, 13조에 의하여 **피고적격이 있는 처분 등을 행한 행정청**은, 행정주체인 지방자치단체 또는 지방자치단체의 내부적 의결기관으로서 지방자치단체의 의사를 외부에 표시한 권한이 없는 지방의회가 아니라, 구 지방자치법 19조 2항, 92조에 의하여 **지방자치단체의 집행기관으로서 조례로서의 효력을 발생시키는 공포권이 있는 지방자치단체의 장**이다(대판 1996.9.20. 95누8003, 표준판례 311).　　　　　　　　　　　　　　　| 정답 | X

958
☐☐☐

「생활보호법」 소정의 자활보호대상자 중에서 사실상 생계유지가 어려운 자에게 「생활보호법」과는 별도로 생계비를 지원하는 것을 내용으로 하는 조례안은 「생활보호법」에 저촉된다.

위 조례안의 내용은 생활유지의 능력이 없거나 생활이 어려운 자에게 보호를 행하여 이들의 최저생활을 보장하고 자활을 조성함으로써 구민의 사회복지의 향상에 기여함을 목적으로 하는 것으로서 생활보호법과 그 목적 및 취지를 같이 하는 것이나, 보호대상자 선정의 기준 및 방법, 보호의 내용을 생활보호법의 그것과는 다르게 규정함과 동시에 생활보호법 소정의 자활보호대상자 중에서 사실상 생계유지가 어려운 자에게 생활보호법과는 별도로 생계비를 지원하는 것을 그 내용으로 하는 것이라는 점에서 생활보호법과는 다른 점이 있고, **당해 조례안에 의하여 생활보호법 소정의 자활보호대상자 중 일부에 대하여 생계비를 지원한다고 하여 생활보호법이 의도하는 목적과 효과를 저해할 우려는 없다고 보여지며**, 비록 생활보호법이 자활보호대상자에게는 생계비를 지원하지 아니하도록 규정하고 있다고 할지라도 그 규정에 의한 자활보호대상자에게는 **전국에 걸쳐 일률적으로 동일한 내용의 보호만을 실시하여야 한다는 취지로는 보이지 아니하고**, 각 지방자치단체가 그 지방의 실정에 맞게 별도의 생활보호를 실시하는 것을 용인하는 취지라고 보아야 할 것이라는 이유로, **당해 조례안의 내용이 생활보호법의 규정과 모순·저촉되는 것이라고 할 수 없다**(대판 1994.4.26. 93추175). | 정답 | X

[15 변시]

959

□□□

도지사 소속 행정불만처리조정위원회 위원의 위촉·해촉에 도의회의 동의를 받도록 한 조례안은 사후에 소극적으로 개입하는 것으로서 적법하나, 위원의 일부를 도의회 의장이 위촉하도록 한 조례안은 위법하다.

지방의회가 집행기관의 인사권에 관하여 소극적 사후적으로 개입하는것은 그것이 견제의 범위 안에 드는 경우에는 허용되나, 집행기관의 인사권을 독자적으로 행사하거나 동등한 지위에서 합의하여 행사할 수는 없으며, 사전에 적극적으로 개입하는 것도 원칙적으로 허용되지 아니하므로 **조례안에 규정된 행정불만처리조정위원회 위원의 위촉, 해촉에 지방의회의 동의를 받도록 한 것은 사후에 소극적으로 개입하는 것으로서 지방의회의 집행기관에 대한 견제권의 범위에 드는 적법한 규정**이라고 보아야 될 것이나, 그 **일부를 지방의회 의장이 위촉하도록 한 것은 지방의회가 집행기관의 인사권에 사전에 적극적으로 개입하는 것으로서 지방자치법이 정한 의결기관과 집행기관 사이의 권한분리 및 배분의 취지에 배치되는 위법한 규정**이며, 또 집행기관의 인사권에 의장 개인의 자격으로는 관여할 수 있는 권한이 없고 조례로써 이를 허용할 수도 없으며, 따라서 의장 개인이 위원의 일부를 위촉하도록 한 조례안의 규정은 그 점에서도 위법하다(대판 1994.4.26. 93추175). | 정답 | ○

960

□□□

지방자치단체가 세 자녀 이상의 세대 중 세 번째 이후의 자녀에게 양육비 등을 지원하는 조례 제정에 개별적 법률위임이 따로 필요하지 않다.

지방자치법 15조에 의하면 지방자치단체는 그 내용이 주민의 권리의 제한 또는 의무의 부과에 관한 사항이거나 벌칙에 관한 사항이 아닌 한 법률의 위임이 없더라도 그의 사무에 관하여 조례를 제정할 수 있는바, **지방자치단체의 세 자녀 이상 세대 양육비 등 지원에 관한 조례안은** 저출산 문제의 국가적 사회적 심각성을 십분 감안하여 향후 지방자치단체의 출산을 적극 장려토록 하여 인구정책을 보다 전향적으로 실효성 있게 추진하고자 세 자녀 이상 세대 중 세 번째 이후 자녀에게 양육비 등을 지원할 수 있도록 하는 것으로서, 위와 같은 사무는 지방자치단체 고유의 자치사무 중 주민의 복지증진에 관한 사무를 규정한 지방자치법 9조 2항 2호 (라)목에서 예시하고 있는 아동·청소년 및 부녀의 보호와 복지증진에 해당되는 사무이고, 또한 위 조례안에는 주민의 편의 및 복리증진에 관한 내용을 담고 있어 그 제정에 있어서 반드시 법률의 개별적 위임이 따로 필요한 것은 아니다(대판 2006.10.12. 2006추38). | 정답 | ○

961
☐☐☐

조례가 규율하는 특정한 사항에 관하여 그것을 규율하는 국가의 법령이 이미 존재하는 경우에 조례가 법령규정의 목적과 효과를 전혀 저해하는 바가 없더라도 그 조례는 국가의 법령에 위반된다.

지방자치단체는 법령에 위반되지 아니하는 범위 내에서 그 사무에 관하여 조례를 제정할 수 있는 것이고, 조례가 규율하는 특정사항에 관하여 그것을 규율하는 국가의 법령이 이미 존재하는 경우에도 ㉠ 조례가 **법령과 별도의 목적**에 기하여 규율함을 의도하는 것으로서 그 적용에 의하여 법령의 규정이 의도하는 목적과 효과를 전혀 저해하는 바가 없는 때, 또는 ㉡ 양자가 동일한 목적에서 출발한 것이라고 할지라도 국가의 법령이 반드시 그 규정에 의하여 전국에 걸쳐 일률적으로 동일한 내용을 규율하려는 취지가 아니고 각 지방자치단체가 그 **지방의 실정에 맞게 별도로 규율하는 것을 용인하는 취지**라고 해석되는 때에는 그 조례가 국가의 법령에 위반되는 것은 아니다(대판 1997.4.25. 96추244).　　　　　　　　　　　| 정답 | X

962
☐☐☐

지방공기업대표를 지방자치단체의 장이 임명하기 전에 지방의회의 인사청문회를 거치도록 한 조례는 적법이다.

지방자치단체의 장으로 하여금 지방자치단체가 설립한 지방공기업 등의 대표에 대한 임명권의 행사에 앞서 지방의회의 인사청문회를 거치도록 한 조례안은 지방자치단체의 장의 임명권에 대한 견제나 제약에 해당하므로 법령에 위반된다(대판 2004.7.22. 2003추44).　　　　　　　　　| 정답 | X

[22 변시]

963
☐☐☐

지방자치단체가 고유사무인 자치사무에 관하여 자치조례를 제정하는 경우에도 주민의 권리제한 또는 의무부과에 관한 사항에 해당하는 조례를 제정할 경우에는 법률의 위임이 있어야 하고 그러한 위임 없이 제정된 조례는 효력이 없다.

구 주차장법 19조의4 1항 단서 및 구 주차장법 시행령 12조 1항 3호가 일정한 경우 건축물·골프연습장 기타 주차수요를 유발하는 시설 부설주차장의 용도변경을 허용하면서 그에 관하여 조례에 위임하지 않고 있음에도, 순천시 주차장 조례 13조 2항(이하 '이 사건 조례 규정'이라 한다)이 당해 시설물이 소멸될 때까지 부설주차장의 용도를 변경할 수 없도록 규정한 사안에서, 이 사건 조례 규정이 부설주차장의 용도변경 제한에 관하여 정한 것은 법 19조 4항 및 시행령 7조 2항에서 위임한 '시설물의 부지 인근의 범위'와는 무관한 사항이고, 나아가 부설주차장의 용도변경 제한에 관하여는 법 19조의4 1항 및 시행령 12조 1항에서 지방자치단체의 조례에 위임하지 않고 직접 명확히 규정하고 있으므로, 이 사건 조례 규정은 법률의 위임 없이 주민의 권리제한에 관한 사항을 정한 것으로서 법률유보의 원칙에 위배되어 효력이 없다(대판[전합] 2012.11.22. 2010두19270).

> **지방자치법 제28조(조례)** ① 지방자치단체는 법령의 범위에서 그 사무에 관하여 조례를 제정할 수 있다. 다만, 주민의 권리 제한 또는 의무 부과에 관한 사항이나 벌칙을 정할 때에는 법률의 위임이 있어야 한다.

| 정답 | ○

964
☐☐☐

차고지를 확보하지 아니하면 자동차·건설기계를 운행할 수 없도록 하는 조례는 권리제한·의무부과의 조례에 해당하므로 법률의 위임을 요한다.

차고지확보제도 조례안이 자동차·건설기계의 보유자에게 차고지확보의무를 부과하는 한편 자동차관리법에 의한 자동차등록(신규·변경·이전) 및 건설기계관리법에 의한 건설기계등록 변경신고를 하려는 자동차·건설기계의 보유자에게 차고지확보 입증서류의 제출의무를 부과하고 그 입증서류의미제출을 위 등록 및 신고수리의 거부사유로 정함으로써 결국 등록 변경신고를 하여 자동차·건설기계를 운행하려는 보유자로 하여금 차고지를 확보하지 아니하면 자동차·건설기계를 운행할 수 없도록 하는 것을 그 내용으로 하고 있다면, 이는 주민의 권리를 제한하고 주민에게 의무를 부과하는 것임이 분명하므로 지방자치법 15조 단서의 규정에 따라 그에 관한 법률의 위임이 있어야만 적법하다(대판 1997.4.25. 96추251).
→ 차고지확보조례는 도시교통정비촉진법 19조의10 3항 교통수요관리에 관한 **포괄적 근거는 인정**되어 법률유보원칙은 준수하였으나, **상위법령의 제한범위를 초과**하여 법률우위원칙 위반으로 무효가 된 판례의 결론도 기억한다. ┃정답┃○

[13 국회8급]

965
☐☐☐

조례안에 주민들의 행정심판청구에 대한 지원여부를 결정하기 위한 전제로서 당해 행정처분의 정당성 여부를 지방의회에서 판단하도록 규정하고 있다면 법률에 근거가 없는 새로운 견제장치를 만드는 것이 된다.

당해 지방자치단체의 주민을 상대로 한 모든 행정기관의 행정처분에 대한 **행정심판청구를 지원하는 것을 내용으로 하는 조례안**은 지방자치단체의 사무에 관한 조례제정권의 한계를 벗어난 것일 뿐 아니라, 가사 그 조례안이 당해 지방자치단체의 행정처분에 대한 행정심판청구만을 지원한다는 의미로 이해한다고 하더라도, 그 지원 여부를 결정하기 위한 전제로서 당해 행정처분의 정당성 여부를 지방의회에서 판단하도록 규정하고 있다면 이는 결국 지방의회가 스스로 행정처분의 정당성 판단을 함으로써 자치단체의 장을 견제하려는 것으로서 이는 법률에 규정이 없는 새로운 견제장치를 만드는 것이 되어 **지방자치단체의 장의 고유권한을 침해**하는 것이 되어 효력이 없다(대판 1997.3.28. 96추60). ┃정답┃○

966
☐☐☐

법령의 위임 없이, 교원인사에 관한 사항을 심의하기 위하여 공립학교에 교원인사자문위원회를 두도록 하고 그 심의사항에 관하여 규정한 조례는 조례제정권의 한계를 벗어나 위법하다.

교원의 지위에 관한 사항은 법률로 정하여 전국적으로 통일적인 규율이 필요하고 또 국가가 이를 위하여 상당한 경비를 부담하고 있으므로, 이에 관한 사무는 국가사무로 보아야 한다. 이 사건 조례안 10조가 교원인사에 관한 사항을 심의하기 위하여 공립학교에 교원인사자문위원회를 두도록 하고 그 심의사항에 관하여 규정한 것은 국가사무에 관하여 법령의 위임 없이 조례로 정한 것으로 조례제정권의 한계를 벗어나 위법하다(대판 2016.12.29. 2013추36). ┃정답┃○

967
□□□

자치사무나 단체위임사무에 관한 조례는 국가법에 적용되는 일반적인 위임입법의 한계가 적용될 여지는 없다.

지방자치법 9조 1항과 15조 등의 관련 규정에 의하면 지방자치단체는 원칙적으로 그 고유사무인 자치사무와 법령에 의하여 위임된 단체위임사무에 관하여 이른바 자치조례를 제정할 수 있는 외에, 개별법령에서 특별히 위임하고 있을 경우에는 그러한 사무에 속하지 아니하는 기관위임사무에 관하여도 그 위임의 범위 내에서 이른바 위임조례를 제정할 수 있지만, 조례가 규정하고 있는 사항이 그 근거법령 등에 비추어 볼 때 자치사무나 단체위임사무에 관한 것이라면 이는 자치조례로서 지방자치법 15조가 규정하고 있는 '법령의 범위 안'이라는 사항적 한계가 적용될 뿐, 위임조례와 같이 국가법에 적용되는 **일반적인 위임입법의 한계가 적용될 여지는 없다**(대판 2000.11.24. 2000추29). | 정답 | ○

968
□□□

지방자치단체장이 제안하지 않은 합의제 행정기관의 설치에 관한 조례안을 지방의회가 발의하여 이를 그대로 의결, 재의결하는 것은 지방자치단체장의 고유권한에 속하는 사항의 행사에 관하여 지방의회가 사전에 적극적으로 개입하는 것으로서 관련 법령에 위반되어 허용되지 않는다.

지방자치법상 지방자치단체의 집행기관과 지방의회는 서로 분립되어 각기 그 고유권한을 행사하되 상호 견제의 범위 내에서 상대방의 권한 행사에 대한 관여가 허용되나, 지방의회는 집행기관의 고유권한에 속하는 사항의 행사에 관하여는 견제의 범위 내에서 소극적·사후적으로 개입할 수 있을 뿐 사전에 적극적으로 개입하는 것은 허용되지 않는다. 지방자치단체의 행정기구와 정원기준 등에 관한 규정 3조 1항의 규정에 비추어 지방자치단체의 장은 집행기관에 속하는 행정기관 전반에 대하여 조직편성권을 가진다고 해석되는 점을 종합해 보면, 지방자치단체의 장은 **합의제 행정기관을 설치**할 고유의 권한을 가지며 이러한 고유권한에는 그 설치를 위한 조례안의 제안권이 포함된다고 봄이 상당하므로, 지방의회가 합의제 행정기관의 설치에 관한 조례안을 발의하여 이를 그대로 의결, 재의결하는 것은 지방자치단체장의 고유권한에 속하는 사항의 행사에 관하여 지방의회가 **사전에 적극적으로 개입**하는 것으로서 관련 법령에 위반되어 허용되지 않는다(대판 2009.9.24. 2009추53). | 정답 | ○

969
□□□

전라북도의회가 의결한 '전라북도교육청 행정기구 설치 조례 일부 개정조례안'은 직속기관들이 전라북도교육청 소속임을 분명하게 하기 위하여 해당 직속기관의 명칭에 '교육청'을 추가하거나 지역 명칭을 일부 변경하는 것에 불과하므로, 위 조례 개정안이 교육감의 지방교육행정기관조직편성권을 부당하게 침해한다고 볼 수는 없다.

전라북도의회가 의결한 '전라북도교육청 행정기구 설치 조례 일부 개정조례안'에 대하여 전라북도 교육감이 재의를 요구하였으나 전라북도의회가 위 조례 개정안을 원안대로 재의결함으로써 확정한 사안에서, 위 조례 개정안은 직속기관들이 전라북도교육청 소속임을 분명하게 하기 위하여 해당 직속기관의 명칭에 '교육청'을 추가하거나 지역 명칭을 일부 변경하는 것에 불과한데, 관계 법령의 규정 내용에 따르면, 직속기관의 명칭을 결정하는 것이 교육감의 고유 권한에 해당한다고 볼 만한 근거가 없는 반면, 지방의회가 '이미 설치된 교육청의 직속기관'의 명칭을 변경하는 것은 사후적·소극적 개입에 해당하므로, 위 조례 개정안이 자치사무에 관하여 법령의 범위 안에서 조례를 제정할 수 있는 '지방의회의 포괄적인 조례 제정 권한'의 한계를 벗어난 것이라고 보기는 어렵다는 이유로, 위 조례 개정안이 교육감의 지방교육행정기관 조직편성권을 부당하게 침해한다고 볼 수 없다(대판 2021.9.16. 2020추5138). | 정답 | ○

970
□□□

X광역시 Y구의회는「Y구청장직 인수위원회 설치 및 운영에 관한 조례 중 일부 개정조례안」(이하 '개정조례안')을 의결하여 Y구청장에게 이송하였다. 개정조례안의 취지는 인수위원회 소속 특정 공무원이 지방의회의 자료제출요구에 성실히 응하지 않은 경우 구체적인 징계사유를 들어 구의회의 의결로 징계를 요구할 수 있다는 것이다. Y구청장은 개정조례안이 법령에 없는 새로운 견제장치를 만들어 위법하다고 주장한다. 이에 관한 설명으로 옳은 것은?

ㄱ. Y구청장은 이송받은 개정조례안에 대하여 20일 이내에 이유를 붙여 Y구의회로 환부하고 조례안의 일부에 대하여 재의를 요구할 수 있다.

> **지방자치법 제32조(조례와 규칙의 제정 절차 등)** ② 지방자치단체의 장은 제1항의 조례안을 이송받으면 20일 이내에 공포하여야 한다.
> ③ 지방자치단체의 장은 이송받은 조례안에 대하여 이의가 있으면 제2항의 기간에 이유를 붙여 지방의회로 환부(還付)하고, 재의(再議)를 요구할 수 있다. 이 경우 지방자치단체의 장은 조례안의 일부에 대하여 또는 조례안을 수정하여 재의를 요구할 수 없다.

| 정답 | X

ㄴ. Y구청장이 이송받은 개정조례안에 대하여 재의를 요구하지 않고 공포하지 않은 경우 지방의회 의장은 20일 이내에 개정조례안을 공포하여야 한다.

> **지방자치법 제32조(조례와 규칙의 제정 절차 등)** ② 지방자치단체의 장은 제1항의 조례안을 이송받으면 20일 이내에 공포하여야 한다.
> ⑤ 지방자치단체의 장이 제2항의 기간에 공포하지 아니하거나 재의 요구를 하지 아니하더라도 그 조례안은 조례로서 확정된다.
> ⑥ 지방자치단체의 장은 제4항 또는 제5항에 따라 확정된 조례를 지체 없이 공포하여야 한다. 이 경우 제5항에 따라 조례가 확정된 후 또는 제4항에 따라 확정된 조례가 지방자치단체의 장에게 이송된 후 5일 이내에 지방자치단체의 장이 공포하지 아니하면 지방의회의 의장이 공포한다.

| 정답 | X

971
□□□

지방자치법상 지방의회의원에게 지급하는 월정수당은 지방의회의원의 직무활동에 대하여 매월 지급되는 것이기는 하나, 이는 지방의회의원이 명예직으로서 주민을 대표하여 의정활동을 하는 데 사용되는 비용을 보전하는 성격을 가지고 있으므로 지방의회의원의 직무활동에 대한 대가로 지급되는 보수의 일종으로 볼 수 없다.

지방자치법 32조 1항은 지방의회 의원에게 지급하는 비용으로 의정활동비(1호)와 여비(2호) 외에 월정수당(3호)을 규정하고 있는바, 이 규정의 입법연혁과 함께 특히 월정수당(3호)은 지방의회 의원의 직무활동에 대하여 매월 지급되는 것으로서, 지방의회 의원이 전문성을 가지고 의정활동에 전념할 수 있도록 하는 기틀을 마련하고자 하는 데에 그 입법 취지가 있다는 점을 고려해 보면, 지방의회 의원에게 지급되는 비용 중 적어도 **월정수당**(3호)은 지방의회 의원의 직무활동에 대한 대가로 지급되는 보수의 일종으로 봄이 상당하다 (대판 2009.1.30. 2007두13487). | 정답 | X

[19-1]

972

지방자치단체는 조례를 위반한 행위에 대하여 조례로써 1천만원 이하의 벌금을 부과할 수 있다.

벌금이 아니라 과태료를 부과할 수 있다.

> **지방자치법 제34조(조례 위반에 대한 과태료)** ① 지방자치단체는 조례를 위반한 행위에 대하여 조례로써 1천만원 이하의 과태료를 정할 수 있다.

| 정답 | X

[12 변시]

973

헌법재판소 결정에 의할 때, 중앙행정기관이 자치사무에 대한 감사에 착수하기 위해서는 자치사무에 관하여 특정한 법령위반행위가 확인되었거나 위법행위가 있었으리라는 합리적 의심이 가능한 경우이어야 하고, 또한 그 감사대상을 특정해야 하므로 포괄적·사전적 일반감사나 위법사항을 특정하지 않고 개시하는 감사 또는 법령위반사항을 적발하기 위한 감사는 모두 허용될 수 없다.

중앙행정기관이 구 지방자치법 158조 단서 규정상의 감사에 착수하기 위해서는 자치사무에 관하여 **특정한 법령위반행위가 확인**되었거나 위법행위가 있었으리라는 **합리적 의심이 가능한 경우**이어야 하고, 또한 그 감사대상을 특정해야 한다. 따라서 전반기 또는 후반기 감사와 같은 포괄적·사전적 일반감사나 위법사항을 특정하지 않고 개시하는 감사 또는 **법령위반사항을 적발하기 위한 감사**는 모두 허용될 수 없다(헌재 2009.5.28. 2006헌라6). | 정답 | ○

[12 변시]

974

대법원 판결에 의할 때, 구 지방자치법 제157조 제1항은 "지방자치단체의 사무에 관한 그 장의 명령이나 처분이 법령에 위반되거나 현저히 부당하여 공익을 해한다고 인정될 때에는 시·도에 대하여는 주무부장관이, … 기간을 정하여 서면으로 시정을 명하고 그 기간 내에 이행하지 아니할 때에는 이를 취소하거나 정지할 수 있다. 이 경우 자치사무에 관한 명령이나 처분에 있어서는 법령에 위반하는 것에 한한다."고 규정하고 있는바, 지방자치단체의 사무에 관한 그 장의 명령이나 처분이 법령에 위반되는 경우라 함은 그 장의 사무의 집행이 명시적인 법령의 규정을 구체적으로 위반한 경우만을 말하고, 그러한 사무의 집행이 재량권을 일탈·남용하여 위법하게 되는 경우는 포함되지 아니한다.

지방자치법 157조 1항 전문은 "지방자치단체의 사무에 관한 그 장의 명령이나 처분이 법령에 위반되거나 현저히 부당하여 공익을 해한다고 인정될 때에는 시·도에 대하여는 주무부장관이, 시·군 및 자치구에 대하여는 시·도지사가 기간을 정하여 서면으로 시정을 명하고 그 기간 내에 이행하지 아니할 때에는 이를 취소하거나 정지할 수 있다"고 규정하고 있고, 같은 항 후문은 "이 경우 자치사무에 관한 명령이나 처분에 있어서는 법령에 위반하는 것에 한한다"고 규정하고 있는바, 지방자치법 157조 1항 전문 및 후문에서 규정하고 있는 지방자치단체의 사무에 관한 그 장의 명령이나 처분이 법령에 위반되는 경우라 함은 명령이나 처분이 현저히 부당하여 공익을 해하는 경우, 즉 합목적성을 현저히 결하는 경우와 대비되는 개념으로, 시·군·구의 장의 사무의 집행이 명시적인 법령의 규정을 구체적으로 위반한 경우뿐만 아니라 그러한 **사무의 집행이 재량권을 일탈·남용하여 위법하게 되는 경우를 포함**한다고 할 것이므로, 시·군·구의 장의 자치사무의 일종인 당해 지방자치단체 소속 공무원에 대한 승진처분이 재량권을 일탈·남용하여 위법하게 된 경우 시·도지사는 지방자치법 157조 1항 후문에 따라 그에 대한 시정명령이나 취소 또는 정지를 할 수 있다(대판[전합] 2007.3.22. 2005추62). | 정답 | X

[12 변시]

975
□□□

헌법재판소 결정에 의할 때, 감사원이 지방자치단체를 상대로 감사를 하면서 위임사무에 대하여 뿐만 아니라 자치사무에 대하여도 합법성 감사와 더불어 합목적성 감사까지 하는 것은 그것이 법률에 근거하여 이루어진 감사행위라고 하여도 헌법상 보장된 지방자치권의 본질적 내용을 침해한 것이다.

감사원법 규정들의 구체적 내용을 살펴보면 감사원의 직무감찰권의 범위에 인사권자에 대하여 징계 등을 요구할 권한이 포함되고, 위법성뿐 아니라 **부당성도 감사의 기준이 되는 것은 명백**하며, 지방자치단체의 사무의 성격이나 종류에 따른 어떠한 제한이나 감사기준의 구별도 찾아볼 수 없다. 이러한 점에 비추어 보면, 위임사무나 자치사무의 구별 없이 **합법성 감사뿐만 아니라 합목적성 감사도** 포함한 이 사건 감사는 감사원법에 근거한 것으로서, 법률상 권한 없이 이루어진 것으로 보이지는 않는다(헌재 2008.5.29. 2005헌라3). | 정답 | X

[14 변시]

976
□□□

지방자치법에 의하면 지방자치단체의 사무에 관한 그 장의 명령이나 처분이 법령에 위반되거나 현저히 부당하여 공익을 해친다고 인정되면 시·도(특별시, 광역시, 특별자치시, 도, 특별자치도를 말함)에 대하여는 주무부장관이 기간을 정하여 서면으로 시정할 것을 명하고, 그 기간에 이행하지 아니하면 이를 취소하거나 정지할 수 있다. 이 경우 자치사무에 관한 명령이나 처분에 대하여는 법령을 위반하는 것에 한한다.

지방자치법 제188조(위법·부당한 명령이나 처분의 시정) ① 지방자치단체의 사무에 관한 지방자치단체의 장(제103조제2항에 따른 사무의 경우에는 지방의회의 의장)의 명령이나 처분이 법령에 위반되거나 현저히 부당하여 공익을 해친다고 인정되면 시·도에 대해서는 주무부장관이, 시·군 및 자치구에 대해서는 시·도지사가 기간을 정하여 서면으로 시정할 것을 명하고, 그 기간에 이행하지 아니하면 이를 취소하거나 정지할 수 있다.
⑤ 제1항부터 제4항까지의 규정에 따른 자치사무에 관한 명령이나 처분에 대한 주무부장관 또는 시·도지사의 시정명령, 취소 또는 정지는 법령을 위반한 것에 한정한다.

| 정답 | ○

977
☐☐☐

헌법 제117조 제1항과 「지방자치법」 제28조에 의하면 지방자치단체는 법령의 범위 안에서 그 사무에 관하여 자치조례를 제정할 수 있다. 여기서 그 사무란 「지방자치법」에서 규정하는 지방자치단체의 자치사무와 법령에 의하여 지방자치단체에 속하게 된 단체위임사무, 그리고 국가사무가 지방자치단체의 장에게 위임된 기관위임사무를 말한다.

헌법 117조 1항과 지방자치법 15조(현 28조)에 의하면 지방자치단체는 법령의 범위 안에서 그 사무에 관하여 자치조례를 제정할 수 있으나 이 때 사무란 지방자치법 9조 1항에서 말하는 지방자치단체의 자치사무와 법령에 의하여 지방자치단체에 속하게 된 단체위임사무를 가리키므로 지방자치단체가 자치조례를 제정할 수 있는 것은 원칙적으로 이러한 자치사무와 단체위임사무에 한하므로, 국가사무가 지방자치단체의 장에게 위임된 **기관위임사무**와 같이 지방자치단체의 장이 국가기관의 지위에서 수행하는 사무일 뿐 지방자치단체 자체의 사무라고 할 수 없는 것은 **원칙적으로 자치조례의 제정범위에 속하지 않는다**(대판 1999.9.17. 99추30).

| 정답 | X

978
☐☐☐

「지방자치법」 제28조 단서에 따라 주민의 권리제한 또는 의무부과에 관한 사항을 법률에서 조례에 위임하는 경우, 위임입법의 한계에 관한 헌법 제75조의 포괄위임금지원칙에 따라 법률에 의한 개별적이고 구체적인 수권이 필요하다.

조례의 제정권자인 지방의회는 선거를 통해서 그 지역적인 민주적 정당성을 지니고 있는 주민의 대표기관이고 헌법이 지방자치단체에 포괄적인 자치권을 보장하고 있는 취지로 볼 때, 조례에 대한 법률의 위임은 법규명령에 대한 법률의 위임과 같이 반드시 구체적으로 범위를 정하여 할 필요가 없으며 **포괄적인 것으로 족하다**(헌재 1995.4.20. 92헌마264).

| 정답 | X

979
☐☐☐

지방자치단체의 자치사무에 해당하더라도 특별한 규정이 없는 한 「지방자치법」이 규정하고 있는 지방자치단체의 집행기관과 지방의회의 고유권한에 관하여는 조례로 이를 제한할 수 없고, 나아가 지방자치단체장의 고유권한이 아닌 사항에 대하여도 그 사무집행에 관한 권한을 본질적으로 제한하는 조례제정은 허용되지 아니한다.

헌법 117조 1항과 지방자치법 22조에 의하면 지방자치단체는 법령의 범위 안에서 그 사무에 관하여 조례를 제정할 수 있고, 지방자치법은 의결기관으로서의 지방의회와 집행기관으로서의 지방자치단체장에게 독자적 권한을 부여하는 한편, 지방의회는 행정사무감사와 조사권 등에 의하여 지방자치단체장의 사무집행을 감시 통제할 수 있게 하고 지방자치단체장은 지방의회의 의결에 대한 재의요구권 등으로 의회의의결권행사에 제동을 가할 수 있게 함으로써 상호 견제와 균형을 유지하도록 하고 있으므로, 지방의회는 자치사무에 관하여 법률에 특별한 규정이 없는 한 조례로써 위와 같은 **지방자치단체장의 고유권한을 침해하지 않는 범위 내에서 조례를 제정할 수 있다고 할 것이다**(대판 2013.4.11. 2012추22).

| 정답 | O

980
□□□

헌법 제117조 제1항이 조례제정권의 한계로 정하고 있는 '법령'에는 상위법령과 결합하여 대외적인 구속력을 갖는 법규명령으로서 기능하는 행정규칙이 포함된다.

헌법 117조 1항에서 규정하고 있는 '법령'에 법률 이외에 헌법 75조 및 95조 등에 의거한 '대통령령', '총리령' 및 '부령'과 같은 법규명령이 포함되는 것은 물론이지만, 헌법재판소의 "법령의 직접적인 위임에 따라 수임행정기관이 그 법령을 시행하는데 필요한 구체적 사항을 정한 것이면, 그 제정형식은 비록 법규명령이 아닌 고시, 훈령, 예규 등과 같은 행정규칙이더라도, 그것이 상위법령의 위임한계를 벗어나지 아니하는 한, 상위법령과 결합하여 대외적인 구속력을 갖는 법규명령으로서 기능하게 된다고 보아야 한다"고 판시 한 바에 따라, 헌법 117조 1항에서 규정하는 '법령'에는 법규명령으로서 기능하는 행정규칙이 포함된다(헌재 2002.10.31. 2001헌라1).　　　　　　　　　　　　　　　　　　　　　　　　　　　　　| 정답 | ○

981
□□□

A광역시 의회는 A광역시 소유의 행정재산에 관하여 「공유재산 및 물품 관리법」(이하 '공유재산법')에 따라 사용허가를 받은 임차인들이 그 행정재산을 양도·양수 또는 전대하는 것을 허용하는 내용의 「A광역시 행정재산 관리 운영 조례」 개정안을 의결하였다. 행정안전부장관은 위 개정안이 공유재산법에 위반된다는 이유로 A광역시장에게 재의요구를 지시하였다. 이에 관한 설명 중 옳은 것은?

ㄱ. A광역시 주민은 A광역시장을 상대로 조례안의결무효확인을 구하는 소송을 적법하게 제기할 수 있다.

A광역시 주민은 지방자치법 85조 소정의 청원권, 19조 소정의 조례 제정·개폐청구권을 통해 간접적인 방식으로 조례를 통제할 수 있다.　　　　　　　　　　　　　　　　　　　　　　　　　　　　　　　| 정답 | X

ㄴ. A광역시장이 A광역시 의회에 재의를 요구하였으나 A광역시 의회가 원안대로 재의결한다면, 위 개정안의 일부가 공유재산법에 위반되어 그 효력이 인정되지 않는다고 하여도 위 개정안에 대한 재의결의 효력 전부가 부인되는 것은 아니다.

의결의 일부에 대한 효력배제는 결과적으로 전체적인 의결의 내용을 변경하는 것에 다름 아니어서 의결기관인 지방의회의 고유권한을 침해하는 것이 될 뿐 아니라, 그 일부만의 효력배제는 자칫 전체적인 의결내용을 지방의회의 당초의 의도와는 다른 내용으로 변질시킬 우려가 있으며, 또 재의요구가 있는 때에는 재의요구에서 지적한 이의사항이 의결의 일부에 관한 것이라고 하여도 의결 전체가 실효되고 재의결만이 의결로서 효력을 발생하는 것이어서 의결의 일부에 대한 재의요구나 수정재의 요구가 허용되지 않는 점에 비추어 보아도 재의결의 내용 전부가 아니라 그 일부만이 위법한 경우에도 대법원은 의결 전부의 효력을 부인할 수밖에 없다(대판 1992.7.28. 92추31, 표준판례 426).　　　　　　　　　　　　　　　　| 정답 | X

982
□□□
국가는 지방자치단체의 장의 기관위임사무의 처리에 관하여 해당 지방자치단체의 장을 상대로 취소소송을 제기하여 다툴 수 있다.

건설교통부장관은 지방자치단체의 장이 기관위임사무인 국토이용계획 사무를 처리함에 있어 자신과 의견이 다를 경우 행정협의조정위원회에 협의·조정 신청을 하여 그 협의·조정 결정에 따라 의견불일치를 해소할 수 있고, 법원에 의한 판결을 받지 않고서도 행정권한위임위탁규정이나 구 지방자치법에서 정하고 있는 지도·감독을 통하여 직접 지방자치단체의 장의 사무처리에 대하여 시정명령을 발하고 그 사무처리를 취소 또는 정지할 수 있으며, **지방자치단체의 장에게 기간을 정하여 직무이행명령을 하고 지방자치단체의 장이 이를 이행하지 아니할 때에는 직접 필요한 조치를 할 수도 있으므로, 국가가 국토이용계획과 관련한 지방자치단체의 장의 기관위임사무의 처리에 관하여 지방자치단체의 장을 상대로 취소소송을 제기하는 것은 허용되지 않는다**(대판 2007.9.20. 2005두6935). | 정답 | X

983
□□□
지방자치단체의 장이 기관위임된 국가행정사무를 처리하는 경우 그에 소요되는 경비의 실질적·궁극적 부담자는 국가라고 하더라도 당해 지방자치단체는 국가로부터 내부적으로 교부된 금원으로 그 사무에 필요한 경비를 대외적으로 지출하는 자이므로, 이러한 경우 지방자치단체는 「국가배상법」 제6조 제1항 소정의 비용부담자로서 공무원의 불법행위로 인한 같은 법에 의한 손해를 배상할 책임이 있다.

구 지방자치법 131조, 구 지방재정법 16조 2항의 규정상, **지방자치단체의 장이 기관위임된 국가행정사무를 처리하는 경우** 그에 소요되는 경비의 **실질적·궁극적 부담자는 국가**라고 하더라도 당해 **지방자치단체**는 국가로부터 내부적으로 교부된 금원으로 그 사무에 필요한 경비를 **대외적으로 지출하는 자**이므로, 이러한 경우 **지방자치단체는 국가배상법 6조 1항 소정의 비용부담자**로서 공무원의 불법행위로 인한 같은 법에 의한 **손해를 배상할 책임이 있다**(대판 1994.12.9. 94다38137, 표준판례 270). | 정답 | ○

984
□□□
주무부장관이 「지방자치법」에 따라 시·도에 대하여 행한 시정명령에 대하여 해당 시·도지사는 대법원에 시정명령의 취소를 구하는 소송을 제기할 수 있다.

지방교육자치에 관한 법률 3조에 의하여 준용되는 지방자치법 169조 2항(현 188조 6항)은 자치사무에 관한 명령이나 처분의 취소 또는 정지에 대하여서만 소를 제기할 수 있다고 규정하고, **주무부장관이 지방자치법 169조 1항에 따라 시·도에 대하여 행한 시정명령에 대하여도 대법원에 소를 제기할 수 있다는 규정을 두고 있지 않으므로, 시정명령의 취소를 구하는 소송은 허용되지 않는다**(대판 2014.2.27. 2012추183). | 정답 | X

985
□□□
시·도지사가 자치사무에 관한 시·군·구청장의 처분에 대해 시정명령을 발한 경우, 시·군·구청장은 시정명령에 대하여 대법원에 제소할 수 없다.

지방자치법 169조 2항(현 188조 6항)은 '시·군 및 자치구의 자치사무에 관한 지방자치단체의 장의 명령이나 처분에 대하여 시·도지사가 행한 취소 또는 정지'에 대하여 해당 지방자치단체의 장이 대법원에 소를 제기할 수 있다고 규정하고 있을 뿐 '시·도지사가 지방자치법 169조 1항에 따라 시·군 및 자치구에 대하

여 행한 시정명령'에 대하여도 대법원에 소를 제기할 수 있다고 규정하고 있지 않으므로, 이러한 시정명령의 취소를 구하는 소송은 허용되지 않는다(대판 2017.10.12. 2016추5148).　　　　　　　| 정답 | ○

986
□□□

지방자치단체의 자치사무에 대하여는 지방자치를 보장하기 위하여 국가의 일반적 · 후견적 감독권은 인정되지 않는다.

지방자치단체의 사무 중 자치사무에 대해서는 지방자치단체의 자치권을 보장하기 위하여 일반적 감독권은 인정되지 않는다.　　　　　　　| 정답 | ○

987
□□□

「지방자치법」 제188조에서는 국가법질서의 통일 및 공익의 보호를 위하여 국가기관에 의한 지방자치단체의 장의 명령이나 처분에 대한 행정적 통제를 규정하는 한편, 지방자치단체의 자치행정권을 보장하기 위하여 국가기관의 통제의 한계 및 부당한 통제에 대한 불복을 규정하고 있다.

지방자치법 188조는 자치사무에 대한 시정명령 등은 위법성이 있는 경우에만 허용된다고 규정하고 있으며, 같은 법 190조 또한 자치사무에 대한 감사는 위법한 경우에만 허용된다고 규정한다. 한편 같은 법 제188조 6항은 지방자치단체의 장이 이의가 있으면 대법원에 제소할 수 있다고 하여 그 통제에 대한 불복방법을 규정하고 있다.

> **지방자치법 제188조(위법 · 부당한 명령이나 처분의 시정)** ① 지방자치단체의 사무에 관한 지방자치단체의 장(제103조제2항에 따른 사무의 경우에는 지방의회의 의장)의 명령이나 처분이 법령에 위반되거나 현저히 부당하여 공익을 해친다고 인정되면 시 · 도에 대해서는 주무부장관이, 시 · 군 및 자치구에 대해서는 시 · 도지사가 기간을 정하여 서면으로 시정할 것을 명하고, 그 기간에 이행하지 아니하면 이를 취소하거나 정지할 수 있다.
> ⑤ 제1항부터 제4항까지의 규정에 따른 자치사무에 관한 명령이나 처분에 대한 주무부장관 또는 시 · 도지사의 시정명령, 취소 또는 정지는 법령을 위반한 것에 한정한다.
> ⑥ 지방자치단체의 장은 제1항, 제3항 또는 제4항에 따른 자치사무에 관한 명령이나 처분의 취소 또는 정지에 대하여 이의가 있으면 그 취소처분 또는 정지처분을 통보받은 날부터 15일 이내에 대법원에 소를 제기할 수 있다.

| 정답 | ○

988
□□□

지방자치단체의 장은 「지방자치법」 제188조 제1항에 따른 자치사무에 관한 명령이나 처분의 취소 또는 정지에 대하여 이의가 있으면 그 취소처분 또는 정지 처분을 통보받은 날부터 15일 이내에 관할 고등법원에 소를 제기할 수 있다.

> **지방자치법 제188조(위법 · 부당한 명령이나 처분의 시정)** ⑥ 지방자치단체의 장은 제1항, 제3항 또는 제4항에 따른 자치사무에 관한 명령이나 처분의 취소 또는 정지에 대하여 이의가 있으면 그 취소처분 또는 정지처분을 통보받은 날부터 15일 이내에 대법원에 소를 제기할 수 있다.

| 정답 | X

989
☐☐☐

「지방자치법」 제189조는 지방자치단체의 장에 대한 감독기관의 직무이행명령을 규정하고 있는데, 지방자치단체의 장이 기관위임사무의 관리 및 집행을 명백히 게을리 하고 있다고 인정되는 때에는 감독기관은 이행명령을 내릴 수 있다.

> **지방자치법 제189조(지방자치단체의 장에 대한 직무이행명령)** ① 지방자치단체의 장이 법령에 따라 그 의무에 속하는 국가위임사무나 시·도위임사무의 관리와 집행을 명백히 게을리하고 있다고 인정되면 시·도에 대해서는 주무부장관이, 시·군 및 자치구에 대해서는 시·도지사가 기간을 정하여 서면으로 <u>이행할 사항을 명령할 수 있다.</u>

| 정답 | ○

[23 군무원 5급]

990
☐☐☐

자치사무에 대한 감사는 이를 실시하기 전에 해당 사무의 처리가 법령에 위반되는지 여부 등을 확인하여야 한다.

> **지방자치법 제190조(지방자치단체의 자치사무에 대한 감사)** ① 행정안전부장관이나 시·도지사는 지방자치단체의 **자치사무에** 관하여 보고를 받거나 서류·장부 또는 회계를 감사할 수 있다. 이 경우 감사는 **법령 위반**사항에 대해서만 한다.
> ② 행정안전부장관 또는 시·도지사는 제1항에 따라 감사를 하기 전에 해당 사무의 처리가 법령에 위반되는지 등을 확인하여야 한다.

| 정답 | ○

991
☐☐☐

자치사무에 관한 직무이행명령은 사무의 관리와 집행이 법령에 위반한 경우에 한한다.

직무이행명령의 대상은 기관위임사무나 단체위임사무이며 **자치사무를 그 대상으로 하고 있지 않다.**

> **지방자치법 제189조(지방자치단체의 장에 대한 직무이행명령)** ① 지방자치단체의 장이 법령에 따라 그 의무에 속하는 **국가위임사무나 시·도위임사무의** 관리와 집행을 **명백히 게을리하고** 있다고 인정되면 시·도에 대해서는 주무부장관이, 시·군 및 자치구에 대해서는 시·도지사가 기간을 정하여 서면으로 이행할 사항을 명령할 수 있다.

| 정답 | X

992

□□□

주무부장관이 시·도의회의 의결사항에 대하여 대법원에 직접 제소하기 위해서는 시·도지사가 그 의결사항을 이송받은 날부터 20일 이내에 시·도의회에 재의를 요구할 것을 시·도지사에게 요청하였음에도 시·도지사가 주무부장관의 재의요구 요청을 이행하지 아니한 경우이어야 한다.

> **지방자치법 제192조(지방의회 의결의 재의와 제소)** ① 지방의회의 의결이 법령에 위반되거나 공익을 현저히 해친다고 판단되면 시·도에 대해서는 주무부장관이, 시·군 및 자치구에 대해서는 시·도지사가 해당 지방자치단체의 장에게 재의를 요구하게 할 수 있고, 재의 요구 지시를 받은 지방자치단체의 장은 의결사항을 이송받은 날부터 20일 이내에 지방의회에 이유를 붙여 재의를 요구하여야 한다.
> ⑧ 제1항 또는 제2항에 따라 지방의회의 의결이 법령에 위반된다고 판단되어 주무부장관이나 시·도지사로부터 재의 요구 지시를 받은 해당 지방자치단체의 장이 재의를 요구하지 아니하는 경우(법령에 위반되는 지방의회의 의결사항이 조례안인 경우로서 재의 요구 지시를 받기 전에 그 조례안을 공포한 경우를 포함)에는 주무부장관이나 시·도지사는 제1항 또는 제2항에 따른 기간이 지난 날부터 7일 이내에 대법원에 직접 제소 및 집행정지 결정을 신청할 수 있다.

| 정답 | ○

993

□□□

학교법인의 이사취임승인 및 취소에 관한 사무는 교육감이 지방자치단체의 교육학예에 관한 사무의 특별집행기관으로서 가지는 권한이고 「정부조직법」상의 국가행정기관의 일부로서 가지는 권한이 아니므로 자치사무에 해당된다.

사립학교법 4조 1항, 20조의2 1항에 규정된 교육감의 **학교법인 임원취임의 승인취소권**은 **교육감이 지방자치단체의 교육·학예에 관한 사무의 특별집행기관으로서 가지는 권한**이고, **정부조직법상의 국가행정기관의 일부로서 가지는 권한이라고 할 수 없으므로** 국가행정기관의 사무나 지방자치단체의 기관위임사무 등에 관한 권한위임의 근거규정인 정부조직법 5조 1항, 행정권한의위임및위탁에관한규정 4조에 의하여 교육장에게 권한위임을 할 수 없고, 구 지방교육자치에관한법률 36조 1항, 44조에 의하여 조례에 의하여서만 교육장에게 권한위임이 가능하다 할 것이므로, 행정권한의위임및위탁에관한규정 4조에 근거하여 교육감의 학교법인 임원취임의 승인취소권을 교육장에게 위임함을 규정한 대전직할시교육감소관행정권한의위임에관한규칙 6조 4호는 조례로 정하여야 할 사항을 규칙으로 정한 것이어서 무효이다(대판[전합] 1997.6.19. 95누8669).

| 정답 | ○

[10 지방7급]

994

□□□

지방자치단체의 장은 「지방자치법」 제192조 제4항에 따라 재의결된 사항이 법령에 위반되거나 공익을 현저히 해친다고 판단되면 재의결된 날부터 20일 이내에 대법원에 소를 제기할 수 있다.

지방자치단체의 장은 재의결된 사항이 법령에 위반된다고 판단되면 재의결된 날부터 20일 이내에 대법원에 소를 제기할 수 있다(지방자치법 192조 4항). **공익을 현저히 해치는 경우에는 재의요구는 할 수 있지만, 제소는 할 수 없다.**

| 정답 | X

995
☐☐☐

지방의회의 의결이 법령에 위반되거나 공익을 현저히 해친다고 판단되면 시·도에 대하여는 주무부장관이, 시·군 및 자치구에 대하여는 시·도지사가 재의를 요구하게 할 수 있고, 재의요구를 받은 지방자치단체의 장은 의결사항을 이송받은 날부터 20일 이내에 지방의회에 이유를 붙여 재의를 요구하여야 한다.

> **지방자치법 제192조(지방의회 의결의 재의와 제소)** ① 지방의회의 의결이 법령에 위반되거나 공익을 현저히 해친다고 판단되면 시·도에 대해서는 주무부장관이, 시·군 및 자치구에 대해서는 시·도지사가 해당 지방자치단체의 장에게 재의를 요구하게 할 수 있고, 재의 요구 지시를 받은 지방자치단체의 장은 의결사항을 이송받은 날부터 20일 이내에 지방의회에 이유를 붙여 재의를 요구하여야 한다.

| 정답 | ○

996
☐☐☐

주무부장관이나 시·도지사는 재의결된 사항이 법령에 위반된다고 판단됨에도 불구하고 해당 지방자치단체의 장이 소(訴)를 제기하지 아니하면 그 지방자치단체의 장에게 제소를 지시하거나 직접 제소 및 집행정지결정을 신청할 수 있다.

> **지방자치법 제192조(지방의회 의결의 재의와 제소)** ⑤ 주무부장관이나 시·도지사는 재의결된 사항이 법령에 위반된다고 판단됨에도 불구하고 해당 지방자치단체의 장이 소를 제기하지 아니하면 시·도에 대해서는 주무부장관이, 시·군 및 자치구에 대해서는 시·도지사(제2항에 따라 주무부장관이 직접 재의 요구 지시를 한 경우에는 주무부장관)가 그 지방자치단체의 장에게 제소를 지시하거나 직접 제소 및 집행정지결정을 신청할 수 있다.

| 정답 | ○

997
☐☐☐

교육부장관은 A도(道) 교육감에게 A도 교육청 소속 국가공무원인 중학교 교사 甲과 사립 중학교 교사 乙에 대한 중징계절차의 진행을 요청하였음에도 A도 교육감이 이를 이행하지 않자 A도 교육감에게 甲과 乙에 대하여 징계의결을 요구할 것을 내용으로 하는 직무이행명령을 하였다.

ㄱ. A도 교육감은 위 이행명령에 이의가 있으면 이행명령서를 접수한 날부터 15일 이내에 대법원에 소를 제기할 수 있다.

> **지방자치법 제189조(지방자치단체의 장에 대한 직무이행명령)** ⑥ 지방자치단체의 장은 제1항 또는 제4항에 따른 이행명령에 이의가 있으면 이행명령서를 접수한 날부터 15일 이내에 대법원에 소를 제기할 수 있다. 이 경우 지방자치단체의 장은 이행명령의 집행을 정지하게 하는 집행정지결정을 신청할 수 있다.
>
> **지방교육자치에 관한 법률 제3조(「지방자치법」과의 관계)** 지방자치단체의 교육·학예에 관한 사무를 관장하는 기관의 설치와 그 조직 및 운영 등에 관하여 이 법에서 규정한 사항을 제외하고는 그 성질에 반하지 않는 한 「지방자치법」의 관련 규정을 준용한다. 이 경우 "지방자치단체의 장" 또는 "시·도지사"는 "교육감"으로, "지방자치단체의 사무"는 "지방자치단체의 교육·학예에 관한 사무"로, "자치사무"는 "교육·학예에 관한 자치사무"로, "행정안전부장관"·"주무부장관" 및 "중앙행정기관의 장"은 "교육부장관"으로 본다.

| 정답 | ○

> ㄴ. 甲에 대한 징계는 국가사무이고, 그 일부인 징계의결요구 역시 국가사무에 해당하므로 A도 교육감이 甲에 대하여 하는 징계의결요구 사무는 국가위임사무에 해당한다.

甲은 교육청 소속 국가공무원인 중학교 교사이므로 甲에 대한 징계는 국가사무이고, 그 일부인 징계의결요구 역시 국가사무에 해당하므로, A도 교육감이 甲에 대하여 하는 징계의결요구 사무는 국가위임사무이다.

| 정답 | ○

> ㄷ. 직무이행명령의 요건 중 '법령의 규정에 따라 지방자치단체의 장에게 특정 국가위임사무를 관리·집행할 의무가 있는지' 여부의 판단대상은 문언대로 그 법령상 의무의 존부이지, 지방자치단체의 장이 그 사무의 관리·집행을 하지 아니한 데 합리적 이유가 있는지 여부가 아니다.

[21 변시]

직무이행명령 및 이에 대한 이의소송 제도의 취지는 국가위임사무의 관리·집행에서 주무부장관과 해당 지방자치단체의 장 사이의 지위와 권한, 상호 관계 등을 고려하여, 지방자치단체의 장이 해당 국가위임사무에 관한 사실관계의 인식이나 법령의 해석·적용에서 주무부장관과 견해를 달리하여 해당 사무의 관리·집행을 하지 아니할 때, 주무부장관에게는 그 사무집행의 실효성을 확보하기 위하여 지방자치단체의 장에 대한 직무이행명령과 그 불이행에 따른 후속 조치를 할 권한을 부여하는 한편, 해당 지방자치단체의 장에게는 직무이행명령에 대한 이의의 소를 제기할 수 있도록 함으로써, 국가위임사무의 관리·집행에 관한 두 기관 사이의 분쟁을 대법원의 재판을 통하여 합리적으로 해결함으로써 그 사무집행의 적법성과 실효성을 보장하려는 데 있다. 따라서 **직무이행명령의 요건 중 '법령의 규정에 따라 지방자치단체의 장에게 특정 국가위임사무를 관리·집행할 의무가 있는지'** 여부의 판단대상은 **문언대로 그 법령상 의무의 존부**이지, 지방자치단체의 장이 그 사무의 관리·집행을 하지 아니한 데 합리적 이유가 있는지 여부가 아니다. 그 법령상 의무의 존부는 원칙적으로 직무이행명령 당시의 사실관계에 관련 법령을 해석·적용하여 판단하되, 직무이행명령 이후의 정황도 고려할 수 있다(대판 2013.6.27. 2009추206).

| 정답 | ○

ㄹ. 사립학교 교원의 복무에 관하여 국·공립학교의 교원에 관한 규정이 준용되므로, 乙이
「국가공무원법」이 금지하는 '공무 외의 일을 위한 집단행위'에 참여한 때에는 징계사
유에 해당한다.

공무원인 교원이 집단으로 행한 의사표현행위가 국가공무원법이나 공직선거법 등 개별 법률에서 공무원에
대하여 금지하는 특정의 정치적 활동에 해당하는 경우나, 특정 정당이나 정치세력에 대한 지지 또는 반대의
사를 직접적으로 표현하는 등 정치적 편향성 또는 당파성을 명백히 드러내는 행위 등과 같이 공무원인 교원
의 정치적 중립성을 침해할 만한 직접적인 위험을 가져올 정도에 이르렀다고 볼 수 있는 경우에, 그 행위는
공무원인 교원으로서의 본분을 벗어나 공익에 반하는 행위로서 공무원으로서의 직무에 관한 기강을 저해하
거나 공무의 본질을 해치는 것이어서 직무전념의무를 해태한 것이라 할 것이므로, 국가공무원법 66조 1항
이 금지하는 **'공무 외의 일을 위한 집단행위'**에 해당한다고 보는 것이 타당하다. 그리고 사립학교 교원의
복무에 관하여 국·공립학교의 교원에 관한 규정이 준용되고(구 사립학교법 55조), 사립학교 교원이 직무상
의 의무에 위반한 경우 등은 징계사유에 해당하므로(구 사립학교법 61조 1항), **사립학교 교원**이 국가공무원
법 66조 1항이 금지하는 '공무 외의 일을 위한 집단행위'에 참여한 때에는 **징계사유에 해당**한다(대판
2013.6.27. 2009추206). | 정답 | ○

ㅁ. A도 교육감이 특별한 사정이 없이 그 의무를 이행하지 아니한 것만으로는 '국가위임
사무의 관리와 집행을 명백히 게을리하고 있다'는 요건이 충족될 수 없다.

지방자치법 170조 1항에 따르면, 주무부장관은 지방자치단체의 장이 그 의무에 속하는 국가위임사무의 관
리와 집행을 명백히 게을리하고 있다고 인정되면 해당 지방자치단체의 장에게 이행할 사항을 명할 수 있다.
여기서 '국가위임사무의 관리와 집행을 명백히 게을리하고 있다'는 요건은 국가위임사무를 관리·집행할 의
무가 성립함을 전제로 하는데, 지방자치단체의 장은 그 의무에 속한 국가위임사무를 이행하는 것이 원칙이
므로, 지방자치단체의 장이 특별한 사정이 없이 그 의무를 이행하지 아니한 때에는 이를 충족한다고 해석하
여야 한다. 여기서 특별한 사정이란, 국가위임사무를 관리·집행할 수 없는 법령상 장애사유 또는 지방자치
단체의 재정상 능력이나 여건의 미비, 인력의 부족 등 **사실상의 장애사유**를 뜻한다고 보아야 하고, **지방자치
단체의 장이 특정 국가위임사무를 관리·집행할 의무가 있는지 여부에 관하여 주무부장관과 다른 견해를
취하여 이를 이행하고 있지 아니한 사정**은 이에 해당한다고 볼 것이 아니다. 왜냐하면, 직무이행명령에 대한
이의소송은 그와 같은 견해의 대립을 전제로 지방자치단체의 장에게 제소권을 부여하여 성립하는 것이므로,
그 소송의 본안판단에서 그 사정은 더는 고려할 필요가 없기 때문이다(대판 2013.6.27. 2009추206).
| 정답 | X

998
□□□
기관위임사무의 경우 사무의 관리와 집행을 명백히 게을리 하고 있다고 인정되면 주무부
장관 및 광역자치단체장은 직무이행명령의 발령과 대집행을 할 수 있다.

지방자치단체의 장이 법령의 규정에 따라 그 의무에 속하는 국가위임사무나 시·도위임사무의 관리와 집행
을 명백히 게을리하고 있다고 인정되면 시·도에 대하여는 주무부장관이, 시·군 및 자치구에 대하여는
시·도지사가 기간을 정하여 서면으로 이행할 사항을 명령할 수 있다(지방자치법 189조 1항). 주무부장관
이나 시·도지사는 해당 지방자치단체의 장이 1항의 기간에 이행명령을 이행하지 아니하면 그 지방자치단
체의 비용부담으로 대집행하거나 행정상·재정상 필요한 조치를 할 수 있다. 이 경우 행정대집행에 관하여
는 '행정대집행법'을 준용한다(2항). | 정답 | ○

999
☐☐☐

직무이행명령은 명백한 직무부작위뿐만 아니라 위법 또는 부당한 직무집행행위에 대해서도 가능하다.

시정명령 및 취소·정지권은 지방자치단체장이 이미 행한 명령이나 처분이라는 **적극적 작위를 대상**으로 하나(지방자치법 188조 1항), **직무이행명령**은 위임사무의 관리와 집행을 명백히 게을리하고 있다는 **소극적 부작위를 대상**으로 한다(189조 1항).
| 정답 | X

1000
☐☐☐

지방자치단체의 장이 특정 국가위임사무를 관리·집행할 의무가 있는지 여부에 관하여 주무부장관과 다른 견해를 취하여 이를 이행하고 있지 아니한 사정은 의무불이행의 정당한 이유가 되지 못한다.

지방자치법 170조 1항 '관리와 집행을 명백히 게을리하고 있다'는 요건은 국가위임사무를 관리·집행할 의무성립을 전제하는데, 단체장은 그 의무에 속한 국가위임사무를 이행하는 것이 원칙이므로, 단체장이 특별한 사정이 없이 그 의무를 불이행한 때에는 이를 충족한다. 여기서 특별한 사정이란, **법령상** 장애사유 또는 **사실상의** 장애사유를 뜻하고, 단체장이 관리·집행의무가 있는지에 관하여 주무부장관과 다른 견해를 취하여 이를 불이행한 사정은 이에 해당하지 않는다. 왜냐하면, 직무이행명령에 대한 이의소송은 그와 같은 견해의 대립을 전제하므로 소송의 본안판단에서 그 사정은 더는 고려할 필요가 없기 때문이다(대판 2013.6.27. 2009추206).
| 정답 | ○

1001
☐☐☐

지방자치법 제120조 또는 제192조에 따라 지방자치단체의 장은 지방의회의 위법한 재의결에 대해 대법원에 소를 제기할 수 있다. 다만, 같은 법 제192조에 따라 주무부장관이나 시·도지사는 지방자치단체의 장이 재의요구 또는 제소의 지시에 응하지 않는 경우 직접 대법원에 제소를 할 수 있다.

지방자치법 제120조(지방의회의 의결에 대한 재의 요구와 제소) ③ 지방자치단체의 장은 제2항에 따라 재의결된 사항이 법령에 위반된다고 인정되면 대법원에 소(訴)를 제기할 수 있다. 이 경우에는 제192조제4항을 준용한다.
제192조(지방의회 의결의 재의와 제소) ④ 지방자치단체의 장은 제3항에 따라 재의결된 사항이 법령에 위반된다고 판단되면 재의결된 날부터 20일 이내에 대법원에 소를 제기할 수 있다. 이 경우 필요하다고 인정되면 그 의결의 집행을 정지하게 하는 집행정지결정을 신청할 수 있다.
⑤ 주무부장관이나 시·도지사는 재의결된 사항이 법령에 위반된다고 판단됨에도 불구하고 해당 지방자치단체의 장이 소를 제기하지 아니하면 시·도에 대해서는 주무부장관이, 시·군 및 자치구에 대해서는 시·도지사(제2항에 따라 주무부장관이 직접 재의 요구 지시를 한 경우에는 주무부장관)가 그 지방자치단체의 장에게 제소를 지시하거나 직접 제소 및 집행정지결정을 신청할 수 있다.
⑧ 제1항 또는 제2항에 따라 지방의회의 의결이 법령에 위반된다고 판단되어 주무부장관이나 시·도지사로부터 재의 요구 지시를 받은 해당 지방자치단체의 장이 재의를 요구하지 아니하는 경우(법령에 위반되는 지방의회의 의결사항이 조례안인 경우로서 재의 요구 지시를 받기 전에 그 조례안을 공포한 경우를 포함)에는 주무부장관이나 시·도지사는 제1항 또는 제2항에 따른 기간이 지난 날부터 7일 이내에 대법원에 직접 제소 및 집행정지 결정을 신청할 수 있다.

| 정답 | ○

1002
☐☐☐

지방자치에 관한 설명 중 옳지 않은 것은?

ㄱ. 지방의회의원에 대하여 유급 보좌 인력을 두는 것은 지방의회의원의 신분 · 지위 및 처우에 관한 현행 법령상의 제도에 중대한 변경을 초래하는 것으로서 국회의 법률로 규정하여야 할 입법사항이다.

지방의회의원에 대하여 유급 보좌 인력을 두는 것은 지방의회의원의 신분 · 지위 및 처우에 관한 현행 법령상의 제도에 중대한 변경을 초래하는 것으로서 국회의 법률로 규정하여야 할 입법사항이다(대판 2017.3. 30. 2016추5087).

| 정답 | ○

ㄴ. 시 · 군 및 자치구 의회의 조례안 재의결이 법령에 위반된다고 판단됨에도 시장 · 군수 · 구청장이 소를 제기하지 아니한 경우 시 · 도지사뿐만 아니라 주무부장관도 대법원에 제소할 수 있다. [20 변시]

지방의회 의결의 재의와 제소에 관한 지방자치법 172조 4항, 6항의 문언과 입법 취지, 제 · 개정 연혁 및 지방자치법령의 체계 등을 종합적으로 고려하여 보면, 지방자치법 172조 4항, 6항에서 지방의회 재의결에 대하여 제소를 지시하거나 직접 제소할 수 있는 주체로 규정된 '주무부장관이나 시 · 도지사'는 시 · 도에 대하여는 주무부장관을, 시 · 군 및 자치구에 대하여는 시 · 도지사를 각 의미한다(대판[전합] 2016.9.22. 2014추521).

➡ 지방자치법 개정법률 192조 5항에 따르면 주무부장관은 기초 지자체에 대하여 직접 제소할 수 있다. 따라서 개정법률이 적용되는 경우 옳은 지문이 된다.

> **지방자치법 제192조(지방의회 의결의 재의와 제소)** ⑤ 주무부장관이나 시 · 도지사는 재의결된 사항이 법령에 위반된다고 판단됨에도 불구하고 해당 지방자치단체의 장이 소를 제기하지 아니하면 시 · 도에 대해서는 주무부장관이, **시 · 군 및 자치구에 대해서는 시 · 도지사**(제2항에 따라 **주무부장관이 직접 재의 요구 지시를 한 경우에는 주무부장관**)가 그 지방자치단체의 장에게 제소를 지시하거나 직접 제소 및 집행정지결정을 신청할 수 있다.

| 정답 | ○

ㄷ. 지방자치단체의 자치사무라도 당해 지방자치단체에 내부적인 효과만을 발생시키는 것이 아니라 그 사무로 인하여 다른 지방자치단체나 그 주민의 보호할 만한 가치가 있는 이익을 침해하는 경우에는 「지방자치법」에서 정한 분쟁조정위원회의 분쟁조정 대상 사무가 될 수 있다. [20 변시]

지방자치법 148조 1항, 3항, 4항의 내용 및 체계에다가 지방자치법이 분쟁조정절차를 둔 입법 취지가 지방자치단체 상호 간이나 지방자치단체의 장 상호 간 사무처리 과정에서 분쟁이 발생하는 경우 당사자의 신청 또는 직권으로 구속력 있는 조정절차를 진행하여 이를 해결하고자 하는 데 있는 점, 분쟁조정 대상에서 자치사무를 배제하고 있지 않은 점 등을 종합하면, 지방자치단체의 **자치사무라도** 당해 지방자치단체에 내부적인 효과만을 발생시키는 것이 아니라 그 사무로 인하여 다른 지방자치단체나 그 주민의 보호할 만한 가치가 있는 이익을 침해하는 경우에는 지방자치법 148조에서 정한 분쟁조정 대상 사무가 될 수 있다(대판 2016.7.22. 2012추121).

| 정답 | ○

1003
☐☐☐

지방자치법 제188조 제1항 지방자치단체의 사무에 관한 그 장의 명령이나 처분에서, 사무는 자치사무와 단체위임사무를 의미하고, 장의 명령은 자치법규로서 규칙을 의미하며, 단체장의 처분은 항고소송의 대상이 되는 행정처분으로 제한된다.

행정소송법상 항고소송은 행정청이 행하는 구체적 사실에 관한 법집행으로서의 공권력의 행사 또는 거부와 그 밖에 이에 준하는 행정작용을 대상으로 하여 위법상태를 배제함으로써 국민의 권익을 구제함을 목적으로 하는 것과 달리, 지방자치법 188조 1항은 지방자치단체의 자치행정 사무처리가 법령 및 공익의 범위 내에서 행해지도록 감독하기 위한 규정이므로 적용대상을 항고소송의 대상이 되는 행정처분으로 제한할 이유가 없다(대판 2017.3.30. 2016추5087). | 정답 | X

1004
☐☐☐

지방자치단체의 분쟁조정(調整) 및 권한쟁의에 관한 설명으로 옳지 않은 것은?

ㄱ. 행정안전부장관의 분쟁조정결정에 대하여는 그 자체를 다툴 수 없고, 후속의 이행명령을 기다려 대법원에 이행명령을 다투는 소를 제기한 후 그 사건에서 이행의무의 존부와 관련하여 분쟁조정결정의 위법까지 함께 다투는 것이 가능할 뿐이다.

지방자치법 148조는 4항에서 분쟁조정결정의 통보를 받은 지방자치단체장은 조정결정사항을 이행하여야 한다고 규정하고, 7항에서 행정자치부장관 등은 조정결정사항이 성실히 이행되지 아니하면 국가위임사무 등의 직무이행명령에 관한 지방자치법 170조를 준용하여 해당 지방자치단체의 장으로 하여금 이를 이행하게 할 수 있도록 규정하고 있다.
한편, 지방자치법은 170조 3항에서 이행명령에 이의가 있는 지방자치단체의 장은 이행명령서를 접수한 날부터 15일 이내에 대법원에 소를 제기할 수 있다고 규정하고 있으나, 분쟁조정결정에 대한 불복방법은 별도로 규정하고 있지 아니하다.
이러한 지방자치법 규정의 내용과 체계, 분쟁조정결정의 법적 성격 및 분쟁조정결정과 이행명령 사이의 관계 등에 비추어 보면, 행정자치부장관 등의 분쟁조정결정에 대하여는 그 후속의 이행명령을 기다려 대법원에 이행명령을 다투는 소를 제기한 후 그 사건에서 이행의무의 존부와 관련하여 분쟁조정결정의 위법까지 함께 다투는 것이 가능할 뿐, 별도로 분쟁조정결정 자체의 취소를 구하는 소송을 대법원에 제기하는 것은 지방자치법상 허용되지 아니한다고 보아야 한다. 나아가 분쟁조정결정은 그 상대방이나 내용 등에 비추어 행정소송법상 항고소송의 대상이 되는 처분에 해당한다고 보기 어려우므로, 통상의 항고소송을 통한 불복의 여지도 없다(대판 2015.9.24. 2014추613). | 정답 | ○

ㄴ. 권한침해를 당하였다고 주장하는 지방자치단체가 국가사무로서의 성격을 가지고 있는 기관위임사무를 집행하는 다른 지방자치단체의 장을 상대로 헌법재판소에 제기한 권한쟁의심판은 부적법하다.

지방자치단체는 기관위임사무의 집행에 관한 권한의 존부 및 범위에 관한 권한분쟁을 이유로 기관위임사무를 집행하는 국가기관 또는 다른 지방자치단체의 장을 상대로 권한쟁의심판청구를 할 수 없다고 할 것이다. 결국 국가사무로서의 성격을 가지고 있는 기관위임사무의 집행권한의 존부 및 범위에 관하여 지방자치단체가 청구한 권한쟁의심판청구는 지방자치단체의 권한에 속하지 아니하는 사무에 관한 심판 청구로서 그 청구가 부적법하다고 할 것이다(헌재 2009.7.30. 2005헌라2). | 정답 | ○

ㄷ. 법률에 대한 권한쟁의심판을 제기하려면 '법률제정행위'가 아니라 '법률 그 자체'를 그 심판대상으로 하여야 한다.

권한쟁의심판과 위헌법률심판은 원칙적으로 구분되어야 한다는 점에서, 법률에 대한 권한쟁의심판은 '법률 그 자체'가 아니라, '법률의 제정행위'를 그 심판대상으로 해야 할 것이다(헌재 2006.5.25. 2005헌라4).

| 정답 | X

제3장 | 공무원법

[12 변시]

1005
□□□

공무원법에 규정되어 있는 공무원임용 결격사유는 공무원으로 임용되기 위한 절대적인 소극적 요건이지만, 임용 당시 이러한 결격사유가 있었음에도 임용권자가 과실로 임용 결격자임을 밝혀내지 못하였고 임용 후 70일 만에 사면으로 결격사유가 소멸되었다면 그 임용의 하자는 치유된 것이다.

공무원연금법에 의한 퇴직급여 등은 적법한 공무원으로서의 신분을 취득하여 근무하다가 퇴직하는 경우에 지급되는 것이고, 당연무효인 임용결격자에 대한 임용행위에 의하여 공무원의 신분을 취득할 수는 없으므로, 임용결격자가 공무원으로 임용되어 사실상 근무하여 왔다고 하더라도 적법한 공무원으로서의 신분을 취득하지 못한 자로서는 공무원연금법 소정의 퇴직급여 등을 청구할 수 없으며, 나아가 **임용결격사유가 소멸된 후에 계속 근무**하여 왔다고 하더라도 그 때부터 무효인 임용행위가 유효로 되어 적법한 공무원의 신분을 회복하고 퇴직급여 등을 청구할 수 있다고 볼 수는 없다.
경찰공무원으로 임용된 후 70일 만에 선고받은 형이 사면 등으로 실효되어 결격사유가 소멸된 후 30년 3개월 동안 사실상 공무원으로 계속 근무를 하였다고 하더라도 그것만으로는 임용권자가 묵시적으로 새로운 임용처분을 한 것으로 볼 수 없고, 임용 당시 결격자였다는 사실이 밝혀졌는데도 서울특별시 경찰국장이 일반사면령 등의 공포로 현재 결격사유에 해당하지 아니한다는 이유로 **당연퇴직은 불가하다는 조치**를 내려서 그 후 정년퇴직시까지 계속 사실상 근무하도록 한 것이 임용권자가 일반사면령의 시행으로 공무원자격을 구비한 후의 근무행위를 유효한 것으로 추인하였다거나 장래에 향하여 그를 공무원으로 새로 임용하는 효력이 있다고 볼 수 없을 뿐만 아니라, 1982. 당시 경장이었던 그의 임용권자는 당시 시행된 경찰공무원법 및 경찰공무원임용령의 규정상 서울특별 시장이지 경찰국장이 아니었음이 분명하여, **무효인 임용행위를 임용권자가 추인**하였다거나 장래에 향하여 공무원으로 임용하는 **새로운 처분이 있었던 것으로 볼 수 없다**(대판 1996.2.27. 95누9617). | 정답 | X

[12 변시]

1006
□□□

공무원관계는 관련 규정에 의한 채용후보자 명부에 등록한 때 설정되는 것이므로 공무원임용 결격사유가 있는지의 여부는 채용후보자 명부에 등록한 당시에 시행되던 법률을 기준으로 하여 판단하여야 한다.

국가공무원법에 규정되어 있는 공무원임용 결격사유는 공무원으로 임용되기 위한 절대적인 소극적 요건으로서 공무원 관계는 국가공무원법 38조, 공무원임용령 11조의 규정에 의한 채용후보자 명부에 등록한 때가 아니라 국가의 임용이 있는 때에 설정되는 것이므로 공무원임용결격사유가 있는지의 여부는 채용후보자 명부에 등록한 때가 아닌 **임용당시에 시행되던 법률을** 기준으로 하여 판단하여야 한다. 임용당시 공무원임용 결격사유가 있었다면 비록 국가의 과실에 의하여 임용 결격자임을 밝혀내지 못하였다 하더라도 그 임용행위는 당연무효로 보아야 한다(대판 1987.4.14. 86누459). | 정답 | X

1007
☐☐☐

기간제로 임용되어 임용기간이 만료된 국·공립대학의 조교수에 대하여 재임용하지 않기로 결정하고 임용기간이 만료되었다는 취지의 통지를 했더라도, 위 결정 및 통지가 행정소송의 대상이 되는 행정처분이라 할 수 없다.

기간제로 임용되어 임용기간이 만료된 국·공립대학의 조교수는 교원으로서의 능력과 자질에 관하여 합리적인 기준에 의한 공정한 심사를 받아 위 기준에 부합되면 특별한 사정이 없는 한 재임용되리라는 기대를 가지고 재임용 여부에 관하여 합리적인 기준에 의한 공정한 심사를 요구할 **법규상 또는 조리상 신청권을** 가진다고 할 것이니, 임용권자가 임용기간이 만료된 조교수에 대하여 재임용을 거부하는 취지로 한 임용기간만료의 통지는 위와 같은 대학교원의 법률관계에 영향을 주는 것으로서 행정소송의 대상이 되는 처분에 해당한다(대판[전합] 2004.4.22. 2000두7735, 표준판례 63, 317).　　　　　　　│ 정답 │ X

1008
☐☐☐

임용결격사유의 발생 사실을 알지 못하고 직위해제되어 있던 중 임용결격사유가 발생하여 당연퇴직된 자에게 임용권자가 복직처분을 하였다고 하더라도 이로 인해 그 자가 공무원의 신분을 회복하는 것은 아니다.

경찰공무원이 재직 중 자격정지 이상의 형의 선고유예를 받음으로써 경찰공무원법 7조 2항 5호에 정하는 임용결격사유에 해당하게 되면, 같은 법 21조의 규정에 의하여 임용권자의 별도의 행위(공무원의 신분을 상실시키는 행위)를 기다리지 아니하고 그 선고유예 판결의 확정일에 당연히 경찰공무원의 신분을 상실(당연퇴직)하게 되는 것이고, 나중에 선고유예기간(2년)이 경과하였다고 하더라도 이미 발생한 당연퇴직의 효력이 소멸되어 경찰공무원의 신분이 회복되는 것은 아니며, 한편 직위해제처분은 형사사건으로 기소되는 등 국가공무원법 73조의2 1항 각 호에 정하는 귀책사유가 있을 때 당해 공무원에게 직위를 부여하지 아니하는 처분이고, 복직처분은 직위해제사유가 소멸되었을 때 직위해제된 공무원에게 국가공무원법 73조의2 2항의 규정에 의하여 다시 직위를 부여하는 처분일 뿐, 이들 처분들이 공무원의 신분을 박탈하거나 설정하는 처분은 아닌 것이므로, 임용권자가 **임용결격사유의 발생 사실을 알지 못하고 직위해제되어 있던 중 임용결격사유가 발생하여 당연퇴직된 자에게 복직처분을** 하였다고 하더라도 이 때문에 그 자가 공무원의 신분을 회복하는 것은 아니다(대판 1997.7.8. 96누4275).　　　　　　　│ 정답 │ ○

1009
☐☐☐

공무원법령에 의하여 시험승진후보자명부에 등재되어 있던 자가 그 명부에서 삭제됨으로써 승진임용의 대상에서 제외된 경우에 이러한 삭제행위는 그 자체가 공무원 승진임용에 관한 권리나 의무를 설정하거나 법률상 이익에 직접적인 변동을 초래하는 별도의 행정처분이 된다.

구 경찰공무원법 11조 2항, 13조 1항, 2항, 경찰공무원승진임용규정 36조 1항, 2항에 의하면, 경정 이하 계급에의 승진에 있어서는 승진심사와 함께 승진시험을 병행할 수 있고, 승진시험에 합격한 자는 시험승진후보자명부에 등재하여 그 등재순위에 따라 승진하도록 되어 있으며, 같은 규정 36조 3항에 의하면 시험승진후보자명부에 등재된 자가 승진임용되기 전에 감봉 이상의 징계처분을 받은 경우에는 임용권자 또는 임용제청권자가 위 징계처분을 받은 자를 시험승진후보자명부에서 삭제하도록 되어 있는바, 이처럼 시험승진후보자명부에 등재되어 있던 자가 그 명부에서 삭제됨으로써 승진임용의 대상에서 제외되었다 하더라도, 그와 같은 **시험승진후보자명부에서의 삭제행위는** 결국 그 명부에 등재된 자에 대한 승진 여부를 결정하기 위한 행정청 **내부의 준비과정에 불과하고**, 그 자체가 어떠한 권리나 의무를 설정하거나 법률상이익에 직접적인 변동을 초래하는 별도의 행정처분이 된다고 할 수 없다(대판 1997.11.14. 97누7325).　　　　　　　│ 정답 │ X

1010
☐☐☐

지방공무원의 동의 없는 전출명령은 위법하여 취소되어야 하므로, 전출명령이 적법함을 전제로 내린 당해 지방공무원에 대한 징계처분은 징계양정에 있어 재량권을 일탈하여 위법하다.

지방공무원법 29조의3은 지방자치단체의 장은 다른 지방자치단체의 장의 동의를 얻어 그 소속공무원을 전입할 수 있다고 규정하고 있는바, 위 규정에 의하여 동의를 한 지방자치단체의 장이 소속 공무원을 전출하는 것은 임명권자를 달리하는 지방자치단체로의 이동인 점에 비추어 반드시 당해 공무원 본인의 동의를 전제로 하는 것이고, 위 규정도 본인의 동의를 배제하는 취지의 규정은 아니어서 위헌·무효의 규정은 아니다. 당해 **공무원의 동의 없는** 지방공무원법 29조의3의 규정에 의한 **전출명령은 위법**하여 취소되어야 하므로, 그 전출명령이 적법함을 전제로 내린 징계처분은 그 전출명령이 공정력에 의하여 취소되기 전까지는 유효하다고 하더라도 **징계양정에 있어 재량권을 일탈하여 위법**하다(대판 2001.12.11. 99두1823). | 정답 | ○

1011
☐☐☐

경찰공무원에 대한 징계위원회의 심의과정에서 감경사유에 해당하는 공적 사항이 제시되지 아니한 경우에는 그 징계양정이 결과적으로 적정한지 여부와 관계 없이 이는 관계 법령이 정한 징계절차를 지키지 않은 것으로서 위법하다.

경찰공무원에게 인정된 징계사유가 상훈감경 제외사유에 해당하지 아니함에도, 경찰공무원에 대한 징계위원회의 심의과정에서 징계의결이 요구된 비위행위가 상훈감경 제외사유에 해당한다는 이유로 그 공적 사항을 징계양정에 전혀 고려하지 아니한 때에는 그 징계양정이 **결과적으로 적정한지와 상관없이** 이는 관계 법령이 정한 징계절차를 지키지 아니한 것으로서 **위법**하다(대판 2015.11.12. 2014두35638). | 정답 | ○

1012
☐☐☐

직위해제처분은 공무원에 대한 불이익한 처분이기 때문에 동일한 사유에 대하여 직위해제처분이 있은 후 다시 해임처분이 있었다면 일사부재리의 법리에 위반된다.

직위해제처분은 공무원에 대하여 불이익한 처분이긴 하나 징계처분과 같은 성질의 처분이라고는 볼 수 없으므로 동일한 사유에 대한 **직위해제처분**이 있은 후 다시 **해임처분**이 있었다 하여 일사부재리의 법리에 어긋난다고 할 수 없다(대판 1984.2.28. 83누489). | 정답 | X

1013
☐☐☐

국가공무원이 그 법정 연가일수의 범위 내에서 연가를 신청하였다고 할지라도 그에 대한 소속 행정기관장의 허가가 있기 이전에 근무지를 이탈한 행위는 특단의 사정이 없는 한 「국가공무원법」에 위반되는 행위로서 징계사유가 된다.

공무원이 법정연가일수의 범위 내에서 연가신청을 하였고 그와 같은 연가신청에 대하여 행정기관의 장은 공무수행상 특별한 지장이 없는 한 이를 허가하여야 한다고 되어 있더라도 그 **연가신청에 대한 허가도 있기 전에 근무지를 이탈한 행위**는 지방공무원법 50조 1항에 위반되는 행위로서 징계사유가 된다(대판 2007.5.11. 2006두19211). | 정답 | ○

1014
☐☐☐

甲은「지방공무원법」제31조에 정한 공무원 임용결격사유가 있는 자임에도 불구하고 지방공무원으로 임용되어 25년간 큰 잘못 없이 근무하다가 위 사실이 발각되어 임용권자로부터 당연퇴직통보를 받았다. 「지방공무원법」제61조는 같은 법 제31조의 임용결격사유를 당연퇴직사유로 규정하고 있다. 이에 관한 설명 중 옳은 것은?

ㄱ. 임용 당시 임용권자의 과실로 임용결격자임을 밝혀내지 못한 경우에는 甲에 대한 임용행위는 유효하다.

[21-2]

임용당시 공무원임용결격사유가 있었다면 비록 국가의 과실에 의하여 임용결격자임을 밝혀내지 못하였다 하더라도 그 임용행위는 당연무효로 보아야 한다(대판 1987.4.14. 86누459).　　　　| 정답 | X

ㄴ. 甲이 새로이 공무원으로 특별임용된 경우, 甲이 특별임용되기 이전에 사실상 공무원으로 계속 근무하여 온 과거의 재직기간은 「공무원연금법」상의 재직기간에 합산될 수 없다.

당연퇴직사유에 해당하여 **공무원 신분을 상실한 자가 사실상 공무원으로서** 계속 근무하면서 기여금을 납부하여 왔다고 하더라도 그 **근무기간은 공무원연금법상의 재직기간에 합산할 수 없다**(대판 1995.9.15. 95누6496).　　　　| 정답 | O

ㄷ. 甲에 대한 당연퇴직의 통보는 취소소송의 대상이 되는 행정처분이다.

국가가 공무원임용결격사유가 있는 자에 대하여 결격사유가 있는 것을 알지 못하고 공무원으로 임용하였다가 사후에 결격사유가 있는 자임을 발견하고 공무원 임용행위를 취소하는 것은 **당사자에게 원래의 임용행위가 당초부터 당연무효이었음을 통지하여 확인시켜 주는 것**에 지나지 아니하는 것이므로, 그러한 의미에서 당초의 임용처분을 취소함에 있어서는 신의칙 내지 신뢰의 원칙을 적용할 수 없고 또 그러한 의미의 취소권은 시효로 소멸하는 것도 아니다(대판 1987.4.14. 86누459).　　　　| 정답 | X

1015
☐☐☐

현행법상 소청은 행정소송의 필요적 전치절차는 아니며 소청을 거치지 않고도 바로 행정소송을 제기할 수 있다.

국가공무원법 제16조(행정소송과의 관계) ① 제75조에 따른 처분, 그 밖에 본인의 의사에 반한 불리한 처분이나 부작위(不作爲)에 관한 행정소송은 소청심사위원회의 심사·결정을 거치지 아니하면 제기할 수 없다.

| 정답 | X

1016
☐☐☐

징계처분에 대한 소청에는 불이익변경금지의 원칙이 적용된다.

> **국가공무원법 제14조(소청심사위원회의 결정)** ⑦ 소청심사위원회가 징계처분 또는 징계부가금 부과처분을 받은 자의 청구에 따라 소청을 심사할 경우에는 원징계처분보다 무거운 징계 또는 원징계부가금 부과처분보다 무거운 징계부가금을 부과하는 결정을 하지 못한다.

| 정답 | ○

1017
☐☐☐

소청심사위원회의 결정은 처분행정청을 기속하지 않는다.

> **국가공무원법 제15조(결정의 효력)** 제14조에 따른 소청심사위원회의 결정은 처분 행정청을 기속(羈束)한다.

| 정답 | X

1018
☐☐☐

국가공무원 A는 직무와 관련하여 금품을 수수하였다는 혐의로 형사사건으로 기소되었다. A의 법적 지위에 관한 설명 중 옳은 것을 모두 고른 것은?

> ㄱ. A에 대한 형사사건의 판결이 확정되기 전이라도 징계권자는 징계처분을 할 수 있다.

공무원에게 징계사유가 인정되는 이상, **관련된 형사사건이 아직 유죄로 확정되지 아니하였다 하더라도 징계처분을 할 수 있음**은 물론, 그 징계처분에 대한 행정소송을 진행함에도 아무런 소장이 있을 수 없다(대판 1986.11.11. 86누59).　　　　　　　| 정답 | ○

> ㄴ. 형사소추를 받은 공무원이 계속 직위를 보유하고 직무를 수행한다면 공무집행의 공정성과 그에 대한 국민의 신뢰를 저해할 우려가 있으므로 A가 형사사건으로 기소된 이상 임용권자는 A에 대하여 직위해제처분을 하여야 한다.

형사사건으로 기소되기만 하면 그가 국가공무원법 33조 1항 3호 내지 6호에 해당하는 유죄판결을 받을 고도의 개연성이 있는가의 여부에 무관하게 경우에 따라서는 벌금형이나 무죄가 선고될 가능성이 큰 사건인 경우에 대해서까지도 당해 공무원에게 **일률적으로 직위해제처분을 하지 않을 수 없도록 한** 이 사건 규정은 헌법 37조 2항의 비례의 원칙에 위반되어 **직업의 자유를 과도하게 침해**하고 헌법 27조 4항의 **무죄추정의 원칙에도 위반**된다. 입법자가 임의적 규정으로도 법의 목적을 실현할 수 있는 경우에 구체적 사안의 개별성과 특수성을 고려할 수 있는 가능성을 일체 배제하는 필요적 규정을 둔다면, 이는 비례의 원칙의 한 요소인 **'최소침해성의 원칙'에 위배**된다(헌재 1998.5.28. 96헌가12).　　　| 정답 | X

ㄷ. A에 대한 징계절차에서 징계의결요구권자는 징계의결요구와 동시에 징계사유와 징계의결요구권자의 의견 등이 기재된 공무원징계의결요구서 사본을 징계혐의자에게 송부하여야 하는 것이 원칙이지만, 징계위원회가 개최되기에 앞서 징계혐의자의 방어권행사에 지장을 주지 않을 만큼의 충분한 시간적인 여유를 두고 송부하면 충분하고, 꼭 징계의결요구와 동시에 송부하여야만 된다고 볼 것은 아니다.

교육공무원징계령 6조 3항에 의하면 징계의결요구권자는 징계의결요구와 동시에 징계사유와 징계의결요구권자의 의견 등이 기재된 교육공무원 징계의결요구서 사본을 징계혐의자에게 송부하도록 규정되어 있으므로, 위와 같은 징계의결요구서 사본을 송부하지 아니한 채 진행된 징계절차는 원칙적으로 위법하다.
징계혐의자로 하여금 자신이 어떠한 사유로 징계의결이 요구되었는지를 사전에 알게 함으로써 징계위원회에서 그 점에 대하여 적절하게 방어할 수 있도록 준비하게 하려는 위와 같은 규정의 입법취지로 미루어 볼 때, **징계의결요구서 사본은 징계위원회가 개최되기에 앞서 징계혐의자의 방어권행사에 지장을 주지 않을 만큼의 충분한 시간적 여유를 두고 송부하면 족하고, 꼭 징계의결 요구와 동시에 송부하여야 하는 것은 아니다.** 징계위원회가 징계혐의자에게 징계위원회의 출석통지서를 송부하여 충분한 진술을 할 수 있는 기회를 부여하려고 하였음에도 징계혐의자가 진술권을 포기하거나 출석통지서의 수령을 거부하여 진술권을 포기한 것으로 보게 되는 경우 징계위원회가 그 후에는 징계혐의자에게 징계위원회에의 출석통지를 할 필요 없이 서면심사만으로 징계의결할 수 있다(대판 1993.12.14. 93누14851). | 정답 | ○

[10 국회8급]

1019
□□□

결격사유가 있는 공무원이 임용된 이후에 그 근무경력을 바탕으로 신규임용에 해당하는 특별임용이 된 경우, 특별임용 당시에 결격사유가 없었다면 당해 특별임용은 당연무효는 아니다.

당초 임용 이래 공무원으로 근무하여 온 경력에 바탕을 두고 구 지방공무원법 27조 2항 3호 등을 근거로 하여 특별임용 방식으로 임용이 이루어졌다면 이는 당초 임용과는 별도로 그 자체가 하나의 신규임용이라고 할 것이므로, 그 효력도 특별임용이 이루어질 당시를 기준으로 판단하여야 할 것인데, 당초 임용 당시에는 집행유예 기간중에 있었으나 특별임용 당시 이미 집행유예 기간 만료일로부터 2년이 경과하였다면 같은 법 31조 4호에서 정하는 공무원 결격사유에 해당할 수 없고, 다만 당초 임용과의 관계에서는 공무원 결격사유에 해당하여 당초 처분 이후 공무원으로 근무하였다고 하더라도 그것이 적법한 공무원 경력으로 되지 아니하는 점에서 특별임용의 효력에 영향을 미친다고 할 수 있으나, 위 특별임용의 하자는 결국 소정의 경력을 갖추지 못한 자에 대하여 특별임용시험의 방식으로 신규임용을 한 하자에 불과하여 **취소사유가 된다고 함은** 별론으로 하고, 그 하자가 중대·명백하여 특별임용이 당연무효 된다고 할 수는 없다(대판 1998.10.23. 98두12932). | 정답 | ○

[10 국회8급]

1020
□□□

임용결격자가 공무원으로 임명되어 사실상 근무하여 온 경우에도 임용이 당연무효인 이상 적법한 공무원으로서의 신분을 취득한 것이라고 볼 수 없으므로 공무원연금법에 의한 퇴직급여 등을 청구할 수 없다.

공무원연금법에 의한 퇴직급여 등은 적법한 공무원으로서의 신분을 취득하여 근무하다가 퇴직하는 경우에 지급되는 것이고, 임용 당시 공무원 임용 결격사유가 있었다면 비록 국가의 과실에 의하여 임용 결격자임을 밝혀내지

못하였다고 하더라도 그 임용행위는 당연무효로 보아야 하고, 당연무효인 임용행위에 의하여 공무원의 신분을 취득할 수는 없으므로, 임용 결격자가 공무원으로 임용되어 사실상 근무하여 왔다고 하더라도 적법한 공무원으로서의 신분을 취득하지 못한 자로서는 공무원연금법 소정의 퇴직급여 등을 청구할 수 없으며, **임용 결격사유가 소멸된 후에 계속 근무하여 왔다고 하더라도 그 때부터 무효인 임용행위가 유효로 되어 적법한 공무원의 신분을 회복하고 퇴직급여 등을 청구**할 수 있다고 볼 수 없다(대판 1998.1.23. 97누16985). | 정답 | ○

[10 국회8급]

1021
□□□

직제·정원 개폐 등에 따라 폐직 또는 과원이 되었을 때, 전직시험에서 세 번 이상 불합격한 자로서 직무수행능력이 부족하다고 인정될 때, 대기명령을 받은 자의 근무성적향상을 기대하기 어렵다고 인정되는 때 등의 사유로 직권면직을 시킬 경우 미리 관할징계위원회의 의견을 들어야 한다.

일정한 사유에 따라 면직시킬 경우 미리 관할징계위원회의 의견을 들어야 한다. 다만, 대기명령을 받은 자가 그 기간에 능력 또는 근무성적향상을 기대하기 어렵다고 인정되는 때를 사유로 면직시킬 경우에는 <u>징계위원회의 동의를 받아야 한다</u>(국가공무원법 70조 2항). | 정답 | X

[10 국회8급]

1022
□□□

소청심사위원회는 임시결정한 경우를 제외하고 소청심사청구를 접수한 날로부터 60일 이내에 이에 대한 결정을 하여야 하고, 소청인의 진술권을 배제한 결정은 무효가 된다.

국가공무원법 제13조(소청인의 진술권) ① 소청심사위원회가 소청 사건을 심사할 때에는 대통령령 등으로 정하는 바에 따라 소청인 또는 제76조제1항 후단에 따른 대리인에게 진술 기회를 주어야 한다.
② 제1항에 따른 진술 기회를 주지 아니한 결정은 무효로 한다.
제76조(심사청구와 후임자 보충 발령) ⑤ 소청심사위원회는 제3항에 따른 임시결정을 한 경우 외에는 소청심사청구를 접수한 날부터 60일 이내에 이에 대한 결정을 하여야 한다. 다만, 불가피하다고 인정되면 소청심사위원회의 의결로 30일을 연장할 수 있다.

| 정답 | ○

[21-2]

1023
□□□

국가가 공무원 임용결격사유가 있는 자에 대하여 당초의 임용처분을 취소함에 있어서는 신의칙 내지 신뢰보호의 원칙을 적용할 수 없고, 그러한 의미의 취소권은 시효로 소멸되는 것도 아니다.

국가가 공무원 임용결격사유가 있는 자에 대하여 결격사유가 있는 것을 알지 못하고 공무원으로 임용하였다가 사후에 결격사유가 있는 자임을 발견하고 공무원 임용행위를 취소하는 것은 당사자에게 원래의 임용행위가 <u>당초부터 당연무효이었음을 통지하여 확인</u>시켜 주는 행위에 지나지 아니하는 것이므로, 그러한 의미에서 <u>당초의 임용처분을 취소함에 있어서는 신의칙 내지 신뢰의 원칙을 적용할 수 없고 또 그러한 의미의 **취소권은 시효로 소멸하는 것도 아니다**</u>(대판 1987.4.14. 86누459). | 정답 | ○

1024
☐☐☐

지방공무원법상 '공무 이외의 일을 위한 집단행위'라고 함은 공무에 속하지 아니하는 어떤 일을 위하여 공무원들이 하는 모든 집단적 행위를 의미하는 것이 아니라 '공익에 반하는 목적을 위하여 직무전념의무를 해태하는 등의 영향을 가져오는 집단적 행위'를 말한다.

국가공무원법 66조상 **공무 이외의 일을 위한 집단적 행위란** 공무가 아닌 어떤 일을 위하여 공무원들이 하는 모든 집단적 행위를 의미하는 것이 아니고 '**공익에 반하는 목적을 위하여** 직무전념의무를 해태하는 등의 영향을 가져오는 집단적 행위'라고 축소 해석하여야 한다(대판 2005.4.15. 2003도2960). | 정답 | ○

1025
☐☐☐

지방공무원법상 '공무 외의 일을 위한 집단행위'라 함은 공무원으로서 직무에 관한 기강을 저해하거나 기타 그 본분에 배치되는 등 공무의 본질을 해치는 특정목적을 위한 다수인의 행위로써 단체를 결성한 상태에서의 행위를 말한다.

국가공무원법 66조 1항이 금지하고 있는 **"공무 외의 집단적 행위"**라 함은 공무원으로서 직무에 관한 기강을 저해하거나 기타 그 본분에 배치되는 등 공무의 본질을 해치는 특정목적을 위한 다수인의 행위로서 **단체의 결성단계에는 이르지 아니한 상태**에서의 행위를 말한다(대판 1992.3.27. 91누9145). | 정답 | X

1026
☐☐☐

지방공무원 복무조례개정안에 대한 의견을 표명하기 위하여 전국공무원노동조합 간부 10여 명과 함께 시장의 사택을 방문한 노동조합 시지부 사무국장의 파면처분이 징계권의 한계를 일탈하거나 재량권을 남용하였다고 볼 수 없다.

지방공무원 복무조례개정안에 대한 의견을 표명하기 위하여 전국공무원노동조합 간부 10여 명과 함께 **시장의 사택을 방문한** 위 노동조합 시지부 사무국장에게 지방공무원법 58조에 정한 집단행위금지의무를 위반하였다는 등의 이유로 징계권자가 한 파면처분이 사회통념상 현저하게 타당성을 잃거나 객관적으로 명백하게 부당하여 징계권의 한계를 일탈하거나 재량권을 남용하였다고 볼 수 없다(대판 2009.6.23. 2006두16786). | 정답 | ○

1027
☐☐☐

「국가공무원법」에서 금지하는 '공무 외의 일을 위한 집단행위'란 공익에 반하는 목적을 위한 행위로서 직무전념의무를 해태하는 등의 영향을 가져오는 집단적 행위를 말하고, 1인 릴레이 시위는 여럿이 동조하고 가담한 행위임을 표명하는 행위이므로 이에 해당한다.

공무원들의 어느 행위가 국가공무원법 66조 1항에 규정된 '집단행위'에 해당하려면, 그 행위가 반드시 같은 시간, 장소에서 행하여져야 하는 것은 아니지만, 공익에 반하는 어떤 목적을 위한 다수인의 행위로서 집단성이라는 표지를 갖추어야만 한다고 해석함이 타당하다. 따라서 여럿이 같은 시간에 한 장소에 모여 집단의 위세를 과시하는 방법으로 의사를 표현하거나 여럿이 단체를 결성하여 그 단체 명의로 의사를 표현하는 경우, 실제 여럿이 모이는 형태로 의사표현을 하는 것은 아니지만 발표문에 서명날인을 하는 등의 수단으로 여럿이 가담한 행위임을 표명하는 경우 또는 일제 휴가나 집단적인 조퇴, 초과근무 거부 등과 같이 정부활동의 능률을 저해하기 위한 집단적 태업 행위로 볼 수 있는 경우에 속하거나 이에 준할 정도로 행위의 집단성이 인정되어야 국가공무원법 66조 1항에 해당한다고 볼 수 있다.

이 사건 행위 중 **릴레이 1인 시위**, 릴레이 언론기고, 릴레이 내부 전산망 게시는 모두 <u>후행자가 선행자에 동조하여 동일한 형태의 행위를 각각 한 것에 불과</u>하고, 여럿이 같은 시간에 한 장소에 모여 집단의 위세를 과시하는 방법으로 의사를 표현하거나 여럿이 단체를 결성하여 그 단체 명의로 의사를 표현하는 경우, 여럿이 가담한 행위임을 표명하는 경우 또는 정부활동의 능률을 저해하기 위한 집단적 태업행위에 해당한다거나 이에 준할 정도로 행위의 집단성이 있다고 보기 어렵다(대판 2017.4.13. 2014두8469).　　　| 정답 | X

1028
☐☐☐

성실의무는 법적 의무로서 그 위반은 징계사유가 된다.

시주택국 주택행정과장으로 재직중이던 원고가 아파트 건축사업 승인신청을 잘 처리하여 달라는 명목으로 금 50만원을 교부받은 소위는 국가공무원법상의 **성실의무, 청렴의무에 위반**된다 하여 이를 이유로 원고에 대하여 한 징계파면 처분은 정당하다(대판 1983.9.27. 83누356).　　　| 정답 | O

1029
☐☐☐

상관의 위법한 직무명령에 대하여 법령준수의무를 내세워 이를 거부하지 못한다.

공무원이 그 직무를 수행함에 있어 상관은 하관에 대하여 범죄행위 등 위법한 행위를 하도록 명령할 직권이 없는 것이고, 하관은 소속상관의 적법한 명령에 복종할 의무는 있으나 그 명령이 참고인으로 소환된 사람에게 가혹행위를 가하라는 등과 같이 **명백한 위법 내지 불법한 명령**인 때에는 이는 벌써 직무상의 지시명령이라 할 수 없으므로 이에 따라야 할 의무는 없다(대판 1988.2.23. 87도2358).　　　| 정답 | X

1030
☐☐☐

공무원은 직무상 또는 직무와 관련된 비밀에 대하여 비밀유지의무를 지며, 퇴직 후에도 비밀유지의무를 엄수하여야 한다.

<u>공무원은 재직 중은 물론 **퇴직 후에도** 직무상 알게 된 비밀을 엄수하여야 한다(국가공무원법 60조)</u>. 직무상 비밀은 자신이 처리하는 직무에 관한 비밀뿐만 아니라 직무와 관련하여 들어서 알게 된 비밀도 포함한다.　　　| 정답 | O

[19-2]

1031
☐☐☐

품위유지의무는 직무집행뿐만 아니라 직무집행과 관계가 없는 경우에도 존재한다.

> **국가공무원법 제63조(품위 유지의 의무)** 공무원은 <u>직무의 내외를 불문하고</u> 그 품위가 손상되는 행위를 하여서는 아니 된다.

| 정답 | O

1032
☐☐☐
국민에게 보장된 기본권행사위는 공무원법 소정의 품위유지의무 위반행위에 해당될 수 없다.

지방공무원법 55조에서의 '품위'라 함은 주권자인 국민의 수임자로서의 직책을 맡아 수행해 나가기에 손색이 없는 인품을 말하는 것이므로 공무원이 모든 국민에게 보장된 기본권을 행사하는 행위를 하였다 할지라도 그 권리행사의 정도가 권리를 인정한 사회적 의의를 벗어날 정도로 지나쳐 <u>주권자인 국민의 입장에서 보아 바람직스럽지 못한 행위라고 판단되는 경우라면 공무원의 그와 같은 행위는 그 품위를 손상하는 행위에 해당한다</u> 할 것이다(대판 1987.12.8. 87누657, 87누658). | 정답 | X

1033
☐☐☐
국가공무원법상 징계시효는 징계 등의 사유가 발생한 날부터 2년이지만 금품 및 향응 수수, 공금의 횡령·유용의 경우에는 5년이 된다.

징계의결 또는 징계부가금 부과의결의 요구는 징계사유가 발생한 날부터 **3년**(금품 및 향응 수수, 공금의 횡령·유용의 경우에는 **5년**)이 지나면 하지 못한다(국가공무원법 83조의2 1항). 징계처분의 실효성을 확보하기 위해서 공무원의 일반비위에 대한 징계시효를 2년에서 3년으로 연장하였다. | 정답 | X

1034
☐☐☐
지방자치단체장은 소속공무원의 구체적인 행위가 징계사유에 해당하는지 여부에 관하여 판단할 재량은 있지만, 징계사유에 해당하는 것이 명백한 경우에는 관할인사위원회에 징계를 요구할 의무를 지게 된다.

지방공무원의 징계와 관련된 규정을 종합해 보면, 징계권자이자 임용권자인 지방자치단체장은 소속 공무원의 구체적인 행위가 과연 지방공무원법 69조 1항에 규정된 징계사유에 해당하는지 여부에 관하여 **판단할 재량**은 있지만, 징계사유에 해당하는 것이 **명백한 경우**에는 관할 인사위원회에 징계를 요구할 의무가 있다(대판 2007.7.12. 2006도1390). | 정답 | ○

1035
☐☐☐
교원소청심사위원회의 결정은 처분행정청을 기속하나, 교원소청심사위원회의 소청심사결정 중 임용기간이 만료된 교원에 대한 재임용거부처분을 취소하는 결정은 재임용거부처분을 취소함으로써 학교법인 등에게 해당 교원에 대한 재임용심사를 다시 하도록 하는 절차적 의무를 부과하는 데 그친다.

교원지위향상을 위한 특별법 7조 1항, 10조 2항에 의하면, 교원소청심사위원회는 각급학교교원에 대한 징계처분과 그 밖에 그 의사에 반하는 불리한 처분(임용기간이 만료된 교원에 대한 재임용거부처분을 포함한다)에 대한 소청을 심사하고 그 소청심사결정은 처분권자를 기속한다. 이와 같은 교원소청심사위원회의 소청심사결정 중 **임용기간이 만료된 교원에 대한 재임용거부처분을 취소하는 결정**은 재임용거부처분을 취소함으로써 학교법인 등에게 해당 교원에 대한 재임용심사를 다시 하도록 하는 **절차적 의무를 부과**하는 데 그칠 뿐, **학교법인 등에게 반드시 해당 교원을 재임용하여야 하는 의무를 부과**하거나 혹은 그 교원이 바로

재임용되는 것과 같은 법적 효과까지 인정되는 것은 아니다. 나아가 재임용거부처분을 취소한 소청심사결정의 기속력에 기하여 재임용심사의무가 있는 학교법인 등이 그 의무를 이행하지 아니하였다고 하더라도 그러한 사정만으로 바로 불법행위로 인한 임금 상당 재산상 손해의 배상책임이 발생하는 것은 아니고, 재심사결과 해당 교원이 재임용되었을 것임이 인정되는 경우에 한하여 위와 같은 손해배상책임을 긍정할 수 있다(대판 2010.9.9. 2008다6953). | 정답 | ○

1036
☐☐☐

징계는 원칙적으로 인사위원회의 의결을 거쳐 임용권자가 하며, 감사원에서 조사 중인 사건에 대하여는 조사개시 통보를 받은 날부터 징계의결요구나 그 밖의 징계절차를 진행하지 아니할 수 있다.

징계처분 등은 인사위원회의 의결을 거쳐 임용권자가 한다(지방공무원법 72조 1항). 그러나 감사원에서 조사 중인 사건에 대하여는 조사개시 통보를 받은 날부터 징계의결의 요구나 그 밖의 징계절차를 진행하지 못한다(지방공무원법 73조 1항). 진행하지 아니할 수 있는 임의적 사항이 아니다. | 정답 | X

1037
☐☐☐

'휴직자와 정년이 가까운 자'를 우선 면직대상자로 한다는 기준만을 정하여 면직처분을 한 경우, 이는 국가공무원법상 고려하여야 할 면직기준을 고려하지 아니한 채 다른 기준을 정하여 한 면직처분이므로 위법하다.

국가공무원법 70조 1항 3호는 직제와 정원의 개폐 또는 예산의 감소 등에 의하여 폐직 또는 과원이 되었을 때에는 임용권자는 공무원을 직권에 의하여 면직시킬 수 있다고 규정하는 한편, 1998.2.24. 법률 5527호로 신설된 같은 조 3항에서 임용권자는 임용형태·업무실적·직무수행능력·징계처분사실 등을 고려하여 면직기준을 정하도록 규정하고 있는바, 이는 합리적인 면직기준을 구체적으로 법률로 규정하여 객관적이고 공정한 기준에 의하지 아니한 자의적인 직권면직을 제한함으로써 직업공무원의 신분을 두텁게 보장하려는 데 그 취지가 있다고 할 것이므로, 위 법조항에 정해진 기준인 '임용형태·업무실적·직무수행능력·징계처분사실'을 고려하지 아니한 채 이와는 다른 기준을 정하여 한 면직처분은 이를 정당화할 만한 특별한 사정이 없는 한 위법하다고 보아야 한다. 국립대학교총장이 기능직공무원을 단지 **'휴직자와 정년이 가까운 자'를 면직 우선 대상자로 한다는 기준만을 정하여 면직처분을 한 경우, 이는 국가공무원법 70조 3항의 규정에 반하는 위법한 처분이다**(대판 2002.9.27. 2002두3775). | 정답 | ○

[19-2]

1038
☐☐☐

직위해제는 일반적으로 공무원의 직무수행능력이 부족하거나 근무성적이 극히 불량한 경우에 보직을 해제하는 징계처분의 일종이다.

(구)국가공무원법상 **직위해제는** 일반적으로 공무원이 직무수행능력이 부족하거나 근무성적이 극히 불량한 경우, 공무원에 대한 징계절차가 진행 중인 경우, 공무원이 형사사건으로 기소된 경우 등에 있어서 당해 공무원이 장래에 있어서 계속 직무를 담당하게 될 경우 예상되는 업무상의 장애 등을 예방하기 위하여 일시적으로 당해 공무원에게 직위를 부여하지 아니함으로써 직무에 종사하지 못하도록 하는 잠정적인 조치로서의 보직의 해제를 의미하므로 과거의 공무원의 비위행위에 대하여 기업질서 유지를 목적으로 행하여지는 징벌적 제재로서의 징계와는 그 성질이 다르다(대판 2003.10.10. 2003두5945). | 정답 | X

1039
☐☐☐

「지방공무원법」이 준용되는 지방계약직공무원에 대하여 채용계약상 특별한 약정이 없는 한, 지방공무원법령이 정한 징계절차에 의하지 않고서는 보수를 삭감할 수 없다.

대통령령인 지방공무원징계및소청규정 13조 4항은 "법 2조 3항 3호에 규정된 계약직공무원에게 법 69조 1항 각 호의 징계사유가 있는 때에는 채용계약을 해지하는 외에 이 영의 규정에 의한 징계처분을 할 수 있다"고 규정하고 있으므로, 특수경력직공무원에 대해서도 지방공무원법 및 지방공무원징계및소청규정에 따라 감봉을 포함한 징계처분은 가능하다 할 것이다.
보수의 삭감은 이를 당하는 당해 공무원의 입장에서는 징계처분의 일종인 감봉과 다를 바 없다 할 것임에도 징계처분에 있어서와 같이 자기에게 이익이 되는 사실을 진술하거나 증거를 제출할 수 있는 등(지방공무원 징계 및 소청규정 5조)의 **절차적 권리**가 보장되지 아니하고, 소청(지방공무원징계 및 소청규정 16조) 등의 구제수단도 인정되지 아니한 채 이를 감수하도록 하는 위 규정은 부당하다고 아니할 수 없을 뿐만 아니라 위에서 본 바와 같이 지방공무원법이나 지방계약직공무원규정에 아무런 위임의 근거도 없는 것이거나 위임의 범위를 벗어난 것으로서 무효라 할 것이다(대판 2008.6.12. 2006두16328).
→ 계약직공무원에 대한 징계도 가능하나 지방공무원법령에 의한 절차에 의하여야 한다.　　　　|정답| ○

1040
☐☐☐

공무원에게 징계사유가 인정되는 이상 관련 형사사건의 유죄확정 전에도 해당 공무원에 대하여 징계처분을 할 수 있지만 형사사건에서 무죄가 확정된 경우에는 동 징계처분은 당연무효가 된다.

징계사유가 인정되는 이상 관련 **형사사건의 유죄확정 전에도** 비위 공무원에 대하여 징계처분을 할 수 있다 (대판 2001.11.9. 2001두4184). 하지만 징계사유로 문제된 동일한 사실로 기소되어 제1심법원에서 유죄판결까지 선고받았다면, 그 후 그 사실에 관하여 무죄판결이 확정되어 결과적으로 징계처분이 증거 없이 이루어져 위법하다 하여도 당연무효는 아니라는 것이 판례의 태도다(대판 1992.5.22. 91누12196).　　　|정답| X

1041
☐☐☐

수 개의 징계사유 중 그 일부가 인정되지 않는다 하더라도 인정되는 다른 일부 징계사유만으로도 당해 징계처분이 정당하다고 인정되는 경우에는 그 징계처분을 유지한다고 하여 위법하다 할 수 없다.

공무원인 피징계자에게 징계사유가 있어 징계처분을 하는 경우 어떠한 처분을 할 것인지는 징계권자의 재량에 맡겨진 것이고, 다만 징계권자가 그 재량권의 행사로서 한 징계처분이 사회통념상 현저하게 타당성을 잃어 징계권자에게 맡겨진 재량권을 남용한 것이라고 인정되는 경우에 한하여 그 처분을 위법한 것이라 할 것이고, 공무원에 대한 징계처분이 사회통념상 현저하게 타당성을 잃었다고 하려면 구체적인 사례에 따라 징계의 원인이 된 비위사실의 내용과 성질·징계에 의하여 달성하려고 하는 행정목적, 징계양정의 기준 등 여러 요소를 종합하여 판단할 때에 그 징계내용이 객관적으로 명백히 부당하다고 인정할 수 있는 경우라야 하며, 수 개의 징계사유 중 일부가 인정되지 않더라도 인정되는 **다른 일부 징계사유만으로도 당해 징계처분의 타당성을 인정하기에 충분한 경우**에는 그 징계처분을 유지하여도 위법하지 아니하다 할 것이다(대판 2002.9.24. 2002두6620).　　　|정답| ○

1042
☐☐☐

4급 공무원이 당해 지방자치단체 인사위원회의 심의를 거쳐 3급 승진대상자로 결정되고 임용권자가 그 사실을 대내외에 공표한 경우 그 공무원에게 승진임용신청권이 있다.

4급 공무원이 당해 지방자치단체 인사위원회의 심의를 거쳐 3급 승진대상자로 결정되고 임용권자가 그 사실을 대내외에 공표까지 하였다면, 그 공무원은 승진임용에 관한 법률상 이익을 가진 자로서 임용권자에 대하여 **3급 승진임용을 신청할 조리상의 권리**가 있고, 이러한 공무원으로부터 소청심사청구를 통해 승진임용신청을 받은 행정청으로서는 상당한 기간 내에 그 신청을 인용하는 적극적 처분을 하거나 각하 또는 기각하는 등의 소극적 처분을 하여야 할 법률상의 응답의무가 있다. 그럼에도, 행정청이 위와 같은 권리자의 신청에 대해 아무런 적극적 또는 소극적 처분을 하지 않고 있다면 그러한 행정청의 부작위는 그 자체로 위법하다(대판 2009.7.23. 2008두10560). | 정답 | ○

1043
☐☐☐

행정청의 공무원에 대한 의원면직처분은 공무원의 사직의사를 수리하는 소극적 행정행위에 불과하고, 당해 공무원의 사직의사를 확인하는 확인적 행정행위의 성격이 강하며 재량의 여지가 거의 없기 때문에 의원면직처분에서의 행정청의 권한유월 행위는 무권한의 행위로서 당연무효에 해당하고 취소할 수 있는 경우란 상정하기 어렵다.

행정청의 권한에는 사무의 성질 및 내용에 따르는 제약이 있고, 지역적 · 대인적으로 한계가 있으므로 이러한 권한의 범위를 넘어서는 **권한유월의 행위**는 무권한 행위로서 **원칙적으로 무효**라고 할 것이나, 행정청의 **공무원에 대한 의원면직처분**은 공무원의 사직의사를 수리하는 소극적 행정행위에 불과하고, 당해 공무원의 사직의사를 확인하는 확인적 행정행위의 성격이 강하며 재량의 여지가 거의 없기 때문에 의원면직처분에서의 행정청의 권한유월 행위를 다른 일반적인 행정행위에서의 그것과 반드시 같이 보아야 할 것은 아니다(대판 2007.7.26. 2005두15748). | 정답 | X

1044
☐☐☐

각급학교 교원이 징계처분을 받은 때에는 교원소청심사위원회(이하 '위원회'라 함)에 소청심사를 청구할 수 있고, 위원회가 그 심사청구를 기각하거나 원 징계처분을 변경하는 결정을 한 때에는 법원에 행정소송을 제기할 수 있다.

교원지위향상을 위한 특별법 규정의 내용 등을 종합해 보면, 각급학교 교원이 징계처분을 받은 때에는 위원회에 소청심사를 청구할 수 있고, 위원회가 그 심사청구를 기각하거나 원 징계처분을 변경하는 처분을 한 때에는 다시 법원에 행정소송을 제기할 수 있다(대판 2013.7.25. 2012두12297). | 정답 | ○

1045
☐☐☐

국 · 공립학교 교원에 대한 징계처분의 경우에는 원 징계처분 자체가 행정처분이므로 그에 대하여 위원회에 소청심사를 청구하고 위원회의 기각결정이 있은 후 그에 불복하는 행정소송이 제기되더라도 그 심판대상은 원 징계처분이 되는 것이 원칙이다.

국 · 공립학교 교원에 대한 징계처분의 경우에는 원 징계처분 자체가 행정처분이므로 그에 대하여 위원회에 **소청심사를 청구**하고 위원회의 결정이 있은 후 그에 불복하는 **행정소송이 제기**되더라도 그 **심판대상**은 교육감 등에 의한 **원 징계처분**이 되는 것이 원칙이다. 다만 위원회의 심사절차에 위법사유가 있다는 등 고유의 위법이 있는 경우에 한하여 위원회의 결정이 소송에서의 심판대상이 된다. 따라서 그 행정소송의 피고도 위와 같은 예외적 경우가 아닌 한 원처분을 한 처분청이 되는 것이지 위원회가 되는 것이 아니다(대판 2013.7.25. 2012두12297).

│ 정답 │ ○

[22 변시]

1046
□□□

사립학교 교원에 대한 징계처분의 경우에는 학교법인 등의 징계처분은 행정처분이 아니므로 그에 대한 소청심사청구에 따라 위원회가 한 결정이 행정처분이고, 행정소송에서의 심판대상은 학교법인 등의 원 징계처분이 아니라 위원회의 결정이 되며, 따라서 피고도 행정청인 위원회가 된다.

사립학교 교원에 대한 징계처분의 경우에는 학교법인 등의 징계처분은 행정처분성이 없는 것이고 그에 대한 소청심사청구에 따라 **위원회가 한 결정이 행정처분**이고 교원이나 학교법인 등은 그 결정에 대하여 행정소송으로 다투는 구조가 되므로, **행정소송에서의 심판대상은 학교법인 등의 원 징계처분이 아니라 위원회의 결정**이 되고, 따라서 피고도 행정청인 위원회가 되는 것이며, 법원이 위원회의 결정을 취소한 판결이 확정된다고 하더라도 위원회가 다시 그 소청심사청구사건을 재심사하게 될 뿐 학교법인 등이 곧바로 위 판결의 취지에 따라 재징계 등을 하여야 할 의무를 부담하는 것은 아니다(대판 2013.7.25. 2012두12297).

│ 정답 │ ○

[22 변시]

1047
□□□

위원회가 사립학교 교원의 심사청구를 인용하거나 원 징계처분을 변경하는 결정을 한 때에는 징계권자는 이에 기속되고 위원회의 결정에 불복할 수 없다.

위원회가 교원의 심사청구를 인용하거나 원 징계처분을 변경하는 처분을 한 때에는 처분권자는 이에 기속되고 원 징계처분이 국 · 공립학교 교원에 대한 것이면 처분청은 불복할 수도 없지만, 사립학교 교원에 대한 것이면 그 학교법인 등은 위원회 결정에 불복하여 법원에 행정소송을 제기할 수 있다(대판 2013.7.25. 2012두 12297).

│ 정답 │ X

[22 변시]

1048
□□□

국 · 공립학교 교원의 심사청구를 인용하거나 원 징계처분을 변경하는 위원회의 결정은 징계권자에 대하여 기속력을 가지고 이는 그 결정의 주문에 포함된 사항뿐 아니라 그 전제가 된 요건사실의 인정과 판단에까지 미친다.

교원소청심사위원회의 결정은 처분청에 대하여 기속력을 가지고 이는 그 결정의 주문에 포함된 사항뿐 아니라 그 전제가 된 요건사실의 인정과 판단, 즉 처분 등의 구체적 위법사유에 관한 판단에까지 미친다(대판 2013.7.25. 2012두12297).

│ 정답 │ ○

1049
☐☐☐

「국가공무원법」상 직위해제처분은 '공무원 인사 관계 법령에 따른 징계와 그 밖의 처분'에 해당하지만, 당해 행정작용의 성질상 행정절차를 거치기 곤란하거나 불필요하다고 인정되는 사항 또는 행정절차에 준하는 절차를 거친 사항이라 볼 수 없으므로 「행정절차법」의 규정이 적용된다.

국가공무원법(이하 '법') 73조의3 1항에 규정한 직위해제는 일반적으로 공무원이 직무수행능력이 부족하거나 근무성적이 극히 불량한 경우, 공무원에 대한 징계절차가 진행 중인 경우, 공무원이 형사사건으로 기소된 경우 등에 있어서 당해 공무원이 장래에 있어서 계속 직무를 담당하게 될 경우 예상되는 업무상의 장애, 공무집행 및 행정의 공정성과 그에 대한 국민의 신뢰저해 등을 예방하기 위하여 일시적인 인사조치로서 당해 공무원에게 직위를 부여하지 아니함으로써 직무에 종사하지 못하도록 하는 잠정적이고 가처분적인 성격을 가진 조치이다. 따라서 그 성격상 과거공무원의 비위행위에 대한 공직질서 유지를 목적으로 행하여지는 징벌적 제재로서의 징계 등에서 요구되는 것과 같은 동일한 절차적 보장을 요구할 수는 없는바, 직위해제에 관한 법 73조의3 1항 2호 및 3항은 임용권자는 직무수행 능력이 부족하거나 근무성적이 극히 나쁜 자에게 직위해제 처분을 할 수 있고, 직위해제된 자에게는 3개월의 범위에서 대기를 명한다고 규정하면서, 법 75조 및 76조 1항에서 공무원에 대하여 직위해제를 할 때에는 그 처분권자 또는 처분제청권자는 처분사유를 적은 설명서를 교부하도록 하고, 처분사유 설명서를 받은 공무원이 그 처분에 불복할 때에는 그 설명서를 받은 날부터 30일 이내에 소청심사청구를 할 수 있도록 함으로써 임용권자가 직위해제처분을 행함에 있어서 구체적이고도 명확한 사실의 적시가 요구되는 처분사유 설명서를 반드시 교부하도록 하여 해당 공무원에게 방어의 준비 및 불복의 기회를 보장하고 임용권자의 판단에 신중함과 합리성을 담보하게 하고 있고, 직위해제처분을 받은 공무원은 사후적으로 소청이나 행정소송을 통하여 충분한 의견진술 및 자료제출의 기회를 보장하고 있다. 그리고 위와 같이 대기명령을 받은 자가 그 기간에 능력 또는 근무성적의 향상을 기대하기 어렵다고 인정되면 법 70조 1항 5호에 의해 직권면직 처분을 받을 수 있지만 이 경우에는 같은 조 2항 단서에 의하여 징계위원회의 동의를 받도록 하고 있어 절차적 보장이 강화되어 있다.
그렇다면 국가공무원법상 **직위해제처분**은 구 행정절차법 3조 2항 9호, 구 행정절차법 시행령 2조 3호에 의하여 당해 행정작용의 성질상 행정절차를 거치기 곤란하거나 불필요하다고 인정되는 사항 또는 행정절차에 준하는 절차를 거친 사항에 해당하므로, 처분의 사전통지 및 의견청취 등에 관한 **행정절차법의 규정이 별도로 적용되지 않는다**(대판 2014.5.16. 2012두26180, 표준판례 150).　　　 | 정답 | X

1050
☐☐☐

「국가공무원법」은 공무원의 보수 등에 관하여 '근무조건 법정주의'를 규정하고 있지 않아, 국가 예산에 계상되어 있으면 공무원 보수 지급이 가능하다.

국가공무원법은 공무원의 보수 등에 관하여 이른바 '근무조건 법정주의'를 규정하고 있다. … 그리고 공무원보수규정 31조에 따라 공무원의 수당 등 보수는 예산의 범위에서 지급되는데, 여기서 '예산의 범위에서'란 문제 되는 보수 항목이 국가예산에 계상되어 있을 것을 요한다는 의미이다.
이와 같이 공무원 보수 등 근무조건은 법률로 정하여야 하고, 국가예산에 계상되어 있지 아니하면 공무원 보수의 지급이 불가능한 점 등에 비추어 볼 때, 공무원이 국가를 상대로 실질이 **보수**에 해당하는 금원의 지급을 구하려면 공무원의 '근무조건 법정주의'에 따라 국가공무원법령 등 공무원의 보수에 관한 법률에 지급근거가 되는 **명시적 규정**이 존재하여야 하고, 나아가 해당 보수 항목이 **국가예산에도 계상**되어 있어야만 한다(대판 2016.8.25. 2013두14610).　　　 | 정답 | X

1051
☐☐☐

상관의 지시나 명령 그 자체에는 따르면서도 그것이 위헌·위법이라는 이유로 헌법소원 등 재판청구권을 행사하는 것은 상관의 지시나 명령을 따르지 않겠다는 의사를 표명한 것으로 볼 수 있어 공무원의 복종의무위반으로 평가된다.

군인이 일반적인 복종의무가 있는 상관의 지시나 명령에 대하여 재판청구권을 행사하는 경우 재판청구권이 군인의 복종의무와 외견상 충돌하는 모습으로 나타날 수 있다.

그러나 상관의 지시나 명령 그 자체를 따르지 않는 행위와 상관의 지시나 명령은 준수하면서도 그것이 위법·위헌이라는 이유로 재판청구권을 행사하는 행위는 **구별되어야** 한다. 법원이나 헌법재판소에 법적 판단을 청구하는 것 자체로는 상관의 지시나 명령에 직접 위반되는 결과가 초래되지 않으며, 재판절차가 개시되더라도 종국적으로는 사법적 판단에 따라 위법·위헌 여부가 판가름 나므로 재판청구권 행사가 곧바로 군에 대한 심각한 위해나 혼란을 야기한다고 상정하기도 어렵다. 상관의 지시나 명령을 준수하는 이상 그에 대하여 소를 제기하거나 헌법소원을 청구하였다는 사실만으로 상관의 지시나 명령을 따르지 않겠다는 의사를 표명한 것으로 간주할 수도 없다.

따라서 군인이 상관의 지시나 명령에 대하여 재판청구권을 행사하는 경우에 그것이 위법·위헌인 지시와 명령을 시정하려는 데 목적이 있을 뿐, 군 내부의 상명하복관계를 파괴하고 명령불복종 수단으로서 재판청구권의 외형만을 빌리거나 그 밖에 다른 불순한 의도가 있지 않다면, **정당한 기본권의 행사**이므로 군인의 복종의무를 위반하였다고 볼 수 없다(대판[전합] 2018.3.22. 2012두26401). | 정답 | X

1052
☐☐☐

공무원의 신분과 권리에 관한 설명 중 옳지 않은 것은?

ㄱ. 학력요건을 갖추지 못한 甲이 허위의 고등학교 졸업증명서를 제출하여 하사관에 지원했다는 이유로 하사관 임용일로부터 30년이 지나서 한 임용취소처분은 적법하며, 甲이 위 처분에 불복하여 신뢰이익을 원용할 수 없음은 물론 행정청이 이를 고려하지 아니하였다고 하여도 재량권의 남용이 되지 않는다.

처분의 하자가 당사자의 사실은폐나 기타 사위의 방법에 의한 신청행위에 기인한 것이라면 당사자는 그 처분에 의한 이익이 위법하게 취득되었음을 알아 그 취소가능성도 예상하고 있었다고 할 것이므로 그 자신이 위 처분에 관한 신뢰이익을 원용할 수 없음은 물론 행정청이 이를 고려하지 아니하였다고 하여도 재량권의 남용이 되지 않는다. 허위의 고등학교 졸업증명서를 제출하는 사위의 방법에 의한 하사관 지원의 하자를 이유로 하사관 임용일로부터 33년이 경과한 후에 행정청이 행한 하사관 및 준사관 임용취소처분이 적법하다(대판 2002.2.5. 2001두5286, 표준판례 99). | 정답 | ○

ㄴ. 퇴직연금수급권의 기초가 되는 급여의 사유가 이미 발생한 후에 장래 이행기가 도래하는 퇴직연금수급권의 내용을 변경하는 것은 이미 완성 또는 종료된 과거 사실 또는 법률관계에 새로운 법률을 소급적으로 적용하여 과거를 법적으로 새로이 평가하는 것이어서 소급입법에 의한 재산권 침해가 된다.

퇴직연금수급권의 기초가 되는 급여의 사유가 이미 발생한 후에 그 퇴직연금수급권을 대상으로 하지만, 이미 발생하여 이행기에 도달한 퇴직연금수급권의 내용을 변경함이 없이 장래 이행기가 도래하는 퇴직연금수급권의 내용만을 변경하는 것에 불과하여, 이미 완성 또는 종료된 과거 사실 또는 법률관계에 새로운 법률을

소급적으로 적용하여 과거를 법적으로 새로이 평가하는 것이 아니므로 소급입법에 의한 재산권 침해가 될 수 없다(대판 2014.4.24. 2013두26552, 표준판례 20). | 정답 | X

[22 경찰간부]

1053
☐☐☐

공무원이 상급행정기관이나 감독권자의 직무상 명령을 위반하였다는 점을 징계사유로 삼으려면 직무상 명령이 상위법령에 반하지 않는 적법·유효한 것이어야 한다.

공무원이 상급행정기관이나 감독권자의 **직무상 명령을 위반**하였다는 점을 **징계사유로 삼으려면 직무상 명령이** 상위법령에 반하지 않는 **적법·유효한 것이어야** 한다(대판 2020.11.26. 2020두42262). | 정답 | ○

[22-2]

1054
☐☐☐

X사립대학교 교원 甲은 근무태도 불량을 이유로 X학교법인으로부터 해임통지를 받았다. Y국립대학교 교원 乙은 뇌물수수혐의로 Y국립대학교 총장으로부터 파면통지를 받았다. 甲과 乙은 각각 교원소청심사위원회(이하 '위원회')에 징계처분의 취소를 구하는 심사청구를 제기하였다. 이에 관한 설명으로 옳은 것은?

ㄱ. 甲의 심사청구에 대하여 위원회가 해임결정을 정직으로 변경하는 결정을 한 경우, 위원회의 이 결정은 행정심판의 재결에 해당하여 그 자체로 기속력을 갖는다.

사립학교 교원에 대한 해임처분에 대한 구제방법으로 학교법인을 상대로 한 **민사소송** 이외 교원지위향상을 위한특별법 7 내지 10조에 따라 교육부 내에 설치된 **교원징계재심위원회에 재심청구**를 하고 교원징계재심위원회의 **결정에 불복**하여 **행정소송**을 제기하는 방법도 있으나, 이 경우에도 **행정소송의 대상**이 되는 행정처분은 교원징계재심위원회의 결정이지 학교법인의 해임처분이 행정처분으로 의제되는 것이 아니며 또한 **교원징계재심위원회의 결정**을 이에 대한 **행정심판으로서의 재결**에 해당되는 것으로 볼 수는 **없다**(대판 1993.2.12. 92누13707). | 정답 | X

ㄴ. 甲의 심사청구에 대하여 위원회가 인용결정을 한 경우, X학교법인은 위원회를 상대로 민사소송을 제기하여 인용결정의 무효확인을 구할 수 있다.

교원지위 향상을 위한 특별법 10조 3항, 대학교원 기간임용제 탈락자 구제를 위한 특별법 10조 2항, 사립학교법 53조의2 1항, 2항 규정들의 내용 및 원래 교원만이 교원소청심사위원회의 결정에 대하여 행정소송을 제기할 수 있도록 한 구 교원지위 향상을 위한 특별법 10조 3항이 헌법재판소의 위헌결정(헌재 2006.2.23. 2005헌가7 등)에 따라 학교법인 및 사립학교 경영자뿐 아니라 소청심사의 피청구인이 된 학교의 장 등도 행정소송을 제기할 수 있도록 현재와 같이 개정된 경위, 학교의 장은 학교법인의 위임 등을 받아 교원에 대한 징계처분, 인사발령 등 각종 업무를 수행하는 등 독자적 기능을 수행하고 있어 이러한 경우 하나의 활동단위로 특정될 수 있는 점까지 아울러 고려하여 보면, 교원소청심사위원회의 결정에 대하여 행정소송을 제기할 수 있는 자에는 교원지위 향상을 위한 특별법 10조 3항에서 명시하고 있는 교원, 사립학교법 2조에 의한 학교법인, 사립학교 경영자뿐 아니라 소청심사의 피청구인이 된 학교의 장도 포함된다(대판 2011.6.24. 2008두9317). | 정답 | X

ㄷ. 乙의 심사청구에 대하여 위원회가 파면처분을 해임처분으로 변경하는 결정을 한 경우, 乙은 Y국립대학교 총장을 상대로 해임처분으로 변경된 당초 처분에 대한 취소소송을 제기할 수 있다.

Y국립대학교 총장의 파면통지가 원처분에 해당하고, 위원회의 결정은 재결에 해당한다. 이 경우에도 원처분주의가 적용되기에 재결에 고유한 위법이 있는 경우에만 재결에 대하여 행정소송을 제기할 수 있다(행정소송법 19조). **파면처분이 해임처분으로 변경**된 것은 **유리한 재결**이고, 판례에 따르면 <u>이러한 조치가 위법하다는 사유는 재결 자체에 **고유한 위법**을 주장</u>하는 것으로 볼 수 **없다**. 따라서 乙은 원처분청인 Y국립대학교 총장을 상대로 해임처분으로 변경된 당초 처분에 대하여 취소소송을 제기하여야 한다.
[판례] 항고소송은 원칙적으로 당해 처분을 대상으로 하나, <u>당해 처분에 대한 재결 자체에 고유한 주체, 절차, 형식 또는 내용상의 위법이 있는 경우에 한하여 그 재결을 대상으로 할 수 있다고 해석되므로, 징계혐의자에 대한 감봉 1월의 징계처분을 견책으로 변경한 소청결정 중 그를 견책에 처한 조치는 재량권의 남용 또는 일탈로서 위법하다는 사유는 소청결정 자체에 고유한 위법을 주장하는 것으로 볼 수 없어 소청결정의 취소사유가 될 수 없다</u>(대판 1993.8.24. 93누5673). | 정답 | O

ㄹ. 乙의 심사청구에 대하여 위원회가 인용결정을 한 경우, Y국립대학교 총장은 위원회를 상대로 인용결정의 취소를 구하는 행정소송을 제기할 수 있다.

행정심판법 37조 1항은 "재결은 피청구인인 행정청과 그 밖의 관계행정청을 기속한다"고 규정하였고, 이에 따라 <u>처분행정청은 재결에 기속되어 재결의 취지에 따른 처분의무를 부담하게 되므로 이에 불복하여 행정소송을 제기할 수 없다</u> 할 것이며 그렇다고 하더라도 위 법령의 규정이 지방자치의 내재적 제약의 범위를 일탈하여 헌법상의 지방자치의 제도적 보장을 침해하는 것으로 볼 수는 없다(대판 1998.5.8. 97누15432, 표준판례 302). | 정답 | X

ㅁ. 甲과 乙의 심사청구에 대하여 위원회가 기각결정을 한 경우, 甲과 乙은 기각결정의 취소를 구하는 행정소송을 제기하여 권리구제를 받을 수 있다.

국립대학교 교원 乙의 경우, **위원회의 기각결정**은 원처분을 확정하는 재결이고, 이러한 결정은 청구인에게 **새로운 불이익이 없으므로**, 결정에 대한 위법 주장은 결정 자체의 고유한 위법성 주장이 아닌, **원처분에 대한 위법성 주장**에 해당한다. 행정소송법 19조에 의하여 재결의 고유한 위법이 있는 경우에만 재결에 대하여 행정소송을 제기할 수 있으므로, **乙은 기각결정의 취소를 구하는 행정소송**을 제기하여 권리구제를 받을 수 **없다**. 반면, **사립대학교 교원 甲의 경우**, 위원회의 결정이 원처분이므로, **기각결정의 취소를 구하는 행정소송을 제기**하여 권리구제를 받을 수 있다.
[판례] 항고소송은 원칙적으로 당해 처분을 대상으로 하나, <u>당해 처분에 대한 재결 자체에 고유한 주체, 절차, 형식 또는 내용상의 위법이 있는 경우에 한하여 그 재결을 대상으로 할 수 있다고 해석되므로, 징계혐의자에 대한 감봉 1월의 징계처분을 견책으로 변경한 소청결정 중 그를 견책에 처한 조치는 재량권의 남용 또는 일탈로서 위법하다는 사유는 소청결정 자체에 고유한 위법을 주장하는 것으로 볼 수 없어 소청결정의 취소사유가 될 수 없다</u>(대판 1993.8.24. 93누5673). | 정답 | X

제4장 | 공물법

[19 변시]

1055
☐☐☐

판례에 의하면 하천과 같은 자연공물의 경우에는 그것이 자연의 상태에 있어서 일반 공중의 사용에 제공될 수 있는 실체를 갖추고 있으면 공용개시행위를 요함이 없이 그 자체로서 공물로 성립한다.

국유 하천부지는 자연의 상태 그대로 공공용에 제공될 수 있는 실체를 갖추고 있는 **이른바 자연공물로서** 별도의 **공용개시행위가 없더라도** 행정재산이 되고 그 후 본래의 용도에 공여되지 않는 상태에 놓여 있더라도 국유재산법령에 의한 **용도폐지를 하지 않은 이상** 당연히 잡종재산으로 된다고는 할 수 없으며, 농로나 구거와 같은 이른바 인공적 공공용 재산은 법령에 의하여 지정되거나 행정처분으로 공공용으로 사용하기로 결정한 경우, 또는 행정재산으로 실제 사용하는 경우의 어느 하나에 해당하면 행정재산이 된다(대판 2007.6.1. 2005도7523).

| 정답 | ○

[19 변시]

1056
☐☐☐

판례에 의하면 공용폐지의 의사표시는 명시적인 방법으로 이루어져야 하며 묵시적인 방법으로는 이루어질 수 없다.

행정재산에 대한 공용폐지의 의사표시는 **명시적이든 묵시적이든 상관이 없으나 적법한 의사표시가** 있어야 하고, 행정재산이 **사실상 본래의 용도에 사용되지 않고 있다는 사실만으로** 용도폐지의 의사표시가 있었다고 볼 수는 없으므로 행정청이 행정재산에 속하는 1필지 토지 중 일부를 그 필지에 속하는 토지인줄 모르고 본래의 용도에 사용하지 않는다는 사실만으로 묵시적으로나마 그 부분에 대한 용도폐지의 의사표시가 있었다고 할 수 없다(대판 1997.3.14. 96다43508).

| 정답 | X

[21-3, 20-3]

1057
☐☐☐

「국유재산법」과 「공유재산 및 물품관리법」에 따르면 행정재산은 처분할 수 없고, 대부나 교환 및 양여·신탁 등이 일체 금지되며 사권을 설정할 수 없다.

> **국유재산법 제27조(처분의 제한)** ① 행정재산은 처분하지 못한다. 다만, 다음 각 호의 어느 하나에 해당하는 경우에는 교환하거나 양여할 수 있다.
> **공유재산법 제19조(처분 등의 제한)** ① 행정재산은 대부·매각·교환·양여·신탁 또는 대물변제 하거나 출자의 목적으로 하지 못하며, 이에 사권을 설정하지 못한다. 다만, 다음 각 호의 어느 하나에 해당하는 경우에는 그러하지 아니하다.

| 정답 | X

[20-3]

1058
☐☐☐

「도로법」이나 「하천법」에 따르면 도로나 하천에 대해서는 사권을 행사할 수 없으나, 다만 소유권이전의 대상이 되고 저당권을 설정할 수도 있다.

도로법 제4조(사권의 제한) 도로를 구성하는 부지, 옹벽, 그 밖의 시설물에 대해서는 <u>사권(私權)을 행사할 수 없다. 다만, 소유권을 이전하거나 저당권을 설정하는 경우에는 사권을 행사할 수 있다.</u>
하천법 제4조(하천관리의 원칙) ② 하천을 구성하는 토지와 그 밖의 하천시설에 대하여는 <u>사권(私權)을 행사할 수 없다. 다만, 다음 각 호의 어느 하나에 해당하는 경우에는 그러하지 아니하다.</u>
  1. 소유권을 이전하는 경우
  2. 저당권을 설정하는 경우

| 정답 | ○

[20-3]

1059
☐☐☐

사인 소유의 토지가 도로관리청의 공용개시로 인해 도로가 되었다면 사권행사가 제한되므로, 「도로법」 제99조에 의해 손실보상의 대상이 된다.

<u>도로의 공용개시행위로 인하여 공물로 성립한 **사인 소유의 도로부지** 등에 대하여 도로법 5조(현 4조)에 따라 사권의 행사가 제한됨으로써 그 소유자가 손실을 받았다고 하더라도 이와 같은 사권의 제한은 건설교통부장관 또는 기타의 행정청이 행한 것이 아니라 도로법이 도로의 공물로서의 특성을 유지하기 위하여 필요한 범위 내에서 제한을 가하는 것이므로, 이러한 경우 도로부지 등의 소유자는 국가나 지방자치단체를 상대로 하여 부당이득반환청구나 손해배상청구를 할 수 있음은 별론으로 하고 도로법 79조(현 99조)에 의한 손실보상청구를 할 수는 없다</u>(대판 2006.9.28. 2004두13639).

| 정답 | X

[22 경찰간부]

1060
☐☐☐

어떤 토지가 개설경위를 불문하고 일반 공중의 통행에 공용되는 도로, 즉 공로가 되면 그 부지의 소유권 행사는 제약을 받게 되며, 이는 소유자가 수인하여야 하는 재산권의 사회적 제약에 해당하므로, 공로부지의 소유자가 이를 점유·관리하는 지방자치단체를 상대로 공로로 제공된 도로의 철거, 점유 이전 또는 통행금지를 청구하는 것은 법질서상 원칙적으로 허용될 수 없는 '권리남용'이라고 보아야 한다.

<u>어떤 토지가 개설경위를 불문하고 일반 공중의 통행에 공용되는 도로, 즉 공로가 되면 그 부지의 소유권 행사는 제약을 받게 되며, 이는 소유자가 수인하여야 하는 재산권의 사회적 제약에 해당한다. 따라서 공로부지의 소유자가 이를 점유·관리하는 지방자치단체를 상대로 공로로 제공된 도로의 철거, 점유 이전 또는 통행금지를 청구하는 것은 법질서상 원칙적으로 허용될 수 없는 '권리남용'이라고 보아야 한다</u>(대판 2021.3.11. 2020다229239).

| 정답 | ○

[20-3]

1061
☐☐☐

국유의 도로나 하천에 대해서는 저당권을 설정할 수 있으므로 다른 국유재산이나 공유재산과 달리 도로나 하천 자체가 강제집행의 대상이 될 수 있다.

도로 및 하천에 대한 강제집행은 도로법 3조 및 하천법 4조 2항이 소유권의 이전 및 저당권의 설정을 인정하므로 인정된다고 볼 수도 있으나 민사소송법이 국가에 대한 강제집행은 국고금의 압류에 의한다고 규정하고 있으므로 **국유의 도로 및 하천**에 대하여는 강제집행이 인정되지 않고, 국유재산법이나 공유재산법에 의하면 국유·공유공물에 대하여는 사권설정이 인정되지 않으므로 국·공유공물은 강제집행의 대상이 될 수 없고, 사유공물만이 강제집행의 대상이 된다(박균성, 「행정법강의」(제18판), 1151쪽). | 정답 | X

[20-3]

1062
☐☐☐

「문화재보호법」상 지정문화재는 「국유재산법」과 「공유재산 및 물품관리법」상 행정재산과 달리 소유권의 이전이 허용되지만 사용·수익은 할 수 없다.

문화재보호법은 국가지정문화재에 사권의 설정이나 이전을 인정하는 전제 하에, 국가지정문화재의 소유자가 변경된 경우 문화재청장에게 신고하도록 하고 있다(김남철, 행정법강론(제6판), 1203쪽).

> **문화재보호법 제83조(토지의 수용 또는 사용)** ① 문화재청장이나 지방자치단체의 장은 문화재의 보존·관리를 위하여 필요하면 **지정문화재**나 그 보호구역에 있는 토지, 건물, 나무, 대나무, 그 밖의 공작물을 「공익사업을 위한 토지 등의 취득 및 보상에 관한 법률」에 따라 수용(收用)하거나 사용할 수 있다.

| 정답 | X

1063
☐☐☐

「국유재산법」과 「공유재산 및 물품 관리법」은 행정재산의 시효취득을 명문으로 부정하고 있다.

> **국유재산법 제7조(국유재산의 보호)** ② 행정재산은 「민법」 제245조에도 불구하고 시효취득(時效取得)의 대상이 되지 아니한다.
> **공유재산법 제6조(공유재산의 보호)** ② 행정재산은 「민법」 제245조에도 불구하고 시효취득(時效取得)의 대상이 되지 아니한다.

| 정답 | ○

1064
☐☐☐

판례는 공물이 사실상 본래의 용도에 사용되고 있지 않거나 행정주체가 점유를 상실하였다는 정도의 사정만으로 충분히 묵시적 공용폐지를 인정할 수 있다고 본다.

공용폐지의 의사표시는 묵시적인 방법으로도 가능하나 행정재산이 본래의 용도에 제공되지 않는 상태에 있다는 사정만으로는 묵시적인 공용폐지의 의사표시가 있다고 볼 수 없으며, 또한 공용폐지의 의사표시는 적법한 것이어야 하는바, 행정재산은 공용폐지가 되지 아니한 상태에서는 사법상 거래의 대상이 될 수 없으므로 관재당국이 착오로 행정재산을 다른 재산과 교환하였다 하여 그러한 사정만으로 적법한 공용폐지의 의사표시가 있다고 볼 수도 없다(대판 1998.11.10. 98다42974). | 정답 | X

1065
☐☐☐

공유수면으로서 자연공물인 바다의 일부가 매립에 의하여 토지로 변경된 경우에 공용폐지가 가능하며, 이 경우 공용폐지의 의사표시는 명시적 의사표시뿐만 아니라 묵시적 의사표시도 무방하다.

묵시적 공용폐지의사는 관리청의 **점유상실 · 기능상실**만으로 **부족**하고, 묵시적 의사를 추단할 **특별한 사정**이 있어야 한다. 공유수면의 **일부가 매립**되어 **사실상 대지화한** 경우 **형체소멸**에 불과하므로, 행정청의 **묵시적 공용폐지가 없다면** 공물로서의 **성질을 보유**한다.

[판례] 공유수면으로서 자연공물인 바다의 일부가 매립에 의하여 토지로 변경된 경우에 다른 공물과 마찬가지로 공용폐지가 가능하다고 할 것이며, 이 경우 공용폐지의 의사표시는 명시적 의사표시뿐만 아니라 묵시적 의사표시도 무방하다. 공물의 공용폐지에 관하여 국가의 **묵시적인 의사표시**가 있다고 인정되려면 공물이 사실상 본래의 용도에 사용되고 있지 않다거나 행정주체가 점유를 상실하였다는 정도의 사정만으로는 부족하고, 주위의 사정을 종합하여 **객관적으로 공용폐지 의사의 존재가 추단될 수 있어야** 한다(대판 2009.12.10. 2006다87538). | 정답 | ○

1066
☐☐☐

공물의 인접주민은 다른 일반인보다 인접공물의 일반사용에 있어 특별한 이해관계를 가지는 경우가 있고, 그러한 의미에서 다른 사람에게 인정되지 아니하는 이른바 고양된 일반사용권이 보장될 수 있다.

공물의 인접주민은 다른 일반인보다 인접공물의 일반사용에 있어 특별한 이해관계를 가지는 경우가 있고, 그러한 의미에서 다른 사람에게 인정되지 아니하는 **이른바 고양된 일반사용권이 보장**될 수 있으며, 이러한 고양된 일반사용권이 침해된 경우 다른 개인과의 관계에서 민법상으로도 보호될 수 있으나, 그 권리도 공물의 일반사용의 범위 안에서 인정되는 것이므로, 특정인에게 어느 범위에서 이른바 고양된 일반사용권으로서의 권리가 인정될 수 있는지의 여부는 당해 공물의 목적과 효용, 일반사용관계, 고양된 일반사용권을 주장하는 사람의 법률상의 지위와 당해 공물의 사용관계의 인접성, 특수성 등을 종합적으로 고려하여 판단하여야 한다. 따라서 구체적으로 공물을 사용하지 않고 있는 이상 그 공물의 인접주민이라는 사정만으로는 공물에 대한 고양된 일반사용권이 인정될 수 없다(대판 2006.12.22. 2004다68311). | 정답 | ○

1067
☐☐☐

행정목적을 위하여 공용되는 행정재산은 공용폐지가 되지 않는 한 사법상 거래의 대상이 될 수 없으므로 취득시효의 대상도 되지 않는 것이고, 공물의 용도폐지 의사표시는 명시적이든 묵시적이든 불문하나 적법한 의사표시여야 한다.

행정재산은 공용이 폐지되지 않는 한 사법상 거래의 대상이 될 수 없으므로 취득시효의 대상이 되지 않는다. 공용폐지의 의사표시는 명시적이든 묵시적이든 상관이 없으나 적법한 의사표시가 있어야 하고, 행정재산이 사실상 본래의 용도에 사용되지 않고 있다는 사실만으로 용도폐지의 의사표시가 있었다고 볼 수는 없으며, 원래의 행정재산이 공용폐지되어 취득시효의 대상이 된다는 사실에 대한 입증책임은 시효취득을 주장하는 자에게 있다(대판 1994.3.22. 93다56220). | 정답 | ○

1068
☐☐☐

취득시효가 인정될 수 있는 공유재산인 일반재산(구 잡종재산)의 경우 그 취득시효가 완성되기 위해서는 그 공유재산이 취득시효 기간 동안 계속하여 일반재산이어야 할 필요는 없다.

구 지방재정법 74조 2항은 "공유재산은 민법 245조의 규정에 불구하고 시효취득의 대상이 되지 아니한다. 다만, 잡종재산(현 일반재산)의 경우에는 그러하지 아니하다"라고 규정하고 있으므로, 구 지방재정법상 공유재산에 대한 취득시효가 완성되기 위하여는 그 공유재산이 **취득시효기간 동안** 계속하여 시효취득의 대상이 될 수 있는 잡종재산이어야 하고, 이러한 점에 대한 증명책임은 시효취득을 주장하는 자에게 있다(대판 2009.12.10. 2006다19177). | 정답 | X

1069
☐☐☐

하천의 점용허가권은 특허에 의한 공물사용권의 일종으로서 하천의 관리주체에 대하여 일정한 특별사용을 청구할 수 있는 채권에 지나지 아니하고 대세적 효력이 있는 물권이라 할 수 없다.

하천의 점용허가권은 특허에 의한 공물사용권의 일종으로서 하천의 관리주체에 대하여 일정한 특별사용을 청구할 수 있는 **채권에 지나지 아니하고** 대세적 효력이 있는 물권이라 할 수 없다(대판 1990.2.13. 89다카23022). | 정답 | ○

1070
☐☐☐

「하천법」에 의한 하천수 사용권은 특허에 의한 공물사용권의 일종이다.

하천법 50조에 의한 하천수 사용권은 하천법 33조에 의한 하천의 점용허가에 따라 해당 하천을 점용할 수 있는 권리와 마찬가지로 **특허에 의한 공물사용권**의 일종으로서, 양도가 가능하고 이에 대한 민사집행법상의 집행 역시 가능한 독립된 재산적 가치가 있는 구체적인 권리라고 보아야 한다. 따라서 하천법 50조에 의한 하천수 사용권은 공익사업을 위한 토지 등의 취득 및 보상에 관한 법률 76조 1항이 손실보상의 대상으로 규정하고 있는 '물의 사용에 관한 권리'에 해당한다(대판 2018.12.27. 2014두11601). | 정답 | ○

1071
☐☐☐

지방자치단체가 개인 소유의 부동산을 매수한 후 유지를 조성하여 공용개시를 하였다고 하더라도 법률의 규정에 의하여 등기를 거칠 필요 없이 부동산의 소유권을 취득하는 특별한 경우가 아닌 한 부동산에 대한 소유권이전등기를 거치기 전에는 소유권을 취득할 수 없는 것이므로 이를 지방자치단체 소유의 공공용물이라고 볼 수 없다.

지방자치단체가 개인 소유의 부동산을 매수한 후 유지를 조성하여 공용개시를 하였다고 하더라도 법률의 규정에 의하여 등기를 거칠 필요 없이 부동산의 소유권을 취득하는 특별한 경우가 아닌 한 부동산에 대한 **소유권이전등기를 거치기 전에는** 소유권을 취득할 수 없는 것이므로 이를 지방자치단체 소유의 공공용물이라고 볼 수 없다(대판 1992.11.24. 92다26574). | 정답 | ○

1072
☐☐☐

도로구역의 결정·고시는 있었지만 아직 도로의 형태를 갖추지는 못한 국유토지도 그 토지를 포함한 일단의 토지에 대하여 도로확장공사 실시계획이 수립되어 일부 공사가 진행 중인 경우에는 시효취득의 대상이 될 수 없다.

국유재산법상의 행정재산이란 국가가 소유하는 재산으로서 직접 공용, 공공용, 또는 기업용으로 사용하거나 사용하기로 결정한 재산을 말한다. 그 중 도로, 공원과 같은 인공적 공공용 재산은 법령에 의하여 지정되거나 행정처분으로써 공공용으로 사용하기로 결정한 경우, 또는 행정재산으로 실제로 사용하는 경우의 어느 하나에 해당하면 행정재산이 되는 것인데, 1980. 1. 4. 법률 3256호로 제정된 도시공원법이 시행되기 이전에 구 도시계획법(2002. 2. 4. 법률 6655호 국토의 계획 및 이용에 관한 법률 부칙 제2조로 폐지)상 공원으로 결정·고시된 국유토지라는 사정만으로는 행정처분으로써 공공용으로 사용하기로 결정한 것으로 보기는 부족하나, 서울특별시장이 구 공원법(1980. 1. 4. 법률 3243호로 폐지되기 전의 것), 구 도시계획법에 따라 **사업실시계획의 인가내용을 고시함으로써** 공원시설의 종류, 위치 및 범위 등이 구체적으로 확정되거나 **도시계획사업의 시행으로 도시공원이 실제로 설치된 토지**라면 공공용물로서 행정재산에 해당한다(대판 2014.11.27. 2014두10769). 이러한 행정재산의 시효취득은 부정된다. | 정답 | ○

1073
☐☐☐

토지의 지목이 도로이고 국유재산대장에 등재되어 있다는 사정만으로 바로 그 토지가 도로로서 행정재산에 해당한다고 할 수는 없다.

국유재산법상의 행정재산이란 국가가 소유하는 재산으로서 직접 공용, 공공용, 또는 기업용으로 사용하거나 사용하기로 결정한 재산을 말하는 것이고(국유재산법 4조 2항 참조), 그 중 도로와 같은 인공적 공공용 재산은 법령에 의하여 지정되거나 행정처분으로써 공공용으로 사용하기로 결정한 경우, 또는 행정재산으로 실제로 사용하는 경우의 어느 하나에 해당하여야 비로소 행정재산이 되는 것인데, 특히 도로는 도로로서의 형태를 갖추고, 도로법에 따른 노선의 지정 또는 인정의 공고 및 도로구역 결정·고시를 한 때 또는 도시계획법 또는 도시재개발법 소정의 절차를 거쳐 도로를 설치하였을 때에 공공용물로서 공용개시행위가 있다고 할 것이므로, **토지의 지목이 도로이고 국유재산대장에 등재되어 있다는 사정만으로** 바로 그 토지가 도로로서 행정재산에 해당한다고 할 수는 없다(대판 2009.10.15. 2009다41533). | 정답 | ○

1074
☐☐☐

공유수면의 일부가 매립되어 사실상 대지화되었다고 하면, 관리청이 공용폐지를 하지 아니하더라도 법적으로 더 이상 공유수면으로서의 성질을 보유하지 못한다.

공유수면은 소위 자연공물로서 그 자체가 직접 공공의 사용에 제공되는 것이므로 공유수면의 일부가 사실상 매립되어 대지화되었다고 하더라도 국가가 공유수면으로서의 **공용폐지를 하지 아니하는 이상** 법률상으로는 여전히 공유수면으로서의 성질을 보유하고 있다(대판 2013.6.13. 2012두2764). | 정답 | X

1075
☐☐☐
관리청이 착오로 행정재산을 다른 재산과 교환하였더라도 그러한 사정만으로 적법한 공용폐지의 의사표시가 있다고 볼 수 없다.

행정재산(시장부지로 사용하던 구거)은 공용폐지가 되지 아니한 상태에서는 사법상 거래의 대상이 될 수 없으므로 **관재당국이 착오로 행정재산을 다른 재산과 교환**하였다는 사정만으로 적법한 공용 폐지의 의사표시가 있다고 볼 수 없다(대판 1998.11.10. 98다42974). ｜정답｜○

1076
☐☐☐
행정재산이 공용폐지되어 시효취득의 대상이 된다는 입증책임은 시효취득을 주장하는 자에게 있다.

공용폐지의 의사표시는 명시적이든 묵시적이든 상관없으나 적법한 의사표시가 있어야 하며, 행정재산이 사실상 본래의 용도에 사용되고 있지 않다는 사실만으로 공용폐지의 의사표시가 있었다고 볼 수 없고, 원래의 행정재산이 공용폐지되어 취득시효의 대상이 된다는 **입증책임은 시효취득을 주장하는 자**에게 있다(대판 1997.8.22. 96다10737). ｜정답｜○

1077
☐☐☐
적법한 개발행위로 인하여 공공용물에 대한 일반사용이 종전에 비하여 제한받게 되었다면 그로 인한 불이익은 손실보상의 대상이 되는 특별한 손실에 해당한다.

일반 공중의 이용에 제공되는 공공용물에 대하여 특허 또는 허가를 받지 않고 하는 일반사용은 다른 개인의 자유이용과 국가 또는 지방자치단체 등의 공공목적을 위한 개발 또는 관리·보존행위를 방해하지 않는 범위 내에서만 허용된다 할 것이므로, 공공용물에 관하여 **적법한 개발행위** 등이 이루어짐으로 말미암아 이에 대한 일정범위의 사람들의 **일반사용이 종전에 비하여 제한**받게 되었다 하더라도 특별한 사정이 없는 한 그로 인한 불이익은 손실보상의 대상이 되는 **특별한 손실**에 해당한다고 할 수 **없다**(대판 2002.2.26. 99다35300). ｜정답｜Ⅹ

1078
☐☐☐
실제 공물을 사용하지 않고 있는 이상 그 공물의 인접주민이라는 사정만으로는 공물에 대한 고양된 일반사용권이 인정될 수 없다.

공물의 인접주민은 다른 일반인보다 인접공물의 일반사용에 있어 특별한 이해관계를 가지는 경우가 있고, 그러한 의미에서 다른 사람에게 인정되지 아니하는 이른바 고양된 일반사용권이 보장될 수 있으며, 이러한 고양된 일반사용권이 침해된 경우 다른 개인과의 관계에서 민법상으로도 보호될 수 있으나, 그 권리도 공물의 일반사용의 범위 안에서 인정되는 것이므로, 특정인에게 어느 범위에서 이른바 고양된 일반사용권으로서의 권리가 인정될 수 있는지의 여부는 당해 공물의 목적과 효용, 일반사용관계, 고양된 일반사용권을 주장하는 사람의 법률상의 지위와 당해 공물의 사용관계의 인접성, 특수성 등을 종합적으로 고려하여 판단하여야 한다. 따라서 **구체적으로 공물을 사용하지 않고 있는 이상** 그 공물의 인접주민이라는 사정만으로는 공물에 대한 고양된 일반사용권이 인정될 수 없다(대판 2006.12.22. 2004다68311). ｜정답｜○

1079
☐☐☐

일반 공중의 이용에 제공되는 해수욕장의 백사장 일부를 관할 시의 특별한 허락 없이 어선을 양육·정박시켜 이용해 온 어선어업자들이 적법한 백사장 개발행위로 인해 백사장 이용을 제한받는 불이익은 손실보상의 대상이 되는 특별한 손실에 해당하지 않는다.

해수욕장 백사장을 허락 없이 선박정박 등으로 사용하는 어선업자들의 이용은 공물의 **일반사용**이고, **적법한 개발행위로 인한 종래의 일반사용의 제한은 손실보상의 대상**이 **아니다**. 어선업자들의 백사장 이용은 **관행어업권이 아니고**, 적법한 개발행위로 인한 일반사용의 제한은 **특별한 희생이 아니기** 때문이다.
[판례] 일반 공중의 이용에 제공되는 공공용물에 대하여 특허 또는 허가를 받지 않고 하는 **일반사용**은 다른 개인의 자유이용과 국가 또는 지방자치단체 등의 공공목적을 위한 개발 또는 관리·보존행위를 방해하지 않는 범위 내에서만 허용된다 할 것이므로, 공공용물에 관하여 **적법한 개발행위** 등이 이루어짐으로 말미암아 이에 대한 일정범위의 사람들의 **일반사용이 종전에 비하여 제한**받게 되었다 하더라도 특별한 사정이 없는 한 그로 인한 불이익은 손실보상의 대상이 되는 **특별한 손실**에 해당한다고 할 수 **없다**(대판 2002.2.26. 99다35300). | 정답 | ○

1080
☐☐☐

도로를 일반적으로 이용하는 사람은 원칙적으로 도로의 용도폐지를 다툴 법률상의 이익이 없다.

일반적으로 도로는 국가나 지방자치단체가 직접 공중의 통행에 제공하는 것으로서 일반국민은 이를 자유로이 이용할 수 있는 것이기는 하나, 그렇다고 하여 그 이용관계로부터 당연히 그 도로에 관하여 특정한 권리나 법령에 의하여 보호되는 이익이 개인에게 부여되는 것이라고까지는 말할 수 없으므로, **일반적인 시민생활에 있어 도로를 이용만 하는 사람은** 그 용도폐지를 다툴 법률상의 이익이 있다고 말할 수 없지만, 공공용재산이라고 하여도 당해 공공용재산의 성질상 특정개인의 생활에 **개별성**이 강한 **직접적**이고 **구체적인 이익**을 부여하고 있어서 그에게 그로 인한 이익을 가지게 하는 것이 법률적인 관점으로도 이유가 있다고 인정되는 특별한 사정이 있는 경우에는 그와 같은 이익은 법률상 보호되어야 할 것이고, 따라서 도로의 용도폐지처분에 관하여 이러한 직접적인 이해관계를 가지는 사람이 그와 같은 이익을 현실적으로 침해당한 경우에는 그 취소를 구할 **법률상의 이익**이 있다(대판 1992.9.22. 91누13212). | 정답 | ○

1081
☐☐☐

공용폐지의 의사표시는 묵시적인 방법으로도 가능한바, 행정재산이 본래의 용도에 제공되지 않는 상태에 있다면 그 자체로 묵시적인 공용폐지의 의사표시가 있다고 보아야 한다.

공유수면으로서 자연공물인 바다의 일부가 매립에 의하여 토지로 변경된 경우에 다른 공물과 마찬가지로 공용폐지가 가능하다고 할 것이며, 이 경우 공용폐지의 의사표시는 명시적 의사표시뿐만 아니라 묵시적 의사표시도 무방하다. 공물의 공용폐지에 관하여 국가의 묵시적인 의사표시가 있다고 인정되려면 공물이 사실상 본래의 용도에 사용되고 있지 않다거나 행정주체가 점유를 상실하였다는 정도의 사정만으로는 부족하고, 주위의 사정을 종합하여 **객관적으로 공용폐지 의사의 존재가 추단될 수 있어야** 한다(대판 2009.12.10. 2006다87538). | 정답 | X

1082
☐☐☐

「도로법」상 도로의 점용은 도로의 지표뿐만 아니라 그 지하나 지상공간의 특정 부분을 유형적, 고정적으로 특정한 목적을 위하여 사용하는 특별사용이다.

도로법 40조에 규정된 도로의 점용이라 함은 일반공중의 교통에 공용되는 도로에 대하여 이러한 일반사용과는 별도로 도로의 지표뿐만 아니라 그 **지하나 지상 공간의 특정 부분**을 유형적, 고정적으로 특정한 목적을 위하여 사용하는 이른바 특별사용을 뜻하는 것이므로, 허가없이 도로를 점용하는 행위의 내용이 위와 같은 특별사용에 해당할 경우에 한하여 도로법 80조의2의 규정에 따라 도로점용료 상당의 부당이득금을 징수할 수 있다(대판 1998.9.22. 96누7342). | 정답 | ○

[13 변시]

1083
□□□

공유재산의 관리청이 행정재산의 사용·수익에 대한 허가를 하는 것은 사경제주체로서 행하는 사법(私法)상의 행위이다.

공유재산의 관리청이 하는 **행정재산의 사용·수익에 대한 허가**는 순전히 사경제주체로서 행하는 사법상의 행위가 아니라 관리청이 공권력을 가진 우월적 지위에서 행하는 **행정처분**이라고 보아야 할 것이다(대판 2001.6.15. 99두509). | 정답 | X

1084
□□□

"국가에 대한 강제집행은 국고금을 압류함으로써 한다."라고 규정하고 있는「민사집행법」제192조는 강제집행의 한 방법을 예시한 것이므로 국고금을 제외한 국가 소유 물건에 대한 강제집행이 금지되는 것은 아니다.

국유재산법이나 공유재산법에 의하면 국유, 공유 공물에 대해서는 사권설정이 인정되지 않으므로 국·공유 **공물은 강제집행의 대상이 될 수 없고**, 사유공물만이 강제집행의 대상이 된다. | 정답 | X

1085
□□□

甲이 A시 소재 도시공원 내 시설물에 대하여 공유재산 사용허가를 받아 그 시설물에서 매점을 운영하는 경우, 甲과 A시 사이의 법률관계는 甲 개인의 영리활동이라는 사적 이익을 도모하기 위한 것이므로 사법상 계약에 해당한다.

甲이 A시 소재 도시공원 내 시설물에 대하여 공유재산 사용허가를 받아 그 시설물에서 매점을 운영하는 경우 이는 행정재산의 목적 외 사용으로서 甲과 A시 사이의 법률관계는 공법관계에 해당한다. | 정답 | X

1086
□□□

국유재산의 무단점유자에 대하여 한 변상금부과·징수권과 민사상 부당이득반환청구권은 동일한 금액 범위 내에서 경합하여 병존하게 되고, 민사상 부당이득반환청구권이 만족을 얻어 소멸하면 그 범위 내에서 변상금 부과·징수권도 소멸하는 관계에 있다.

구 국유재산법 51조 1항, 4항, 5항(현행 72조 1항, 73조)에 의한 **변상금 부과·징수권과 민사상 부당이득반환청구권은 동일한 금액 범위 내에서 경합하여 병존**하게 되고, 민사상 부당이득반환청구권이 만족을 얻어 소멸하면 그 범위 내에서 변상금 부과·징수권도 소멸하는 관계에 있다(대판 2014.9.4. 2012두5688). | 정답 | ○

1087
□□□

도로를 고의로 무단점용한 자에 대하여 도로의 관리청은 그 도로부지의 소유권 취득 여부와는 관계없이 변상금을 부과할 수 있다.

도로법의 제반 규정에 비추어 보면, 같은 법 80조의2의 규정에 의한 변상금 부과권한은 적정한 도로관리를 위하여 도로의 관리청에게 부여된 권한이라 할 것이지 도로부지의 소유권에 기한 권한이라고 할 수 없으므로, **도로의 관리청은** 도로부지에 대한 <u>소유권을 취득하였는지 여부와는 관계없이</u> 도로를 무단점용하는 자에 대하여 **변상금을 부과할 수 있다**(대판 2005.11.25. 2003두7194). |정답| ○

1088
□□□

도로 앞 건물의 소유자가 건물 앞 인도 부분에 차량 진출입로를 개설하여 이를 자신의 건물에 드나드는 차량들의 편익에 제공함으로써 일반의 보행자들이 인도 부분을 불편을 감수하면서 통행하고 있는 경우, 인도 부분이 일반 공중의 통행에 제공되고 있다고 하여도 이는 도로점용에 해당한다.

도로법 40조, 43조, 80조의2에 규정된 **도로의 점용**이라 함은, 일반공중의 교통에 공용되는 도로에 대하여 이러한 일반사용과는 별도로 도로의 특정 부분을 유형적, 고정적으로 사용하는 이른바 특별사용을 뜻하는 것이고, 그와 같은 **병존이 가능한 경우도 있고**, 이러한 경우에는 도로점용 부분이 동시에 일반공중의 교통에 공용되고 있다고 하여 도로점용이 아니라고 말할 수는 없는 것이다. 차도와 인도 사이의 경계턱을 없애고 인도 부분을 차도에서부터 완만한 오르막 경사를 이루도록 시공하는 방법으로 건물 앞 인도 부분에 차량 진출입로를 개설하여 건물에 드나드는 차량들의 편익에 제공함으로써, 일반의 보행자들이 인도 부분을 불편을 감수하면서 통행하고 있는 경우, 인도 부분이 일반공중의 통행에 공용되고 있다고 하여도 도로의 특별사용에 해당한다(대판 1999.5.14. 98두17906). |정답| ○

1089
□□□

사용·수익허가 없이 행정재산을 유형적·고정적으로 특정한 목적을 위하여 사용·수익하거나 점유하는 것은 공유재산 및 물품 관리법에서 정한 변상금 부과대상인 '무단점유'에 해당하는데, 반드시 그 사용이 독점적·배타적일 필요는 없으며, 점유 부분이 동시에 일반 공중에 이용되고 있다고 하여 점유가 아니라고 할 수는 없다.

사용·수익허가 없이 행정재산을 유형적·고정적으로 특정한 목적을 위하여 **사용·수익하거나 점유**하는 경우 공유재산법 81조 1항에서 정한 변상금 부과대상인 **'무단점유'**에 해당하고, **반드시 그 사용이 독점적·배타적일 필요는 없으며**, 점유 부분이 동시에 일반 공중의 이용에 제공되고 있다고 하여 점유가 아니라고 할 수는 없다(대판 2019.9.9. 2018두48298). |정답| ○

1090
□□□

업무시설 및 근린생활시설의 신축을 위하여 행정청으로부터 도로점용허가를 받은 자가 건축경기 악화 등 부득이한 사정으로 착공하지 못하여 점용허가 받은 도로를 실재로 점용한 사실이 없다 하더라도 그 사유만으로 점용료 납부의무가 없다고 볼 수 없다.

업무시설 및 근린생활시설의 신축을 위하여 행정청으로부터 도로점용허가를 받은 甲이 건축경기 악화 등 부득이한 사정으로 착공하지 못하여 점용허가받은 도로를 실제로 점용한 사실이 없다는 이유로 도로점용료 부과처분의 취소를 구하는 소송을 제기한 사안에서, 甲이 **실제로 위 도로를 점용하지 않았다는 사유만으로** 점용료 납부의무가 없다거나 행정청의 점용료 부과처분이 위법하다고 볼 수 없다(대판 2011.9.29. 2011두 8901). | 정답 | ○

[23-1, 21-1]

1091
□□□

甲시가 국유재산인 토지 상에 근로자 종합복지관 등을 건축하여 점유·사용하고 있다는 이유로 해당 국유지의 관리청인 乙시가 사용료 부과처분을 한 경우, 乙시가 甲시에 국유 재산에 대한 사용료 또는 점용료를 부과하기 위해서는, 乙시가 甲시에 국유재산의 점용·사용을 허가하였거나 그에 관한 협의 또는 승인이 있었던 경우라야 한다.

甲 시가 국유재산인 토지 상에 근로자 종합복지관 등을 건축하여 점유·사용하고 있다는 이유로 해당 국유지의 관리청인 乙 시가 사용료 부과처분을 한 사안에서, 구 국유재산법 32조 1항에 의하면 행정재산을 사용허가한 때에는 대통령령으로 정하는 요율과 산출방법에 따라 매년 사용료를 징수하고, 공유수면 관리 및 매립에 관한 법률 13조 1항에 의하면 공유수면관리청은 점용·사용허가나 공유수면의 점용·사용협의 또는 승인을 받은 자로부터 대통령령으로 정하는 바에 따라 매년 공유수면 점용료 또는 사용료를 징수하여야 하므로, 乙 시가 甲 시에 국유재산에 대한 사용료 또는 점용료를 부과하기 위해서는 乙 시가 甲 시에 국유재산의 점용·사용을 허가하였거나 그에 관한 협의 또는 승인이 있었던 경우라야 함에도, 점용·사용허가 등이 있었는지에 관하여 심리하지 아니한 채 오히려 甲 시가 국유재산에 관한 점용·사용허가를 받지 않고 이를 점유·사용하고 있다고 보면서도 사용료 부과처분이 적법하다고 본 원심의 판단에 법리를 오해하여 필요한 심리를 다하지 아니한 잘못이 있다(대판 2017.4.27. 2017두31248). | 정답 | ○

[12 국회8급]

1092
□□□

지방문화재로 지정된 토지에 대하여 공용폐지가 없다면 수용의 대상이 될 수 없다.

토지수용법은 5조의 규정에 의한 제한 이외에는 수용의 대상이 되는 토지에 관하여 아무런 제한을 하지 아니하고 있을 뿐만 아니라, 토지수용법 5조, 문화재보호법 20조 4호, 58조 1항, 부칙 3조 2항 등의 규정을 종합하면 (구)문화재보호법 54조의2 1항에 의하여 **지방문화재로 지정된 토지가 수용의 대상이 될 수 없다고 볼 수는 없다**(대판 1996.4.26. 96누13241). | 정답 | X

[12 국회8급]

1093
□□□

오랫동안 도로로서 사용되지 않고, 건물이 세워져 있으며 그 주위에 담이 둘러져 있다면 관리청의 용도폐지처분이 없더라도 도로로서의 용도가 폐지된 것으로 보아야 한다.

오랫동안 도로로서 사용되지 않는 토지가 일부에 건물이 세워져 있으며 그 주위에 담이 둘러져 있어 사실상 대지화되어 있다고 하더라도 관리청의 적법한 의사표시에 의한 것이 아니라 그 인접토지의 소유자들이 임의로 토지를 봉쇄하고 독점적으로 사용해 왔기 때문이라면, 관리청이 묵시적으로 토지의 도로로서의 용도를 폐지하였다고 볼 수는 없다(대판 1994.9.13. 94다12579). | 정답 | X

1094
☐☐☐

상수도관이 자신의 토지 지하에 권원 없이 설치되었다면 공물로 사용되고 있는 동안에도 그 철거를 구할 수 있다.

대지소유자가 그 소유권에 기하여 그 대지의 불법점유자인 시에 대하여 권원 없이 그 대지의 지하에 매설한 상수도관의 철거를 구하는 경우에 공익사업으로서 공중의 편의를 위하여 매설한 상수도관을 철거할 수 없다 거나 이를 이설할 만한 마땅한 다른 장소가 없다는 이유만으로는 대지소유자의 위 철거청구가 오로지 타인 을 해하기 위한 것으로서 권리남용에 해당한다고 할 수 없다(대판 1987.7.7. 85다카1383). | 정답 | ○

1095
☐☐☐

공물의 설치·관리상의 하자로 인한 국가나 지방자치단체의 배상책임은 「민법」이 아니라 「국가배상법」에 의한다.

공물의 설치·관리상의 하자로 인해 타인에게 손해가 발생한 경우에는 민법의 공직물책임과 국가배상법상 의 영조물책임이 경합하는바, **특별법인 국가배상법이 적용된다.** | 정답 | ○

1096
☐☐☐

도로의 특허 사용은 일반사용과 병존이 가능하므로 도로점용부분이 동시에 일반 공중의 교통에 공용되어 있어도 도로점용에 해당한다.

도로법 40조, 43조, 80조의2에 규정된 도로의 점용이라 함은, 일반공중의 교통에 공용되는 도로에 대하여 이러한 일반사용과는 별도로 도로의 특정부분을 유형적, 고정적으로 사용하는 이른바 특별사용을 뜻하는 것 이고, 그와 같은 **도로의 특별사용은** 반드시 독점적, 배타적인 것이 아니라 그 사용목적에 따라서는 **도로의 일반사용과 병존이 가능한** 경우도 있고, 이러한 경우에는 도로점용부분이 동시에 일반공중의 교통에 공용되 고 있다고 하여 도로점용이 아니라고 말할 수 없는 것이며, 한편 당해 도로의 점용을 위와 같은 특별사용으 로 볼 것인지 아니면 일반사용으로 볼 것인지는 그 도로점용의 주된 용도와 기능이 무엇인지에 따라 가려져 야 한다(대판 1995.2.14. 94누5830). | 정답 | ○

1097
☐☐☐

인접주민의 토지가 도로의 존재와 이용에 종속적인 경우에는 구체적 타당성을 위하여 예외적으로 공동사용을 영속적으로 배제하는 권리의 주장도 인정된다.

인접주민의 고양된 일반사용은 한계가 있으나, 일반인의 **일반사용을 영속적으로 배제하지 아니하는** 범위 안 에서만 인정된다. | 정답 | X

1098
☐☐☐

인접주민의 고양된 일반사용권은 헌법상의 재산권의 보장에 기한 것으로서, 공동사용을 능가하여 사용할 수 있다.

인접주민의 고양된 이용권은 헌법상의 재산권의 보장으로부터 나온다는 것이 일반적인 견해이다. 고양된 일 반사용권이 인정되는 인접주민은 타인의 사용을 방해하지 않는 범위 내에서 보통의 사용을 능가하는 이용을 행정청의 허가 없이 무상으로 누릴 수 있다. | 정답 | ○

1099
□□□

도로법의 규정에 의한 도로점용은 특정한 목적을 위하여 사용하는 이른바 특별사용을 뜻하며, 이러한 도로점용허가의 법적 성질은 공물관리자의 재량행위이다.

도로법 40조(현 38조) 1항에 의한 **도로점용**은 일반 공중의 교통에 사용되는 도로에 대하여 이러한 일반사용과는 별도로 도로의 특정부분을 유형적·고정적으로 특정한 목적을 위하여 사용하는 이른바 특별사용을 뜻하는 것이고, 이러한 **도로점용의 허가**는 특정인에게 일정한 내용의 공물사용권을 설정하는 설권행위로서, 공물관리자가 신청인의 적격성, 사용목적 및 공익상의 영향 등을 참작하여 허가를 할 것인지의 여부를 결정하는 **재량행위**이다(대판 2002.10.25. 2002두5795, 표준판례 55). ㅣ정답ㅣ○

1100
□□□

점용허가를 받음이 없이 도로부지를 점유하여 온 자는 행정청이 제3자에 대하여 한 같은 도로부지의 점용허가처분으로 인하여 어떠한 불이익을 입게 되었다고 하더라도 위 처분의 취소를 구할 원고적격이 없다.

도로부지 위에 점용허가를 받음이 없이 무허가건물을 축조·점유하여 온 원고가 행정청이 제3자에 대하여 한 같은 도로부지의 점용허가처분으로 인하여 어떠한 불이익을 입게 되었다고 하더라도 처분의 직접 상대방이 아닌 제3자인 원고로서는 위 처분의 취소에 관하여 법률상으로 보호받아야 할 직접적이고 구체적인 이해관계가 있다고 할 수 없어 위 처분의 취소를 구할 **원고적격이 없다**(대판 1991.11.26. 91누1219). ㅣ정답ㅣ○

1101
□□□

비관리청이 조성 또는 설치한 항만시설의 경우, 총사업비의 범위 안에서 당해 비관리청이 항만시설을 무상사용하는 것은 공물의 특허사용에 해당한다.

항만법 17조 1항은, 비관리청의 항만공사로 조성 또는 설치된 토지 및 항만시설은 준공과 동시에 국가 또는 지방자치단체에 귀속된다고 규정하고, 같은 조 3항은, 비관리청은 그 귀속된 항만시설을 총사업비의 범위 안에서 대통령령이 정하는 바에 따라 무상사용할 수 있다고 규정하고 있는바, 비관리청이 행한 항만시설은 비관리청의 의사와 아무런 상관없이 항만법의 규정에 의하여 당연히 국가 또는 지방자치단체에 귀속하는 대신, 비관리청은 항만법에 의하여 총사업비의 범위 안에서 당해 항만시설에 대하여 무상사용권을 취득할 수 있으므로, 이에 따라 비관리청이 당해 **항만시설을 무상사용**하는 것은 일반인에게 허용되지 아니하는 특별한 사용으로서, 이른바 **공물의 특허사용**에 해당한다(대판 2001.8.24. 2001두2485). ㅣ정답ㅣ○

1102
□□□

도로가 공공용물로 성립하기 위한 절차 중 하나인 도로구역의 결정·고시는 공용지정행위에 해당한다.

도로는 도로로서의 형태를 갖추고, 도로법에 따른 노선의 지정 또는 인정의 공고 및 도로구역 결정·고시를 한 때 또는 도시계획법 또는 도시재개발법 소정의 절차를 거쳐 도로를 설치하였을 때에 공공용물로서 공용개시행위가 있다고 할 것이다(대판 2000.2.25. 99다54332). ㅣ정답ㅣ○

1103
☐☐☐

공공용 행정재산으로서 용도폐지도 되지 않은 국유재산을 일반재산으로 오인하여 매각하였더라도 그 매도행위는 당연히 무효가 되는 것은 아니다.

세무서장이 공공용 행정재산으로서 용도폐지도 되지 않은 **국유재산을 잡종재산으로 오인하여 매각**하였다면 그 매도행위는 무효라고 할 것이고, 이를 국세청이 관리청을 국세청으로 등기한 후 **매수인에게 소유권이전 등기를 경료**해 주었다고 하여 무효인 매도행위를 **추인한 것으로 볼 수 없다**(대판 1992.7.14. 92다12971).

| 정답 | X

1104
☐☐☐

지방자치단체가 국도의 관리상 비용부담자로서 책임을 지는 것은 국가배상법이 정한 자신의 고유한 배상책임이므로, 도로의 하자로 인한 손해에 대하여 지방자치단체는 부진정연대채무자인 공동불법행위자와의 내부관계에서 배상책임을 분담하게 된다.

시가 국도의 관리상 비용부담자로서 책임을 지는 것은 국가배상법이 정한 **자신의 고유한 배상책임**이므로 도로의 하자로 인한 손해에 대하여 시는 부진정연대채무자인 공동불법행위자와의 내부관계에서 배상책임을 분담하는 관계에 있으며 국가배상법 6조 2항의 규정은 도로의 관리주체인 국가와 그 비용을 부담하는 경제 주체인 시 상호간에 내부적으로 구상의 범위를 정하는데 적용될 뿐 이를 들어 구상권자인 공동불법행위자에 게 대항할 수 없다(대판 1993.1.26. 92다2684).

| 정답 | ○

[13 지방7급]

1105
☐☐☐

문화재나 문화재보호구역 지정으로 인하여 인근주민이 문화재를 향유할 이익은 구체적이고 법률적인 이익이라고 할 수는 없다.

구 문화재보호법 55조 1항, 5항, 구 경상남도문화재보호조례 11조 1항에 의하여 행하여지는 도지사의 도지 정문화재 지정처분은, 문화재를 보존하여 이를 활용함으로써 국민의 문화적 향상을 도모함과 아울러 인류문화의 발전에 기여할 목적에서(같은 법 1조), 도지사가 그 관할구역 안에 있는 문화재로서 국가지정문화재로 지정되지 아니한 문화재 중 보존가치가 있다고 인정되는 것을 도지정문화재로 지정하는 행위이므로, 그 입법목적이나 취지는 지역주민이나 국민 일반의 문화재 향유에 대한 이익을 공익으로서 보호함에 있는 것이지, **특정 개인의 문화재 향유에 대한 이익**을 직접적·구체적으로 보호함에 있는 것으로 해석되지 아니한다 (대판 2001.9.28. 99두8565).

| 정답 | ○

[21-1]

1106
☐☐☐

도로는 도로로서의 형태를 갖추고, 「도로법」에 따른 노선의 지정이나 인정의 공고 및 도로구역 결정·고시를 한 때 또는 「국토의 계획 및 이용에 관한 법률」이나 「도시 및 주거환경정비법」이 정한 절차를 거쳐 도로를 설치하였을 때에 공공용물로서 공용개시행위가 있다고 할 수 있다.

도로와 같은 인공적 공공용 재산은 법령에 의하여 지정되거나 행정처분으로 공공용으로 사용하기로 결정한 경우 또는 행정재산으로 실제 사용하는 경우의 어느 하나에 해당하여야 행정재산이 되는 것이며, 도로는 도로로서의 형태를 갖추어야 하고, 도로법에 따른 노선의 지정 또는 인정의 공고 및 도로구역의 결정·고시가 있는 때부터 또는 도시계획법 소정의 절차를 거쳐 도로를 설치하였을 때부터 공공용물로서 공용개시행위가 있는 것이며, 토지에 대하여 도로로서의 도시계획시설결정 및 지적승인만 있었을 뿐 그 도시계획사업이 실시되었거나 그 토지가 자연공로로 이용된 적이 없는 경우에는 도시계획결정 및 지적승인의 고시만으로는 아직 공용개시행위가 있었다고 할 수 없어 그 토지가 행정재산이 되었다고 할 수 없다(대판 2000.4.25. 2000다348). │정답│○

[13 국회8급]

1107
□□□

「특정건축물정리에 관한 특별조치법」에서 정한 절차에 따라 준공검사필증이 교부되어 건축물 관리대장 등에 등재됨으로써 대상 건축물의 점유 면적에 해당하는 국·공유지 부분에 관하여 사용승낙을 하였다고 볼 수 있는 건축물에 변상금을 부과한 경우 그 사용승낙을 철회한 것으로 볼 수 있다.

특정건축물 정리에 관한 특별조치법 7조 1호는 대상건축물이 타인 소유의 토지 위에 건축된 건축물일 경우, 그 토지가 사유지인 때에는 그 소유자의 사용승낙을 받은 경우에 한하여 준공검사필증을 교부하도록 규정하면서도 그 토지가 국·공유지인 때에는 그 소유자의 사용승낙을 요구하고 있지 아니한 바, 이에 의하면 국·공유지에 대하여는 국가나 지방자치단체가 위 법의 시행으로써 대상건축물의 부지로 사용되는 토지의 사용을 승낙하였다고 간주함이 상당하다. 따라서 국·공유지 위에 건축된 무허가건물에 관하여 위 법에서 정한 절차에 따라 **준공검사필증이 교부되어 건축물관리대장 등에 등재되었다면** 건물의 부지로 사용되는 토지 부분에 관하여 그 사용을 승낙하였다고 보아야 한다.
특정건축물 정리에 관한 특별조치법에서 정한 절차에 따라 준공검사필증이 교부되어 건축물관리대장 등에 등재됨으로써 대상건축물의 점유면적에 해당하는 토지 부분에 관하여 사용을 승낙하였다고 보는 경우에도, 위 법의 입법목적 및 국유재산법과 지방재정법이 국·공유지의 사용·수익허가기간이나 대부기간을 일정기간으로 제한하고 있는 점 등에 비추어 기간의 제한 없이 그 사용을 승낙하였다고 볼 수는 없으므로, 그 후 지방자치단체장이 점유면적에 해당하는 토지 부분에 대하여 **변상금을 부과하였다면 이로써 그 사용승낙을 철회**하였다고 보아야 한다(대판 2007.11.29. 2005두8375). │정답│○

[20 변시]

1108
□□□

甲은 자신의 사옥을 A시에 신축하는 과정에서 A시 지구단위변경계획에 의하여 건물 부지에 접한 대로의 도로변이 차량출입 금지 구간으로 설정됨에 따라 그 반대편에 위치한 A시 소유의 도로에 지하주차장 진입통로를 건설하기 위하여 A시의 시장 乙에게 위 도로의 지상 및 지하 부분에 대한 도로점용허가를 신청하였고, 乙은 甲에게 도로점용허가를 하였다. 이에 관한 설명 중 옳지 않은 것은?

ㄱ. 甲이 도로점용허가를 받은 부분을 넘어 무단으로 도로를 점용하고 있는 경우, 무단으로 사용하는 부분에 대해서는 변상금 부과처분을 하여야 함에도 乙이 변상금이 아닌 사용료 부과처분을 하였다고 하여 이를 중대한 하자라고 할 수 없다. [20 변시]

적법한 사용인지 무단 사용인지의 여부에 관한 판단은 사용관계에 관한 사실 인정과 법적 판단을 수반하는 것으로 반드시 명료하다고 할 수 없으므로, 그러한 판단을 그르쳐 변상금 부과처분을 할 것을 사용료 부과처분을 하거나 반대로 사용료 부과처분을 할 것을 변상금 부과처분을 하였다고 하여 그와 같은 부과처분의 하자를 중대한 하자라고 할 수는 없다(대판 2013.4.26. 2012두20663). │정답│○

ㄴ. 乙의 도로점용허가가 甲의 점용목적에 필요한 범위를 넘어 과도하게 이루어진 경우, 이는 위법한 점용허가로서 乙은 甲에 대한 도로점용허가 전부를 취소하여야 하며 도로점용허가 중 특별사용의 필요가 없는 부분에 대해서만 직권취소할 수 없다.

[20 변시]

도로점용허가는 도로의 일부에 대한 특정사용을 허가하는 것으로서 도로의 일반사용을 저해할 가능성이 있으므로 그 범위는 점용목적 달성에 필요한 한도로 제한되어야 한다. 도로관리청이 도로점용허가를 하면서 특별사용의 필요가 없는 부분을 점용장소 및 점용면적에 포함하는 것은 그 재량권 행사의 기초가 되는 사실인정에 잘못이 있는 경우에 해당하므로 그 도로점용허가 중 특별사용의 필요가 없는 부분은 위법하다. 이러한 경우 도로점용허가를 한 도로관리청은 위와 같은 흠이 있다는 이유로 유효하게 성립한 <u>도로점용허가 중 특별사용의 필요가 없는 부분을 직권취소할 수 있음이 원칙이다</u>(대판 2019.1.17. 2016두56721, 56738, , 표준판례 97).

| 정답 | X

[19-3]

1109
☐☐☐

다음 사례에 관한 설명 중 옳지 않은 것을 모두 고른 것은?

▸사 례◂

甲주식회사는 강남구 신사동 소재 부지에 초고층 신사옥을 건축하면서 차량의 진출입 등을 위한 목적으로 강남구청에 도로점용허가를 신청하였다. 강남구청장 A는 이에 대하여 2014.11.6. 도로점용허가를 하면서 대상 도로부분 토지의 개별공시지가를 기준으로 2014.11.7. 2014년도분 점용료 약 11억원 및 2015년도분 점용료 약 52억원을 부과하였다('당초 부과처분'). 그러자 甲주식회사는 대상 도로부분 토지의 일부('이 사건 토지부분')가 인접 공영주차장 출구로 사용되고 있음에도 불구하고 이를 반영하지 않은 채 도로점용허가를 하고, 점용료를 산정·부과한 것은 위법하다며 이의를 제기하였다. 이에 A는 2015.9.16. 이 사건 토지부분은 일반인이 공용으로 사용하는 공영주차장 출구이므로 위 도로점용허가에서 이를 제외하도록 변경하고('이 사건 변경처분'), 그 점용면적에 해당하는 금액을 감액하여 반환한다는 통지('이 사건 감액처분')을 甲주식회사에 하였다.

ㄱ. 도로점용허가의 여부 및 내용을 정함에 있어서 관할 도로관리청은 재량을 가지므로 구체적인 도로점용허가의 범위는 공익적 판단에 근거해 점용목적 달성에 필요한 한도에 국한하지 않고 그보다 더 넓어질 수 있다.

<u>도로점용허가는 도로의 일부에 대한 특정사용을 허가하는 것으로서 도로의 일반사용을 저해할 가능성이 있으므로 그 범위는 점용목적 달성에 필요한 한도로 제한되어야 한다.</u> 도로관리청이 도로점용허가를 하면서 특별사용의 필요가 없는 부분을 점용장소 및 점용면적에 포함하는 것은 그 재량권 행사의 기초가 되는 사실인정에 잘못이 있는 경우에 해당하므로 그 <u>도로점용허가 중 특별사용의 필요가 없는 부분은 위법하다</u>(대판 2019.1.17. 2016두56721, 56738).

| 정답 | X

ㄴ. A는 점용료와 관련하여 특별사용의 필요가 없는 이 사건 토지부분을 제외한 상태로 점용료를 재산정한 후 당초 부과처분을 취소하고 재산정한 점용료를 새롭게 부과하여야 하는 것이지, 당초 부과처분을 취소하지 않고 당초 부과처분으로 부과된 점용료와 재산정된 점용료의 차액을 감액할 수는 없다.

행정청은 행정소송이 계속되고 있는 때에도 직권으로 그 처분을 변경할 수 있고, 행정소송법 22조 1항은 이를 전제로 처분변경으로 인한 소의 변경에 관하여 규정하고 있다. 점용료 부과처분에 취소사유에 해당하는 흠이 있는 경우 도로관리청으로서는 당초 처분 자체를 취소하고 흠을 보완하여 새로운 부과처분을 하거나, 흠 있는 부분에 해당하는 점용료를 감액하는 처분을 할 수 있다. 한편 흠 있는 행정행위의 치유는 원칙적으로 허용되지 않을 뿐 아니라, 흠의 치유는 성립 당시에 적법한 요건을 갖추지 못한 흠 있는 행정행위를 그대로 존속시키면서 사후에 그 흠의 원인이 된 적법 요건을 보완하는 경우를 말한다. 그런데 앞서 본 바와 같은 흠 있는 부분에 해당하는 점용료를 감액하는 처분은 당초 처분 자체를 일부 취소하는 변경처분에 해당하고, 그 실질은 종래의 위법한 부분을 제거하는 것으로서 흠의 치유와는 차이가 있다.
그러므로 이러한 변경처분은 흠의 치유와는 성격을 달리하는 것으로서, 변경처분 자체가 신뢰보호 원칙에 반한다는 등의 특별한 사정이 없는 한 점용료 부과처분에 대한 취소소송이 제기된 이후에도 허용될 수 있다. 이에 따라 특별사용의 필요가 없는 부분을 도로점용허가의 점용장소 및 점용면적으로 포함한 흠이 있고 그로 인하여 점용료 부과처분에도 흠이 있게 된 경우, 도로관리청으로서는 도로점용허가 중 특별사용의 필요가 없는 부분을 직권취소하면서 특별사용의 필요가 없는 점용장소 및 점용면적을 제외한 상태로 점용료를 재산정한 후 당초 처분을 취소하고 재산정한 점용료를 새롭게 부과하거나, 당초 처분을 취소하지 않고 당초 처분으로 부과된 점용료와 재산정된 점용료의 차액을 감액할 수도 있다(대판 2019.1.17. 2016두56721, 56738, 표준판례 97).
| 정답 | X

ㄷ. 도로점용허가와 점용료 부과처분은 서로 합하여 도로의 특별사용에 관한 합일적 법률효과를 발생시키므로 甲주식회사는 이 사건 변경처분에 불가쟁력이 생겨 그 효력을 다툴 수 없게 되더라도 그 변경처분에 흠이 존재하면 그 흠을 이유로 이 사건 감액처분의 효력을 다툴 수 있다.

도로점용허가와 점용료 부과처분은 서로 독립하여 별개의 법률효과를 발생시키므로 도로점용허가에 불가쟁력이 생겨 그 효력을 다툴 수 없게 되면 도로점용허가에 흠이 존재하더라도 그것이 당연무효 사유에 해당하지 않는 한 그 흠을 이유로 점용료 부과처분의 효력을 다툴 수 없다. 이러한 법리는 도로점용허가의 변경허가와 이에 따른 점용료 감액처분의 경우에도 마찬가지로 적용된다. 이 사건 변경허가는 제소기간을 도과하여 불가쟁력이 발생하였으므로, 이 사건 변경허가가 당연무효가 아닌 이상 이 사건 변경허가에 흠이 있다 하더라도 이를 이유로 하여 이 사건 각 감액처분으로 감액되고 남은 이 사건 각 처분의 효력을 다툴 수는 없다(대판 2019.1.17. 2016두56721, 56738).
| 정답 | X

1110
☐☐☐

甲은「공유재산 및 물품 관리법」상 일반재산인 A시의 토지에 대하여 대부계약을 체결하고 그 위에 창고건물을 건축하여 사용하고 있다. A시 공유재산 관리 담당 공무원은 甲이 사용하고 있는 토지에 대하여 대부계약의 기간이 만료되었음에도 甲이 토지를 반환하지 않고 있음을 이유로 하여,「공유재산 및 물품 관리법」제83조 제1항에 따라 이 사건 토지 위의 건물을 철거하고 이 사건 토지를 반환할 것을 명령하였다. 이에 관한 설명 중 옳은 것만을 모두 고른 것은?

> ※ **공유재산 및 물품 관리법 제83조(원상복구명령 등)** ① 지방자치단체의 장은 정당한 사유 없이 공유재산을 점유하거나 공유재산에 시설물을 설치한 경우에는 원상복구 또는 시설물의 철거 등을 명하거나 이에 필요한 조치를 할 수 있다.
> ② 제1항에 따른 명령을 받은 자가 그 명령을 이행하지 아니할 때에는「행정대집행법」에 따라 원상복구 또는 시설물의 철거 등을 하고 그 비용을 징수할 수 있다.

ㄱ. 일반재산의 대부료 징수에 관하여 지방세 체납처분의 예에 따른 간이하고 경제적인 특별한 구제절차가 마련되어 있으므로, 특별한 사정이 없는 한 민사소송으로 일반재산의 대부료 지급을 구하는 것은 허용되지 않는다.

[1] 공유 일반재산의 대부료와 연체료를 납부기한까지 내지 아니한 경우에도 공유재산 및 물품 관리법 97조 2항에 의하여 지방세 체납처분의 예에 따라 이를 징수할 수 있다. 이와 같이 공유 일반재산의 대부료의 징수에 관하여도 지방세 체납처분의 예에 따른 간이하고 경제적인 특별한 구제절차가 마련되어 있으므로, 특별한 사정이 없는 한 민사소송으로 공유 일반재산의 대부료의 지급을 구하는 것은 허용되지 아니한다.

[2] 공유재산 및 물품 관리법 83조 1항은 "지방자치단체의 장은 정당한 사유 없이 공유재산을 점유하거나 공유재산에 시설물을 설치한 경우에는 원상복구 또는 시설물의 철거 등을 명하거나 이에 필요한 조치를 할 수 있다."라고 규정하고, 2항은 "1항에 따른 명령을 받은 자가 그 명령을 이행하지 아니할 때에는 '행정대집행법에 따라 원상복구 또는 시설물의 철거 등을 하고 그 비용을 징수할 수 있다."라고 규정하고 있다.

위 규정에 따라 지방자치단체장은 행정대집행의 방법으로 공유재산에 설치한 시설물을 철거할 수 있고, 이러한 행정대집행의 절차가 인정되는 경우에는 민사소송의 방법으로 시설물의 철거를 구하는 것은 허용되지 아니한다(대판 2017.4.13. 2013다207941).

→ 일반재산의 대부계약이 사법상의 계약이라고 하더라도 공유재산법에서 정당한 사유 없이 시설물을 설치한 경우 철거명령을 내릴 수 있고, 불이행시 대집행이 가능하다고 규정하고 있으므로 대집행이 가능하다.

| 정답 | ○

제5장 | 공용부담법

[24 · 18 · 13 변시, 22-1]

1111
☐☐☐

「도시 및 주거환경정비법」상 주택재건축정비사업조합을 상대로 관리처분계획안에 대한 조합 총회결의의 효력 등을 다투는 소송은 행정소송법상의 당사자소송에 해당한다.

도시 및 주거환경정비법상 행정주체인 주택재건축정비사업조합을 상대로 **관리처분계획안**에 대한 조합 **총회결의**의 효력 등을 다투는 소송은 행정처분에 이르는 절차적 요건의 존부나 효력 유무에 관한 소송으로서 그 소송결과에 따라 행정처분의 위법 여부에 직접 영향을 미치는 공법상 법률관계에 관한 것이므로, 이는 행정소송법상의 **당사자소송**에 해당한다(대판[전합] 2009.9.17. 2007다2428).
행정소송규칙 19조 3호 다목은 이러한 대법원 판례의 법리를 명문화하였다. | 정답 | O

[20-1]

1112
☐☐☐

사업인정은 사업시행자에게 수용을 위한 권리가 창설되므로 단순한 확인행위가 아니라 형성행위이며, 공익사업에 해당하는지 여부는 법령에 정해져 있으므로, 사업인정권자가 수용의 필요성이 있는지를 판단함에 있어서 재량이 인정되지는 않는다.

광업법 87조 내지 89조, 토지수용법 14조에 의한 **토지수용을 위한 사업인정**은 단순한 확인행위가 아니라 형성행위이고 당해 사업이 비록 토지를 수용할 수 있는 사업에 해당된다 하더라도 행정청으로서는 그 사업이 공용수용을 할 만한 공익성이 있는지의 여부를 모든 사정을 참작하여 구체적으로 판단하여야 하는 것이므로 사업인정의 여부는 행정청의 **재량**에 속한다(대판 1992.11.13. 92누596). | 정답 | X

[24 · 18 변시, 22 경찰간부]

1113
☐☐☐

공공의 이익에 도움이 되는 사업이라도 공익사업으로 실정법에 열거되어 있지 않은 사업은 공용수용이 허용될 수 없다.

공용수용이 허용될 수 있는 공익성을 가진 사업, 즉 공익사업의 범위는 사업시행자와 토지소유자 등의 이해가 상반되는 중요한 사항으로서, 공용수용에 대한 법률유보의 원칙에 따라 법률에서 명확히 규정되어야 한다. 공공의 이익에 도움이 되는 사업이라도 '공익사업'으로 실정법에 열거되어 있지 않은 사업은 공용수용이 허용될 수 없다(헌재 2014.10.30. 2011헌바172 등, 표준판례 278). | 정답 | O

[24 변시, 22 경찰간부]

1114
☐☐☐

헌법 제23조 제3항에서 규정하고 있는 공공필요의 개념은 공익성과 필요성이라는 요소로 구성되며, 공익성은 추상적인 공익 일반 또는 국가의 이익 이상의 중대한 공익을 요구하므로 기본권 일반의 제한사유인 공공복리보다 좁게 보는 것이 타당하다.

오늘날 공익사업의 범위가 확대되는 경향에 대응하여 재산권의 존속보장과의 조화를 위해서는, '공공필요'의 요건에 관하여, **공익성**은 추상적인 공익 일반 또는 국가의 이익 이상의 중대한 공익을 요구하므로 기본권

일반의 제한사유인 '공공복리'보다 좁게 보는 것이 타당하며, 공익성의 정도를 판단함에 있어서는 공용수용을 허용하고 있는 개별법의 입법목적, 사업내용, 사업이 입법목적에 이바지 하는 정도는 물론, 특히 그 사업이 대중을 상대로 하는 영업인 경우에는 그 사업 시설에 대한 대중의 이용·접근가능성도 아울러 고려하여야 한다(헌재 2014.10.30. 2011헌바172 등, 표준판례 278). | 정답 | ○

[20-3]

1115
☐☐☐

사업시행자가 해당 공익사업을 수행할 의사나 능력을 상실하였음에도 여전히 그 사업인정에 기하여 수용권을 행사하는 것은 수용권의 공익 목적에 반하는 수용권의 남용에 해당하여 허용되지 않으며, 이 경우 수행능력에는 재정적 능력도 포함된다.

공용수용은 헌법상의 재산권 보장의 요청상 불가피한 최소한에 그쳐야 한다는 헌법 23조의 근본취지에 비추어 볼 때, 사업시행자가 사업인정을 받은 후 그 사업이 공용수용을 할 만한 공익성을 상실하거나 사업인정에 관련된 자들의 이익이 현저히 비례의 원칙에 어긋나게 된 경우 또는 사업시행자가 해당 공익사업을 수행할 의사나 능력을 상실하였음에도 여전히 그 사업인정에 기하여 수용권을 행사하는 것은 수용권의 공익 목적에 반하는 수용권의 남용에 해당하여 허용되지 않는다고 할 것이다.
소외 1은 사업인정을 받은 이후 재정상황이 더욱 악화되어 이 사건 수용재결 당시 이미 이 사건 사업을 수행할 능력을 상실한 상태에 있었다고 볼 여지가 있고, 그렇다면 소외 1이 이 사건 각 토지에 관한 수용재결을 신청하여 그 재결을 받은 것은 수용권의 남용에 해당한다고 볼 여지가 있다(대판 2011.1.27. 2009두1051). | 정답 | ○

[20-3]

1116
☐☐☐

사업인정이 있으면 수용할 목적물의 범위가 확정되고 목적물에 관한 현재 및 장래의 권리자에게 대항할 수 있는 일종의 공법상의 권리로서의 효력이 발생한다.

구 도시계획법 30조 2항은 도시계획사업 실시계획의 인가를 토지수용법 14조의 규정에 의한 사업인정으로 보도록 규정하고 있는바, 이와 같은 사업인정은 그 후 일정한 절차를 거칠 것을 조건으로 하여 일정한 내용의 수용권을 설정하여 주는 행정처분의 성격을 띠는 것으로서 독립하여 행정소송의 대상이 되고, 그 사업인정을 받음으로써 수용할 목적물의 범위가 확정되고 수용권으로 하여금 목적물에 관한 현재 및 장래의 권리자에게 대항할 수 있는 일종의 공법상의 권리로서의 효력을 발생시킨다(대판 1994.5.24. 93누24230). | 정답 | ○

[18 변시]

1117
☐☐☐

도시 및 주거환경정비법상 재개발조합설립인가가 있은 후 조합설립동의에 하자가 있음을 이유로 재개발조합 설립의 효력을 부정하려는 자는 당사자소송으로 조합설립동의의 무효확인을 구하여야 한다.

재개발조합설립인가신청에 대한 행정청의 조합설립인가처분은 단순히 사인(私人)들의 조합설립행위에 대한 보충행위로서의 성질을 가지는 것이 아니라 법령상 일정한 요건을 갖추는 경우 행정주체(공법인)의 지위를 부여하는 일종의 설권적 처분의 성질을 가진다고 보아야 한다. 그러므로 구 도시 및 주거환경정비법상 재개발조합설립인가신청에 대하여 행정청의 조합설립인가처분이 있은 이후에는, 조합설립동의에 하자가 있음을 이유로 재개발조합 설립의 효력을 부정하려면 항고소송으로 조합설립인가처분의 효력을 다투어야 한다(대판 2010.1.28. 2009두4845). | 정답 | ✕

1118
□□□

수용의 대상인 토지의 소유자는 진실한 소유자이어야 하며, 사업시행자가 비록 과실 없이 진정한 소유자임을 알지 못하여 형식상 권리자인 등기부상 소유명의자를 피수용자로 확정하여 수용절차를 진행한 경우 수용의 효과는 발생하지 아니한다.

토지수용법 등에 의한 토지수용의 경우 기업자가 과실없이 진정한 토지소유자를 알지 못하여 등기부상 소유명의자를 토지소유자로 보고 그를 피수용자로 하여 수용절차를 마쳤다면 그 수용의 효과를 부인할 수 없으며 수용목적물의 소유자가 누구임을 막론하고 이미 가지고 있던 소유권은 소멸함과 동시에 기업자가 그 권리를 원시취득하며 기업자나 중앙토지수용위원회가 수용토지의 소유자가 따로이 있음을 알 수 있음에도 과실로 인하여 타인의 소유로 다루고 실체적 소유권자의 참여없이 수용절차가 이루어진 것은 위법이라 하더라도 그 사유만으로 이미 이루어진 수용재결이 당연무효라고는 할 수 없다(대판 1991.11.12. 91다27617).

| 정답 | X

1119
□□□

손실보상금에 관한 당사자 간의 합의가 성립하면 그 합의 내용대로 구속력이 발생하므로, 합의 내용이 토지보상법에서 정하는 손실보상 기준에 맞지 않는다고 하더라도 합의가 적법하게 취소되는 등의 특별한 사정이 없는 한 추가로 토지보상법상 기준에 따른 손실보상금 청구를 할 수는 없다.

토지보상법에 의한 **보상합의**는 공공기관이 사경제주체로서 행하는 **사법상 계약**의 실질을 가지는 것으로서, 당사자 간의 합의로 같은 법 소정의 손실보상의 기준에 의하지 아니한 손실보상금을 정할 수 있으며, 이와 같이 같은 법이 정하는 기준에 따르지 아니하고 손실보상액에 관한 합의를 하였다고 하더라도 그 합의가 착오 등을 이유로 적법하게 취소되지 않는 한 **유효**하다. 따라서 토지보상법에 의한 보상을 하면서 손실보상금에 관한 당사자 간의 합의가 성립하면 그 합의 내용대로 구속력이 있고, 손실보상금에 관한 합의 내용이 토지보상법에서 정하는 손실보상 기준에 맞지 않는다고 하더라도 합의가 적법하게 취소되는 등의 특별한 사정이 없는 한 추가로 토지보상법상 기준에 따른 손실보상금 청구를 할 수는 없다(대판 2013.8.22. 2012다3517, 표준판례 286).

| 정답 | ○

1120
□□□

토지수용위원회의 수용재결이 있은 후에는 토지소유자 등과 사업시행자가 다시 협의하여 토지 등의 취득이나 사용 및 그에 대한 보상에 관하여 임의로 계약을 체결할 수는 없다.

토지보상법은 사업시행자로 하여금 우선 협의취득 절차를 거치도록 하고, 협의가 성립되지 않거나 협의를 할 수 없을 때에 수용재결취득 절차를 밟도록 예정하고 있기는 하다. 그렇지만 일단 토지수용위원회가 수용재결을 하였더라도 사업시행자로서는 수용 또는 사용의 개시일까지 토지수용위원회가 재결한 보상금을 지급 또는 공탁하지 아니함으로써 재결의 효력을 상실시킬 수 있는 점, 토지소유자 등은 수용재결에 대하여 이의를 신청하거나 행정소송을 제기하여 보상금의 적정 여부를 다툴 수 있는데, 그 절차에서 사업시행자와 보상금액에 관하여 임의로 합의할 수 있는 점, 공익사업의 효율적인 수행을 통하여 공공복리를 증진시키고, 재산권을 적정하게 보호하려는 토지보상법의 입법 목적(1조)에 비추어 보더라도 수용재결이 있은 후에 사법상 계약의 실질을 가지는 협의취득 절차를 금지해야 할 별다른 필요성을 찾기 어려운 점 등을 종합해 보면, 토지수용위원회의 수용재결이 있은 후라고 하더라도 토지소유자 등과 사업시행자가 다시 협의하여 토지 등의 취득이나 사용 및 그에 대한 보상에 관하여 임의로 계약을 체결할 수 있다(대판 2017.4.13. 2016두64241).

| 정답 | X

1121
☐☐☐

관할 토지수용위원회의 수용재결이 있은 후 사업시행자와 토지소유자가 '공공용지의 취득 협의서'를 작성하고 협의취득을 원인으로 소유권이전등기를 마치더라도 사업시행자가 수용재결에 따른 보상금의 전액을 지급 또는 공탁하지 아니하면 재결은 효력을 상실하고 토지소유자는 이러한 재결에 대하여 무효확인소송을 제기하여 다툴 소의 이익을 가진다.

중앙토지수용위원회가 지방국토관리청장이 시행하는 공익사업을 위하여 甲 소유의 토지에 대하여 수용재결을 한 후, 甲과 사업시행자가 '공공용지의 취득협의서'를 작성하고 협의취득을 원인으로 소유권이전등기를 마쳤는데, 甲이 '사업시행자가 수용개시일까지 수용재결보상금 전액을 지급·공탁하지 않아 수용재결이 실효되었다'고 주장하며 수용재결의 무효확인을 구하는 소송을 제기한 사안에서, 甲과 사업시행자가 수용재결이 있은 후 토지에 관하여 보상금액을 새로 정하여 취득협의서를 작성하였고, 이를 기초로 소유권이전등기까지 마친 점 등을 종합해 보면, 甲과 사업시행자가 **수용재결과는 별도로** '토지의 소유권을 이전한다는 점과 그 대가인 보상금의 액수'를 합의하는 계약을 새로 체결하였다고 볼 여지가 충분하고, 만약 이러한 별도의 협의취득 절차에 따라 토지에 관하여 소유권이전등기가 마쳐진 것이라면 설령 甲이 수용재결의 무효확인 판결을 받더라도 토지의 소유권을 회복시키는 것이 불가능하고, 나아가 무효확인으로써 회복할 수 있는 다른 권리나 이익이 남아 있다고도 볼 수 없다(대판 2017.4.13. 2016두64241). | 정답 | X

1122
☐☐☐

사업시행자는 수용재결일에 토지나 물건의 소유권을 취득한다.

> **토지보상법 제45조(권리의 취득·소멸 및 제한)** ① 사업시행자는 <u>수용의 개시일에</u> 토지나 물건의 소유권을 취득하며, 그 토지나 물건에 관한 다른 권리는 이와 동시에 소멸한다.

| 정답 | X

1123
☐☐☐

Y도지사는 「산업입지 및 개발에 관한 법률」에 따라 A주식회사를 사업시행자로 지정하고 관내 P지역을 산업단지로 지정·고시하였다. 甲은 P지역 내 토지의 소유자로서 甲의 일단의 토지 중 90%가 위 산업단지 구역으로 지정되었다. 이에 관한 설명으로 옳은 것은?

ㄱ. A주식회사가 甲과 협의하여 甲소유의 토지를 취득한 경우 그 협의취득은 공법상 계약에 해당하고, 이에 대한 분쟁은 당사자소송에 의한다.

구 공공용지의취득및손실보상에관한특례법은 사업시행자가 토지 등의 소유자로부터 토지 등의 협의취득 및 그 손실보상의 기준과 방법을 정한 법으로서, 이에 의한 협의취득 또는 보상합의는 공공기관이 사경제주체로서 행하는 사법상 매매 내지 사법상 계약의 실질을 가진다(대판 2004.9.24. 2002다68713). | 정답 | X

ㄴ. 甲이 A주식회사에게 위 산업단지 구역으로 지정된 토지 위의 지장물에 대한 재결신
   청을 청구하였으나 그 청구가 거부된 경우, 甲은 A주식회사를 상대로 손실보상소송
   을 제기하여 보상청구권을 행사할 수 있다.

토지보상법 28조, 30조에 따르면, 편입토지 보상, 지장물 보상, 영업·농업 보상에 관해서는 사업시행자만
이 재결을 신청할 수 있고 토지소유자와 관계인은 사업시행자에게 재결신청을 청구하도록 규정하고 있으므
로, 토지소유자나 관계인의 재결신청 청구에도 사업시행자가 재결신청을 하지 않을 때 토지소유자나 관계인
은 사업시행자를 상대로 거부처분 취소소송 또는 부작위 위법확인소송의 방법으로 다투어야 한다. 구체적인
사안에서 토지소유자나 관계인의 재결신청 청구가 적법하여 사업시행자가 재결신청을 할 의무가 있는지는
본안에서 사업시행자의 거부처분이나 부작위가 적법한가를 판단하는 단계에서 고려할 요소이지, 소송요건
심사단계에서 고려할 요소가 아니다(대판 2019.8.29. 2018두57865). | 정답 | X

ㄷ. A주식회사의 사업시행으로 甲이 수용대상 토지에서 운영해 왔던 화훼소매업의 폐지
   가 불가피한 경우, 甲은 그 영업손실을 보전받기 위하여 곧바로 사업시행자를 상대로
   손실보상청구를 할 수 있다.

공익사업으로 인하여 영업을 폐지하거나 휴업하는 자가 사업시행자에게서 구 공익사업법 77조 1항에 따라
영업손실에 대한 보상을 받기 위해서는 구 공익사업법 34조, 50조 등에 규정된 재결절차를 거친 다음 재결
에 대하여 불복이 있는 때에 비로소 구 공익사업법 83조 내지 85조에 따라 권리구제를 받을 수 있을 뿐,
이러한 재결절차를 거치지 않은 채 곧바로 사업시행자를 상대로 손실보상을 청구하는 것은 허용되지 않는다
(대판 2011.9.29. 2009두10963). | 정답 | X

[24 변시]

1124
□□□

국토교통부장관은 「공익사업을 위한 토지 등의 취득 및 보상에 관한 법률」(이하 '토지보
상법')에 따라 A광역시가 추진하는 관할구역 내 甲 소유의 대규모 토지를 부지로 하는
도시공원 내 체육시설 조성사업에 대해 사업인정을 하였고, 사업시행자인 A광역시는 甲
과의 협의가 성립하지 않자 중앙토지수용위원회의 수용재결을 거쳤다. 이에 관한 설명
중 옳은 것은?

ㄱ. 토지보상법에 따른 국토교통부장관의 사업인정에 취소사유의 하자가 있다고 하더라
   도 甲은 제소기간이 도과한 사업인정의 위법을 이유로 수용재결의 취소를 구하는 행
   정소송을 제기할 수 없다. [22·15·14·13 변시, 21-2, 20-3]

건설부장관이 택지개발계획을 승인함에 있어서 토지수용법 15조에 의한 이해관계자의 의견을 듣지 아니하
였거나, 같은 법 16조 1항 소정의 토지소유자에 대한 통지를 하지 아니한 하자는 중대하고 명백한 것이
아니므로 사업인정 자체가 당연무효라고 할 수 없고, 이러한 하자는 수용재결의 선행처분인 사업인정단계에
서 다투어야 할 것이므로 쟁송기간이 도과한 이후에 위와 같은 하자를 이유로 수용재결의 취소를 구할 수
없다(대판 1993.6.29. 91누2342). | 정답 | O

ㄴ. 甲은 중앙토지수용위원회의 수용재결서 정본을 받은 날부터 30일 이내에 중앙토지수용위원회에 이의를 신청할 수 있으며, 중앙토지수용위원회는 수용재결이 위법 또는 부당하다고 인정하는 때에는 그 전부 또는 일부를 취소하거나 보상액의 변경을 A광역시에 명할 수 있다.

중앙토지수용위원회는 보상액을 변경할 수 있으나, A광역시에 보상액의 변경을 명할 수 있는 것은 아니다.

> **토지보상법 제83조(이의의 신청)** ① 중앙토지수용위원회의 제34조에 따른 재결에 이의가 있는 자는 중앙토지수용위원회에 이의를 신청할 수 있다.
> ③ 제1항 및 제2항에 따른 이의의 신청은 재결서의 정본을 받은 날부터 30일 이내에 하여야 한다.
> **제84조(이의신청에 대한 재결)** ① 중앙토지수용위원회는 제83조에 따른 이의신청을 받은 경우 제34조에 따른 재결이 위법하거나 부당하다고 인정할 때에는 그 재결의 전부 또는 일부를 취소하거나 보상액을 변경할 수 있다.

| 정답 | X

[19-3]

1125
☐☐☐

재개발조합설립인가를 받았으나 설립등기전에 개최된 창립총회에서 결의한 사항이라도 조합의 결의로 볼 수 있다.

[1] 조합설립인가처분은 단순히 사인들의 조합설립행위에 대한 보충행위의 성질을 갖는 것이 아니라, 구 도시정비법상 정비사업을 시행할 수 있는 권한을 갖는 행정주체(공법인)의 지위를 부여하는 일종의 설권적 처분의 성격을 갖는다. 이러한 여러 사정을 종합하여 보면, 조합설립인가처분을 받아 설립등기를 마치기 전에 개최된 창립총회에서 이루어진 결의는 주택재개발사업조합의 결의가 아니라 주민총회 또는 토지 등 소유자 총회의 결의에 불과하다.
[2] 조합설립인가처분을 받아 법인으로 설립된 조합이 조합총회를 열어 조합설립추진위원회(이하 '추진위원회')가 개최한 주민총회 또는 토지 등 소유자 총회에서 한 시공자 선정결의를 그대로 인준 또는 추인하는 내용의 결의를 한 경우에는, 설령 추진위원회가 개최한 주민총회 또는 토지 등 소유자 총회에서 한 시공자 선정결의가 무효라고 할지라도 조합총회의 새로운 결의가 하자로 인하여 부존재 또는 무효임이 인정되거나 결의가 취소되는 등 특별한 사정이 없는 한 종전에 추진위원회가 개최한 주민총회 또는 토지 등 소유자 총회에서 한 시공자 선정결의의 무효확인을 구하는 것은 과거의 법률관계 내지 권리관계의 확인을 구하는 것에 불과하여 권리보호의 요건을 결여하였다고 보아야 한다(대판 2012.4.12. 2010다10986). | 정답 | X

[19-3]

1126
☐☐☐

토지 등 소유자가 조합을 설립하지 않고 사업을 시행하기 위해 사업시행인가를 받은 경우, 인가는 보충행위가 아니라 설권적 처분이다.

[1] 토지 등 소유자들이 그 사업을 위한 조합을 따로 설립하지 아니하고 직접 도시환경정비사업을 시행하고자 하는 경우에는 사업시행계획서에 정관 등과 그 밖에 국토해양부령이 정하는 서류를 첨부하여 시장·군수에게 제출하고 사업시행인가를 받아야 하고, 이러한 절차를 거쳐 사업시행인가를 받은 토지 등 소유자들은 관할 행정청의 감독 아래 정비구역 안에서 구 도시정비법상의 도시환경정비사업을 시행하는 목적 범위 내에서 법령이 정하는 바에 따라 일정한 행정작용을 행하는 행정주체로서의 지위를 가진다. 그렇다면 토지 등 소유자들이 직접 시행하는 도시환경정비사업에서 토지 등 소유자에 대한 사업시행인가처분은 단순히 사업시행계획에 대한 보충행위로서의 성질을 가지는 것이 아니라 구 도시정비법상 정비사업을 시행할 수 있는

권한을 가지는 행정주체로서의 지위를 부여하는 일종의 설권적 처분의 성격을 가진다.

[2] 도시환경정비사업을 직접 시행하려는 토지 등 소유자들은 시장·군수로부터 사업시행인가를 받기 전에는 행정주체로서의 지위를 가지지 못한다. 따라서 그가 작성한 사업시행계획은 인가처분의 요건 중 하나에 불과하고 항고소송의 대상이 되는 독립된 행정처분에 해당하지 아니한다(대판 2013.6.13. 2011두19994).

| 정답 | ○

➜ 판례는 사업시행계획인가의 법적 성격을 토지소유자가 조합을 설립해서 사업을 시행하는 경우와 직접 시행하는 경우를 구별하고 있다. 조합이 수립한 사업시행계획은 그것이 인가·고시를 통해 확정되면 이해관계인에 대한 구속적 행정계획으로서 독립된 행정처분에 해당하므로 사업시행계획을 인가하는 행정청의 행위는 도시환경정비사업조합의 사업시행계획에 대한 법률상의 효력을 완성시키는 보충행위에 해당한다고 하여 구분하고 있다.

[22 변시]

1127
□□□

조합에 대한 조합설립인가처분이 무효인 경우에는 조합장의 행위는 「도시 및 주거환경정비법」에서 정한 조합장의 행위라고 할 수 없다.

행정청의 조합설립인가처분은 조합에 정비사업을 시행할 수 있는 권한을 갖는 행정주체(공법인)로서의 지위를 부여하는 일종의 설권적 처분의 성격을 가진다. 따라서 토지등소유자로 구성되는 조합이 그 설립과정에서 조합설립인가처분을 받지 아니하였거나 설령 이를 받았다 하더라도 처음부터 조합설립인가처분으로서 효력이 없는 경우에는, 구 도시정비법 13조에 의하여 정비사업을 시행할 수 있는 권한을 가지는 행정주체인 공법인으로서의 조합이 성립되었다 할 수 없고, 또한 이러한 조합의 조합장, 이사, 감사로 선임된 자 역시 구 도시정비법에서 정한 조합의 임원이라 할 수 없다(대판[전합] 2014.5.22. 2012도7190). | 정답 | ○

[22 변시]

1128
□□□

조합설립인가처분이 있은 후 조합설립결의의 하자를 이유로 조합설립의 효력을 부정하려면 항고소송으로 조합설립인가처분의 효력을 다투어야 한다.

구 도시 및 주거환경정비법상 재개발조합설립 인가신청에 대하여 행정청의 조합설립인가처분이 있은 이후에 조합설립결의에 하자가 있음을 이유로 재개발조합 설립의 효력을 부정하기 위해서는 항고소송으로 조합설립인가처분의 효력을 다투어야 하고, 특별한 사정이 없는 한 이와는 별도로 민사소송으로 행정청으로부터 조합설립인가처분을 하는 데 필요한 요건 중의 하나에 불과한 조합설립결의에 대하여 무효확인을 구할 확인의 이익은 없다(대결 2009.9.24. 2009마168,169). | 정답 | ○

[22-1]

1129
□□□

「도시 및 주거환경정비법」상 주택재개발조합 설립인가신청에 대하여 조합설립인가처분이 있은 경우, 조합은 인가 이후 조합설립결의에 하자가 있음을 이유로 민사소송으로 조합설립결의 무효확인을 구할 확인의 이익이 있다.

일단 조합설립 인가처분이 있은 경우 조합설립결의는 위 인가처분이라는 행정처분을 하는 데 필요한 요건 중 하나에 불과한 것이어서, 조합설립 인가처분이 있은 이후에는 조합설립결의의 하자를 이유로 조합설립의 무효를 주장하는 것은 조합설립 인가처분의 취소 또는 무효확인을 구하는 항고소송의 방법에 의하여야 할 것이고, 이와는 별도로 조합설립결의만을 대상으로 그 효력 유무를 다투는 확인의 소를 제기하는 것은 확인의 이익이 없어 허용되지 아니한다(대판 2010.4.8. 2009다27636). | 정답 | X

[21-1]

1130
□□□

조합설립인가처분이 법원의 재판에 의하여 취소된 경우 그 조합설립인가처분은 소급하여 효력을 상실하므로 당해 주택재개발사업조합이 조합설립인가처분 취소 전에 적법한 행정주체 또는 사업시행자로서 한 결의 등의 처분은 특별한 사정이 없는 한 소급하여 효력을 상실한다.

도시정비법상 주택재개발사업조합의 조합설립인가처분이 법원의 재판에 의하여 취소된 경우 그 조합설립인가처분은 소급하여 효력을 상실하고, 이에 따라 당해 주택재개발사업조합 역시 조합설립인가처분 당시로 소급하여 도시정비법상 주택재개발사업을 시행할 수 있는 행정주체인 공법인으로서의 지위를 상실하므로, 당해 주택재개발사업조합이 조합설립인가처분 취소 전에 도시정비법상 적법한 행정주체 또는 사업시행자로서 한 결의 등 처분은 달리 특별한 사정이 없는 한 소급하여 효력을 상실한다(대판 2012.3.29. 2008다95885).

| 정답 | ○

[22 변시, 22-1]

1131
□□□

조합과 조합장 사이의 선임 · 해임을 둘러싼 법률관계는 사법상의 법률관계이므로 조합장의 지위를 다투는 소송은 민사소송에 의하여야 한다.

구 도시 및 주거환경정비법상 재개발조합이 공법인이라는 사정만으로 재개발조합과 조합장 또는 조합임원 사이의 선임 · 해임 등을 둘러싼 법률관계가 공법상의 법률관계에 해당한다거나 그 조합장 또는 조합임원의 지위를 다투는 소송이 당연히 공법상 당사자소송에 해당한다고 볼 수는 없고, 구 도시 및 주거환경정비법의 규정들이 재개발조합과 조합장 및 조합임원과의 관계를 특별히 공법상의 근무관계로 설정하고 있다고 볼 수도 없으므로, 재개발조합과 조합장 또는 조합임원 사이의 선임 · 해임 등을 둘러싼 법률관계는 사법상의 법률관계로서 그 조합장 또는 조합임원의 지위를 다투는 소송은 민사소송에 의하여야 할 것이다(대결 2009.9.24. 2009마168,169).

| 정답 | ○

[22 변시]

1132
□□□

사업시행이 완료되고 소유권 이전에 관한 고시의 효력이 발생한 이후에는 조합원 등은 해당 재개발사업을 위하여 이루어진 수용재결이나 이의재결의 취소를 구할 법률상 이익이 없다.

정비사업의 공익적 · 단체법적 성격과 이전고시에 따라 이미 형성된 법률관계를 유지하여 법적 안정성을 보호할 필요성이 현저한 점 등을 고려할 때, 이전고시의 효력이 발생한 이후에는 조합원 등이 해당 정비사업을 위하여 이루어진 수용재결이나 이의재결의 취소 또는 무효확인을 구할 법률상 이익이 없다(대판 2017.3.16. 2013두11536).

| 정답 | ○

[12 지방7급]

1133
☐☐☐

소유권을 포기한 경우 원칙적으로 상태책임에서 배제되지만 소유권의 포기 당시 경찰상 위해가 이미 발생하고 있었던 때에는 원소유권자의 경찰책임은 면제되지 않는다.

소유권을 포기한 경우에도 상태책임은 종료한다. 그러나 그 포기가 경찰책임을 면하기 위한 것인 경우에는 소유권자의 상태책임이 종료하지 않는다. 예컨대, 자동차사고를 낸 운전자가 당해 자동차로 인하여 발생한 교통장애에 대해서 자동차소유권을 포기하였다고 해서 상태책임이 배제되는 것은 아니다.　│정답│○

[12 지방7급]

1134
☐☐☐

행위책임은 고의·과실과 무관하며, 행위자가 성년인가 미성년인가도 가리지 않는다.

행위책임은 민사책임이나 형사책임과 달리 행위자의 **의사능력, 행위능력 및 고의·과실 여부를 묻지 않고** 인정되는 객관적 책임이다.　│정답│○

[12 지방7급]

1135
☐☐☐

근로자가 직무수행상 위험을 야기한 행위에 대하여 사용자는 감독책임을 다하였다 하더라도 경찰책임이 감경되지 않는다.

타인의 행위에 대한 보호자 또는 감독자의 경찰책임은 민사상의 사용자나 후견인의 책임과 달리 원칙상 **보호자 또는 감독자의 고의·과실을 요하지 않는다.** 따라서 사용자에게 감독상의 고의·과실이 없다고 하더라도 감독자의 경찰책임이 감경되지 않는다.　│정답│○

[12 지방7급]

1136
☐☐☐

도로에 인접한 상점의 진열장에 통행인의 주의를 크게 끄는 진열을 하여 진열장 주위에 많은 사람들이 모여들어 교통에 중대한 방해를 가져오는 경우에도 진열장을 설치한 자에게는 경찰책임이 인정되지 않는다.

옷가게 내의 TV에서 방영되는 축구시합을 보려고 모여든 군중이 도로통행을 방해한 경우 경찰책임은 그 군중에게 귀속되는 것이 원칙이다. 그러나 상품진열장에 통행인의 흥미를 자극할 만한 내용을 전시함으로써 구경꾼이 모이고 교통의 혼잡을 초래한 경우는 **군중은 직접적인 원인자로서 경찰권의 발동대상이 되며, 전시자에게도 목적적 야기자로서 행위책임을** 인정할 수 있다.　│정답│X

1137
□□□

운전자가 음주측정기에 의한 측정 결과에 불복하여 혈액을 채취하였으나 채취한 혈액이 분실, 오염 등의 사유로 감정이 불가능하게 된 때에는 음주측정기에 의한 측정 결과가 특히 신빙할 수 있다고 볼 수 있는 때에 한하여 음주측정기에 의한 측정 결과만으로 음주운전사실 및 그 주취 정도를 증명할 수 있다.

운전자가 음주측정기에 의한 측정 결과에 불복하면서 혈액채취 방법에 의한 측정을 요구한 때에는 경찰공무원은 반드시 가까운 병원 등에서 혈액을 채취하여 감정을 의뢰하여야 하고, 이를 위하여 채취한 혈액에 대한 보존 및 관리 등을 철저히 하여야 하는데, 만일 채취한 혈액이 분실되거나 오염되는 등의 사유로 감정이 **불능으로 된 때에는 음주측정기에 의한 측정 결과가 특히 신빙할 수 있다고 볼 수 있는 때에 한하여** 음주측정기에 의한 측정 결과만으로 음주운전 사실 및 그 주취 정도를 증명할 수 있다(대판 2002.10.11. 2002두6330).

| 정답 | ○

1138
□□□

경찰관이 농민들의 시위를 진압하고 시위과정에 도로상에 방치된 트랙터 1대에 대하여 이를 도로 밖으로 옮기거나 후방에 안전표지판을 설치하는 것과 같은 위험발생방지조치를 취하지 아니한 채 그대로 방치하고 철수하여 버린 결과, 야간에 그 도로를 진행하던 운전자가 위 방치된 트랙터를 피하려다가 다른 트랙터에 부딪혀 상해를 입은 경우 「경찰관직무집행법」 제5조의 위험발생방지조치는 경찰관에게 재량에 의한 직무수행권한을 부여하고 있으므로 국가배상책임이 인정되지 않는다.

경찰관직무집행법 5조는 경찰관은 인명 또는 신체에 위해를 미치거나 재산에 중대한 손해를 끼칠 우려가 있는 위험한 사태가 있을 때에는 그 각 호의 조치를 취할 수 있다고 규정하여 형식상 경찰관에게 재량에 의한 직무수행권한을 부여한 것처럼 되어 있으나, 경찰관에게 그러한 권한을 부여한 취지와 목적에 비추어 볼 때 구체적인 사정에 따라 경찰관이 그 권한을 행사하여 필요한 조치를 취하지 아니하는 것이 현저하게 불합리하다고 인정되는 경우에는 그러한 권한의 불행사는 직무상의 의무를 위반한 것이 되어 위법하게 된다. 경찰관이 농민들의 시위를 진압하고 **시위과정에 도로상에 방치된 트랙터 1대에 대하여 이를 도로 밖으로 옮기거나 후방에 안전표지판을 설치하는 것과 같은 위험발생방지조치를 취하지 아니한 채 그대로 방치하고 철수하여 버린 결과, 야간에 그 도로를 진행하던 운전자가 위 방치된 트랙터를 피하려다가 다른 트랙터에 부딪혀 상해를 입었다면 국가배상책임이 인정된다**(대판 1998.8.25. 98다16890).

| 정답 | X

1139
□□□

경찰법상 일반적 수권조항(개괄조항)은 개별적 수권규정이 없는 경우에 보충적·제한적으로 적용되는 한계를 가진다.

일반적 수권조항은 개별 법률에 의한 규율이 이루어지지 않고 있는 입법의 공백을 메우기 위해서 인정되는 것이므로, 성질상 특별조항이 없는 경우에 **보충적**으로 적용되어야 한다. 또한 남용의 우려 때문에 매우 제한된 범위에서만 인정된다.

| 정답 | ○

1140
□□□

도난 자동차로 인하여 발생된 교통장해는 그 자동차를 사실상 관리하고 있는 자가 상태책임을 지게 된다.

물건의 상태로 인한 경찰위험에 대해서는 해당 물건에 사실상 지배력을 미치는 자가 경찰책임을 진다. 반면 물건의 소유자는 통상 2차적인 책임자가 되지만 물건이 도난된 경우와 같이 사실상 지배력을 미치고 있는 자가 소유자의 의사와 관계없이 지배력을 행사하고 있는 경우에는 소유권자는 상태책임을 지지 않는다.

| 정답 | O

[20-1]

1141
□□□

야간에 집에서 음악을 크게 틀어놓는 등 인근 소란행위를 하면서도 경찰관의 개문 요청을 거부하는 자를 집 밖으로 나오게 하기 위해 일시적으로 전기를 차단한 것은 「경찰관직무집행법」에 따른 적법한 직무집행으로 볼 수 없다.

피고인은 평소 집에서 심한 고성과 욕설, 시끄러운 음악 소리 등으로 이웃 주민들로부터 수회에 걸쳐 112신고가 있어 왔던 사람인데, 피고인의 집이 소란스럽다는 112신고를 받고 출동한 경찰관 甲, 乙이 인터폰으로 문을 열어달라고 하였으나 욕설을 하였고, 경찰관들이 피고인을 만나기 위해 전기차단기를 내리자 화가 나 식칼(전체 길이 약 37cm, 칼날 길이 약 24cm)을 들고 나와 욕설을 하면서 경찰관들을 향해 찌를 듯이 협박함으로써 甲, 乙의 112신고 업무 처리에 관한 직무집행을 방해하였다고 하여 특수공무집행방해로 기소된 사안에서, 피고인이 자정에 가까운 한밤중에 음악을 크게 켜놓거나 소리를 지른 것은 경범죄 처벌법 3조 1항 21호에서 금지하는 인근소란행위에 해당하고, 그로 인하여 인근 주민들이 잠을 이루지 못하게 될 수 있으며, 甲과 乙이 112신고를 받고 출동하여 눈앞에서 벌어지고 있는 범죄행위를 막고 주민들의 피해를 예방하기 위해 피고인을 만나려 하였으나 피고인은 문조차 열어주지 않고 소란행위를 멈추지 않았던 상황이라면 피고인의 행위를 제지하고 수사하는 것은 경찰관의 직무상 권한이자 의무라고 볼 수 있으므로, 위와 같은 상황에서 甲과 乙이 피고인의 집으로 통하는 전기를 일시적으로 차단한 것은 피고인을 집 밖으로 나오도록 유도한 것으로서, 피고인의 범죄행위를 진압·예방하고 수사하기 위해 필요하고도 적절한 조치로 보이고, 경찰관 직무집행법 1조의 목적에 맞게 2조의 직무 범위 내에서 6조에서 정한 즉시강제의 요건을 충족한 적법한 직무집행으로 볼 여지가 있다(대판 2018.12.13. 2016도19417). | 정답 | X

[21-1]

1142
□□□

경찰관이 임의동행요구에 응하지 않는다 하여 강제연행하려고 대상자의 양팔을 잡아 끈 행위는 적법한 공무집행이라고 할 수 없다.

경찰관이 임의동행요구에 응하지 않는다 하여 강제연행하려고 대상자의 양팔을 잡아 끈 행위는 적법한 공무집행이라고 할 수 없으므로 그 대상자가 이러한 불법연행으로부터 벗어나기 위하여 저항한 행위는 정당한 행위라고 할 것이고 이러한 행위에 무슨 과실이 있다고 할 수 없다(대판 1992.5.26. 91다38334). | 정답 | O

1143
☐☐☐

특정지역에서의 불법집회에 참석하는 것을 방지하기 위하여 시간적·장소적으로 근접하지 않은 다른 지역에서 그 집회장소로 출발 또는 이동하는 것을 제지하는 행위는 경찰관이 목전에 행해지는 범죄행위를 예방하고 제지할 수 있도록 한 「경찰관 직무집행법」 제6조에 따른 적법한 직무집행이라 할 수 없다.

비록 장차 특정 지역에서 구 집회 및 시위에 관한 법률에 의하여 금지되어 그 주최 또는 참가행위가 형사처벌의 대상이 되는 위법한 집회·시위가 개최될 것이 예상된다고 하더라도, 이와 시간적·장소적으로 근접하지 않은 다른 지역에서 그 집회·시위에 참가하기 위하여 출발 또는 이동하는 행위를 함부로 제지하는 것은 경찰관직무집행법 6조 1항에 의한 행정상 즉시강제인 경찰관의 제지의 범위를 명백히 넘어서는 것이어서 허용될 수 없으므로, 이러한 제지 행위는 공무집행방해죄의 보호대상이 되는 공무원의 적법한 직무집행에 포함될 수 없다(대판 2009.6.11. 2009도2114). | 정답 | ○

제7장 | 개발행정법

[22-3]

1144
□□□

甲과 乙은 A군내 토지를 각각 소유하고 있다. 甲의 토지는 그 지목이 답(畓)으로서 甲이 자신의 토지에 건축을 하고자 하는 경우 「국토의 계획 및 이용에 관한 법률」상 개발행위 허가를 받아야 하는 반면, 乙의 토지는 지목이 대(垈)이고 개발행위허가를 받을 필요가 없다. 甲과 乙이 각각 자신의 토지위에 건축을 하고자 A군수에게 「건축법」상 건축신고를 하였는데, 甲은 개발행위허가를 의제받고자 관련 서류를 제출하였으며, 乙은 건축신고접수 1개월 후 건축물 착공신고를 하였다. 이에 관한 설명으로 옳지 않은 것은?

ㄱ. A군수는 건축법령에 따른 심의 등이 필요하지 않으면, 건축신고를 받은 날로부터 5일 이내에 신고수리 여부를 乙에게 통지하여야 한다.

> **건축법 제14조(건축신고)** ③ 특별자치시장·특별자치도지사 또는 시장·군수··구청장은 제1항에 따른 신고를 받은 날부터 5일 이내에 신고수리 여부 또는 민원 처리 관련 법령에 따른 처리기간의 연장 여부를 신고인에게 통지하여야 한다. 다만, 이 법 또는 다른 법령에 따라 심의, 동의, 협의, 확인 등이 필요한 경우에는 20일 이내에 통지하여야 한다.

| 정답 | ○

부록

판례색인

대판 2007.9.21. 2005다65678	226	
대판 2007.9.21. 2006두20631	173, 182	
대판 2007.10.11. 2007두1316	294	
대판 2007.10.26. 2005다51235	233	
대판 2007.11.29. 2005두8375	441	
대판 2007.12.27. 2005두9651	82	
대판 2008.1.31. 2005두8269	283	
대판 2008.1.31. 2007도9220	41	
대판 2008.2.15. 2006두3957	341	
대판 2008.3.13. 2007다29287	234	
대판 2008.3.27. 2007두23811	324	
대판 2008.4.10. 2008두402	38	
대판 2008.5.29. 2004다33469	224	
대판 2008.5.29. 2007다8129	32, 248	
대판 2008.6.12. 2006두16328	279, 420	
대판 2008.6.12. 2007두1767	183	
대판 2008.7.10. 2007두10242	319	
대판 2008.7.24. 2006두20808	110	
대판 2008.8.21. 2007두13845	114	
대판 2008.9.25. 2006다18228	147	
대판 2008.9.25. 2008두8680	194	
대판 2008.10.23. 2007두6212,6229	47	
대판 2008.11.13. 2007도9794	160	
대판 2008.11.13. 2008두8628	18	
대판 2009.1.30. 2006다17850	50	
대판 2009.1.30. 2007두13487	394	
대판 2009.1.30. 2007두7277	306	
대판 2009.1.30. 2008두16155	174	
대판 2009.1.30. 2008두17936	14	
대판 2009.2.12. 2005다65500	102	
대판 2009.2.12. 2007두17359	290	
대판 2009.3.12. 2008두11525	304	
대판 2009.4.23. 2009다5001	55	
대판 2009.5.14. 2007두16202	284	
대판 2009.5.21. 2005두1237	63	
대판 2009.5.28. 2006다16215	223	
대판 2009.6.11. 2008도6530	153	
대판 2009.6.11. 2008두18021	49	
대판 2009.6.11. 2009다1122	150	
대판 2009.6.11. 2009도2114	456	
대판 2009.6.23. 2006두16786	416	
대판 2009.6.23. 2007두18062	351	
대판 2009.6.25. 2006다18174	97	

대판 2009.6.25. 2008두13132	16	
대판 2009.7.23. 2008두10560	281, 421	
대판 2009.9.10. 2007두20638	294	
대판 2009.9.10. 2008두9324	25	
대판 2009.9.10. 2009다11808	31	
대판 2009.9.24. 2008다60568	82, 85	
대판 2009.9.24. 2009두8946	89	
대판 2009.9.24. 2009추53	392	
대판 2009.10.15. 2009다30427	87	
대판 2009.10.15. 2009다41533	432	
대판 2009.12.10. 2006다19177	431	
대판 2009.12.10. 2006다87538	430, 434	
대판 2009.12.10. 2007다63966	105	
대판 2009.12.10. 2007두20362	185	
대판 2009.12.10. 2009두12785	192, 196	
대판 2009.12.24. 2008두15350	23	
대판 2009.12.24. 2009두7967	16, 17	
대판 2010.1.28. 2008두1504	326	
대판 2010.1.28. 2008두19987	263	
대판 2010.1.28. 2009두4845	446	
대판 2010.2.11. 2009두18035	358	
대판 2010.2.11. 2009두6001	196	
대판 2010.2.25. 2007두18284	31	
대판 2010.2.25. 2007두9877	204	
대판 2010.2.25. 2009두102	98	
대판 2010.3.1. 2009두17643	125	
대판 2010.4.8. 2009다27636	451	
대판 2010.4.8. 2009다90092	42	
대판 2010.4.8. 2009두17018	88	
대판 2010.4.29. 2009두18547	189	
대판 2010.5.27. 2008두5636	274	
대판 2010.6.10. 2010두2913	204	
대판 2010.6.24. 2007두16493	120	
대판 2010.7.15. 2010두7031	67, 94	
대판 2010.7.22. 2010다13527	217	
대판 2010.7.22. 2010두5745	73	
대판 2010.8.19. 2008두822	247, 254, 255	
대판 2010.9.9. 2008다6953	419	
대판 2010.9.9. 2008두22631	49	
대판 2010.9.30. 2009두1020	263	
대판 2010.9.30. 2010다30782	246	
대판 2010.11.18. 2008두167	47	
대판 2010.12.9. 2007두6571	251	

[기타 판결]

MEMO